U0601393

中山大學圖書館

古籍善本圖錄

中山大學圖書館 編

圖書在版編目(CIP)數據

中山大學圖書館古籍善本圖録/中山大學圖書館編. —北京:中華書局,2020.8
ISBN 978-7-101-14615-8

Ⅰ.中… Ⅱ.中… Ⅲ.院校圖書館-古籍-善本-圖書館目録-廣東 Ⅳ.Z822.6

中國版本圖書館 CIP 數據核字(2020)第 108324 號

書　　名	中山大學圖書館古籍善本圖録
編　　者	中山大學圖書館
責任編輯	張　昊　蔡宏恩
裝幀設計	劉　麗
出版發行	中華書局
	(北京市豐臺區太平橋西里 38 號　100073)
	http://www.zhbc.com.cn
	E-mail:zhbc@zhbc.com.cn
印　　刷	三河弘翰印務有限公司
版　　次	2020 年 8 月北京第 1 版
	2020 年 8 月第 1 次印刷
規　　格	開本/889×1194 毫米　1/16
	印張 29¼　字數 290 千字
國際書號	ISBN 978-7-101-14615-8
定　　價	800.00 元

《中山大學圖書館古籍善本圖録》

編　委　會

前　言

《中山大學圖書館古籍善本圖録》即將由中華書局正式出版，這是繼《中山大學圖書館古籍善本書目》（廣西師範大學出版社，2004年）和《中山大學圖書館古籍善本書目（增訂本）》（上下册，廣西師範大學出版社，2014年）之後，中山大學圖書館在古籍善本整理上博觀而約取，厚積而薄發的新成果；是繼《清代版刻圖録》（全九册，國家圖書館出版社，2019年）之後，中山大學圖書館在古籍圖録編纂上精益求精，精雕細琢的新成果；是中山大學圖書館特藏部同仁王蕾、肖卓、蔣文仙、陳莉等近二十年來埋頭書叢、辛勤耕耘的新佳作。

二十年，一代人的時間，既可以耽誤一代人，也可以成就一代人。慶倖和感恩我們處在改革開放的偉大時代，因爲這個偉大的時代，新世紀以來我國的古籍整理與保護事業邁入了百年難遇的黄金時代；因爲這個偉大的時代，新世紀以來中山大學圖書館古籍整理與保護事業不僅彌補了青黄不接的人才斷層，而且湧現了卓爾不凡的一代新人。這一代新人是一個了不起的專業團隊與學術群體，主任王蕾，副主任張琦和韓宇，骨幹陳莉、肖卓、蔣文仙、丁春華、李福標、謝小燕、張梅芳等一批年輕的博、碩士，在近二十年間，從綫裝古籍、碑帖拓片、民國文獻的整理出版，到民間文獻、特藏文獻和西方文獻的收集整理，再到古籍特藏的數字化利用與民間文獻的數字人文探索，不斷拓展歷史文獻的專業領域與學術視野。他們相繼主持和參與了數十個國家級、省部級、市級和校級科研項目，編撰出版了一大批專業學術著作，既有書目書志圖録，又有歷史文獻叢書，更有個人學術專著，其專業實力和學術水準與許多文科院系相比都毫不遜色。作爲一位曾經與他們一起共事過二十年的館長，我見證了他們的每一步成長，從潛心古籍伏案摩挲的默默無聞，到學問精進成果迭出的聲名鵲起，他們所取得的每一項專業成就和學術成果都令我感到由衷的欣慰和自豪。文脉的賡續有賴於事業的繼承和文化的傳承，而事業的繼承和文化的傳承則有賴於文化自信。因爲這一代新人充滿了文化自信，所以，先賢前輩開創的中山大學古籍事業才得以薪火相傳，發揚光大，成爲我國圖書館界獨具特色的專業優勢和學術重鎮。

如今，中山大學圖書館擁有紙質館藏750萬册（件），館藏總量位居全國圖書館前列。其中特藏文獻200萬册（件），包括近35萬册綫裝古籍，40多萬册影印中文古籍與名人專藏，28萬餘册民國文獻，40餘萬册西文古籍與學科專藏，40多萬件徽州文書、貴州水書，廣東僑批，近4萬件碑帖、字畫等，特色鮮明，洋洋大觀。

孟子曰："集大成也者，金聲而玉振之也"（《孟子·萬章下》）。90多年來，時代在變，社會在變，中山大學圖書館在古籍藏書建設上，初心不改，始終如一。

1924年2月，孫中山先生發佈訓令，將原國立廣東高等師範學校、廣東公立法科大學、廣東公立農業專門學校三校合併，改爲國立廣東大學①，中山大學從此開始在南國廣州迅速崛起。1926年8月17日國民政府發佈命令，將"國立廣東大學"改名爲"國立中山大學"②。其時，圖書館僅有中文書45706册，西文書3799册，藏書匱乏，遠不能滿足教學和研究之需要。③

1927年，朱家驊主持校務後旋即提出"本校圖書館之最大目的，在爲中國南方最大之一刊物保存所"的宏偉發展目標，並聘請傅斯年、顧頡剛、商承祚、容肇祖等一批知名教授來校任教，聘請杜定友來校擔任圖書館主任，廣徵人才，增加經費，從事改良編制，擴大規模④，由此開啓了中山大學圖書館大規模藏書建設的序幕。

朱家驊慧眼識人，愛才惜才，在歷史系主任顧頡剛教授與中文系主任兼教務主任魯迅教授不和且無法共事時，安排顧頡剛教授兼任圖書館古籍部主任，協助圖書館主任杜定友開展圖書館的藏書建設。1927年4月30日，顧頡剛完成《國立廣州中山大學購求圖書計畫書》（《購求中國圖書計畫書》），擬定了購買經、史、子、集、叢書、檔案、地方志、家族志、社會事件之記載、個人生活之記載、帳簿、中國漢族以外各民族之文籍、基督教會出版之書籍及譯本書、宗教及迷信書、民衆文學書、舊藝術書、教育書、古存簡籍、著述稿本、實物之圖像，共計16類文獻，"分爲十二期，每期六萬元，於十年内完成"的長遠規劃，"希望把各方面的材料都粗粗搜集完備"。⑤

1927年5月至10月，顧頡剛赴江浙各地購買古籍，足跡遍及杭州、蘇州、上海、紹興、寧波、嘉興、南京、松江各地，在五個月内花費"大洋五萬六千八百七十九元六角零一厘，毫洋七百廿二元"⑥，"總計買到的書約有十一萬餘册，碑帖約有三萬張"⑦，

---

① 孫中山：《給廖仲愷的指令》（1924年2月9日）；《給鄒魯的訓令》（1924年2月9日），載《孫中山全集》第9卷，北京：中華書局，1986年4月，第452頁。

② 黄義祥：《中山大學史稿（1924—1949）》，廣州：中山大學出版社，1999年10月，第109頁。

③ 程焕文：《中山大學圖書館館藏碑帖的整理與保護》，載《中山大學學報》（社會科學版），2010年第6期，第62—71頁。

④ 國立中山大學圖書館：《國立中山大學圖書館概覽》，廣州：培英印務公司，1928年，第1頁。

⑤ 顧頡剛：《卷頭語》，載《國立中山大學圖書館周刊》，第6卷第1—4期合刊，1929年2月1日，第1—2頁。

⑥ 顧頡剛：《顧頡剛日記》第2卷，臺北：臺灣聯經出版公司，2007年5月，第106頁。

⑦ 顧頡剛：《卷頭語》，載《國立中山大學圖書館周刊》，第6卷第1—4期合刊，1929年2月1日，第2—3頁。

其中經史子集四部古籍共計10460部77667册，是爲中山大學圖書館古籍藏書的第一次大規模建設。因此，中山大學圖書館館藏從1926年的約5萬册迅速攀升到1928年冬的21.5萬册[①]，一躍成爲當時國内不多見的藏書豐富的圖書館。

此後，中山大學圖書館陸續購入桂林唐岳、廣州温樹樑的漱緑樓（多爲曾釗面城樓舊藏）等私人藏書，館藏古籍逐漸充實。[②]

抗戰勝利後，國民政府教育部於1946年調撥給中山大學圖書館綫裝古籍69箱33000餘册，其中元版、明版、高麗本、和刻本、稿本、名人抄本等爲數衆多，是爲今日中山大學圖書館古籍善本的主要來源。此外，敵産清理處亦調撥圖書66箱93袋約13000册。[③]

1949年7月，上海市立圖書館館長周連寬返粤擔任嶺南大學圖書館採編部主任，其後曾多次前往徐信符的南州書樓訪書，並從徐信符的後人手中購得一批廣東歷史文獻，包括明郭棐編萬曆刻本《粤大記》三十二卷，清張嗣衍等修乾隆二十四年刻《（乾隆）廣州府志》六十卷，以及《粤秀書院志》十六卷、《廣州鄉賢傳》四卷、《温氏家集》十二卷等清代刻本。[④]

1952年全國院系調整，中山大學文理院系與嶺南大學文理院系合併，組成新的中山大學。嶺南大學圖書館的藏書隨之併入，其中包括羅秀雲捐贈的徐甘棠藏書約20000册，中山大學圖書館的館藏古籍得以批量增加。

1957年，陳澧的嫡孫陳公睦捐贈其祖父東塾讀書樓的劫餘古籍50餘種705册，以及字畫、印章、古琴等遺物，其中以《東塾雜俎》手稿17册至爲珍貴。

1957年，商衍鎏探花捐贈綫裝古籍2443册，碑帖475種。

1979年，容庚教授捐贈藏書130多箱10000多册，其中有明嘉靖重刊宋本《宣和博古圖》、清光緒日本銅板《西清古鑒》等珍本。

2001年，中山大學與中山醫科大學合併，成立新的中山大學，原中山醫科大學圖書館的藏書隨之併入，中山大學圖書館古籍亦有所增加。

2004年，商志男、商志馥、商志醰向中山大學圖書館捐贈其祖父商衍鎏和父親商承祚的藏書4200册，其中綫裝古籍800多種2000多册。

2006年，購得復旦大學王運熙教授藏清代古籍227種1335册。

以上爲中山大學圖書館90多年來中文古籍收藏經過之大要，從中可見幾代中山大

---

① 國立中山大學圖書館：《國立中山大學圖書館概覽》，廣州：培英印務公司，1928年，第2頁。

② 陳莉：《中山大學圖書館藏古籍來源考略》，載《文苑藝壇》，2009年第3期，第49—53頁。

③ 同上。

④ 周連寬：《羊城訪書偶記》，載《廣東圖書館學刊》，1986年第2期，第13—16、40頁。

學同仁的不懈努力、文化自覺、文化責任和事業精神。

在不斷收集古籍的同時，中山大學圖書館的同仁亦一直在努力從事古籍的編目整理工作。

1928年顧頡剛自江浙購回大批古籍後，語言歷史研究所的教授和圖書館的同仁旋即開始古籍的登記編目工作，惜因古籍數量較大，且兩年後語言歷史研究所的教授紛紛離去，古籍編目工作頓時陷入困境。其後，因爲連年戰亂，中山大學圖書館的古籍或寄存香港，或輾轉雲南澄江和粵北山區，能得以大部分保全已經是萬幸，遑論編目整理。

1952年，中山大學與嶺南大學合併以後，圖書館的古籍工作主要由何多源、周連寬、劉少雄等負責。爲編撰中山大學圖書館古籍善本目録，周連寬曾撰寫過不少古籍善本題識和題跋，然因連綿不斷的政治運動，加上人手不足，古籍編目工作進展緩慢，僅有可供讀者檢索的卡片目録。

1979年，因爲參與編撰《中國古籍善本總目》的原因，周連寬、劉少雄、陳修竑等開始編撰古籍善本書目，歷時四載，於1982年《中山大學圖書館古籍善本書目》編竣，並以鉛字自行排印。該書目收録館藏古籍善本1995種，並附録朝鮮刻本176種，日本刻本85種，僅供到館的讀者使用，部分分贈有關圖書館，是爲中山大學圖書館編撰的第一部古籍善本目録。

進入新世紀以後，中山大學圖書館的發展日新月異，陸續招聘了一大批年青的博、碩士生充實到特藏部從事古籍的編目整理，因而古籍整理頗有起色和成就。

2003年，在特聘專家韓錫鐸的指導下，圖書館特藏部的同仁在周連寬、劉少雄等編撰的《中山大學圖書館古籍善本書目》基礎上，進一步甄别館藏古籍，遴選善本，歷時年餘，完成新編《中山大學圖書館古籍善本書目》。2004年11月，在中山大學80周年校慶之際，《中山大學圖書館古籍善本書目》由廣西師範大學出版社正式出版，是爲中山大學圖書館公開出版的第一部古籍善本書目。

《中山大學圖書館古籍善本書目》出版以後，特藏部同仁進一步整理存放異地未整理的古籍、知名教授捐贈的古籍和新購買的古籍，從中遴選出善本1700餘種1800餘部，其中包括明代刻本135部，清前期刻本900餘部；珍稀清人稿本9部，珍稀民國稿本9部；明抄本2部，清抄本15部，民國名家抄本10部，名人批校題跋本57部。在完成提書、鑒定、審核、製卡、鈐印、入庫等善本遴選工作後，特藏部同仁即開始着手《中山大學圖書館古籍善本書目》的校對、修訂和補充工作。歷時十年，在中山大學90周年校慶之際，完成《中山大學圖書館古籍善本書目（增訂本）》。增訂本《善本書目》收録古籍善本3800餘部，是爲中山大學圖書館館藏古籍善本之大觀。

在完成增訂本《善本書目》以後，特藏部同仁旋即轉入《清代版刻圖録》的編纂，2019年，《清代版刻圖録》（全九册）由國家圖書館出版社正式出版。與此同時，特藏部古籍組又於2017年4月啓動“善本圖録”的編纂工作，在王蕾主任的領導下，肖卓、陳莉、蔣文仙等各司其職，制訂善本圖録書影的選擇標準，開展善本圖録書影的甄選、掃描、審核和書目著録，歷時兩年，於2019年5月完成《中山大學圖書館古籍善本圖録》初稿和修訂稿。

《中山大學圖書館古籍善本圖録》以《中山大學圖書館古籍善本書目（增訂本）》爲選目基礎，收録中山大學圖書館已入選《國家珍貴古籍名録》的善本99種，《中國古籍善本書目》著録少於三部的善本366種，共計收録善本433種，書影553幅，包括元明清各朝代的刻本、活字本、套印本、稿本、抄本、批校題跋本等，全部爲珍稀善本，乃中山大學圖書館館藏古籍善本之菁華。

《中山大學圖書館古籍善本圖録》在書影的選擇上，每種善本一般只選取卷端的書影一幅，少部分善本還另外選取與版本相關的書影一幅，十分精謹。每種善本圖録皆附有書名、卷數、著者、版本、册數、行款、尺寸、藏書印等書目信息，其中特別加注了題跋、題識、批校者姓名和每種善本的鈐印文字，從中可見善本的流傳經過與歷史，使定格的書影多了幾分流動的書香氣息。

2008年以來，因爲國務院陸續批准公佈《國家珍貴古籍名録》的緣故，各地圖書館紛紛編輯出版各自的珍貴古籍圖録，因而出現了百年難遇的古籍善本圖録出版高潮。《中山大學圖書館古籍善本圖録》的出版必將爲我國古籍善本圖録的出版增添新的光彩。

是爲序。

程焕文

二〇二〇年二月八日

於中山大學康樂園竹帛齋

【程焕文，中山大學資訊管理學院教授，文獻與文化遺産管理部主任，中國圖書館學會副理事長，國際圖書館協會聯合會（IFLA）管理委員會執行委員。】

凡　例

一、本圖録以《中山大學圖書館古籍善本書目（增訂本）》爲選目基礎，收録《中國古籍善本書目》中著録少於三部者，計366種，另收録本館入選《國家珍貴古籍名録》者，計99種。去其重複，合計精選珍稀善本433種，書影553幅。

二、本圖録選取範圍爲本館藏版刻形式具有代表性的古籍，时间涵蓋元、明、清各朝代，版本形式包括刻本、活字印本、套印本、稿本、抄本、批校題跋本等。

三、本圖録據每書具體情況選取書影，原則上包括卷端、牌記、扉頁、判定版本的條記、後人的跋文識語、鈐印等。卷端殘缺，則取其他卷次首頁書影。每部書大致選取書影1—2幅不等。

四、本圖録每種版本皆附文字説明，一般包括書名、卷數、著者、版本、册数、行款、尺寸、藏書印、版刻依據以及入選《國家珍貴古籍名録》（文中簡稱《名録》，係國家古籍保護中心“中國古籍保護網”所公佈的第1—5批）、《書志》（第一輯，中華書局，2017年）情況等。

五、本圖録按照經、史、子、集四部分類順序編排，類目設置及條目排序主要依據《中山大學圖書館古籍善本書目（增訂本）》。

六、本圖録所著録的版本與《名録》不同者，係據2014年版《中山大學圖書館古籍善本書目（增訂本）》予以修訂。

七、本圖録一般使用規範繁體字，但書名、著者、鈐印等文字從寬從俗，依原文客觀照録。

目　録

經部

易變體義十二卷 宋都絜撰

清抄本 三册

八行二十一字。無欄格。框高27.3釐米，寬17.6釐米。鈐“張月霄印”“愛日精廬藏書”“祕册”“真州吴氏有福讀書堂藏書”印。

易變體義
卷一
宋 都絜 撰
上經一 乾至蒙
䷀ 乾下乾上 乾
初九潛龍勿用
此乾之始也而爻辭云爾者蓋以聖人之道當潛藏
之時雖小有遇亦不可有爲蓋乾之始者始之初六

易變體義 卷一 一

周易傳義二十四卷 宋程頤傳 宋朱熹本義 上下篇義一卷 宋程頤撰 周易朱子圖説一卷周易五贊一卷筮儀一卷 宋朱熹撰

明陳允升刻本 十六册

九行十七字，小字雙行同。上欄鐫評，行二字。白口，左右雙邊，單魚尾。框高19.8釐米，寬13.5釐米。鈐“良常書屋”印。卷末有牌記，刻“明進士督學使者崑邑陳允升校刊”。

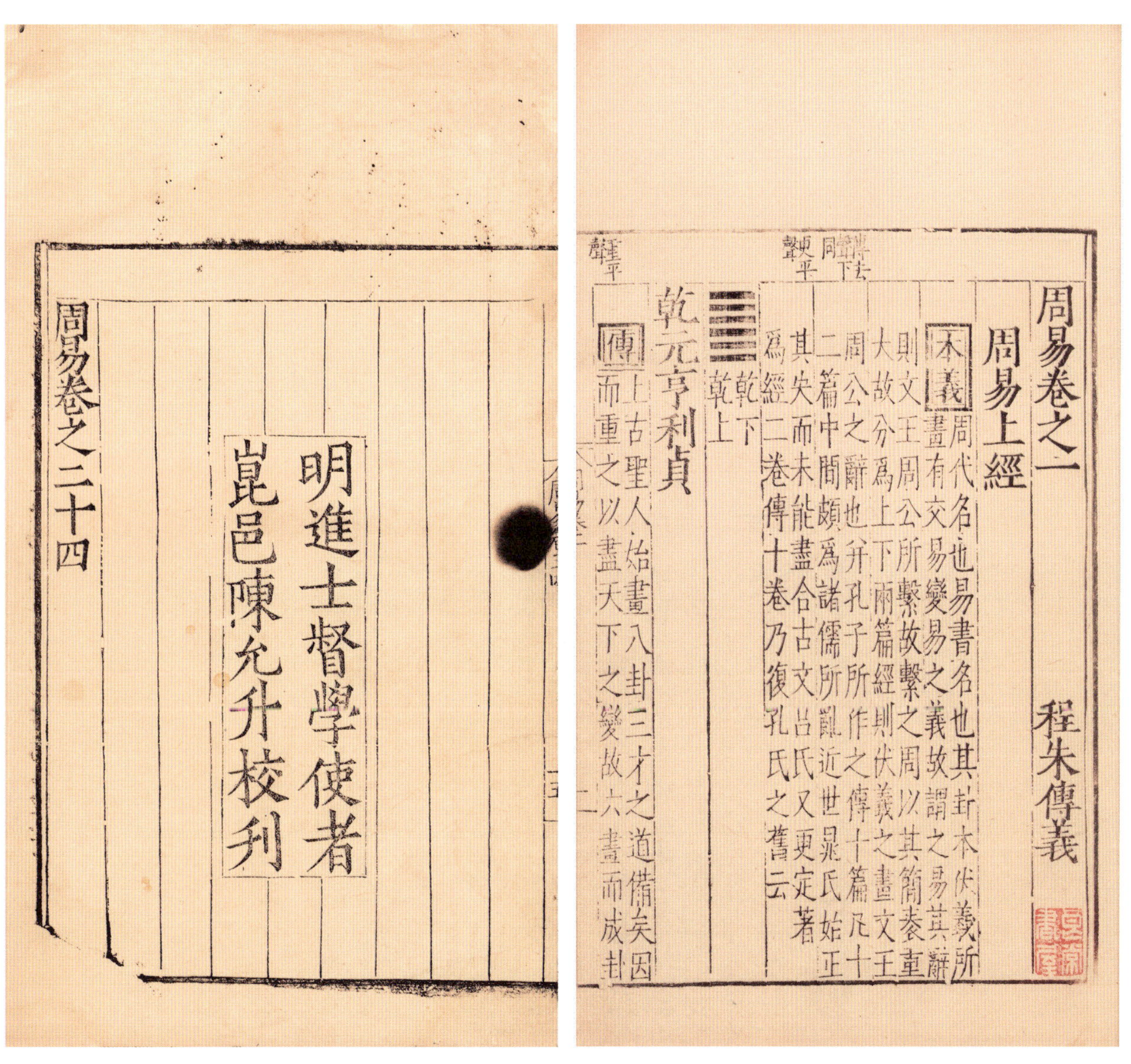

周易本義四卷圖説一卷　宋朱熹撰　周易字畫辨疑一卷　明詹觀光撰

明末刻本　清□繼高批　清德暉題識　四册

十一行二十三字，小字雙行同。下欄鐫評，行二字。白口，四周單邊。框高13釐米，寬11.6釐米。鈐“□臣”印。

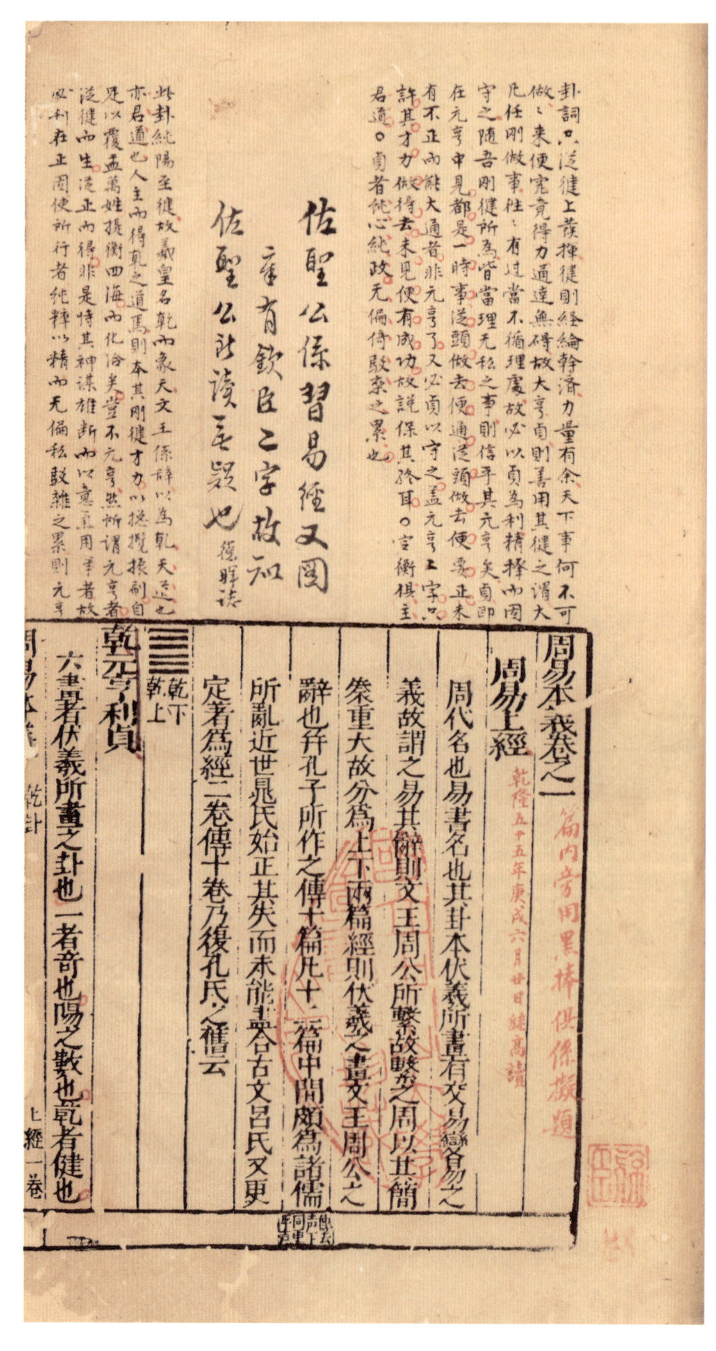

周易本義卷之一

周易上經

乾隆五十五年庚戌六月廿日繼高讀

篇内旁用黑棒俱係擬題

周代名也易書名也其卦本伏羲所畫有交易變易之義故謂之易其辭則文王周公所繫故繫之周以其簡袠重大故分爲上下兩篇經則伏羲之畫文王周公之辭也并孔子所作之傳十篇凡十二篇中間頗爲諸儒所亂近世晁氏始正其失而未能盡合古文吕氏又更定著爲經二卷傳十卷乃復孔氏之舊云

☰☰ 乾下乾上

乾元亨利貞

六畫者伏羲所畫之卦也一者奇也陽之數也乾者健也

周易旁注七卷前圖二卷　明朱升撰

明刻本　十册

《旁注》九行十四字，《前圖》八行十八字。白口，左右雙邊，單魚尾。框高21.4釐米，寬14.3釐米。鈐“芸樓”“黟山李氏藏書”印。

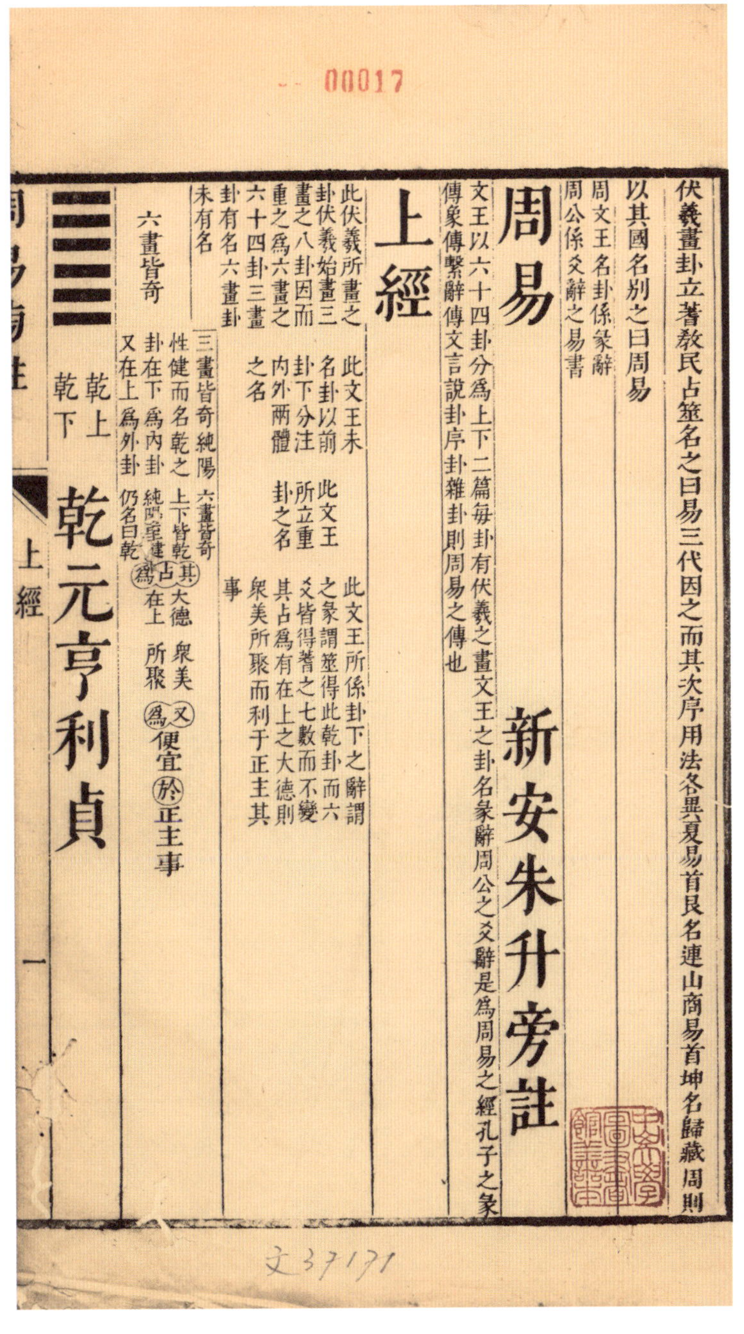

伏羲畫卦立蓍教民占筮名之曰易三代因之而其次序用法各異夏易首艮名連山商易首坤名歸藏周則以其國名別之曰周易

周文王名卦係彖辭周公係爻辭之易書

周易　新安朱升旁註

文王以六十四卦分爲上下二篇每卦有伏羲之畫文王之卦名彖辭周公之爻辭是爲周易之經孔子之彖傳象傳繫辭傳文言說卦序卦雜卦則周易之傳也

上經

此伏羲所畫之卦伏羲始畫三畫之八卦因而重之爲六畫之六十四卦三畫卦有名六畫卦未有名

此文王未名卦以前卦下分注內外兩體之名

此文王所立重卦之名

此文王所係卦下之辭謂之彖謂筮得此乾卦而六爻皆得著之七數而不變其占爲有在上之大德則衆美所聚而利于正主其事

六畫皆奇

三畫皆奇純陽性健而名乾之卦在下爲內卦又在上爲外卦

六畫皆奇上下皆乾純陽至健仍名曰乾

☰　乾上　乾下

乾元亨利貞　其大德 衆美 所聚 爻 爲 便宜 於 正主事 占 爲 在上

周易旁註　上經　一

讀易餘言五卷　明崔銑撰

明嘉靖崔氏家塾刻本　清式詁題識　四册

十行二十字，小字雙行同。白口，四周雙邊。有刻工。框高17.7釐米，寬12.8釐米。版心有“崔氏家塾”。入選第三批《名録》。

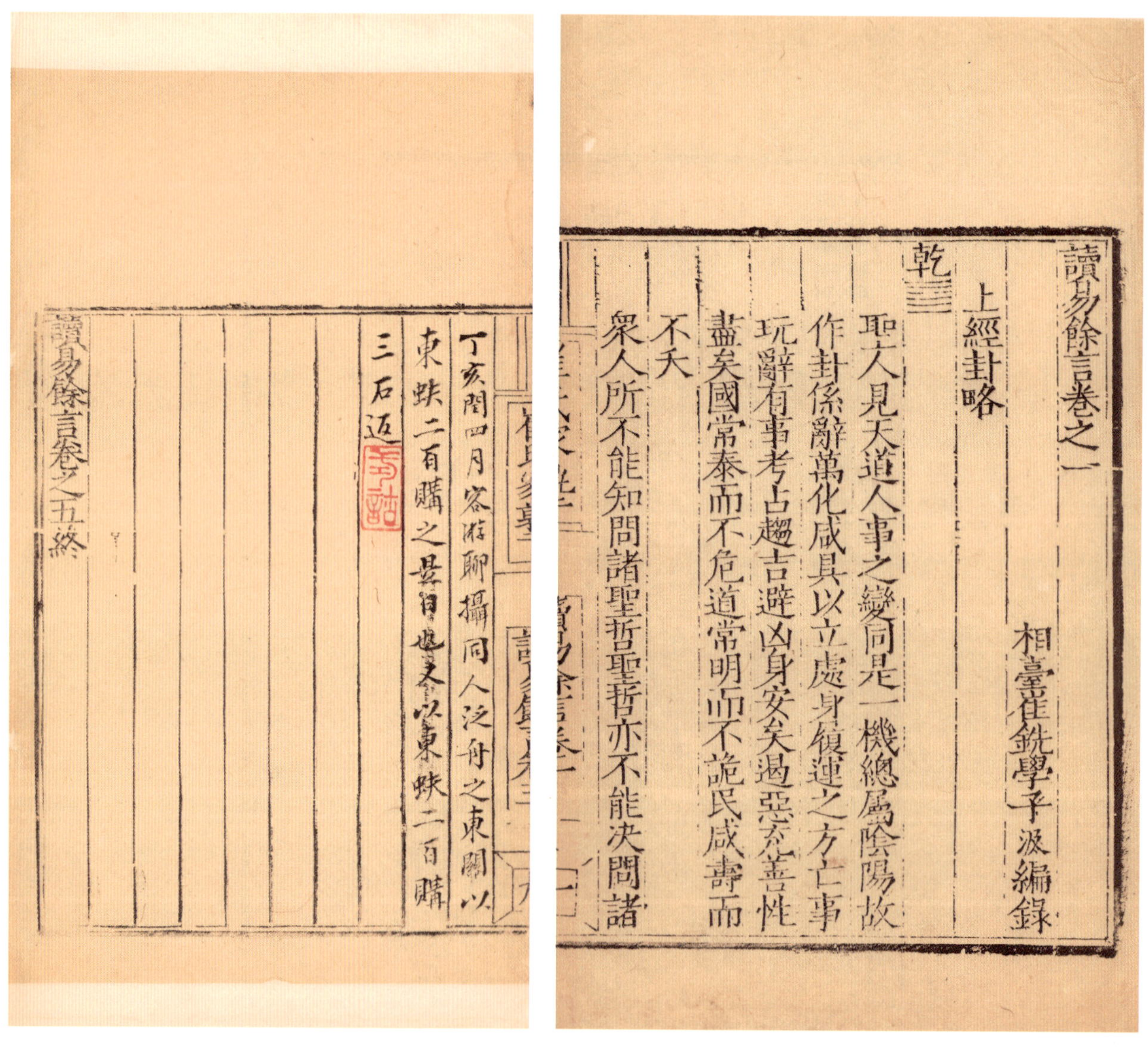

讀易餘言卷之一

相臺崔銑學子淑編録

上經卦略

乾

聖人見天道人事之變同是一機總屬陰陽故作卦係辭萬化咸具以立處身復逆之方亡事玩辭有事考占趨吉避凶身安矣過惡悉善性盡矣國常泰而不危道常明而不詭民咸壽而不夭

衆人所不能知問諸聖哲聖哲亦不能决問諸

讀易餘言卷之五終

丁亥閏四月客游聊攝同人泛舟之東關以東蚨二百購之是日也又以東蚨二百購三石近

易意參疑首編二卷外編十卷　明孫從龍撰

明萬曆五年（1577）書林翁時化刻本　清佚名批校　六册

十二行二十五字。白口，四周單邊，單魚尾。框高18釐米，寬11.5釐米。卷端題“杭郡書林翁時化梓行”。

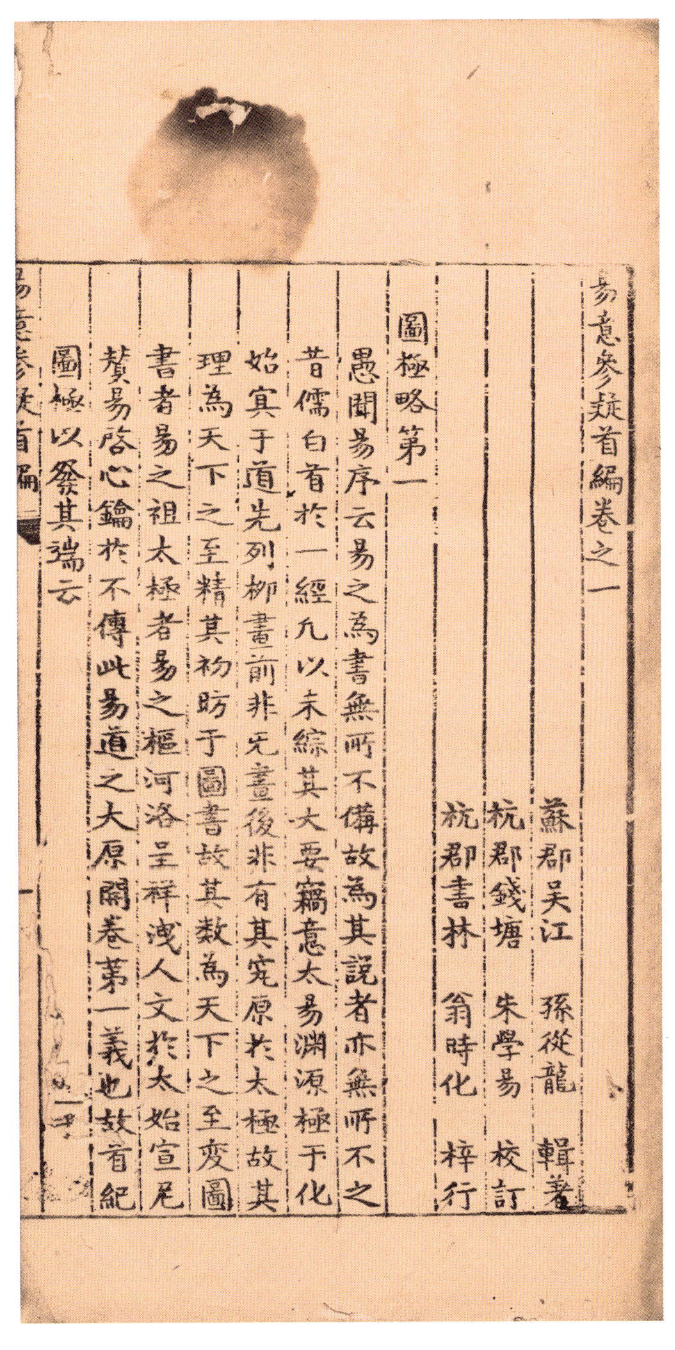
易意參疑首編卷之一

蘇郡吴江　孫從龍　輯著

杭郡錢塘　朱學易　校訂

杭郡書林　翁時化　梓行

圖極略第一

愚聞易序云易之為書無所不備故為其説者亦無所不之昔儒白首於一經凡以未綜其大要竊意太易淵源極于化始寘于道先列柳畫前非无畫後非有其究原於太極故其理為天下之至精其初昉于圖書故其數為天下之至變圖書者易之祖太極者易之樞河洛呈祥泄人文於太始宣尼賛易啓心鑰於不傳此易道之大原闢卷第一義也故首紀圖極以發其端云

易意參疑首編

雪園易義四卷首一卷　明李奇玉撰

清順治刻本　清胡肇基批點并跋　八册

十行二十字，小字雙行同。白口，四周單邊，單魚尾。框高20.1釐米，寬13.3釐米。鈐“肇基”印。書後有李公柱跋，言刻書事。

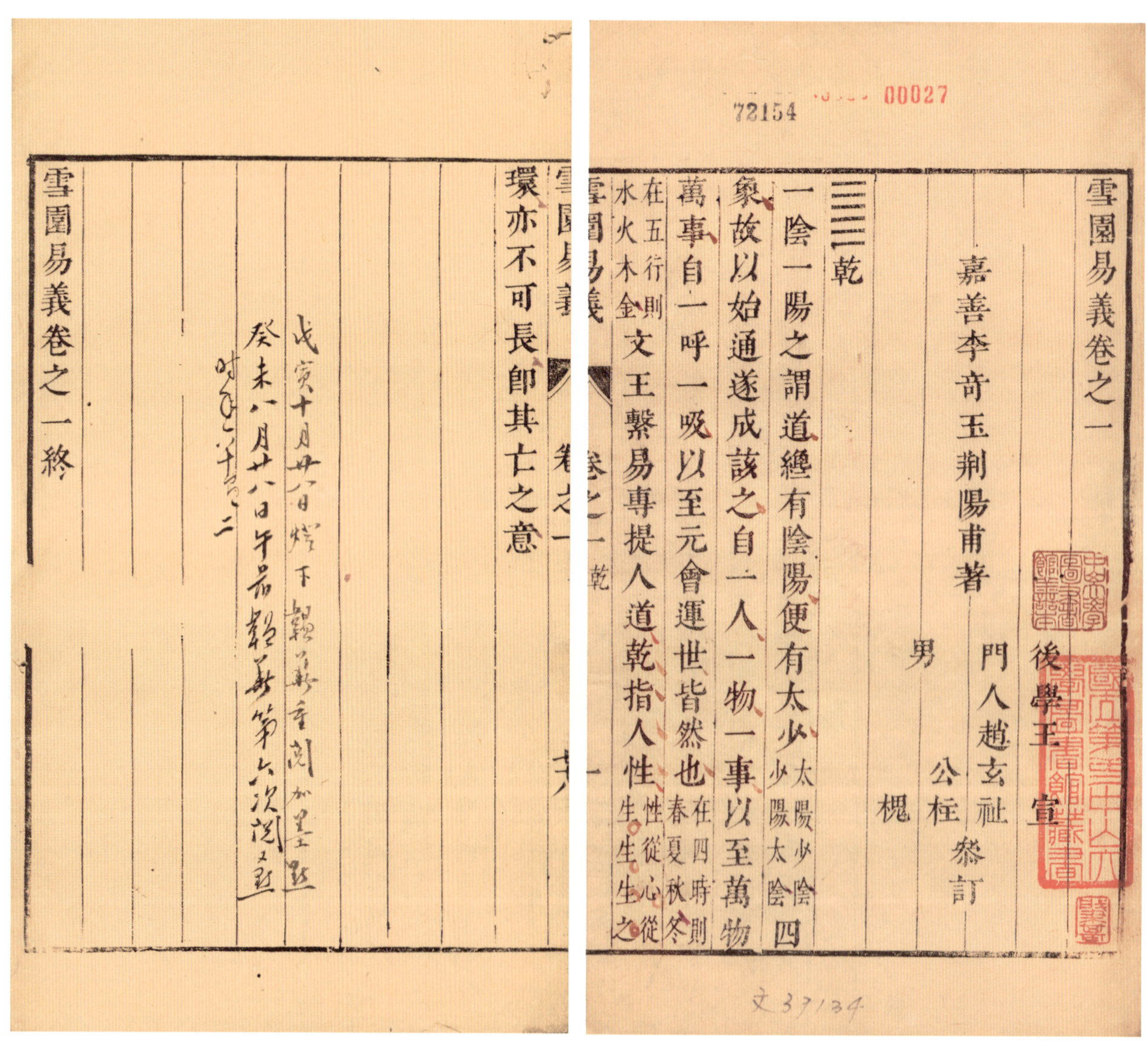

周易著詩一卷　清鍾煜撰

清牋坡書屋抄本　一册

十行十九字。白口，左右雙邊，單魚尾。框高11.7釐米，寬11釐米。鈐“白馬山黄楊室□藏”“白馬山人”“小心翼翼”“平生一片心”“章杶”等印。版心鐫“牋坡書屋”。

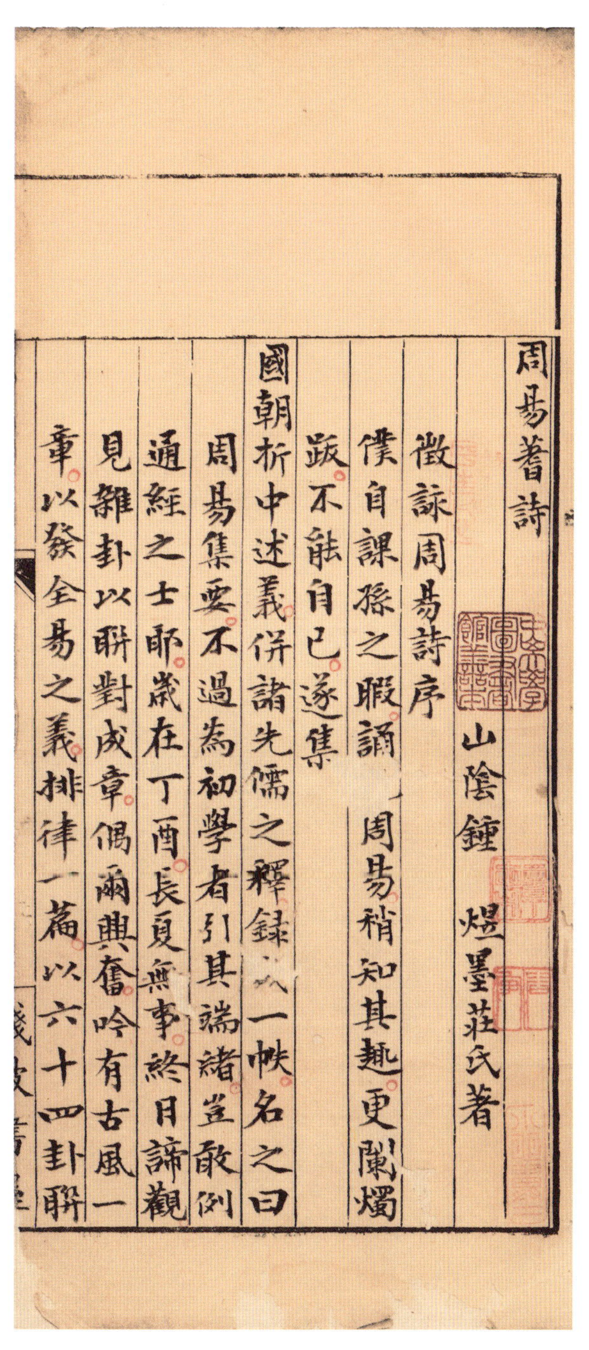

周易著詩

山陰鍾　煜墨莊氏著

徵詠周易詩序

僕自課孫之暇誦　周易稍知其趣更闌燭

跋不能自已遂集

國朝折中述義併諸先儒之釋録以一帙名之曰

周易集要不過為初學者引其端緒豈敢例

通經之士耶歲在丁酉長夏無事終日諦觀

見雜卦以駢對成章偶爾興奮吟有古風一

章以發全易之義排律一篇以六十四卦駢

書經集傳六卷 宋蔡沈撰

明嘉靖吉澄刻本 六册

九行十七字，小字雙行同。白口，左右雙邊，單魚尾。有刻工及寫工。框高20釐米，寬13.5釐米。卷後有牌記，刻“巡按福建監察御史吉澄校刊”。入選第二批《名録》。

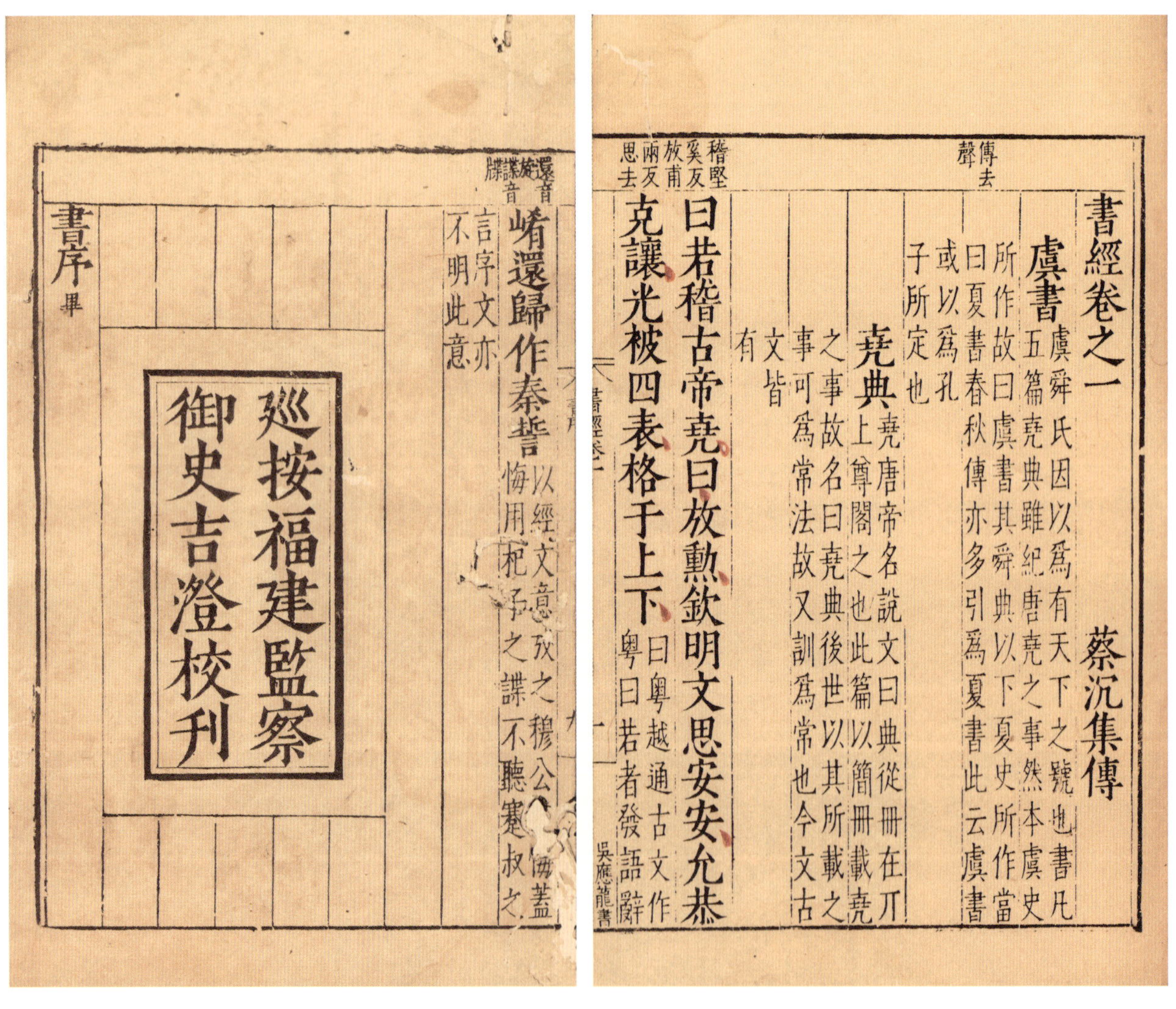

書序

崤還歸作秦誓以經文意攷之穆公悔蓋悔用杞子之謀不聽蹇叔之言序文亦不明此意

書序 畢

巡按福建監察御史吉澄校刊

書經卷之一

虞書 虞舜氏因以爲有天下之號也書凡五篇堯典雖紀唐堯之事然本虞史所作故曰虞書其舜典以下夏史所作當曰夏書春秋傳亦多引爲夏書此云虞書或以爲孔子所定也

蔡沈集傳

傳去聲

堯典 堯唐帝名說文曰典從冊在丌上尊閣之也此篇以簡冊載堯之事故名曰堯典後世以其所載之事可爲常法故又訓爲常也今文古文皆有

稽堅奚反 放甫兩反 思去

曰若稽古帝堯曰放勳欽明文思安安允恭克讓光被四表格于上下 曰粵越通古文作粵曰若者發語辭

吴廷龍書

尚書删補五卷　明汪康謠撰

明崇禎五年（1632）自刻本　二册

九行二十字，小字雙行同。白口，四周單邊。框高22.2釐米，寬14.5釐米。前有崇禎五年汪康謠序，言刻書事。

虞書

堯典　海陽汪康謠唐徵父删補

曰若稽古帝堯曰放勲欽明文思安安允恭克讓光

被四表格于上下 放至言堯之功大而無所不至也史臣叙堯只放勲二字分明晝出

堯來凡人心非昏即散肅然常欽則不散欽之謂也烱然常照則不昏明之謂也程子謂君子修巳以敬而聰明睿智皆由此出此所謂欽明也章美内含日文睿慮通徵日思在堯渾然一德特就其中分之而有四者然欽是本惟敬自明自文而思也聖德之妙難以形容故着安安二字蓋安不足以盡之并安而亦忘焉始安而又安也允恭克讓根德性來常人德非性有故有強爲恭而不實欲爲讓而不能者惟堯性之是以信恭而能讓也光德之華也蓋堯之盛德自有精光自能被四表格上下也此正所謂放勲也

尚書删補　一

書傳鹽梅二十卷 清黄文蓮撰

清乾隆五十二年（1787）自刻本　清黄世綬題識　四册

十行二十四字。白口，左右雙邊，單魚尾。框高20.2釐米，寬14.2釐米。鈐“世綬”“組□”“海陽環珠陳氏質儒珍藏書畫”“海陽環珠三十七世質儒金石書畫珍藏”印。扉頁刻“乾隆丁未鐫”。

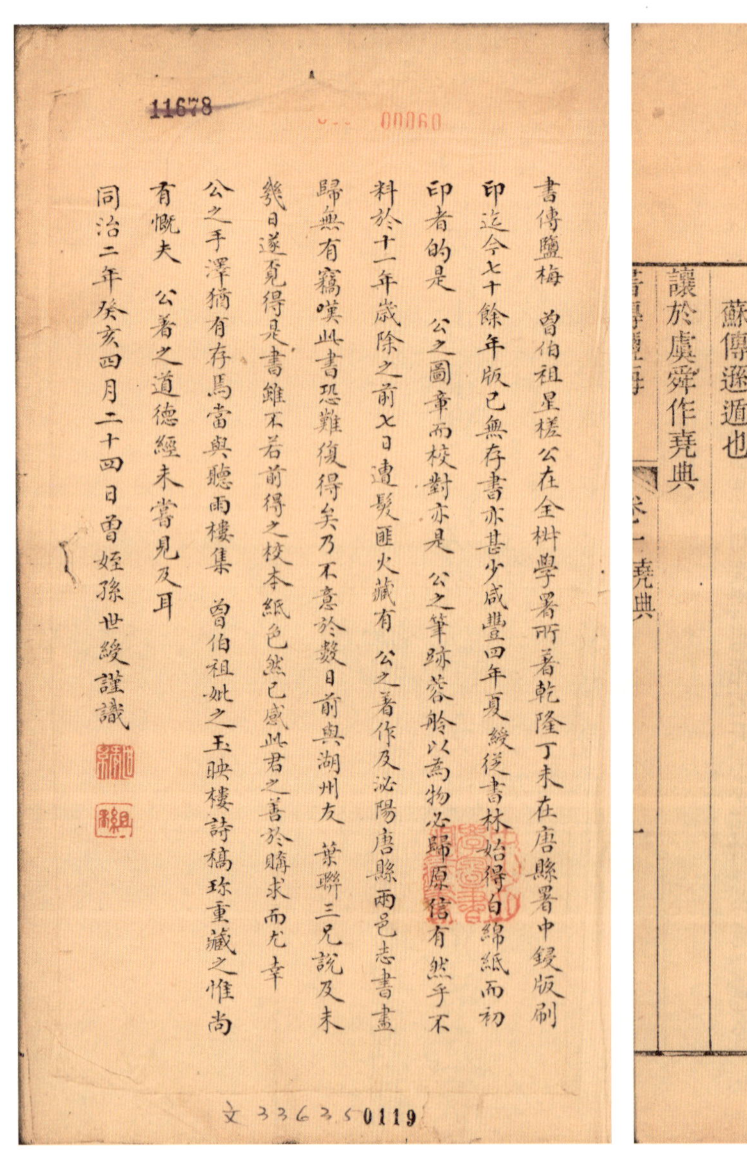

書傳鹽梅　曾伯祖星槎公在全椒學署所著乾隆丁未在唐縣署中鋟版刷印迄今七十餘年版已無存書亦甚少咸豐四年夏綬從書林始得白綿紙初印者的是　公之圖章而校對亦是　公之筆跡蓉舲以為物必歸原信有然乎不料於十一年歲除之前七日遭髮匪火藏有　公之著作及泌陽唐縣兩邑志書畫歸無有竊嘆此書恐難復得矣乃不意於數日前與湖州友　葉聯三兄說及未幾日遂覓得是書雖不若前得之校本紙色然已感此君之善於購求而尤幸　公之手澤猶有存焉當與聽雨樓集　曾伯祖妣之玉映樓詩稿珎重藏之惟尚有慨夫　公著之道德經未嘗見及耳

同治二年癸亥四月二十四日曾姪孫世綬謹識

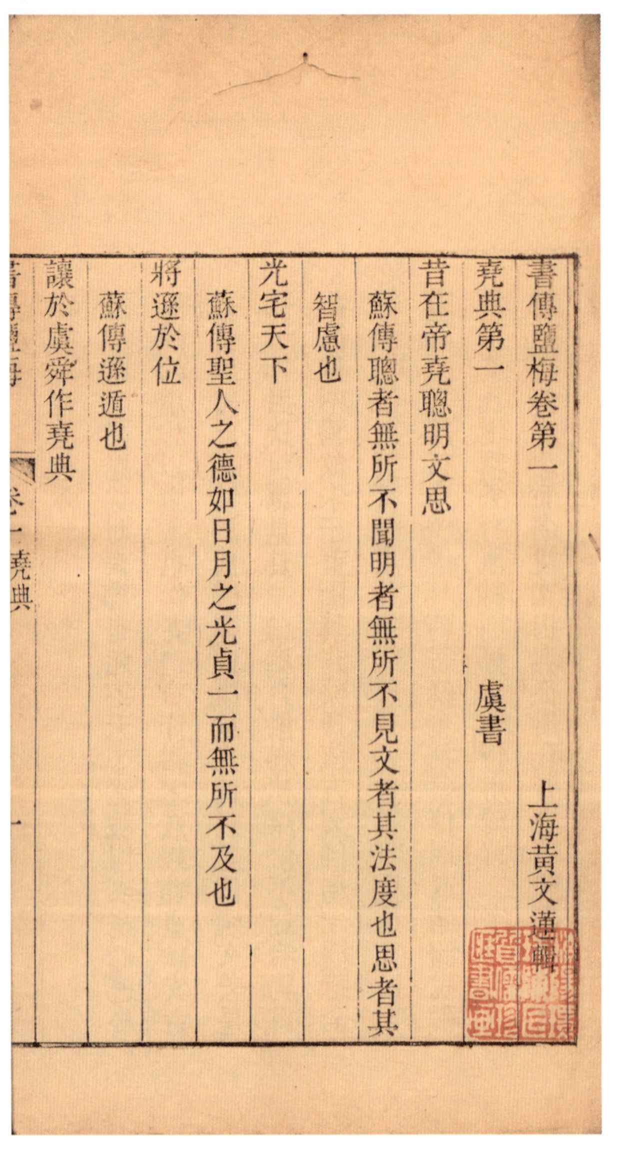

書傳鹽梅卷第一　　上海黄文蓮輯

堯典第一　　虞書

昔在帝堯聰明文思

蘇傳聰者無所不聞明者無所不見文者其法度也思者其智慮也

光宅天下

蘇傳聖人之德如日月之光貞一而無所不及也

將遜於位

蘇傳遜遁也

讓於虞舜作堯典

書傳鹽梅　卷一　堯典　一

詩集傳八卷 宋朱熹撰

清乾隆五十五年（1790）金陵芥子園刻本　清陳澧批點　三册

九行十七字，小字雙行同。上欄鐫評，行二字。白口，左右雙邊。框高17釐米，寬12釐米。鈐“番禺陳氏東塾藏書印”“陳慶龢印”印。扉頁刻“乾隆庚戌年新鐫”。目録末有牌記，鐫“古吴李氏校訂金陵芥子園梓”。

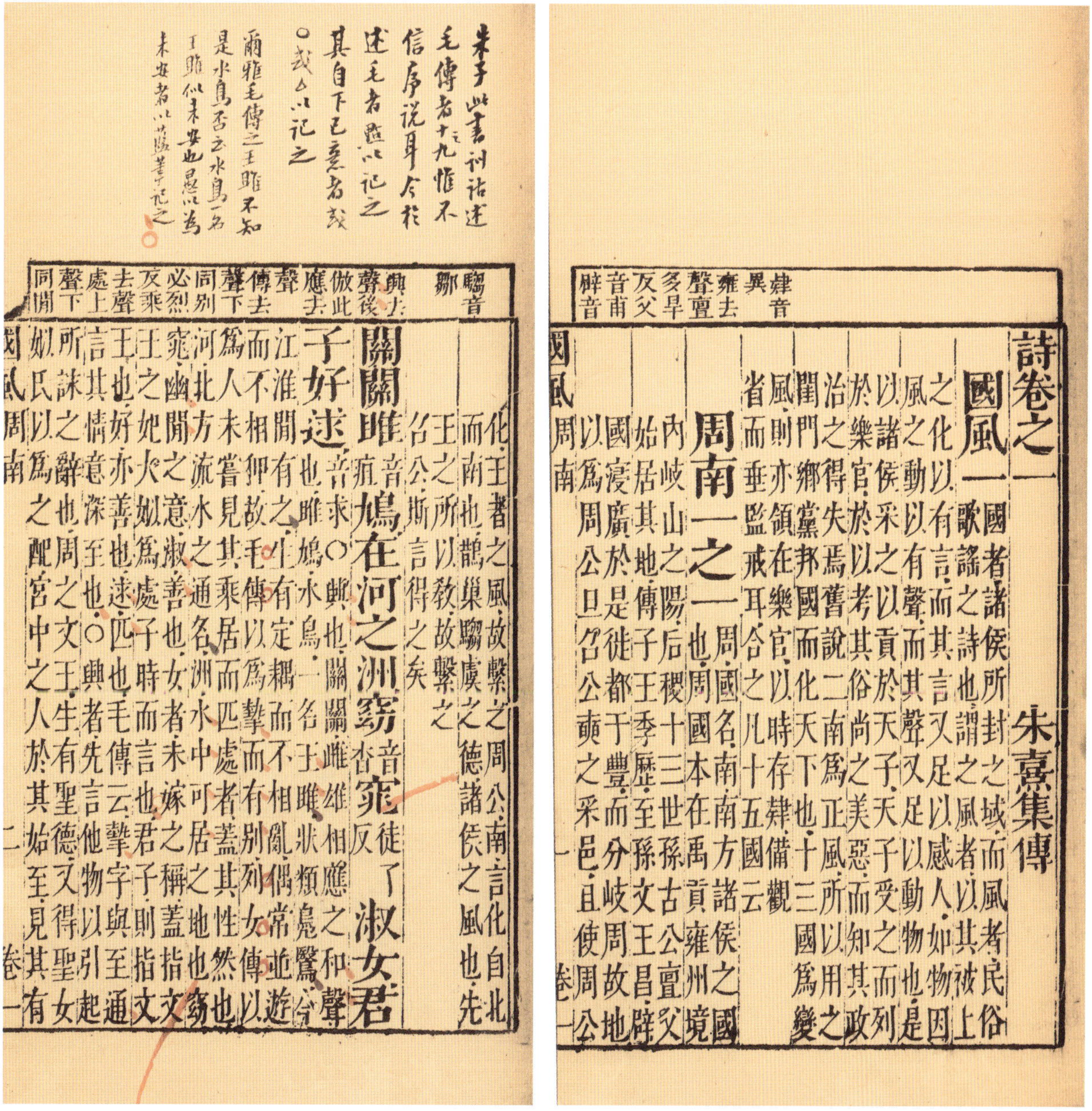

韓詩遺説二卷訂譌一卷　清臧庸撰　補一卷　清陶方琦撰

清姚氏咫進齋抄本　三册

十三行二十二字，小字雙行同。黑口，左右雙邊，雙魚尾。框高18釐米，寬13.2釐米。版心下鎸“咫進齋叢書”。

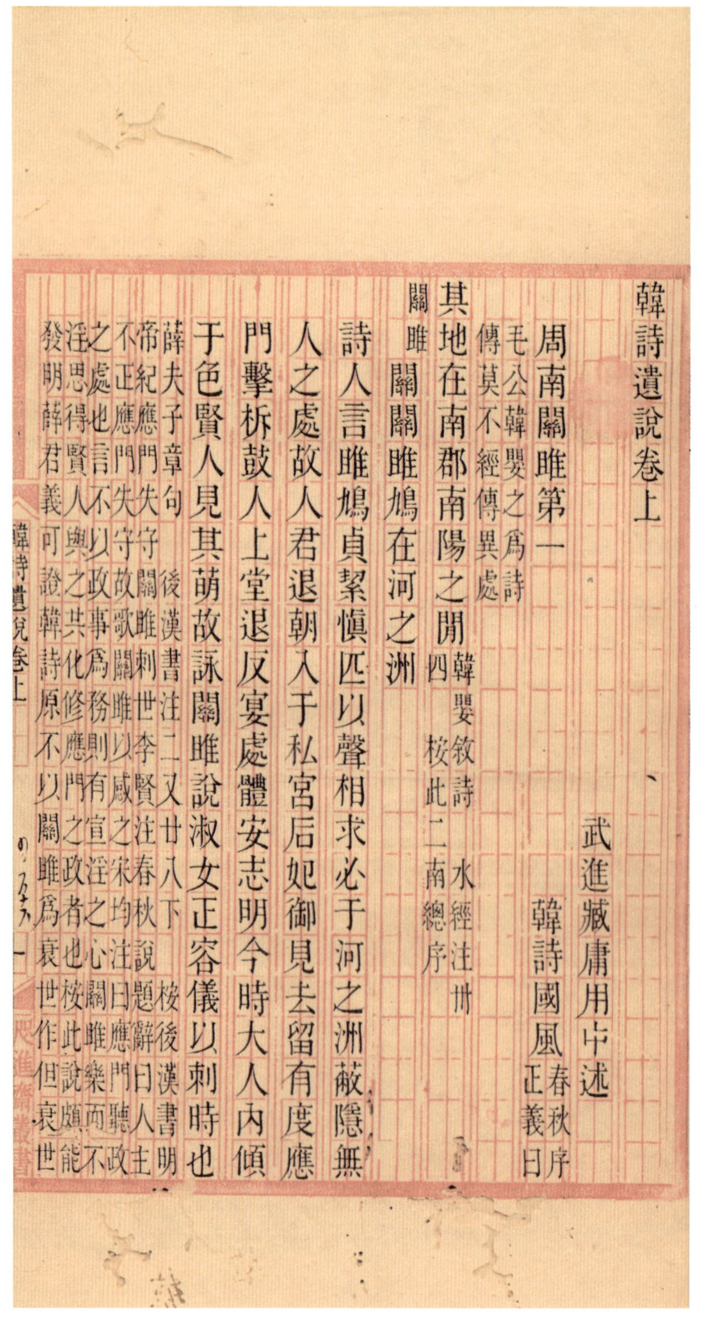
韓詩遺說卷上
武進臧庸用中述
周南關雎第一　韓詩國風春秋序正義曰
毛公韓嬰之爲詩傳莫不經傳異處
其地在南郡南陽之閒韓嬰敘詩水經注卅四校此二南總序
關雎　關關雎鳩在河之洲
詩人言雎鳩貞絜慎匹以聲相求必于河之洲蔽隱無
人之處故人君退朝入于私宮后妃御見去留有度應
門擊柝鼓人上堂退反宴處體安志明今時大人內傾
于色賢人見其萌故詠關雎說淑女正容儀以刺時也
薛夫子章句　後漢書注二又廿八下　校後漢書明帝紀應門失守關雎刺世李賢注春秋說題辭曰人主
不正應門失守故歌關雎以感之宋均注曰應門聽政之處也言不以政事爲務則有宣淫之心關雎樂而不
淫思得賢人與之共化修應門之政者也校此說頗能發明薛君義可證韓詩原不以關雎爲衰世作但衰世
韓詩遺說卷上　一　咫進齋叢書

周禮註疏四十二卷　漢鄭玄注　唐賈公彦等疏　唐陸德明釋文

明嘉靖應檟刻本　十四册

九行十八字，小字雙行同。白口，四周雙邊，單魚尾。框高21.7釐米，寬15釐米。卷端題名下署“直隸常州府知府遂昌應檟刊行”。鈐“毛氏子晋”“汲古主人”“東吴毛氏圖書”“山陽丁晏藏書”“真州吴氏有福讀書堂藏書”印。入選第二批《名録》。

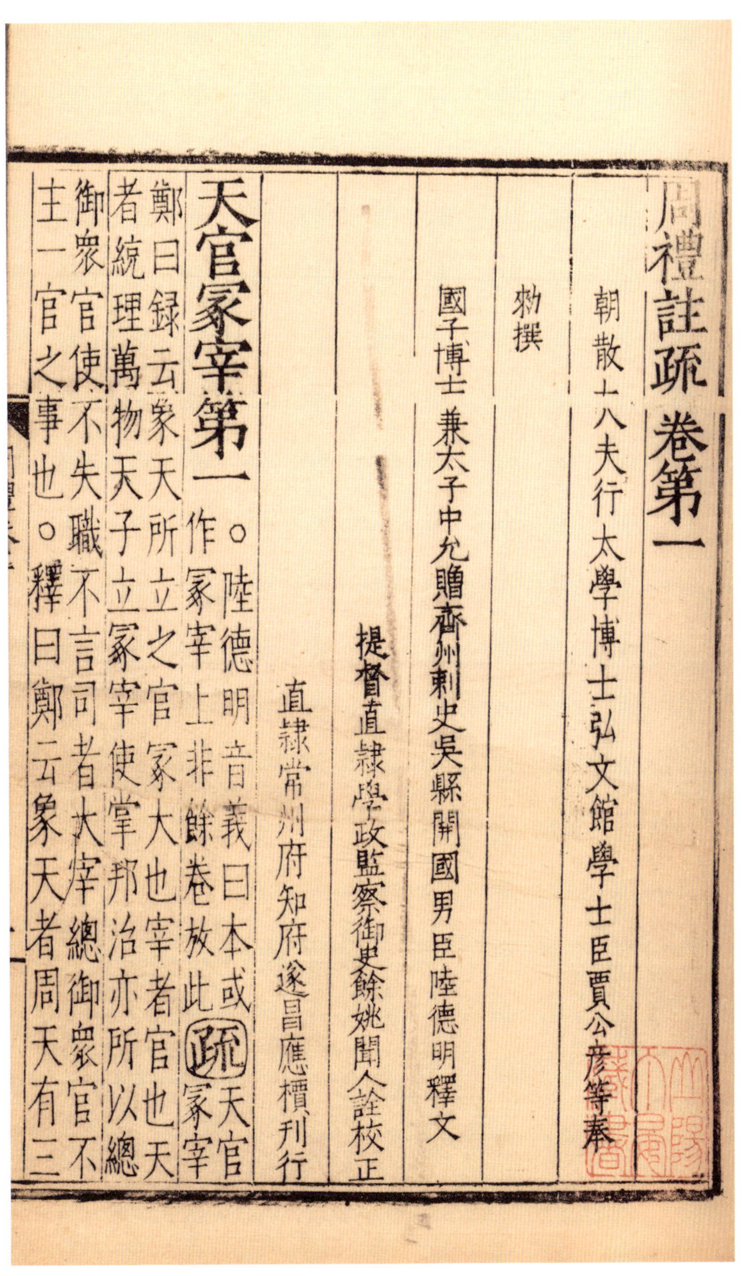
周禮註疏卷第一
朝散大夫行太學博士弘文館學士臣賈公彦等奉
敕撰
國子博士兼太子中允贈齊州刺史吳縣開國男臣陸德明釋文
提督直隸學政監察御史餘姚聞人詮校正
直隸常州府知府遂昌應檟刊行
天官冢宰第一　○陸德明音義曰本或作冢宰上非餘卷放此　疏　天官冢宰
鄭曰錄云象天所立之官冢大也宰者官也天
者統理萬物天子立冢宰使掌邦治亦所以總
御衆官使不失職不言司者大宰總御衆官不
主一官之事也○釋曰鄭云象天者周天有三

禮記集説大全三十卷 明胡廣等輯

明嘉靖三十九年（1560）安正堂刻本　二十四册

十一行二十一字。白口，四周雙邊，雙魚尾。框高19.4釐米，寬12.6釐米。鈐“燕緒”“檻亭”“褱辛劫餘”印。陳澔序後有牌記，刻“嘉靖庚申歲孟冬月安正堂刊”。入選第二批《名録》。

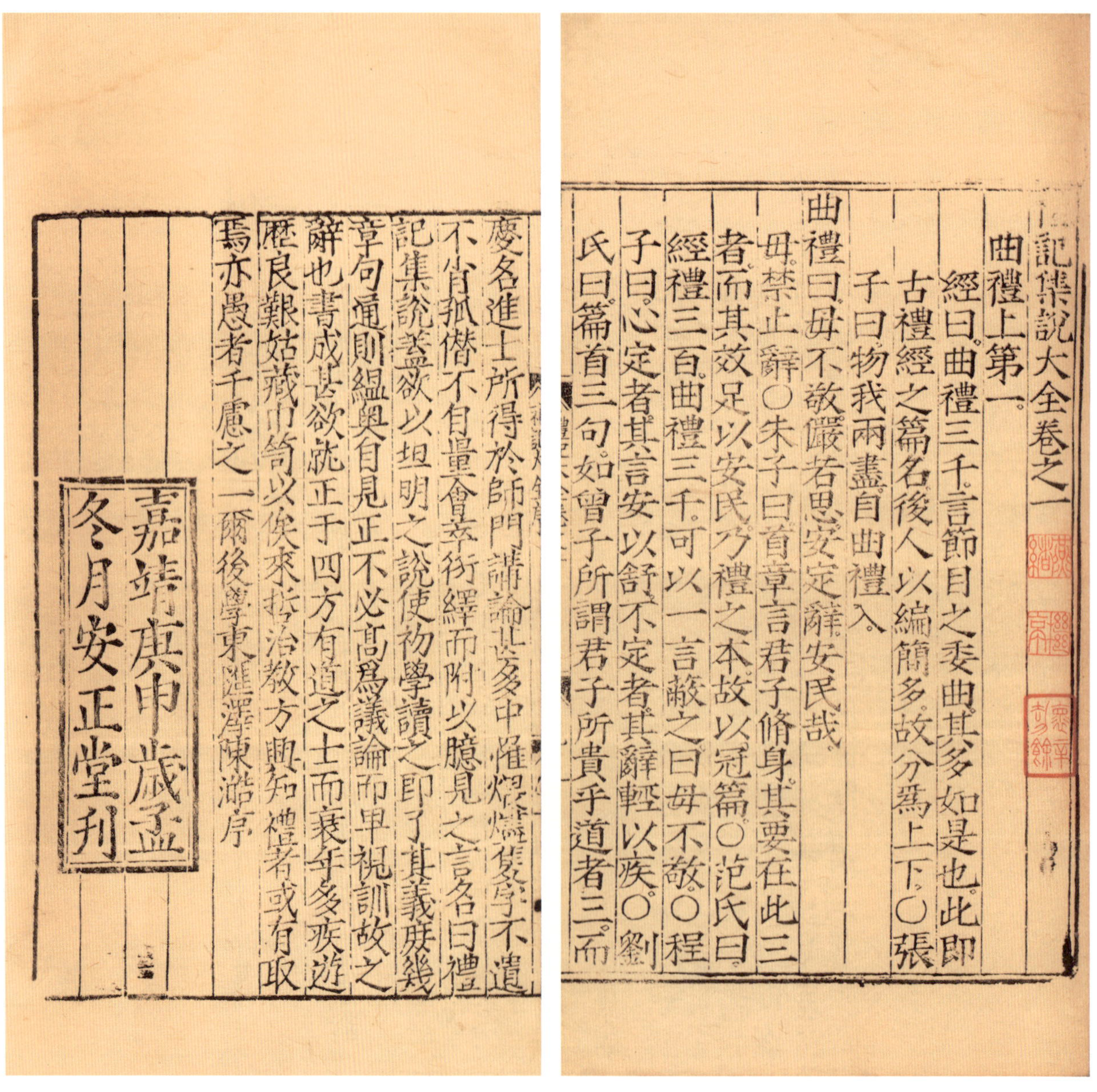

屢名進士所得於師門講論甚多中罹煨燼復學不遺不肖孤僭不自量會萃衍繹而附以臆見之言名曰禮記集說蓋欲以坦明之說使初學讀之即了其義庶幾章句通則蘊奧自見正不必高爲議論而卑視訓故之辭也書成甚欲就正于四方有道之士而衰年多疾遊歷良艱姑藏巾笥以俟來哲治教方興知禮者或有取焉亦愚者千慮之一爾後學東匯澤陳澔序

嘉靖庚申歲孟
冬月安正堂刊

禮記集說大全卷之一

曲禮上第一

經曰曲禮三千言節目之委曲其多如是也此即古禮經之篇名後人以編簡多故分爲上下○張子曰物我兩盡自曲禮入

曲禮曰毋不敬儼若思安定辭安民哉

毋禁止辭○朱子曰首章言君子脩身其要在此三者而其效足以安民乃禮之本故以冠篇○范氏曰經禮三百曲禮三千可以一言蔽之曰毋不敬○程子曰心定者其言安以舒不定者其辭輕以疾○劉氏曰篇首三句如曾子所謂君子所貴乎道者三而

樂書二百卷 宋陳暘撰

清孫星衍平津館抄本　清丁丙批校　一册

十三行二十一字，小字雙行同。白口，左右雙邊，雙魚尾。框高19.6釐米，寬15.3釐米。鈐“平津館”“錢唐丁丙校讀”“娱園藏書”印。版心下有“平津館”。存卷一百五十八至一百七十二。

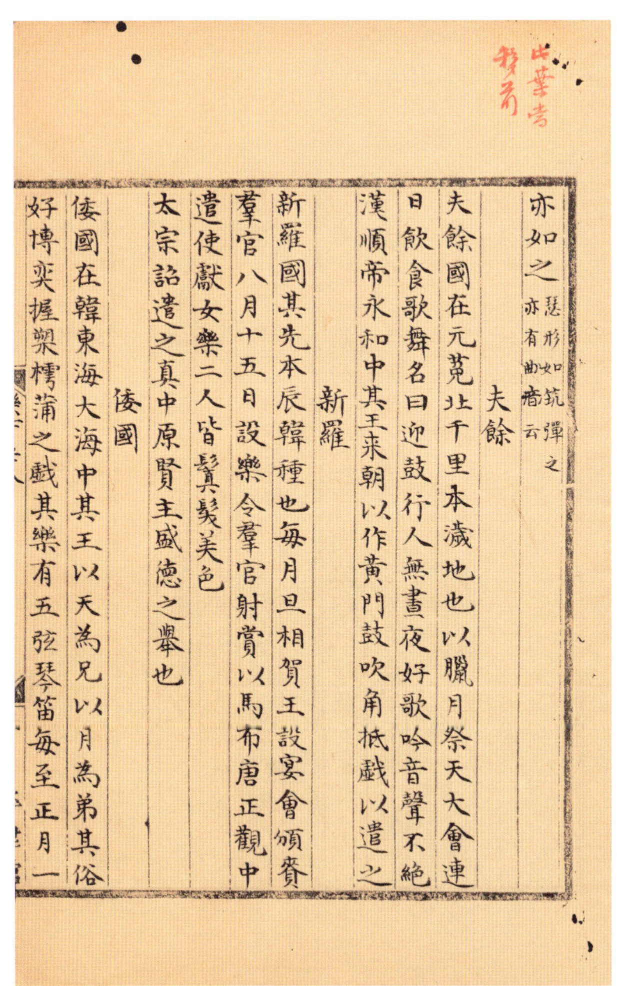

亦如之瑟形如筑彈之亦有曲調云
夫餘
夫餘國在元菟北千里本濊地也以臘月祭天大會連
日飲食歌舞名曰迎鼓行人無晝夜好歌吟音聲不絶
漢順帝永和中其王來朝以作黃門鼓吹角抵戲以遣之
新羅
新羅國其先本辰韓種也每月旦相賀王設宴會頒賚
羣官八月十五日設樂令羣官射賞以馬布唐正觀中
遣使獻女樂二人皆鬒髮美色
太宗詔遣之眞中原賢主盛德之舉也
倭國
倭國在韓東海大海中其王以天為兄以月為弟其俗
好博奕握槊樗蒲之戲其樂有五弦琴笛每至正月一

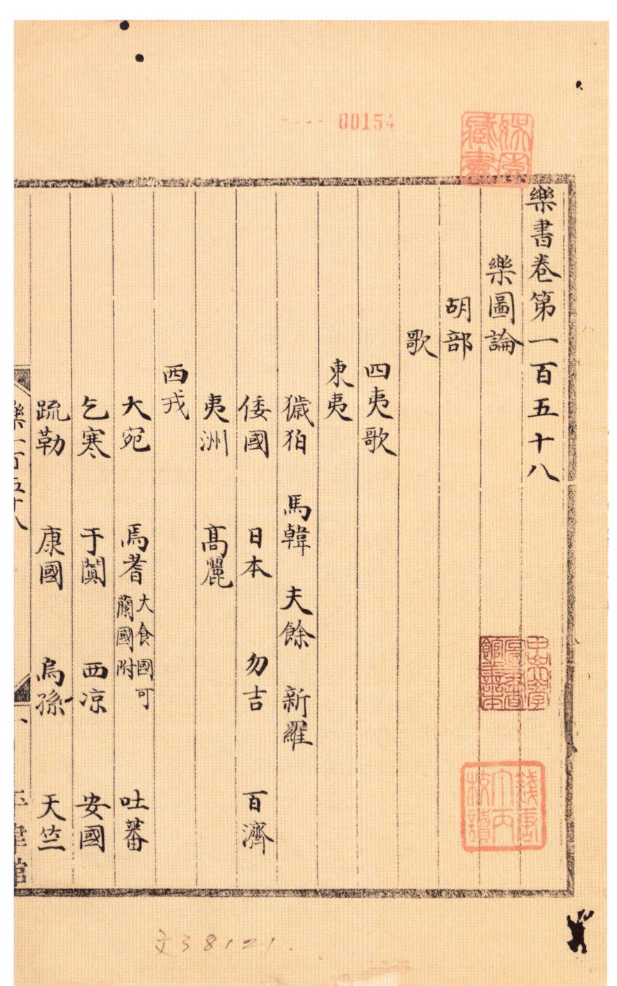

樂書卷第一百五十八
樂圖論
胡部
歌
四夷歌
東夷
濊貊　馬韓　夫餘　新羅
倭國　日本　勿吉　百濟
夷洲　高麗
西戎
大宛　焉耆大食國可蘭國附　吐蕃
乞寒　于闐　西涼　安國
疏勒　康國　烏孫　天竺

樂經以俟録不分卷　明瞿九思撰

明萬曆三十五年（1607）史學遷刻本　四册

九行二十字。白口，四周雙邊，單魚尾。有刻工。框高22.1釐米，寬13釐米。鈐“静君”“蕭瘳松印”印。卷端題“明後學平陽史學遷刻”，又有萬曆三十五年史學遷序。

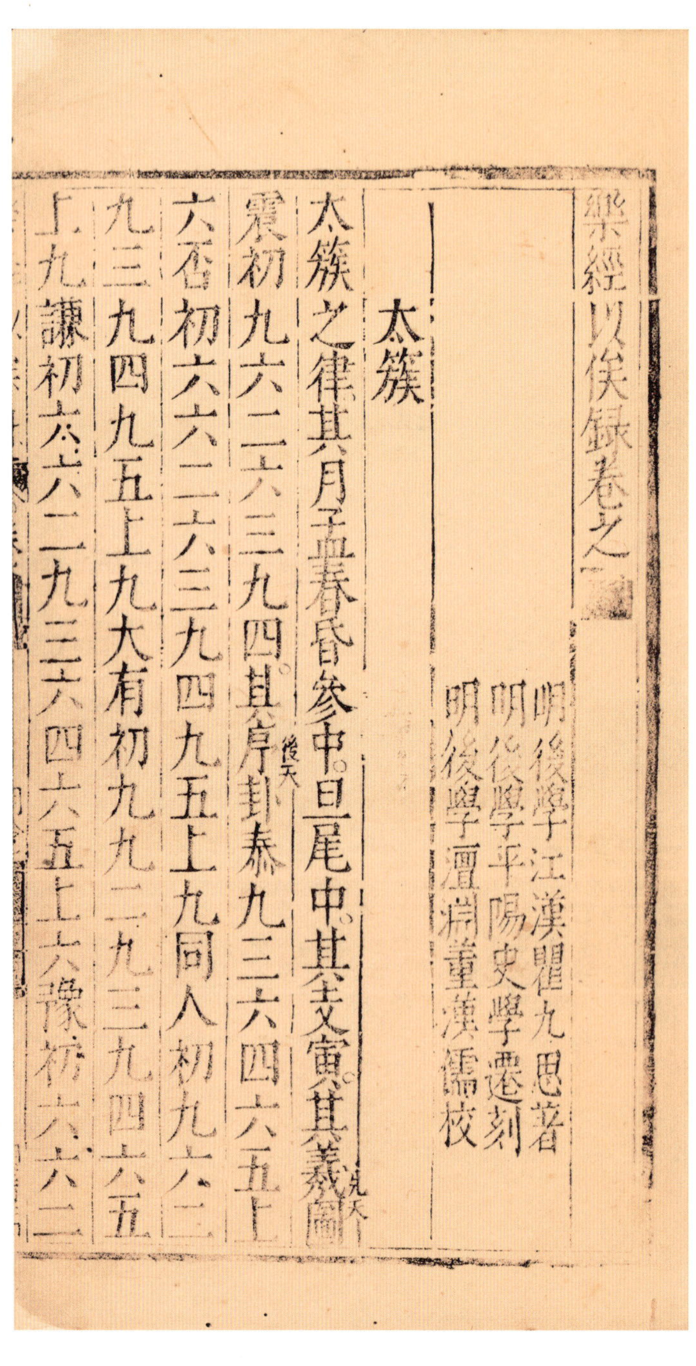
樂經以俟録卷之一

明後學江漢瞿九思著

明後學平陽史學遷刻

明後學澧州董漢儒校

太簇

太簇之律其月孟春昏參中旦尾中其支寅其義圖

震初九六二六三九四其序卦泰九三六四六五上

六否初六六二六三九四九五上九同人初九六二

九三九四九五上九大有初九九二九三九四六五

上九謙初六六二九三六四六五上六豫初六六二

樂經或問三卷大成樂譜一卷　清汪紱撰

清抄本　六册

十一行二十二字。白口，四周雙邊，單魚尾。框高21釐米，寬15.3釐米。鈐“休寧汪季青家藏書籍”印。汪紱，初名烜，字燦人，號雙池，安徽婺源（今屬江西）人。

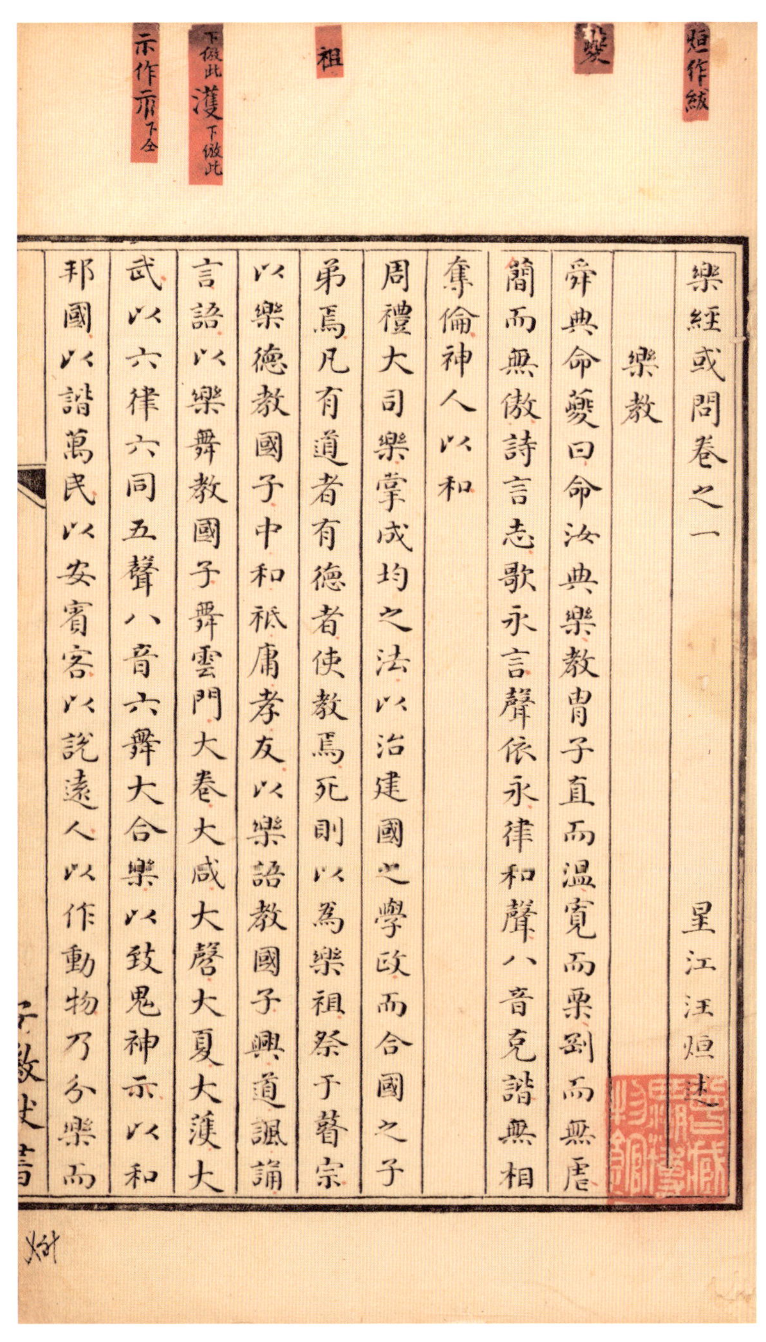

樂經或問卷之一　星江汪烜述

樂教

舜典命夔曰命汝典樂教胄子直而溫寬而栗剛而無虐簡而無傲詩言志歌永言聲依永律和聲八音克諧無相奪倫神人以和

周禮大司樂掌成均之法以治建國之學政而合國之子弟焉凡有道者有德者使教焉死則以為樂祖祭于瞽宗以樂德教國子中和祗庸孝友以樂語教國子興道諷誦言語以樂舞教國子舞雲門大卷大咸大磬大夏大濩大武以六律六同五聲八音六舞大合樂以致鬼神示以和邦國以諧萬民以安賓客以說遠人以作動物乃分樂而

春秋經傳集解三十卷　晋杜預撰　唐陸德明釋文

明刻本　清申涵昐批點并題識　十五册

八行十七字，小字雙行同。白口，四周雙邊，雙魚尾。框高20.3釐米，寬13釐米。鈐“申涵昐印”。

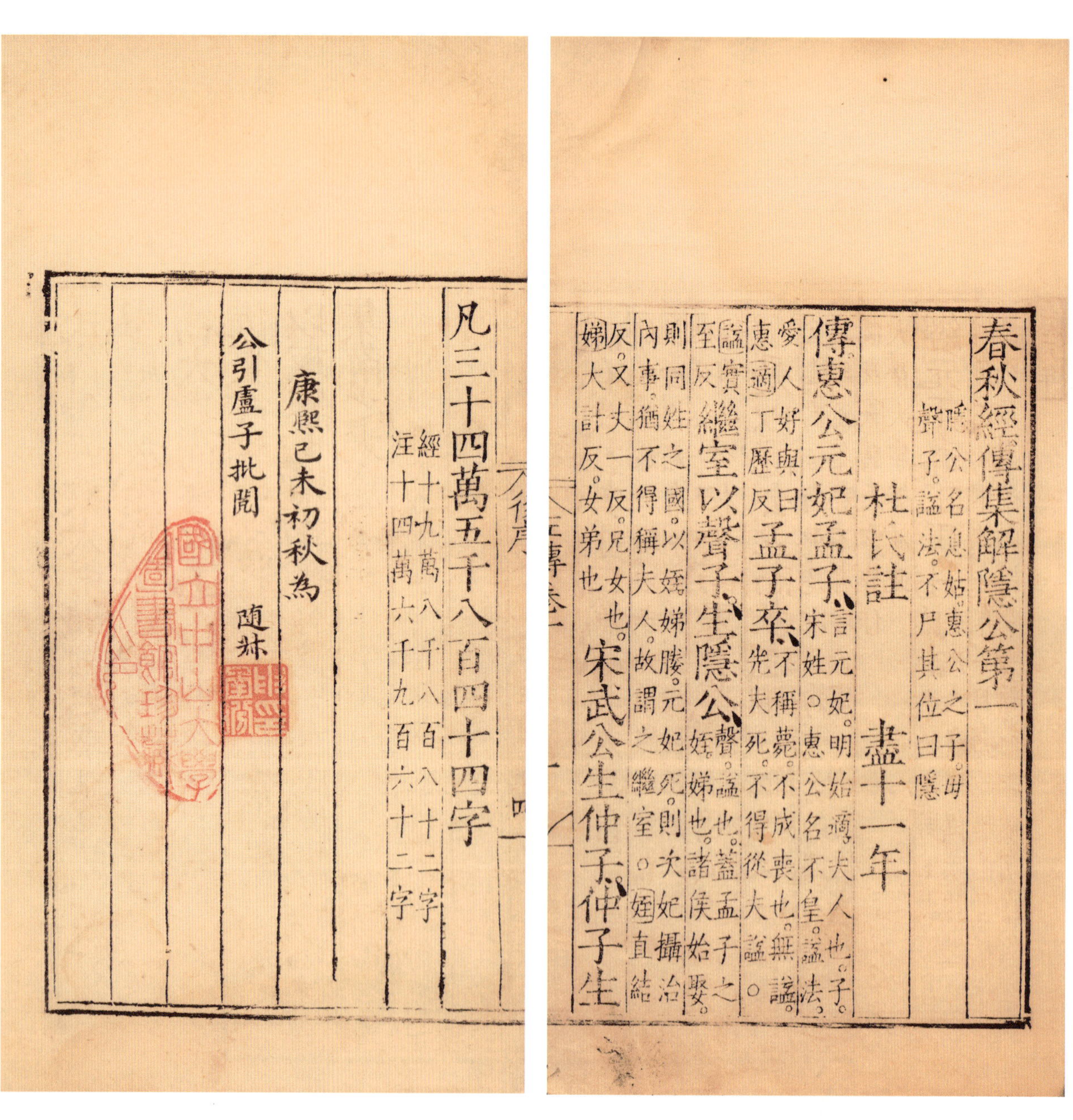
凡三十四萬五千八百四十四字
經十九萬八千八百八十二字
注十四萬六千九百六十二字

康熙己未初秋為
公引盧子批閱

春秋經傳集解隱公第一
隱公名息姑。惠公之子。母聲子。謚法。不尸其位曰隱
杜氏註　盡十一年
傳惠公元妃孟子。言元妃。明始適夫人也。子。宋姓。○惠公名不皇。謚法。愛人好與曰惠。適丁歷反孟子卒。不稱薨。不成喪也。無謚。先夫死。不得從夫謚。○謚實至反繼室以聲子生隱公。聲。謚也。蓋孟子之姪娣也。諸侯始娶則同姓之國以姪娣媵。元妃死則次妃攝治內事。猶不得稱夫人。故謂之繼室。○姪直結反。又大一反。兄女也。娣大計反。女弟也宋武公生仲子。仲子生

讀春秋左氏贅言十二卷　明王升撰

明萬曆十六年（1588）賀邦泰刻本　四册

九行二十一字。白口，左右雙邊，單魚尾。框高21.2釐米，寬13.3釐米。前有萬曆十六年賀邦泰序，言刻書事。

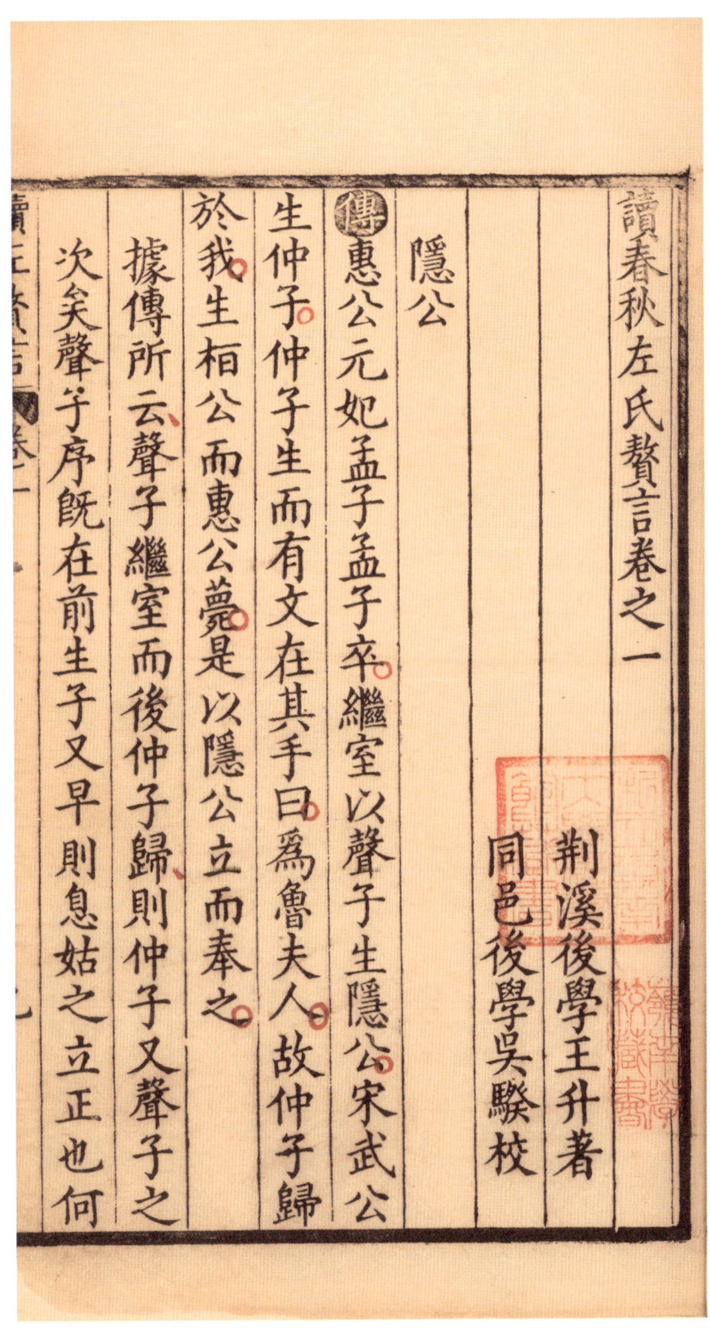

讀春秋左氏贅言卷之一

荆溪後學王升著

同邑後學吳騤校

隱公

傳　惠公元妃孟子孟子卒繼室以聲子生隱公宋武公生仲子仲子生而有文在其手曰爲魯夫人故仲子歸於我生桓公而惠公薨是以隱公立而奉之

據傳所云聲子繼室而後仲子歸則仲子又聲子之次矣聲子序既在前生子又早則息姑之立正也何

讀左贅言　卷之一

左氏詳節八卷　明許孚遠輯

明萬曆刻本　八册

九行十九字，小字雙行同。黑口，左右雙邊，單魚尾。有刻工。框高20.5釐米，寬13.2釐米。

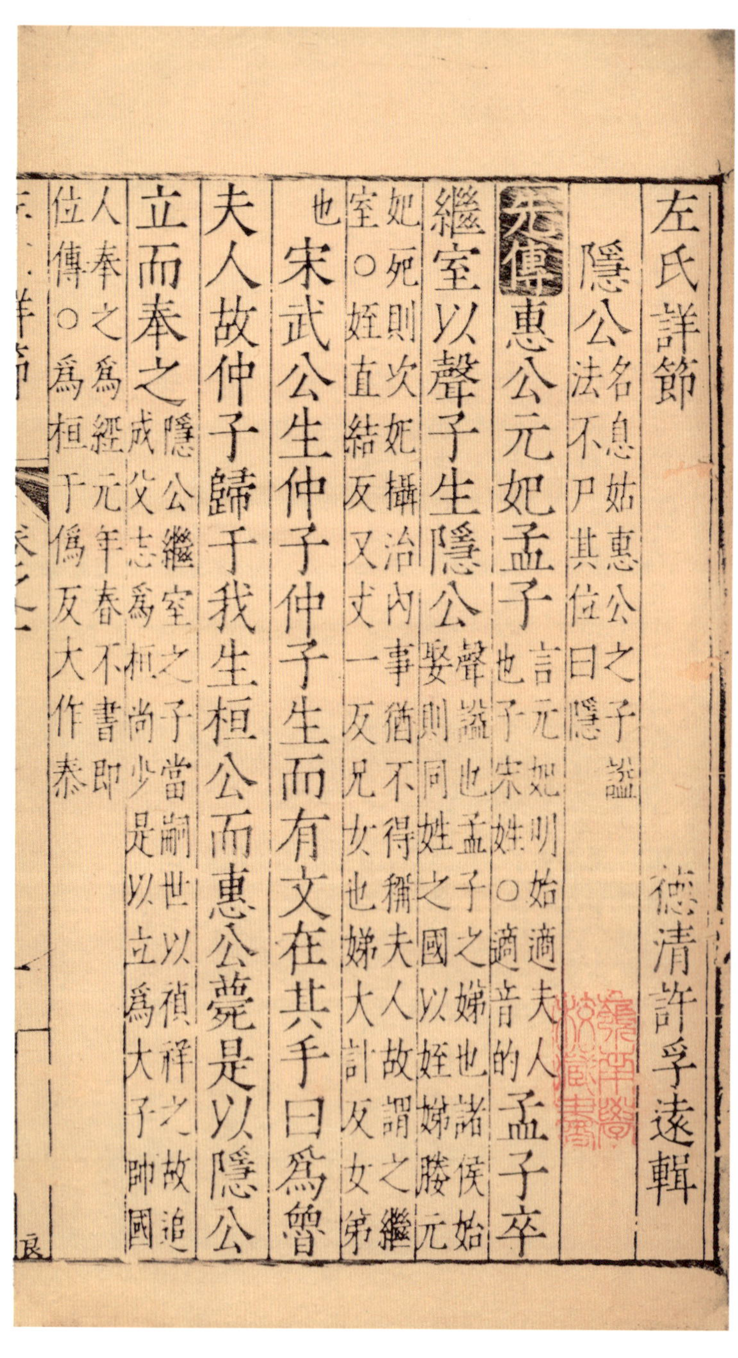
左氏詳節　德清許孚遠輯
隱公名息姑惠公之子謚法不尸其位曰隱
左傳惠公元妃孟子言元妃明始適夫人也子宋姓○適音的孟子卒繼室以聲子生隱公聲謚也孟子之娣也諸侯始娶則同姓之國以姪娣媵元妃死則次妃攝治内事猶不得稱夫人故謂之繼室○姪直結反又丈一反兄女也娣大計反女弟也宋武公生仲子仲子生而有文在其手曰爲魯夫人故仲子歸于我生桓公而惠公薨是以隱公立而奉之隱公繼室之子當嗣世以禎祥之故追成父志爲桓尚少是以立爲大子帥國人奉之爲經元年春不書即位傳○爲桓于僞反大作泰

左氏春秋内外傳類選八卷　明樊王家選注

明萬曆三十六年（1608）刻本　八册

八行十八字，小字單行不滿行。白口，四周單邊。有刻工。框高23.7釐米，寬15.5釐米。前有萬曆三十六年樊王家自序，言刻書事。

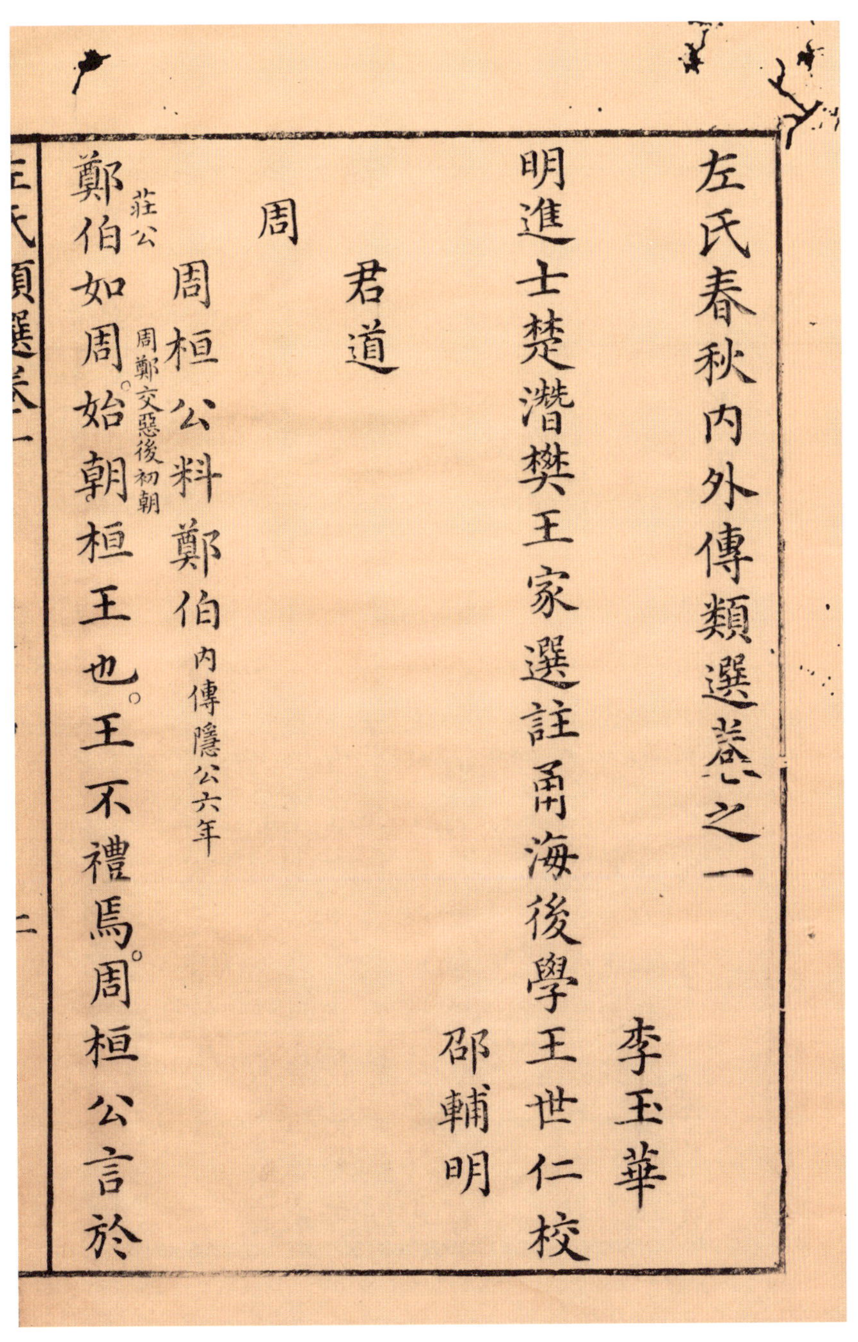

左氏春秋内外傳類選卷之一　李玉華

明進士楚潛樊王家選註　甬海後學王世仁　邵輔明　校

君道

周

周桓公料鄭伯內傳隱公六年

莊公

鄭伯如周。周鄭交惡後初朝始朝桓王也。王不禮焉。周桓公言於

左氏類選卷之一　二

左傳統箋三十五卷 清姜希轍撰

清康熙刻本　清佚名批校　二十四册

九行二十一字，小字雙行同。白口，四周單邊，單魚尾。框高20.4釐米，寬13.6釐米。

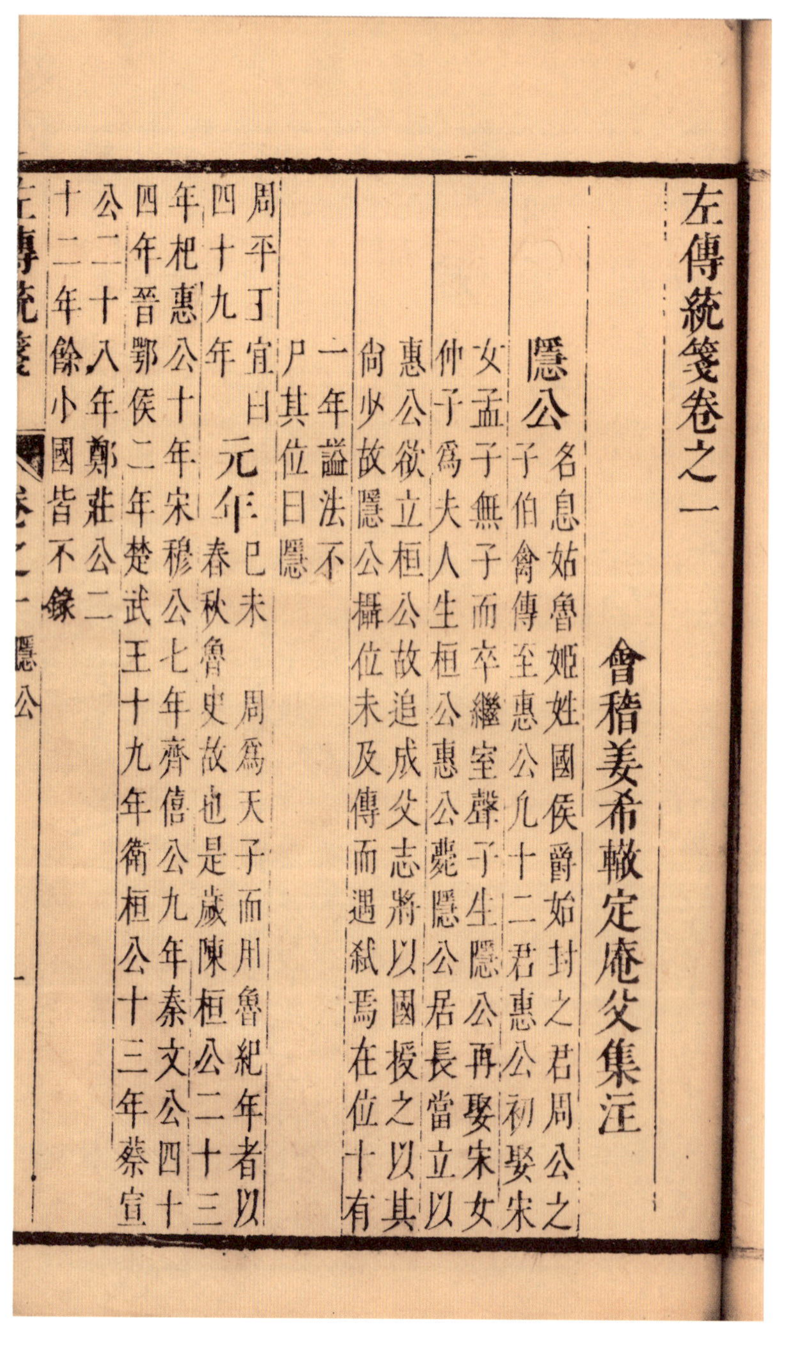

春秋四傳三十八卷綱領一卷提要一卷春秋序一卷諸國興廢説一卷春秋二十國年表一卷春秋列國東坡圖説一卷

明陳允升刻本　十四册

九行十七字，小字雙行同。白口，左右雙邊，單魚尾。框高19.7釐米，寬13.7釐米。有牌記，刻“明進士督學使者崑邑陳允升校刊”。

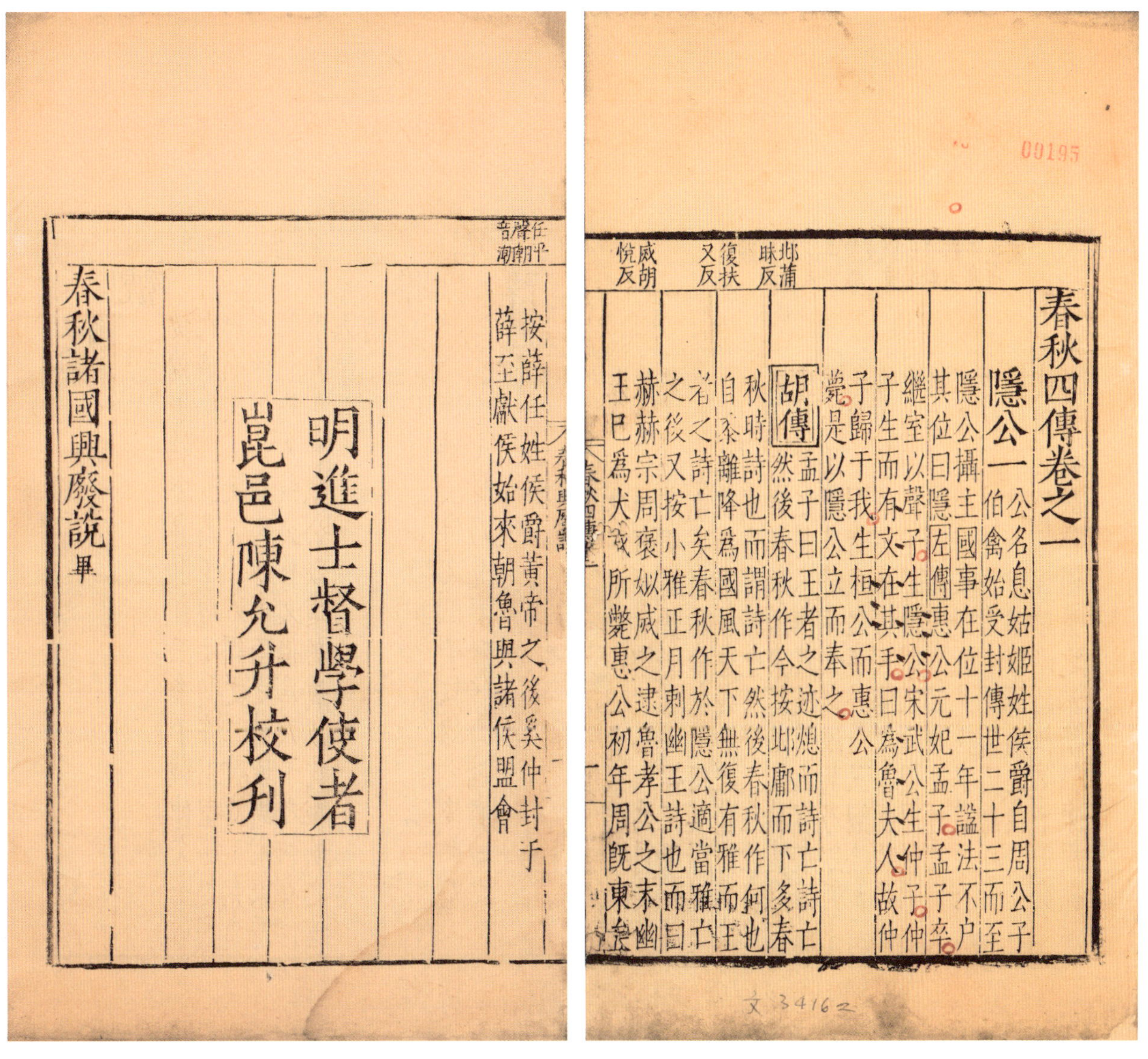

春秋國華十七卷 明嚴訥輯

明萬曆活字印本　十二册

九行二十字。白口，四周單邊，單魚尾。框高18.9釐米，寬12.8釐米。書末有嚴訥子嚴治跋，言其活字印書事。入選第一批《名録》。

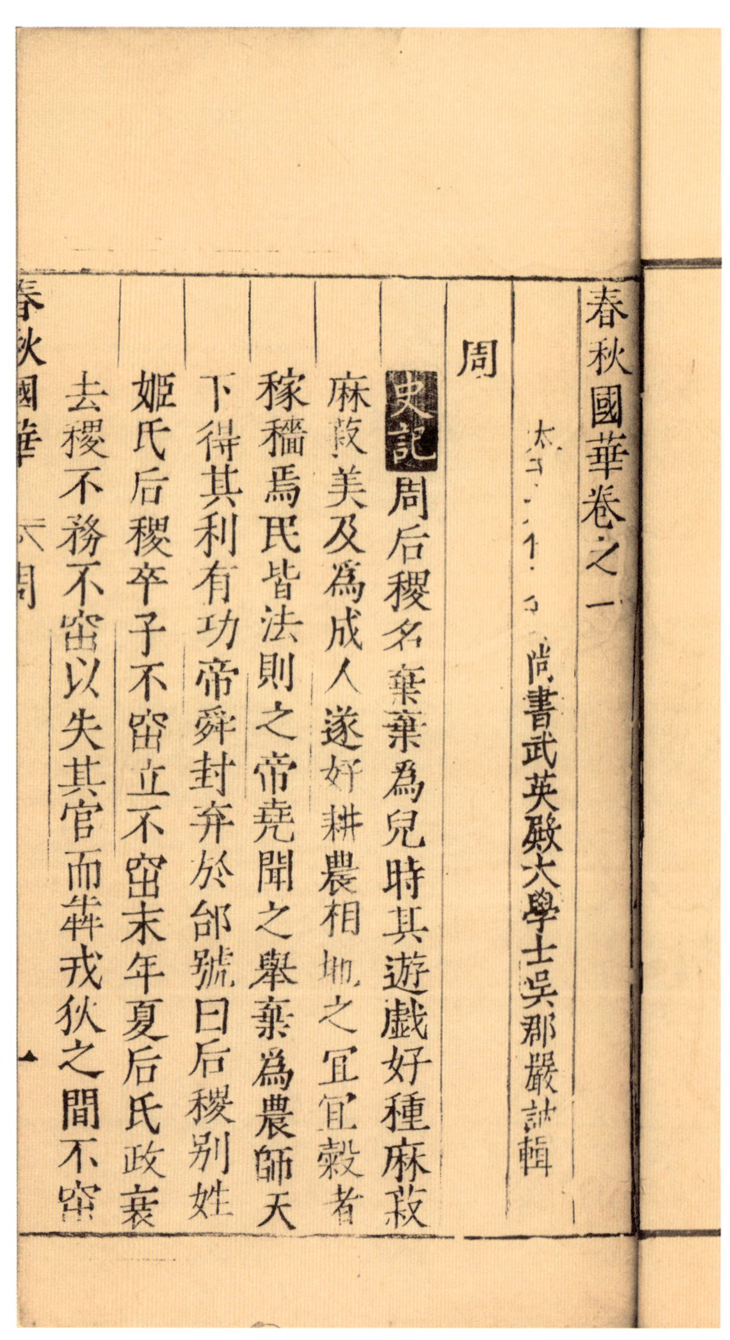

春秋國華卷之一

太子太保禮部尚書武英殿大學士吳郡嚴訥輯

周

史記 周后稷名棄棄爲兒時其遊戲好種麻菽

麻菽美及爲成人遂好耕農相地之宜宜穀者

稼穡焉民皆法則之帝堯聞之舉棄爲農師天

下得其利有功帝舜封弃於邰號曰后稷别姓

姬氏后稷卒子不窋立不窋末年夏后氏政衰

去稷不務不窋以失其官而犇戎狄之間不窋

春秋歸義三十二卷總説一卷　明賀仲軾撰

明崇禎刻清康熙重修本　十五册

九行二十字。白口，四周單邊，單魚尾。框高20.3釐米，寬13.2釐米。前有康熙二十七年（1688）賀振能撰《春秋歸義刊補始末》，言刻書事。

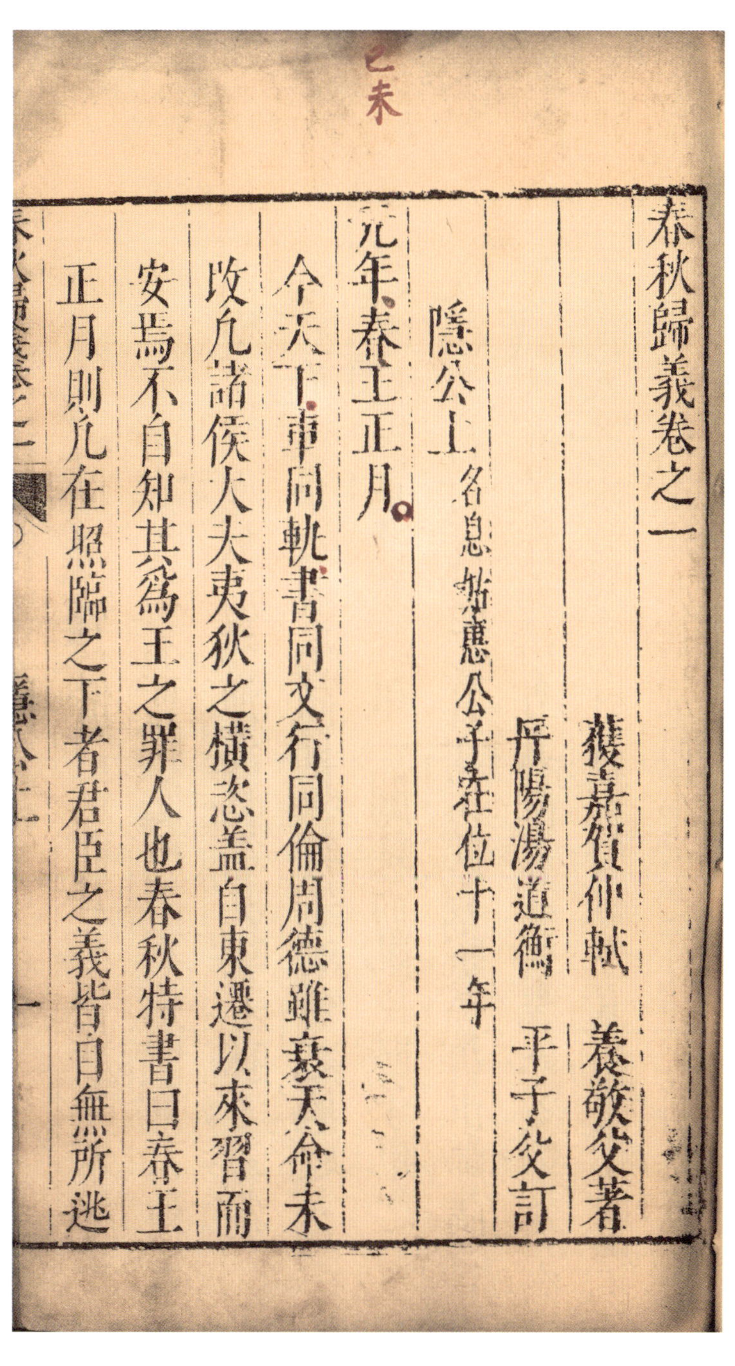
春秋歸義卷之一
獲嘉賀仲軾　養敬父著
丹陽湯道衡　平子父訂
隱公上　名息姑惠公子在位十一年
元年春王正月
今天下車同軌書同文行同倫周德雖衰天命未
改凡諸侯大夫夷狄之横恣蓋自東遷以來習爾
安焉不自知其爲王之罪人也春秋特書曰春王
正月則凡在照臨之下者君臣之義皆自無所逃

春秋歸義卷之一　隱公上　一

春秋提要便考十卷　明賀仲軾撰

明崇禎刻本　三册

九行二十字，小字雙行同。白口，四周單邊，單魚尾。框高19.5釐米，寬13.2釐米。

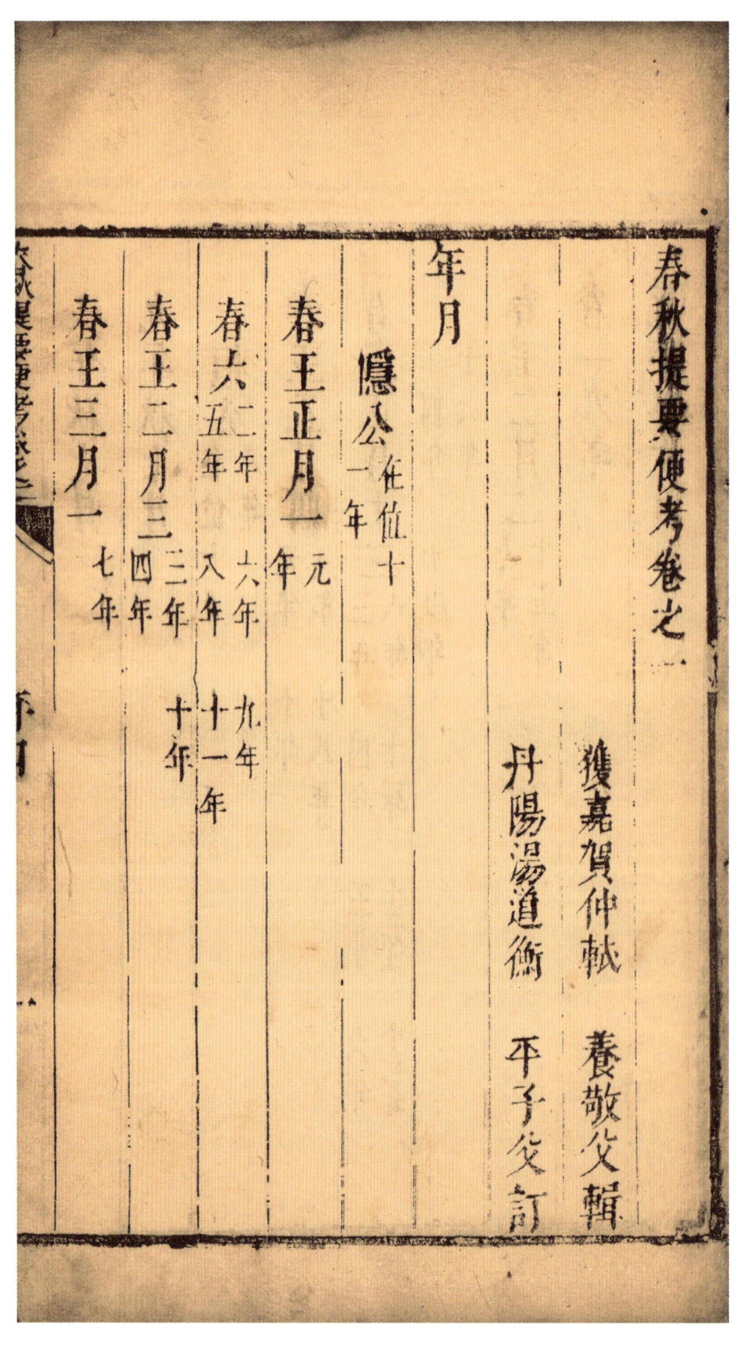
春秋提要便考卷之一

獲嘉賀仲軾　養敬父輯

丹陽湯道衡　平子父訂

年月

隱公在位十一年

春王正月一　元年

春 二年 五年 六年 八年 九年 十一年

春王二月三 三年 四年 十年

春王三月一 七年

權書止觀十二卷　明潘曾縉撰

明萬曆刻本　十册

八行二十五字，小字雙行同。白口，四周單邊，單魚尾。框高21.3釐米，寬14.3釐米。鈐“樂飢”“雪庵”印。

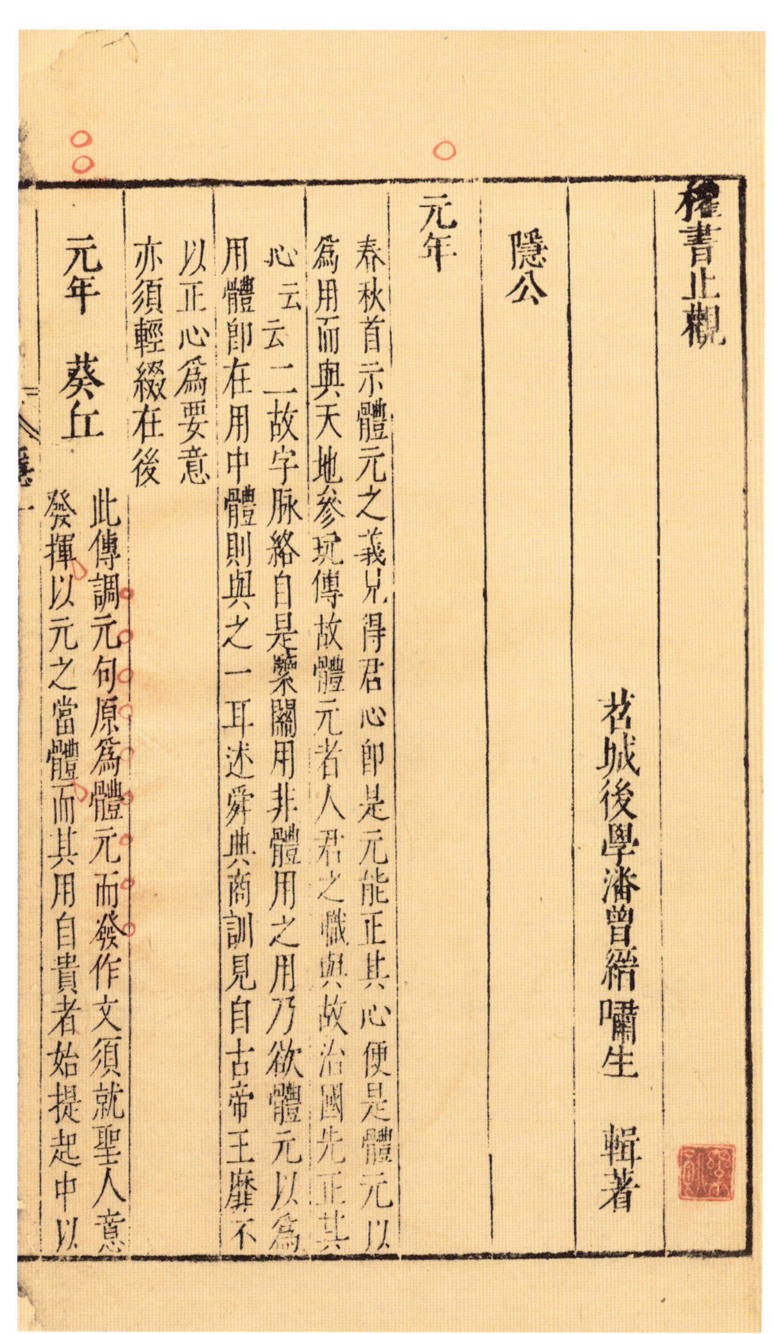

權書止觀

茗城後學潘曾縉晴生　輯著

隱公

元年

春秋首示體元之義見得君心卽是元能正其心便是體元以爲用而與天地參見傳故體元者人君之職與故治國先正其心云云二故字脉絡自是聯屬用非體用之用乃欲體元以爲用體卽在用中體則與之一耳述舜典商訓見自古帝王靡不以正心爲要意亦須輕綴在後

元年　癸丘

此傳調元句原爲體元而發作文須就聖人意發揮以元之當體而其用自貴者始提起中以

三太史彙纂四書人物類函十六卷　明項煜彙纂　明徐汧考訂

明末刻本　十二册

十行二十六字，小字雙行同。白口，四周單邊。框高22釐米，寬13.5釐米。

三太史彙纂四書人物類函卷之一　大學

古吳項　煜仲昭父　彙纂

長洲徐　汧九一父　考訂

雲間張　鼐侗初父鑒定

曾子

曾子名參字子輿魯南武城人鄫國之後也禹孫少康封其次子曲烈於鄫當魯襄公時邾人莒人滅鄫鄫世子巫奔魯去邑而爲曾氏巫凡幾傳生點點生參參年十六孔子在楚命參之楚受學焉出闕里誌

性至孝嘗出薪於野客至其家母以手搤臂參卽馳至問母曰臂何恙乎母曰今者客至搤臂以呼汝齊嘗聘以爲卿而不就曰吾父母老食人之祿則憂人之事故吾不忍遠親而爲人役參後母遇之無

人物類函　卷一　大學　一

六經奥論六卷首一卷 題宋鄭樵撰

清乾隆十八年（1753）董潮抄本　四册

十一行二十字，小字雙行不滿行。白口，左右雙邊，單魚尾。框高17.5釐米，12.3釐米。鈐“凝雲深處”“澹寧居”“守自齋珍藏”“一六淵海”“東亭圖書印”“竹外舊吟樓”印。卷首題“東亭潮手抄讀”，卷末題“癸酉十一月初四日始二十四日抄畢”。“東亭”爲董潮别號。

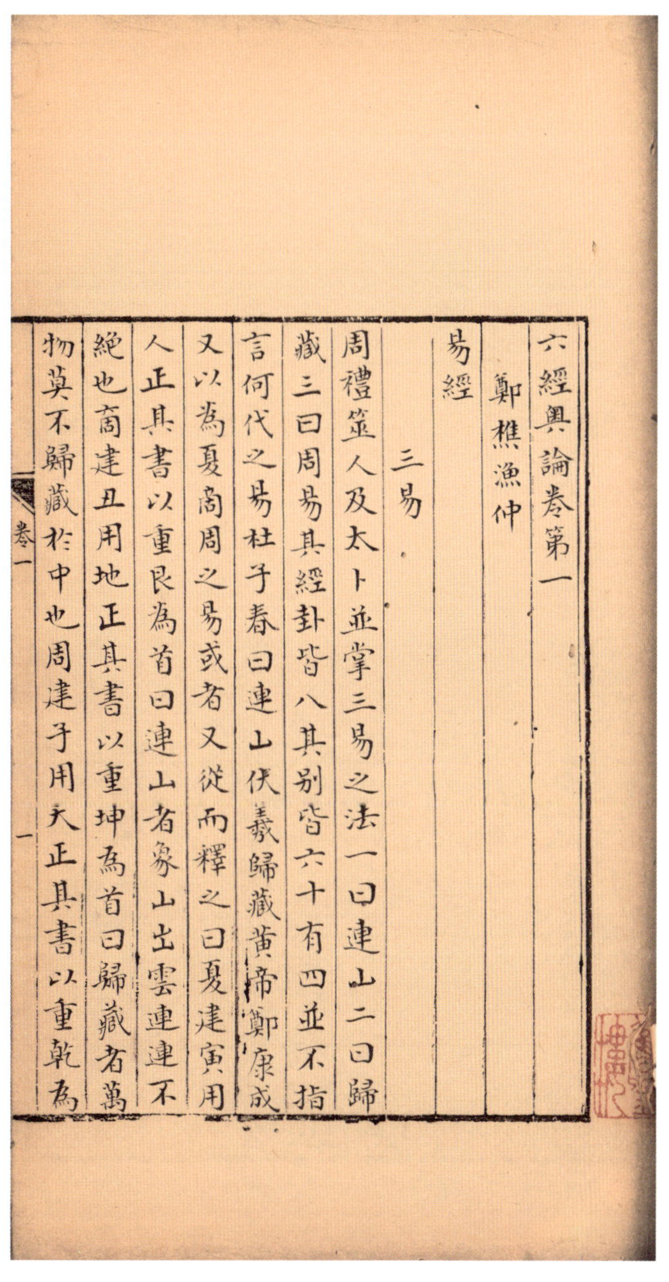
六經奥論卷第一
鄭樵漁仲
易經
三易
周禮筮人及太卜並掌三易之法一曰連山二曰歸藏三曰周易其經卦皆八其别皆六十有四並不指言何代之易杜子春曰連山伏羲歸藏黄帝鄭康成又以爲夏商周之易或者又從而釋之曰夏建寅用人正其書以重艮爲首曰連山者象山出雲連連不絶也商建丑用地正其書以重坤爲首曰歸藏者萬物莫不歸藏於中也周建子用天正其書以重乾爲

卷一　一

松源經說四卷　清孫之騄撰

清乾隆三十一年（1766）春草園刻本　四册

十行二十字。黑口，左右雙邊，單魚尾。框高18釐米，寬13.3釐米。

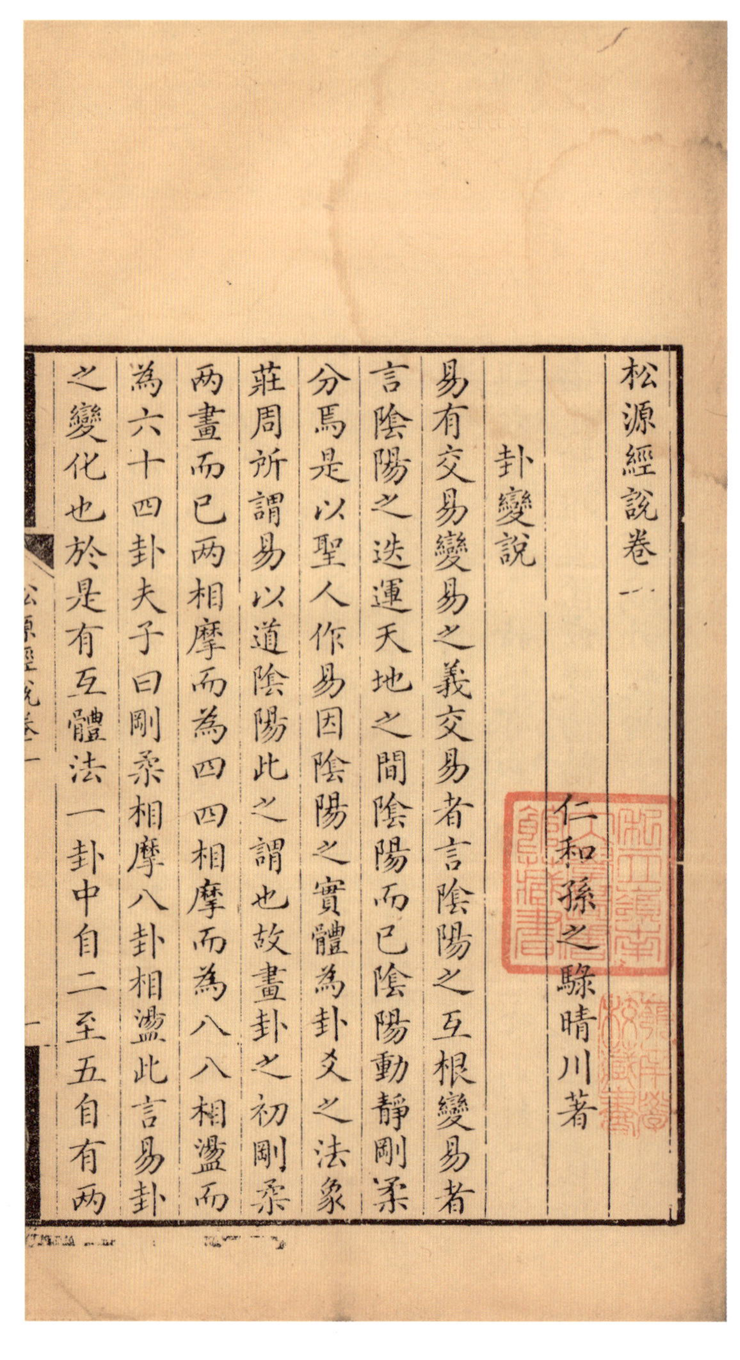

松源經說卷一

仁和孫之騄晴川著

卦變說

易有交易變易之義交易者言陰陽之互根變易者言陰陽之迭運天地之間陰陽而已陰陽動靜剛柔分焉是以聖人作易因陰陽之實體為卦爻之法象莊周所謂易以道陰陽此之謂也故畫卦之初剛柔兩畫而已兩相摩而為四四相摩而為八八相盪而為六十四卦夫子曰剛柔相摩八卦相盪此言易卦之變化也於是有互體法一卦中自二至五自有兩

松源經說卷一

駢雅七卷　明朱謀㙔撰

明萬曆十七年（1589）朱統鍡玄湛堂刻本　二册

八行十八字。白口，四周雙邊，單魚尾。有刻工。框高20.7釐米，寬13.3釐米。書末有萬曆十五年（1587）朱統鍡《刻駢雅跋》，言刻書事。

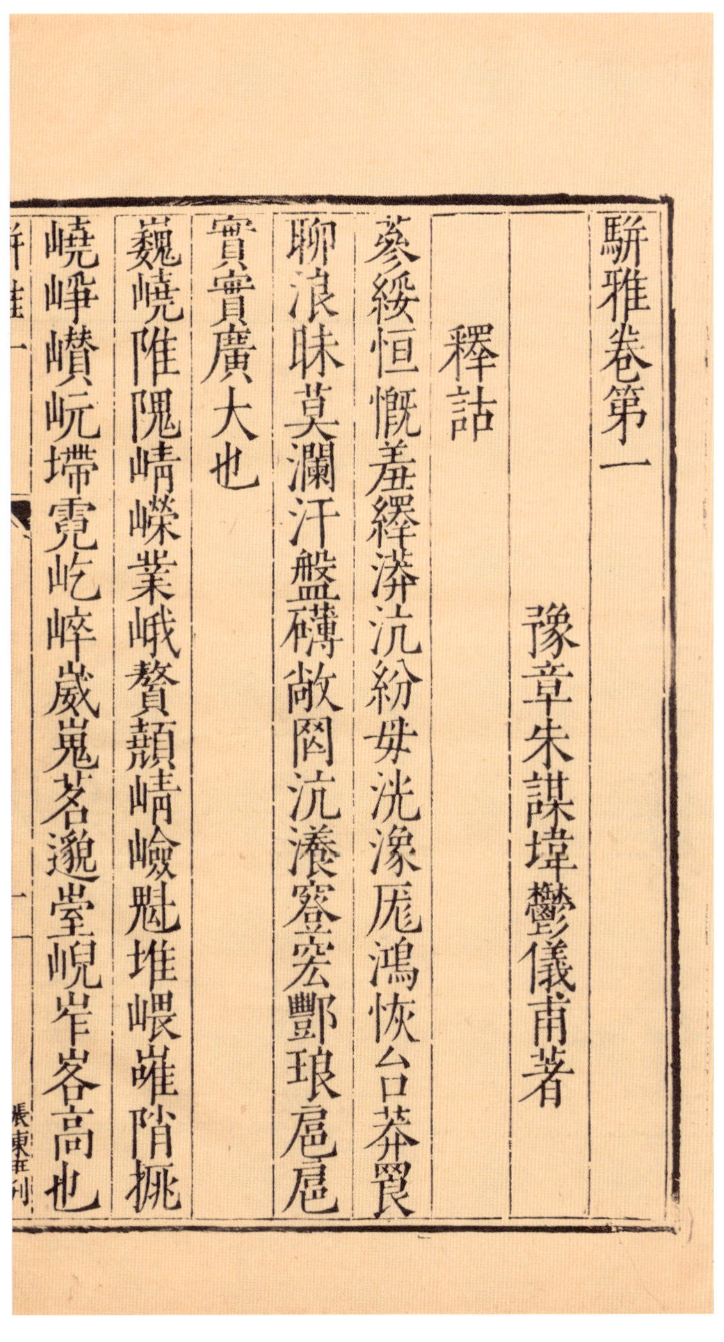
駢雅卷第一
豫章朱謀㙔鬱儀甫著
釋詁
蔘綏恒慨羞繹滖沆紛毋洸潒庬鴻恢台莽罠
聊浪眛莫瀾汗盤礴敞罔沆瀁𥨐宏酆琅扈扈
賁實廣大也
巍嶢陮隗崝嶸業峨贅顤崝嶮魁堆嵔崔陗挑
嶢崢巑岏嵽霓屹崒嵗嵬茗邈堂峴岸峉高也
駢雅一　一　張東莊刊

英語集全六卷 清唐廷樞撰

清同治元年(1862)廣州緯經堂刻本　六册

六行字不等。白口，四周雙邊，雙魚尾。框高20.2釐米，寬13.5釐米。鈐“戴鎦齡藏書章”印。扉頁刻“同治元年六月”，版心鐫“緯經堂板”。前有同治元年張玉堂序，言刻書事。

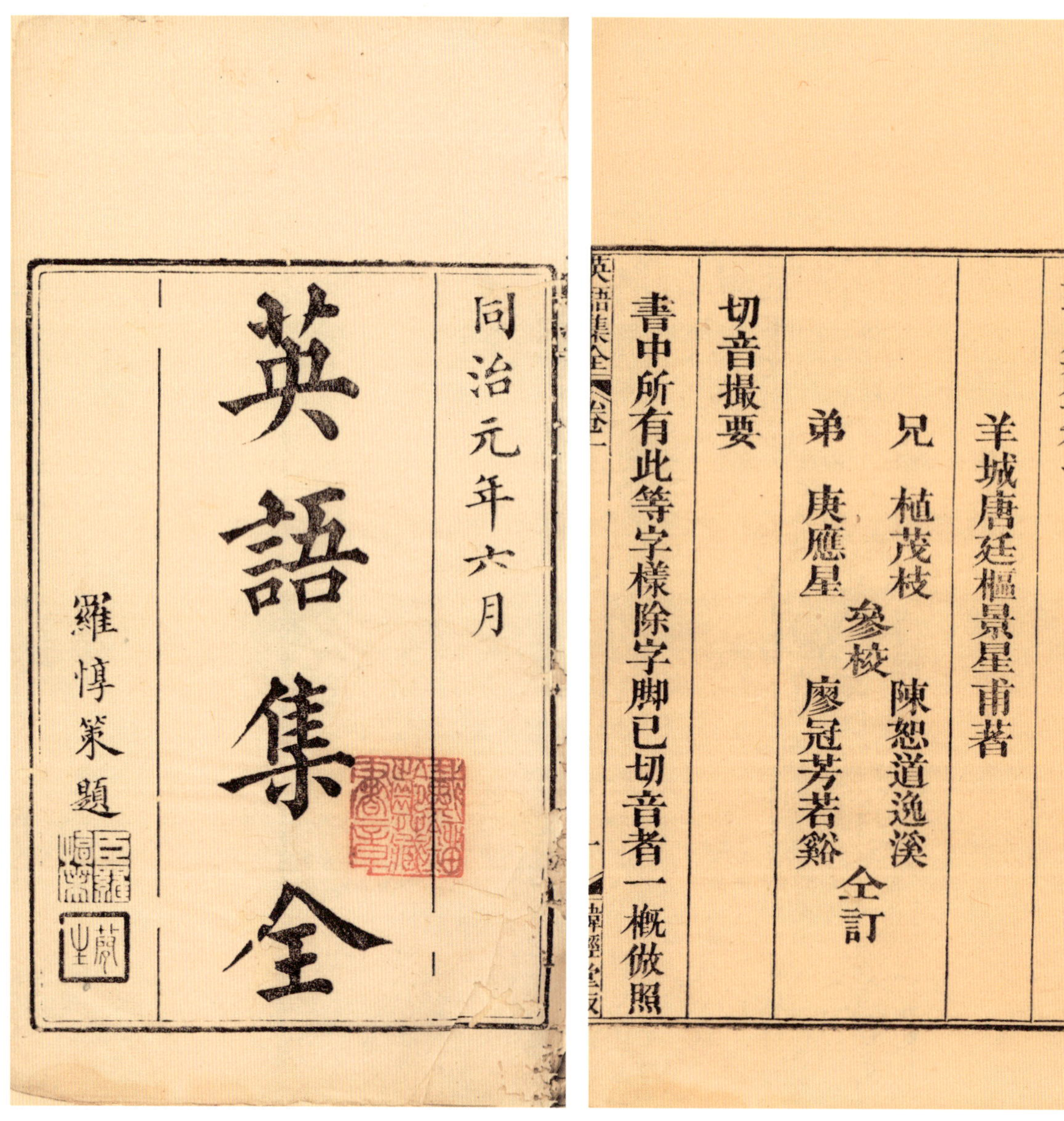

同治元年六月

英語集全

羅惇衍題

英語集全卷一

羊城唐廷樞景星甫著

兄　植茂枝
弟　庚應星　參校　陳恕道逸溪
廖冠芳若谿　仝訂

切音撮要

書中所有此等字樣除字脚已切音者一概做照

説文聲表標目一卷　清陳澧撰

稿本　劉少雄題識　一册

九行字不等。無欄格。書高27釐米，寬14.3釐米。

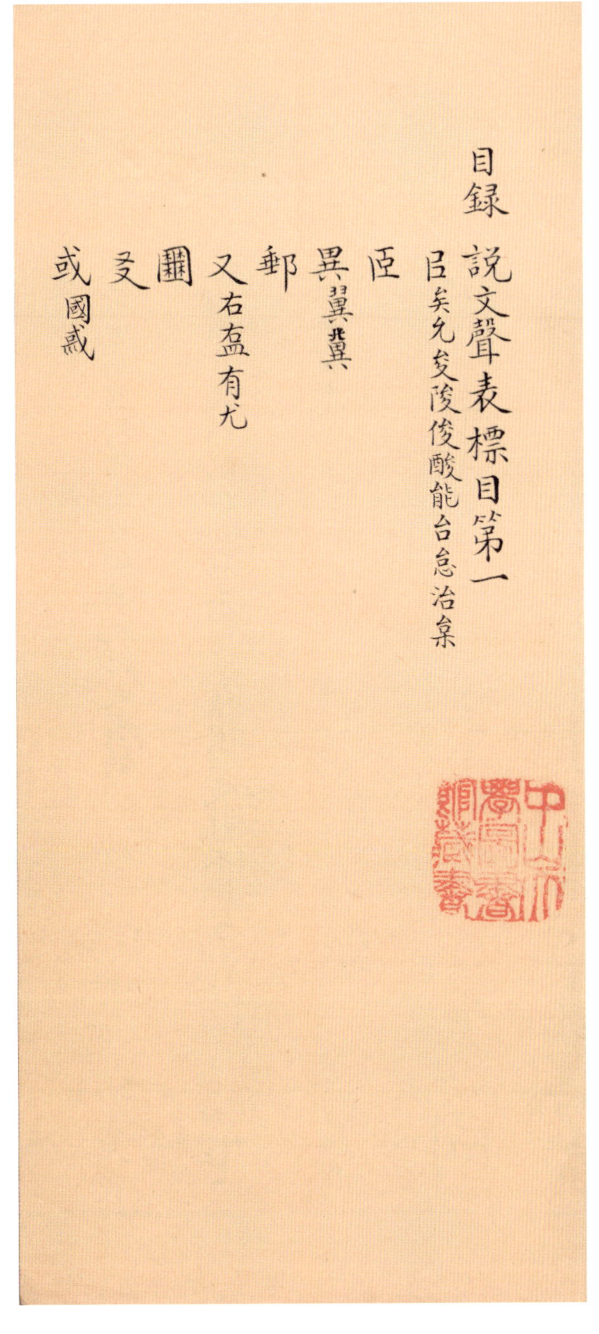
目録

説文聲表標目第一

㠯矣允夋陵俊酸能台怠治枲

𦣝

異翼冀

郵

又右盍有尤

圞

叐

或國惑

金石韻府五卷　明朱雲撰

清抄本　四册

六行字不等。白口，四周單邊。框高20.4釐米，寬14.4釐米。鈐“張履旋印”“磊塘”印。

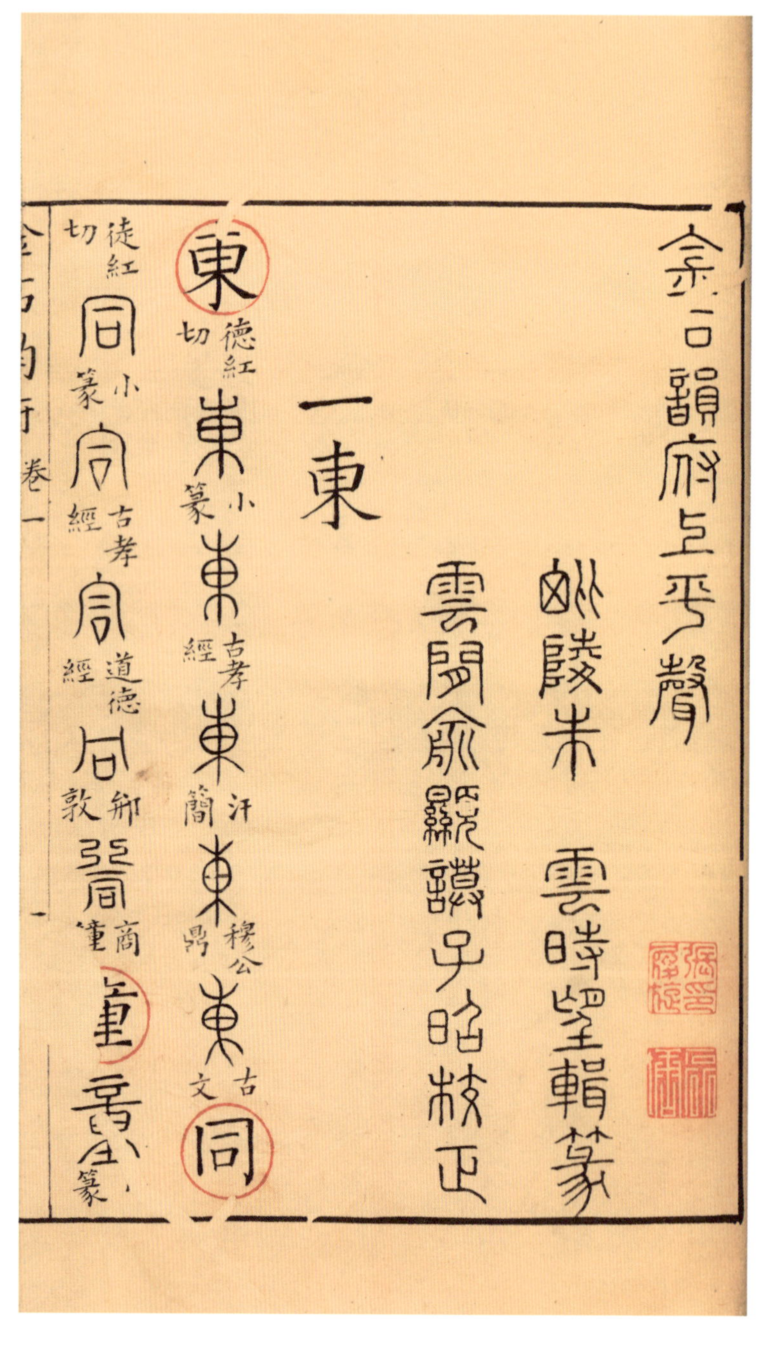
金石韻府上平聲
毗陵朱雲時望輯纂
雲間俞顯謨子昭校正
一東
東 德紅切
東 小篆
東 古孝經
東 汗簡
東 穆公鼎
東 古文
同 徒紅切
同 小篆
同 古孝經
同 道德經

金石韻府　卷一

同文備攷八卷首三卷聲韻會通一卷韻要粗釋四卷 明王應電撰

明藍格抄本　清拓庵題識　十四册

七行字不等，小字雙行二十八字。白口，四周單邊。框高21.3釐米，寬15釐米，或框高24.5釐米，寬15釐米。鈐“閲古樓攷藏金石書畫圖籍章”“東漢傳經之家”“姚氏祕笈之印”“龔樵生藏書印”“亦政堂”“樵生所得”“剡川寬印”“拓庵”印。《備考》缺卷一至二。

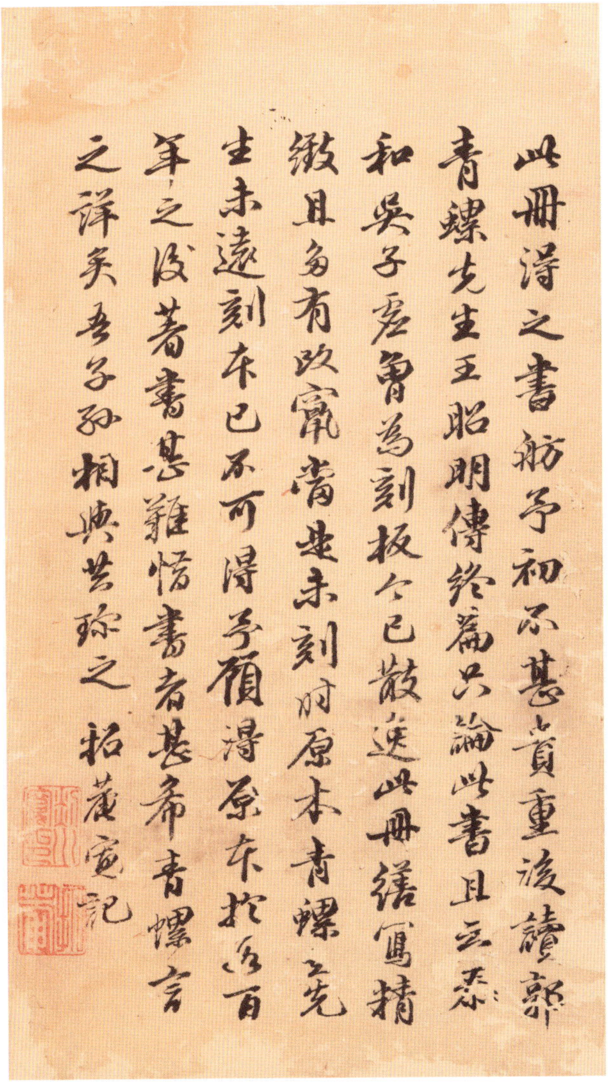

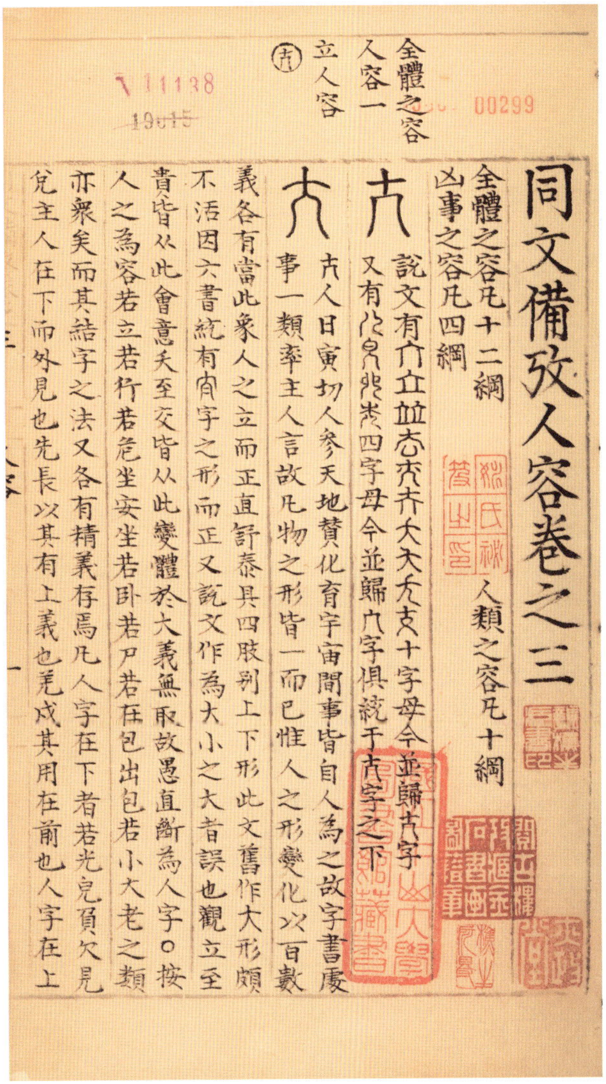

新校經史海篇直音五卷

明刻藍印本　清王緒祖題跋　五册

十一行字不等，小字雙行不滿行。黑口，四周雙邊，雙魚尾。有刻工。框高23釐米，寬16釐米。入選第三批《名録》。

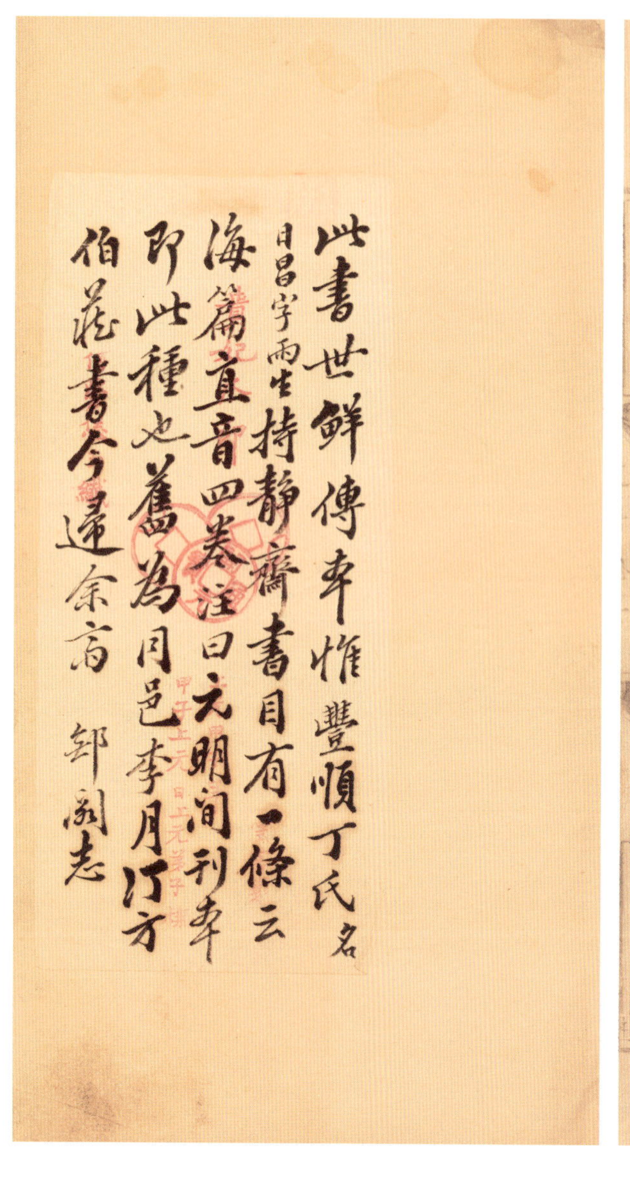

此書世鮮傳本惟豐順丁氏名日昌字雨生持靜齋書目有一條云海篇直音四卷注曰元明間刊本即此種也舊爲同邑李月汀方伯藏書今遂余有 郘剛志

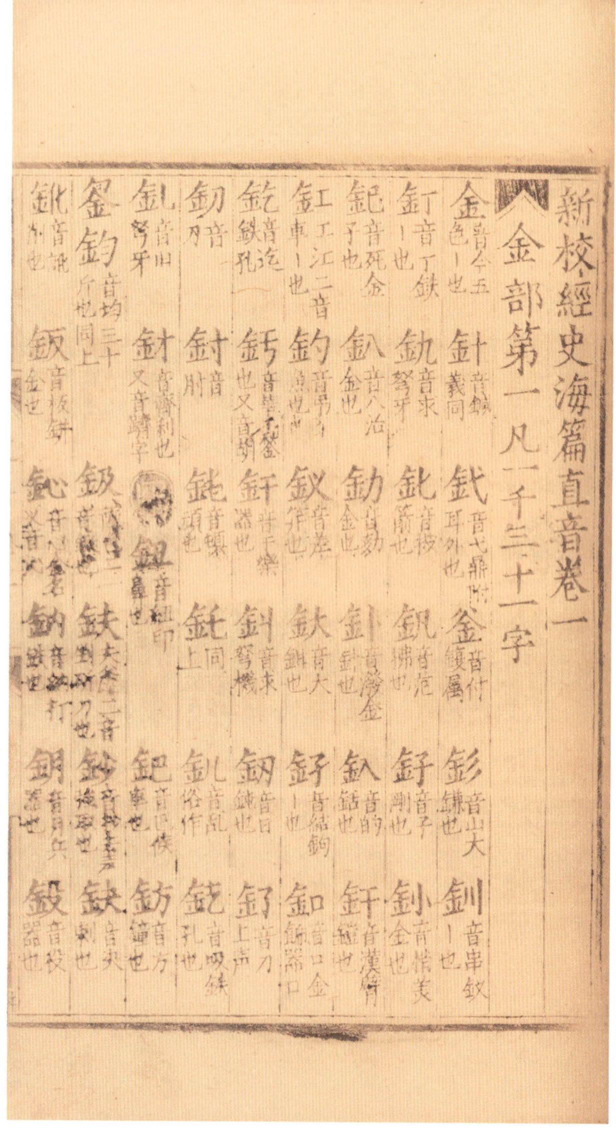

新校經史海篇直音卷一

金部第一凡一千三十一字

大廣益會玉篇三十卷　南朝梁顧野王撰　唐孫强增字　宋陳彭年等重修
玉篇廣韻指南一卷

明劉氏明德書堂刻本　六册

十二行字不等，小字雙行二十八字。黑口，四周雙邊，雙魚尾。框高20.3釐米，寬13釐米。鈐“長沙易氏藏書之章”“風樹亭藏書記”“楊守敬印”“星吾海外訪得祕笈”“宜都楊氏藏書記”等印。卷端題“劉氏明德堂京本校正”，卷三十末牌記鎸“劉氏明德書堂新栞”。入選第二批《名録》。

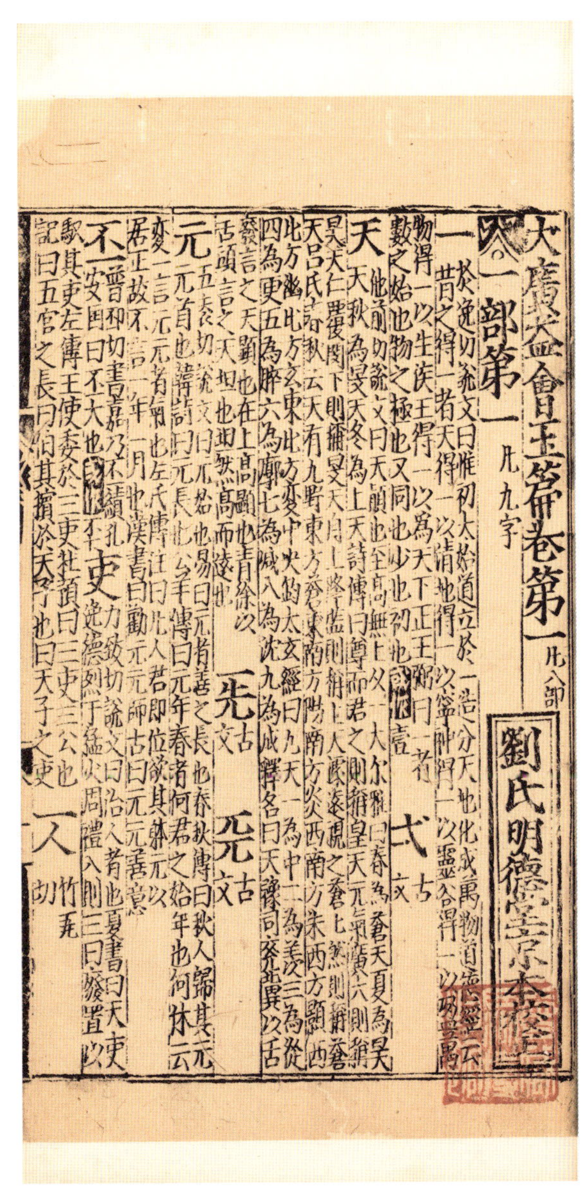

六書統二十卷 元楊桓撰

元至大元年（1308）江浙行省儒學刻元明遞修本　二十册

八行十四字，小字雙行二十三字。黑口，左右雙邊，雙魚尾。有刻工。框高22.2釐米，寬16.5釐米。鈐“南陵徐乃昌校勘經籍記”“積學齋徐乃昌藏書”“積餘秘笈識者寶之”“徐乃昌讀”“延古堂李氏珍藏”印。卷末鐫“三年八月江浙等處儒學提舉余謙補修”。入選第一批《名録》。

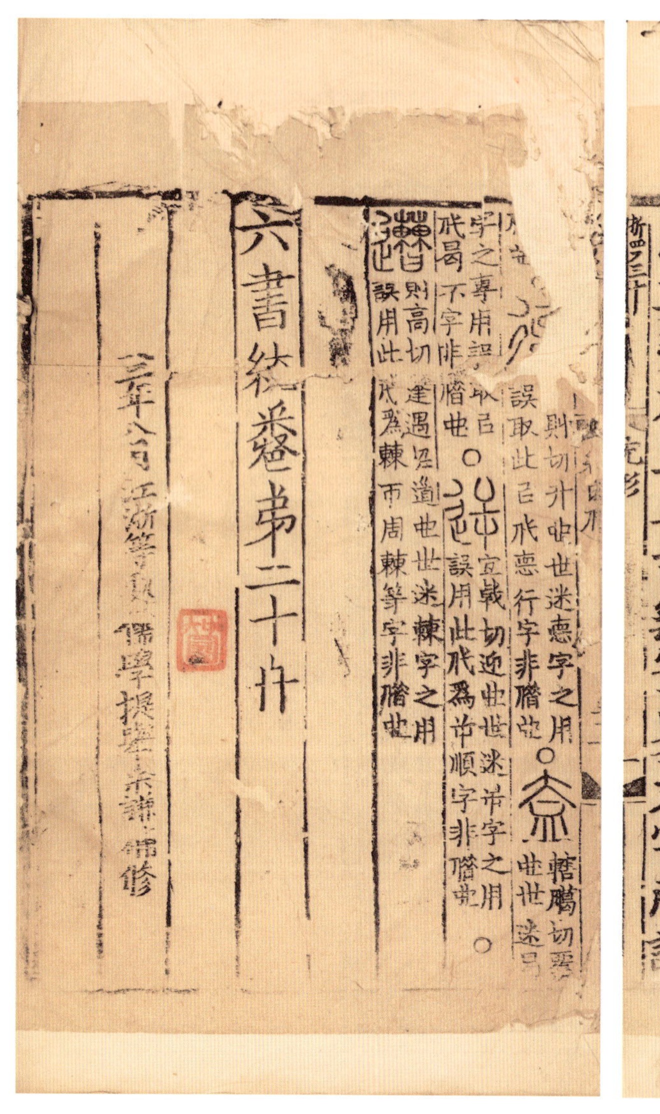

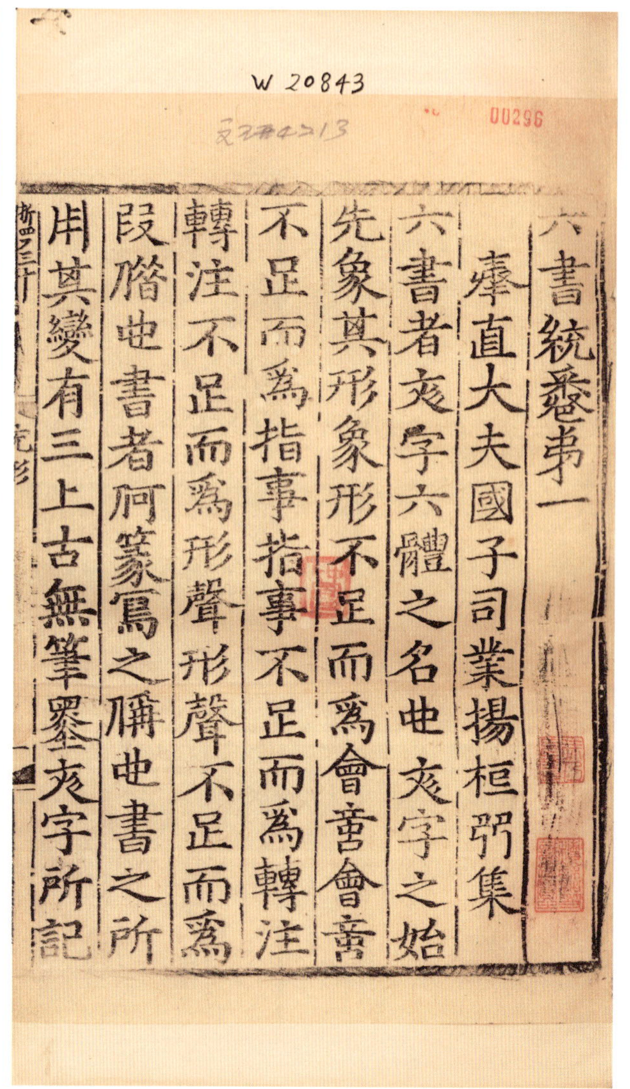

廣韻五卷 宋陳彭年等撰

明内府刻本　五册

九行字不等，小字雙行不滿行。黑口，四周雙邊，雙魚尾。框高24.4釐米，寬17.2釐米。入選第二批《名録》。

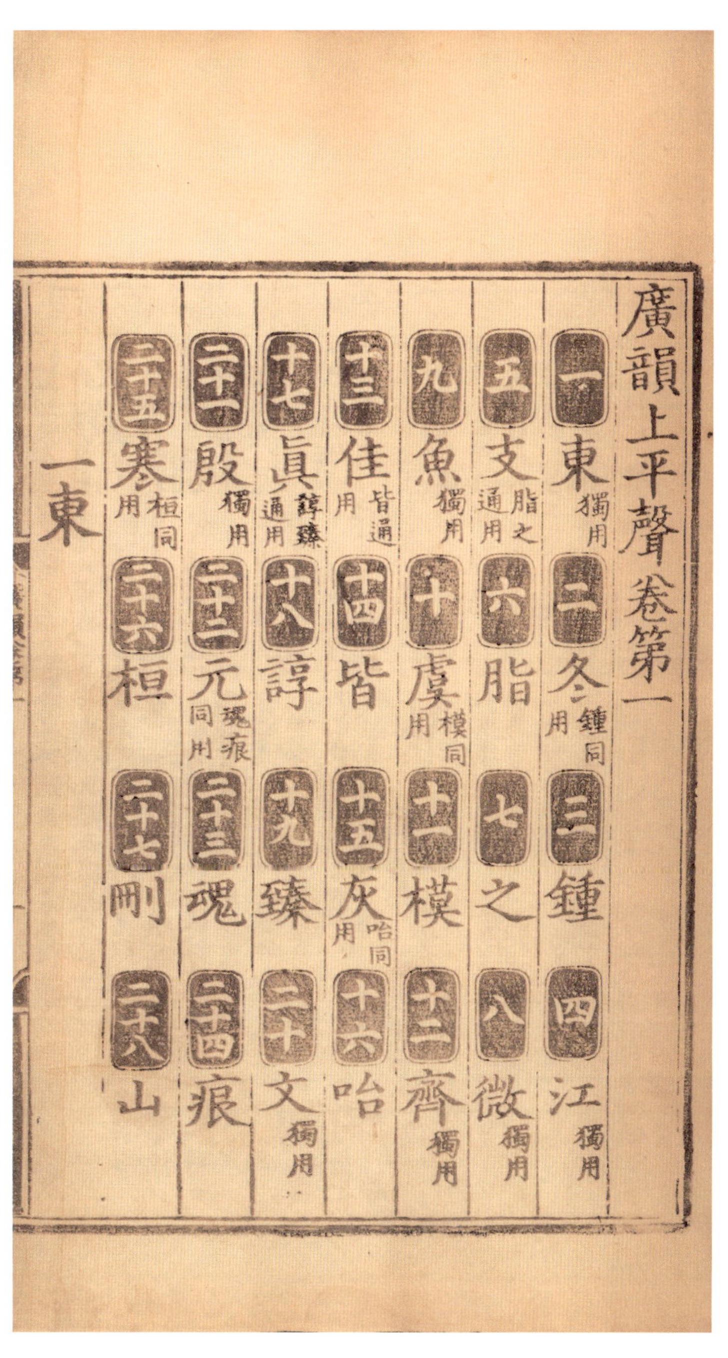

廣韻上平聲卷第一

一東獨用　二冬鍾同用　三鍾　四江獨用

五支脂之通用　六脂　七之　八微獨用

九魚獨用　十虞模同用　十一模　十二齊獨用

十三佳皆通用　十四皆　十五灰咍同用　十六咍

十七真諄臻通用　十八諄　十九臻　二十文獨用

二十一殷獨用　二十二元魂痕同用　二十三魂　二十四痕

二十五寒桓同用　二十六桓　二十七刪　二十八山

一東

押韻釋疑五卷拾遺一卷 宋歐陽德隆撰

清影宋抄本　四册

十行字不等，小字雙行二十五字。白口，左右雙邊，雙魚尾。有刻工。框高15.5釐米，寬11.8釐米。缺卷四。

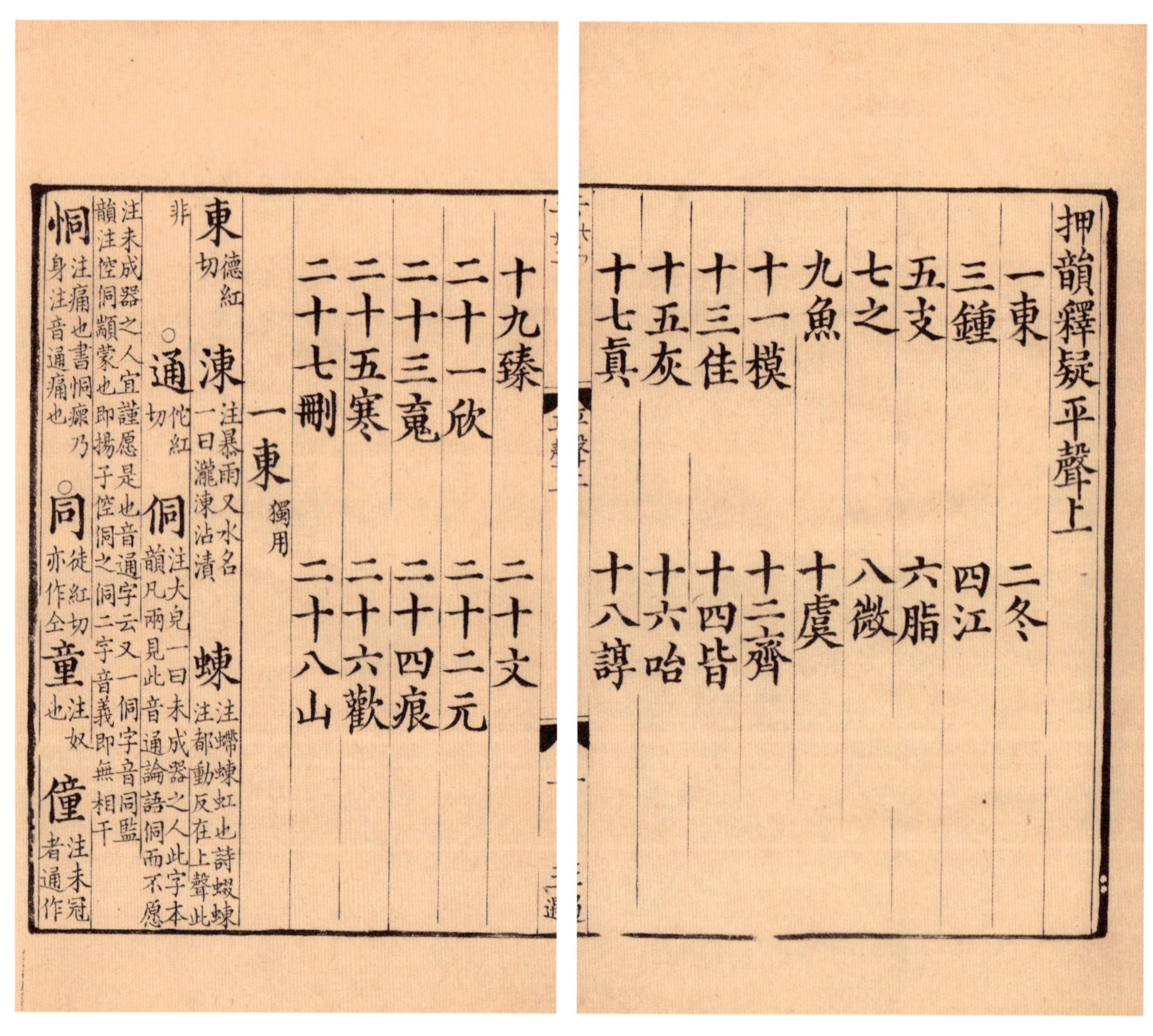

押韻釋疑平聲上
一東 二冬
三鍾 四江
五支 六脂
七之 八微
九魚 十虞
十一模 十二齊
十三佳 十四皆
十五灰 十六咍
十七真 十八諄
十九臻 二十文
二十一欣 二十二元
二十三寃 二十四痕
二十五寒 二十六歡
二十七删 二十八山
一東 獨用
東 德紅切 凍 注暴雨又水名一曰瀧凍沾漬 蝀 注螮蝀虹也詩蝃蝀注都動反在上聲此
非 ○通 他紅切 侗 注大皃一曰未成器之人此字本韻凡兩見此音通論語侗而不愿
注未成器之人宜謹愿是也音通字云又一侗字音同監韻注倥侗顓蒙也即揚子倥侗之侗二字音義即無相干
恫 注痛也書恫瘝乃身注音通痛也 ○同 徒紅切亦作仝 童 注奴也 僮 注未冠者通作

併音連聲字學集要四卷 明陶承學撰 明朱錦輯

明天啓五年（1625）刻本 八册

八行字不等，小字雙行二十四字。白口，四周單邊，單魚尾。框高22釐米，寬14釐米。鈐“李平氏”“楊岡印”“屈氏家珍”印。前有天啓五年朱鑠序，言刻書事。

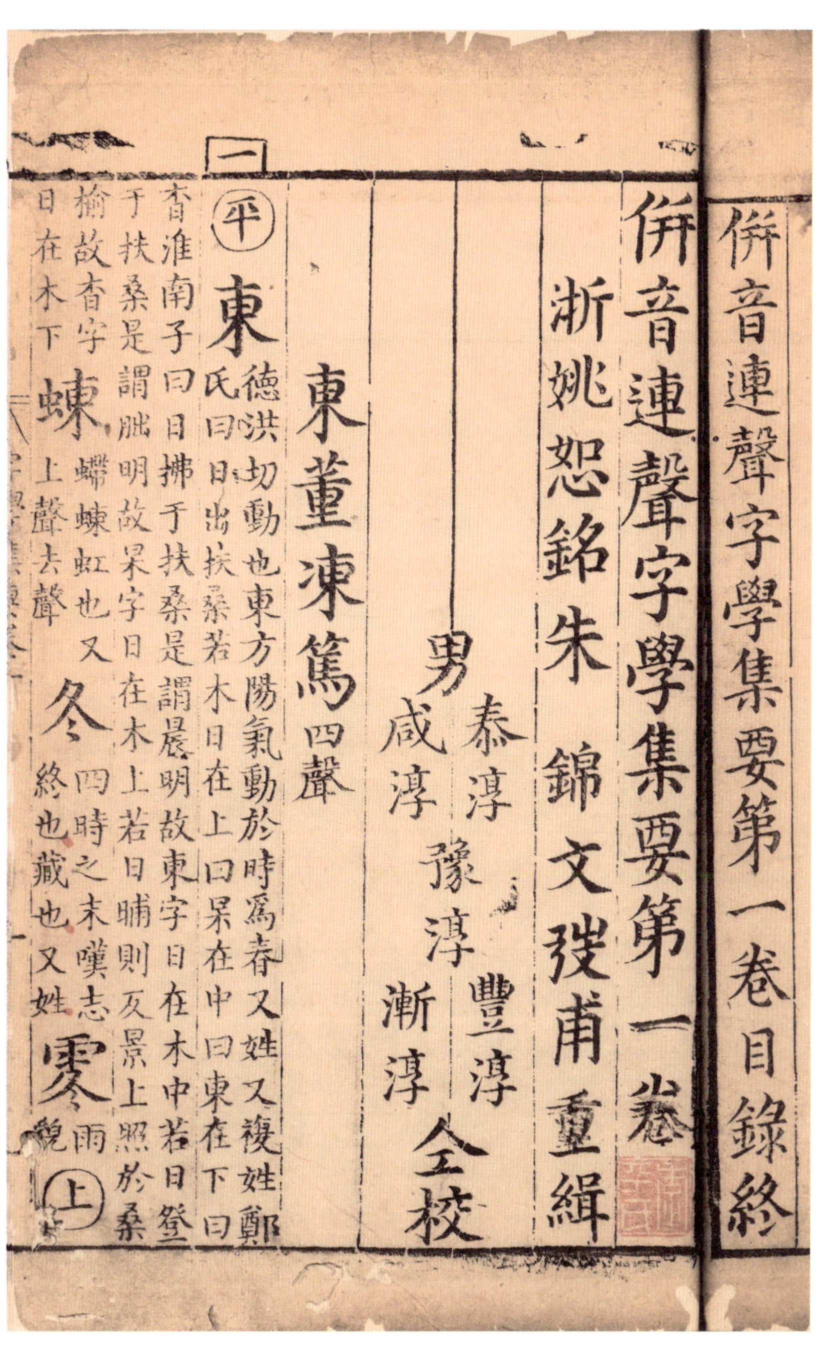

古篆韻譜正傳二卷　明呂胤基撰

明萬曆十六年（1588）江籬館刻本　明許志古題識　五册

八行字不等，小字雙行不滿行。白口，左右雙邊，單魚尾。有刻工。框高21釐米，寬15.5釐米。鈐“歙許志古家藏”“米舫藏書”“其儀一兮”印。書後有牌記，刻“萬曆戊子歲春王正月江籬館鐫”。

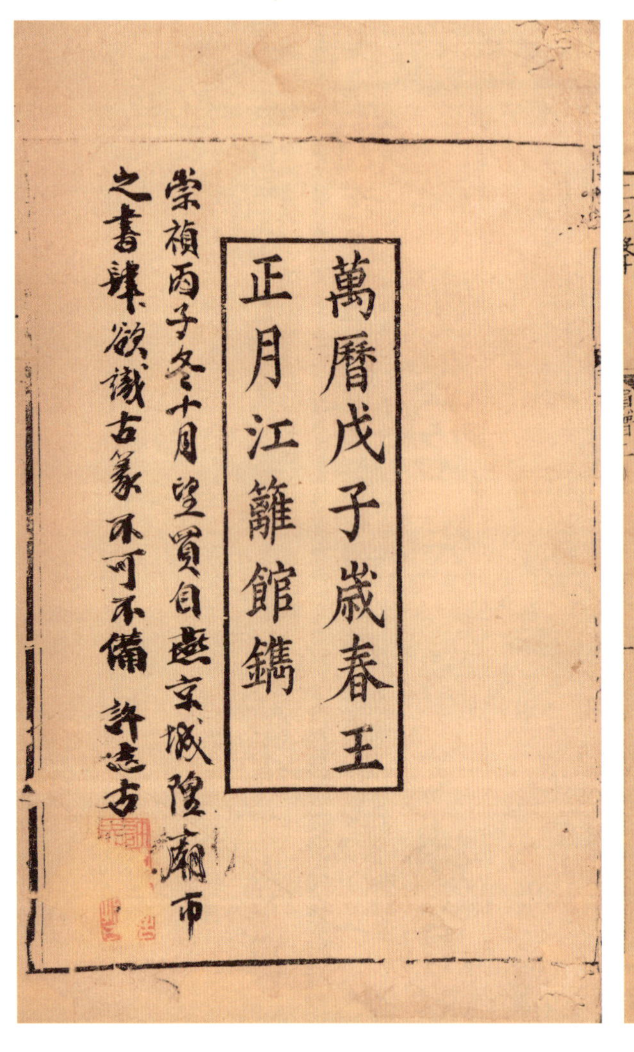

萬曆戊子歲春王正月江籬館鐫

崇禎丙子冬十月望買自燕京城隍廟市之書肆欲識古篆不可不備　許志古

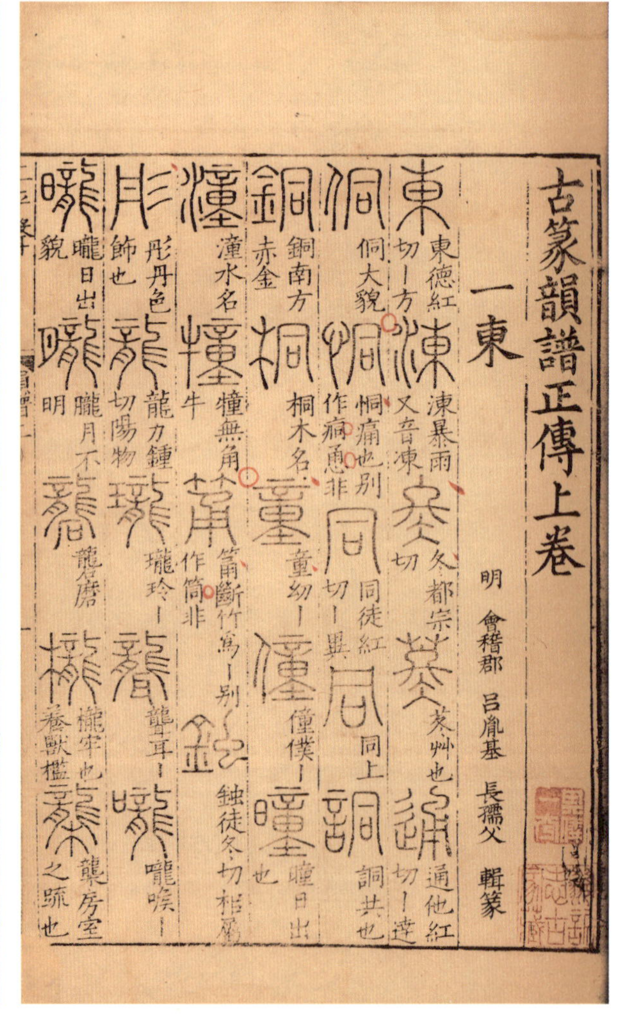

古篆韻譜正傳上卷

一東

明　會稽郡　呂胤基　長孺父　輯篆

韻玉函書□□卷　清胡煦撰

稿本　六册

此書有三個稿本。第一次稿本九册，無欄格，書高31釐米，寬18.3釐米。第二次稿本九册，無欄格，書高31釐米，寬18.3釐米。第三次稿本六册，十一行字不等，白口，四周雙邊，雙魚尾，框高20釐米，寬13.3釐米。

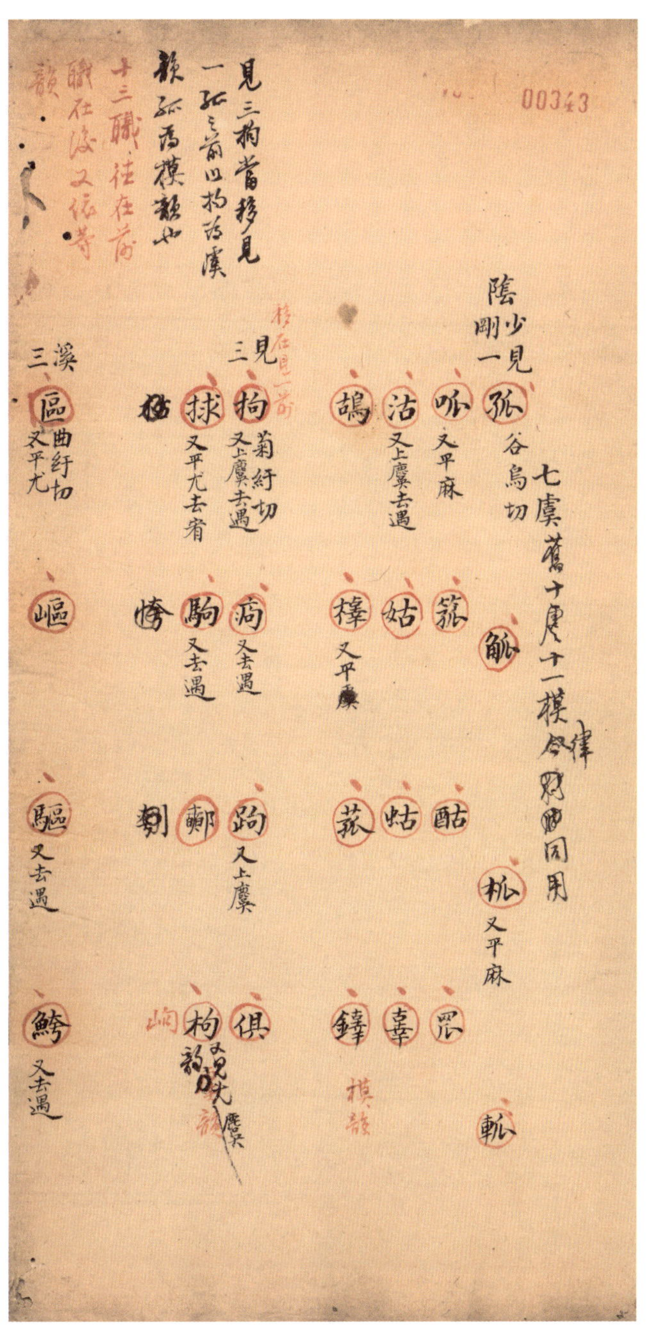

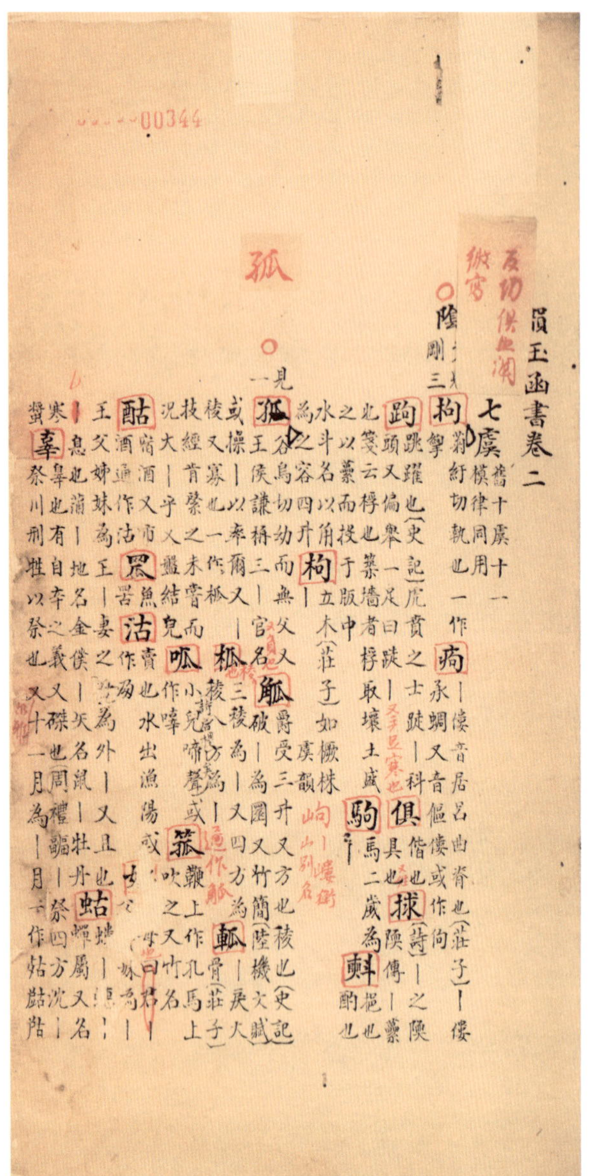

員玉函書卷二

七麌 舊十廣十一模律同用

枸 葯紆切執也一作痀 挐

痀 ㄧ僂音居呂曲脊

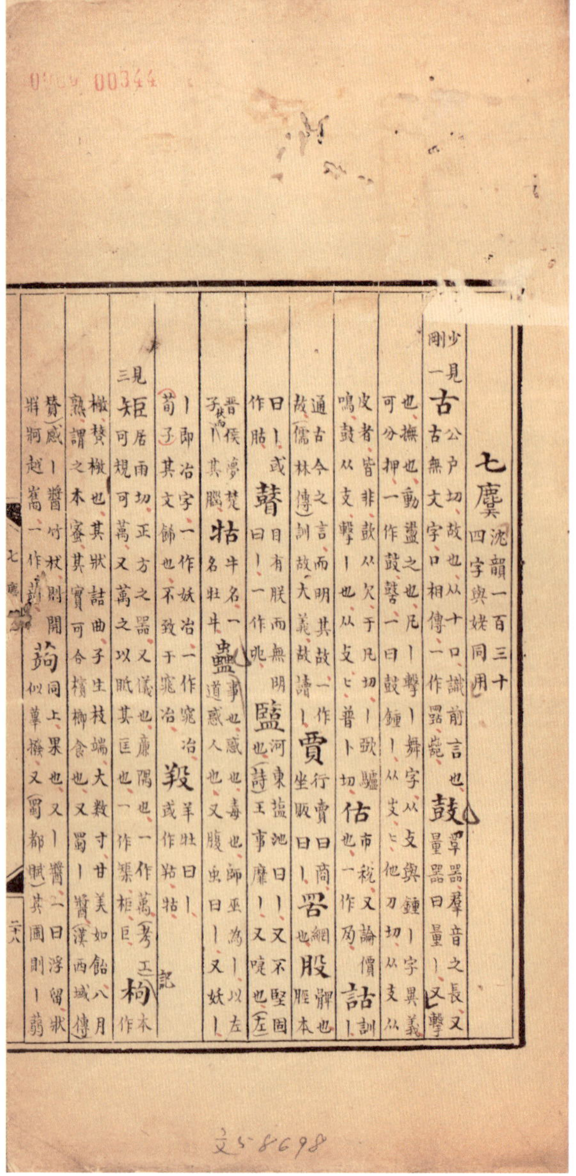

七麌 沈韻一百三十四字與姥同用

古 公户切故也从十口識前言也古無文字口相傳一作嚣嚭 少見剛一

鼓 罩器羣音之長又量器曰量ㄧ又擊也撫也動盪之也凡ㄧ擊ㄧ舞字从支與鍾ㄧ字異義可分押一作鼓磬一曰鼓鍾ㄧ从攴乚他刀切从支从皮者皆非鼓从欠于凡切ㄧ歌

史部

資治通鑑節要續編卷之一

宋紀 附遼紀

太祖皇帝 聰明仁孝。豁達大度。陳橋之變。迫於衆心。時僭國十餘。盡削平之。信任儒臣。分理郡國。抑奪權豪。愛養民力。號稱英仁之主

在位十七年。壽五十

諱匡胤。姓趙氏。涿音卓郡人。四

世祖朓唐幽都令生珽唐御史中丞珽

五代史纂不分卷

明黑格抄本　三册

十行二十二字。白口，四周單邊。框高23釐米，寬15.8釐米。鈐“吕晚邨家藏圖書”印。存五代後唐、後晋、後漢、後周、總一至七。

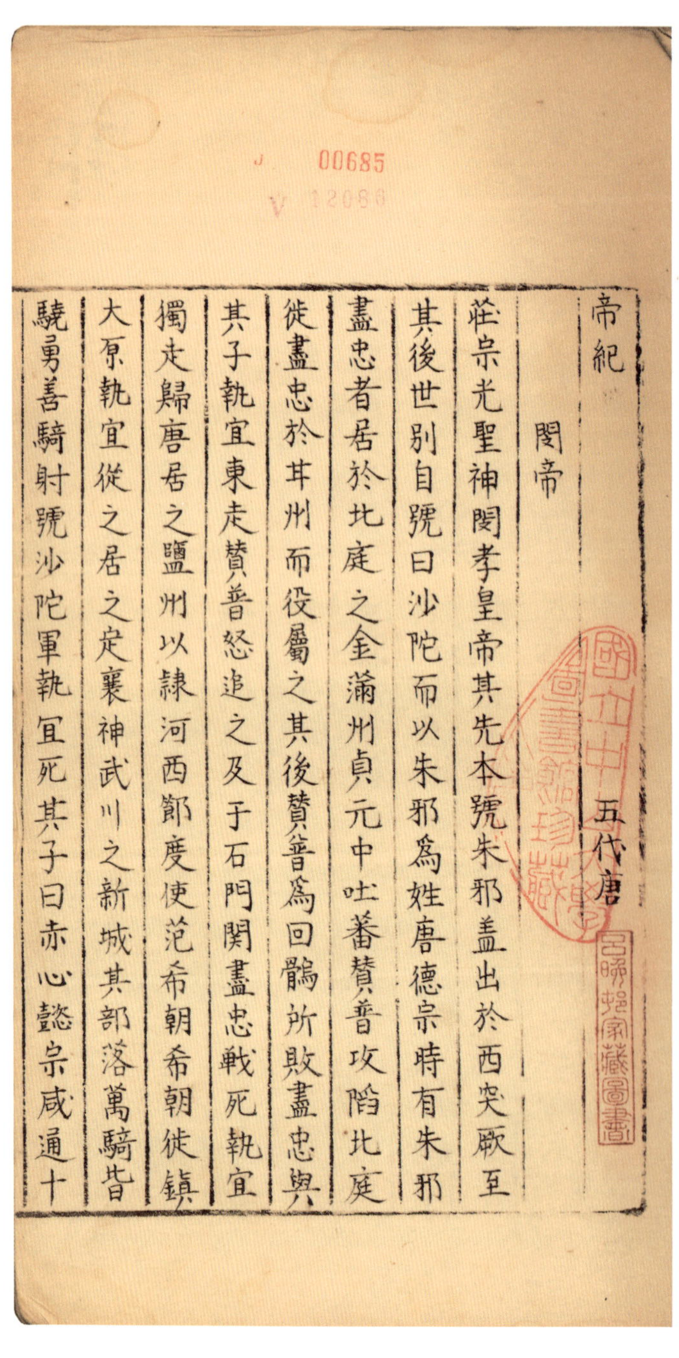

帝紀　五代唐

閔帝

莊宗光聖神閔孝皇帝其先本號朱邪蓋出於西突厥至
其後世別自號曰沙陀而以朱邪爲姓唐德宗時有朱邪
盡忠者居於北庭之金滿州貞元中吐蕃贊普攻陷北庭
從盡忠於甘州而役屬之其後贊普爲回鶻所敗盡忠與
其子執宜東走贊普怒追之及于石門關盡忠戰死執宜
獨走歸唐居之鹽州以隸河西節度使范希朝希朝徙鎮
大原執宜從之居之定襄神武川之新城其部落萬騎皆
驍勇善騎射號沙陀軍執宜死其子曰赤心懿宗咸通十

五代史七十四卷 宋歐陽修撰 宋徐無黨注

清古吴書業趙氏刻《十七史》本 清陶際堯批注并題識 十八册

十二行二十五字，小字雙行三十七字。白口，左右雙邊，單魚尾。框高21.5釐米，寬14.7釐米。鈐“曹涵之印”“邵氏二雲”印。卷端木記鐫“古吴書業趙氏重鐫”。

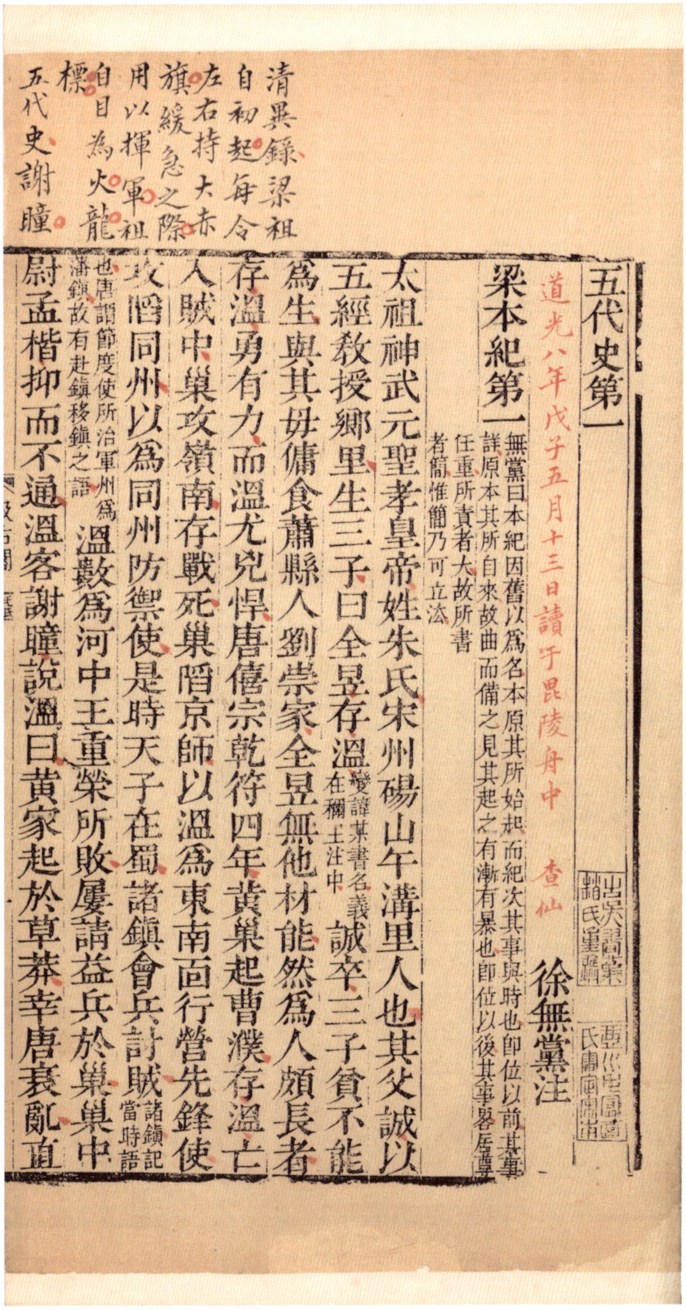

唐書二百二十五卷 宋歐陽修、宋祁等撰 釋音二十五卷 宋董衝撰

明成化十八年（1482）至嘉靖三十七年（1558）南京國子監刻明清遞修《二十一史》本　四十四册

十行二十二字。黑口，四周單邊，或四周雙邊，單魚尾，或雙魚尾。框高22.5釐米，寬15釐米。鈐“四明盧氏抱經樓藏書印”印。版心上刻“成化十八年刊”“嘉靖八年刊”“萬曆四年”“順治十五年刊”“康熙五年刊”等。入選第三批《名録》。

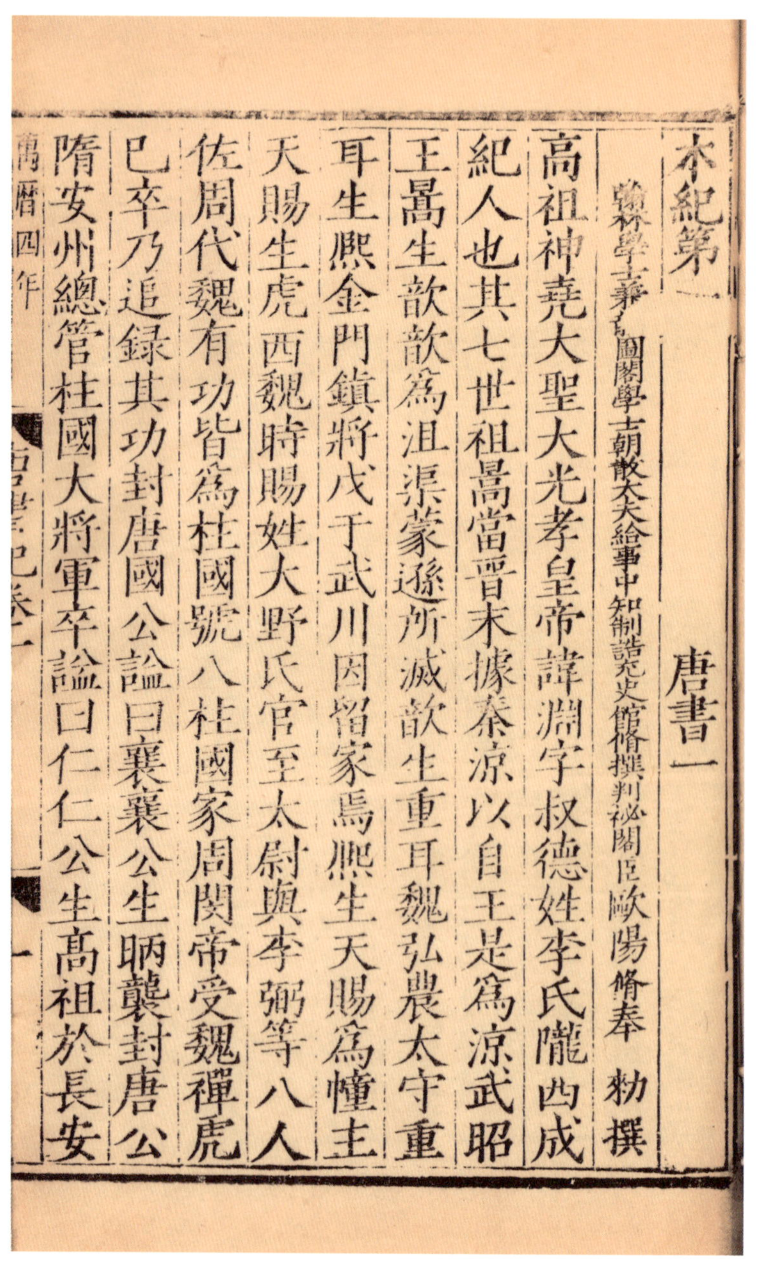

本紀第一　唐書一
翰林學士兼龍圖閣學士朝散大夫給事中知制誥充史館脩撰判秘閣臣歐陽脩奉　勑撰
高祖神堯大聖大光孝皇帝諱淵字叔德姓李氏隴西成
紀人也其七世祖暠當晉末據秦涼以自王是爲涼武昭
王暠生歆歆爲沮渠蒙遜所滅歆生重耳魏弘農太守重
耳生熙金門鎮將戍于武川因留家焉熙生天賜爲幢主
天賜生虎西魏時賜姓大野氏官至太尉與李弼等八人
佐周代魏有功皆爲柱國號八柱國家周閔帝受魏禪虎
已卒乃追録其功封唐國公謚曰襄襄公生昞襲封唐公
隋安州總管柱國大將軍卒謚曰仁仁公生高祖於長安
萬曆四年　唐書紀卷一　一

隋書八十五卷　唐魏徵撰

明崇禎八年（1635）毛氏汲古閣刻《十七史》本　清陳澧批校　六册

十二行二十五字。白口，左右雙邊，單魚尾。框高21.6釐米，寬14.9釐米。鈐“番禺陳氏東塾藏書印”“慶龢”印。總目後刻“皇明崇禎八年歲在旃蒙大淵獻壯月中琴川毛氏開雕”。卷端下鐫“琴川毛鳳苞氏審定宋本”。版心有“汲古閣”“毛氏正本”。存卷一至二十四、四十五至八十五。

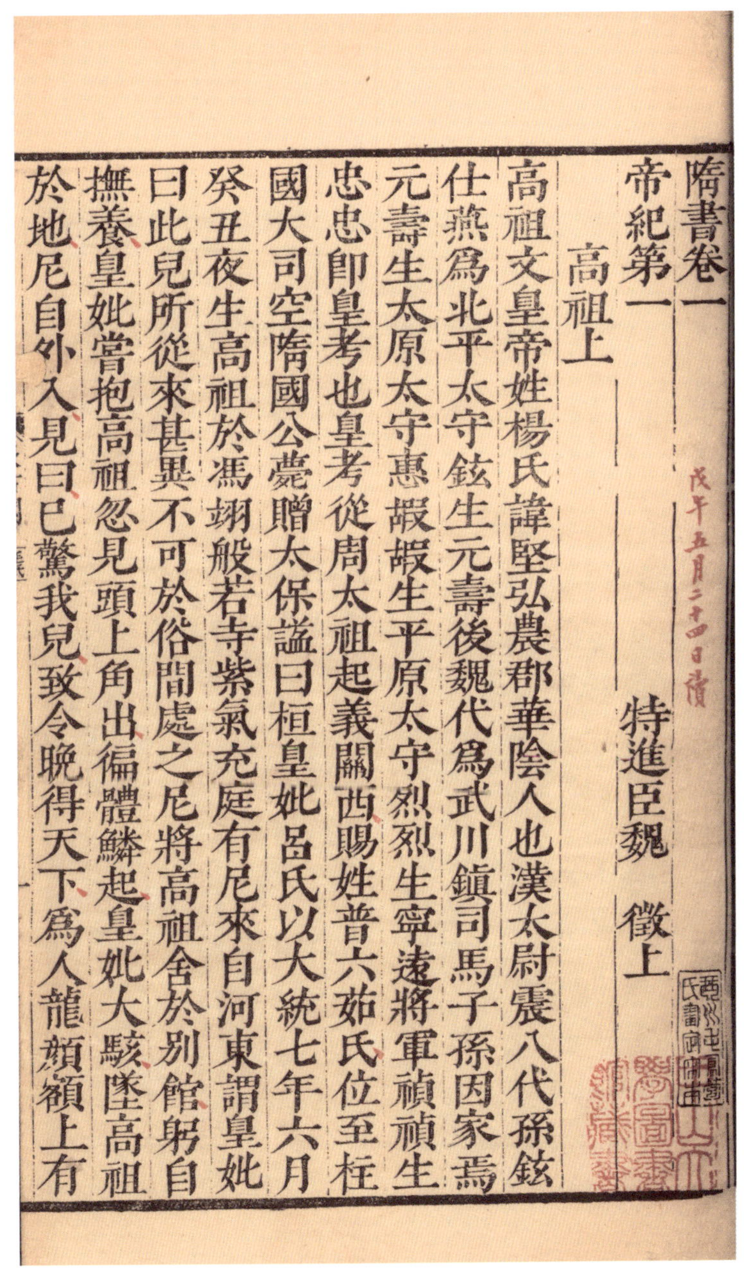
隋書卷一
帝紀第一　特進臣魏　徵上
高祖上
高祖文皇帝姓楊氏諱堅弘農郡華陰人也漢太尉震八代孫鉉仕燕爲北平太守鉉生元壽後魏代爲武川鎮司馬子孫因家焉元壽生太原太守惠嘏嘏生平原太守烈烈生寧遠將軍禎禎生忠忠卽皇考也皇考從周太祖起義關西賜姓普六茹氏位至柱國大司空隋國公薨贈太保謚曰桓皇妣呂氏以大統七年六月癸丑夜生高祖於馮翊般若寺紫氣充庭有尼來自河東謂皇妣曰此兒所從來甚異不可於俗間處之尼將高祖舍於別館躬自撫養皇妣嘗抱高祖忽見頭上角出徧體鱗起皇妣大駭墜高祖於地尼自外入見曰已驚我兒致令晚得天下爲人龍顔額上有

戊午五月二十四日讀

資治通鑑節要續編三十卷 明張光啓撰

明正德九年（1514）司禮監刻本　二十四册

九行十五字，小字雙行同。黑口，四周雙邊，雙魚尾。框高21.7釐米，寬15.1釐米。入選第二批《名録》。

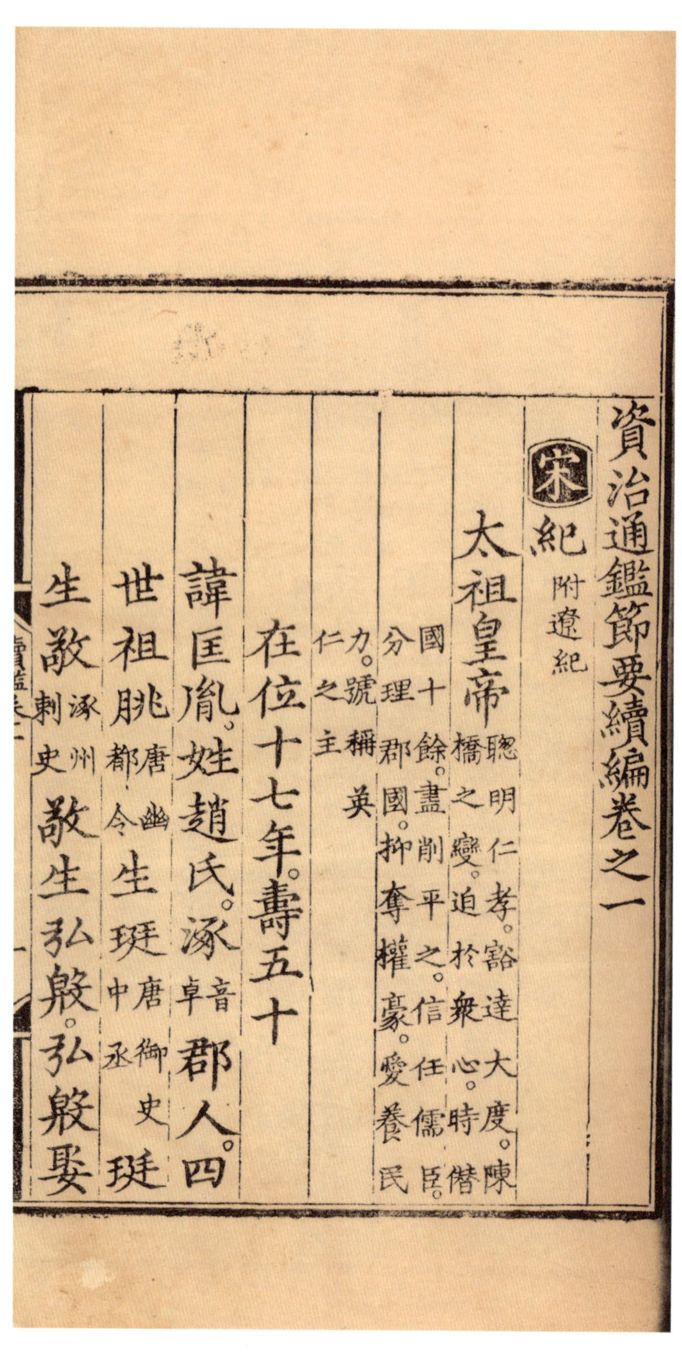

資治通鑑節要續編卷之一

宋紀 附遼紀

太祖皇帝 聰明仁孝。豁達大度。陳橋之變。迫於衆心。時僭國十餘。盡削平之。信任儒臣。分理郡國。抑奪權豪。愛養民力。號稱英仁之主

在位十七年。壽五十

諱匡胤。姓趙氏。涿 音卓 郡人。四

世祖朓 唐幽都令 生珽 唐御史中丞 珽

生敬 涿州刺史 敬生弘殷。弘殷娶

四明先生續資治通鑑節要二十卷　明張光啓撰

明嘉靖二十八年（1549）劉氏安正堂刻本　清佚名批點　二十册

十二行二十七字，小字雙行同。白口，四周雙邊。有刻工。框高19.4釐米，寬12.7釐米。鈐“四明盧氏抱經樓藏書印”“蒲水齋藏書記”“瑞京戊子前所得”印。卷端題“京兆安正堂劉氏校刊”。書末有牌記，刻“嘉靖己酉歲孟冬月吉安正堂校刊”。入選第二批《名録》。

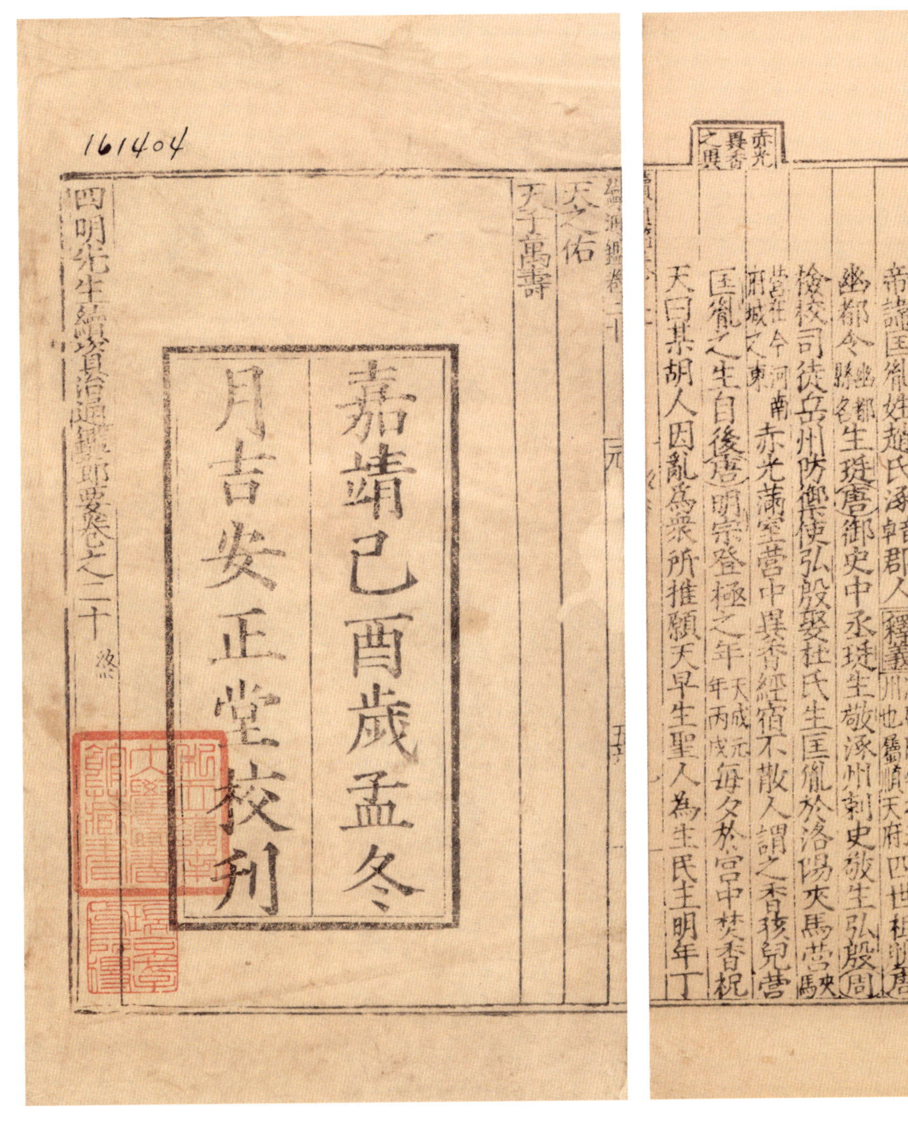

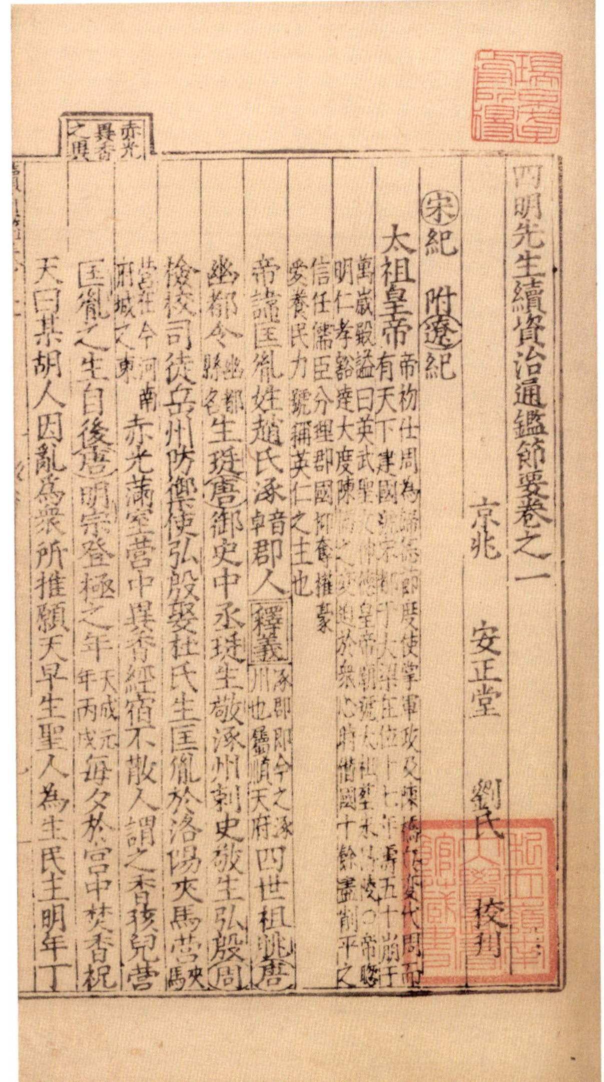

歷代史譜不分卷 元鄭鎮孫撰

明成化刻本　清曾鏞題識　二册

十一行字不等。黑口，四周雙邊，雙魚尾。框高23.7釐米，寬15.9釐米。鈐“復齋校讀古籍印記”印。曾鏞題識言此書從范氏天一閣散出。存三皇至隋末唐初。

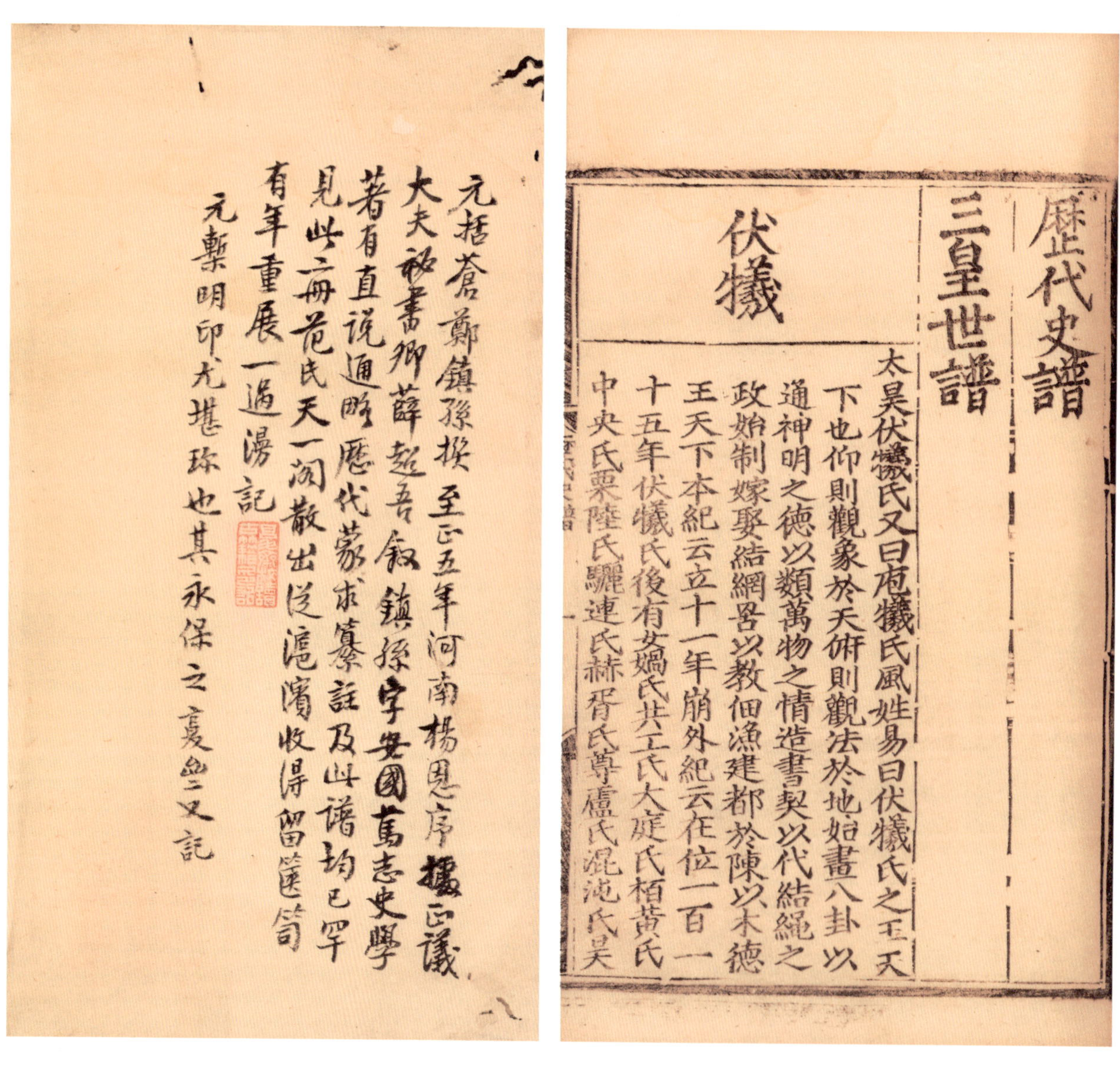

元括蒼鄭鎮孫撰　至正五年河南楊思序　揚正議
大夫秘書卿薛超吾叙　鎮孫字安國篤志史學
著有直說通略歷代蒙求纂註及此譜均已罕
見此冊范氏天一閣散出從滬濱收得留篋笥
有年重展一過湯記
元槧明印尤堪珍也其永保之　憂盦又記

歷代史譜
三皇世譜
伏羲
太昊伏羲氏又曰庖羲氏風姓易曰伏羲氏之王天
下也仰則觀象於天俯則觀法於地始畫八卦以
通神明之德以類萬物之情造書契以代結繩之
政始制嫁娶結網罟以教佃漁建都於陳以木德
王天下本紀云立十一年崩外紀云在位一百一
十五年伏羲氏後有女媧氏共工氏大庭氏栢黃氏
中央氏栗陸氏驪連氏赫胥氏尊盧氏混沌氏昊天

兩漢紀六十卷

明嘉靖二十七年（1548）黄姬水刻本　二十六册

十一行二十字。白口，左右雙邊，單魚尾。框高19.2釐米，寬13.9釐米。入選第二批《名録》。

子目：《前漢紀》三十卷，漢荀悦撰；《後漢紀》三十卷，晋袁宏撰。

前漢高祖皇帝紀卷第一　荀悅
昔在上聖唯建皇極經緯天地觀象立法乃作書契
以通宇宙揚于王庭厥用大焉先王以光演大業肆
於時夏亦惟翼翼以監厥後永世作典夫立典有五
志焉一曰達道義二曰彰法式三曰通古今四曰著
功勳五曰表賢能於是天人之際事物之宜粲然顯
著罔不能備矣世濟其軌不殞其業損益盈虛與時
消息雖臧否不同其揆一也是以聖上穆然惟文之
郁瞻前顧後是紹是維臣悅職監秘書攝官承乏祇
奉明詔竊惟其宜謹約撰舊書通而敘之摠為帝紀
列其年月比其時事撮要舉凡存其大體旨少所缺

前漢紀卷一

皇朝編年備要三十卷 宋陳均撰

清抄本　清曾釗校　三十二册

十行二十一字，小字雙行同。黑口，左右雙邊，單魚尾。框高16.8釐米，寬11.7釐米。鈐“面城樓藏書印”“温澍梁”“季寶”“漱緑校本”“嶺南温氏季棟漱緑樓藏本”“嶺南温氏珍藏”印。通篇有校語，首葉鈐“面城樓藏書印”，知爲曾釗校也。

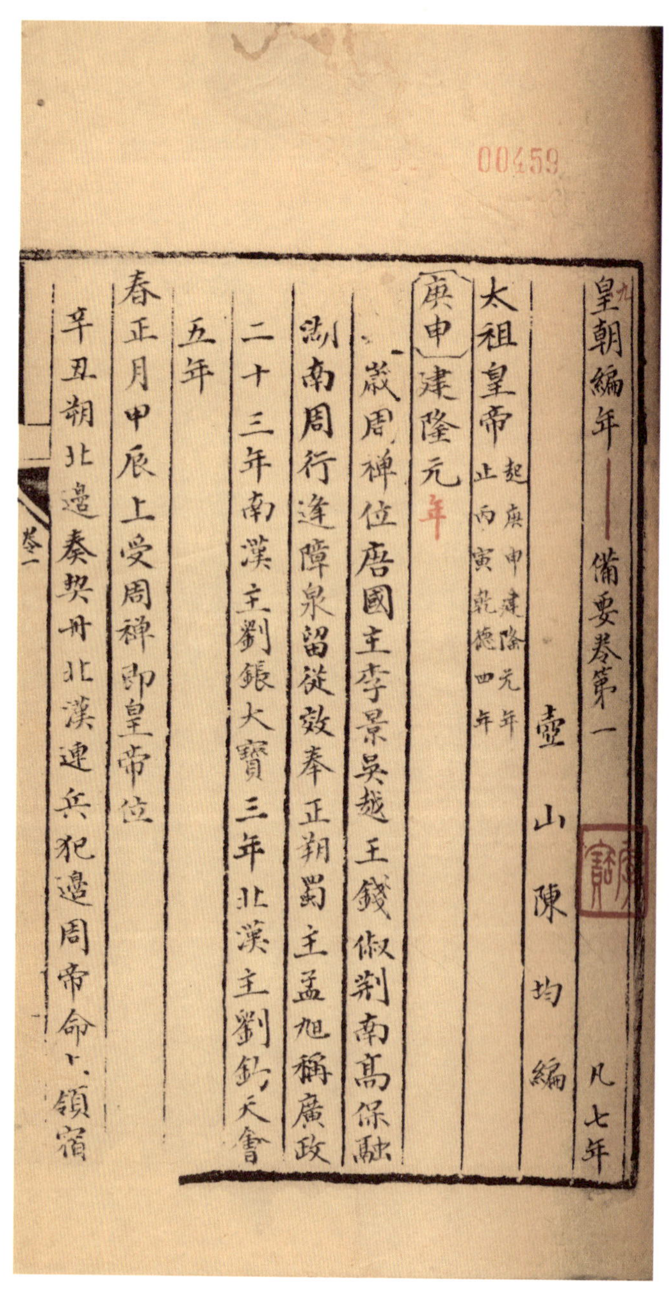
皇朝編年備要卷第一　凡七年
壺山陳均編
太祖皇帝 起庚申建隆元年止丙寅乾德四年
庚申建隆元年
歲周禪位唐國主李景吳越王錢俶荆南高保融
湖南周行逢漳泉留從效奉正朔蜀主孟昶稱廣政
二十三年南漢主劉鋹大寶三年北漢主劉鈞天會
五年
春正月甲辰上受周禪即皇帝位
辛丑朔北邊奏契丹北漢連兵犯邊周帝命卜、領宿

左氏春秋紀事本末十四卷首一卷　清熊爲霖撰

清乾隆心松書屋刻本　十册

九行二十二字，小字雙行同。白口，左右雙邊，單魚尾。框高17.9釐米，寬11.8釐米。版心下題“心松書屋”。

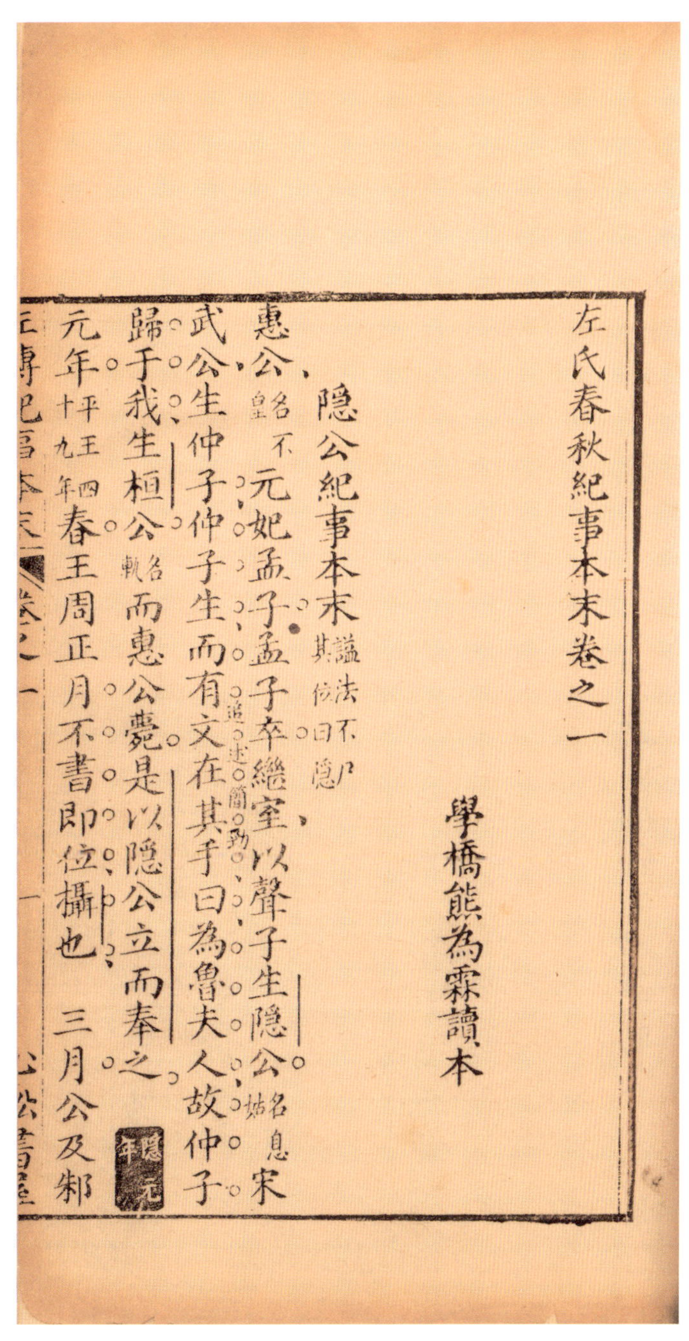
左氏春秋紀事本末卷之一

學橋熊為霖讀本

隱公紀事本末 諡法不尸其位曰隱

惠公名不皇元妃孟子孟子卒繼室以聲子生隱公名息姑宋武公生仲子仲子生而有文在其手曰為魯夫人故仲子歸于我生桓公名軌而惠公薨是以隱公立而奉之

隱元年

元年平王四十九年春王周正月不書即位攝也　三月公及邾

左傳紀事本末卷之一　一　心松書屋

宋史紀事本末一百九卷　明馮琦撰　明陳邦瞻補

清初張聞升刻本　二十册

九行二十字。白口，左右雙邊，單魚尾。書眉鐫評，行五字。框高18.3釐米，寬13.3釐米。鈐“中方校讀”印。前有張聞升《凡例》，言刻書事。每卷端署“北海馮琦原編，婁東張溥論正，侄聞升、男永錫、姪孫紹祖、日瑞、玉瑞同校”。

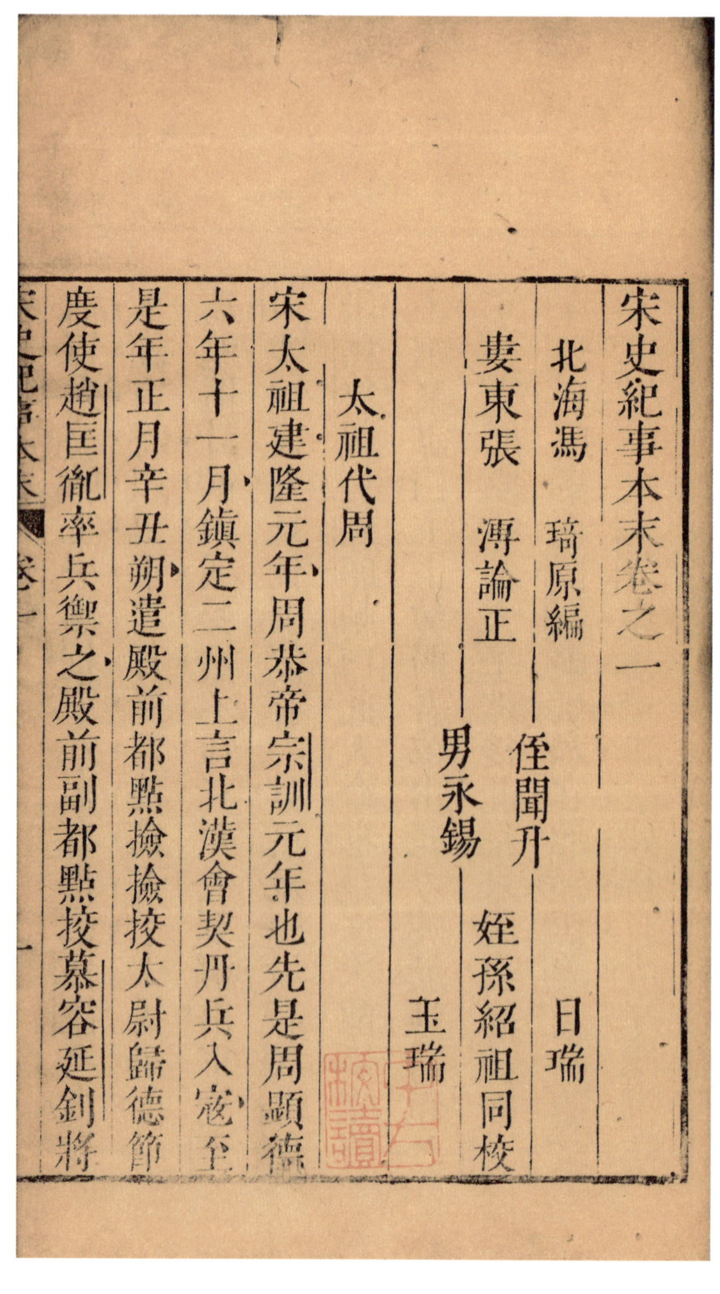
宋史紀事本末卷之一

北海馮　琦原編
婁東張　溥論正
侄聞升　男永錫
姪孫紹祖　日瑞　玉瑞同校

太祖代周

宋太祖建隆元年周恭帝宗訓元年也先是周顯德六年十一月鎮定二州上言北漢會契丹兵入寇至是年正月辛丑朔遣殿前都點撿撿校太尉歸德節度使趙匡胤率兵禦之殿前副都點撿慕容延釗將

宋史紀事本末　卷一　一

逸周書十卷　晋孔晁注　校正補遺一卷附録一卷

清乾隆五十一年（1786）餘姚盧氏刻《抱經堂叢書》本　清丁嘉葆批校并題識　四册

十行二十字，小字雙行同。白口，左右雙邊，單魚尾。框高17.8釐米，寬12.5釐米。鈐“丁氏虚園審校讀本”“丁氏誦孫校讀書審定文字”“誦孫審校書記”“誦孫”“臣嘉葆印”。版心鎸“抱經堂校定本”。前有乾隆五十一年謝墉序及識語，言刻書事。

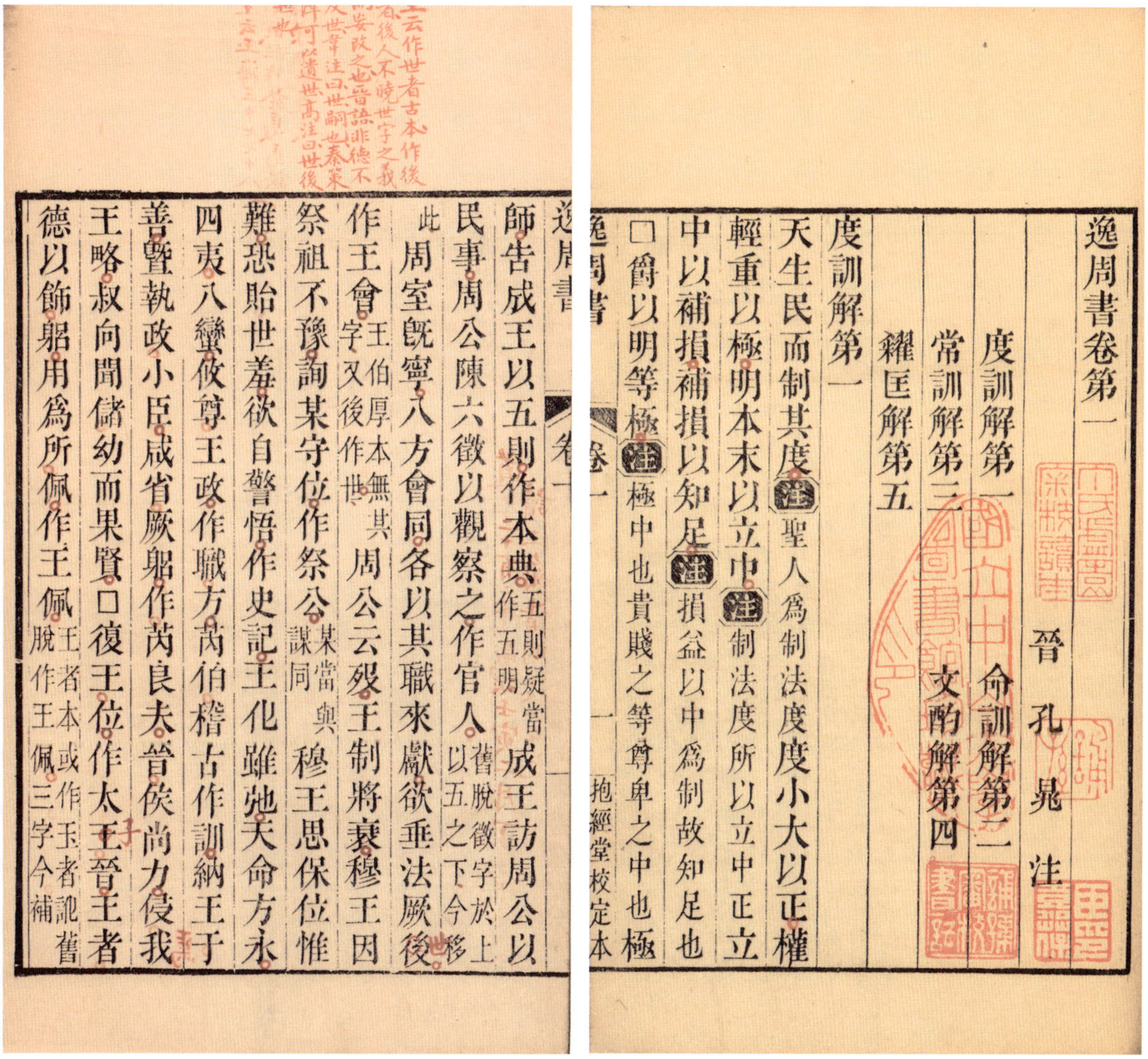

重刊韋氏國語二十一卷 三國吴韋昭注

明刻本 四册

十行二十二字，小字雙行同。白口，四周單邊，單魚尾。框高17.6釐米，寬12.9釐米。鈐“无竟先生獨志堂物”“一片仌心在玉壺”“南岡秦氏”“古廬藏書”“古温”“秦慶鈞印”印。

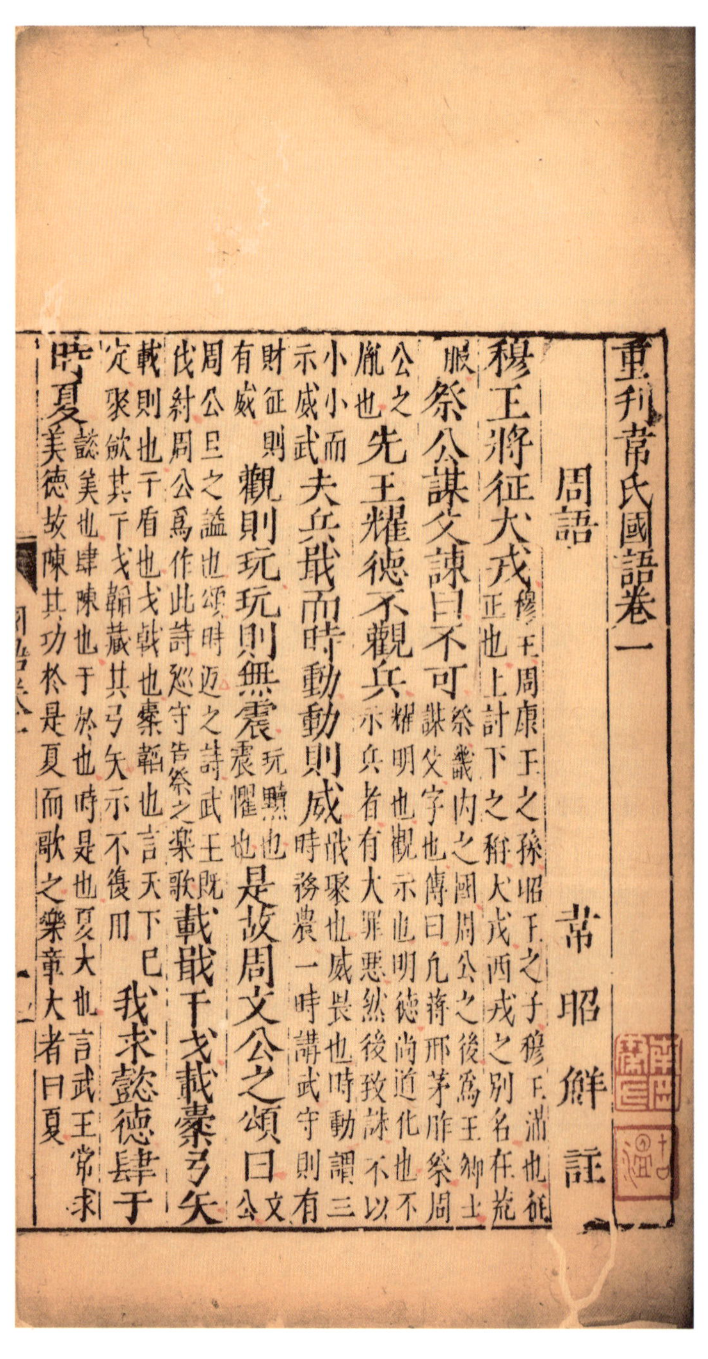

竊憤録一卷續録一卷

清抄本　二册

九行二十字。無欄格。書高29.5釐米，寬18.7釐米。鈐“吴翌鳳枚庵氏珍藏”“古香樓”印。

竊憤録

天輔十五年　宋紹興二年歲在壬子或見帝在街衢間內有一老叟自稱亦是京師人與　上皇話舊云京城陷日為虜流移至此見　上皇每每相對泣下又言正月元夕鰲山風景午門外金盞賜酒相持大哭偶城中主者年老胡官乘馬過其前怒曰安可放他手是處乃以鞭犯　上皇背　少帝亦遭恥辱老叟惶懼亦遭笞擊十餘遂令左右復引　二帝入壹小室閉門自此不容出入無敢復到街衢或日

汝南遺事四卷　元王鶚撰

清抄本　清李文田校　一册

十行二十一字，小字雙行同。黑口，四周雙邊，單魚尾。框高19釐米，寬13.5釐米。鈐“李文田印”“仲若所藏圖籍”印。

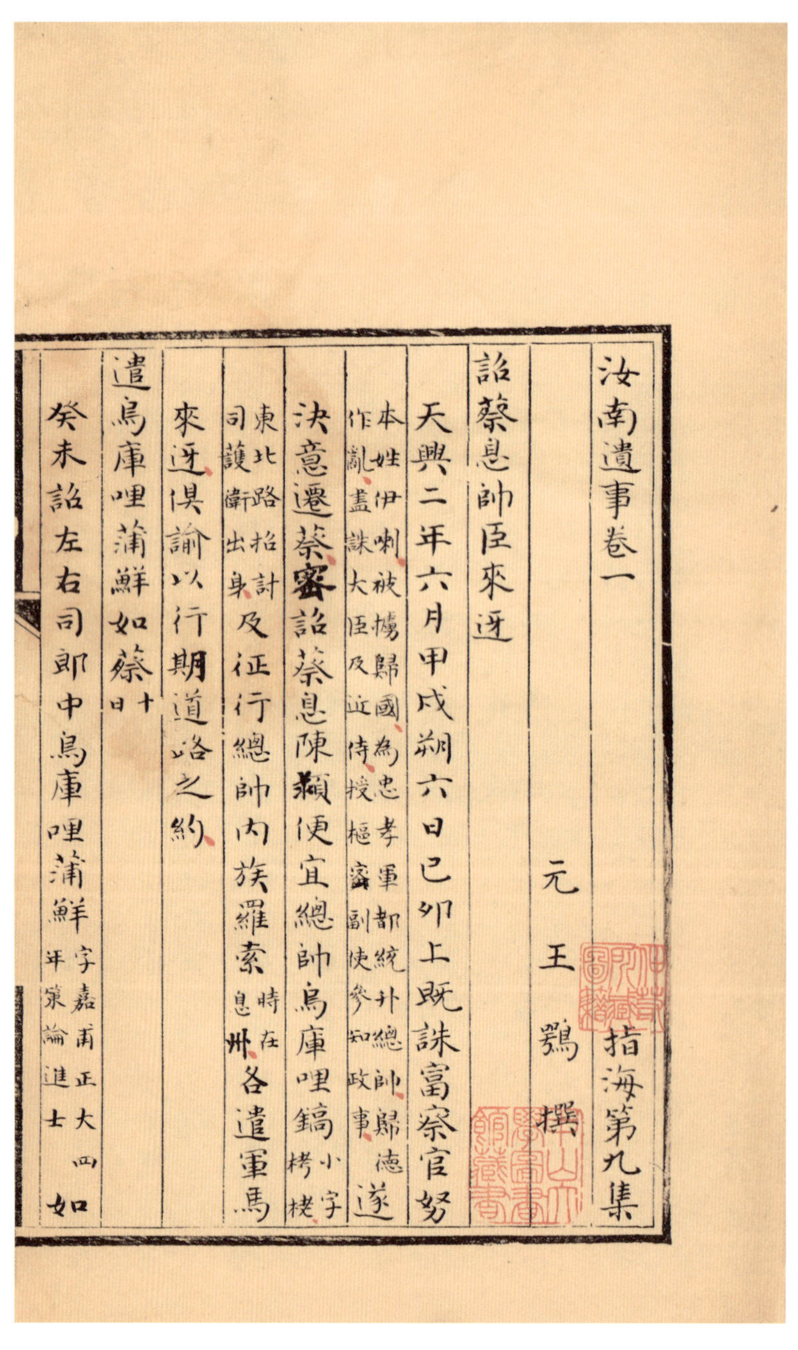

汝南遺事卷一　　指海第九集

元王鶚撰

詔蔡息帥臣來逆

天興二年六月甲戌朔六日己卯上既誅富察官努（本姓伊喇被擄歸國為忠孝軍都統升總帥歸德作亂盡誅大臣及近侍授樞密副使參知政事）遂決意遷蔡密詔蔡息陳潁便宜總帥烏庫哩鎬（小字栲栳）東北路招討司護衛出身及征行總帥內族羅索（時在息州）各遣軍馬來逆具諭以行期道路之約

遣烏庫哩蒲鮮如蔡（十日）

癸未詔左右司郎中烏庫哩蒲鮮（字嘉甫正大四年策論進士）如

黑韃事略一卷　宋彭大雅撰　宋徐霆疏證

清抄本　一册

十行二十字，小字雙行同。無欄格。書高27.2釐米，寬17.3釐米。

萬曆三大征考三卷　明茅瑞徵撰

清抄本　二册

十行十九字。無欄格。書高28.9釐米，寬19.1釐米。

哱氏

始

神廟在御久邊遽晏如自西夏叛卒發難繼以倭
繼以播州海内蕭然煩費稍苦兵矣而兵端自哱
氏父子哱拜胡人也嘉靖中亡抵朔方驍勇屢立
功隆慶二年八月擊虜山後大青山斬其首總督
侍郎王崇古敘　賜金明年擣虜花馬池陞歷都
指揮使萬曆五年以遊擊統標下二營家丁千餘
請得專敕鈐束總督侍郎石茂華巡撫都御史羅
鳳翔以聞報可於是拜始擅一軍十年授參將一

萬曆三大　哱氏　一

東江遺事二卷　清吴騫輯

清抄本　二册

十行二十二字，小字雙行同。無欄格。書高24.3釐米，寬16.3釐米。

東江遺事卷上

毛將軍碑　談遷棗林雜俎

滄江湯叟輯

平遼總兵官左軍都督同知毛公功德碑天啟四年七月
朝鮮立奮忠贊謨立紀明倫靖社功臣輔國崇祿大夫兼
議政府左贊成判義禁府知書筵春秋館成均館事弘文
館大提學藝文館大提學金鏊撰通政大夫行曹參議李
瀣書崇政大夫行兵曹判書兼同知成均館事金尚容篆
嘉議大夫平安道觀察使兼兵馬水軍節度使平壤府尹
巡察司李尚啇立石碑文不載銘曰噫噫往歲東隣造釁聳我

明季實録四卷　清顧炎武輯

清抄本　六册

八行二十字。無欄格。書高27.3釐米，寬17.3釐米。鈐“别下齋藏書”印。

明季實録卷之一

古呉顧炎武寧人氏輯

諸臣乞貸疏

悲夫[illegible]慶末殄寇焰旋騰血濺　天潢烽傳　陵寢
秦稱天府誰能封以一丸晉有霸圖無復追其三駕
廼者介馬橫馳夫　畿輔羽書不絕於　殿廷南北
之耗莫通河山之險盡失　天威不測極知漢天子
自有神靈兵勢無嘗豈渴謝太傅但憑歌嘯　留都

卷一　一

崇禎十年塘報獲捷事一卷

明崇禎十年（1637）兵部抄本　一册

四行十八字。白口，四周單邊。框高30釐米，寬12.8釐米。此件爲明崇禎十年四月兵部關於河南剿李自成戰事的塘報，有史料價值。所用紙當爲明末塘報專用紙，經後人裝裱成册葉。

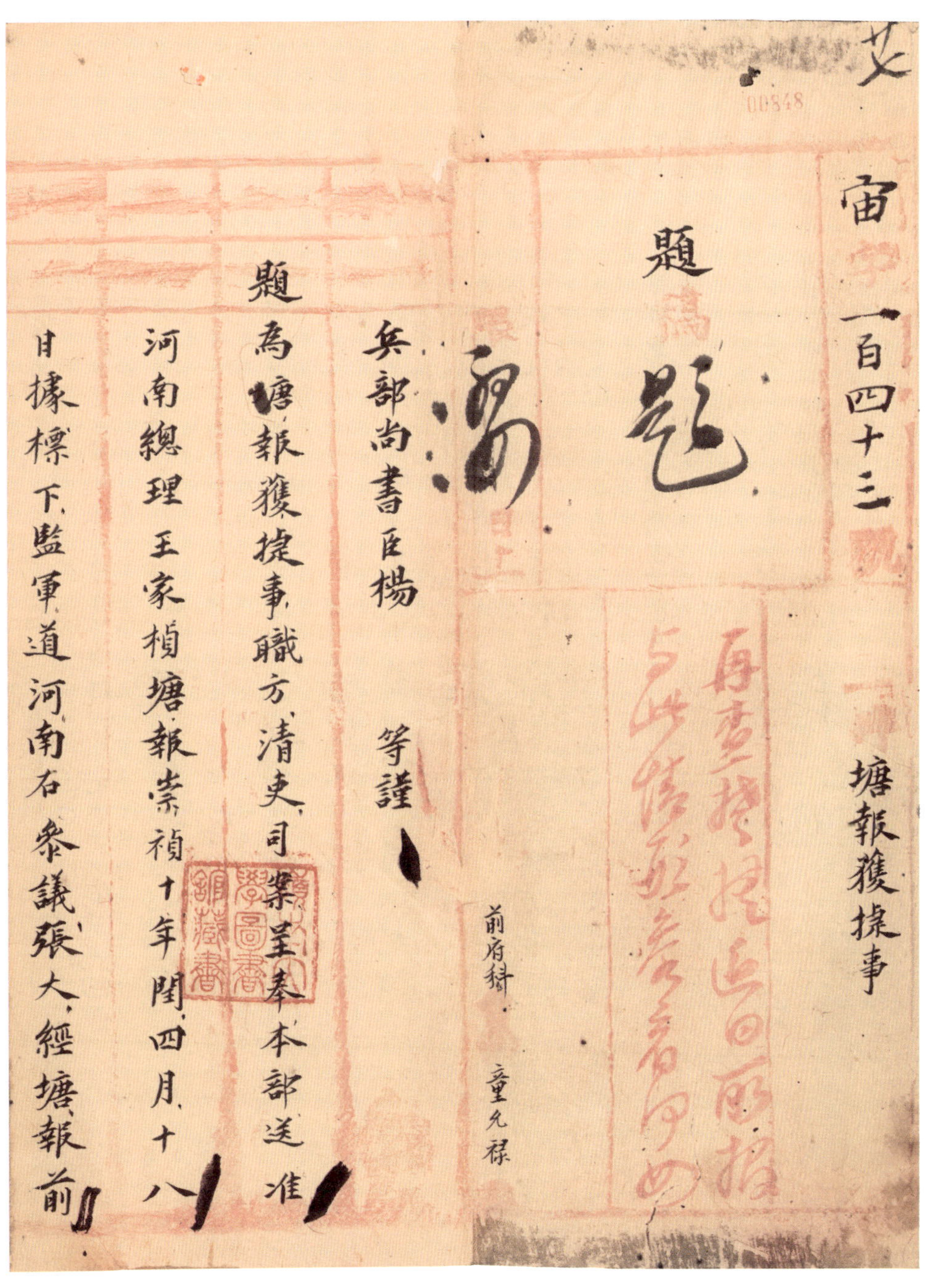

宙字一百四十三

塘報獲捷事

題

前府掛

童允禄

兵部尚書臣楊　　等謹

題爲塘報獲捷事職方清吏司案呈奉本部送准

河南總理王家楨塘報崇禎十年閏四月十八

日據標下監軍道河南右參議張大經塘報前

海角遺編二卷　題清七峰樵道人撰

清抄本　清雨窗校并題識　二册

七行十七字。無欄格。書高24.2釐米，寬16.5釐米。

海角遺編卷上
歲次乙酉春閏明朝江南年號還是弘光元
年至夏四月二十一日吳淞總兵吳之葵名
升嘉者率舟師泛海駐營福山大慈寺是時
傳聞湖廣反了左良玉已過九江安慶北朝
又遣兵南下山東淮上皆已破裂吳之葵領
戰船沿江巡視其後之葵與黃蜚同入太湖

海角遺編　卷上

計人或不係于重輕者皆其[具]載之以彷彿於
野史稗官之遺意云耳時順治戊子歲之夏
日七峯樵道人書於朱涇佛堂之書屋

此書據事直書不事修飾故詞亦大衍略近于鄙
俚以見當日之情形云但[illegible]且多訛傳處今亦據
所知者略加更正　同治六年歲在丁卯臘月雨窗

明季十家集十一種十四卷

清抄本　清維駒題識　十二册

九行十八字，小字雙行同。黑口，左右雙邊，單魚尾。框高16.8釐米，寬11.6釐米。鈐“鬱華閣”“校書天禄”“字余曰五咨”“維駒私印”印。

子目：《東明聞見録》二卷，明瞿共美撰；《行在陽秋》二卷，明劉湘客撰；《粤游見聞》一卷，明瞿共美撰；《揚州十日記》一卷，明王秀楚撰；《嘉定屠城記》一卷，清朱子素撰；《求野録》一卷，明鄧凱撰；《吴耿尚孔四王合傳》一卷《青燐屑》一卷，明應喜臣撰；《幸存録》二卷，明夏允彝撰；《續幸存録》一卷，明夏完淳撰；《也是録》一卷，明鄧凱撰。

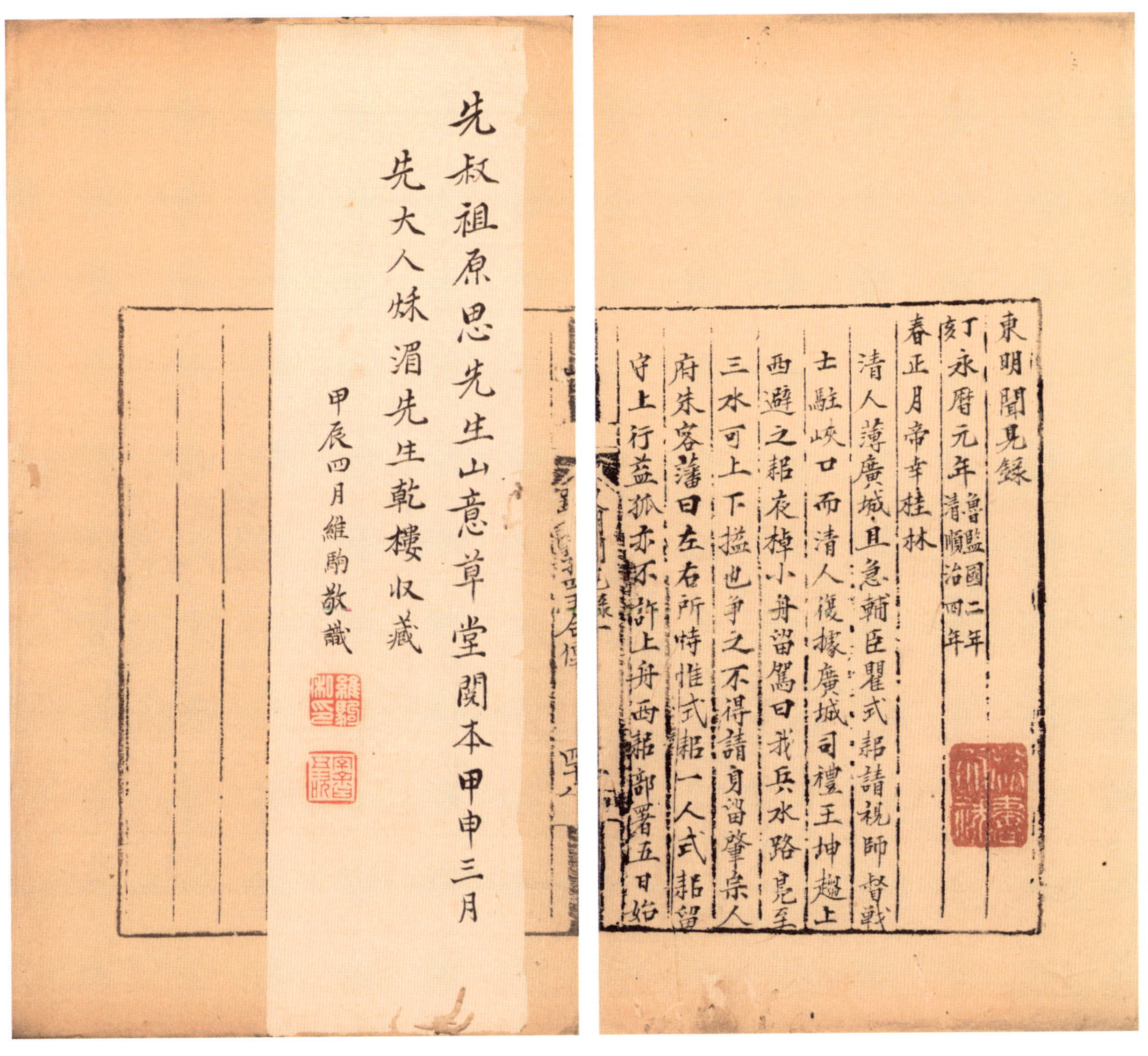
先叔祖原思先生山意草堂閲本甲申三月
先大人姝湄先生乾樓收藏
甲辰四月維駒敬識

東明聞見録
丁亥永曆元年魯監國二年清順治四年
春正月帝幸桂林
清人薄廣城且急輔臣瞿式耜請視師督戰
士駐峽口而清人復據廣城司禮王坤趣上
西避之耜夜棹小舟留駕曰我兵水路皆至
三水可上下搖也爭之不得請身留肇慶人
府朱容藩曰左右所恃惟式耜一人式耜留
守上行益孤亦不許上舟西耜部署五日始

夷氛聞記五卷 清梁廷枏撰

清刻本　容肇祖題識　五册

八行二十字，小字雙行同。白口，四周雙邊，單魚尾。框高19.6釐米，寬11.3釐米。

即此書聞記作紀聞傳聞之誤也不著姓名者蓋言之深切恐冒忌諱也春日在嶺南大學圖書館翻閱舊書檢出此書特記所知著者之姓名以便閱者有考焉

民國二十三年三月三十日　容肇祖記

夷氛聞記卷一

英夷狡焉思逞志於內地久矣大西洋葡萄亞（即布路亞）於前明乞得香山濠鏡澳以居曰澳門易中土物歸而懋遷於西海諸國諸國皆豔羨之

國朝康熙初因鄭成功寇閩上下及浙粵爲沿海郡縣患於是遷民內居築界牆嚴海禁洋船自此不得入設兵樹樁置墩守界惟澳夷地在界外生齒已繁不便就阡陌耕作舍貿易又無以資其生計乃於入

唐大詔令集一百三十卷　宋宋敏求輯

明抄本　莫棠校并跋　二册

十五行二十六字。無欄格。書高29.5釐米，寬19.8釐米。鈐“獨山莫氏藏書”“獨山莫棠”“繡衣大夫”“莫棠楚生”“獨山莫氏收藏經籍記”印。存卷十三、二十五至三十二、五十九至六十六。入選第二批《名録》。

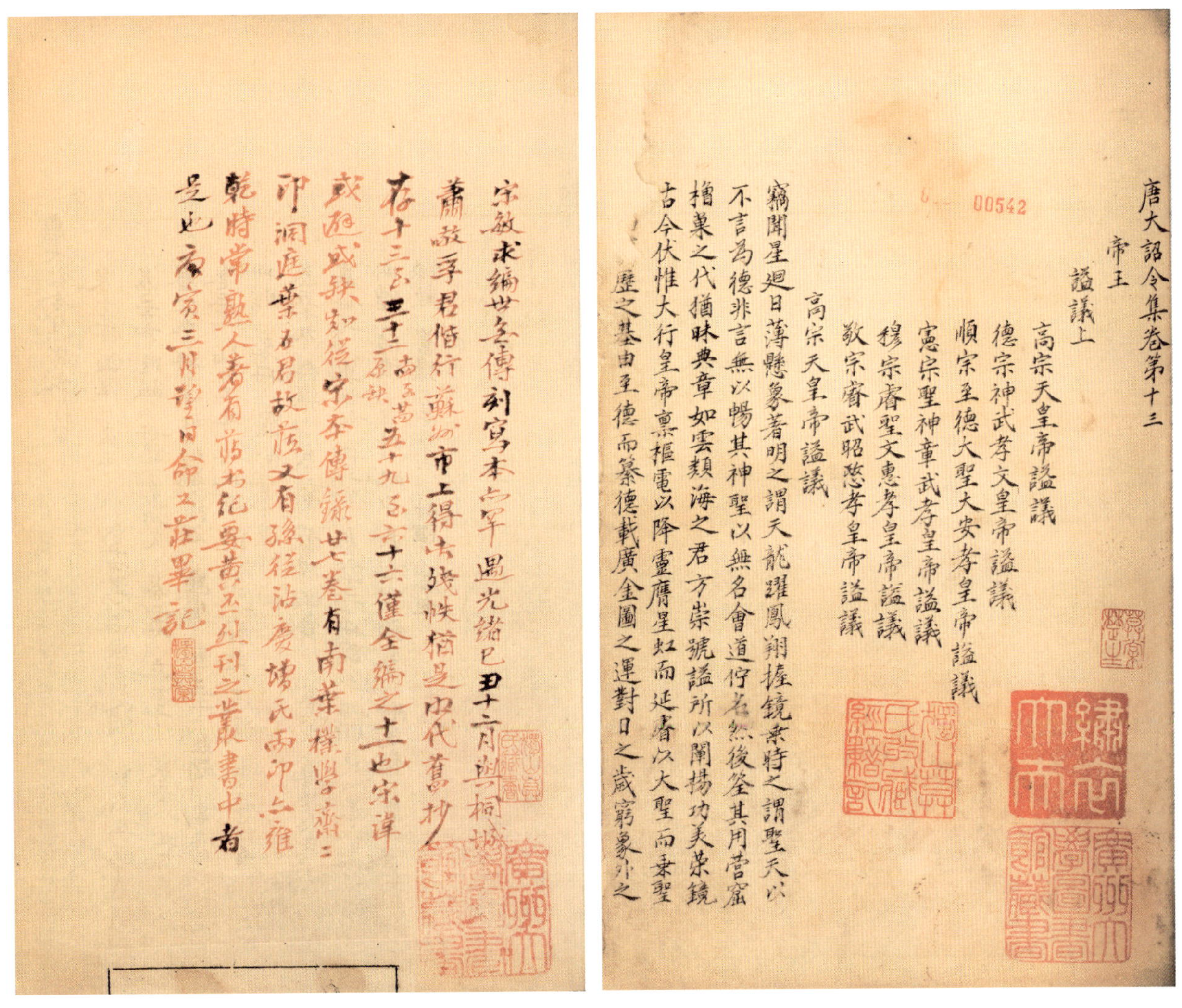

唐大詔令集卷第十三

帝王

謚議上

高宗天皇帝謚議

德宗神武孝文皇帝謚議

順宗至德大聖大安孝皇帝謚議

憲宗聖神章武孝皇帝謚議

穆宗睿聖文惠孝皇帝謚議

敬宗睿武昭愍孝皇帝謚議

高宗天皇帝謚議

竊聞星廻日薄懸象著明之謂天龍躍鳳翔握鏡秉時之謂聖天以不言爲德非言無以暢其神聖以無名會道佇名然後詮其用營窟橧巢之代猶昧典章如雲類海之君方崇號謚所以闡揚功美崇鏡古今伏惟大行皇帝稟樞電以降靈膺星虹而延睿以大聖而秉聖歷之基由至德而纂德載廣金圖之運對日之歲窮象外之

皇明誥敕不分卷

明黑格抄本　周連寬跋　十四册

九行二十一字。黑口，四周雙邊。框高20釐米，寬11.8釐米。鈐“健庵”“方茉堂印”“元照之印”“香修”“張氏秋月字香修一字幼憐”“曾釗之印”“面城樓藏書印”“順德温君勒所藏金石書畫之印”“君勒”印。

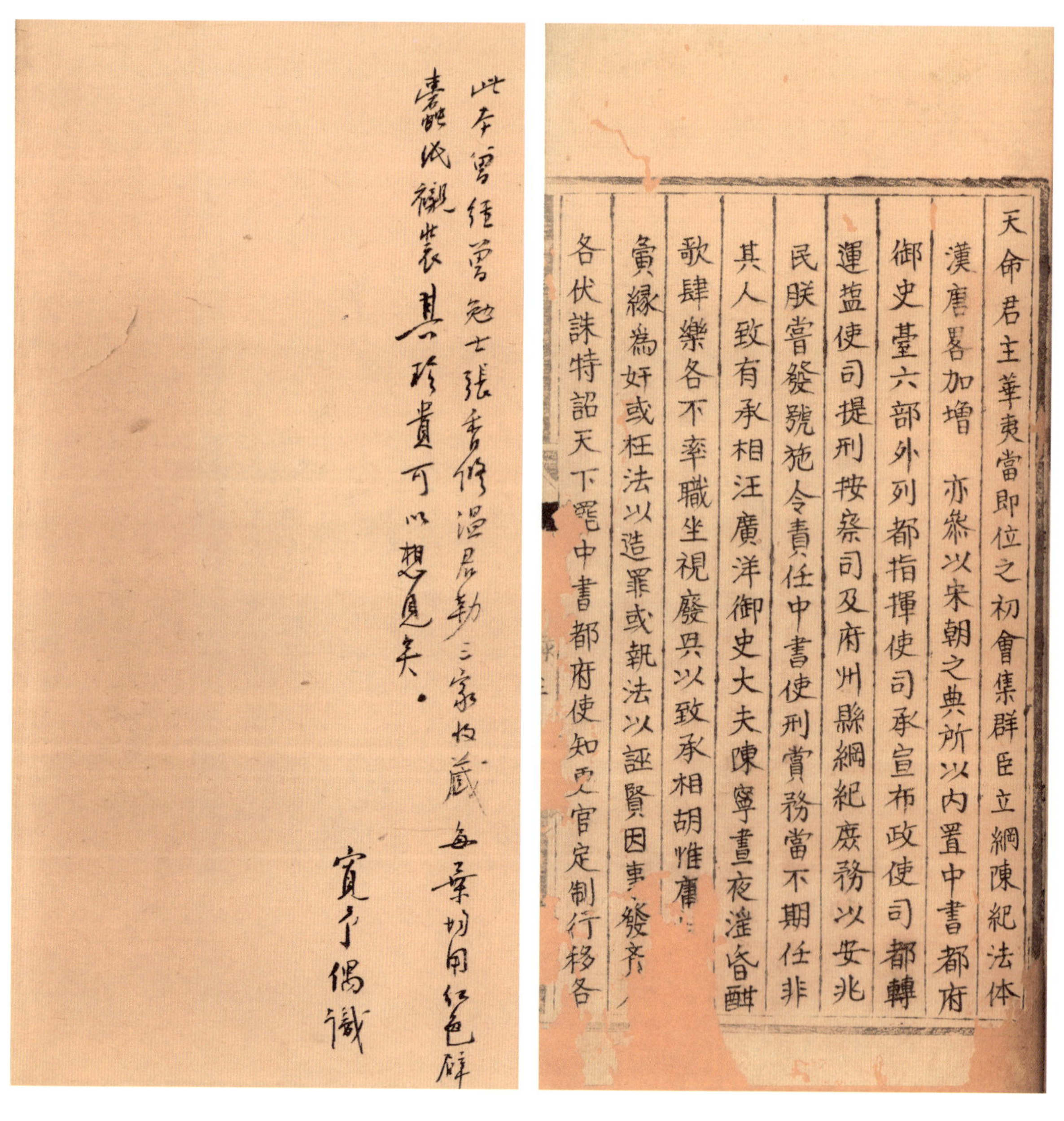

天命君主華夷當即位之初會集群臣立綱陳紀法体
漢唐畧加增　亦衆以宋朝之典所以内置中書都府
御史臺六部外列都指揮使司承宣布政使司都轉
運塩使司提刑按察司及府州縣綱紀庶務以安兆
民朕嘗發號施令責任中書使刑賞務當不期任非
其人致有承相汪廣洋御史大夫陳寧晝夜淫酗
歌肆樂各不率職坐視廢興以致承相胡惟庸
貪緣為奸或枉法以造罪或執法以誣賢因事發
各伏誅特詔天下罷中書都府使知吏官定制行移各

此本曾經曾勉士、張香修、温君勒三家收藏，每葉均用紅色辟蠹紙襯裝，其珍貴可以想見矣。
寬予偶識

蘇東坡先生萬言書注一卷　宋蘇軾撰　清蔡焯注

清阮氏文選樓抄本　清阮元跋　四册

八行十六字，小字雙行字不等。無欄格。書高25.8釐米，寬15.7釐米。鈐“揚州阮氏琅嬛僊館藏書印”“文選樓”印。

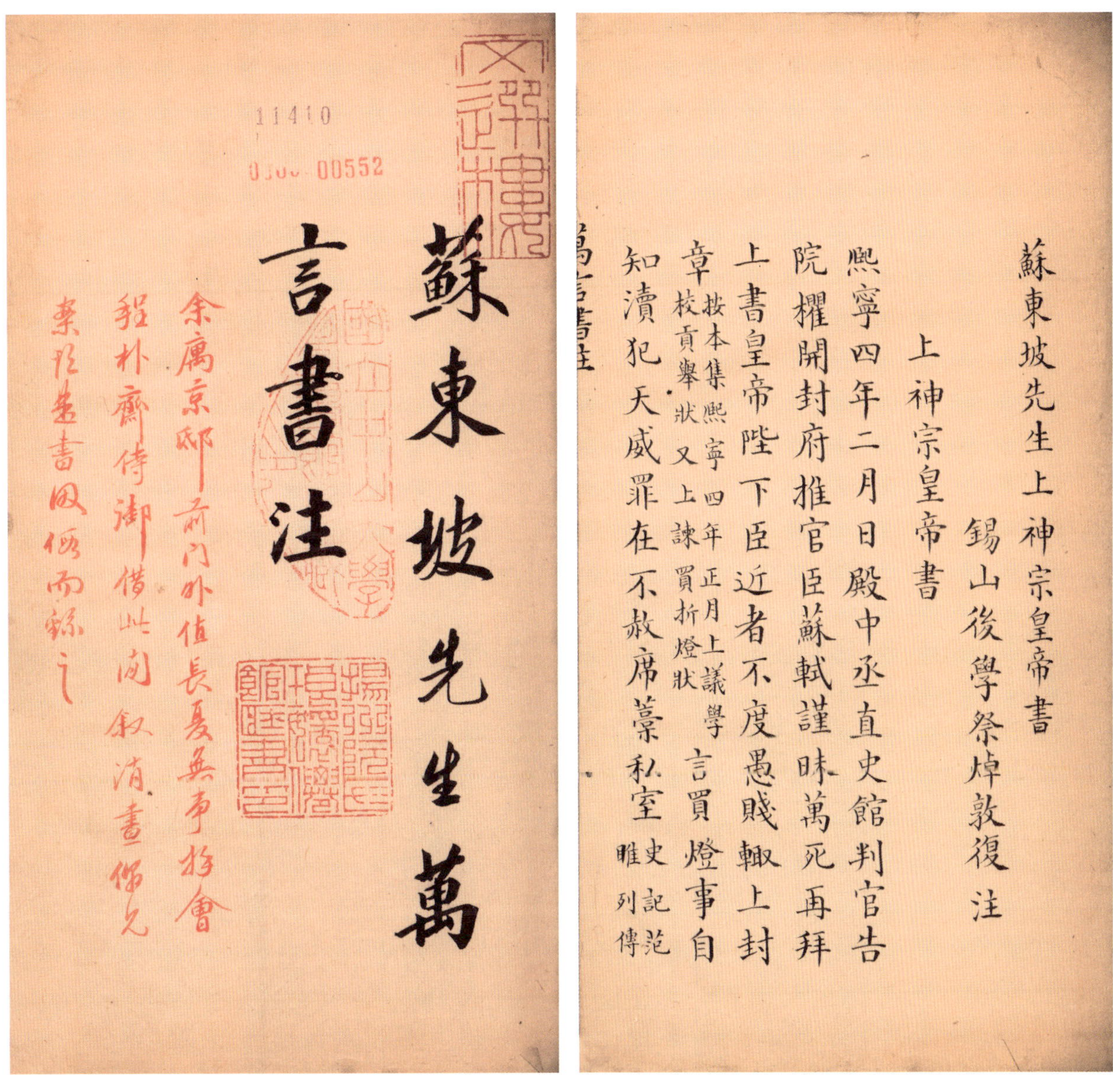

蘇東坡先生萬言書注

蘇東坡先生上神宗皇帝書
錫山後學蔡焯敦復注
上神宗皇帝書
熙寧四年二月日殿中丞直史館判官告
院權開封府推官臣蘇軾謹昧萬死再拜
上書皇帝陛下臣近者不度愚賤輒上封
章按本集熙寧四年正月上議學校貢舉狀又上諫買折燈狀言買燈事自
知瀆犯天威罪在不赦席藁私室史記范睢列傳

余肅敏公奏議三卷 明余子俊撰

明嘉靖二年（1523）李充嗣刻本 三册

十行二十四字。黑口，上下雙邊，雙魚尾。框高23.2釐米，15.8釐米。前有嘉靖二年楊廷和序，言“亟以請予工部尚書李公梧山刻樣以傳，尚書蓋公從子婿也”，李梧山即李充嗣。入選第三批《名録》。

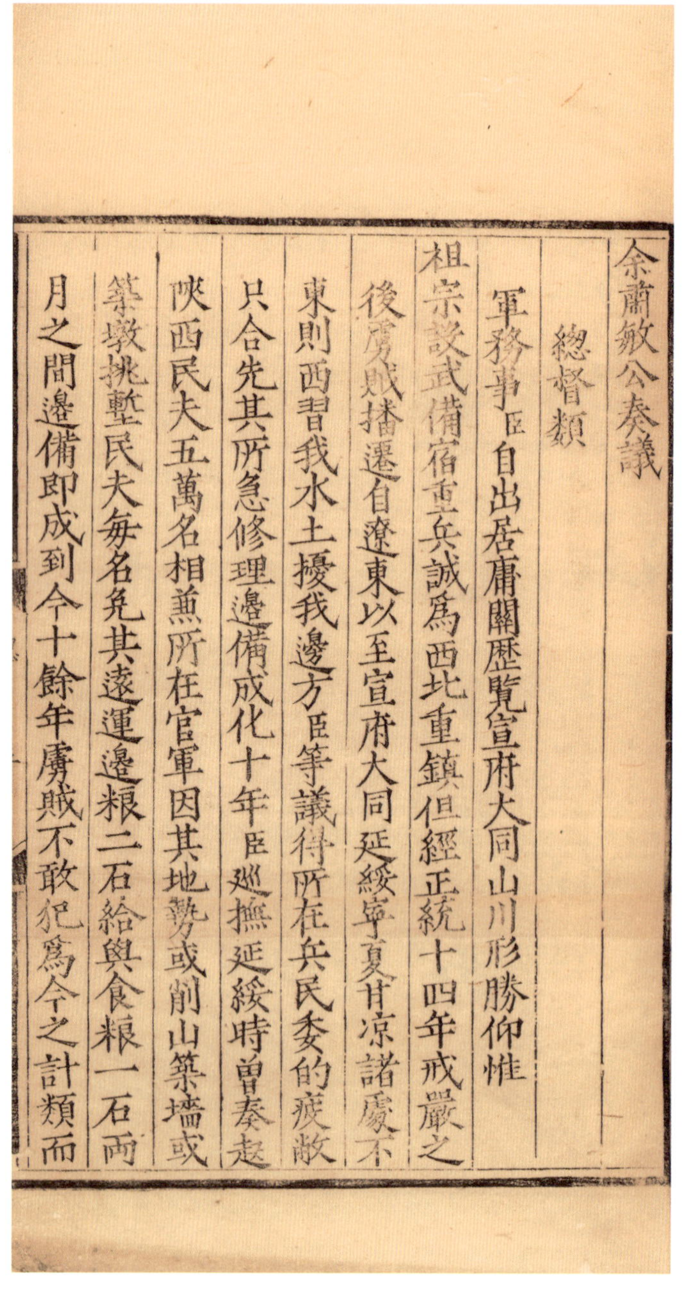

余肅敏公奏議

總督類

軍務事臣自出居庸關歷覽宣府大同山川形勝仰惟
祖宗設武備宿重兵誠爲西北重鎮但經正統十四年戎嚴之
後虜賊播遷自遼東以至宣府大同延綏寧夏甘凉諸處不
東則西習我水土擾我邊方臣等議得所在兵民委的疲敝
只合先其所急修理邊備成化十年臣巡撫延綏時曾奏起
陜西民夫五萬名相兼所在官軍因其地勢或削山築墻或
築墩挑塹民夫每名免其遠運邊粮二石給與食粮一石兩
月之間邊備即成到今十餘年虜賊不敢犯爲今之計類而

恤刑題稿十四卷　明查絳撰

明嘉靖刻本　七册

十行二十一字。黑口，四周雙邊，單魚尾。框高20釐米，寬14.6釐米。明嘉靖三十五年（1556），帝諭大理寺右評事查絳前往河南檢查刑事，并予以體恤。此書爲查絳的彙報材料，事情發生在嘉靖三十五、三十六兩年。入選第二批《名録》。

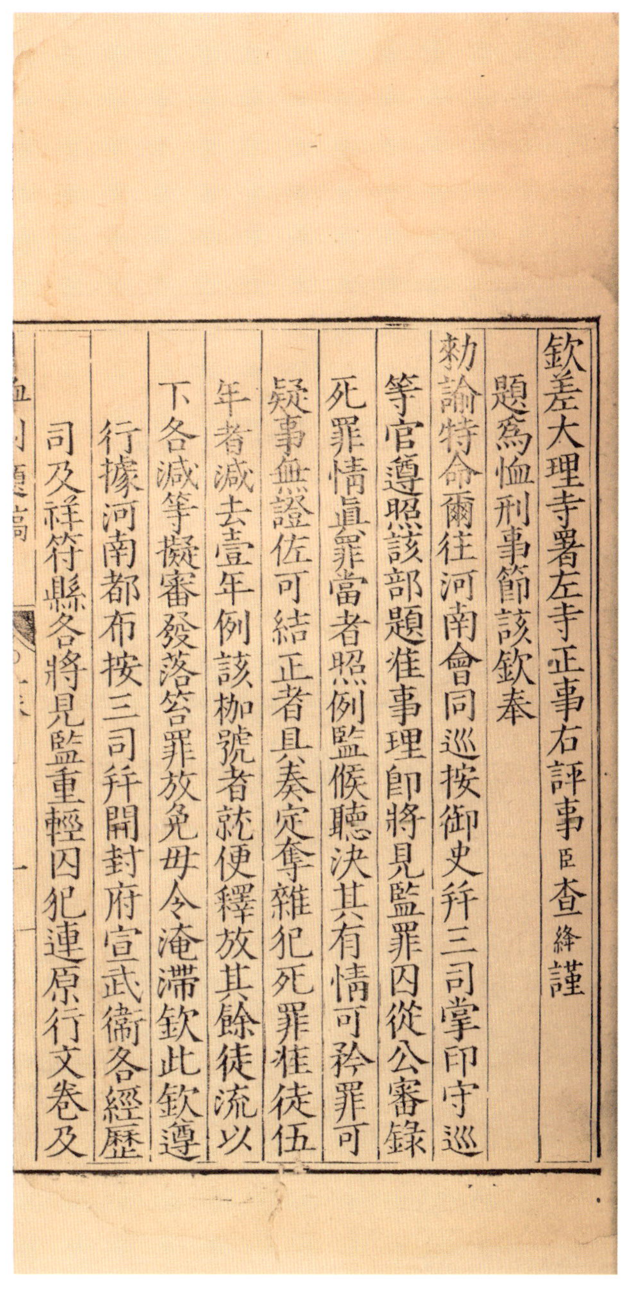

欽差大理寺署左寺正事右評事臣查絳謹
題爲恤刑事節該欽奉
勑諭特命爾往河南會同巡按御史幷三司掌印守巡
等官遵照該部題准事理即將見監罪囚從公審錄
死罪情眞罪當者照例監候聽決其有情可矜罪可
疑事無證佐可結正者具奏定奪雜犯死罪准徒伍
年者減去壹年例該枷號者就便釋放其餘徒流以
下各減等擬審發落笞罪放免毋令淹滞欽此欽遵
行據河南都布按三司幷開封府宣武衞各經歷
司及祥符縣各將見監重輕囚犯連原行文卷及

西征奏議二卷　明梅國楨撰

明刻本　清復廬居士題識　三册

九行二十字。白口，四周單邊。框高20.5釐米，寬13.7釐米。鈐“復廬題識”“貞廬”等印。卷下之下殘。

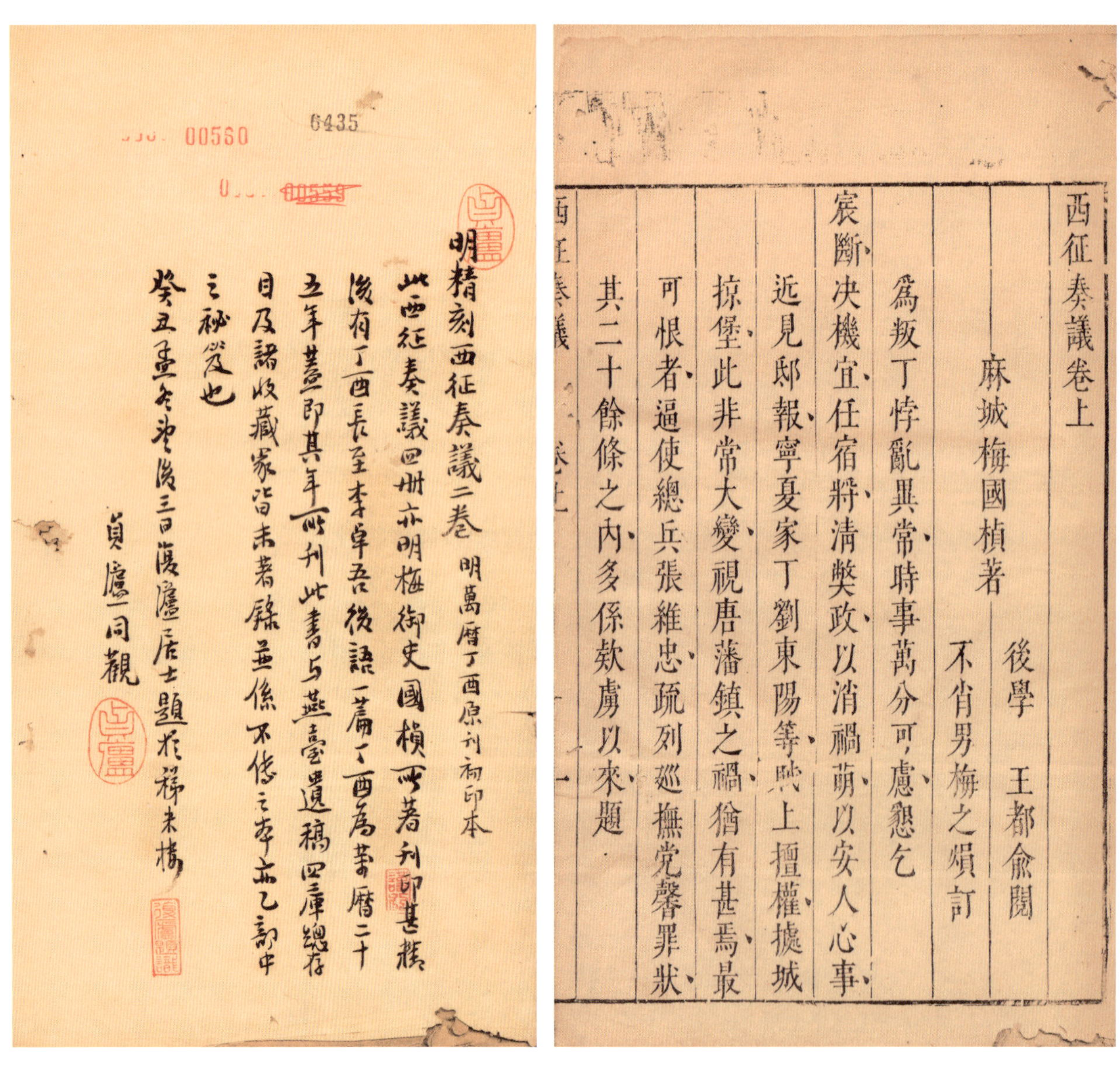

疑年録四卷 清錢大昕撰 續疑年録四卷 清吴修撰

清嘉慶十八年（1813）吴修刻二十三年（1818）增補本 清吴修跋 毛銘跋 四册

十行二十四字。白口，左右雙邊，單魚尾。框高17.8釐米，寬12.5釐米。鈐“蓉圃”“聘伊”“聘伊曾藏”等印。前有嘉慶十八年姚鼐序，卷末墨筆增補九人，并有吴修嘉慶戊寅（1818）跋四行，言嘉慶癸酉（1813）刻書及戊寅增補事。

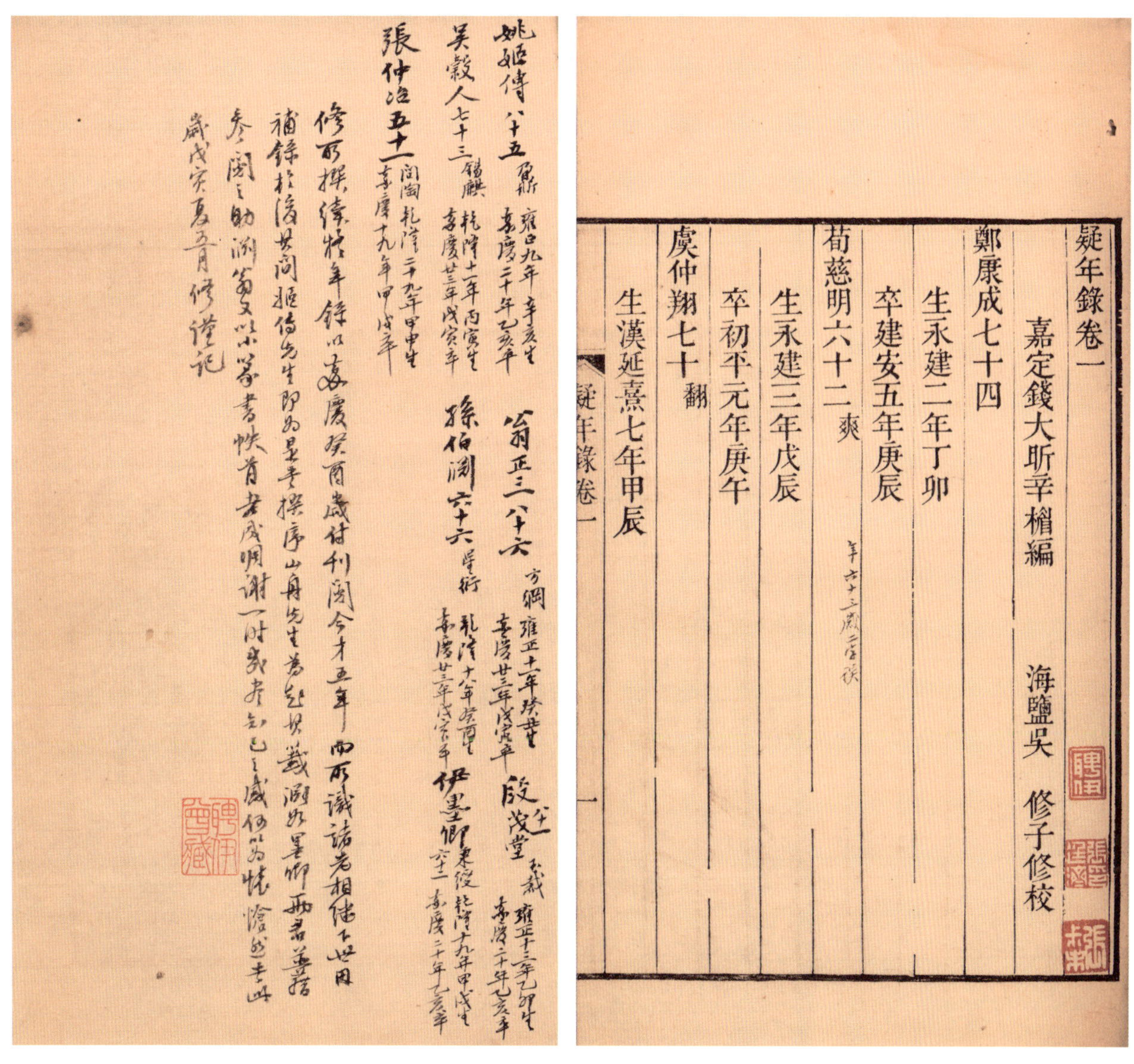

五朝名臣言行録前集十卷後集十四卷 宋朱熹輯 續集八卷 別集二十六卷外集十七卷 宋李幼武輯

元刻本（別集目録抄配） 日本松崎慊堂題識 清鮑毓東録諸家序并題識 三十二册

十二行二十三字，小字雙行同。黑口，左右雙邊，單魚尾，或雙魚尾，或三魚尾。有書耳。有刻工。框高19.8釐米，寬12.6釐米。鈐“明復”“松崎慊”“玄譽”“向黄邨珍藏印”“六合徐氏孫麒珍藏書畫印”“孫麒氏使東所得”“徐乃昌讀”“南陵徐乃昌校勘經籍記”“積餘秘笈識者寶之”“積學齋徐乃昌藏書”“鮑毓東印”“延古堂李氏珍藏”“愛蘭堂圖書記”“静修齋”“曾梘書庫”印。入選第二批《名録》。

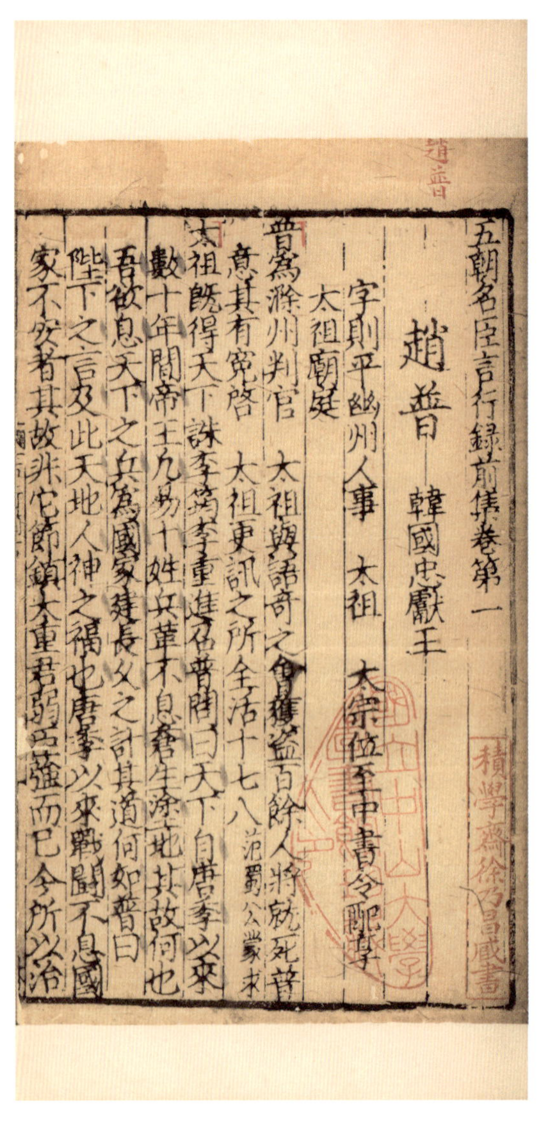
五朝名臣言行録前集卷第一
趙普 韓國忠獻王
字則平幽州人事 太祖 太宗位至中書令熙寧
太祖廟庭
普爲滁州判官 太祖與語奇之會獲盜百餘人將就死普
意其有冤啓 太祖更訊之所全活十七八 范蜀公蒙求
太祖既得天下誅李筠李重進召普問曰天下自唐季以來
數十年間帝王凡易十姓兵革不息蒼生塗地其故何也
吾欲息天下之兵爲國家建長久之計其道何如普曰
陛下之言及此天地人神之福也唐季以來戰鬬不息國
家不安者其故非它節鎮太重君弱臣強而已今所以治

皇明名臣言行録新編三十四卷　明沈應魁輯

明嘉靖三十二年（1553）沈氏刻本　六册

十行二十四字，小字雙行同。白口，四周單邊，單魚尾。框高20.3釐米，寬13.3釐米。鈐“陳慎式印”“述甫”印。前有嘉靖三十二年沈應魁《皇明名臣言行録新編序》，言輯書刻書事。卷端題“吴常熟後學沈應魁文仲氏校刊”。入選第二批《名録》。

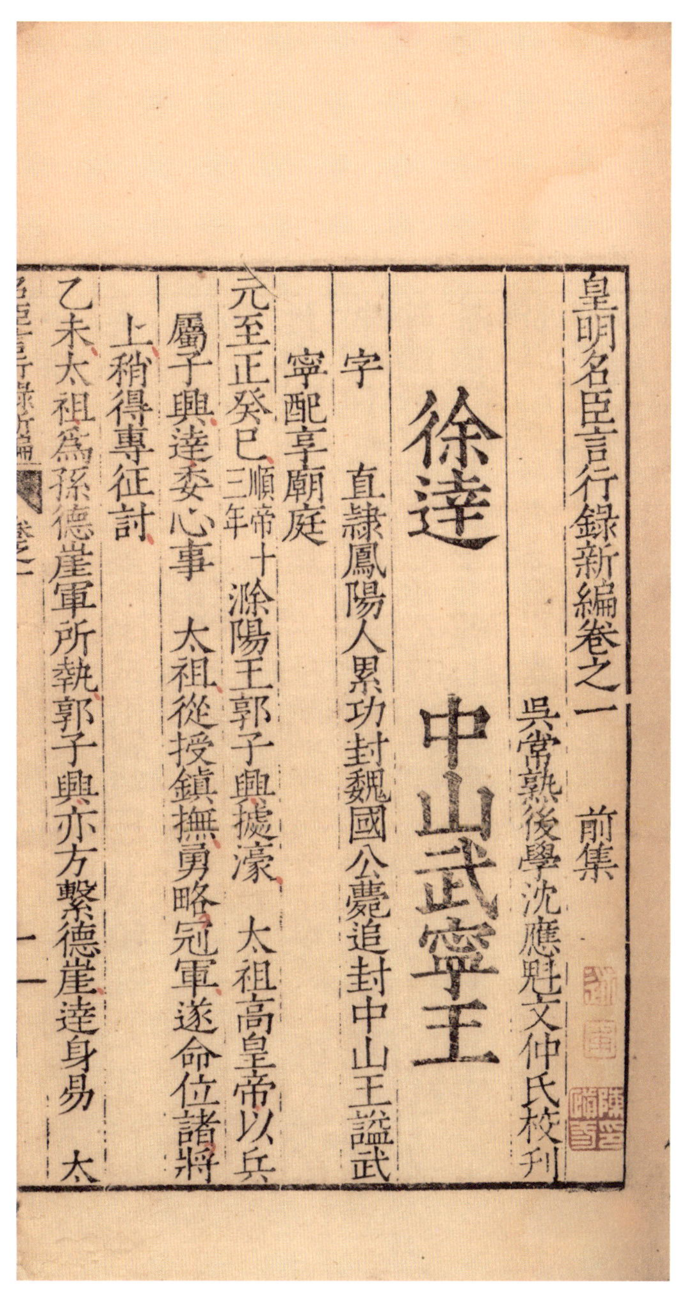
皇明名臣言行録新編卷之一　前集
呉常熟後學沈應魁文仲氏校刊
徐達　中山武寧王
字　直隸鳳陽人累功封魏國公薨追封中山王謚武
寧配享廟庭
元至正癸巳順帝十三年滁陽王郭子興據濠　太祖高皇帝以兵
屬子興達委心事　太祖從授鎮撫勇略冠軍遂命位諸將
上稍得專征討
乙未太祖爲孫德崖軍所執郭子興亦方繫德崖達身易　太
名臣言行録新編　卷之一　一

攻渝諸將小傳一卷刻徐念陽西征雜記一卷　明徐如珂撰

明天啓刻本　周連寬跋　一册

八行二十字。白口，四周單邊，單魚尾。框高21釐米，寬13.5釐米。鈐“面城樓藏書印”“曾釗之印”“漱緑樓藏書印”印。前有未署年徐如珂序，言撰書及刻書事。

上川東道徐憲副攻渝小傳
辛酉孟冬十日行至潜山聞蜀中兵變相知謂曰
盍少需之曰不可夫聞難不赴非勇也坐視地方
之阽危非仁也委
君命于艸莽非忠也三者皆臣誼之所不載需之何
爲遂驅之一驅而至夔門再驅而至墊邑時相從
者蒼頭四人已耳至則重慶山城旣爲樊龍張彤
所據而成都天險又爲奢寅父子所攻兼以殘破

江西大臣傳不分卷附循吏傳一卷忠義傳一卷

稿本　十二册

八行十九字。黑口，四周雙邊，單魚尾。框高19.6釐米，寬17.6釐米。鈐“棣輝堂珍藏”印。

譚尚忠列傳

譚尚忠江西南豐人乾隆十六年進士以
主事用分戶部十九年補官二十三年陞
員外郎二十四年
京察一等旋陞郎中二十六年授山西道監
察御史仍兼戶部行走二十七年擢福建
興泉永道二十九年以廈門洋行陋規案
內為總督楊廷璋貼墊買物銀兩部議革

晏子春秋六卷 題周晏嬰撰

明末刻本　清唐岳跋　二册

九行二十字。欄上鐫評，行五字。白口，四周單邊。框高20.7釐米，寬13.8釐米。鈐“桂林唐氏珍藏”“十萬卷樓”“桂林唐氏仲實珍藏書籍之印”“函雅樓藏書印”“棣華書屋”“仲實珍賞”印。

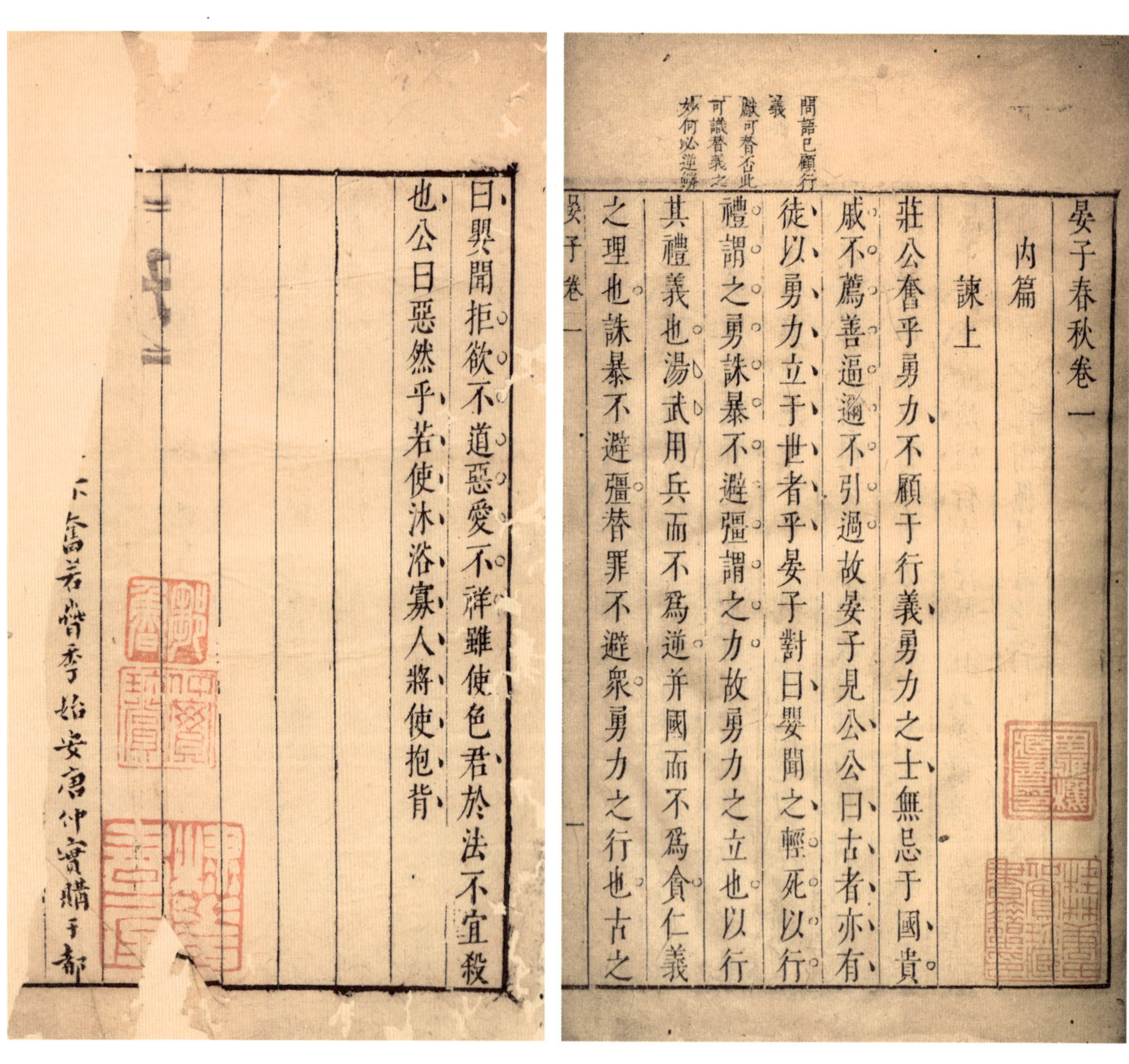

問語已顧行義辭可眷否此可識眷義之妙何必逆觧

晏子春秋卷一

内篇

諫上

莊公奮乎勇力不顧于行義勇力之士無忌于國貴戚不薦善逼邇不引過故晏子見公公曰古者亦有徒以勇力立于世者乎晏子對曰嬰聞之輕死以行禮謂之勇誅暴不避彊謂之力故勇力之立也以行其禮義也湯武用兵而不爲逆并國而不爲貪仁義之理也誅暴不避彊替罪不避衆勇力之行也古之

晏子卷一

曰嬰聞拒欲不道惡愛不祥雖使色君於法不宜殺也公曰惡然乎若使沐浴寡人將使抱背

始安唐仲實購于都

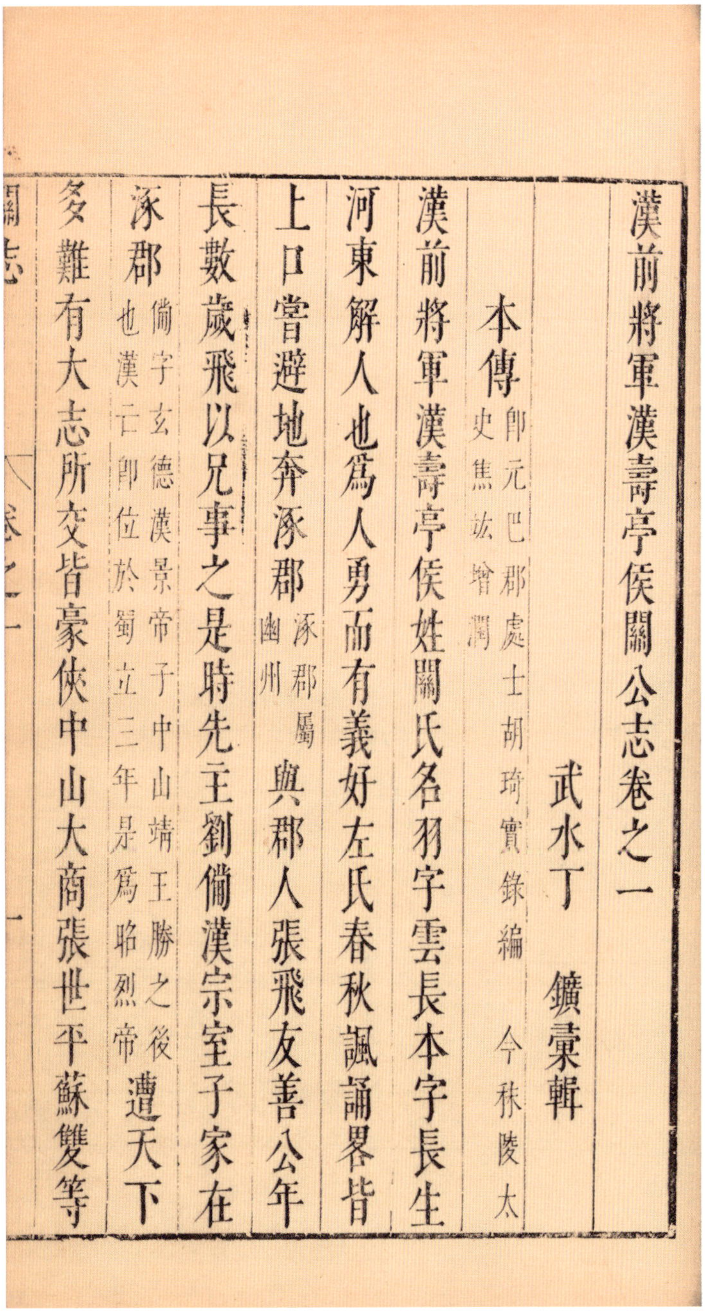

漢前將軍漢壽亭侯關公志十二卷　明丁鏷輯

明崇禎五年（1632）自刻本　八册

九行二十字，小字雙行同。白口，四周單邊，單魚尾。框高22釐米，寬13.5釐米。前有崇禎五年曹勳序，言丁氏輯書刻書事。

宋丞相崔清獻公全録十卷 宋崔與之撰 明崔子璲輯 明崔曉增輯

明嘉靖十三年（1534）唐胄、邵煉刻本 葉恭綽跋 四册

十行十九字，小字雙行同。黑口，四周雙邊，單魚尾。框高19釐米，寬13.4釐米。鈐“賜書樓”“蔣西圃藏書記”“治廧室”“葉恭綽印”“遐翁”“恭綽之印”“恭綽”“罔極菴”“蘇時選印”印。前有嘉靖十三年唐胄序，言刻書事。入選第二批《名録》。

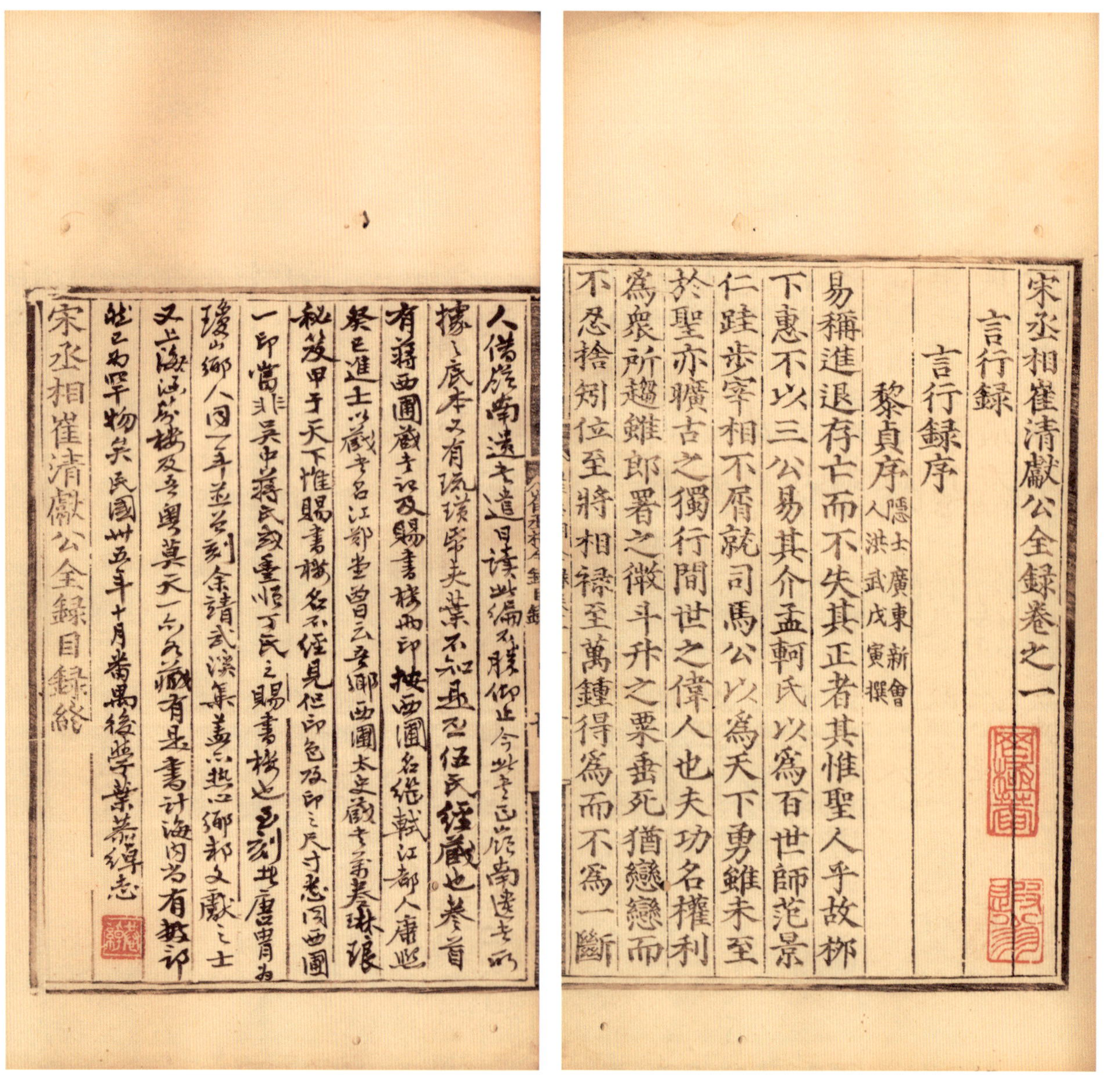
宋丞相崔清獻公全録卷之一
言行録
言行録序
黎貞序隱士廣東新會人洪武戊寅撰
易稱進退存亡而不失其正者其惟聖人乎故柳
下惠不以三公易其介孟軻氏以爲百世師范景
仁跬步宰相不屑就司馬公以爲天下勇雖未至
於聖亦曠古之獨行間世之偉人也夫功名權利
爲衆所趨雖郎署之微斗升之粟垂死猶戀戀而
不忍捨矧位至將相禄至萬鍾得爲而不爲一斷

人備於南遠堂遺目讀此編不勝御止今此書亦於南遠書所
據之底本又有琉璜帶夫葉不知是否伍氏經藏也卷首
有蔣西圃藏書記及賜書樓兩印按西圃名繼軾江都人康熙
癸巳進士以藏書名江都志曾云吾鄉西圃太史藏書萬卷琳琅
秘笈甲于天下惟賜書樓名不經見但印色及印之尺寸悉同西圃
一印當非吳中蔣氏或疊順丁氏之賜書樓也是刻按唐胄爲
瓊山鄉人同丁年並其刻余請武溪集並不甚乞鄉邦文獻之士
又與海源閣樓及吾粵莫天一與之藏有是書計海內尚有數部
然已爲罕物矣 民國卅五年十月番禺後學葉恭綽志
宋丞相崔清獻公全録目録終

韓襄毅公傳一卷 明丘濬撰 附録一卷 明韓勛輯

明嘉靖韓氏葑溪草堂刻本　一册

十行十八字。白口，左右雙邊，單魚尾。框高17釐米，寬11.9釐米。鈐“面城樓藏書印”“曾釗之印”“漱緑樓藏書印”印。版心下鎸“葑溪草堂”。

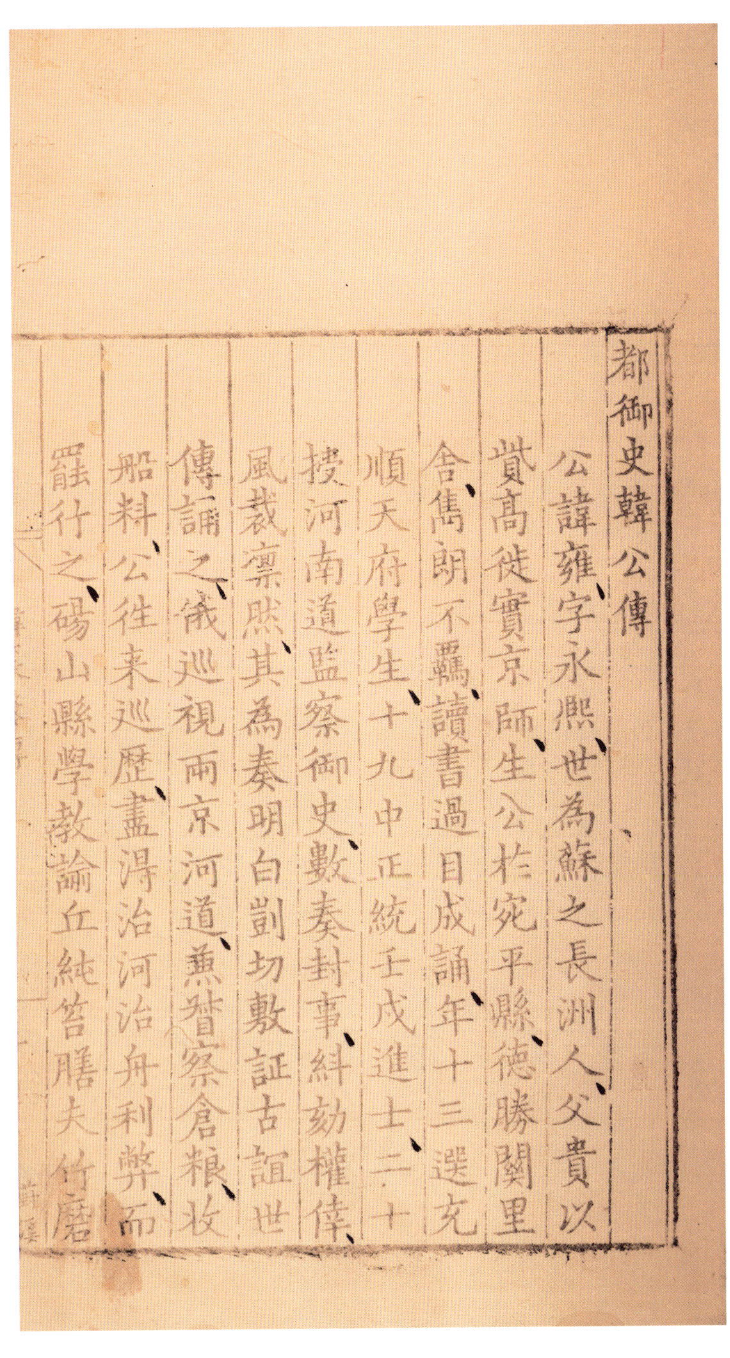

都御史韓公傳

公諱雍字永熈世爲蘇之長洲人父貴以貲高徙實京師生公於宛平縣德勝關里含儁朗不覊讀書過目成誦年十三選充順天府學生十九中正統壬戌進士二十授河南道監察御史數奏封事糾劾權倖風裁凛然其爲奏明白剴切敷証古誼世傳誦之俄巡視兩京河道兼督察倉粮收船料公往來巡歴盡得治河治舟利弊而罷竹之碭山縣學教諭丘純笞膳夫竹磨

東山外紀二卷　清劉振麟、周驤撰

清抄本　清覺新跋　二册

十二行二十字。白口，四周單邊。框高17.7釐米，寬14釐米。鈐“景叔”“昌猷”印。

東山外紀一卷

同社檇李高駿發楓岑甫評閱
吉安劉振麟三之甫
門人　四明周驤九逸甫　仝輯

敬修堂伊璜先生初名佑以試誤今名仍之少好理
學自號興詰齋身在兹之義中酉之後更名省字不
省入粵後或隱姓名為左尹别號非人氏及己亥以
後凡有大書率用樝以查古篆缺也
為家譜周時有延者以子爵始封于查春秋所云會
吳於查此地也五世祖為晋骨臣從巳賛文公城濮
之戰蒙馬以虎皮取威定霸至南唐文徽破閩杭吳
越翼運續唐居嶽之休寧坟墓在焉其後元初伯圭

雪鴻山館紀年不分卷（清道光八年至同治六年）　清趙守純撰

稿本　四册

九行字不等。無欄格。書高29.3釐米，寬17.4釐米。此爲自撰年譜，前有清同治六年（1867）自序。

雪鴻山館紀年
吾宗系出宋室後自黄巖公始居江蘇之吴江已五百年於兹矣清門
舊澤代有聞人功業文章彪炳史乘故歷前明暨乎　國朝世爲邑中
之望族曾祖舟帆公諱睿照太学生贈修職郎祖葯亭公諱基以歲貢
生授常州府金匱縣訓導予貤贈奉直大夫父艮甫公諱函震邑增貢生
候選訓導晉贈朝議大夫
道光八年戊子春正月初六日余生於揚州
時府君客兩淮鹺使鄭夢白都轉祖琛署禱於觀音山而生余小名
善生

杜鳳治日記不分卷（清同治五年至光緒八年） 清杜鳳治撰

稿本　四十册

行款不一。無欄格。開本不一，或書高24.9釐米，寬14釐米；或書高26釐米，寬18釐米；或書高27.2釐米，寬26釐米。鈐“臣杜鳳治”“平父氏”“五樓又号後山”“杜鳳治印”“後山”“短緣四六七”“商齋一箇主”“凫公手書”等印。

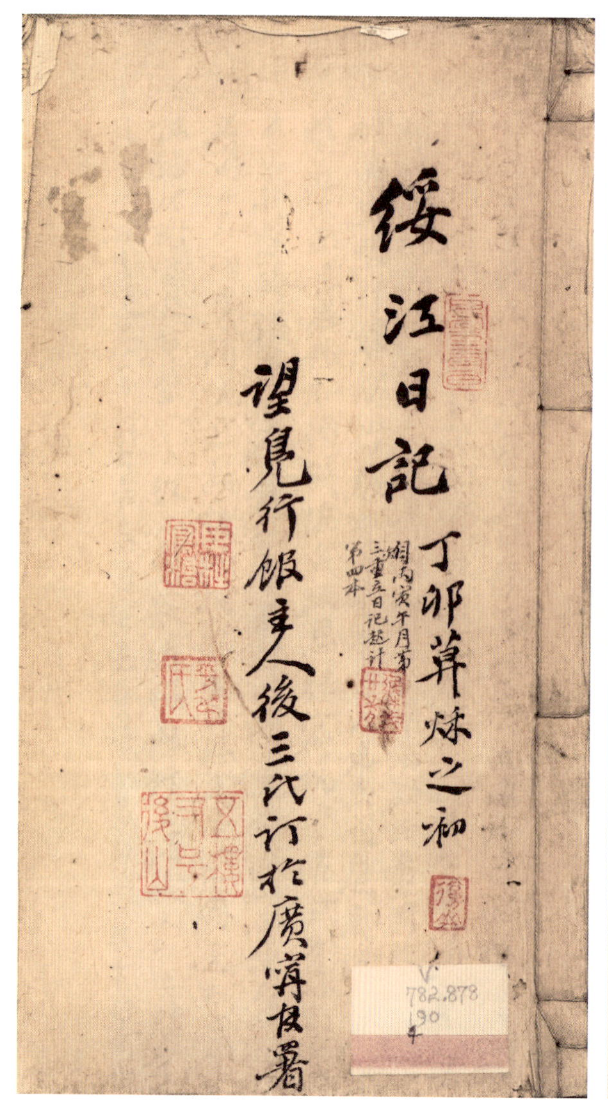

莆田林氏九牧大宗族譜不分卷

清抄本　二册

行字不等。白口，四周雙邊。框高26.8釐米，寬17.5釐米。

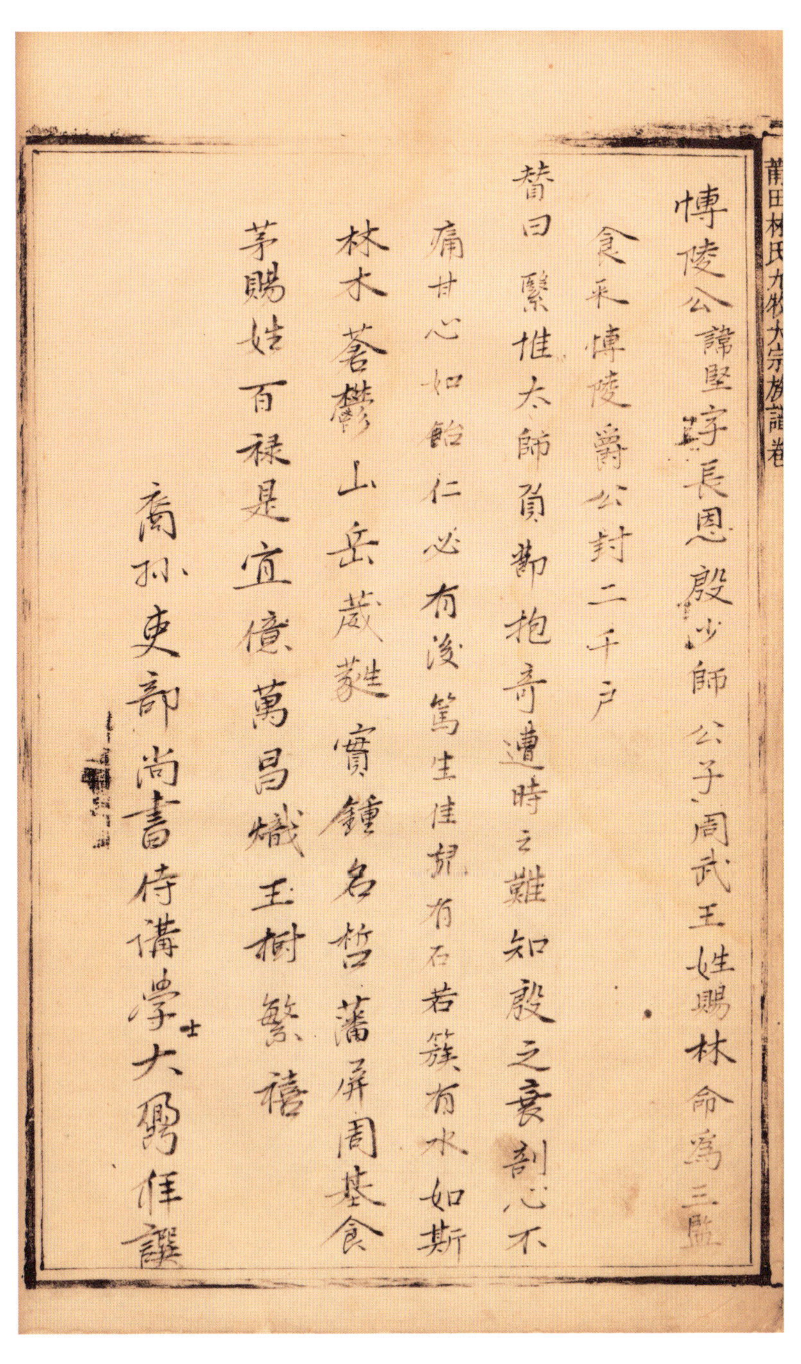
莆田林氏九牧大宗族譜卷

博陵公諱堅字長恩殷少師公子周武王姓賜林命爲三監
食采博陵爵公封二千戶
莆田繫推太師賁勳抱奇遭時之難知殷之衰剖心不
痛甘心如飴仁必有後篤生佳兒有石若簇有水如斯
林木蒼鬱山岳嵗巍賓鍾名哲藩屏周基食
茅賜姓百祿是宜億萬昌熾王樹繁禧
商孙吏部尚書侍講學士大鵬作讚

東萊翟氏家乘不分卷

清抄本　四册

行字不等。白口，四周雙邊，單魚尾。框高21.5釐米，寬14.5釐米。版心有“翟氏宗譜”。

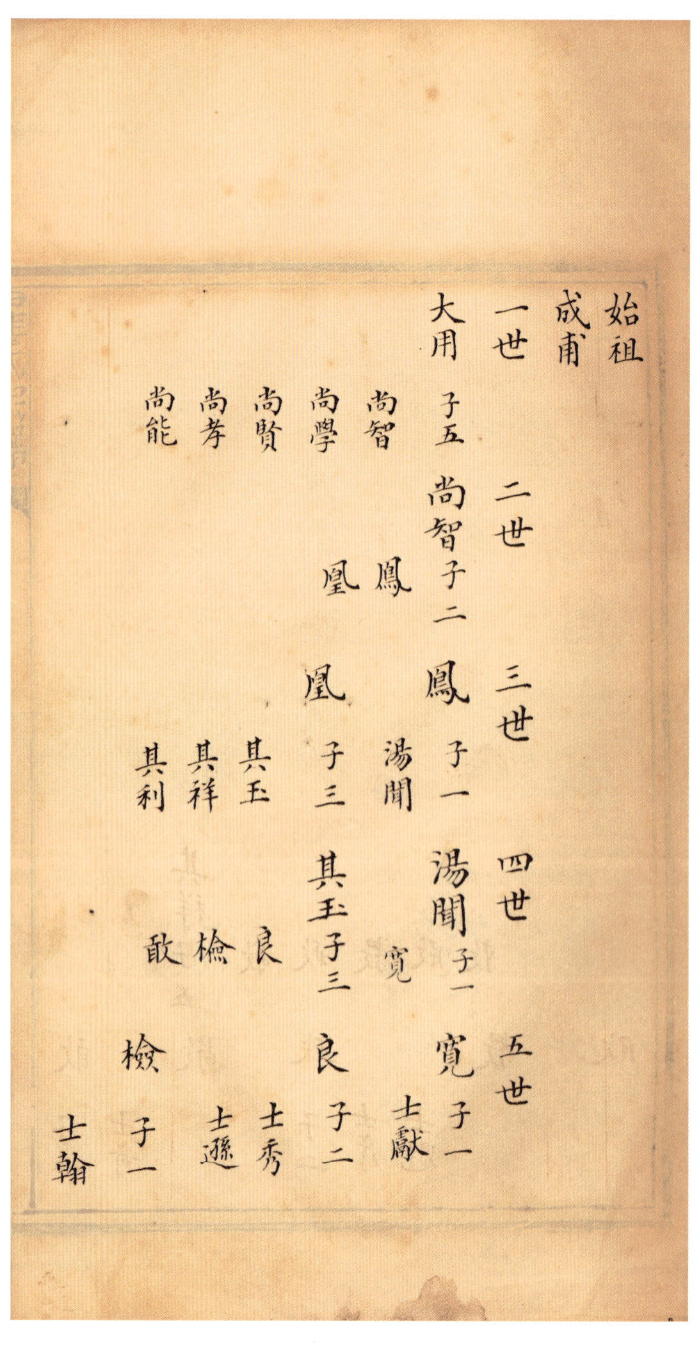

始祖
成甫

一世
大用　子五　尚智　尚學　尚賢　尚孝　尚能

二世
尚智子二　鳳　凰

三世
鳳　子一　湯聞
凰　子三　其玉　其祥　其利

四世
湯聞子一　寬
其玉子三　良　檢　敢

五世
寬　子一　士獻
良　子二　士秀　士遜
檢　子一　士翰

南國賢書六卷前編二卷 明張朝瑞輯 明陸問禮續輯

明崇禎五年（1632）陸問禮刻本 七册

十行二十四字，小字雙行同。白口，左右雙邊，單魚尾。框高21.3釐米，寬13釐米。前有張朝瑞萬曆二十六年（1598）、二十七年（1599）所撰序及再識，言其輯書事；又有崇禎五年陸問禮叙，言其續輯及刻書事。

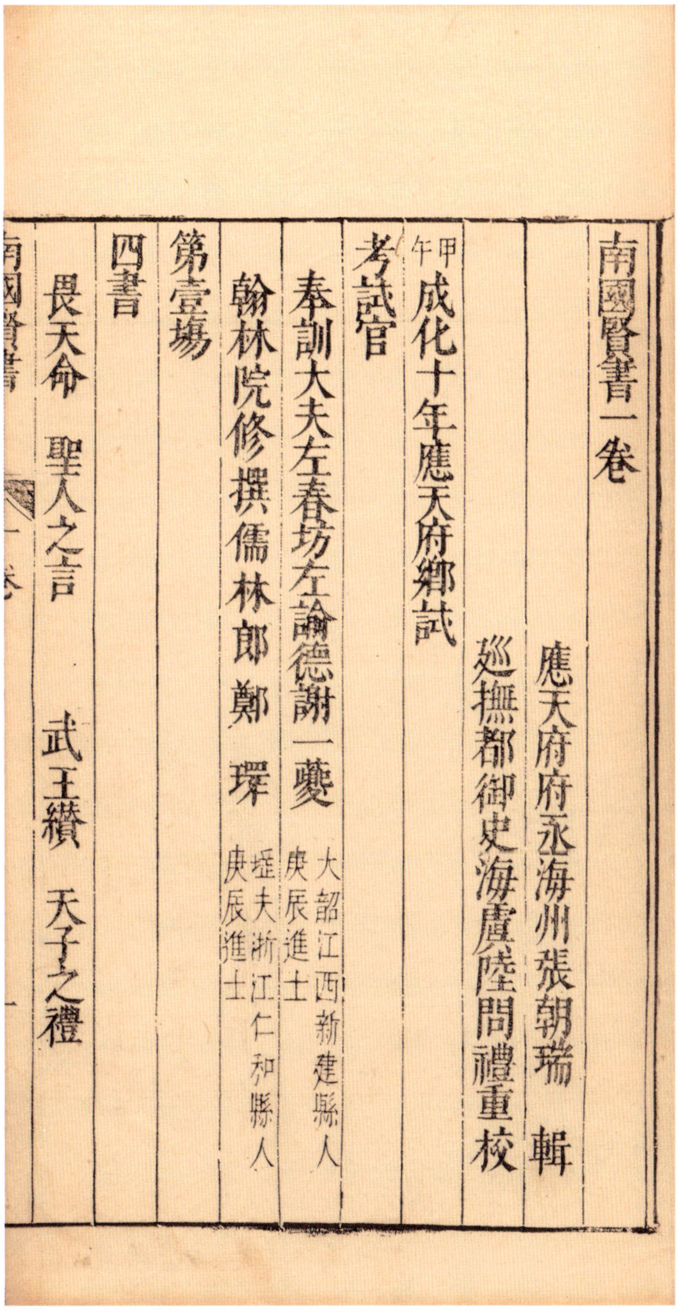

漢雋十卷　宋林鉞輯

明崇禎十二年（1639）程揚刻本　六册

八行十七字，小字雙行同。白口，左右雙邊，單魚尾。框高17.6釐米，寬12.6釐米。鈐“信古堂印”“山東海豐張同山收藏書畫印”“曾經我眼即我有”印。前有崇禎十二年程揚《漢雋序》，言“余重刻，置家塾”。

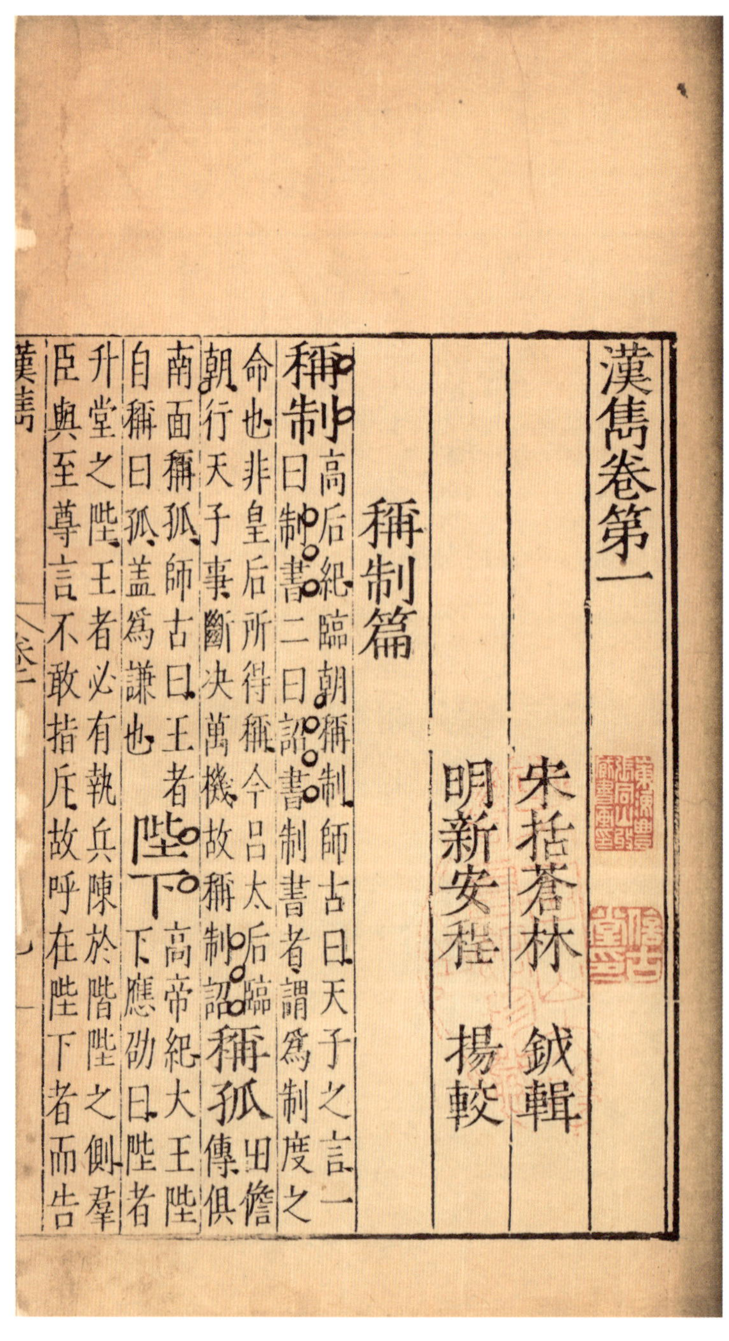

漢雋卷第一

宋括蒼林　鉞輯

明新安程　揚較

稱制篇

稱制高后紀臨朝稱制師古曰天子之言一曰制書二曰詔書制書者謂爲制度之命也非皇后所得稱今吕太后臨朝行天子事斷决萬機故稱制詔

稱孤田儋傳俱南面稱孤師古曰王者自稱曰孤蓋爲謙也

陛下高帝紀大王陛下應劭曰陛者升堂之陛王者必有執兵陳於階陛之側羣臣與至尊言不敢指斥故呼在陛下者而告

新刻李太史秘藏王閣學漢書選要鈔評二卷　明王錫爵選　明李廷機評

明萬曆十五年（1587）張弘道刻本　四册

九行二十字，小字雙行同。欄上鐫評，行五字。白口，四周單邊，單魚尾。框高22釐米，寬12.3釐米。前有萬曆十五年張弘道《刻漢書選要引》。

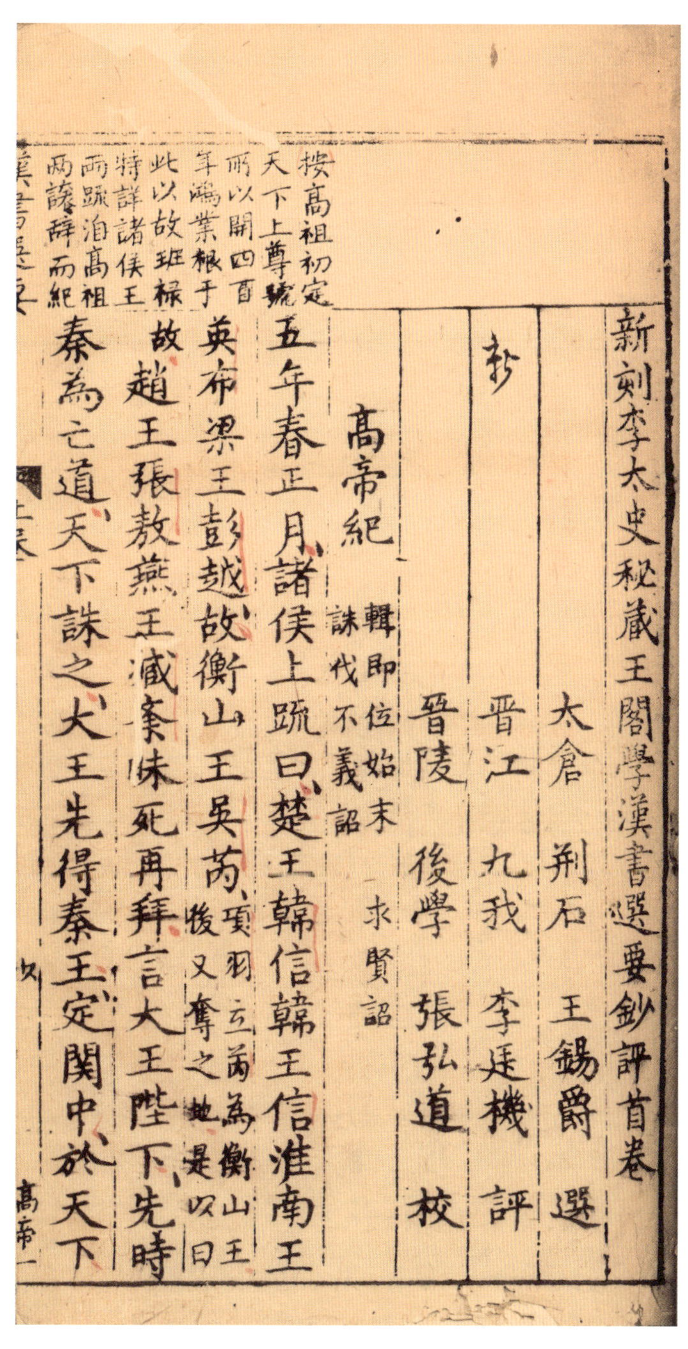

新刻李太史秘藏王閣學漢書選要鈔評首卷

太倉　荆石　王錫爵　選

晉江　九我　李廷機　評

晉陵　後學　張弘道　校

鈔

高帝紀　輯即位始末　誅伐不義詔　求賢詔

五年春正月，諸侯上疏曰：楚王韓信、韓王信、淮南王英布、梁王彭越、故衡山王吳芮（項羽立芮為衡山王，後又奪之地，是以曰故）、趙王張敖、燕王臧荼昧死再拜言大王陛下：先時秦為亡道，天下誅之。大王先得秦王，定關中，於天下

按高祖初定天下上尊號，所以開四百年鴻業根于此，以故班掾特詳諸侯王兩疏，洎高祖兩讓辭而紀

高帝一

南史識小録八卷北史識小録八卷 清沈名蓀、朱昆田輯

清儀徵劉氏青溪舊屋抄本　四册

九行二十五字。白口，四周單邊。框高20釐米，寬10.5釐米。鈐“蔣超伯印”印。卷端署“儀徵劉氏青溪舊屋校鈔”。缺《南史識小録》卷八。

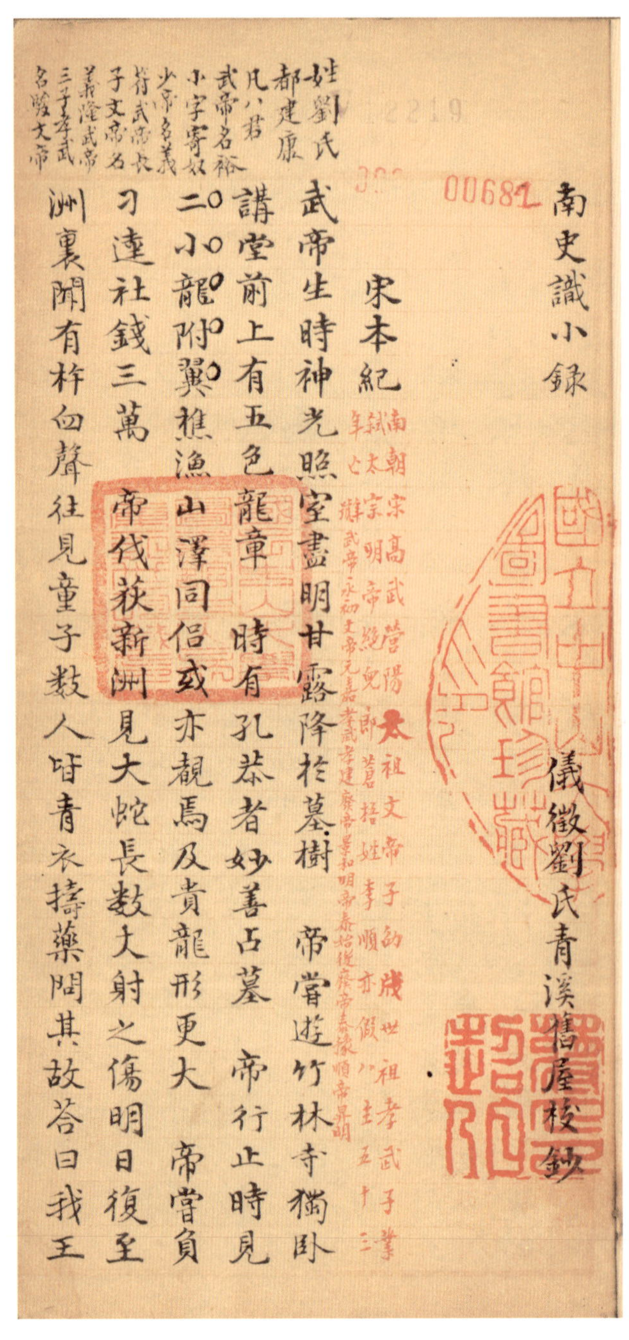

歐陽文忠公五代史抄二十卷　明茅坤輯

明刻朱墨套印本　十册

八行十八字。欄上鐫評，行六字。白口，四周單邊。框高20.2釐米，寬14釐米。鈐“王氏大雅堂珍藏”“王琰私印”“叔珍”印。入選第一批《名録》。

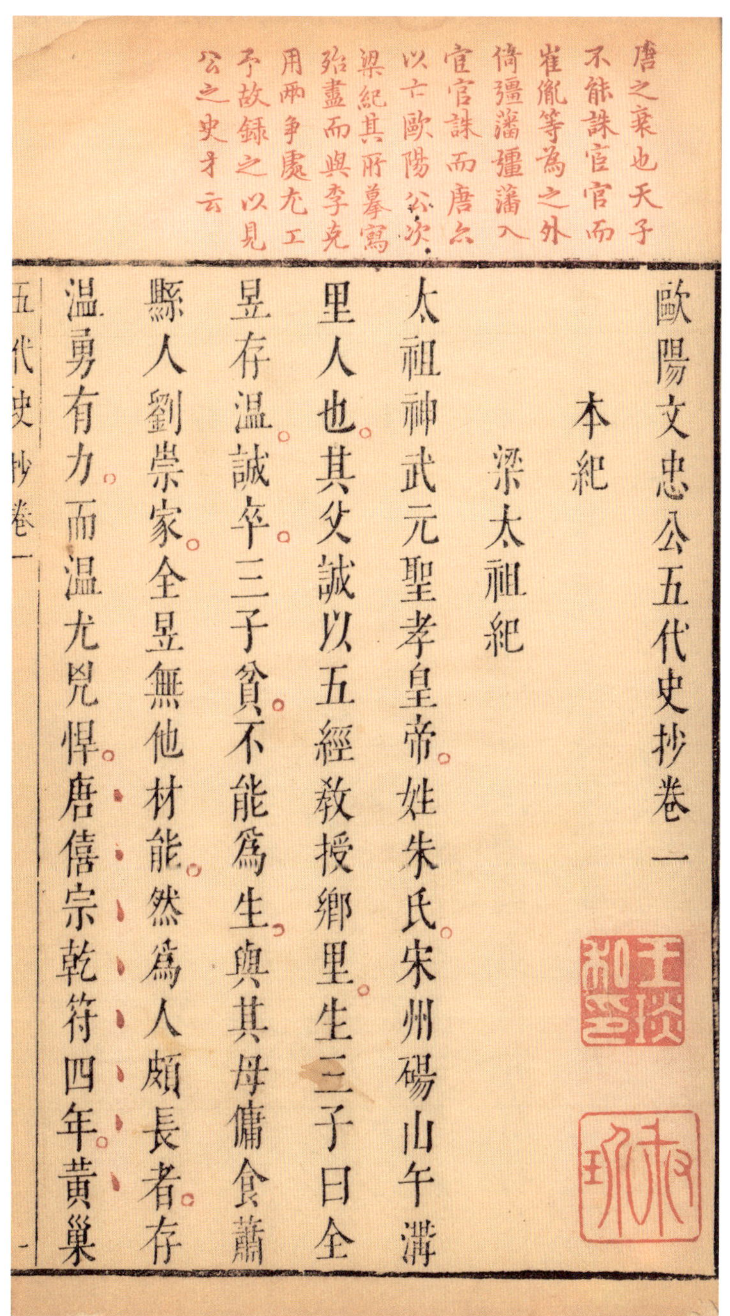
唐之衰也天子不能誅宦官而崔胤等爲之外倚彊藩彊藩入宦官誅而唐亦以亡歐陽公次梁紀其所摹寫殆盡而與李克用兩爭處尤工予故録之以見公之史才云

歐陽文忠公五代史抄卷一

本紀

梁太祖紀

太祖神武元聖孝皇帝。姓朱氏。宋州碭山午溝里人也。其父誠以五經教授鄉里。生三子曰全昱存温。誠卒。三子貧。不能爲生。與其母傭食蕭縣人劉崇家。全昱無他材能。然爲人頗長者。存温勇有力。而温尤兇悍。唐僖宗乾符四年。黄巢

五代史抄卷一　一

太平寰宇記二百卷目録二卷 宋樂史撰

清抄本 三十册

十行十八字，小字雙行同。無欄格。書高28釐米，寬17.5釐米。鈐“面城樓藏書印”“順德温君勒所藏金石書畫之印”“徐甘棠藏書”等印。存卷一至三、五至八十一、八十三至一百一十、一百二十至二百。

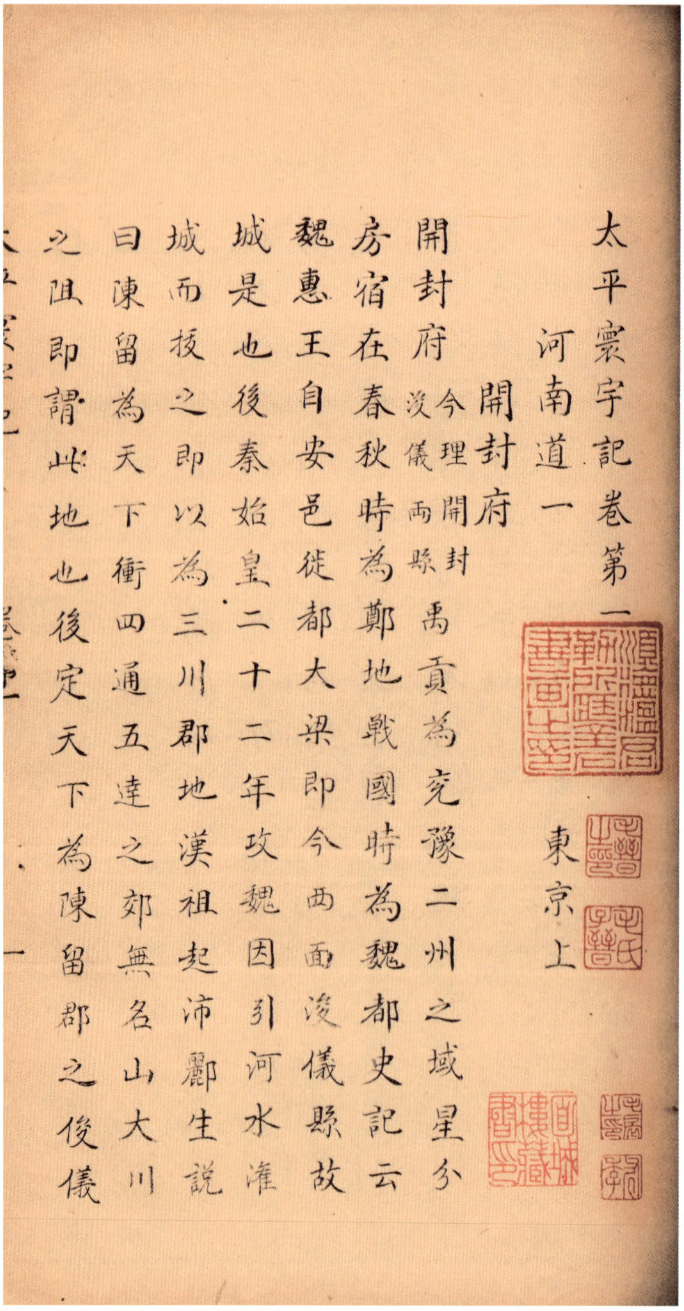

大明一統志九十卷圖一卷 明李賢、萬安等纂修

明天順五年（1461）内府刻本 六十册

十行二十二字，小字雙行不滿行。黑口，四周雙邊，雙魚尾。有圖。框高16.8釐米，寬17.2釐米。鈐“廣運之寶”“少南”“念祖堂藏書印”印。前有天順五年御製序，言刻書事。缺卷七十四至七十六。入選第一批《名録》。

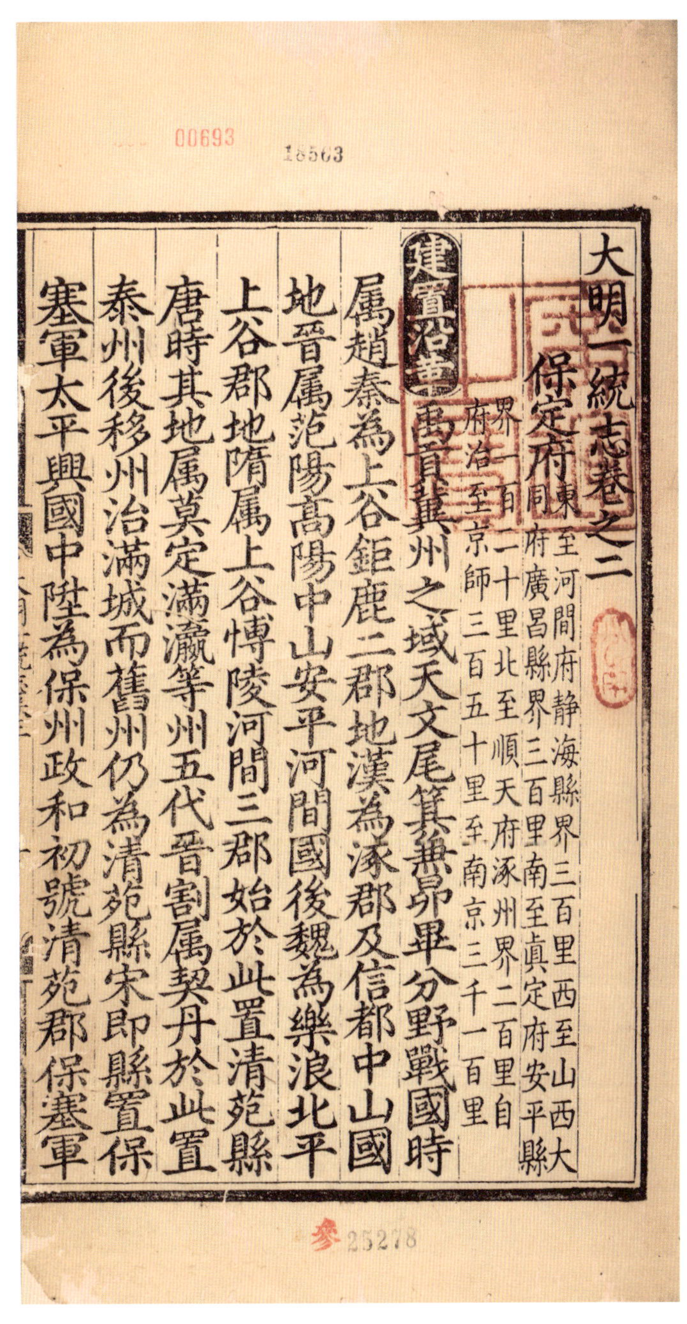

大明一統志卷之二

保定府東至河間府静海縣界三百里西至山西大同府廣昌縣界三百里南至真定府安平縣界一百二十里北至順天府涿州界二百里自府治至京師三百五十里至南京三千一百里

建置沿革 禹貢冀州之域天文尾箕兼昴畢分野戰國時屬趙秦為上谷鉅鹿二郡地漢為涿郡及信都中山國地晉屬范陽高陽中山安平河間國後魏為樂浪北平上谷郡地隋屬上谷博陵河間三郡始於此置清苑縣唐時其地屬莫定瀛等州五代晉割屬契丹於此置泰州後移州治滿城而舊州仍為清苑縣宋即縣置保塞軍太平興國中陞為保州政和初號清苑郡保塞軍

天下郡國利病書一百二十卷 清顧炎武撰

清抄本　五十二册

十行二十一字。白口，四周雙邊，單魚尾。框高21.4釐米，寬13.9釐米。鈐“盱江曾氏珍藏書畫印”“面城樓藏書印”“順德温君勒所藏金石書畫之印”印。

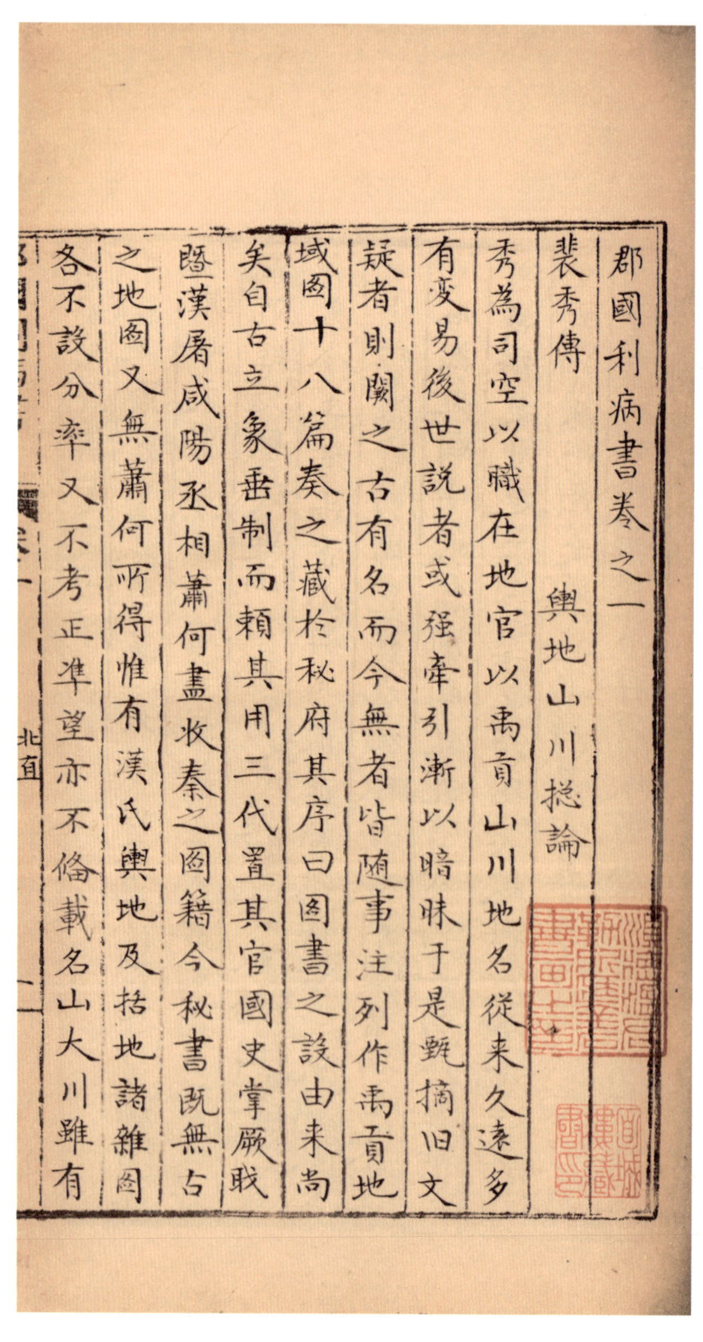

郡國利病書卷之一

裴秀傳　輿地山川揔論

秀爲司空以職在地官以禹貢山川地名從来久遠多有变易後世說者或强牽引漸以暗昧于是甄摘旧文疑者則闕之古有名而今無者皆隨事注列作禹貢地域圖十八篇奏之藏於秘府其序曰圖書之設由来尚矣自古立象垂制而賴其用三代置其官國史掌厥職暨漢屠咸陽丞相蕭何盡收秦之圖籍今秘書既無古之地圖又無蕭何所得惟有漢氏輿地及括地諸雜圖各不設分率又不考正準望亦不備載名山大川雖有

大地總論不分卷 清何炳撰

稿本　四册

行字不等。無欄格。書高29.2釐米，寬16.1釐米。鈐“葭汀藏書”印。前有嘉慶十四年（1809）何炳序。

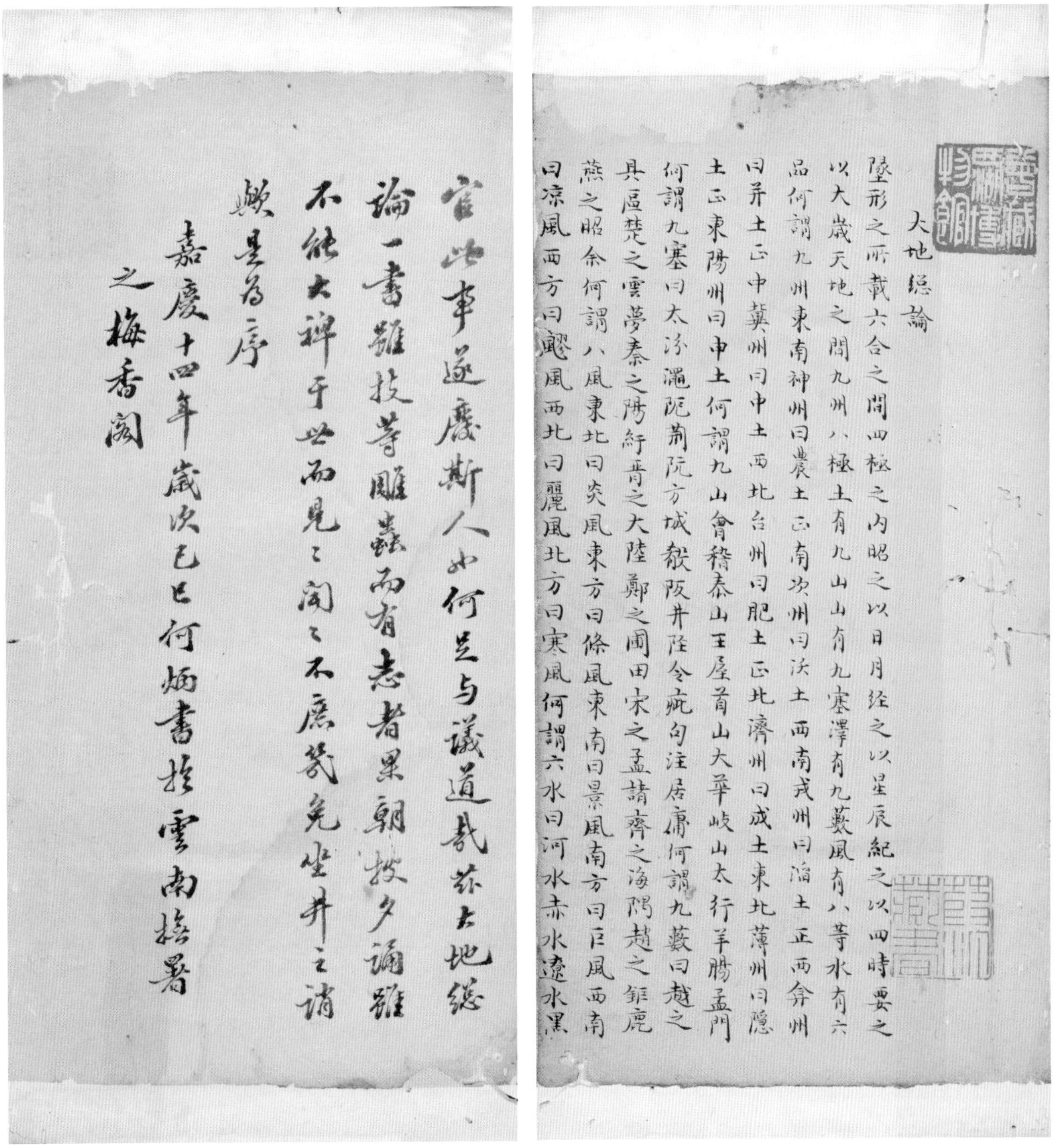

[萬曆]粤大記三十二卷　明郭棐纂修

明萬曆刻本　周連寬跋　劉少雄跋　二十四册

九行二十字。白口，四周雙邊，單魚尾。框高19.6釐米，寬14.3釐米。鈐“面城樓藏書印”“周連寬印”等印。存卷二至三十二。

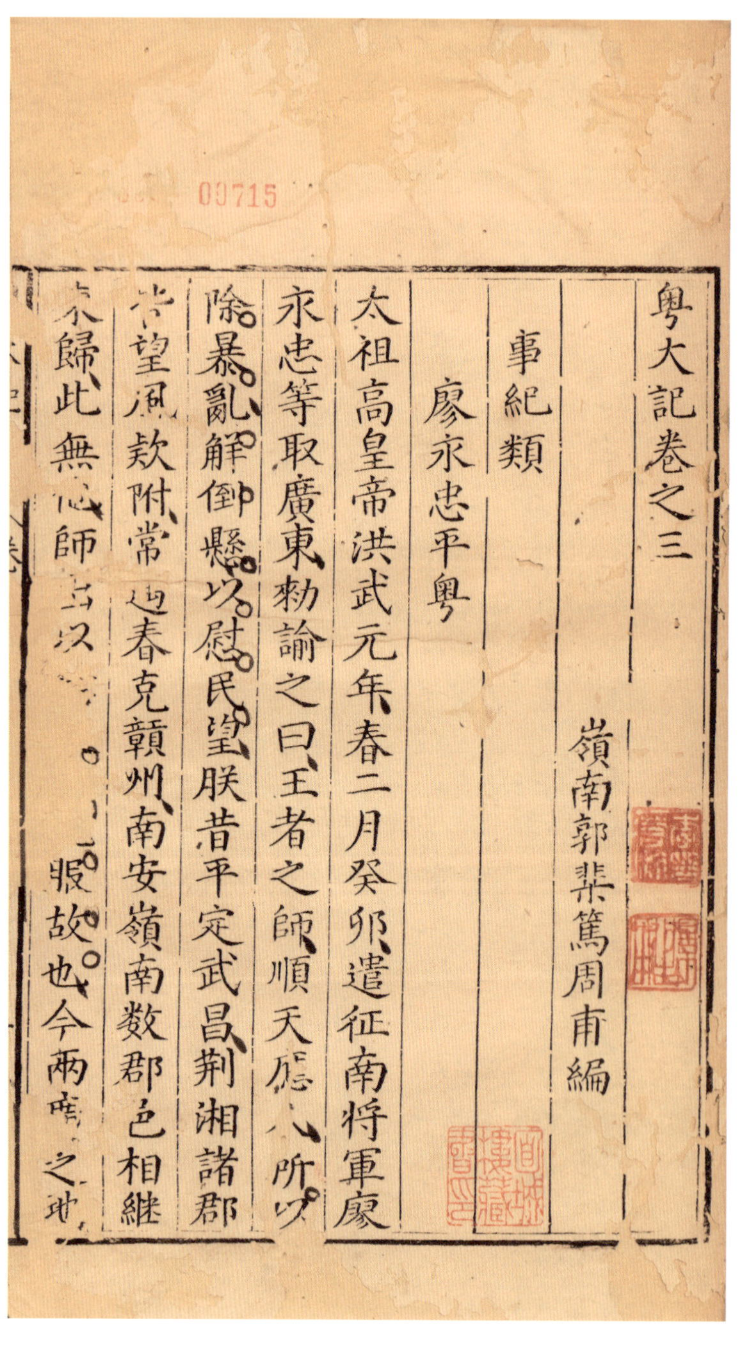

粤大記卷之三

嶺南郭棐篤周甫編

事紀類

廖永忠平粤

太祖高皇帝洪武元年春二月癸卯遣征南將軍廖永忠等取廣東勑諭之曰王者之師順天應人所以除暴亂解倒懸以慰民望朕昔平定武昌荆湘諸郡嘗望風款附常遇春克贛州南安嶺南數郡亦相繼來歸此無他師出以[illegible]服故也今兩廣之地

[正德]四川志三十七卷首一卷 明熊相纂修

明正德刻嘉靖增刻本　十二册

九行二十三字，小字雙行同。白口，四周單邊。框高23.5釐米，寬13.5釐米。鈐“季材”“温澍梁印”“龍山温氏”“季葆藏本”“六篆樓珍藏”“徐甘棠藏書”印。前有正德十三年（1518）盧雝序，言修書事。正文有嘉靖時期内容，如卷四“都司題名”部有嘉靖十六年（1537）者。入選第二批《名録》。

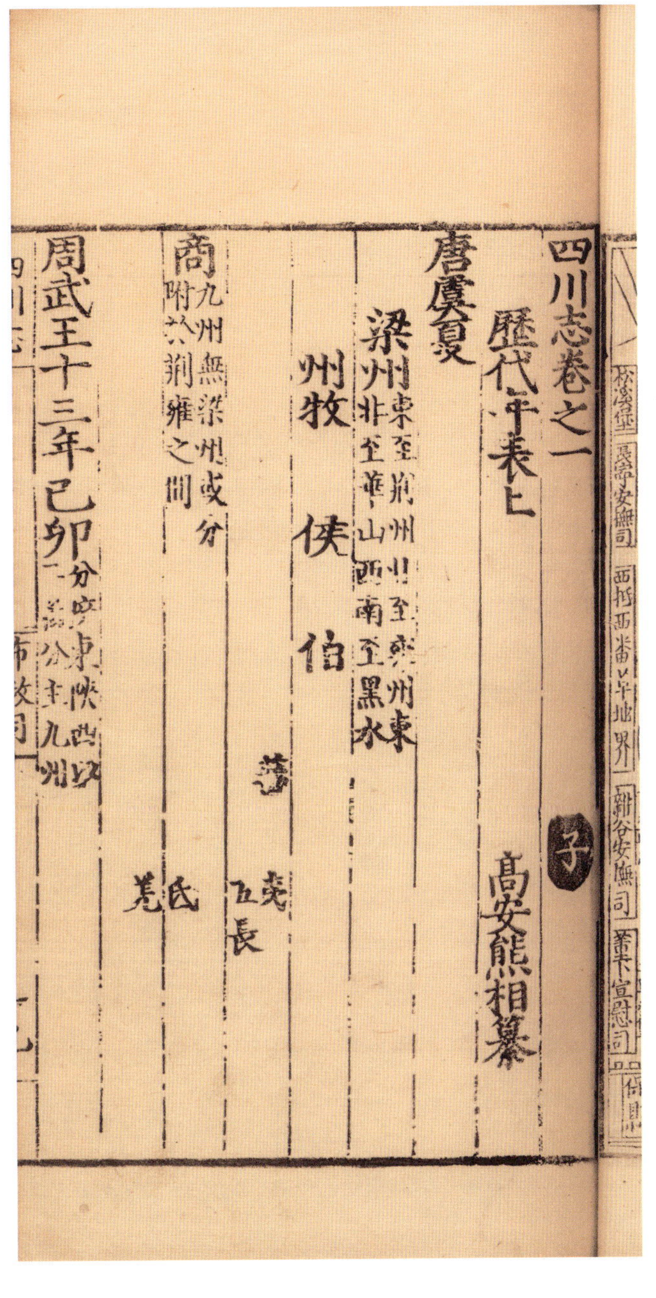

[康熙]淄川縣志八卷首一卷　清張嵋、唐夢賚等纂修

清康熙二十六年（1687）刻本　五册

十行二十字。白口，四周單邊，單魚尾。框高19.4釐米，寬13.6釐米。前有康熙二十六年唐夢賚序，言刻書事。

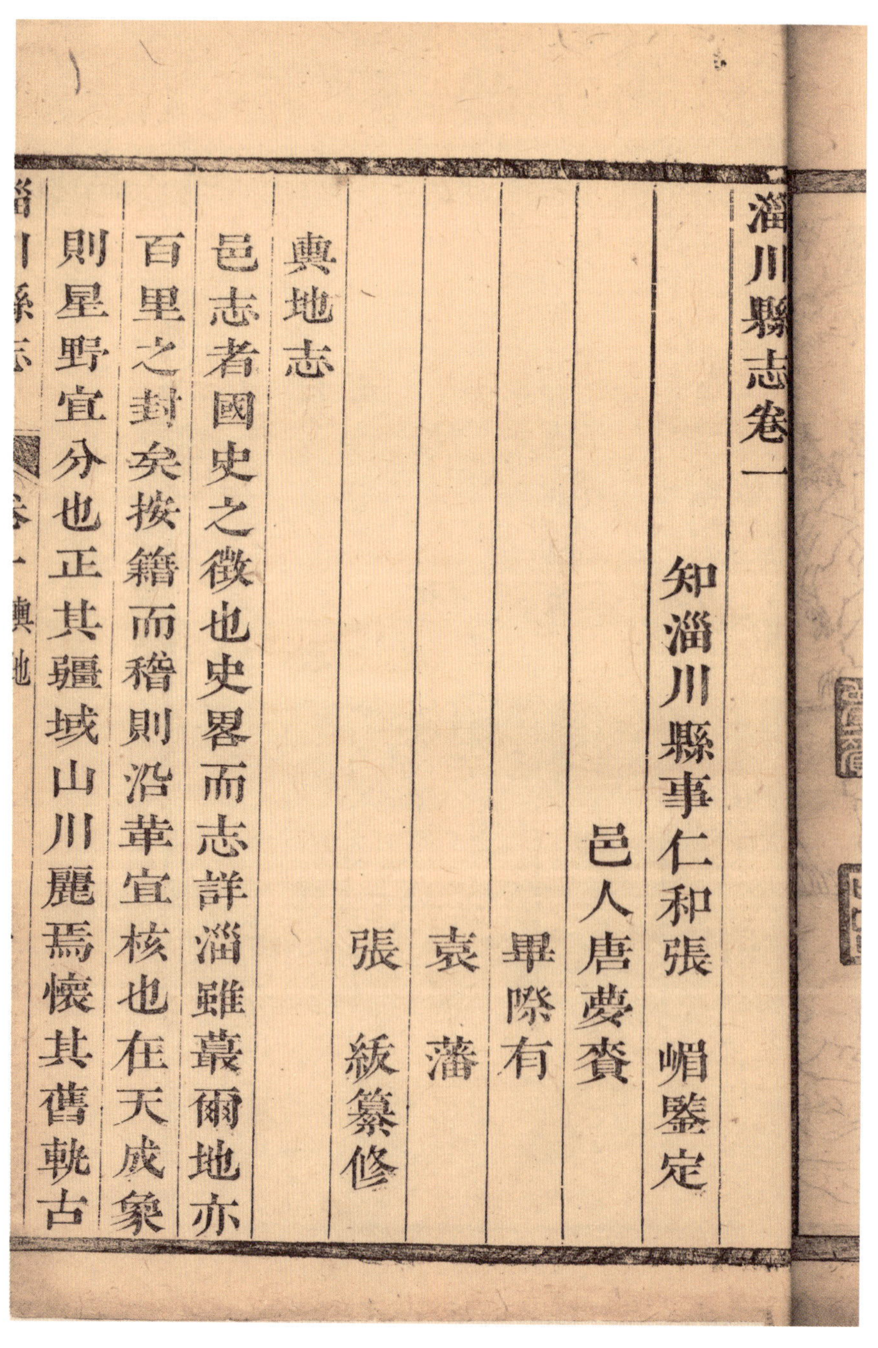
淄川縣志卷一

知淄川縣事仁和張　嵋鑒定

邑人唐夢賚

畢際有

袁　藩

張　紱纂修

輿地志

邑志者國史之微也史畧而志詳淄雖蕞爾地亦百里之封矣按籍而稽則沿革宜核也在天成象則星野宜分也正其疆域山川麗焉懷其舊軌古

淄川縣志　卷一　輿地

咸淳臨安志一百卷　宋潛説友纂修

清吴翌鳳古歡堂抄本　清吴翌鳳校并録清盧文弨校跋　十六册

十行二十字，小字雙行同。黑口，四周單邊。框高29.6釐米，寬13.5釐米。鈐“古歡堂鈔書”“吴翌鳳家藏文苑”“孝劼所藏書畫金石”“江夏”“無雙”印。卷一末有吴翌鳳題識，詳言抄書校書事。存卷一至六十三、六十五至九十。入選第二批《名録》。

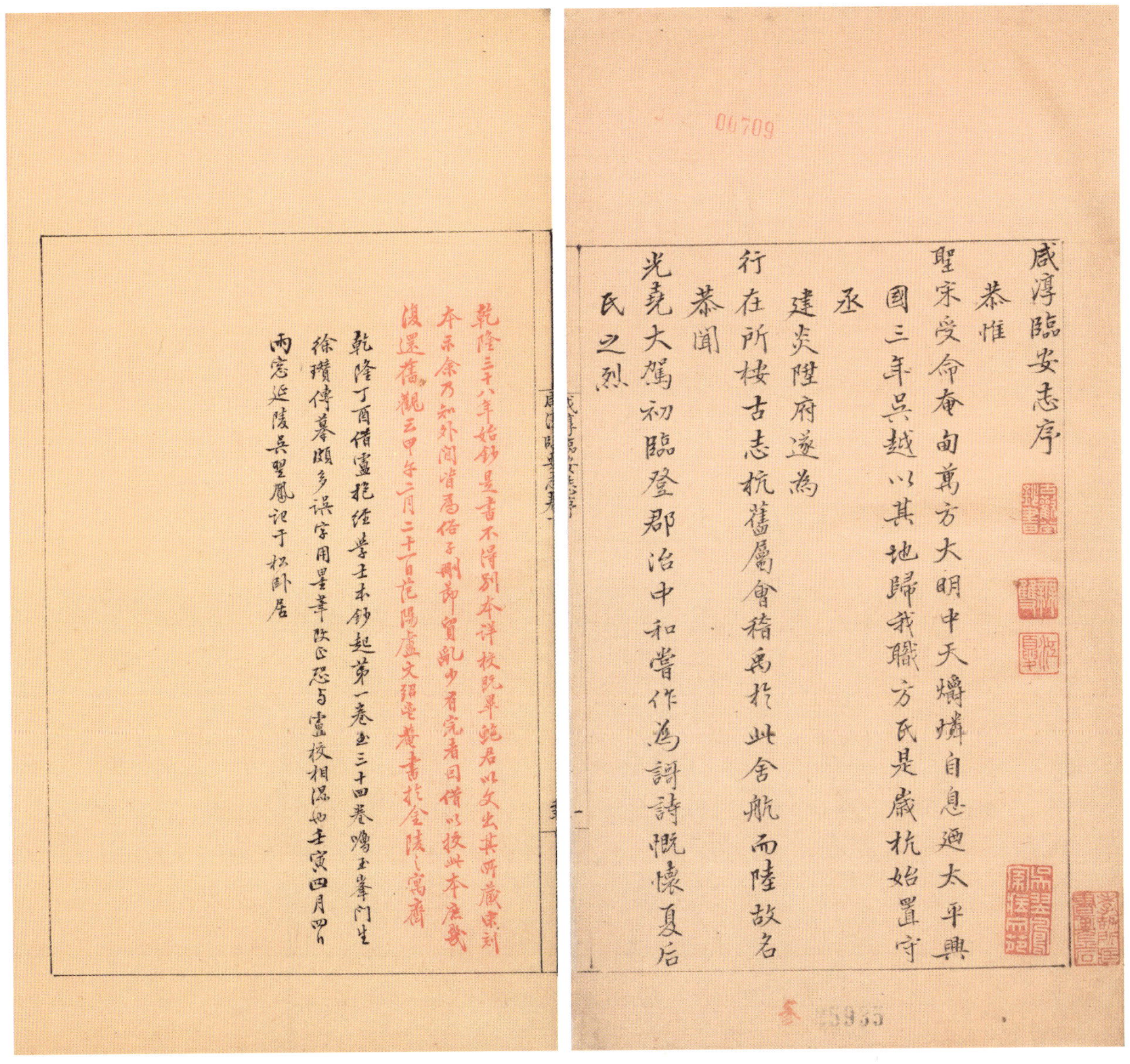
咸淳臨安志序
恭惟
聖宋受命奄甸萬方大明中天爝熂自息迺太平興
國三年吳越以其地歸我職方氏是歲杭始置守
丞
建炎陞府遂為
行在所按古志杭舊屬會稽禹於此舍航而陸故名
恭聞
光堯大駕初臨登郡治中和堂作為詞詩慨懷夏后
氏之烈

乾隆三十八年始鈔是書不得別本詳校既畢鮑君以文出其所藏宋刻
本示余乃知外間皆為俗子刪節竄亂少有完者因借以校此本庶幾
復還舊觀三甲午二月二十一日范陽盧文弨抱經書於金陵之寓齋

乾隆丁酉借盧抱經學士本鈔起第一卷至三十四卷鳴玉峯門生
徐璜傳摹頗多誤字用墨筆改正恐與盧校相溷也壬寅四月四日
雨窗延陵吳翌鳳記于松卧居

[康熙]香山縣志十卷 清申良翰等纂修

清康熙刻本　四册

九行二十字。白口，四周雙邊，單魚尾。有圖。框高21.4釐米，寬14釐米。鈐“嶺海樓藏”印。前有康熙十二年（1673）申良翰序，言修書事。

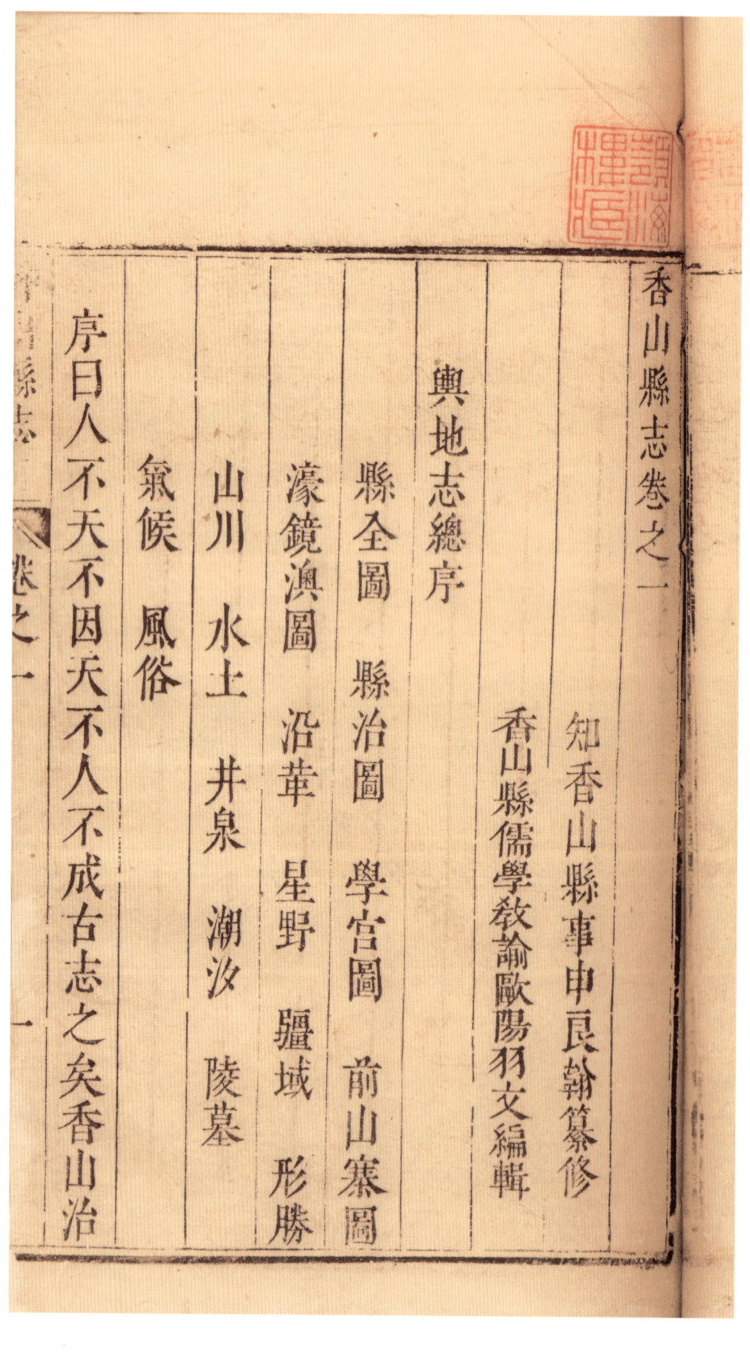
香山縣志卷之一
知香山縣事申良翰纂修
香山縣儒學教諭歐陽羽文編輯
輿地志總序
縣全圖　縣治圖　學宫圖　前山寨圖
濠鏡澳圖　沿革　星野　疆域　形勝
山川　水土　井泉　潮汐　陵墓
氣候　風俗
序曰人不天不因天不人不成古志之矣香山治
香山縣志　卷之一　一

吴中舊事一卷　元陸友仁撰

清抄本　葉恭綽校注并題識　一册

十行二十字。無欄格。書高28.5釐米，寬17.5釐米。鈐“恭綽長壽”“遐庵經眼”印。

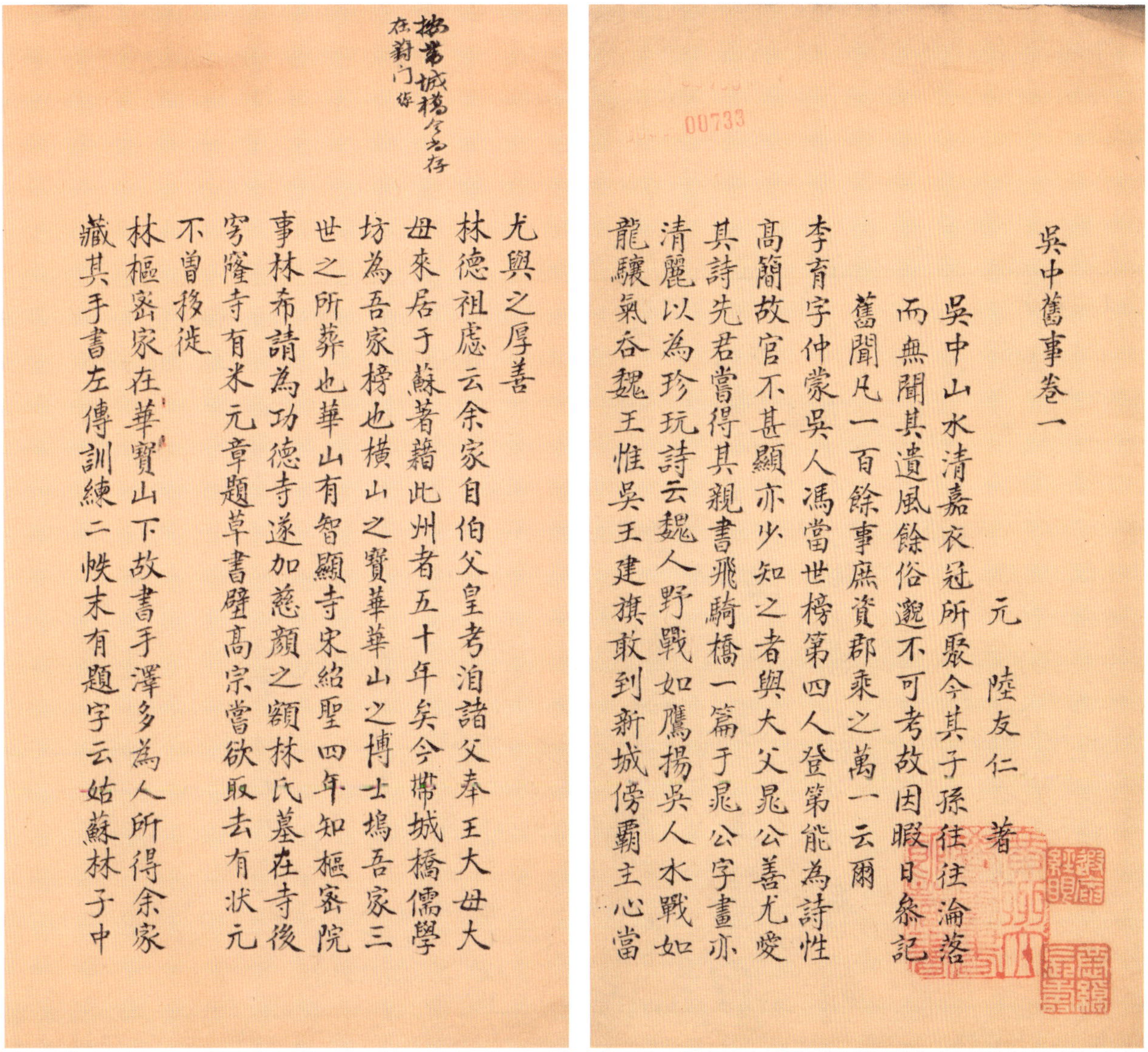

棲里景物略十二卷補遺一卷 清張之鼐撰

清嘉慶十四年（1809）張迎煦抄本　八册

八行二十四字。無欄格。書高27.2釐米，寬17.6釐米。鈐“黄氏養經堂所藏書”“蘭臺外史”印。書中有嘉慶己巳（1809）裔孫張迎煦識語，云其“破錢四千文，倩人重抄”。

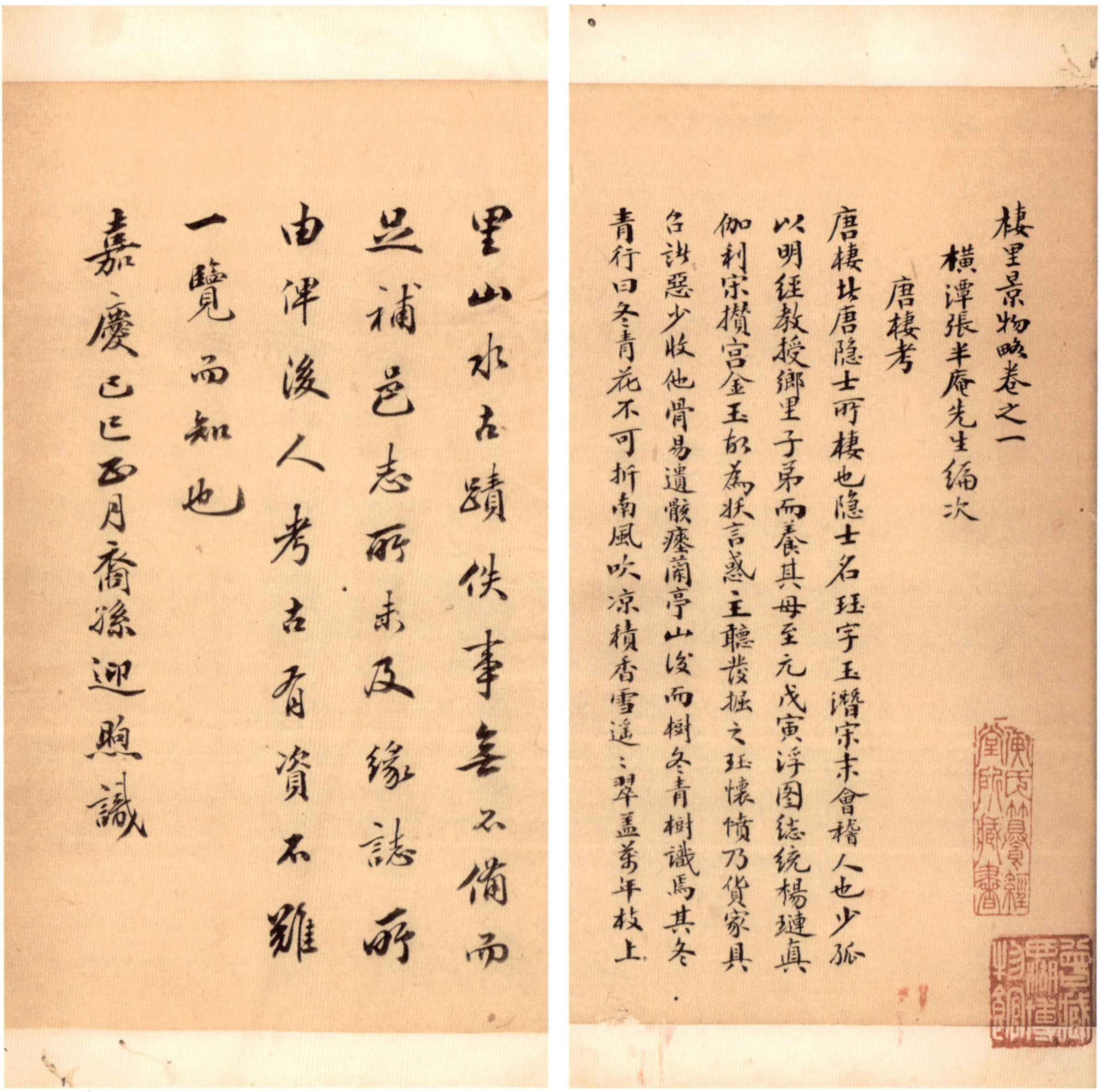

明州繫年録七卷 清董沛撰

稿本 二册

十行二十一字，小字雙行同。白口，左右雙邊，雙魚尾。框高19.1釐米，寬13.2釐米。版心下有“六一山房鈔”。存卷一至三。

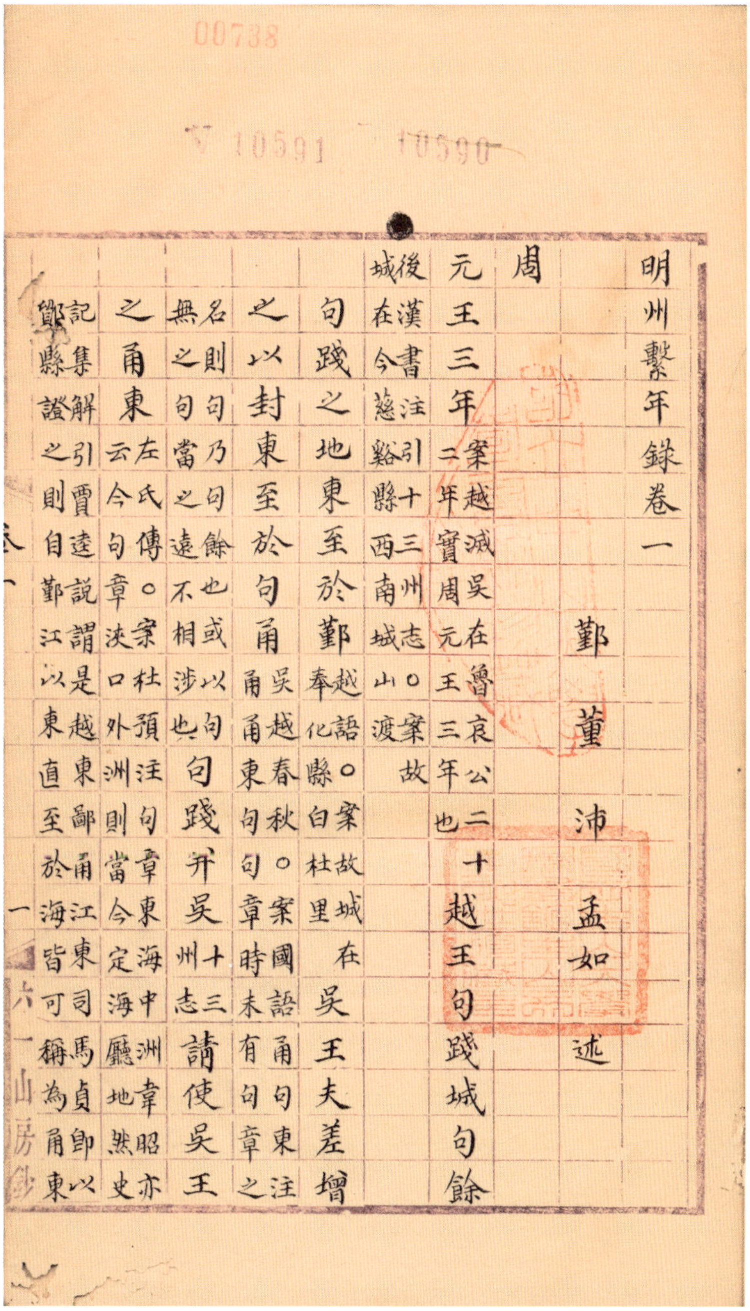

續黔書八卷 清張澍撰

清嘉慶刻本　清汪獻玕題識　莫棠跋　周連寬題識　二册

十一行二十字，小字雙行同。白口，左右雙邊，單魚尾。框高19釐米，寬13.4釐米。鈐“景鄦居士”“獨山莫氏銅井文房藏書印”“莫棠之印”“莫棠楚生父印”印。

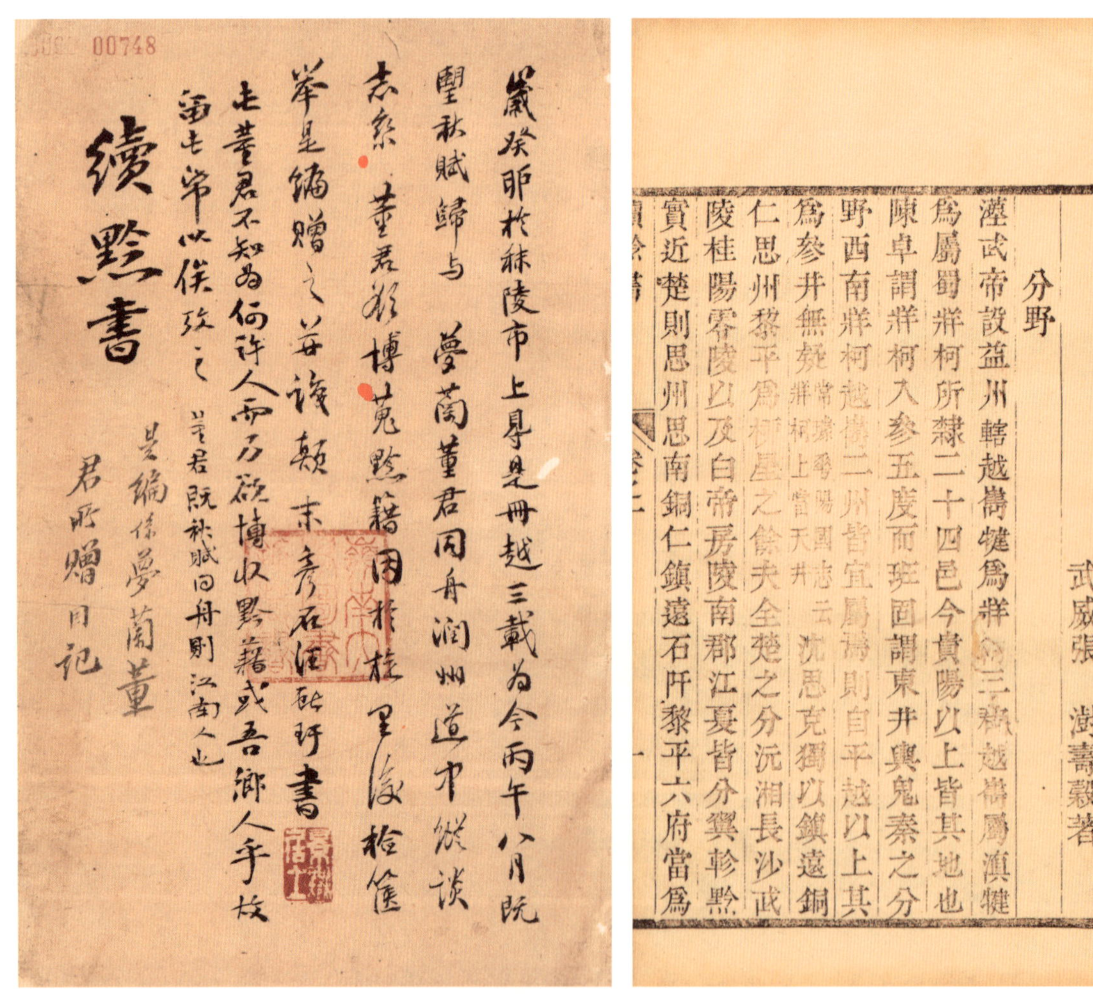
歲癸卯於秣陵市上得是冊越三載爲今丙午八月既
望秋賦歸與夢蘭董君同舟潤州道中縱談
志乘　董君殫博蒐黔籍因拈桂星洛檢篋
舉是編贈之并識顛末　秀石汪獻玕書
吾董君不知爲何許人而乃欲博收黔籍或吾鄉人乎故
面告予以俟攷之　董君既秋賦回舟則江南人也
續黔書
是編係夢蘭董
君所贈　自記

續黔書卷之一
武威張　澍壽穀著
分野
漢武帝設益州轄越嶲犍爲牂牁三郡越嶲屬滇犍
爲屬蜀牂柯所隸二十四邑今貴陽以上皆其地也
陳卓謂牂柯入參五度而班固謂東井輿鬼秦之分
野西南牂柯越嶲二州皆宜屬詩則自平越以上其
爲參井無疑常璩華陽國志云牂柯上當天井沈思克獨以鎭遠銅
仁思州黎平爲柳星之餘夫全楚之分沅湘長沙武
陵桂陽零陵以及白帝房陵南郡江夏皆分翼軫黔
實近楚則思州思南銅仁鎭遠石阡黎平六府當爲

廬山紀事十二卷　明桑喬輯

明嘉靖四十年（1561）刻本　六册

十行二十二字。白口，四周單邊。框高20.5釐米，寬14.5釐米。前有嘉靖四十年桑喬序，言輯書刻書事。入選第二批《名録》。

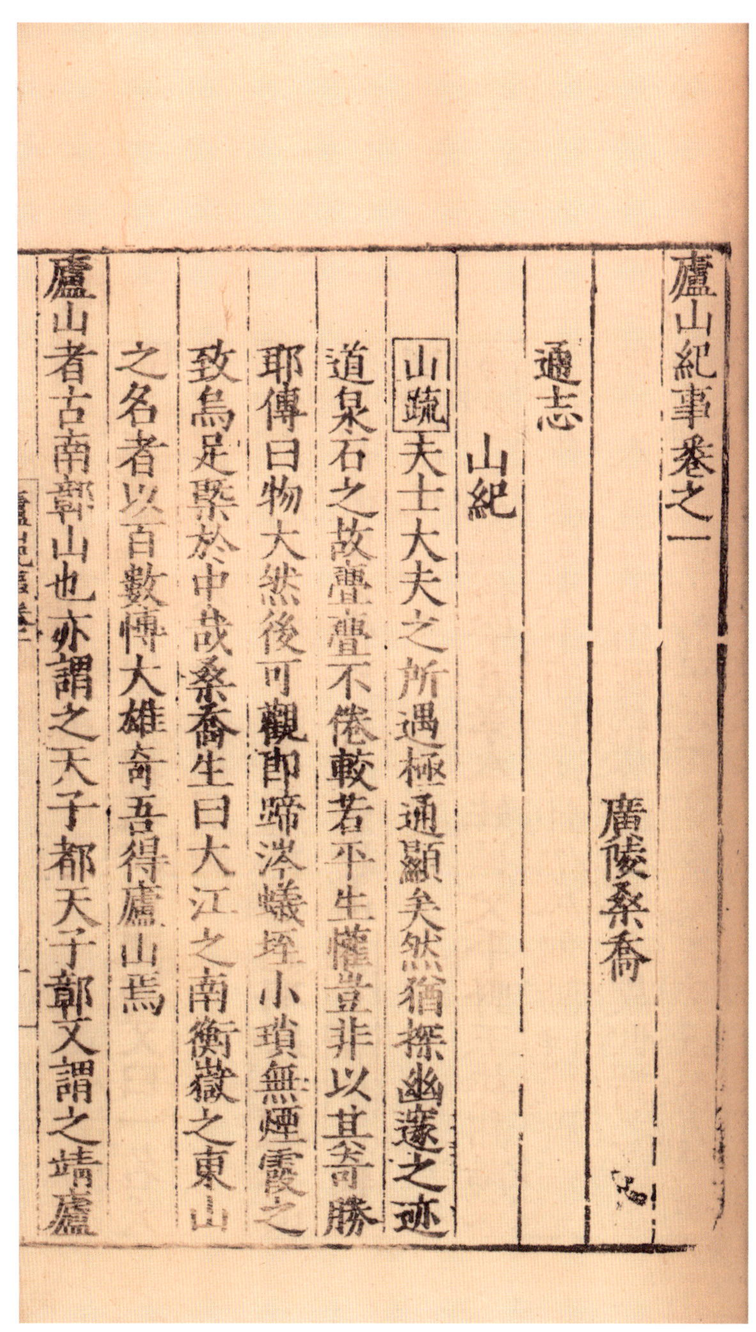
廬山紀事卷之一
廣陵桑喬
通志
山紀
山疏天士大夫之所遇極通顯矣然猶探幽邃之迹道泉石之故亹亹不倦較若平生懽豈非以其奇勝耶傳曰物大然後可觀即蹄涔蟻垤小瑣無煙霞之致烏足槩於中哉桑喬生曰大江之南衡嶽之東山之名者以百數博大雄奇吾得廬山焉
廬山者古南鄣山也亦謂之天子都天子鄣又謂之靖廬

武夷志略四卷 明徐表然纂

明萬曆四十七年（1619）孫世昌刻清重修本　四册

九行二十字，小字雙行同。白口，四周單邊。有圖。框高20.5釐米，寬13.3釐米。鈐“浙東湯氏臼玨宧藏”“見即買有必借窘盡賣高閣勤曬國粹公器勿污壞”印。卷端題“邑人孫世昌登雲甫剛梓”。

武夷志畧一　文集
武夷山人徐表然德望甫纂輯
邑人孫世昌登雲甫剛梓
題詠
古今賢哲縉紳騷人墨客抽穎毫剔幽抉奇闡
發山川之秀摹寫萬物之情以一字一句之工
使景象倍姸煙雲增色不必陟六六之峰泛三
三之水即其篇什而味之所謂丹崎碧流者瞭
然在目令人僊僊焉神與境會則題咏又玆山

廣東全省海圖總說不分卷

清抄本　四册

七行二十字。無欄格。書高26.2釐米，寬15.3釐米。

廣東全省海圖總說

形勢總說

廣東全省三面瀕海東南值呂宋羣島南對婆羅大洲西南際越南東境海面遼闊總名南洋屬省境海岸延袤迴繞二千餘里轄地既廣控制綦繁海疆扼要形備於圖勢具於說方今輪艘帆泊絡繹往來其駕馭防禦之機宜當有以區分部居撮舉總目類若

乘槎筆記一卷 清斌椿撰

清吴雲二百蘭亭齋抄本　清吴雲批校　一册

九行字不等。白口，左右雙邊，單魚尾。框高17.6釐米，寬12.4釐米。版心下有“二百蘭亭齋稿本”。吴雲，安徽歙縣人，一作浙江湖州人，室名二百蘭亭齋。

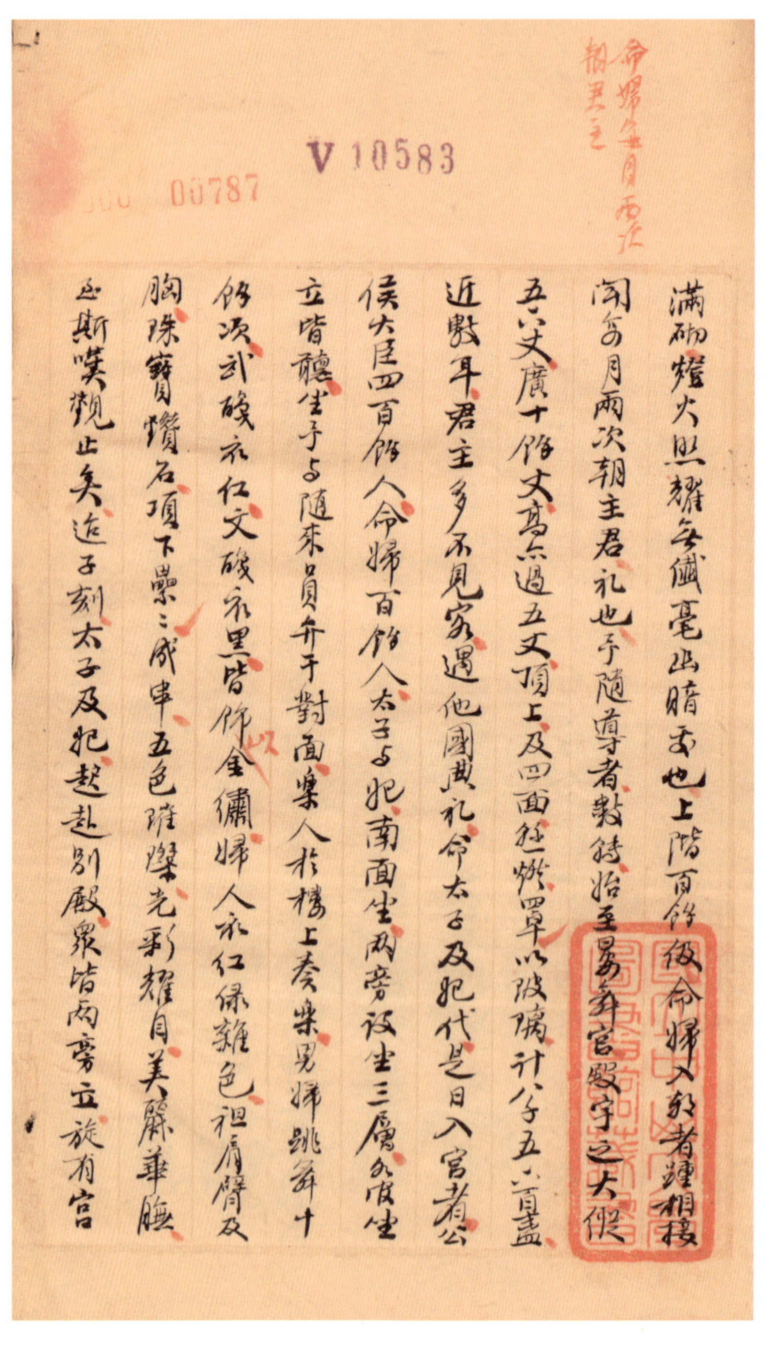

命婦每月兩次朝君主

滿砌燈火照耀無纖毫幽暗處也上階百餘級命婦入朝者踵相接
閣每月兩次朝主君禮也予隨尊者數輩詣至曷舞宮殿宇之大假
五六丈廣十餘丈高亦過五丈頂上及四面皆燃罩以玻璃計八千五六百盞
近數年君主多不見客遇他國慶禮命太子及妃代是日入宮者公
侯大臣四百餘人命婦百餘人太子與妃南面坐兩旁設坐三層公侯坐
立皆聽坐予與隨來員弁于對面集人於樓上奏樂男婦跳舞十
餘次武職衣紅文職衣黑皆佩金繡婦人衣紅綠雜色袒肩臂及
胸珠寶攢石項下纍纍成串五色璀璨光彩耀目美麗華膽
至斯嘆觀止矣適予刻太子及妃起赴別殿衆皆兩旁立旋有宮

文獻通考三百四十八卷首一卷　元馬端臨撰

明正德十一至十四年（1516—1519）劉洪慎獨齋刻十六年（1521）重修本　八十册

十二行二十五字，小字雙行同。黑口，四周雙邊，雙魚尾。框高19釐米，寬12.2釐米。鈐“長笛一聲人倚樓”印。序後牌記刻“皇明己卯歲春獨齋刊行”。目録後牌記刊“皇明正德戊寅慎獨精舍梨行”。卷末牌記鐫“正德十六年十一月，内蒙建寧府知府張、邵武府同知鄒同校正過，計改差訛一萬一千二百二十一字，書户劉洪改刊”。缺卷一百四十六至一百五十七。入選第二批《名録》。

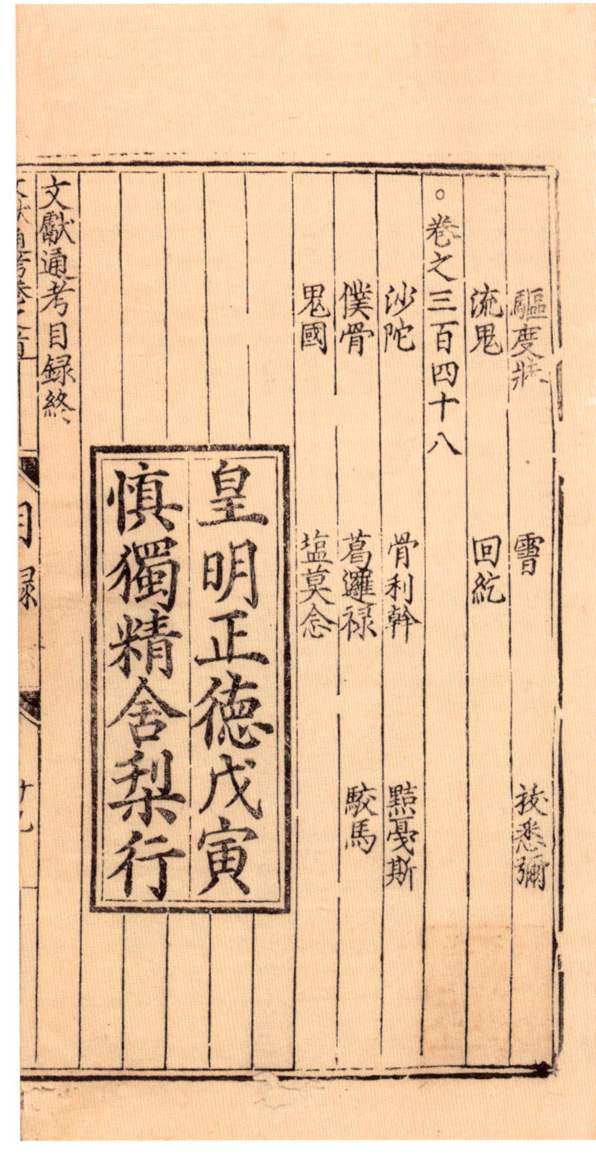

驅度寐　霤　拔悉彌
流鬼　回紇
卷之三百四十八
沙陀　骨利幹　黠戛斯
僕骨　葛邏祿　駮馬
鬼國　鹽莫念
文獻通考目録終

皇明正德戊寅
慎獨精舍梨行

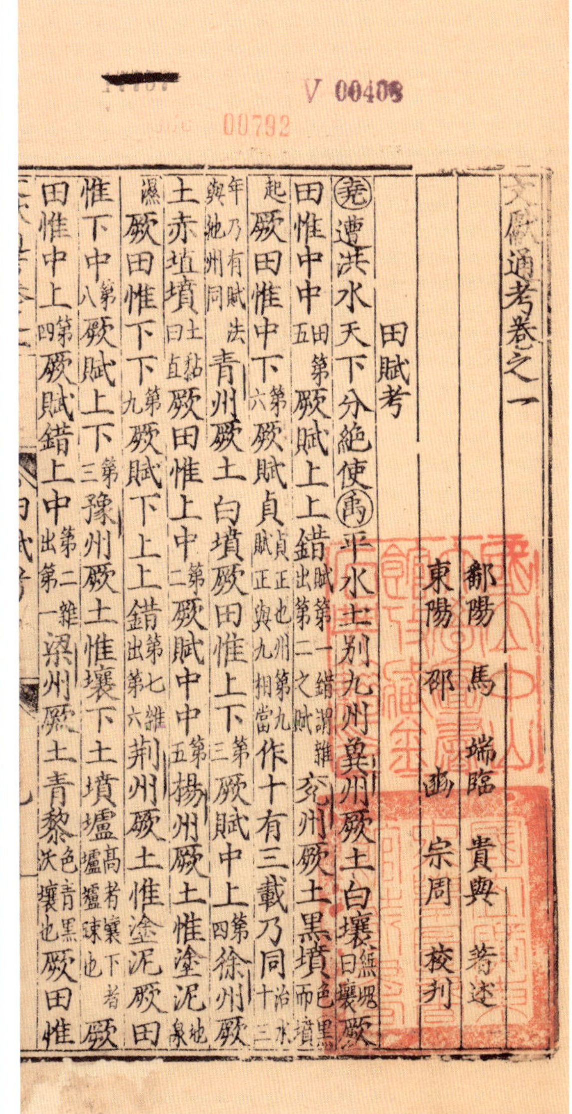

文獻通考卷之一
鄱陽馬端臨貴與著述
東陽邵豳宗周校刊
田賦考
堯遭洪水天下分絶使禹平水土别九州冀州厥土白壤(無塊曰壤)厥田惟中中(第五)厥賦上上錯(賦第一錯謂雜出第二之賦)兖州厥土黑墳(色黑而墳起)厥田惟中下(第六)厥賦貞(貞正也州第九賦正與九相當)作十有三載乃同(治水十三年乃有賦法與他州同)青州厥土白墳厥田惟上下(第三)厥賦中上(第四)徐州厥土赤埴墳(土黏曰埴)厥田惟上中(第二)厥賦中中(第五)揚州厥土惟塗泥(地泉濕)厥田惟下下(第九)厥賦下上上錯(第七雜出第六)荊州厥土惟塗泥厥田惟下中(第八)厥賦上下(第三)豫州厥土惟壤下土墳壚(高者壤下者壚壚疏也)厥田惟中上(第四)厥賦錯上中(第二雜出第一)梁州厥土青黎(色青黑沃壤也)厥田惟

大元聖政國朝典章六十卷新集至治條例不分卷

清曾釗面城樓抄本　周連寬題識　三十六册

十行二十四字。白口，四周雙邊，單魚尾。框高16.8釐米，寬12.5釐米。鈐“面城樓藏書印”“曾釗之印”印。版心下鐫“面城樓藏本”。

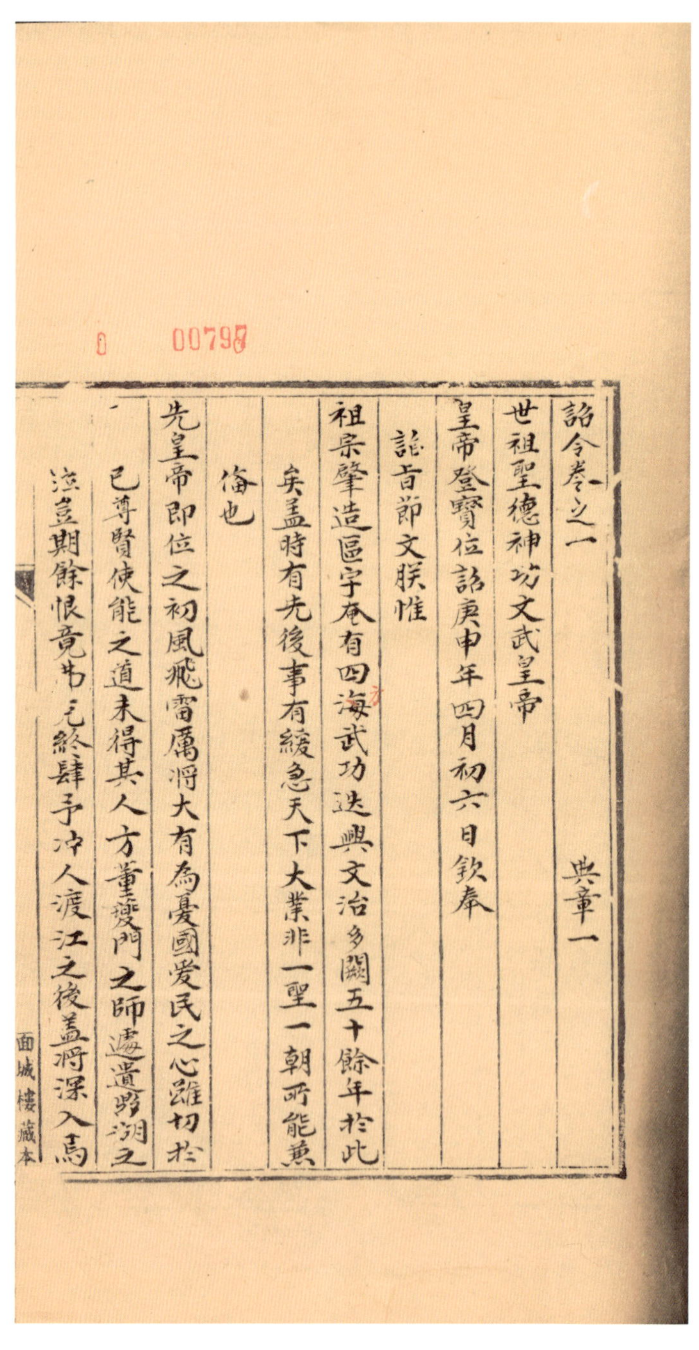

詔令卷之一　典章一

世祖聖德神功文武皇帝

皇帝登寶位詔庚申年四月初六日欽奉

詔旨節文朕惟

祖宗肇造區宇奄有四海武功迭興文治多闕五十餘年於此矣盖時有先後事有緩急天下大業非一聖一朝所能兼備也

先皇帝即位之初風飛雷厲將大有為憂國愛民之心雖切於已尊賢使能之道未得其人方董夔門之師遽遺鼎湖之泣豈期餘恨竟弗克終肆予沖人渡江之後盖將深入焉

面城樓藏本

明都察院及六部事例不分卷

明抄本　七册

十行二十四字。無欄格。書高28.6釐米，寬17.3釐米。

一件乞留正官撫安地方事吏部題該巡撫湖廣右副都御
史張　巡按湖廣監察御史何　會本題稱議照朝
覲大典三年一次舉行凡為臣子礼宜趨赴但長衡永寶等府
地方災傷重大府州縣掌印正官乞要姑留免朝撫恤地
方等因奉
聖旨該部知道欽此本部議擬合候
命下之日移咨都察院轉行巡撫右副都御史張　巡按監察
御史何　照依原擬施行等因嘉靖元年十月初九日少
保兼太子太保本部尚書喬　等具題本月十一日奉
聖旨是欽此

治平略增定全書三十三卷 清朱健、朱徽撰

清康熙三年（1664）刻本　三十二册

九行二十字。白口，四周單邊。框高19.6釐米，寬13釐米。鈐“臣鄒福保”“詠𡧫”“詠𡧫長壽”印。前有康熙三年祝霆月序，言刻書事。

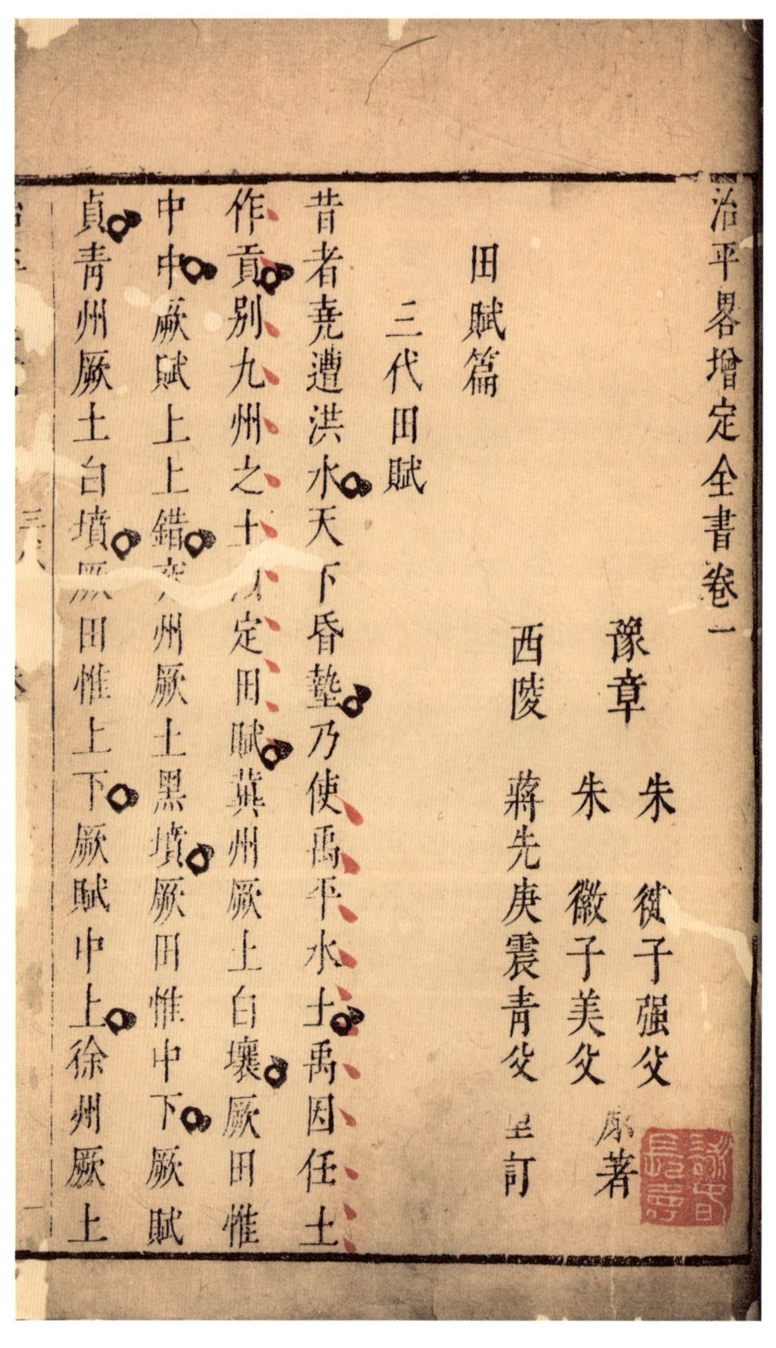
治平畧增定全書卷一
豫章　朱徤子彊父
　　　朱徽子美父　原著
西陵　蔣先庚震青父　參訂
田賦篇
三代田賦
昔者堯遭洪水天下昬墊乃使禹平水土禹因任土
作貢别九州之土以定田賦冀州厥土白壤厥田惟
中中厥賦上上錯兖州厥土黑墳厥田惟中下厥賦
貞青州厥土白墳厥田惟上下厥賦中上徐州厥土

政和五禮新儀二百二十卷 宋鄭居中等撰 政和御製冠禮十卷

清孔氏嶽雪樓抄本 二十册

八行二十一字。無欄格。書高29.2釐米，寬17.7釐米。鈐“孔氏嶽雪樓影鈔本”印。《五禮新儀》存卷一至一百五、一百一十至一百二十八、一百三十八至二百二十。

徽宗御筆指揮
崇寧二年九月十六日奉手詔王者政治之端咸以禮
樂為急蓋制五禮則示民以節諧六樂則道民以和觀
夫隆禮作樂實内治外修之先務損益述作其敢後乎
宜令講議司官詳求歷代禮樂沿革酌今之宜修為典
訓以貽永也非徒考辭受登降之儀金石匏竹之音而
已也在博究情文漸熙和睦致安上治民至德著移風
易俗美化成迺稱朕咨諏之意焉耳
徽宗御製五禮 指揮

中興禮書三百卷　宋禮部太常寺纂修　清徐松輯　中興禮書續編八十卷　宋葉宗魯纂改　清徐松輯

清曾釗面城樓抄本　周連寬題識　二十八册

十三行二十一字，小字雙行同。白口，四周單邊。框高16.5釐米，寬12.5釐米。鈐“面城樓藏書印”“曾釗之印”“季蕖藏本”“順德温君勒所藏金石書畫之印”印。版心有“面城樓藏本”。存卷一至二、四、六至十六、十八至二十、二十二至八十五、九十至一百一十八、一百二十至一百二十一、一百二十五至一百二十九、一百三十一至一百三十九、一百四十一至一百四十二、一百四十九至一百五十、一百五十二至一百五十四、一百五十六至一百六十、一百六十三至一百六十五、一百六十九至一百七十、一百七十三至一百七十六、一百七十八至一百九十一、一百九十六至二百六、二百九至二百一十、二百一十五至二百一十八、二百二十至二百二十三、二百二十六至二百二十七、二百三十至三百，《續編》存卷一至三、五至九、十一、十三至二十二、三十、三十五至八十。

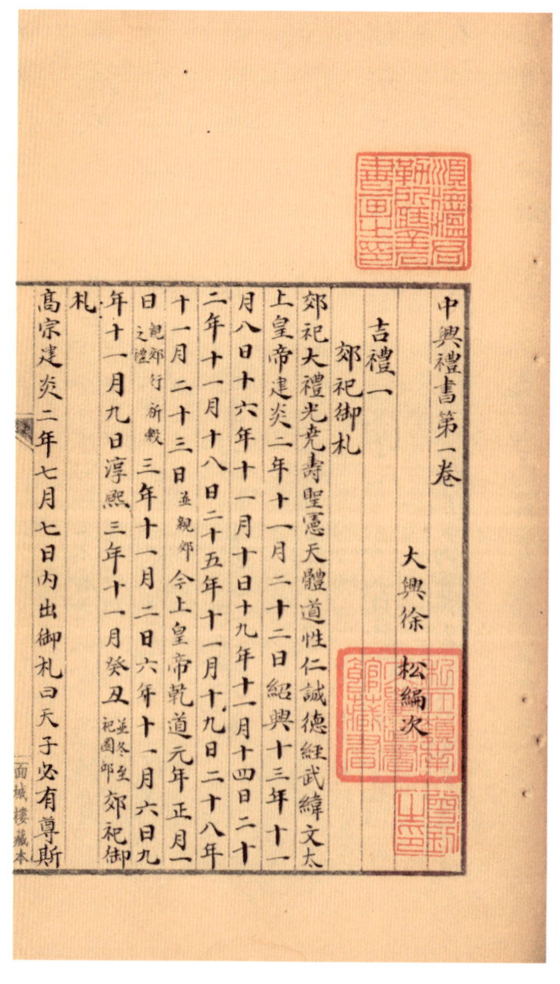
中興禮書第一卷　大興徐　松編次
吉禮一
郊祀御札
郊祀大禮光堯壽聖憲天體道性仁誠德經武緯文太上皇帝建炎二年十一月二十二日紹興十三年十一月八日十六年十一月十日十九年十一月十四日二十二年十一月十八日二十五年十一月十九日二十八年十一月二十三日並親郊今上皇帝乾道元年正月一日親郊行祈穀之禮三年十一月二日六年十一月六日九年十一月九日淳熙三年十一月癸丑並冬至祀圜邱郊祀御札
高宗建炎二年七月七日內出御札曰天子必有尊斯
面城樓藏本

南巡盛典不分卷　清高晋等纂修

稿本　十册

九行十九字。白口，四周雙邊，單魚尾。框高23.5釐米，寬16.8釐米。書中有浮簽，鈐“閲定之稿”印。

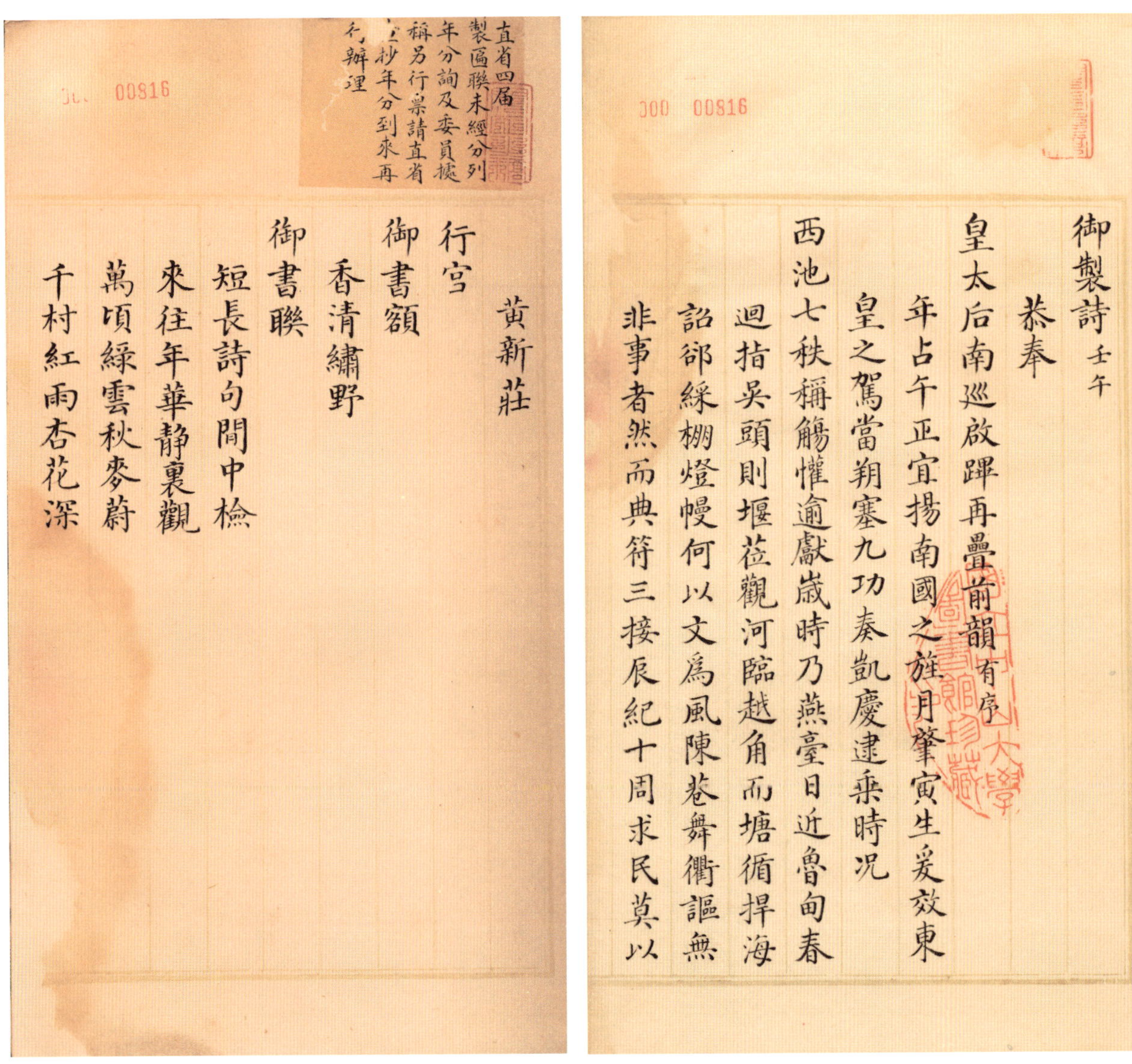

御製詩 壬午

恭奉

皇太后南巡啟蹕再疊前韻 有序

年占午亚宜揚南國之旌月肇寅生爰效東

皇之駕當朔塞九功奏凱慶逮乘時況

西池七秩稱觴懽逾獻歲時乃燕臺日近魯甸春

迴指吴頭則堰莅觀河臨越角而塘循捍海

詔郤綵棚燈幔何以文爲風陳巷舞衢謳無

非事者然而典符三接辰紀十周求民莫以

直省四屆製區聯未經分列年分諭及委員摅稱另行彙請直省抄年分到來再行辦理

黄新莊

行宫

御書額

香清繡野

御書聯

短長詩句閒中檢

來往年華靜裏觀

萬頃綠雲秋麥蔚

千村紅雨杏花深

萬曆會計録四十三卷　明張學顔等撰

明萬曆九年（1581）刻本　四册

十行二十字，小字雙行同。白口，四周雙邊，雙魚尾。框高22釐米，寬14.8釐米。存卷二、十三、十四、十五下。

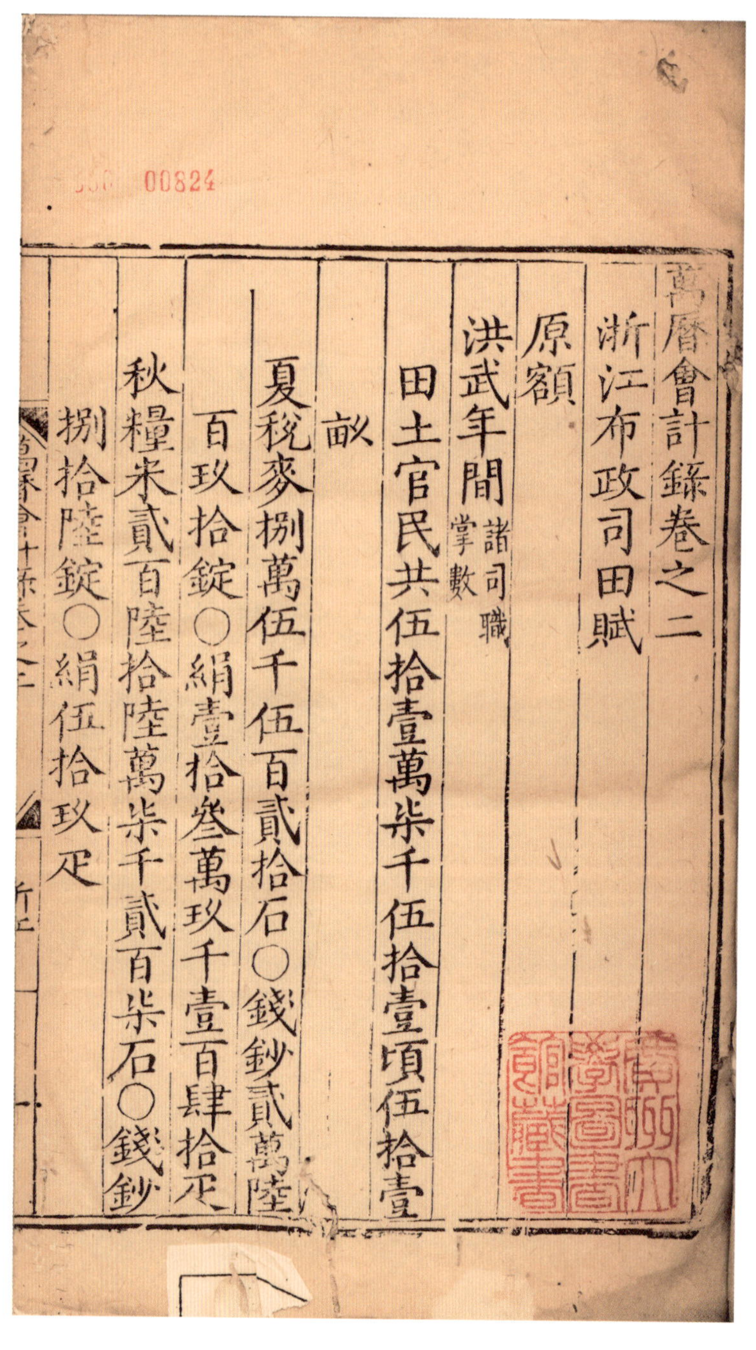

萬曆會計録卷之二
浙江布政司田賦
原額
洪武年間諸司職掌數
田土官民共伍拾壹萬柒千伍拾壹頃伍拾壹
畝
夏税麥捌萬伍千伍百貳拾石〇錢鈔貳萬陸
百玖拾錠〇絹壹拾叁萬玖千壹百肆拾疋
秋糧米貳百陸拾陸萬柒千貳百柒石〇錢鈔
捌拾陸錠〇絹伍拾玖疋

湖廣德安府條議一卷

明藍格抄本　一册

八行二十六字。白口，左右雙邊。框高23.2釐米，寬13.5釐米。每葉鈐“德安府印”印。

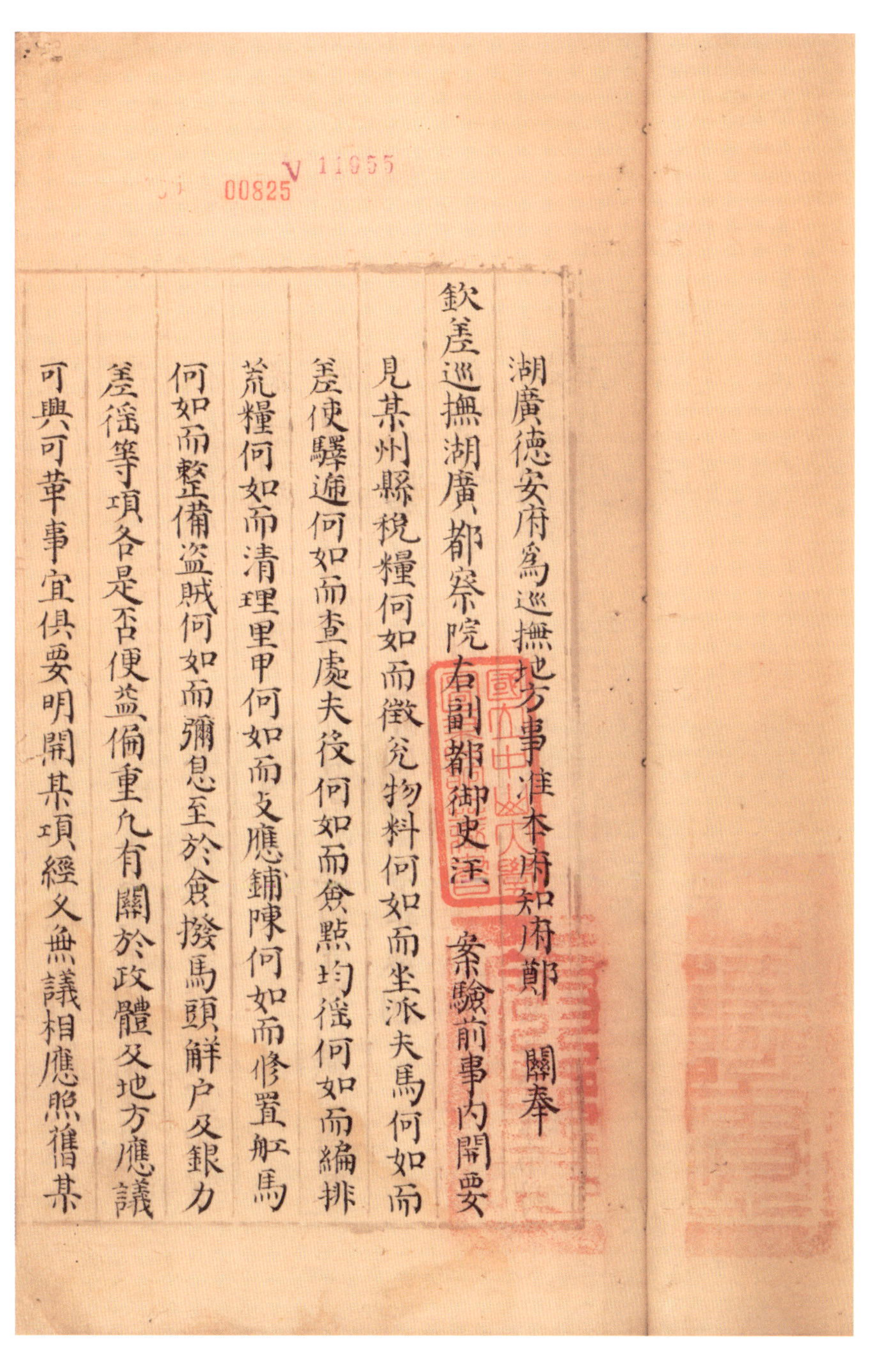

湖廣德安府爲巡撫地方事准本府知府鄭　關奉
欽差巡撫湖廣都察院右副都御史汪　案驗前事内開要
見某州縣稅糧何如而徵充物料何如而坐派夫馬何如而
差使驛遞何如而查處夫役何如而僉點均徭何如而編排
荒糧何如而清理里甲何如而支應鋪陳何如而修置舡馬
何如而整備盜賊何如而彌息至於僉撥馬頭鮮户及銀力
差徭等項各是否便益偏重凡有關於政體及地方應議
可興可革事宜俱要明開某項經久無議相應照舊某

金穀瑣言二卷

清抄本　二册

十行二十四字。無欄格。書高24釐米，寬16.3釐米。

金穀瑣言上卷

款項釋畧

錢粮者賦稅之通稱項款者綱領與條目也古者任土作貢立官制任徭役凡有需用逐一分徵後欲便民改征折色立為一條鞭法輸納乃合其名曰地丁丁者役也地者賦也其間編欵名目不一以地丁為項項者綱領也而以細數為款款者猶言條目也至北漕經費併歸折征另標其名曰漕項故有地漕之稱其間有漕銀漕倉之殊分布各款懸于其下銀則物料折色及工食之類倉則米麦折色與行月粮耳此項款之區別錢粮之命名也

款項釋畧　一

鹽説一卷

清抄本　清秦賡彤跋　一册

十行二十五字。白口，左右雙邊。框高20.2釐米，寬14.4釐米。鈐“賡彤”“臨士”“努力春華”印。書末有咸豐十年（1860）秦賡彤跋。

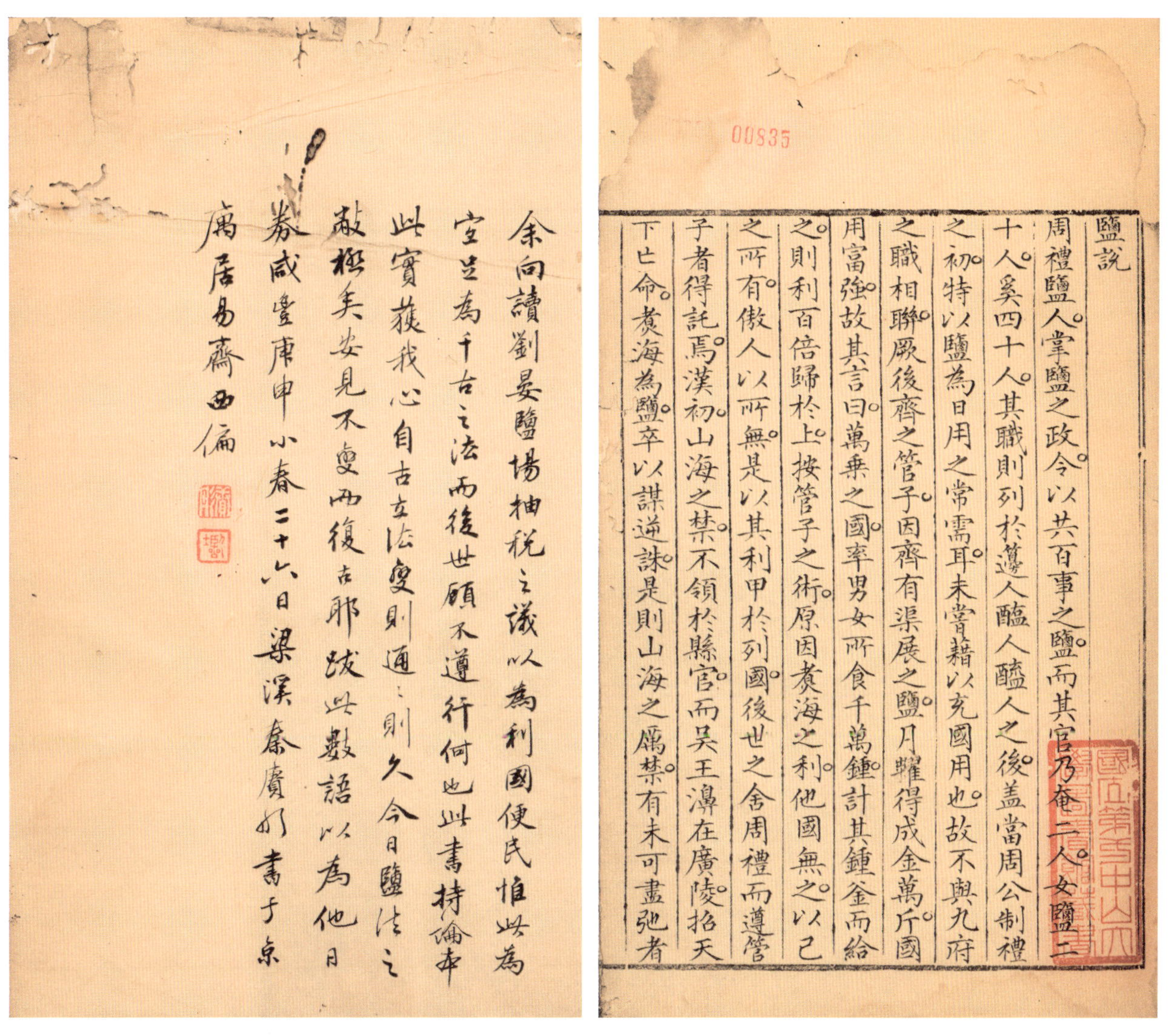

鹽說

周禮鹽人掌鹽之政令以共百事之鹽而其官乃奄二人女鹽二十人奚四十人其職則列於籩人醢人醯人之後蓋當周公制禮之初特以鹽為日用之常需耳未嘗藉以充國用也故不與九府之職相聯厥後齊之管子因齊有渠展之鹽月糴得成金萬斤國用富強故其言曰萬乘之國率男女所食千萬鍾計其鍾釜而給之則利百倍歸於上按管子之術原因煮海之利他國無之以己之所有傲人以所無是以其利甲於列國後世之舍周禮而遵管子者得託焉漢初山海之禁不領於縣官而吳王濞在廣陵招天下亡命煮海為鹽卒以謀逆誅是則山海之厲禁有未可盡弛者

余向讀劉晏鹽場抽稅之議以為利國便民惟此為空言為千古之法而後世頗不遵行何也此書持論本此實獲我心自古立法變則通通則久今日鹽法之敝極矣安見不變而復古耶跋此數語以為他日券咸豐庚申小春二十六日梁溪秦賡彤書于京寓居易齋西偏

荒政彙編二卷 明何淳之輯

明萬曆二十三年（1595）譚廷臣刻本　二册

九行二十字。白口，左右雙邊，單魚尾。框高22.6釐米，寬14.5釐米。鈐“面城樓藏書印”“曾釗之印”“温澍梁印”“六篆樓藏書印”“季材”印。書末有萬曆二十三年胡宗洵《重刻荒政彙編跋》，言刻書事。書末刻“澧州門人譚廷臣重刊”。

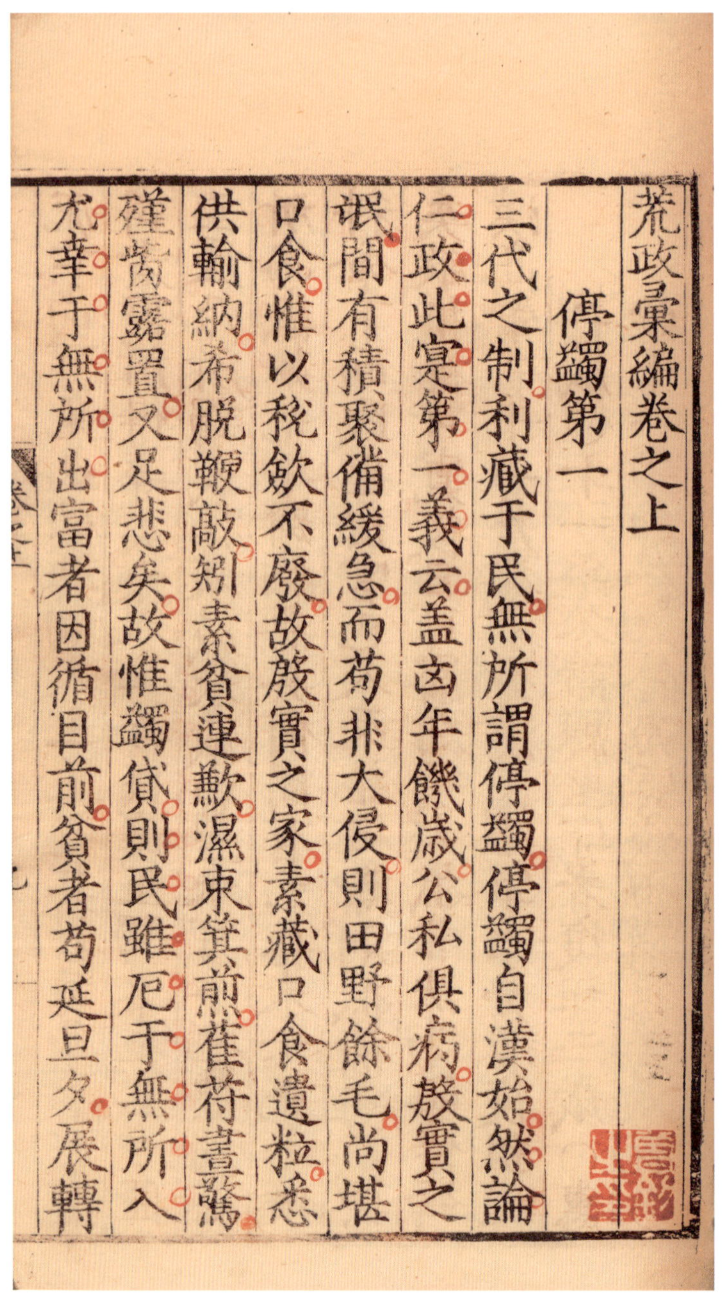

荒政彙編卷之上

停糶第一

三代之制利藏于民無所謂停糶停糶自漢始然論
仁政此寔第一義云盖凶年饑歲公私俱病殷實之
氓間有積聚備緩急而苟非大侵則田野餘毛尚堪
口食惟以稅歛不廢故殷實之家素藏口食遺粒悉
供輸納希脫鞭敲矧素貧連歉濕束箕煎萑苻晝驚
殣胔露置又足悲矣故惟糶貸則民雖厄于無所入
尤幸于無所出富者因循目前貧者苟延旦夕展轉

明嘉靖十六年工部檔案不分卷

明黑格抄本　一册

八行二十字至二十一字。黑口，四周雙邊，雙魚尾。框高21.4釐米，寬14釐米。全書爲明嘉靖十六年（1537）工部修建工程的檔案。書名爲本館自擬。

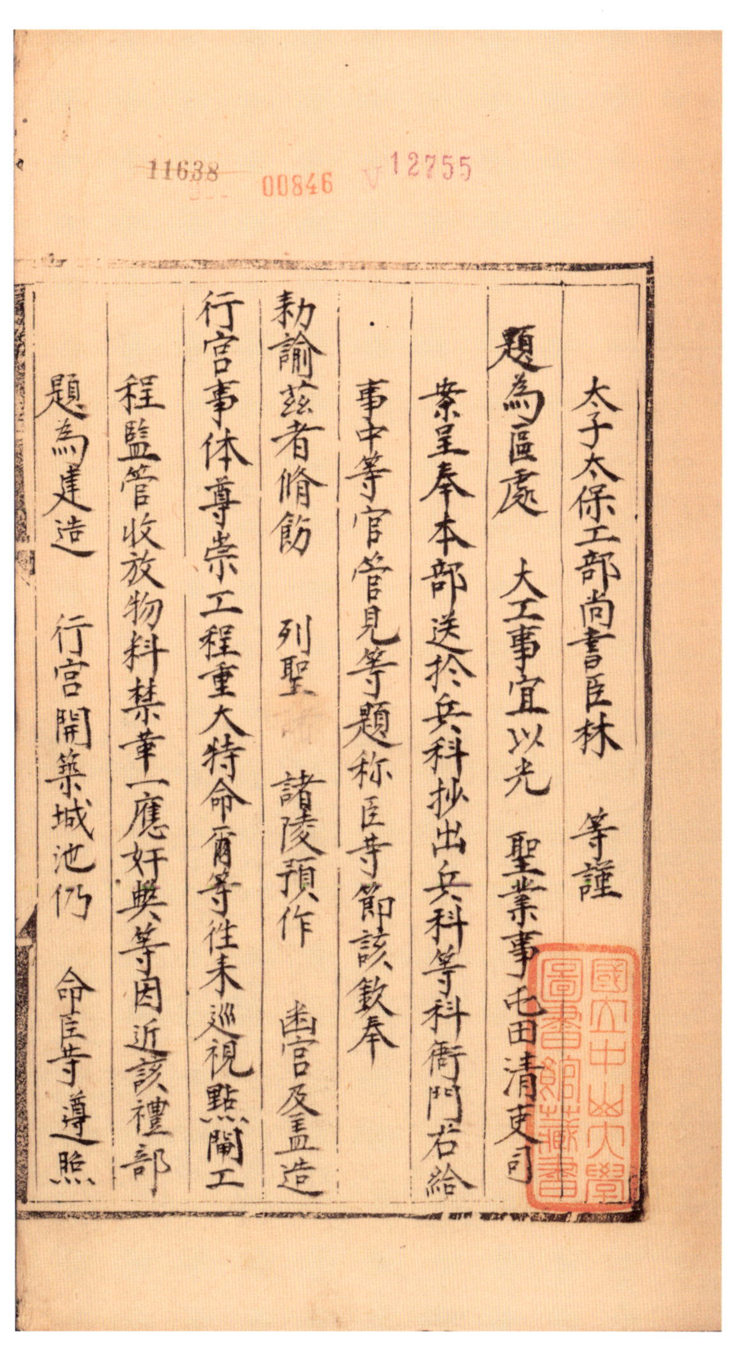

太子太保工部尚書臣林 等謹
題為區處 大工事宜以光 聖業事屯田清吏司
案呈奉本部送拎兵科抄出兵科等科衙門右給
事中等官管見等題称臣等節該欽奉
勅諭茲者脩飭 列聖 諸陵預作 壽宫及盖造
行宫事体尊崇工程重大特命爾等往來巡視點閘工
程監管收放物料禁革一應奸獘等因近該禮部
題為建造 行宫開築城池仍 命臣等導照

張文襄公電稿不分卷（清光緒十年至十五年） 清張之洞撰

清光緒抄本　四十册

行款不一。書高24釐米，寬12.6釐米。書名爲本館自擬。

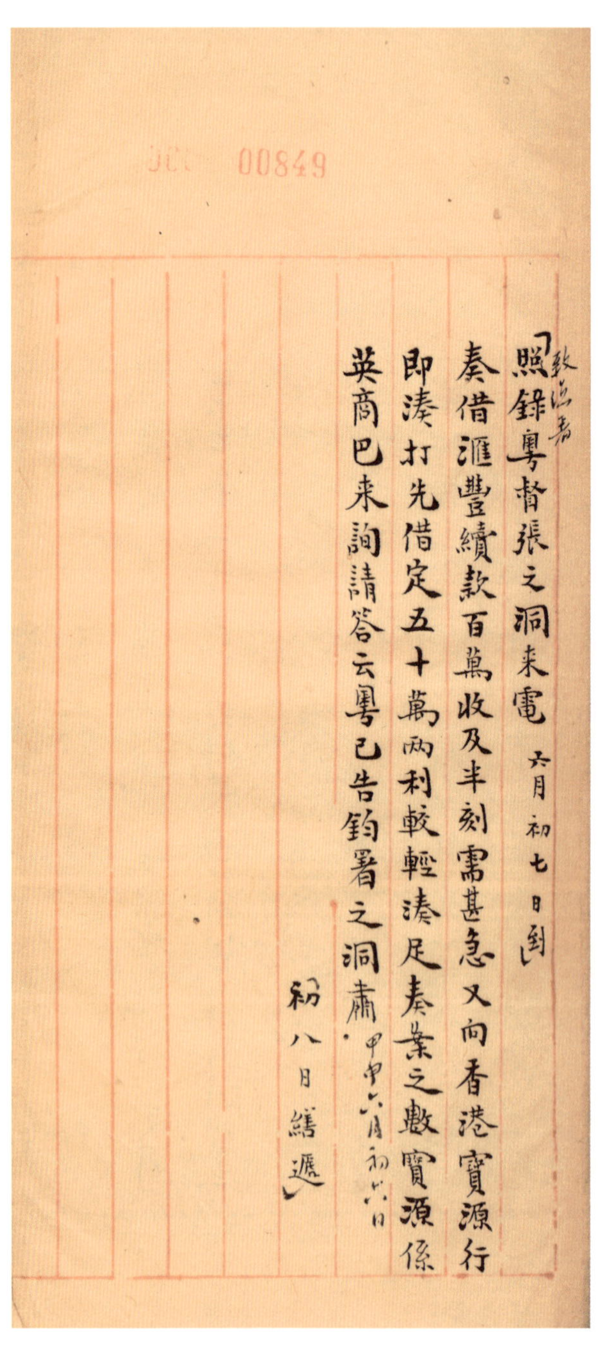

照錄粵督張之洞來電 六月初七日到

奏借滙豐續款百萬收及半刻需甚急又向香港寶源行即湊打先借定五十萬兩利較輕湊足奏案之數寶源係英商巴來詢請答云粵已告鈞署之洞肅 甲申六月初六日

初八日繕遞

張文襄公督粵收接電稿不分卷（清光緒十年至十五年）

清光緒抄本 二十册

六行二十字。白口，四周雙邊，單魚尾。書高24.5釐米，寬12.1釐米。書名爲本館自擬。

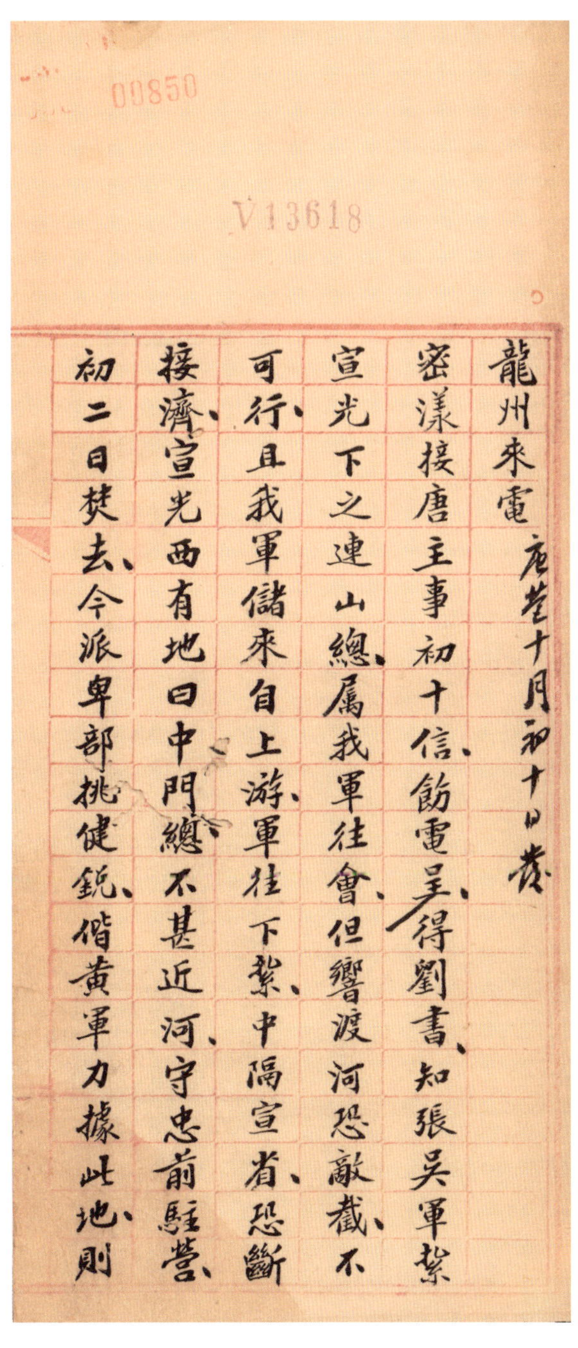

龍州來電 唐荃十月初十日發
密𣵀接唐主事初十信、飭電呈、得劉書、知張吳軍紮
宣光下之連山總、屬我軍往會、但響渡河恐敵截、不
可行、且我軍儲來自上游、軍往下紮、中隔宣省、恐斷
接濟、宣光西有地曰中門總、不甚近河、守忠前駐營、
初二日焚去、今派卑部挑健銳、偕黃軍力據此地、則

傳是樓書目八卷傳是樓宋元版書目一卷 清徐乾學撰

清徐寶善抄本　清徐衡題識　七册

十行二十四字，小字雙行同。白口，四周雙邊，單魚尾。框高20.3釐米，寬10.5釐米。鈐“徐氏傳是樓印”“徐氏聖秋”印。版心下有“壺園主人鈔”。徐寶善，室名壺園。

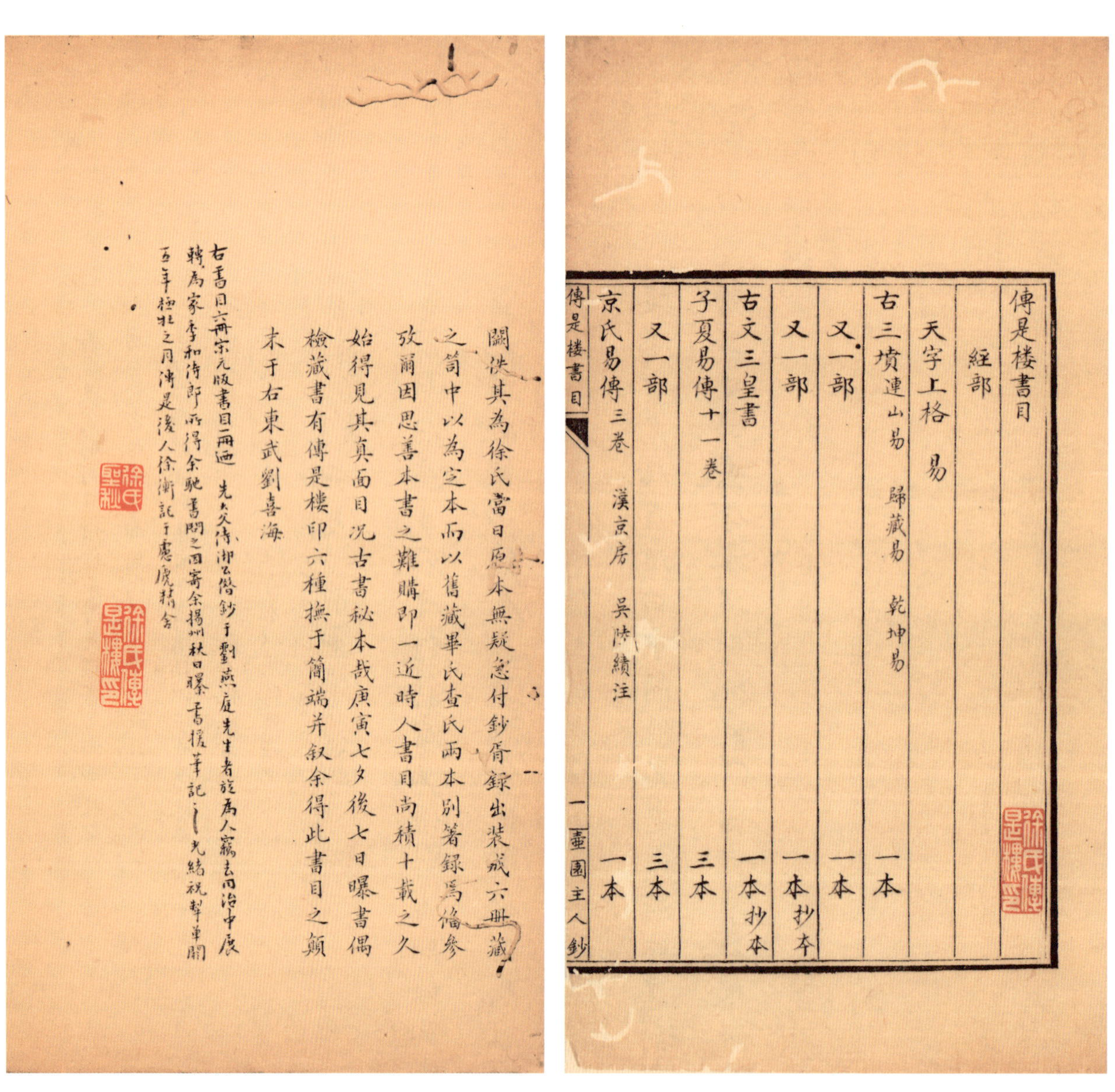

闕佚其為徐氏當日原本無疑急付鈔胥錄出裝成六冊藏之笥中以為定本而以舊藏畢氏查氏兩本別箸錄焉備參攷爾因思善本書之難購即一近時人書目尚積十載之久始得見其真面目況古書秘本哉庚寅七夕後七日曝書偶檢藏書有傳是樓印六種撫于簡端并叙余得此書目之顛末于右東武劉喜海

右書目六冊宋元版書目一冊　先大父侍御公倩鈔于劉燕庭先生者旋為人竊去同治中展轉為家季和侍郎所得余馳書問之因寄余揚州秋日曝書援筆記之　光緒祝犁單閼五年極壯之月傳是後人徐衡記于慮虎精舍

傳是樓書目

經部

天字上格　易

古三墳　連山易　歸藏易　乾坤易　一本

又一部　一本

又一部　一本抄本

古文三皇書　一本抄本

子夏易傳十一卷　三本

又一部　三本

京氏易傳三卷　漢京房　吳陸績注　一本

傳是樓書目　一　壺園主人鈔

國史經籍志六卷　明焦竑撰

清抄本　十册

十行十九字，小字雙行同。無欄格。書高23.5釐米，寬16.9釐米。鈐“潘叔潤圖書記”“潘介祉印”“玉荀”“潘氏淵古樓藏書記”“古吴潘介祉叔潤氏收藏印記”“叔潤藏書”“真州吴氏有福讀書堂藏書”印。

國史經籍志卷一　史官瑯琊焦竑輯
制書類御製敕修中宮御製記注時政
御製
高皇帝文集二十卷　又三十卷
又詩集五卷　皇明祖訓一卷
祖訓條章一卷　儲君昭鑒錄二卷
大明主壻一卷　昭鑒錄五卷訓親藩
紀非錄一卷諭周齊潭魯　永鑒錄一卷訓親藩
資世通訓一卷　大誥一卷
經籍志卷一　制書類御製

石鼓文正誤四卷 明陶滋撰

明嘉靖十二年（1533）錢貢刻本　容庚校并跋　二册

大字三行四字，中字九行二十字，小字雙行二十字。白口，四周單邊。框高21.5釐米，寬14釐米。鈐“山陰瑞甡小印”“洪瑞甡印”“繼芊”“容庚之印”“容庚”“肇庚手斠”“佛法僧寶”印。末有嘉靖十二年錢貢跋，言刻書事。入選第二批《名録》。

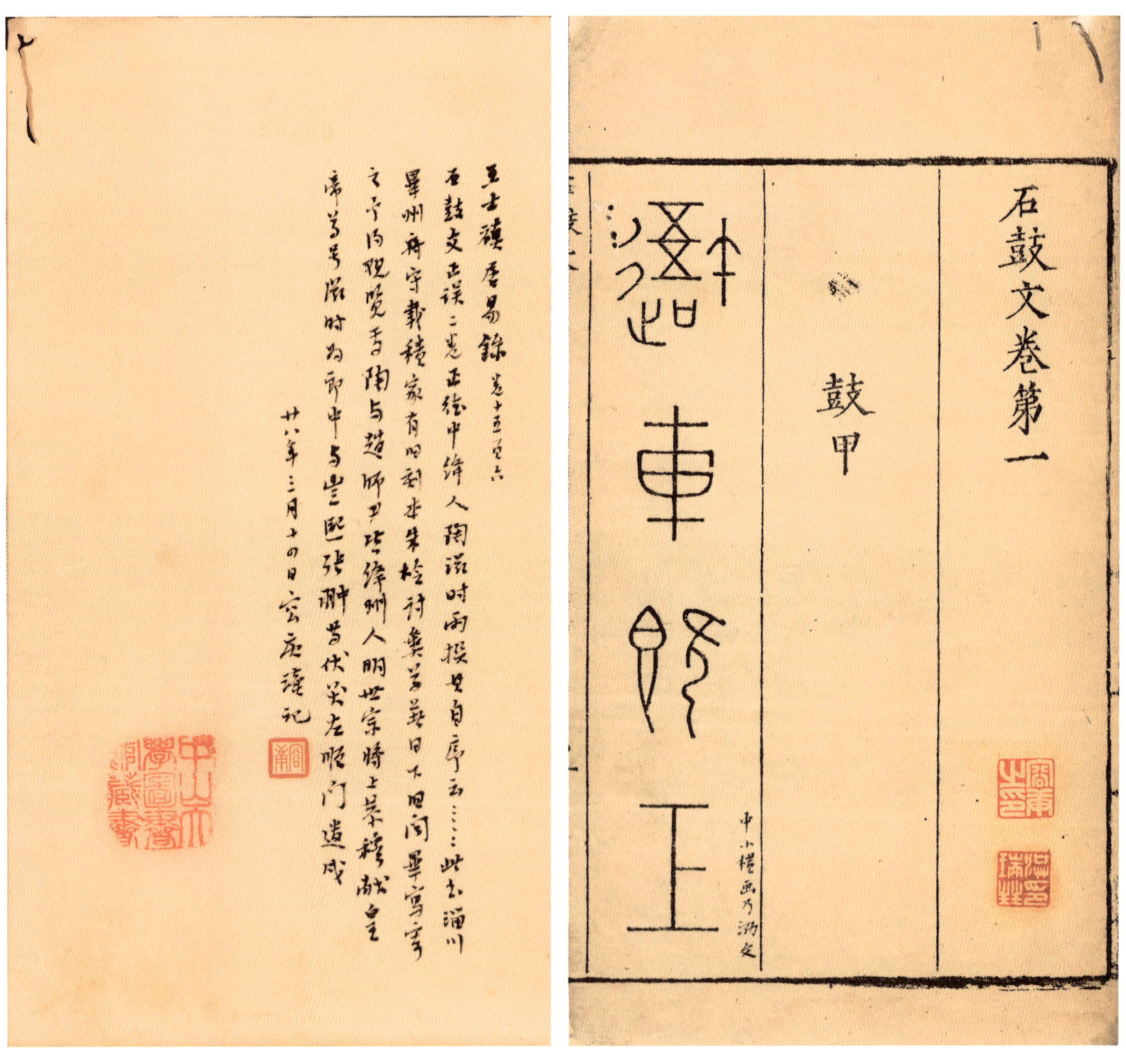
王士禛居易録 卷十五頁六

石鼓文卷第一

鼓甲

漢石存目二卷　清王懿榮撰

稿本　周鑾詒題識　一册

十行字不等，小字雙行字不等。白口，左右雙邊，單魚尾。框高18.4釐米，寬14.1釐米。鈐“鑾”“周鑾詒”、“嬰齋手校”“嚳齋所録石墨”“□齋兩亭文字”“王懿榮字正孺”“廉生得來”“信卿印信”“世爲史官”印。

子目：《漢石字存》一卷；《漢石畫存》一卷。

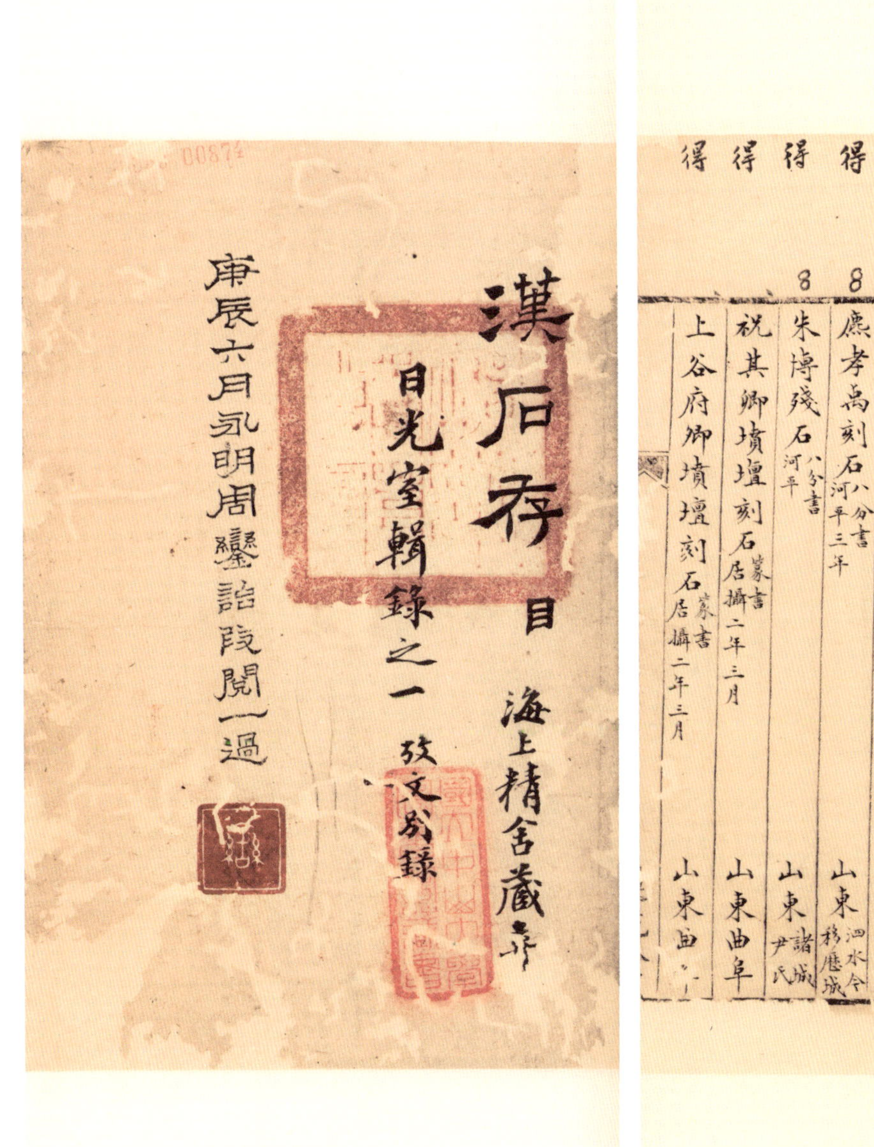

漢石存目

日光室輯錄之一

海上精舍藏

庚辰六月永明周鑾詒段閱一過

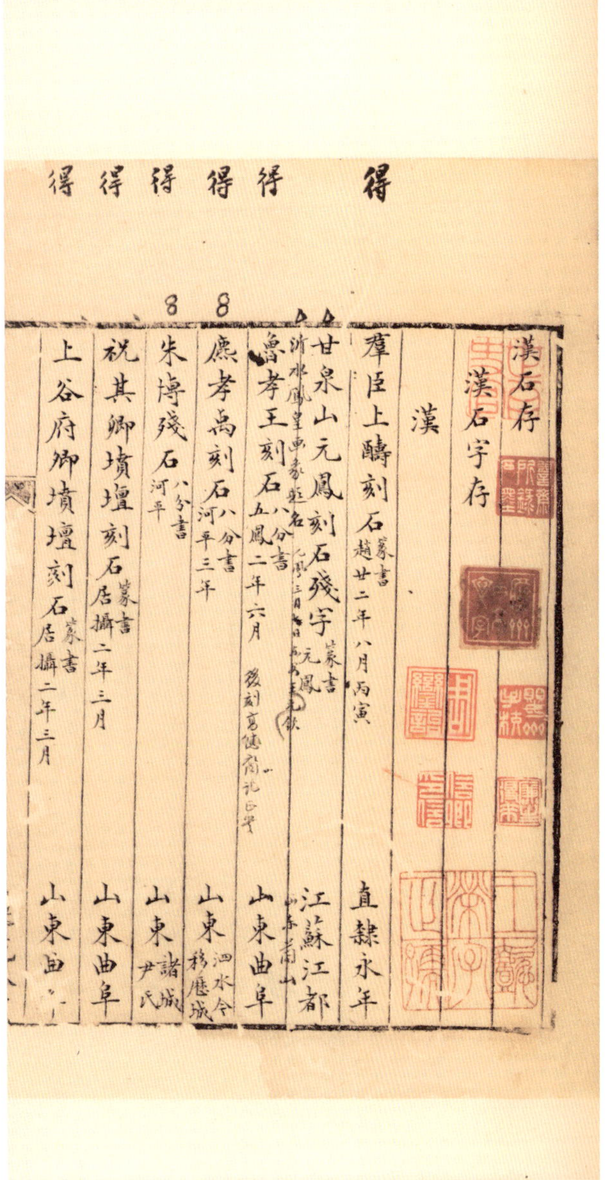

漢石存

漢石字存

漢

犨臣上醻刻石　篆書　趙廿二年八月丙寅　直隸永年

甘泉山元鳳刻石殘字　篆書　江蘇江都

魯孝王刻石　八分書　五鳳二年六月　山東曲阜

麃孝禹刻石　八分書　河平三年　山東

朱博殘石　八分書　河平　山東諸城

祝其卿墳壇刻石　篆書　居攝二年三月　山東曲阜

上谷府卿墳壇刻石　篆書　居攝二年三月　山東曲阜

虎邱金石目一卷

清姚氏咫進齋抄本　一册

十行字不等。上黑口，下白口，左右雙邊，雙魚尾。框高16.8釐米，寬11.2釐米。版心下鎸“咫進齋鈔本歸安姚氏藏”。

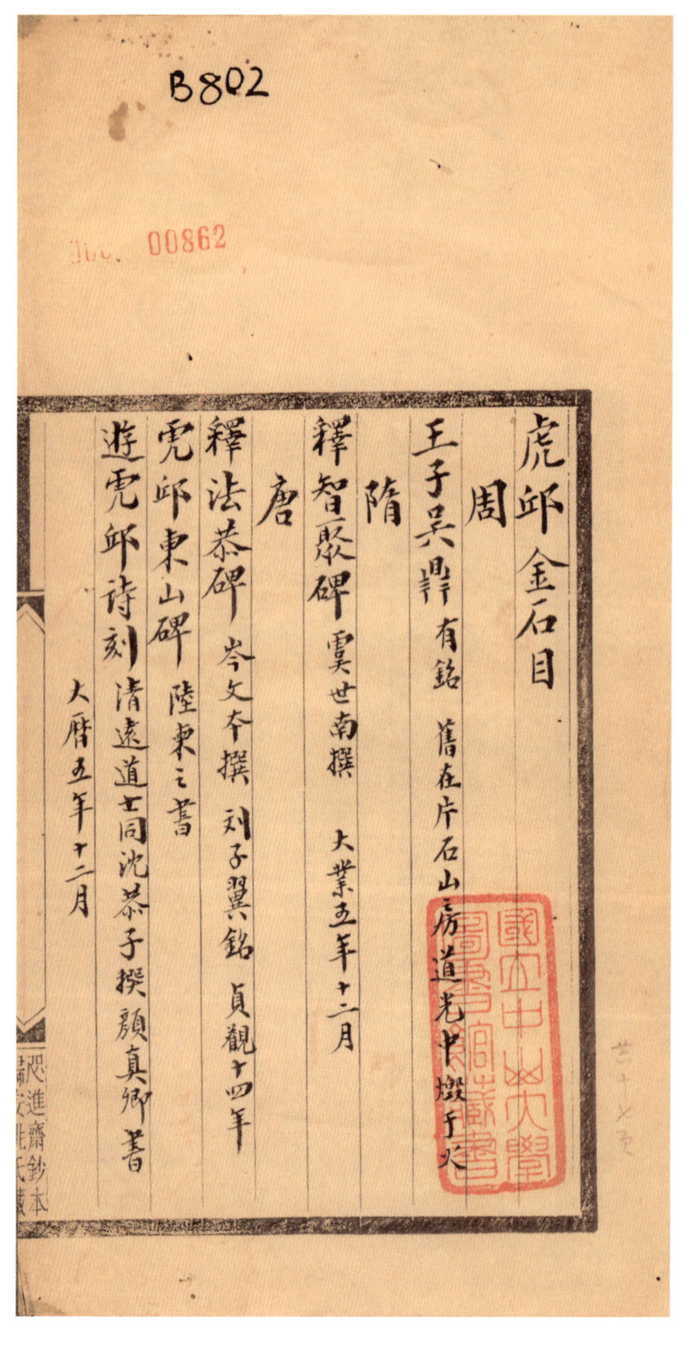

錢幣考不分卷

清抄本　四册

八行二十五字，小字雙行同。無欄格。書高30.2釐米，寬17.5釐米。鈐“葉氏珍藏”“盧氏藏書”印。

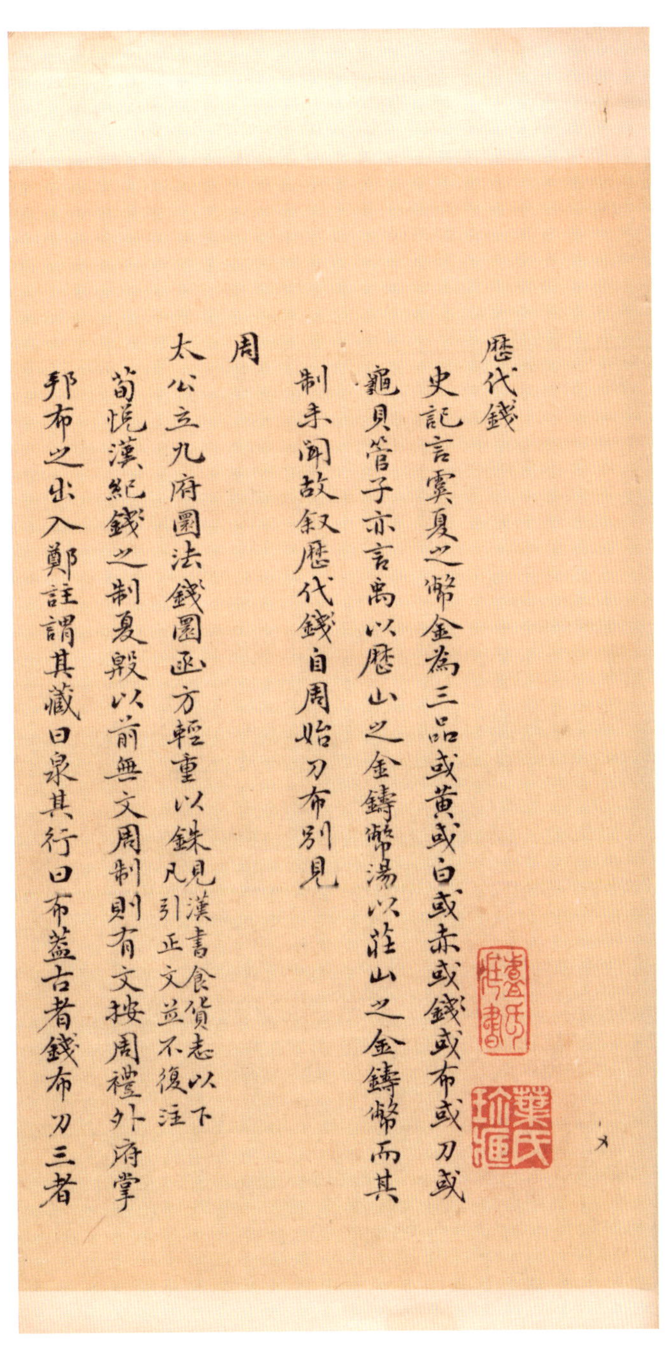
歷代錢

史記言虞夏之幣金為三品或黄或白或赤或錢或布或刀或龜貝管子亦言禹以歷山之金鑄幣湯以莊山之金鑄幣而其制未聞故叙歷代錢自周始刀布别見

周

太公立九府圜法錢圜函方輕重以銖見漢書食貨志以下凡引正文並不復注

荀悦漢紀錢之制夏殷以前無文周制則有文按周禮外府掌邦布之出入鄭註謂其藏曰泉其行曰布蓋古者錢布刀三者

訒葊集古印存三十二卷 清汪啓淑輯

清乾隆二十五年（1760）汪氏鈐印本　十六册

每葉二至四印，下有注文。二龍戲珠花邊欄。鈐“啓淑印信”“訒庵”“藏之名山”“傳之其人”“魯曾煜印”“秋塍”“徐光文印”“杏沁”印。

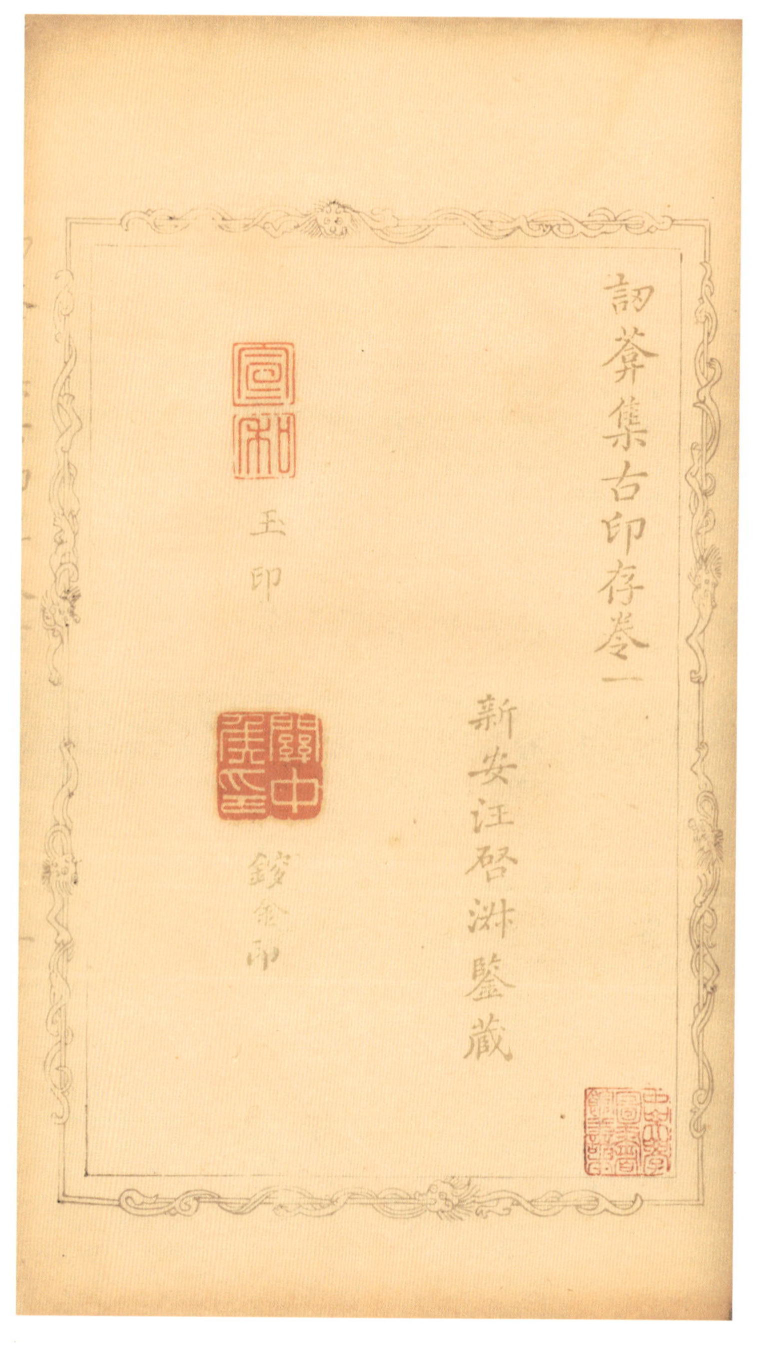

史統二十卷　明余大朋撰

明崇禎刻本　八册

十行二十字，小字雙行同。上欄鐫評，行四字。白口，四周單邊，單魚尾。框高21.7釐米，寬11.4釐米，或框高18.7釐米，寬12.7釐米。

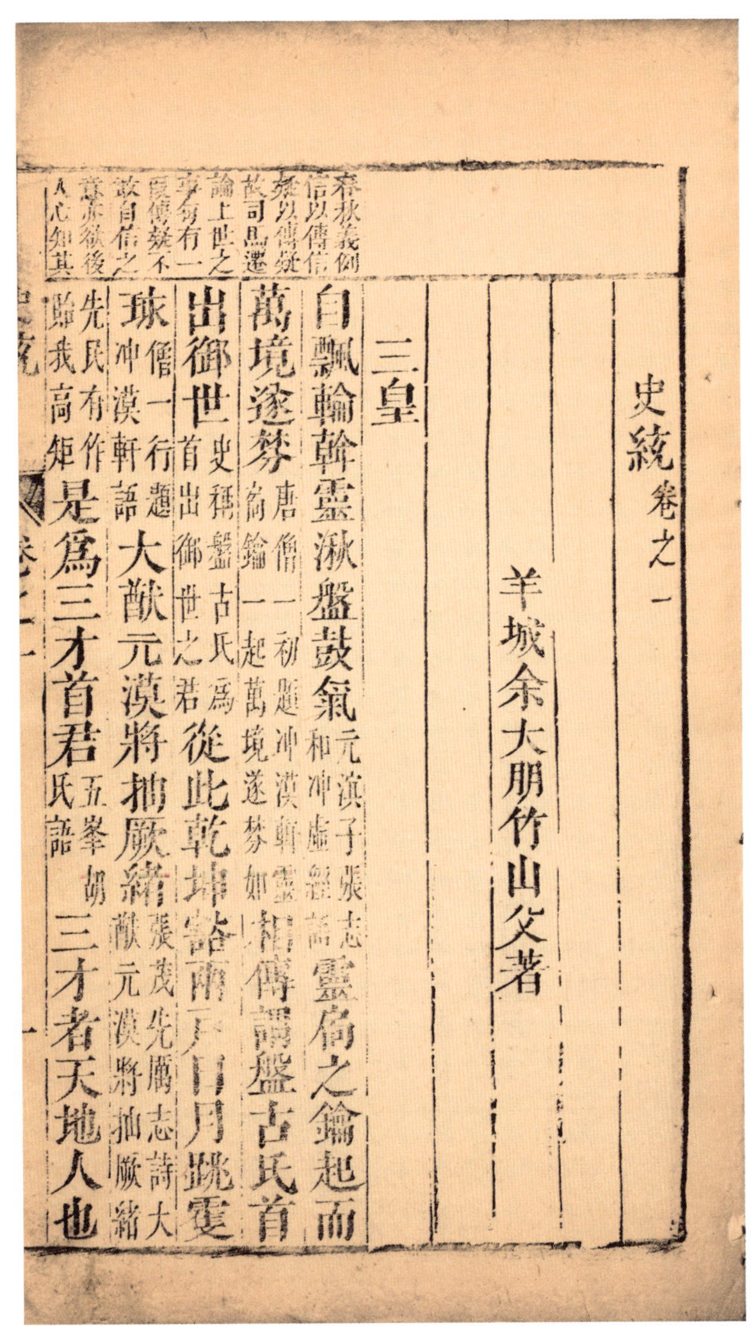

讀史偶録内集五卷外集三卷問答總論一卷附集一卷 清張夢鏞輯

稿本 十六册

九行二十四字。無欄格。書高27.5釐米，寬15.3釐米。鈐“臣鏞”“張鏞之印”“弌大氏”“張鏞”“滌癯”“梅梁”印。前有張夢鏞識，目録卷端題“會稽張夢鏞手輯”。

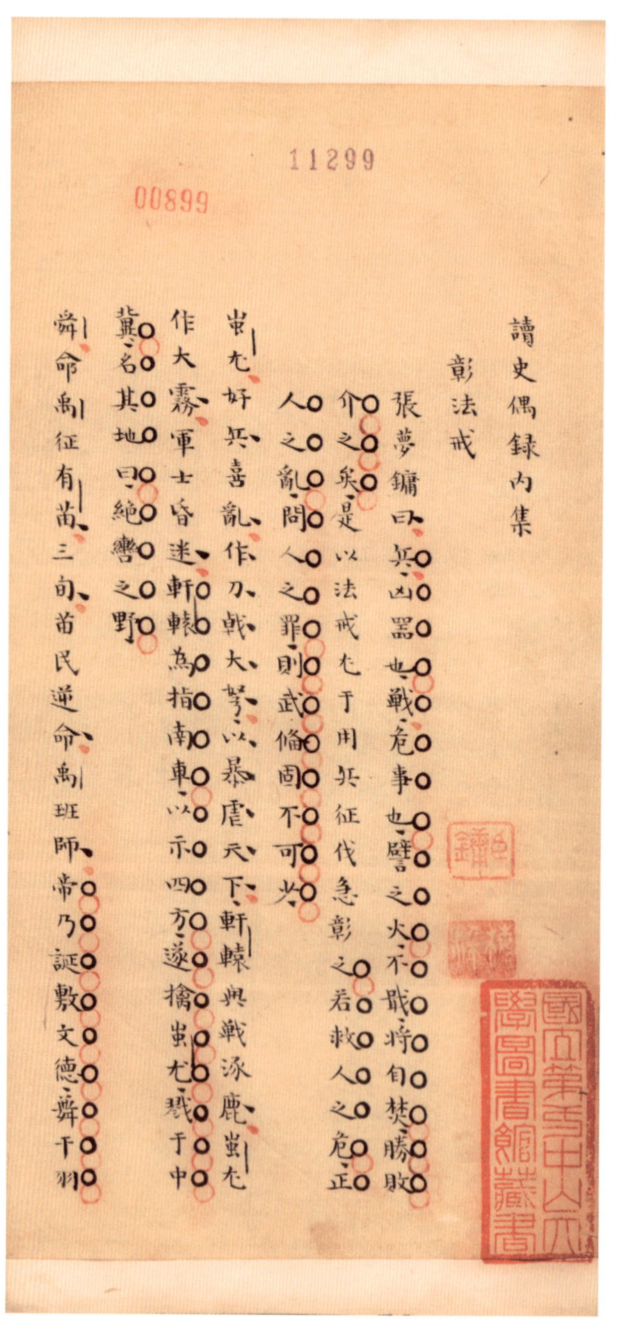

讀史偶録内集

彰法戒

張夢鏞曰兵凶器也戰危事也譬之火不戢將自焚勝敗介之矣是以法戒尤于用兵征伐急彰之若救人之危正人之亂問人之罪則武備固不可少

蚩尤好兵喜亂作刀戟大弩以暴虐天下軒轅興戰涿鹿蚩尤作大霧軍士皆迷軒轅為指南車以示四方遂擒蚩尤戮于中冀名其地曰絶轡之野

舜命禹征有苗三旬苗民逆命禹班師帝乃誕敷文德舞干羽

廿二史劄記三十六卷　清趙翼撰

清嘉慶五年（1800）湛貽堂刻《甌北全集》本　清陳澧批校　六册

十一行二十一字，小字雙行不滿行。白口，左右雙邊，單魚尾。框高17.3釐米，寬13釐米。鈐“番禺陳氏東塾藏書印”“陳慶龢字公穆”印。扉頁刻“湛貽堂藏版”。

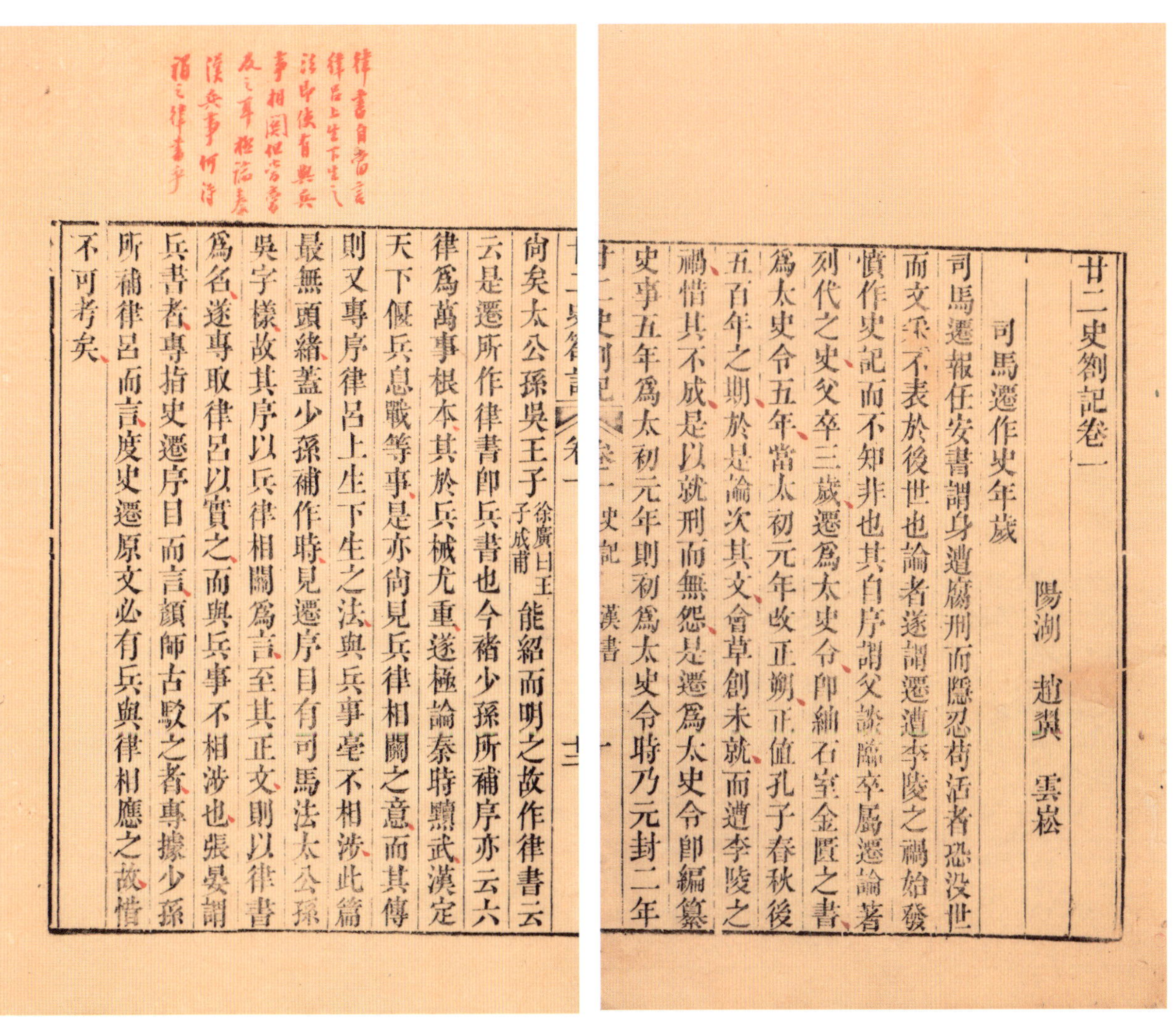

子部

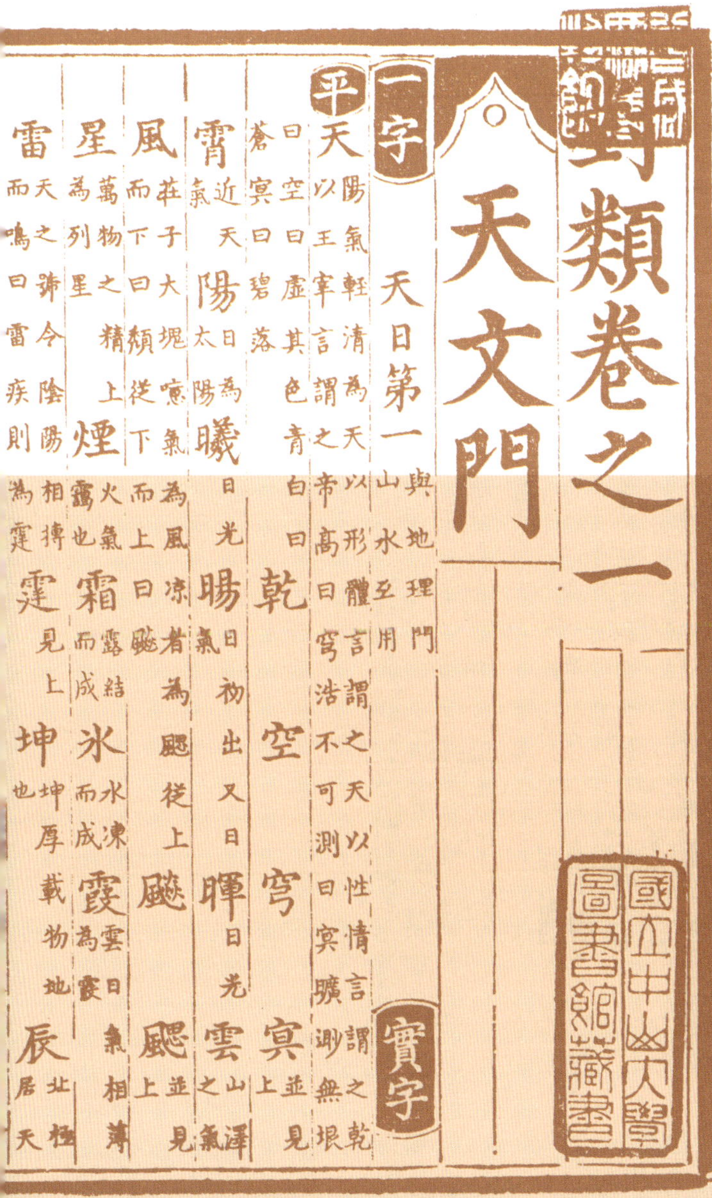

纂圖互註荀子二十卷 唐楊倞注

明刻本　清佚名批校　四册

十二行二十六字，小字雙行同。黑口，四周雙邊，雙魚尾。有刻工。框高19.2釐米，寬12.9釐米。鈐“南海潘明訓珍藏”“登齋藏書”印。

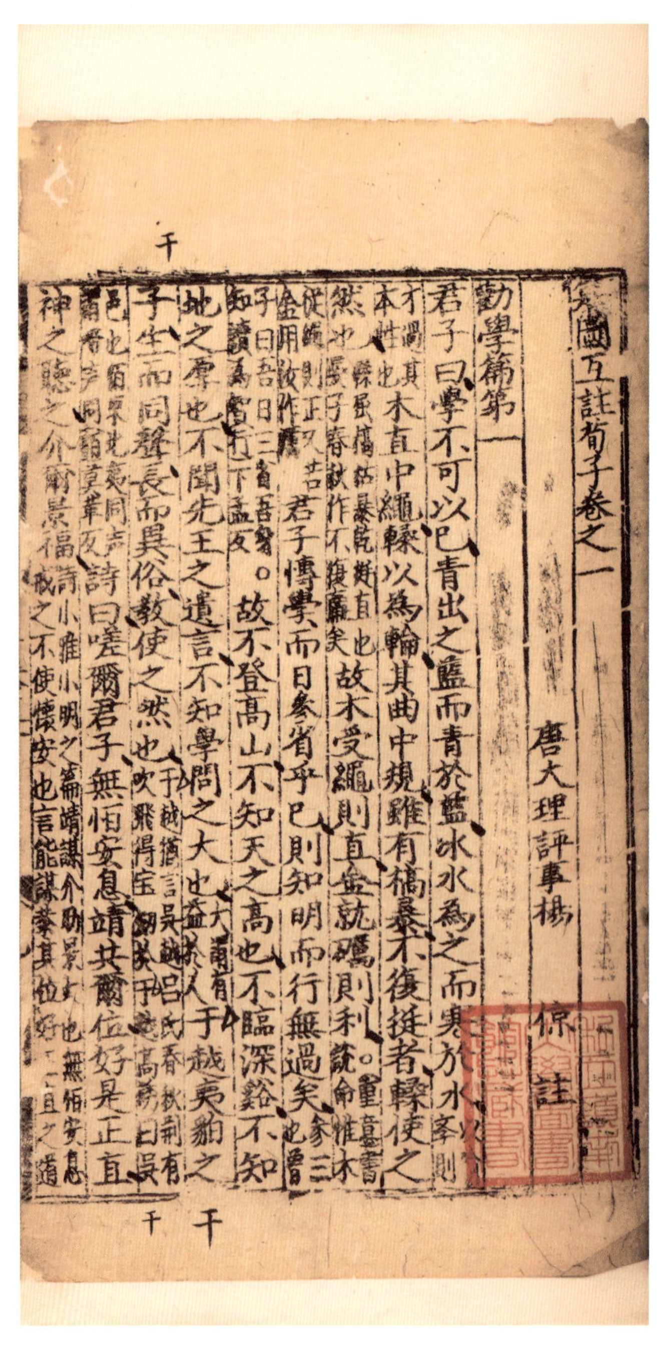

鹽鐵論十卷 漢桓寬撰 校勘小識一卷 王先謙撰

清光緒十七年（1891）思賢講舍刻本 清王秉恩校并跋 王文燾題識 二册

十一行二十四字，小字雙行同。黑口，左右雙邊，單魚尾。框高17.2釐米，寬12.8釐米。鈐“華陽王氏耆德堂圖書”“王秉恩”“椿蔭簃珍弆”“椿蔭堂收藏善本圖書印”“息叟八十以後斠彧記”“雪岑”“息庵斠”“强學宧隨身書卷”等印。扉頁刻“光緒辛卯冬月思賢講舍開雕”。

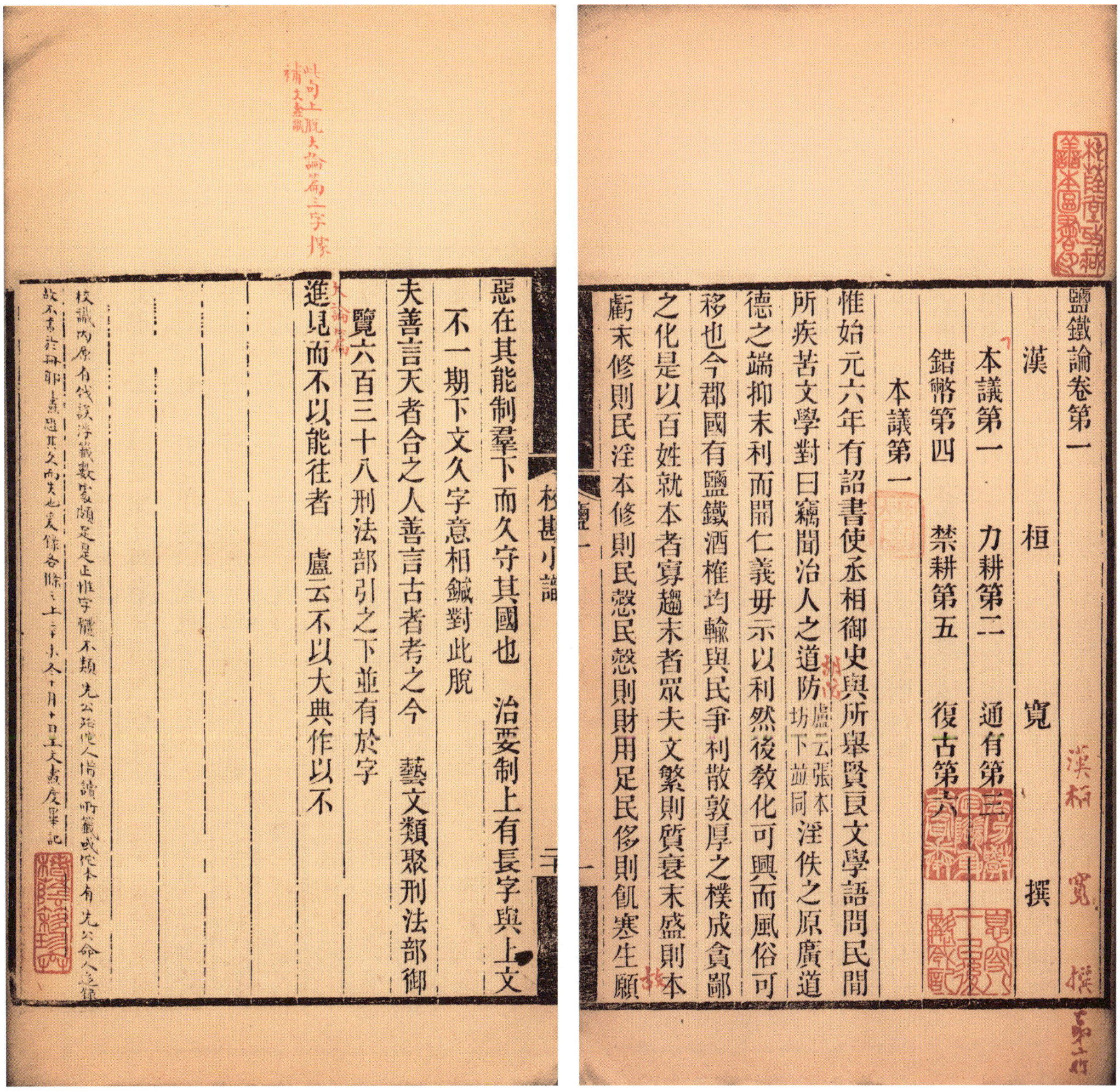

纂圖互註揚子法言十卷 漢揚雄撰　晉李軌、唐柳宗元、宋宋咸、宋吴祕、宋司馬光注

明初刻本　佚名批校　二册

十一行字不等，小字雙行二十五字。黑口，左右雙邊，雙魚尾。有書耳。框高17.8釐米，寬11.6釐米。鈐“養安院藏書”“養安”“宜都楊氏藏書記”“南海潘明訓珍藏”印。有牌記，刻“本宅今將監本四子纂圖互註附入，重言重意，精加校正，兹無訛謬，謄作大字刊行，務令學者淂以參考，互相發明，誠爲益之大也。建安。謹咨”。入選第三批《名録》。

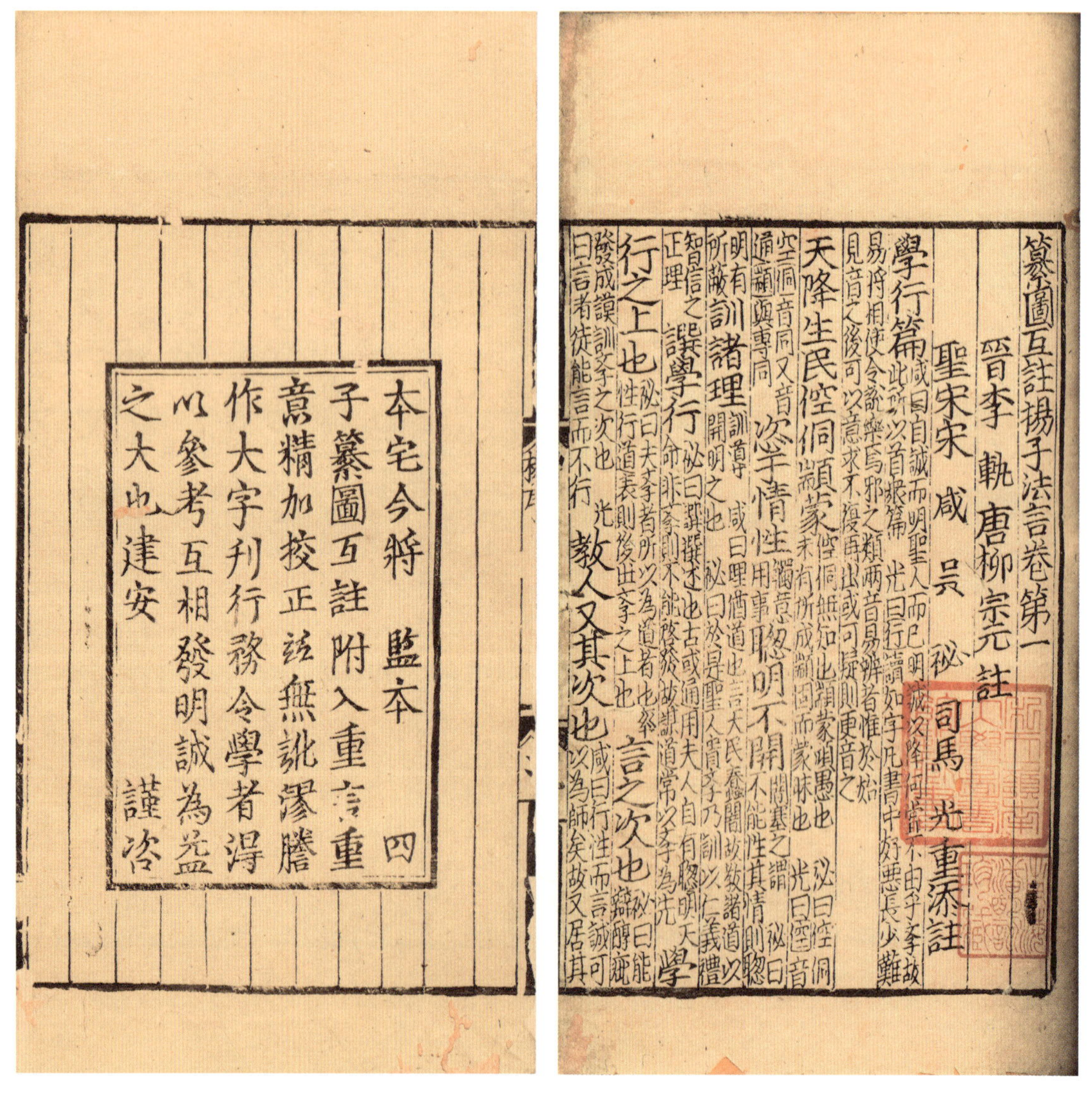

正蒙集説十七卷　宋張載撰　清楊方達纂

清乾隆五年（1740）復初堂刻本　六册

十一行二十一字。黑口，左右雙邊，單魚尾。有刻工及寫工。框高20釐米，寬13.8釐米。

正蒙集説卷之一

後學武進楊　方達　纂

太和篇第一

太和所謂道。中涵浮沉升降動靜相感之性。是生絪緼相盪勝負屈伸之始。其來也幾微易簡。其究也廣大堅固。起知於易者乾乎。效法於簡者坤乎。散殊而可象爲氣。清通而不可象爲神。不如野馬絪緼。不足謂之太和。語道者知此。謂之知道。學易者見此。謂之見易。不如是。雖周公才美。其智不足稱也已。

太和者。陰陽會合沖和之氣也。張子狀道之體。以爲道理悉從氣上流行出來。故指太和以明道。欲人之

小學句讀十卷　宋朱熹撰　明吴訥集解　明陳選增注　明王雲鳳輯

明刻本　清佚名批校　六册

十行二十字，小字雙行同。白口，四周雙邊，單魚尾。框高20.8釐米，寬13.5釐米。鈐"馥"印。入選第三批《名録》。

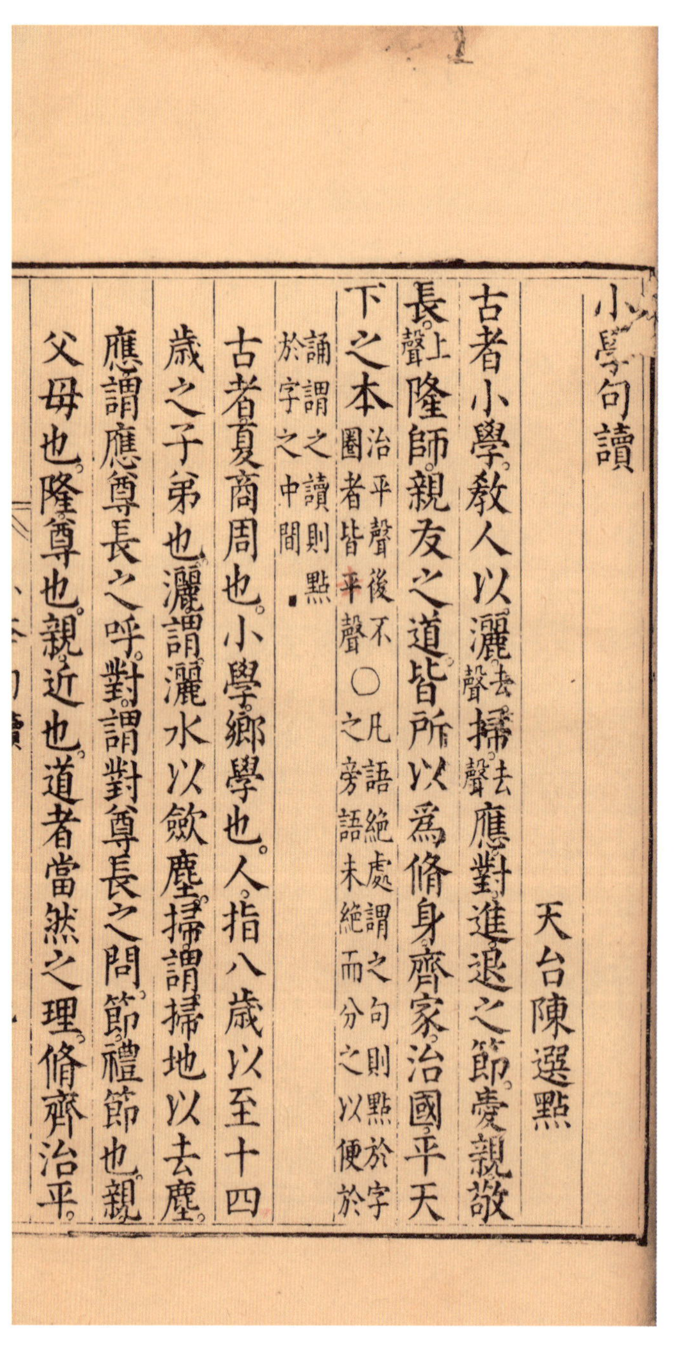
小學句讀
天台陳選點
古者小學教人以灑去聲埽去聲應對進退之節，愛親敬長上聲隆師親友之道，皆所以爲脩身齊家治國平天下之本。治平聲後不圈者皆平聲○凡語絶處謂之句，則點於字旁；語未絶而分之，以便於誦，謂之讀，則點於字之中間。
古者，夏商周也。小學，鄉學也。人，指八歲以至十四歲之子弟也。灑，謂灑水以斂塵。埽，謂埽地以去塵。應，謂應尊長之呼。對，謂對尊長之問。節，禮節也。親，父母也。隆，尊也。親，近也。道者，當然之理。脩齊治平

讀書録十一卷續録十二卷 明薛瑄撰

明嘉靖四年（1525）刻本 八册

十行二十字。白口，四周單邊。框高28.7釐米，寬18.3釐米。鈐“寧海陳友松軒第號第本”“裕德子新”印。前有嘉靖四年田賦《重刻讀書録引》。《續録》卷末有牌記，刻“嘉靖乙酉重刊讀書續録一十二卷”。

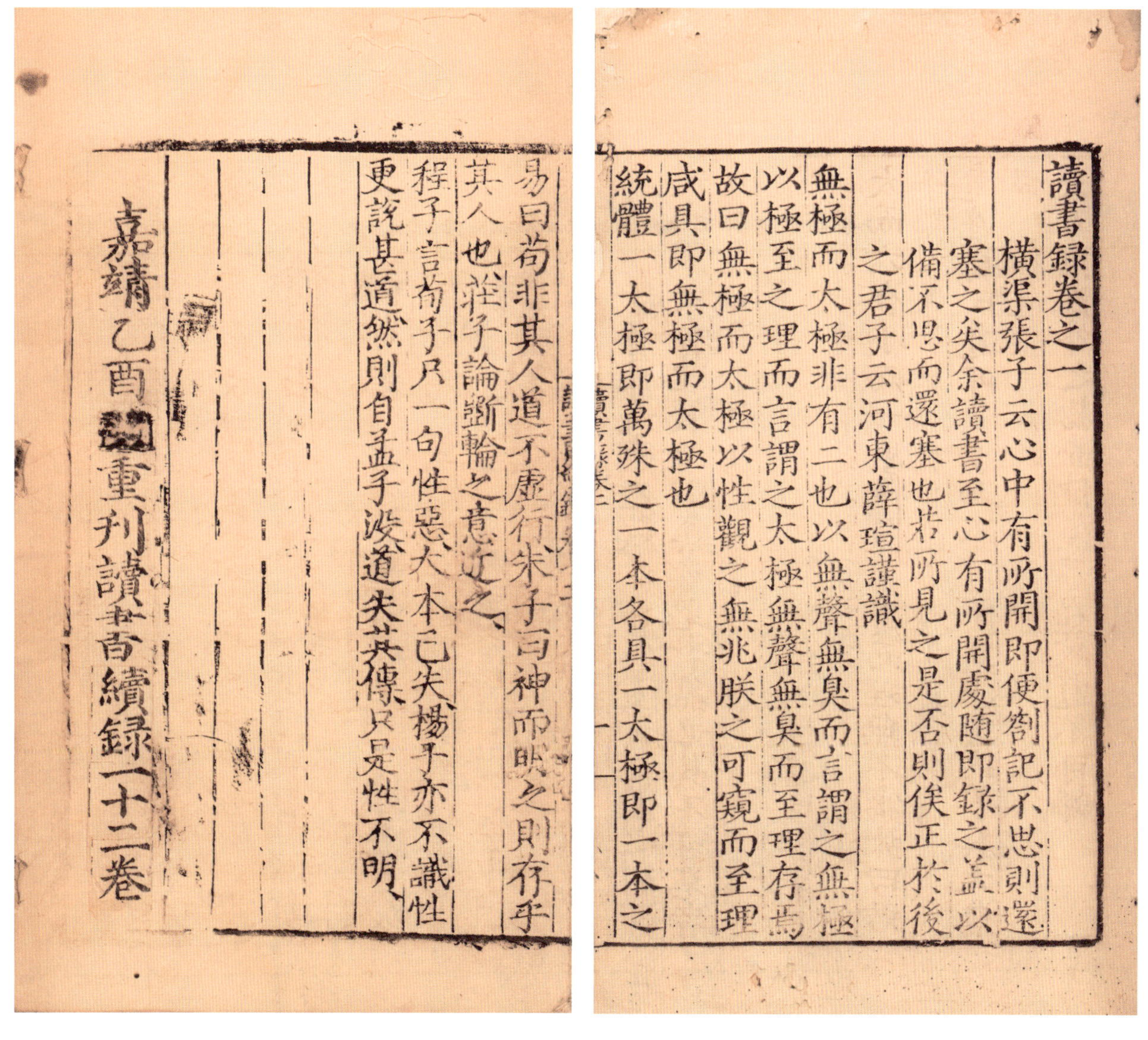

翰林節摘性理粹言十卷　明吕柟輯

明萬曆四至三十五年（1576—1607）闕世亨刻本　四册

九行十八字。白口，左右雙邊，單魚尾。框高19.2釐米，寬13.4釐米。鈐“小李山房圖籍”印。前有萬曆三十五年闕世亨《重刻性理粹言》。

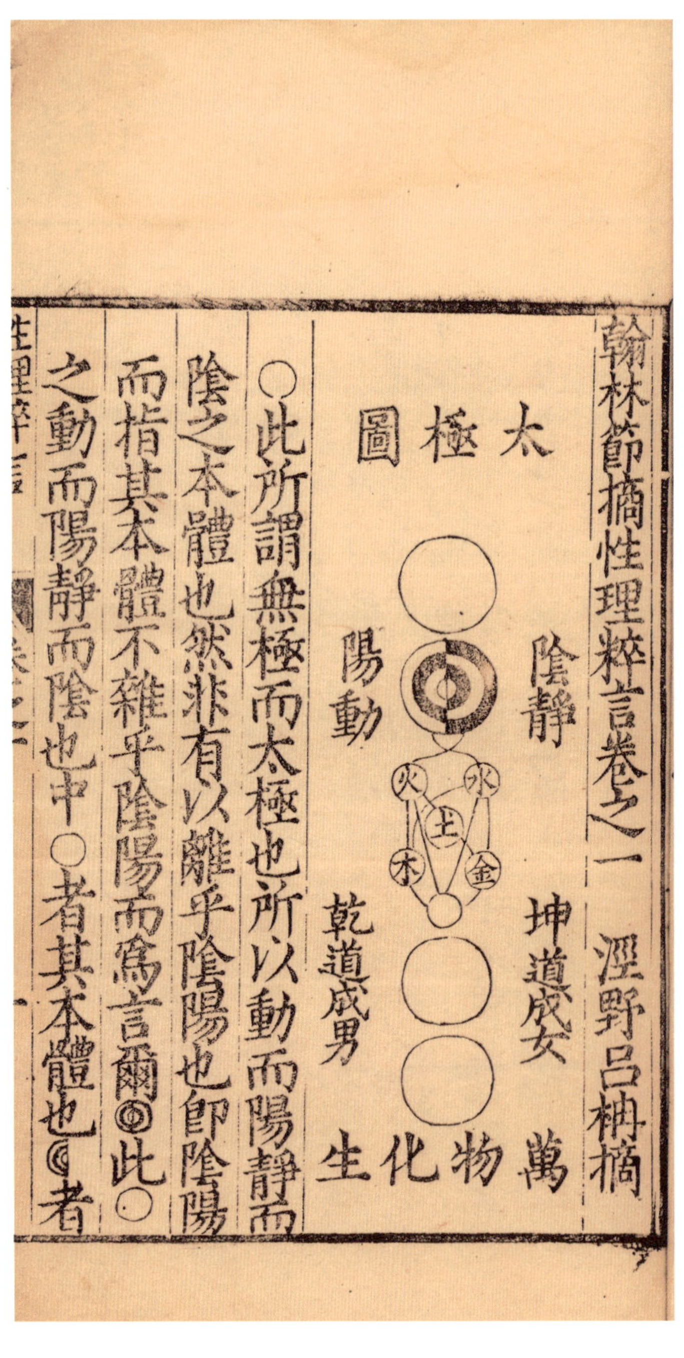
翰林節摘性理粹言卷之一　涇野呂柟摘

太極圖

陰靜　陽動

坤道成女　乾道成男

萬物化生

○此所謂無極而太極也所以動而陽靜而陰之本體也然非有以離乎陰陽也即陰陽而指其本體不雜乎陰陽而爲言爾◎此○之動而陽靜而陰也中○者其本體也◎者

性理粹言　卷之一

重刊增補論策全題性理集要八卷 明郝孔昭輯

明萬曆四至十一年（1576—1583）金陵書林唐廷仁刻本　十二册

十五行二十八字。上欄鐫評，行六字。白口，四周雙邊，單魚尾。框高21.5釐米，寬13.8釐米。鈐“璠”“猗地楊氏”印。扉頁刻“萬曆丙子秋月書林唐氏龍泉繡梓”。卷八末牌記刊“萬曆癸未孟夏之吉金陵唐龍泉氏繡梓”。卷端題“金陵書林唐廷仁梓行”。

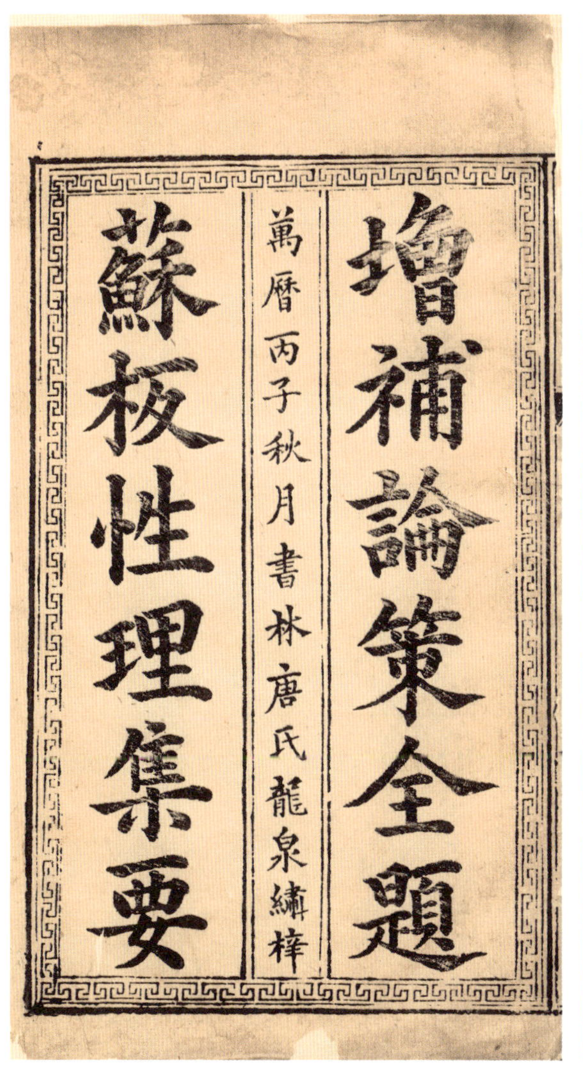

增補論策全題

萬曆丙子秋月書林唐氏龍泉繡梓

蘇板性理集要

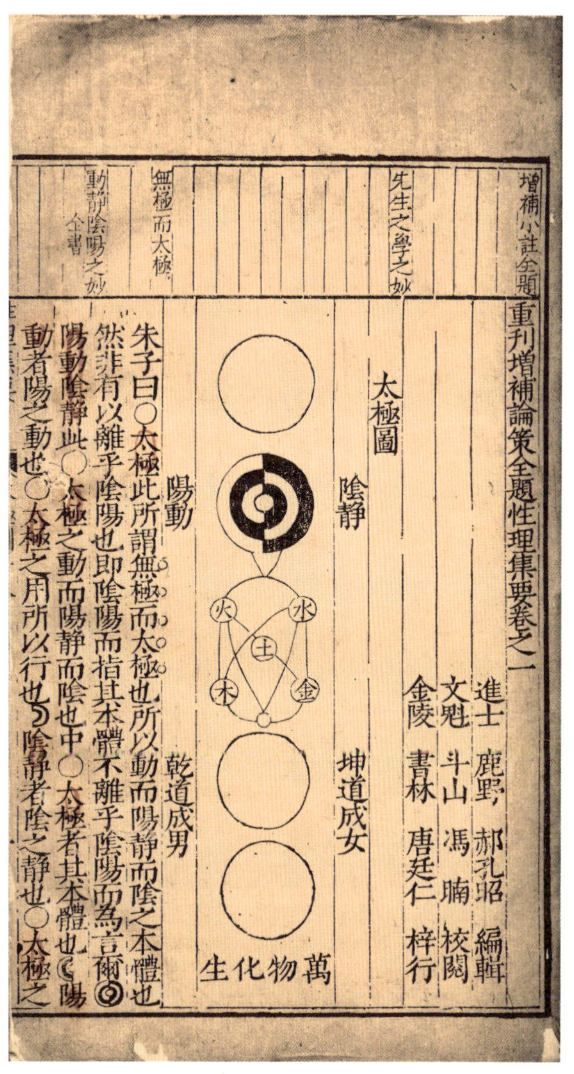

增補小註全題

重刊增補論策全題性理集要卷之一

進士　鹿野　郝孔昭　編輯

文魁　斗山　馮腑　校閲

金陵　書林　唐廷仁　梓行

先生之學之妙

無極而太極

動靜陰陽之妙全書

朱子曰○太極此所謂無極而太極也所以動而陽靜而陰之本體也然非有以離乎陰陽也即陰陽而指其本體不離乎陰陽而為言爾◎陽動陰靜此◎太極之動而陽靜而陰也中○太極者其本體也☾陽動者陽之動也○太極之用所以行也☽陰靜者陰之靜也○太極之

密菴寱言二卷　明樊良樞撰　明江禹疏品　明宋邵儒評

明末刻本　一册

八行十九字，小字雙行同。白口，四周單邊，單魚尾。框高20.7釐米，寬13.5釐米。鈐“緑雨齋”印。

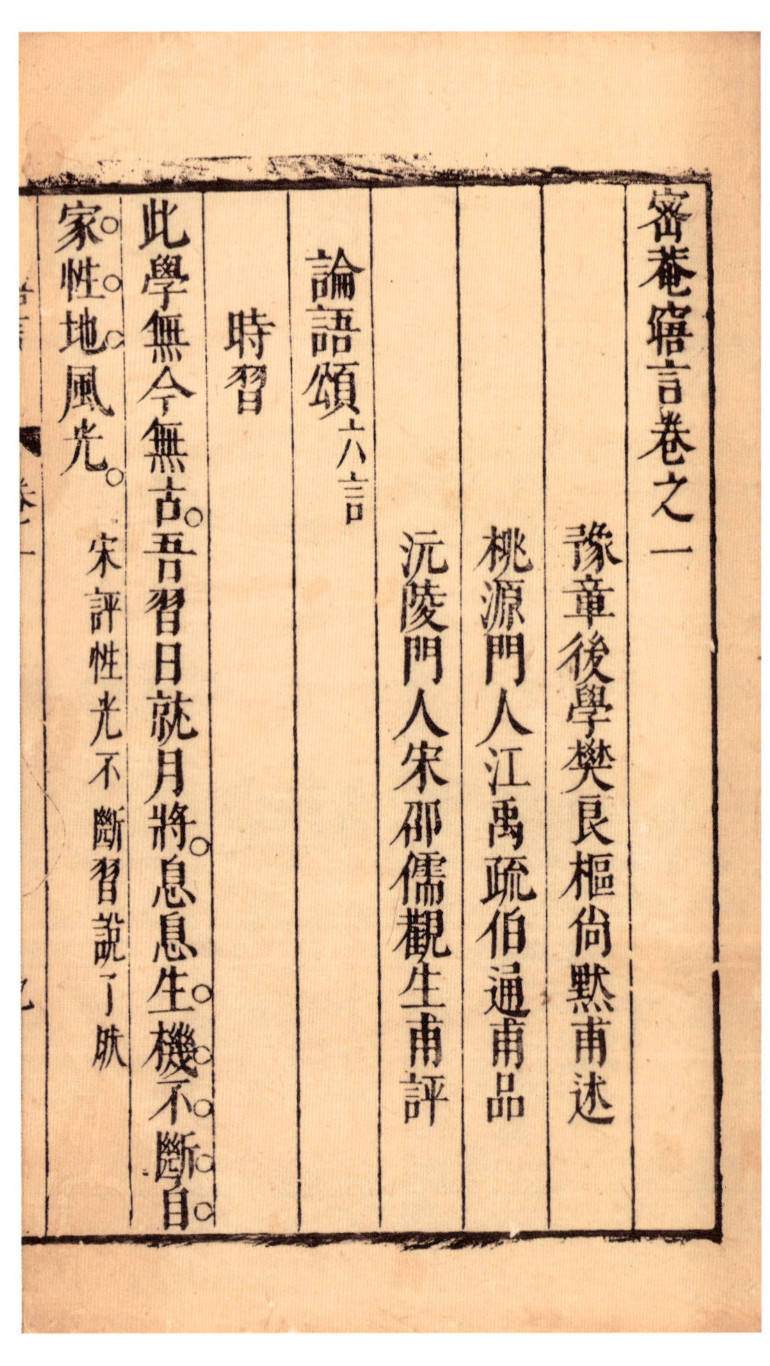
密菴寱言卷之一
豫章後學樊良樞尚默甫述
桃源門人江禹疏伯通甫品
沅陵門人宋邵儒覲生甫評
論語頌六言
時習
此學無今無古。吾習日就月將。息息生機不斷。自家性地風光。
宋評性光不斷習說了朕

陳澧遺稿不分卷　清陳澧撰

稿本　四册

行字不等。書高9.3釐米，寬6.5釐米。鈐“蘭甫”“陳澧之印”“别有懷抱”印。第二册封面題“同治元年正月彙訂”。入選第二批《名録》。書名爲本館自擬。

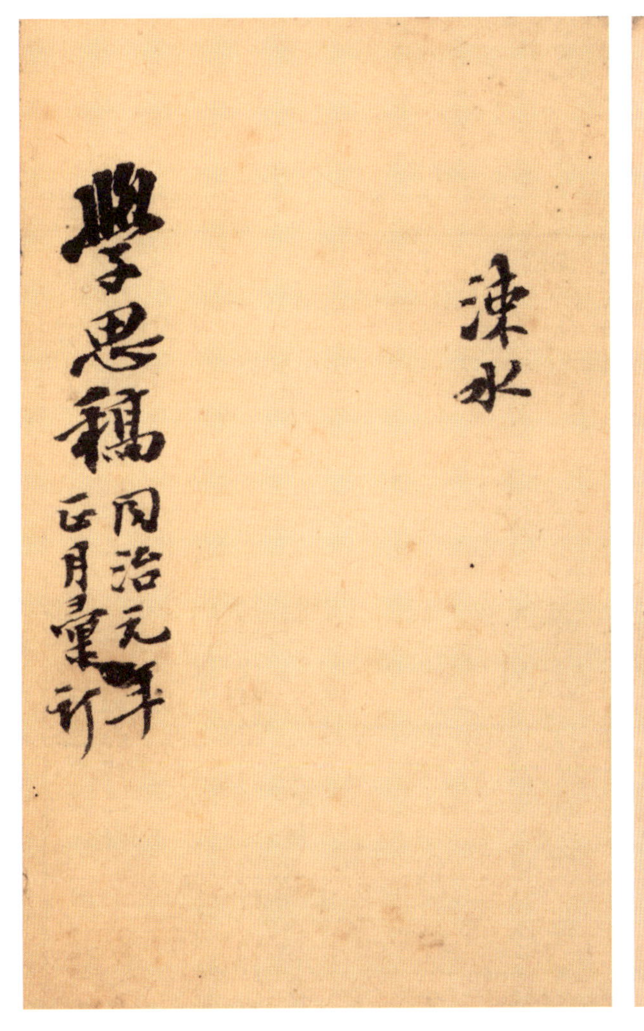

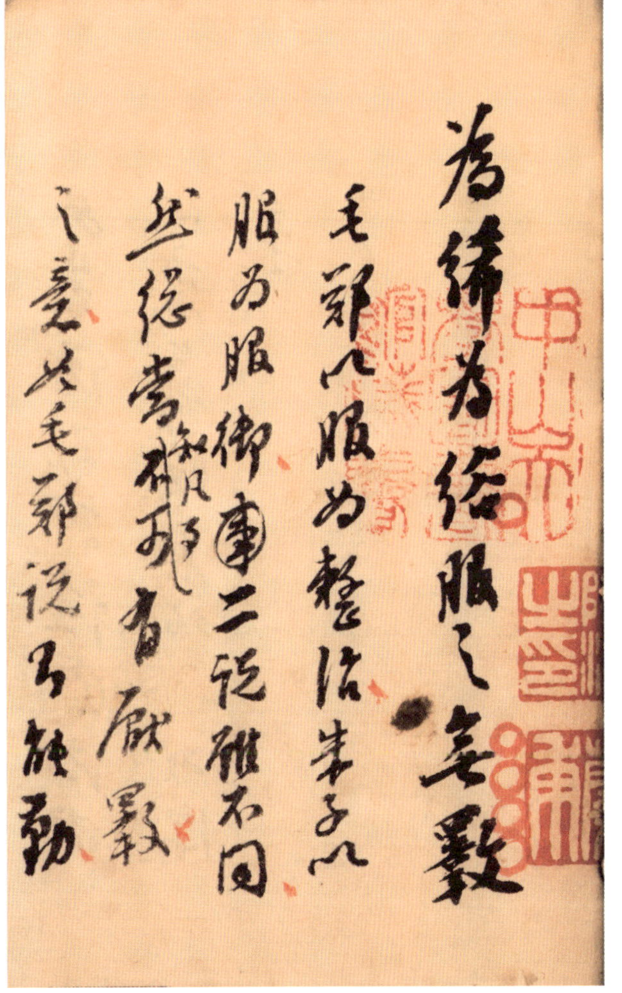

讀史兵略四十六卷 清胡林翼纂

清咸豐十一年（1861）武昌節署刻本　清汪士鐸批并題識　周連寬跋　十六册

十二行二十四字，小字雙行同。白口，四周雙邊，單魚尾。框高22釐米，寬14.6釐米。鈐“汪士鐸印”“悔翁”印。扉頁刻“咸豐十一年春刊于武昌節署”。

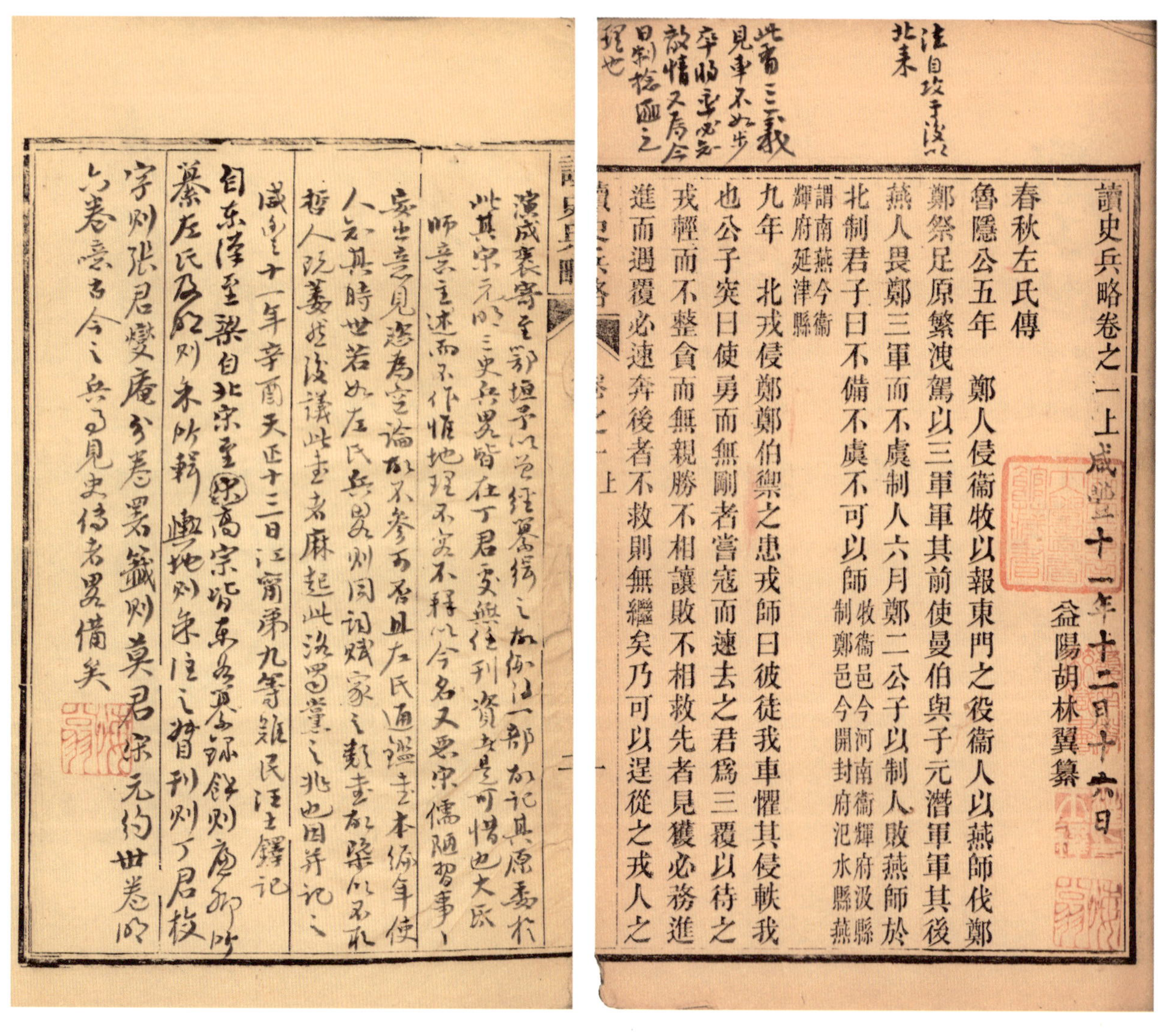

古今將略四卷　明馮孜撰

明萬曆十八年（1590）刻本　八册

十行二十字。白口，四周單邊，雙魚尾。有刻工。框高21.7釐米，寬14釐米。鈐“南海孔繼勳原名繼光字伯煜一字開文號熾庭之印”“孔氏圖書之印”“李文漢藏書印”“濠上草堂藏本”“濠堂藏本之一”印。前有萬曆十八年馮孜《刻古今將略引》，言刻書事。

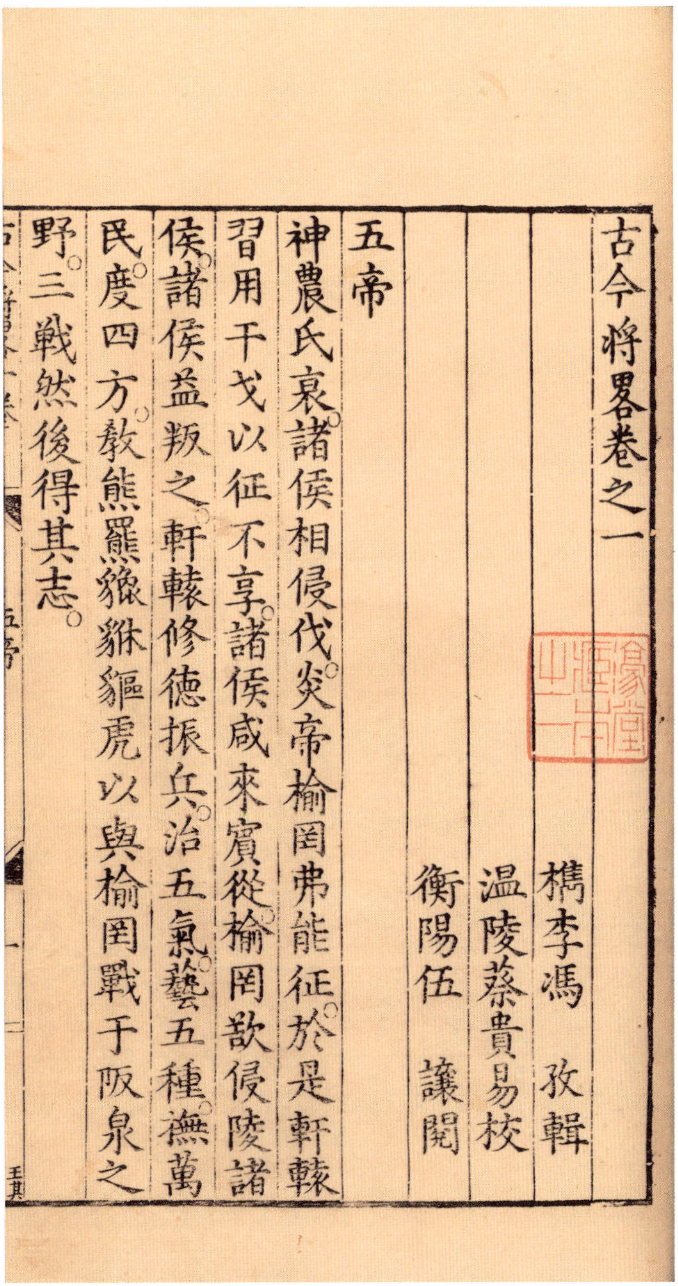
古今將畧卷之一
檇李馮　孜輯
温陵蔡貴易校
衡陽伍　讓閲
五帝
神農氏衰諸侯相侵伐炎帝榆罔弗能征於是軒轅習用干戈以征不享諸侯咸來賓從榆罔欲侵陵諸侯諸侯益叛之軒轅修德振兵治五氣藝五種撫萬民度四方敎熊羆貔貅貙虎以與榆罔戰于阪泉之野三戰然後得其志

韓非子二十卷

明萬曆吴勉學刻《二十子全書》本　清唐岳批校　四册

九行十八字。白口，左右雙邊，單魚尾。框高19.4釐米，寬13.5釐米。鈐“桂林唐氏珍藏”“仲實珍藏”“函雅樓藏書印”“桂林唐岳珍藏書籍”“中方校讀”“十萬卷樓”“桂林唐氏仲實珍藏圖籍”“唐岳校讀”等印。

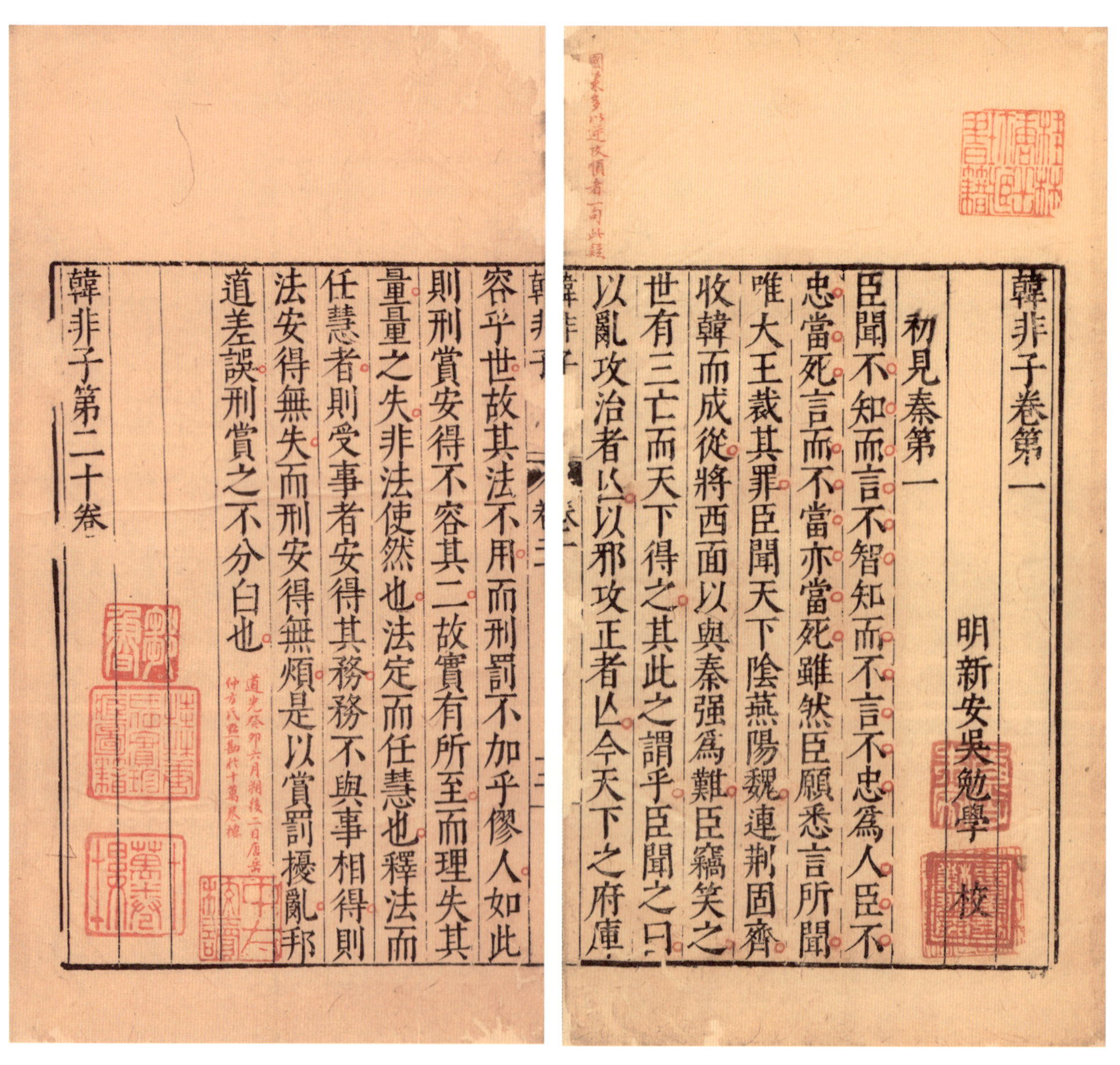

重廣補註黄帝内經素問二十四卷 唐王冰注 宋林億等校正 宋孫兆改誤

明嘉靖二十九年（1550）顧從德影宋刻本 四册

十行二十字，小字雙行三十字。白口，左右雙邊，單魚尾。有刻工。框高21.5釐米，寬15.1釐米。入選第二批《名録》。

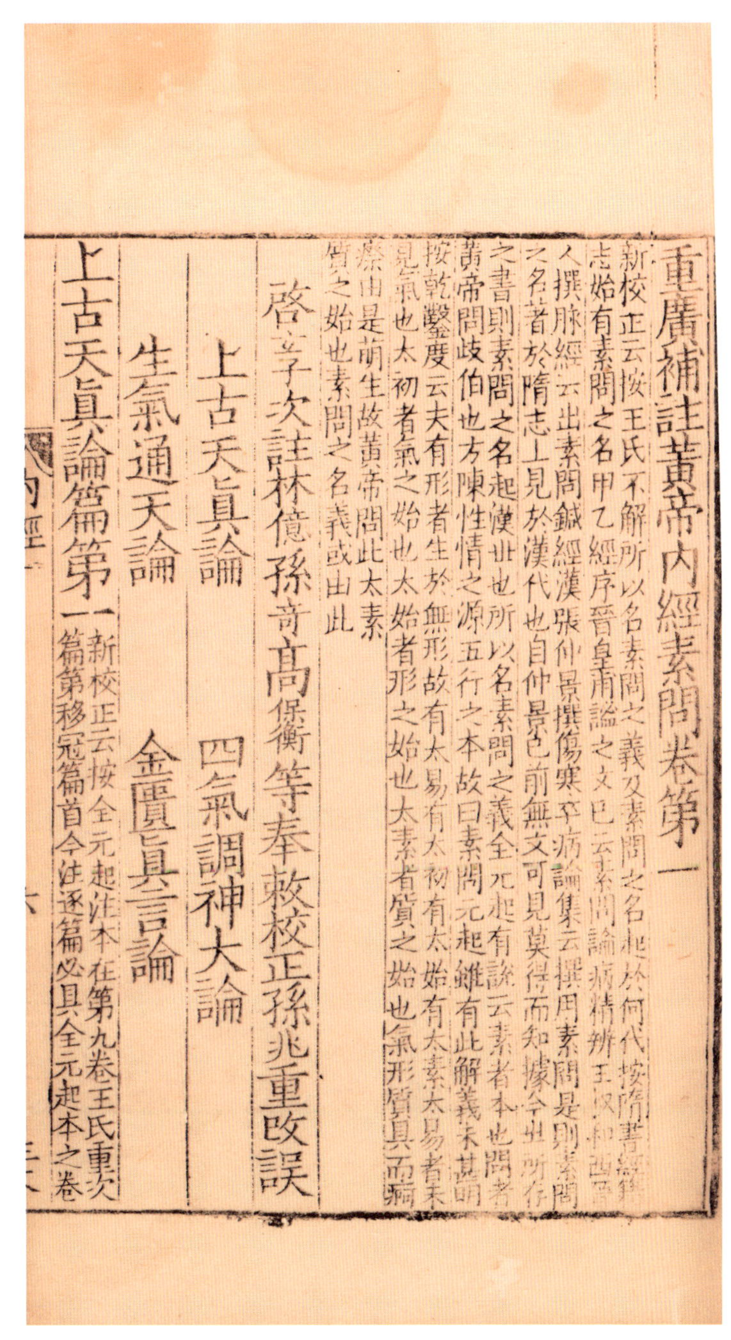
重廣補註黄帝内經素問卷第一

新校正云按王氏不解所以名素問之義及素問之名起於何代按隋書經籍志始有素問之名甲乙經序晉皇甫謐之文已云素問論病精辨王叔和西晉人撰脉經云出素問鍼經漢張仲景撰傷寒卒病論集云撰用素問是則素問之名著於隋志上見於漢代也自仲景已前無文可見莫得而知據今世所存之書則素問之名起漢世也所以名素問之義全元起有說云素者本也問者黄帝問岐伯也方陳性情之源五行之本故曰素問元起雖有此解義未甚明按乾鑿度云夫有形者生於無形故有太易有太初有太始有太素太易者未見氣也太初者氣之始也太始者形之始也太素者質之始也氣形質具而痾瘵由是萌生故黄帝問此太素質之始也素問之名義或由此

啓玄子次註林億孫奇高保衡等奉敕校正孫兆重改誤

上古天真論　四氣調神大論

生氣通天論　金匱真言論

上古天真論篇第一 新校正云按全元起注本在第九卷王氏重次篇第移冠篇首今注逐篇必具全元起本之卷

重修政和經史證類備用本草三十卷　宋唐慎微撰　宋寇宗奭衍義

明隆慶三年（1569）刻本　六十册

十二行二十三字，小字雙行同。白口，四周雙邊，雙魚尾。有刻工。框高26釐米，寬16.3釐米。鈐“豐華堂書庫寶藏印”印。書末鐫“隆慶三年歲次己巳秋八月吉旦重刊”。入選第二批《名録》。

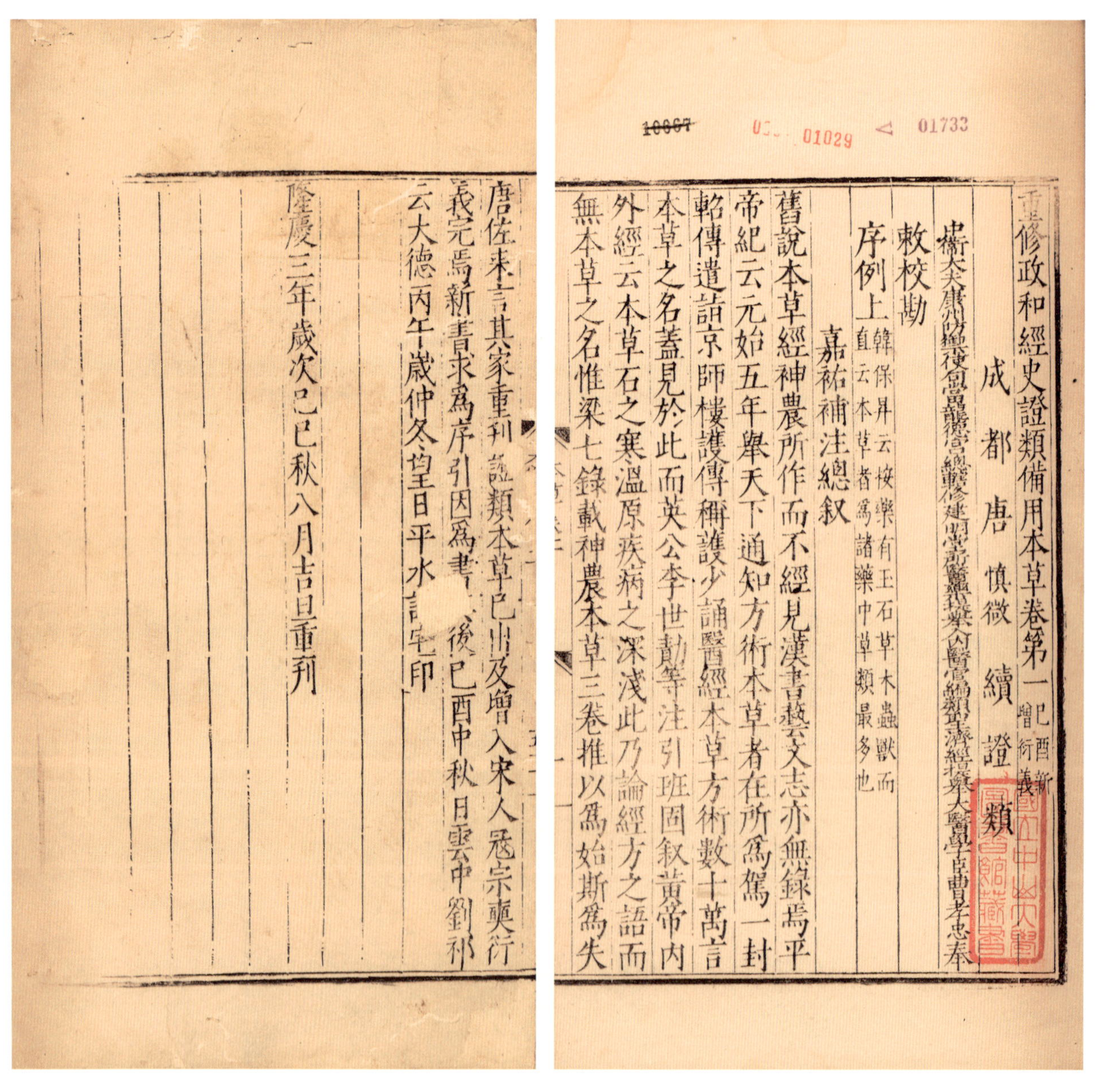

醫學綱目四十卷 明樓英輯 運氣占候補遺一卷 明邵弁輯

明刻本 二十四册

十三行二十二字，小字雙行同。欄上鎸評，行三字。白口，四周單邊，或左右雙邊，單魚尾。框高18釐米，寬14.2釐米。鈐“曾在沈芳圃家”“虞山沈氏希任齋劫餘”“仁村五桂堂賈印圖章”印。入選第二批《名録》。

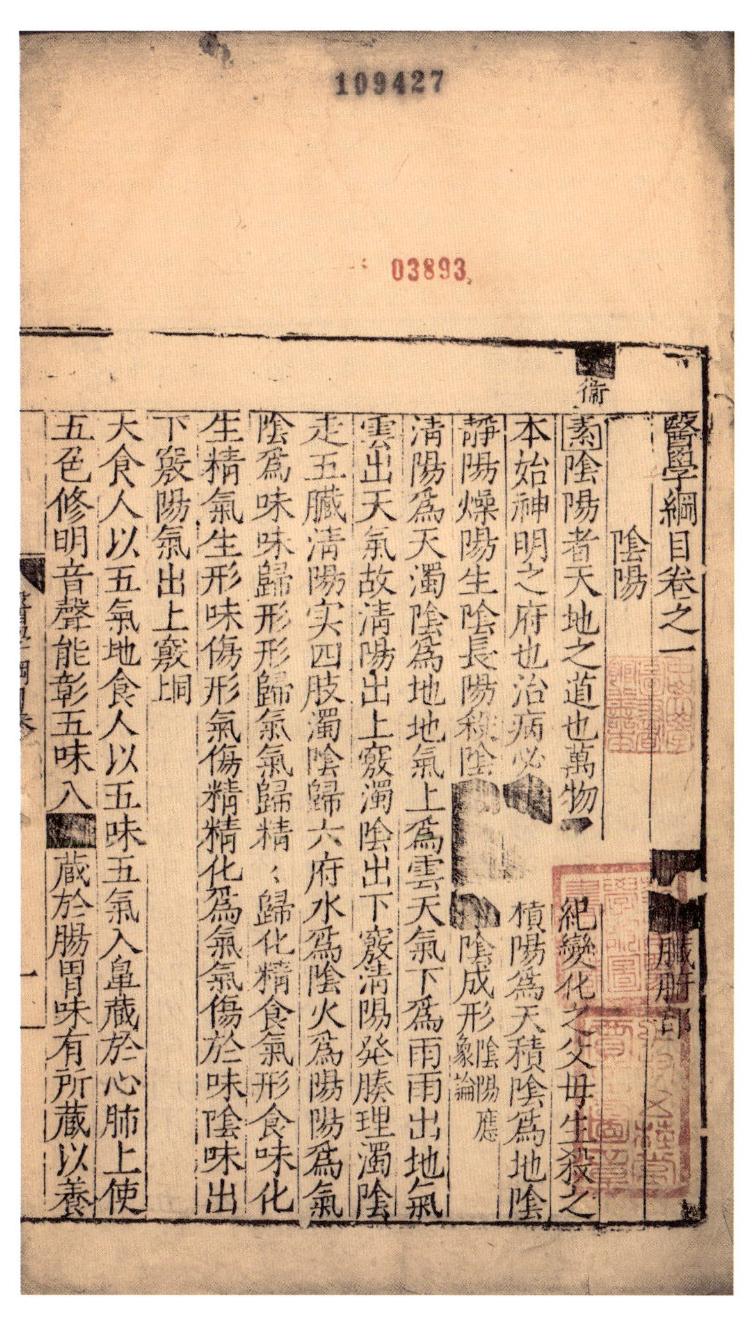

醫聖階梯十卷　明周禮撰

明萬曆元年（1573）周雷刻本　十册

十行二十字。白口，四周單邊，單魚尾。框高18.5釐米，寬14.8釐米。鈐“浦昌陳氏章”“康齋”“介康藏書圖記”“陳氏昌□堂珍藏印”“本仁”“麟步”印。萬曆元年周禮序言刻書事。書末有牌記，刻“烏程後學薄天禄書，同邑梓人周雷鋟刻，金陵子山童氏印行”。

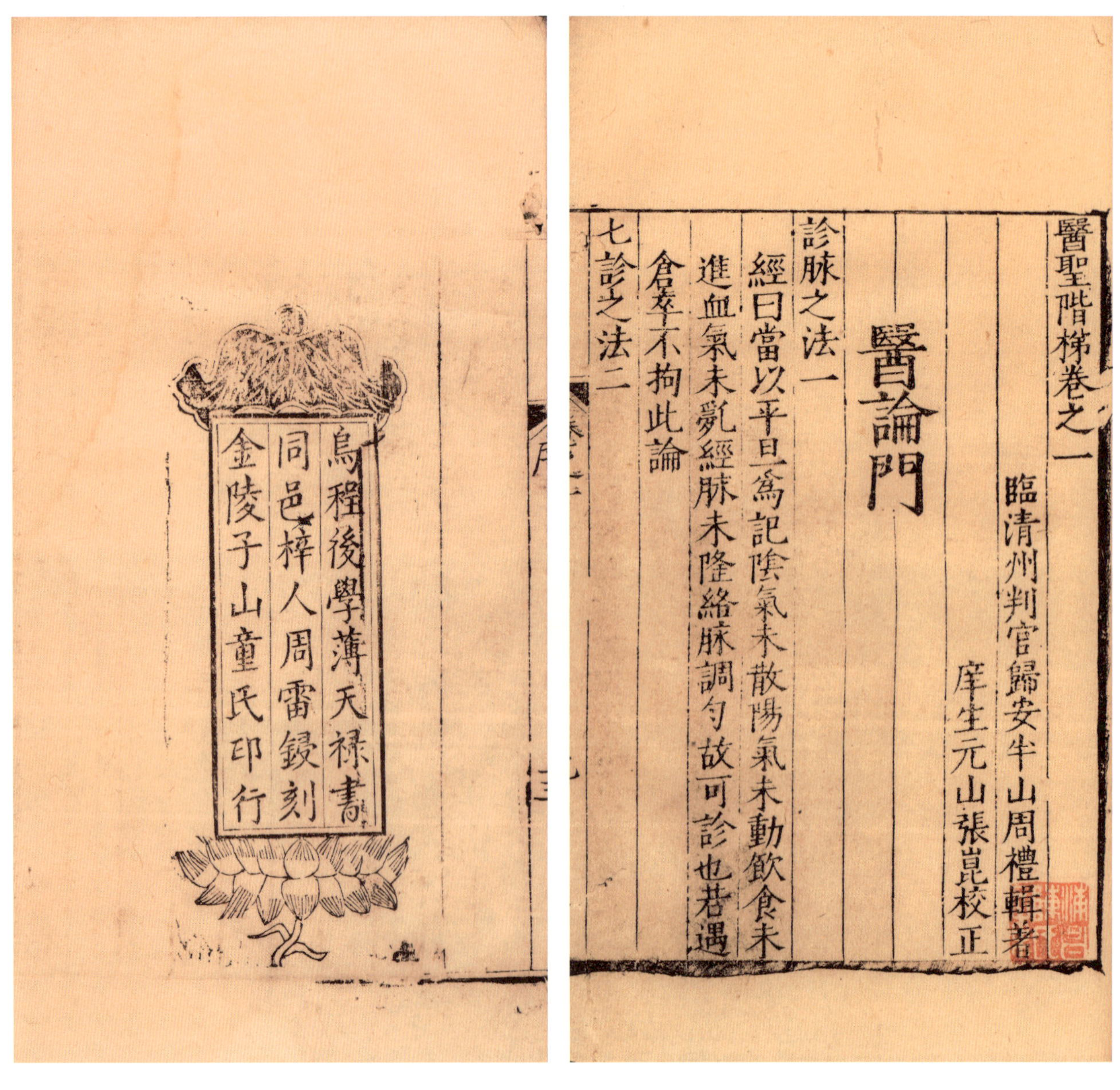

天原發微五卷圖一卷 宋鮑雲龍撰 明鮑寧辨正 天原發微篇目名義一卷問答節要一卷 明鮑寧撰

明天順五年(1461)鮑氏耕讀書堂刻本 八册

十一行二十二字，小字雙行同。黑口，四周雙邊，四魚尾。有刻工。框高19.3釐米，寬12.7釐米。鈐“南陵徐乃昌校勘經籍記”“積學齋徐乃昌藏書”“乃昌校讀”“積餘秘笈識者寶之”“延古堂李氏珍藏”印。入選第二批《名録》。

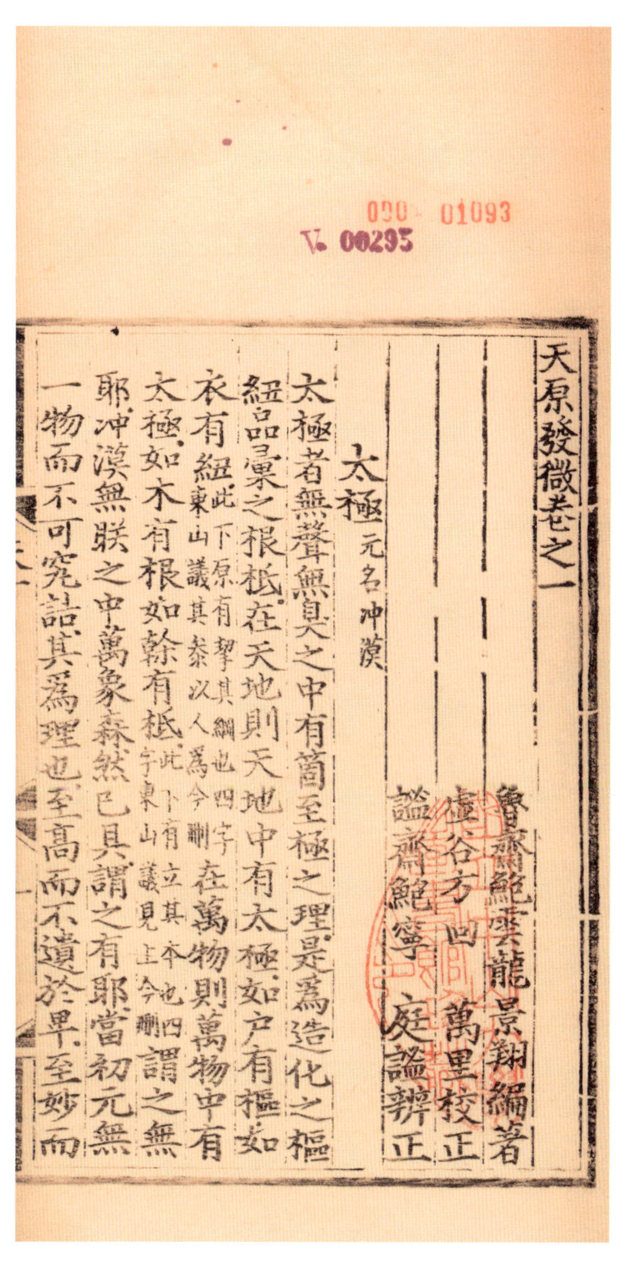

天原發微卷之一
魯齋鮑雲龍景翔編著
虚谷方回萬里校正
謐齋鮑寧庭謐辨正
太極 元名冲漠
太極者無聲無臭之中有箇至極之理是爲造化之樞紐品彙之根柢在天地則天地中有太極如户有樞如衣有紐（此下原有挈其綱也四字東山議其叅以人爲今刪）在萬物則萬物中有太極如木有根如榦有柢（此下有立其本也四字東山議見上今刪）謂之無耶冲漠無眹之中萬象森然已具謂之有耶當初元無一物而不可究詰其爲理也至高而不遺於卑至妙而

觀象玩占十卷　題唐李淳風撰

明紅格抄本（卷一配清抄本）　周連寬題識　十册

九行二十二字。黑口，四周雙邊，雙魚尾。框高21.2釐米，寬13.8釐米。鈐“明善堂珍藏書畫印記”“六篆山堂”“季材所藏”“順德温君勒所藏金石書畫之印”“季材”“六篆樓藏書印”印。

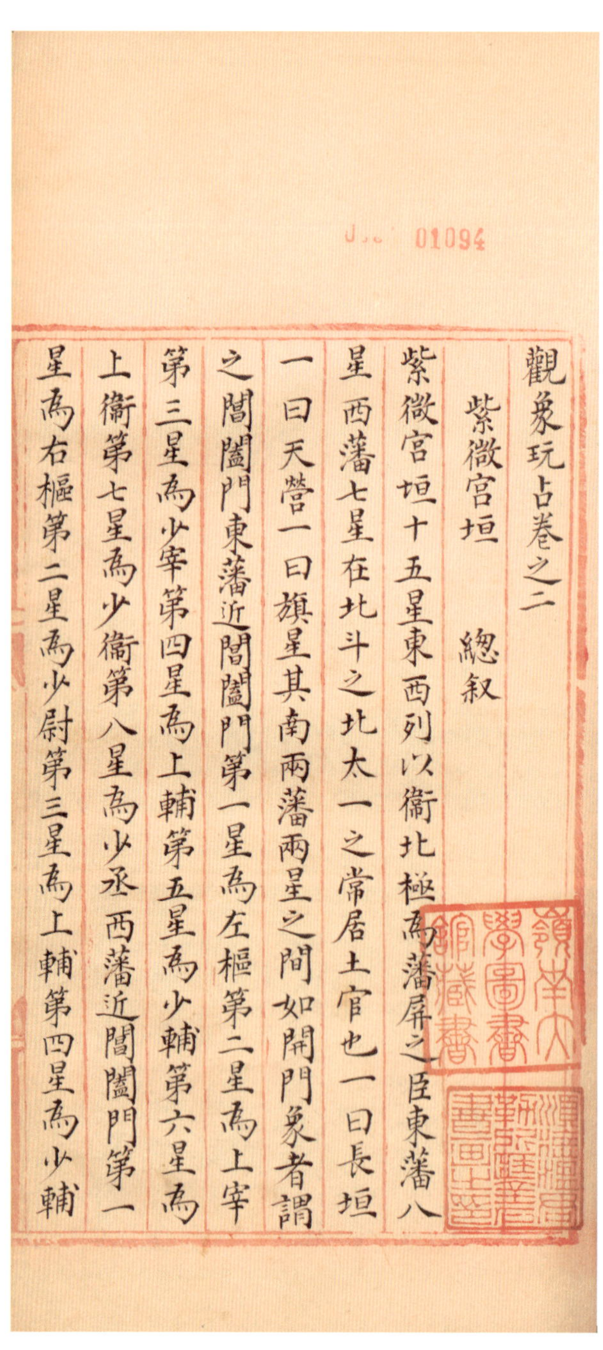

觀象玩占卷之二

紫微宮垣　總叙

紫微宮垣十五星東西列以衛北極而藩屏之臣東藩八星西藩七星在北斗之北太一之常居土官也一曰長垣一曰天營一曰旗星其南兩藩兩星之間如開門象者謂之閶闔門東藩近閶闔門第一星爲左樞第二星爲上宰第三星爲少宰第四星爲上輔第五星爲少輔第六星爲上衛第七星爲少衛第八星爲少丞西藩近閶闔門第一星爲右樞第二星爲少尉第三星爲上輔第四星爲少輔

觀象玩占五十卷 題唐李淳風撰

明藍格抄本 清景方昶題識 十册

十行二十一字。白口，左右雙邊。框高19.3釐米，寬13.2釐米。鈐“長白山人瓜爾佳氏”“卜臣氏”“志在不朽”“戈枚之印”“興義景氏”“字明久号遯翁”“遯翁翰墨”印。

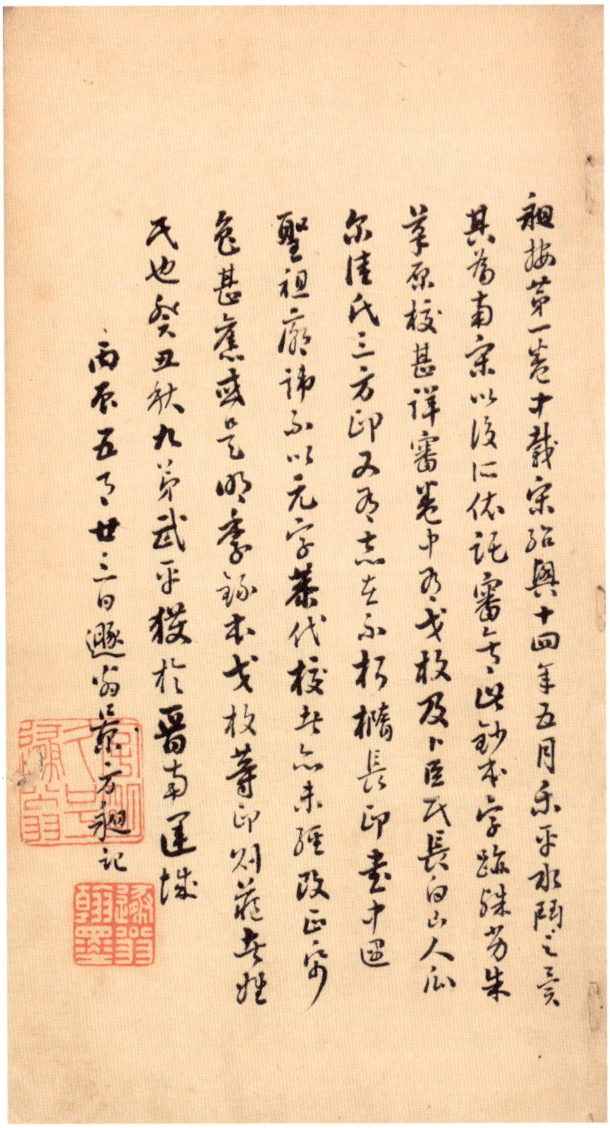

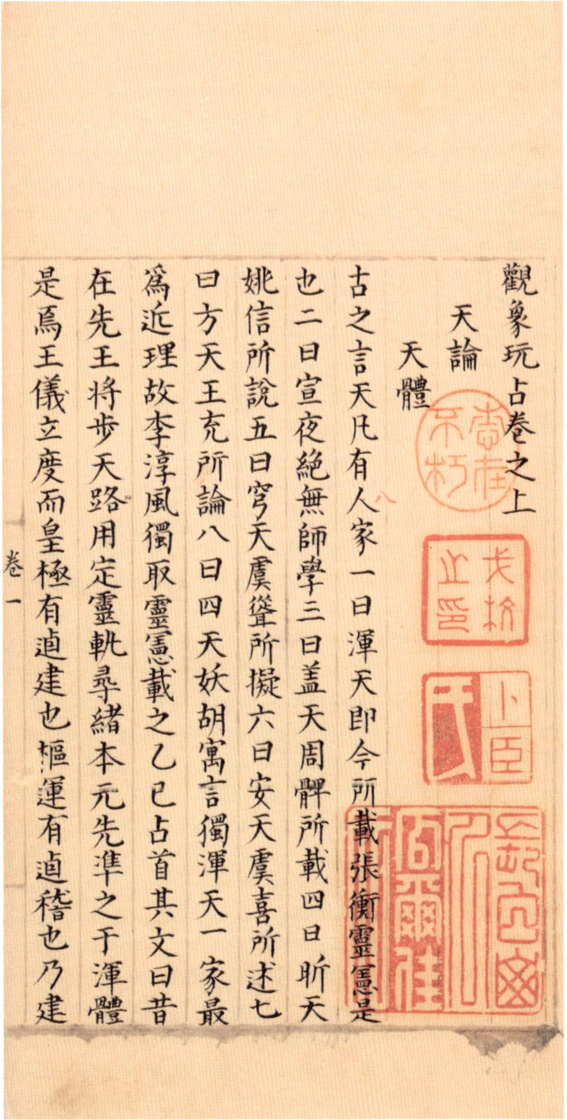

刻天文秘略說不分卷　明胡獻忠撰

明萬曆三十一年（1603）自刻本　一册

十一行二十四字。白口，四周單邊，單魚尾。框高24.6釐米，寬15.3釐米。前有萬曆三十一年胡獻忠序，言刻書事。

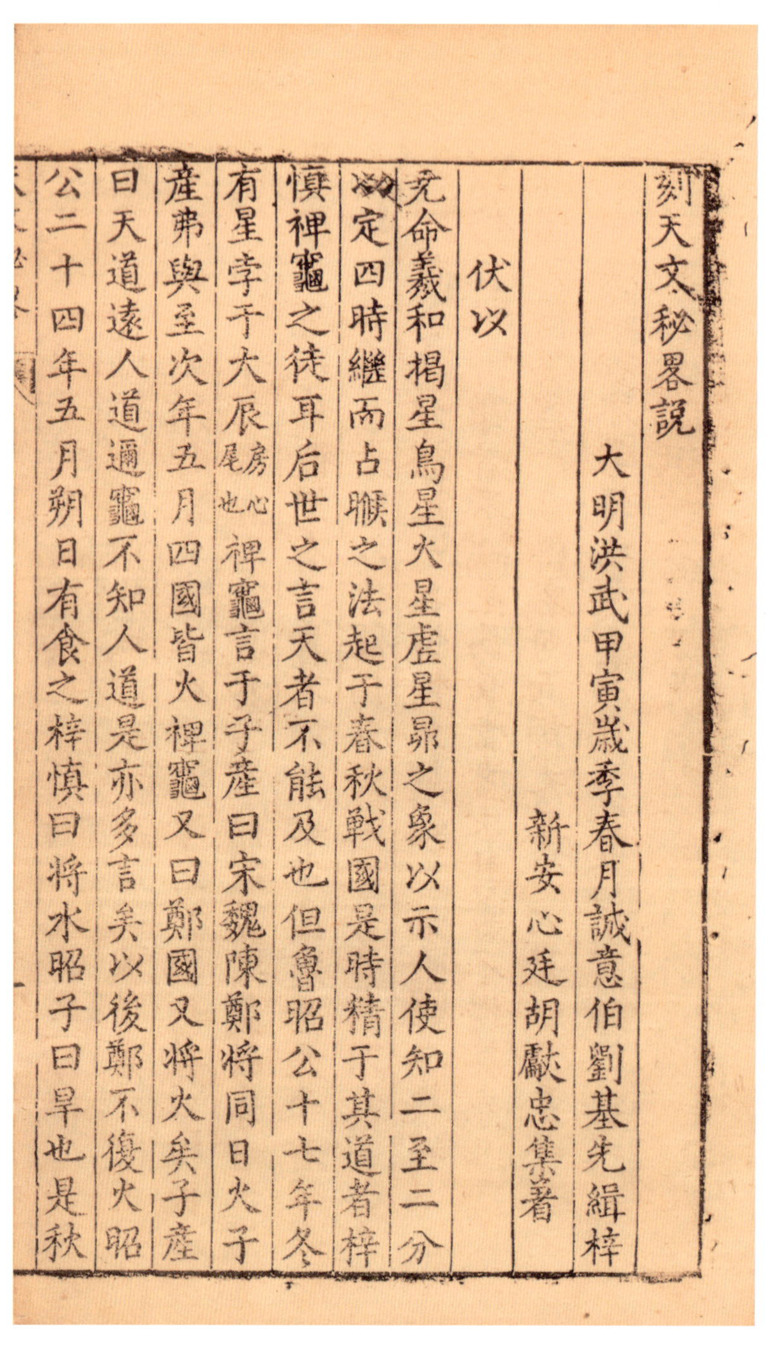

刻天文秘畧說

大明洪武甲寅歲季春月誠意伯劉基先緝梓

新安心廷胡獻忠集著

伏以

堯命羲和揭星鳥星火星虛星昴之象以示人使知二至二分以定四時繼而占騐之法起于春秋戰國是時精于其道者梓愼裨竈之徒耳后世之言天者不能及也但魯昭公十七年冬有星孛于大辰房心尾也裨竈言于子產曰宋魏陳鄭將同日火子產弗與至次年五月四國皆火裨竈又曰鄭國又將火矣子產曰天道遠人道邇竈不知人道是亦多言矣以後鄭不復火昭公二十四年五月朔日有食之梓愼曰將水昭子曰旱也是秋

重鐫官板天機會元增補地學剖秘萬金琢玉斧三卷 明徐之鏌撰

明萬曆建邑書林陳奇泉積善堂刻本　六册

十行二十八字，小字雙行同。白口，四邊雙邊，單魚尾。框高22.3釐米，寬12.8釐米。卷端下刻“建邑書林積善堂陳奇泉梓”。

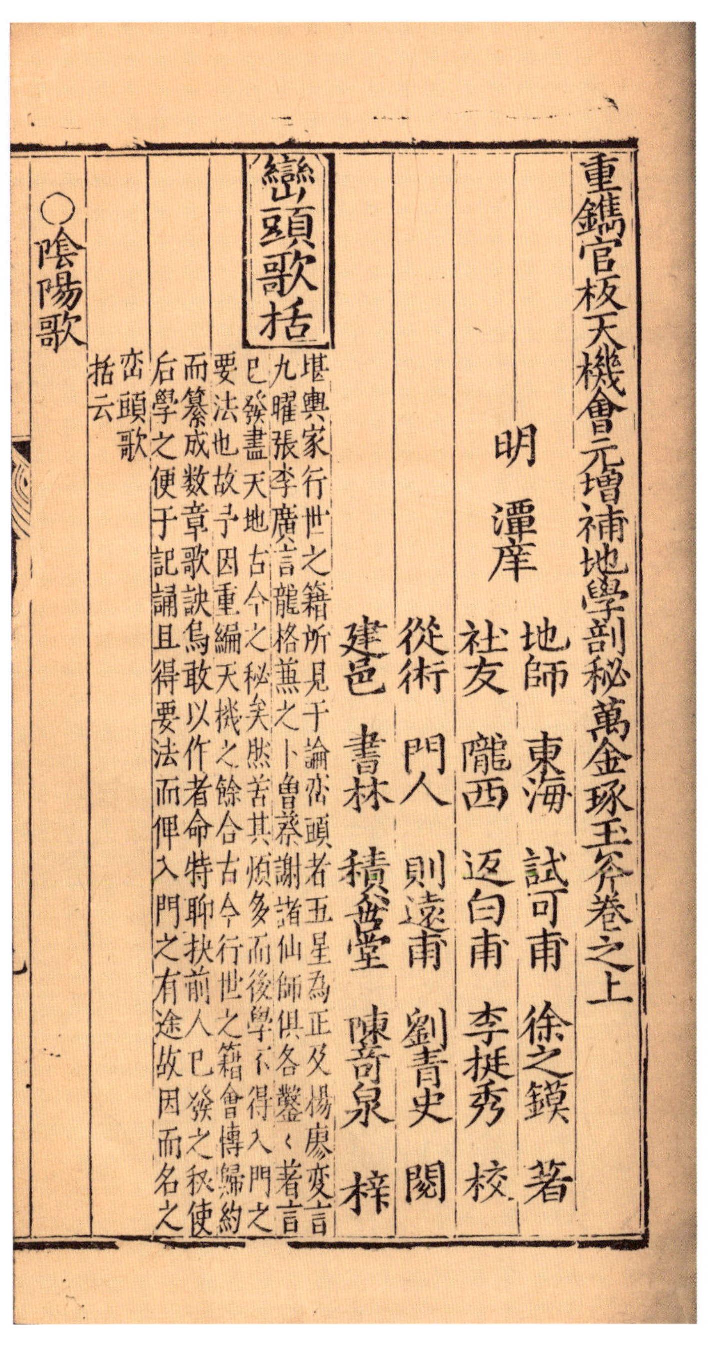

重鐫官板天機會元增補地學剖秘萬金琢玉斧卷之上

明 潭庠 地師 東海 試可甫 徐之鏌 著

社友 龍西 迈白甫 李挺秀 校

從術 門人 則遠甫 劉青史 閱

建邑 書林 積善堂 陳奇泉 梓

巒頭歌括

堪輿家行世之籍所見于論峦頭者五星為正及楊廖變言九曜張李廣言龍格蕪之卜曾蔡謝諸仙師俱各鑿々著言已發盡天地古今之秘矣然苦其煩多而後學不得入門之要法也故予因重編天機之餘合古今行世之籍會傳歸約而纂成数章歌訣焉敢以作者命特聊扶前人已發之秘使后學之便于記誦且得要法而俾入門之有途故因而名之峦頭歌括云

○陰陽歌

地理玄珠二十二卷地理陽宅玄珠四卷　明夏世隆撰　明夏雨補

明萬曆四十三年（1615）華善繼刻本　十四册

十行二十字。白口，四周單邊，單魚尾。框高21.4釐米，寬14釐米。前有萬曆四十三年華善繼序，言刻書事。

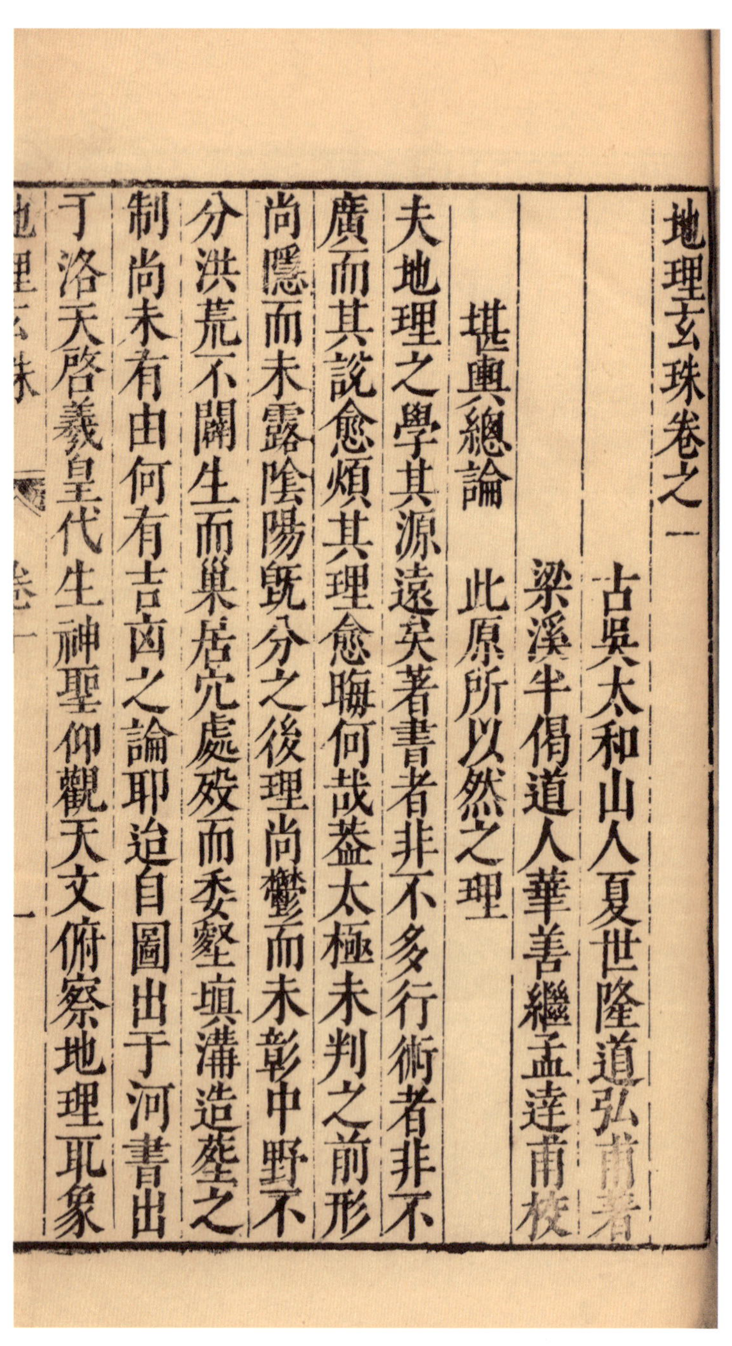
地理玄珠卷之一
古吳太和山人夏世隆道弘甫著
梁溪半偈道人華善繼孟達甫校
堪輿總論　此原所以然之理
夫地理之學其源遠矣著書者非不多行術者非不
廣而其說愈煩其理愈晦何哉蓋太極未判之前形
尚隱而未露陰陽既分之後理尚鬱而未彰中野不
分洪荒不闢生而巢居穴處殁而委壑填溝造塋之
制尚未有由何有吉凶之論耶迨自圖出于河書出
于洛天啓羲皇代生神聖仰觀天文俯察地理取象
地理玄珠　卷一　一

人象大成不分卷附玉管照人經 明袁忠徹等編撰

清初抄本 莫棠題識 四册

十行二十八至三十字不等。四周單邊。書高30.1釐米，寬19.4釐米。鈐“吴興劉氏嘉業堂藏書記”“莫棠字楚生印”印。入選第二批《名録》。題名據《人象大成序》定。

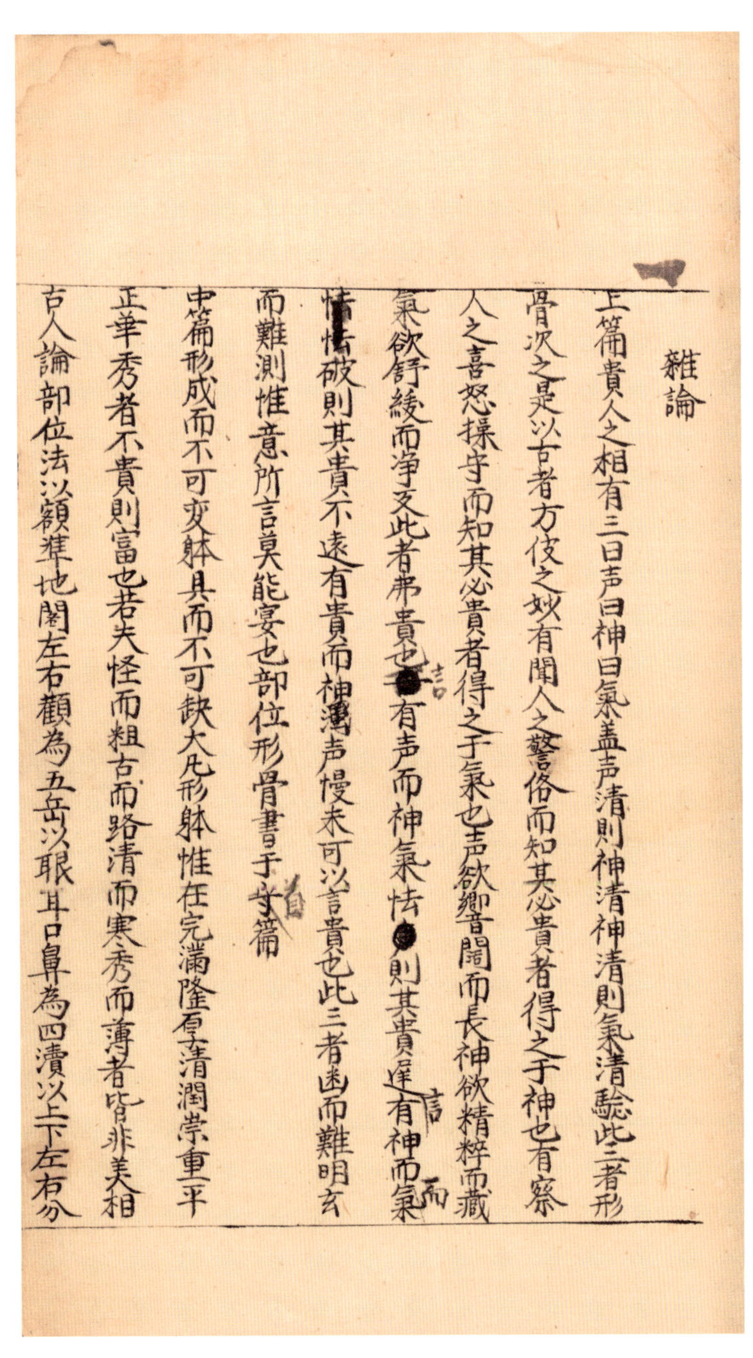

刻武侯八門神書一卷 明胡獻忠撰

明萬曆三十年（1602）自刻本　清佚名批校　一册

十一行二十四字。白口，四周單邊，單魚尾。框高24.8釐米，寬15.4釐米。前有萬曆三十年胡獻忠序，言刻書事。

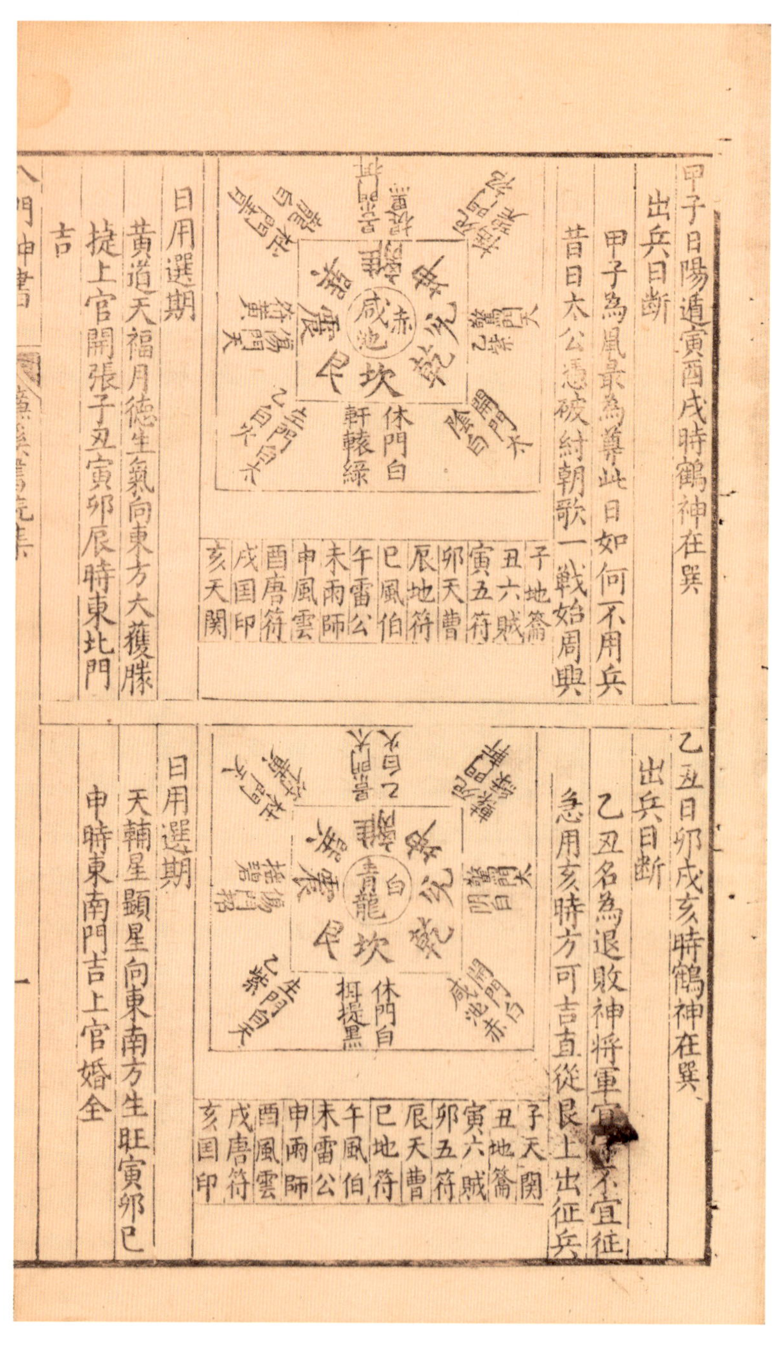
甲子日陽遁寅酉戌時鶴神在巽
出兵日斷
甲子為風最為尊此日如何不用兵
昔日太公憑破紂朝歌一戰始周興
子地齋 丑六賊 寅五符 卯天曹 辰地符 巳風伯 午雷公 未雨師 申風雲 酉唐符 戌国印 亥天關
日用選期
黄道天福月德生氣向東方大獲勝
捷上官開張子丑寅卯辰時東北門
吉
乙丑日卯戌亥時鶴神在巽
出兵日斷
乙丑名為退敗神将軍宜不宜征
急用亥時方可吉直從艮上出征兵
子天關 丑地齋 寅六賊 卯五符 辰天曹 巳地符 午風伯 未雷公 申雨師 酉風雲 戌唐符 亥国印
日用選期
天輔星顯星向東南方生旺寅卯巳
申時東南門吉上官婚全

救命索一卷　明朱權撰

明永樂刻本　一册

十二行二十二字。黑口，四周雙邊，雙魚尾。框高21.5釐米，寬14.5釐米。

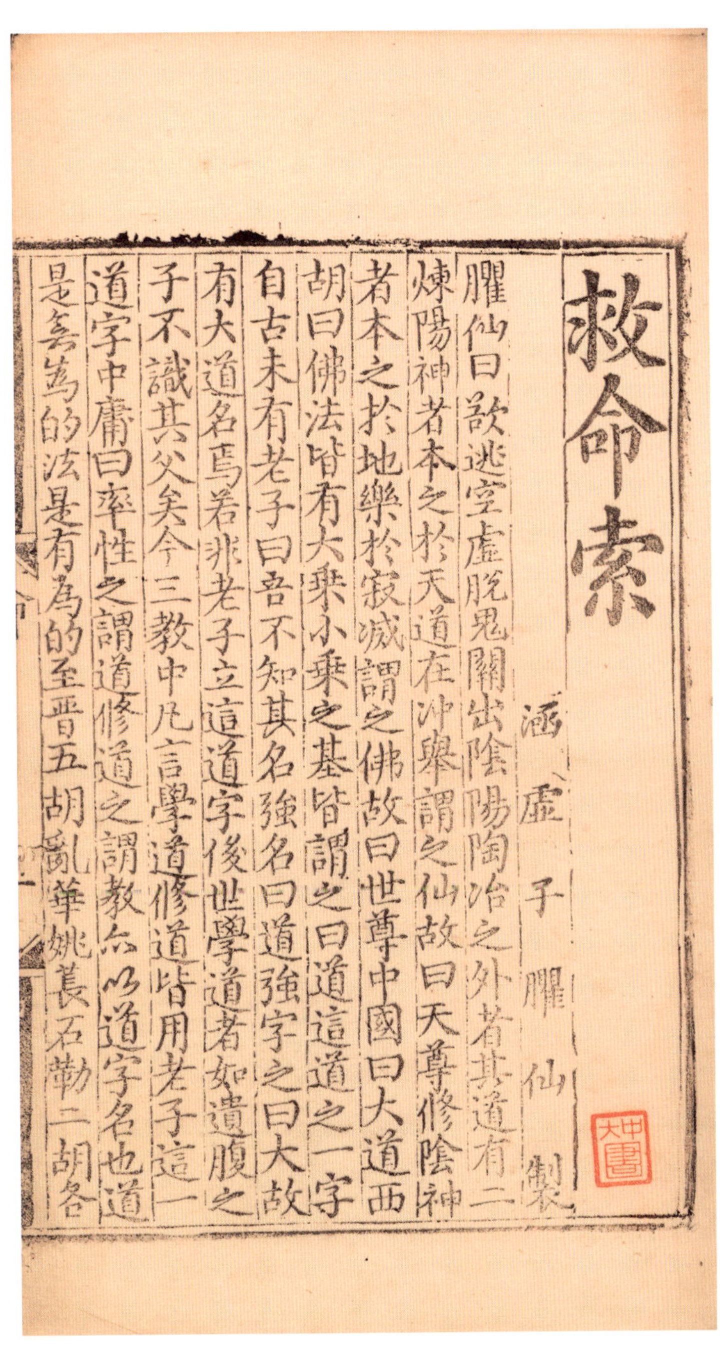

救命索

涵虛子臞仙製

臞仙曰欲逃空虛脫鬼關出陰陽陶冶之外若其道有二煉陽神者本之於天道在沖舉謂之仙故曰天尊修陰神者本之於地樂於寂滅謂之佛故曰世尊中國曰大道西胡曰佛法皆有大乘小乘之基皆謂之曰道這道之一字自古未有老子曰吾不知其名強名曰道強字之曰大故有大道名焉若非老子立這道字後世學道者如遺腹之子不識其父矣今三教中凡言學道修道皆用老子這一道字中庸曰率性之謂道修道之謂教亦以道字名也道是無爲的法是有爲的至晉五胡亂華姚萇石勒二胡各

蘭易二卷 題宋鹿亭翁撰 題明蕇溪子校 蘭史一卷 題明蕇溪子輯

清抄本 一册

八行二十一字。無欄格。書高27釐米，寬17釐米。鈐“别下齋藏”“𪾢禪手抄”“敬柭大利”印。

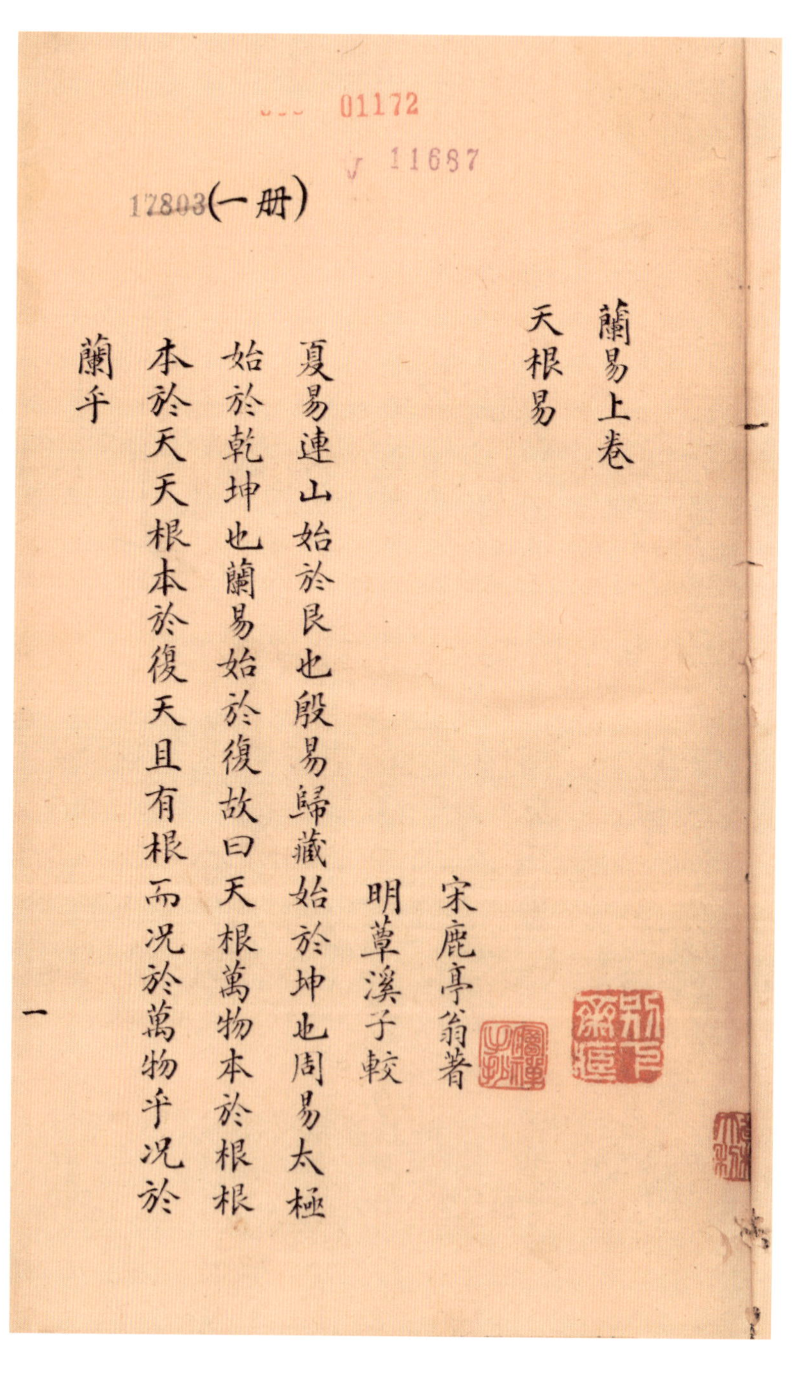

蘭易上卷

天根易

宋鹿亭翁著

明蕇溪子較

夏易連山始於艮也殷易歸藏始於坤也周易太極始於乾坤也蘭易始於復故曰天根萬物本於根根本於天天根本於復天且有根而況於萬物乎況於蘭乎

一

呂氏春秋二十六卷　漢高誘注

明嘉靖七年（1528）許宗魯刻本　十六册

十行十八字，小字雙行同。白口，左右雙邊，單魚尾。有刻工及字數。框高19.5釐米，寬13.5釐米。鈐“宜陽嚴氏濱湖家藏”“桂林唐氏仲實珍藏圖籍”“桂林唐氏”“十萬卷樓”“桂林唐氏珍藏”“棣華書屋”“函雅樓藏書印”“桂林唐氏仲方珍藏圖籍之印”“涵通樓藏書印”印。入選第二批《名録》。

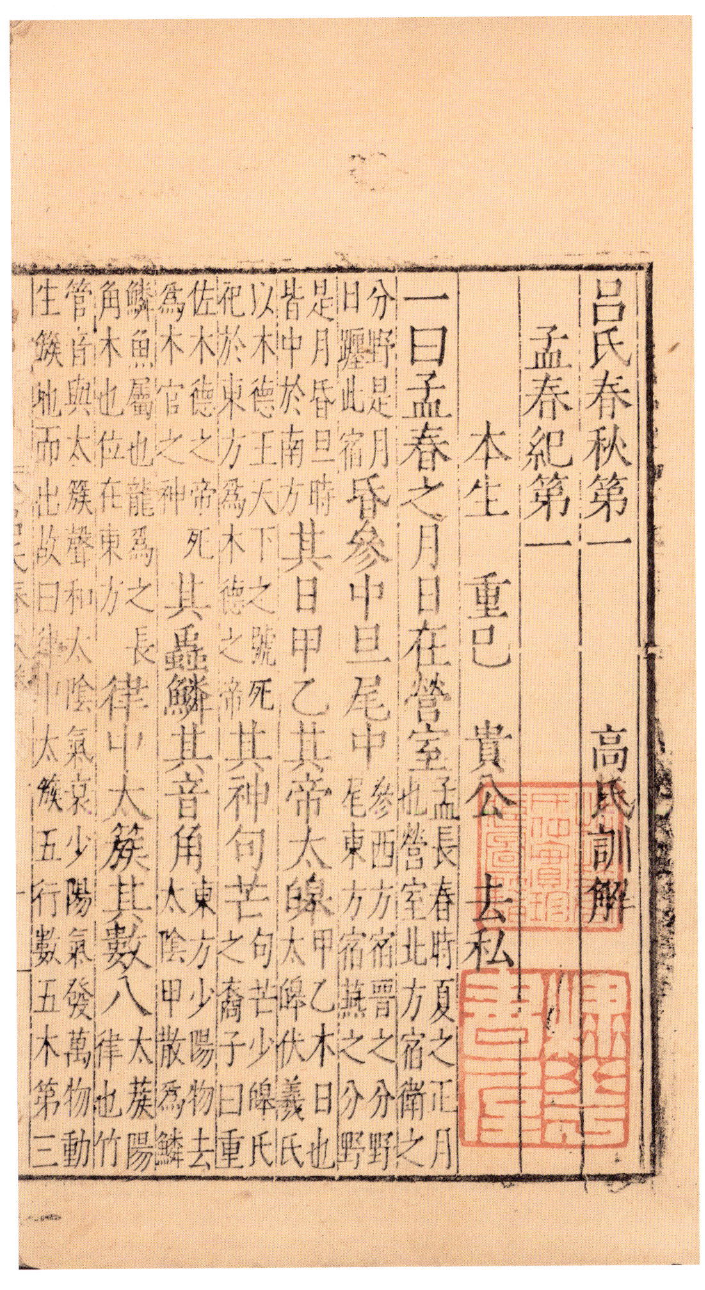
呂氏春秋第一　　高氏訓解
孟春紀第一
本生　重己　貴公　去私
一曰孟春之月日在營室孟長春時夏之正月也營室北方宿衛之
分野是月日躔此宿昏參中旦尾中參西方宿晉之分野尾東方宿燕之分野
是月昏旦時皆中於南方其日甲乙其帝太皞甲乙木日也太皞伏羲氏
以木德王天下之號死祀於東方為木德之帝其神句芒句芒少皞氏之裔子曰重
佐木德之帝死為木官之神其蟲鱗其音角東方少陽物去太陰甲散為鱗
鱗魚屬也龍為之長角木也位在東方律中太簇其數八太簇陽律也竹
管音與太簇聲和太陰氣衰少陽氣發萬物動生簇地而出也故曰律中太簇五行數五木第三

呂氏春秋二十六卷 漢高誘注

明萬曆二十四年（1596）劉如寵刻本　十册

九行十九字，小字雙行同。白口，四周雙邊，單魚尾。框高20釐米，寬12.7釐米。前有萬曆二十四年張同德序，言刻書事。

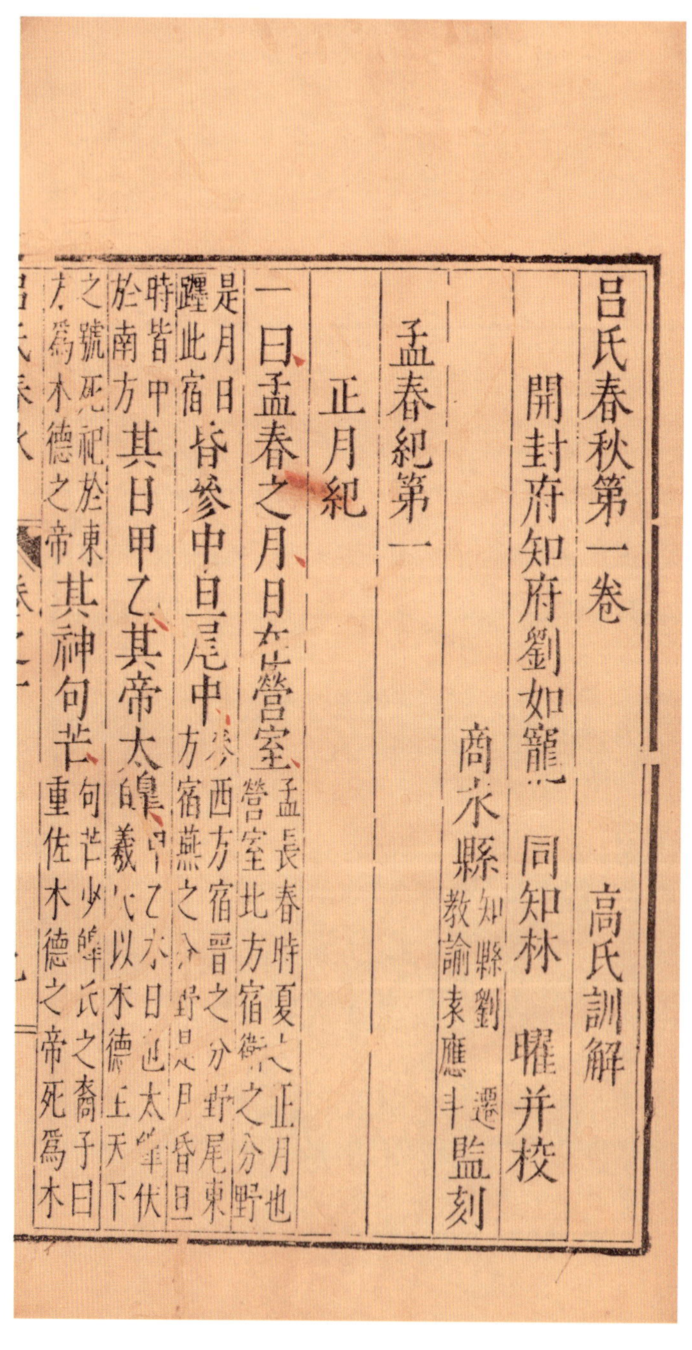
呂氏春秋第一卷　高氏訓解
開封府知府劉如寵　同知林　曜并校
商水縣知縣劉　遷　教諭袁應斗監刻
孟春紀第一
正月紀
一曰孟春之月日在營室孟長春時夏之正月也營室北方宿衛之分野是月日躔此宿昏參中旦尾中參西方宿晉之分野尾東方宿燕之分野是月昏旦時皆中於南方其日甲乙其帝太皞甲乙木日也太皞伏羲氏以木德王天下之號死祀於東方爲木德之帝其神句芒句芒少皞氏之裔子曰重佐木德之帝死爲木

淮南鴻烈解二十一卷 漢劉安撰　明茅坤等評

明刻朱墨套印本　八册

九行二十字。欄上鐫評，行五字。白口，四周單邊。框高20.2釐米，寬13.7釐米。鈐“積古齋”“南陵徐氏珍藏書畫印”印。入選第一批《名録》。

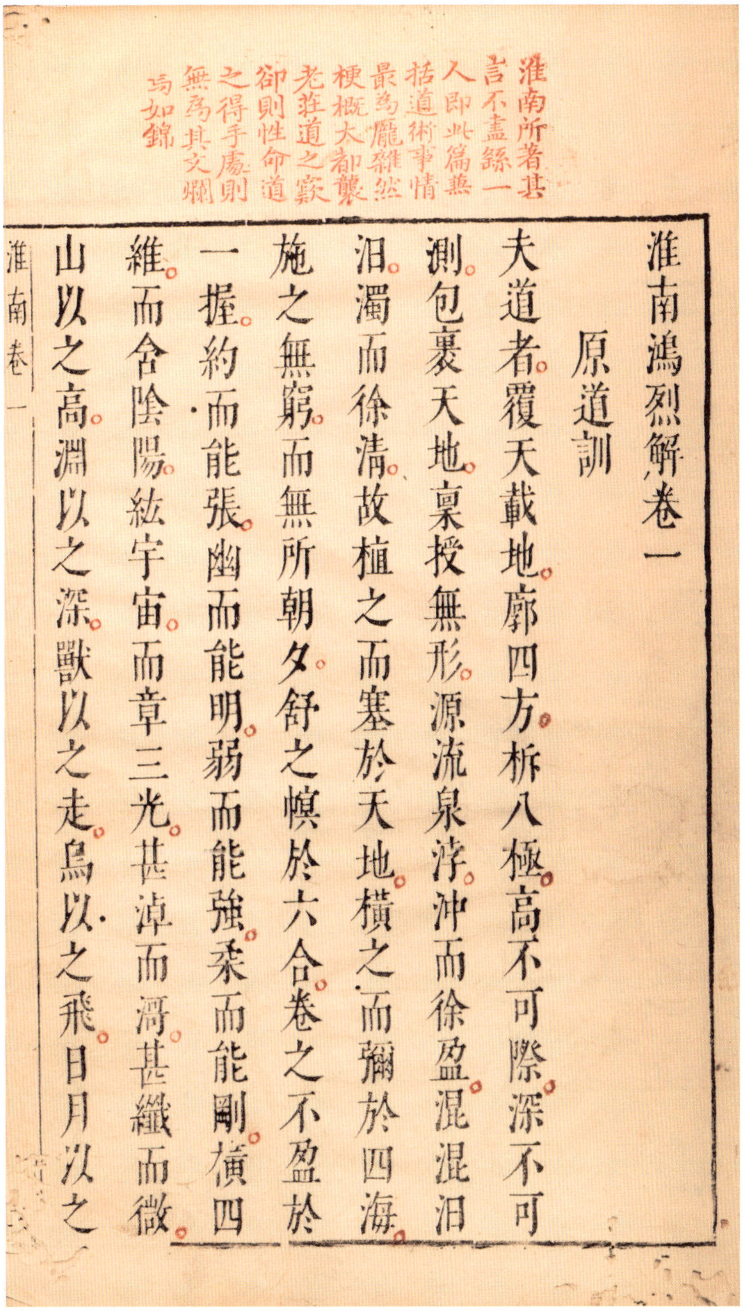

貴耳集三卷　宋張端義撰

清嘉慶十年（1805）虞山張氏照曠閣刻《學津討原》本　清周星詒校并跋　三册

九行二十一字。黑口，左右雙邊。框高19釐米，寬13釐米。

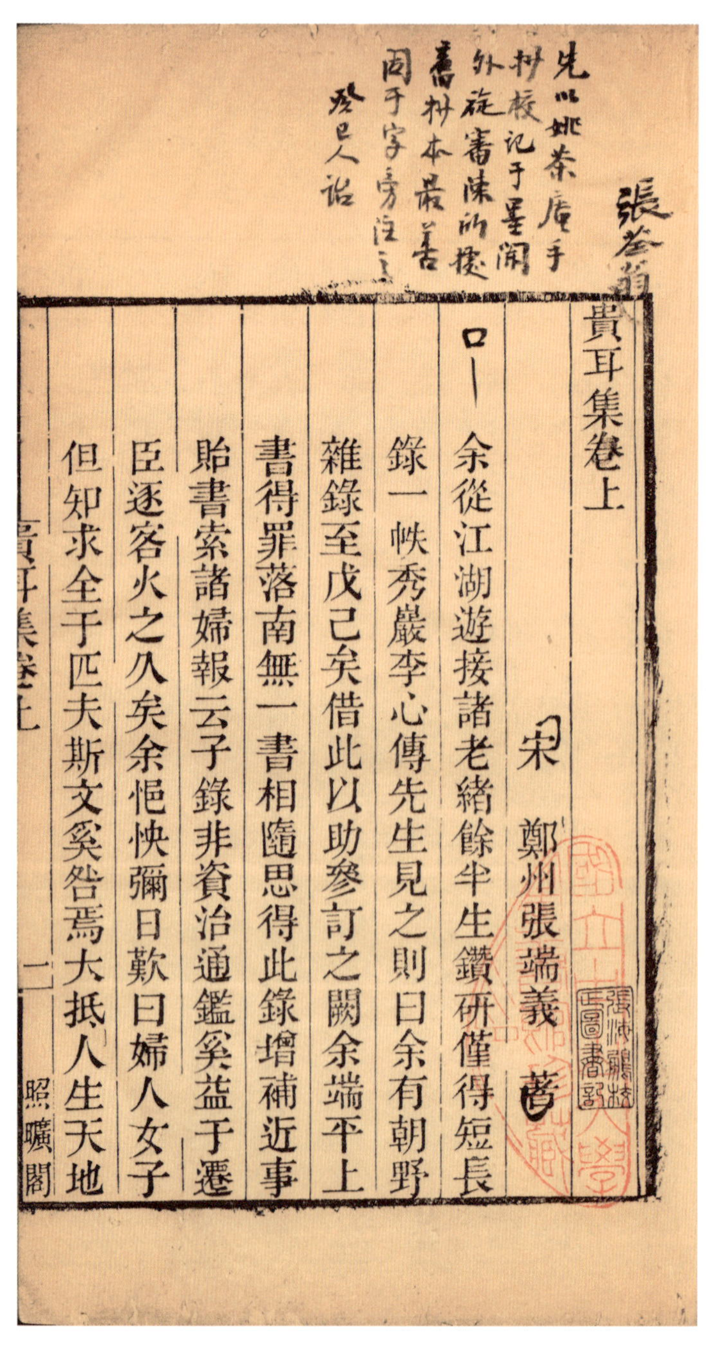
貴耳集卷上
宋　鄭州張端義著
余從江湖遊接諸老緒餘半生鑽研僅得短長
錄一帙秀巖李心傳先生見之則曰余有朝野
雜錄至戊己矣借此以助參訂之闕余端平上
書得罪落南無一書相隨思得此錄增補近事
貽書索諸婦報云子錄非資治通鑑奚益于遷
臣逐客火之久矣余悒怏彌日歎曰婦人女子
但知求全于匹夫斯文奚咎焉大抵人生天地
貴耳集卷上　一　照曠閣

搶榆子覆瓿語一卷　明蔣以化撰

明萬曆三十二年（1604）自刻本　一册

八行二十字。白口，四周單邊。框高16.5釐米，寬9.3釐米。鈐“何焯之印”“曙來居”“多識前言往行以蓄其德”“黄省齋讀”印。

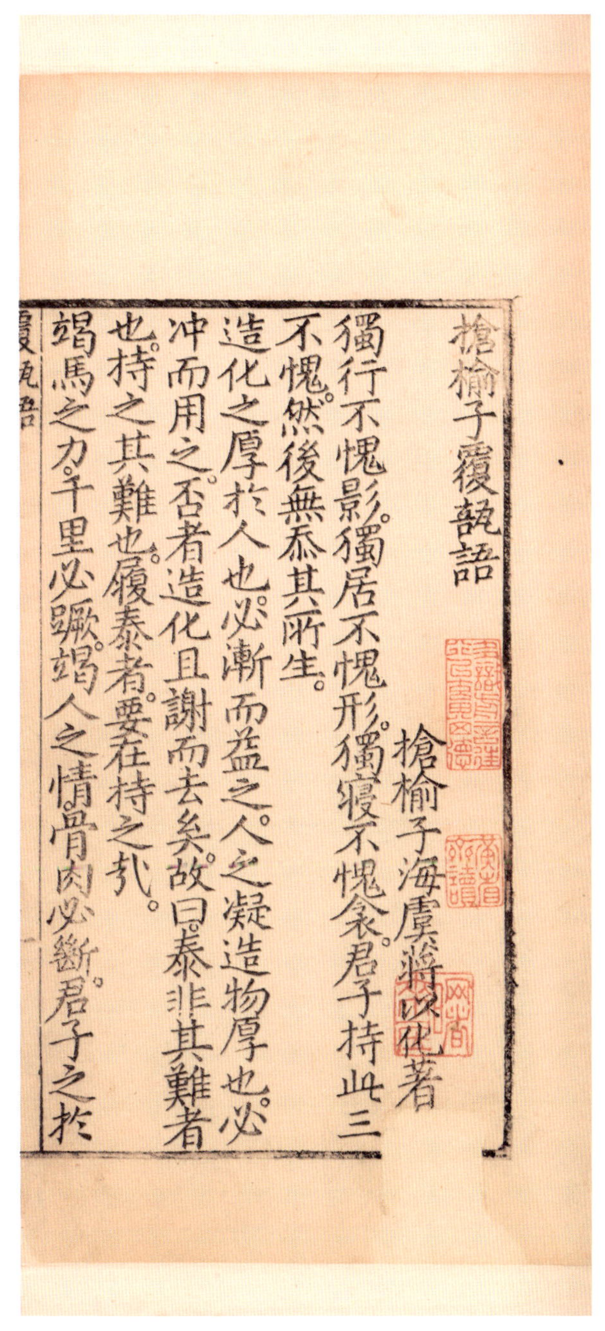
搶榆子覆瓿語
搶榆子海虞蔣以化著
獨行不愧影。獨居不愧形。獨寢不愧衾。君子持此三
不愧。然後無忝其所生。
造化之厚於人也。必漸而益之。人之凝造物厚也。必
冲而用之。否者造化且謝而去矣。故曰泰非其難者
也。持之其難也。履泰者。要在持之耳。
竭馬之力。千里必蹶。竭人之情。骨肉必斷。君子之於
覆瓿語

説原十六卷　明穆希文撰

明萬曆刻本　清佚名批校　二册

十行二十二字。白口，四周單邊，單魚尾。框高18釐米，寬11.1釐米。鈐“彭湖詒經堂珍藏”“真律”“止菴”印。

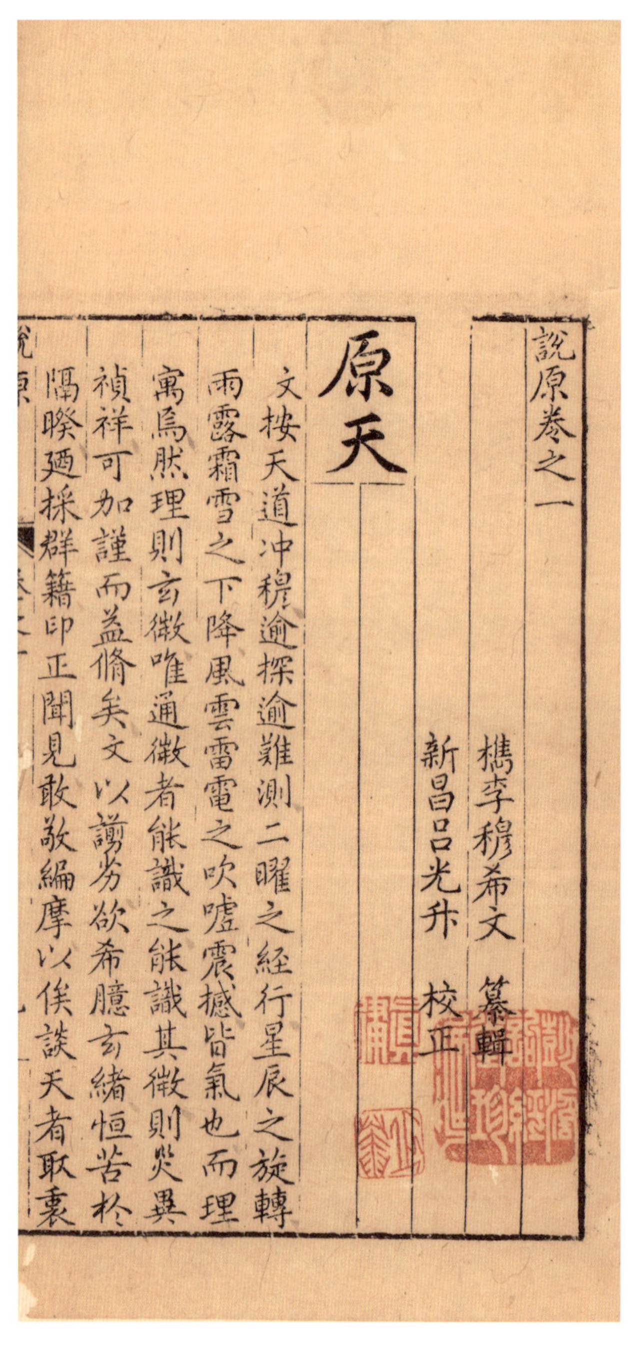
說原卷之一
譙李穆希文　纂輯
新昌呂光升　校正
原天
文按天道冲穆逾探逾難測二曜之經行星辰之旋轉雨露霜雪之下降風雲雷電之吹嘘震撼皆氣也而理寓焉然理則玄微唯通徹者能識之能識其微則災異禎祥可加謹而益脩矣文以譾劣欲希臆玄緒恒苦於隔暌迺採群籍印正聞見敢敬編摩以俟談天者取衷

密菴巵言六卷　明樊良樞撰

明崇禎四年（1631）樊氏家刻本　明舒曰敬跋　一册

八行十九字。白口，四周單邊，單魚尾。框高21.2釐米，寬13.7釐米。鈐“緑雨齋”“留侯後裔”“玉皇藏圖史”印。前有崇禎四年自序。序文末署“男重鵬、重驊、重麟、重彪、重豸、重駒，侄重鷴、重駰仝録校梓”。

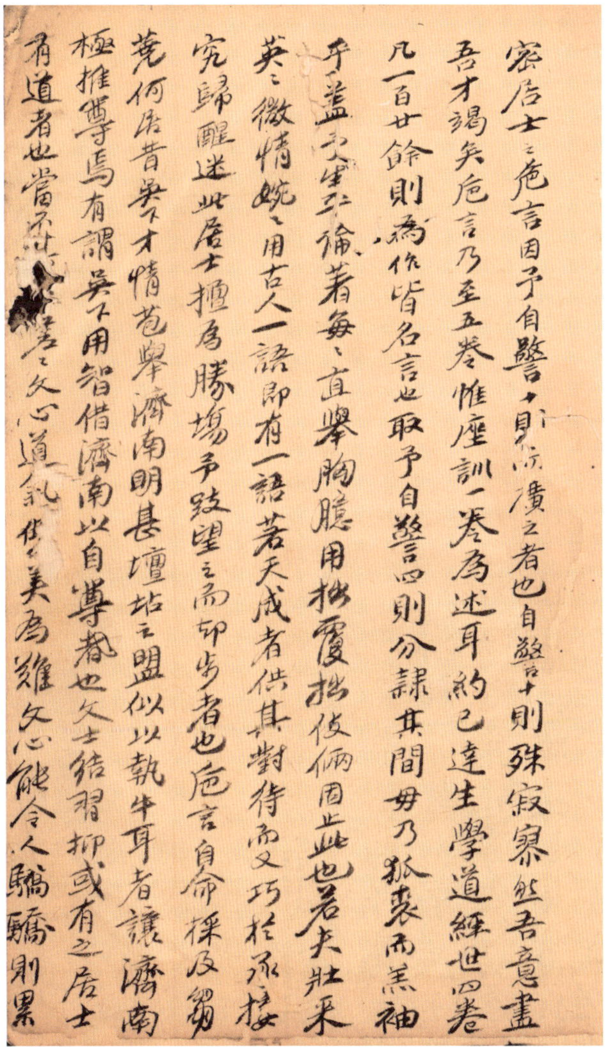

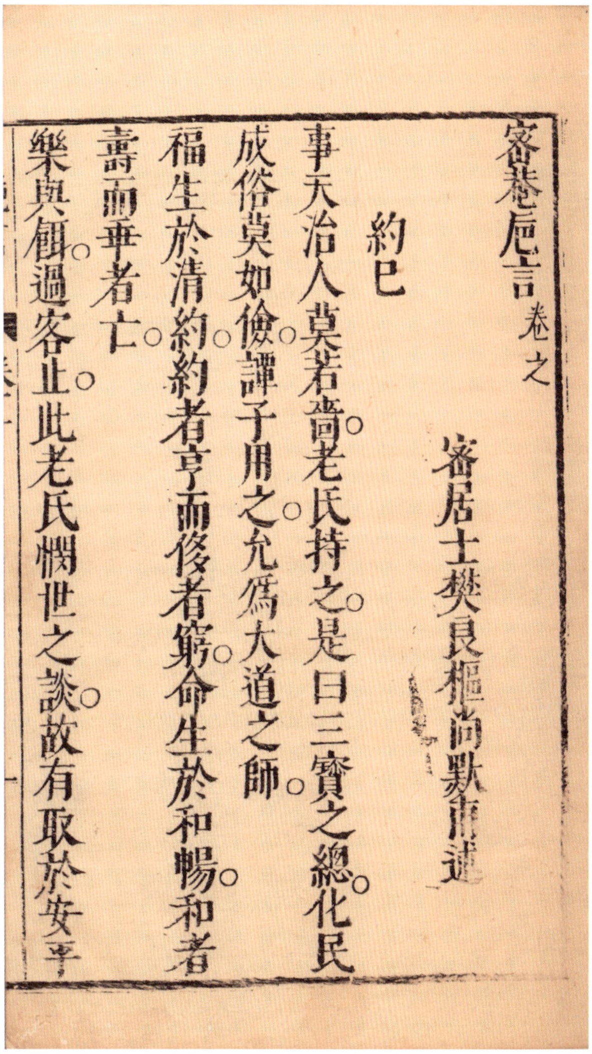

應菴隨録十四卷　明羅鶴撰

明萬曆四十三年（1615）刻本　六册

十行二十字。白口，左右雙邊，單魚尾。框高21.6釐米，寬13.3釐米。前有萬曆四十三年焦竑序，言刻書事。

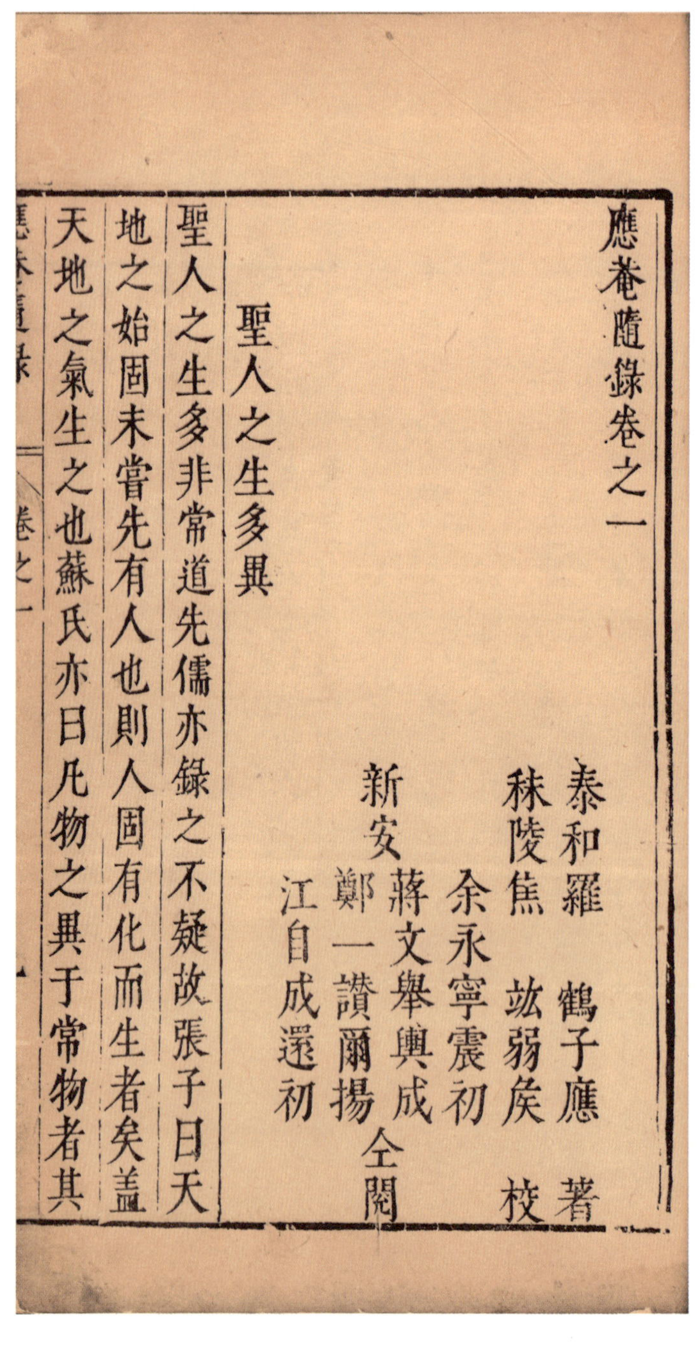

應菴隨錄卷之一

泰和羅　鶴子應　著

秣陵焦　竑弱侯　校

余永寧震初

新安　蔣文舉輿成

鄭一讚爾揚　仝閱

江自成還初

聖人之生多異

聖人之生多非常道先儒亦錄之不疑故張子曰天地之始固未嘗先有人也則人固有化而生者矣蓋天地之氣生之也蘇氏亦曰凡物之異于常物者其

應菴隨錄　卷之一

荷牐叢談四卷 明林時對撰

清抄本 四册

十行二十字。黑口，四周單邊，雙魚尾。框高19.7釐米，寬14.6釐米。

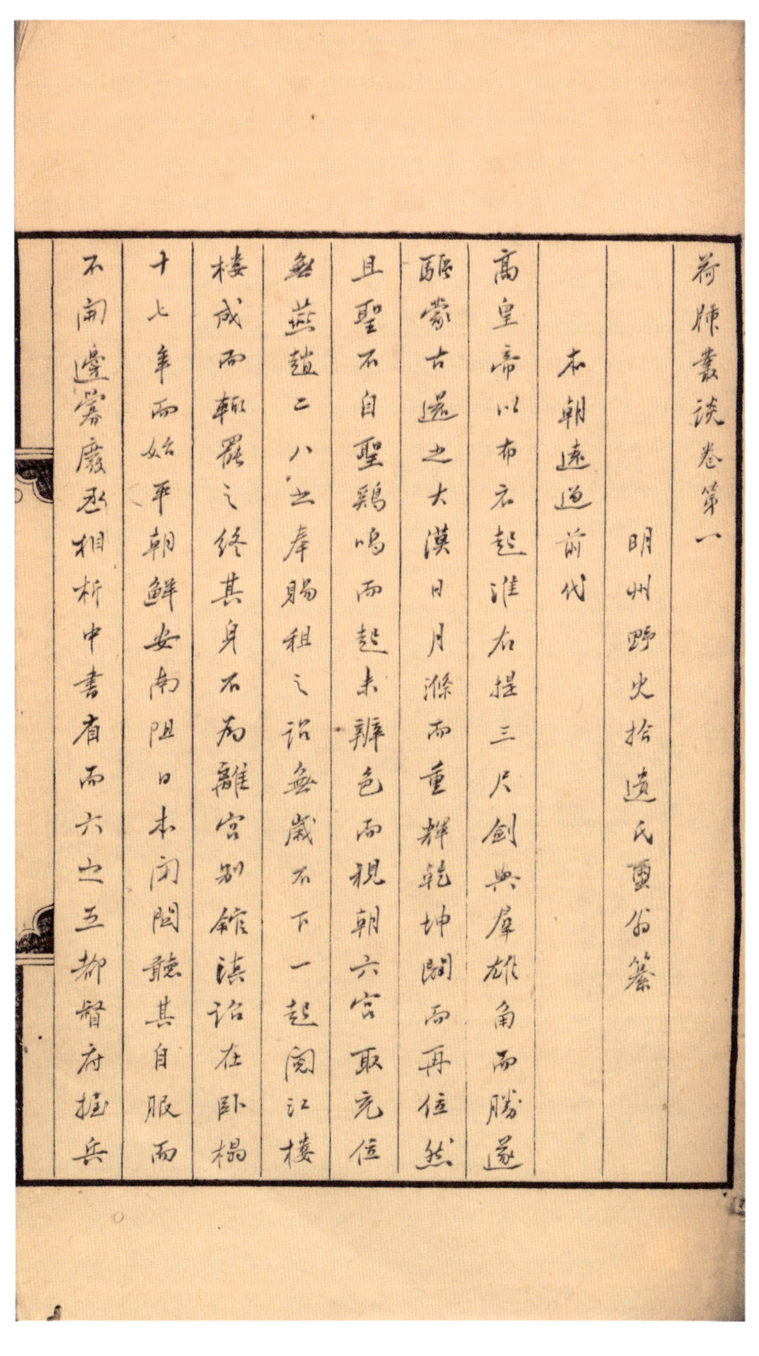

荷牐叢談卷第一

明州野史拾遺氏覃谷纂

本朝遠過前代

高皇帝以布衣起淮右，提三尺劍與群雄角而勝，遂驅蒙古還之大漠，日月滌而重輝，乾坤闢而再位。然且聖不自聖，雞鳴而起，未辨色而視朝，六宮取充位，無燕趙二八之奉，賜租之詔無歲不下。一起閱江樓，樓成而輒罷之，終其身不為離宮別館，遊詒在臥榻十七年而始平。朝鮮、安南、日本閉關聽其自服，而不開邊釁。廢丞相，析中書省而六之，五都督府握兵

校訂囦學紀聞集證二十卷　宋王應麟撰　清萬希槐集證

清嘉慶二十四年（1819）胡氏山壽齋刻本　清陳澧批校　八册

十一行二十五字，小字雙行二十七字。黑口，左右雙邊，單魚尾。框高18.1釐米，寬13釐米。鈐“番禺陳氏東塾藏書印”“人生唯有讀書好”“陳慶龢印”印。扉頁刻“嘉慶己卯年春季新鐫”“山壽齋胡氏藏板”。

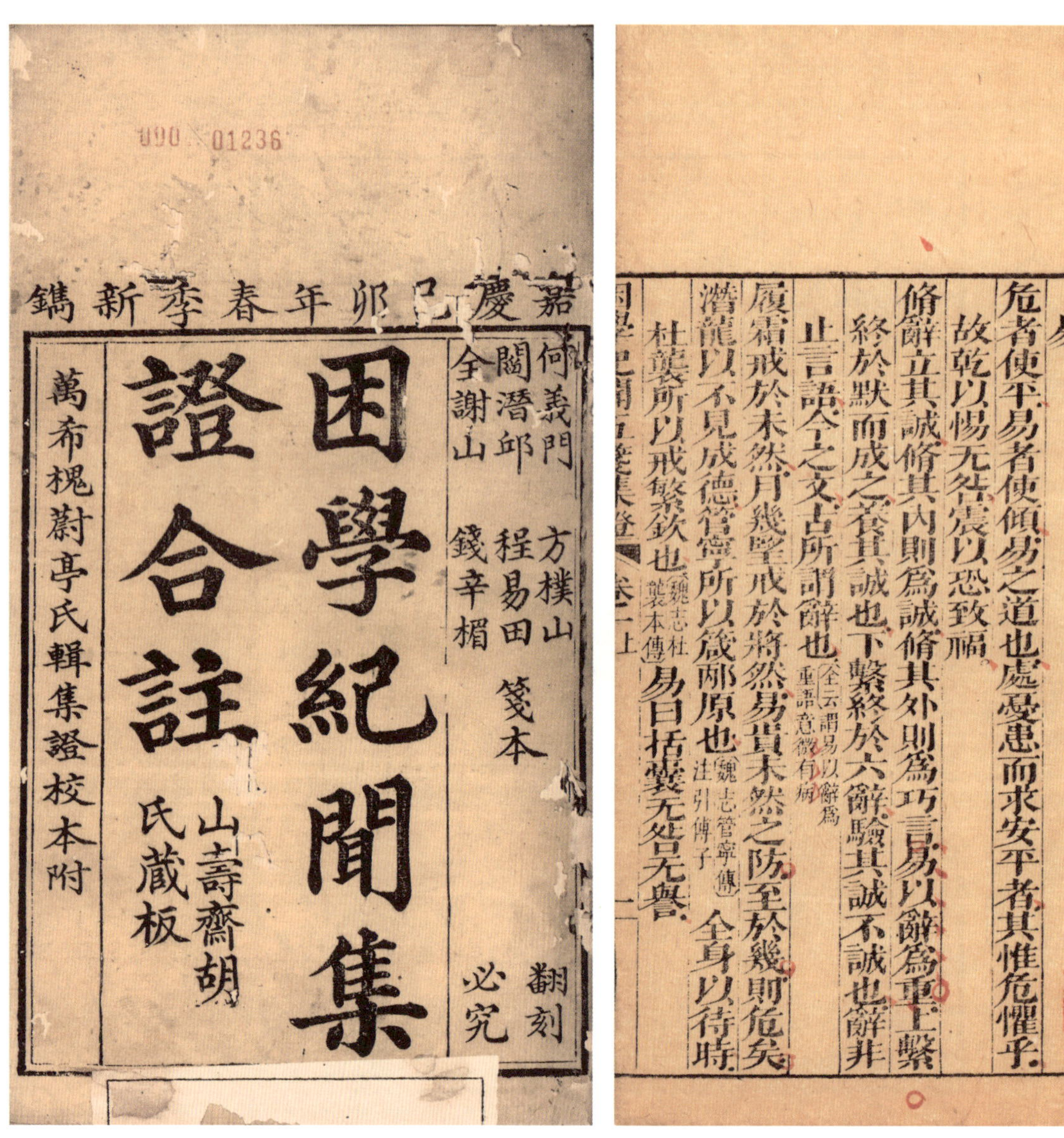

日知録三十二卷 清顧炎武撰

清刻本 清陳澧批點 八册

十一行二十二字。白口，左右雙邊，單魚尾。框高19.5釐米，寬14.2釐米。鈐“番禺陳氏東塾藏書印”“陳慶龢字公穆”印。

日知錄卷之一

三易

夫子言包羲氏始畫八卦不言作易而曰易之興也其於
中古乎又曰易之興也其當殷之末世周之盛德邪當文
王與紂之事邪是文王所作之辭始名爲易而周官大卜
掌三易之法一曰連山二曰歸藏三曰周易連山歸藏非
易也而云三易者後人因易之名以名之也猶之墨子書
言周之春秋燕之春秋宋之春秋齊之春秋周燕齊宋之
史非必皆春秋也而云春秋者因魯史之名以名之也
左傳僖十五年戰於韓卜徒父筮之曰吉其卦遇蠱曰千
乘三去三去之餘獲其雄狐成十六年戰於鄢陵公筮之

東塾雜俎不分卷 清陳澧撰

稿本　十七册

十一行二十二字。黑口，左右雙邊，單魚尾。框高19.7釐米，寬14.3釐米。

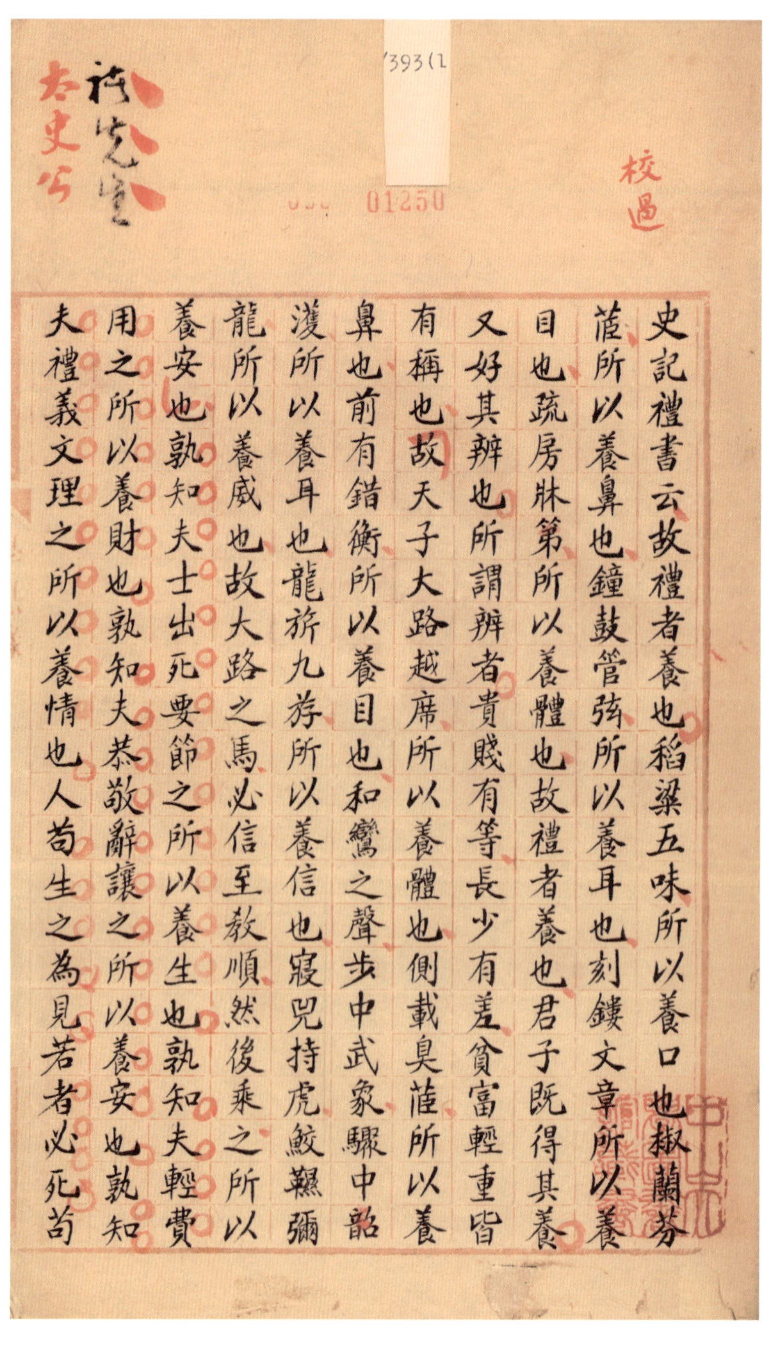

史記禮書云故禮者養也稻粱五味所以養口也椒蘭芬茝所以養鼻也鐘鼓管弦所以養耳也刻鏤文章所以養目也疏房牀笫所以養體也故禮者養也君子既得其養又好其辨也所謂辨者貴賤有等長少有差貧富輕重皆有稱也故天子大路越席所以養體也側載臭茝所以養鼻也前有錯衡所以養目也和鸞之聲步中武象驟中韶濩所以養耳也龍旂九斿所以養信也寢兕持虎鮫韅彌龍所以養威也故大路之馬必信至教順然後乘之所以養安也孰知夫士出死要節之所以養生也孰知夫輕費用之所以養財也孰知夫恭敬辭讓之所以養安也孰知夫禮義文理之所以養情也人苟生之為見若者必死苟

東塾雜俎十四卷　清陳澧撰

稿本　十四册

十一行二十二字，小字雙行同。黑口，左右雙邊，單魚尾。框高19.5釐米，寬14.3釐米。

太史公論禮

東塾雜俎卷一　　番禺陳澧撰

史記禮書云故禮者養也稻粱五味所以養口也椒蘭芬茝所以養鼻也鐘鼓管弦所以養耳也刻鏤文章所以養目也疏房牀笫所以養體也故禮者養也君子既得其養又好其辨也所謂辨者貴賤有等長少有差貧富輕重皆有稱也孰知夫士出死要節之所以養生也孰知夫輕費用之所以養財也孰知夫恭敬辭讓之所以養安也孰知夫禮義文理之所以養情也人苟生之為見若者必死苟利之為見若者必害怠惰之為安若者必危情性之為安若者必滅太史公此論可以繼五經之後索隱云此文皆出大戴禮蓋是荀卿所說

編錄

東塾雜俎

世説新語三卷 南朝宋劉義慶撰 南朝梁劉孝標注

明嘉靖十四年（1535）袁褧嘉趣堂刻萬曆四年（1576）王氏湘雲堂印本 清佚名跋 清吴嘉泰録沈寶研校并跋 穎谷跋 佚名校 蔣天樞跋 六册

十行二十字，小字雙行同。白口，左右雙邊，雙魚尾。框高20.2釐米，寬14.7釐米。鈐“陳寅客藏書”“蔣天樞印”“郴吴”“竇齋”“韞真齋印”“虎蒡”“庶以善自名”印。前有嘉靖十四年袁褧序，言刻書事；又有萬曆四年王氏湘雲堂印行識語。入選第二批《名録》。

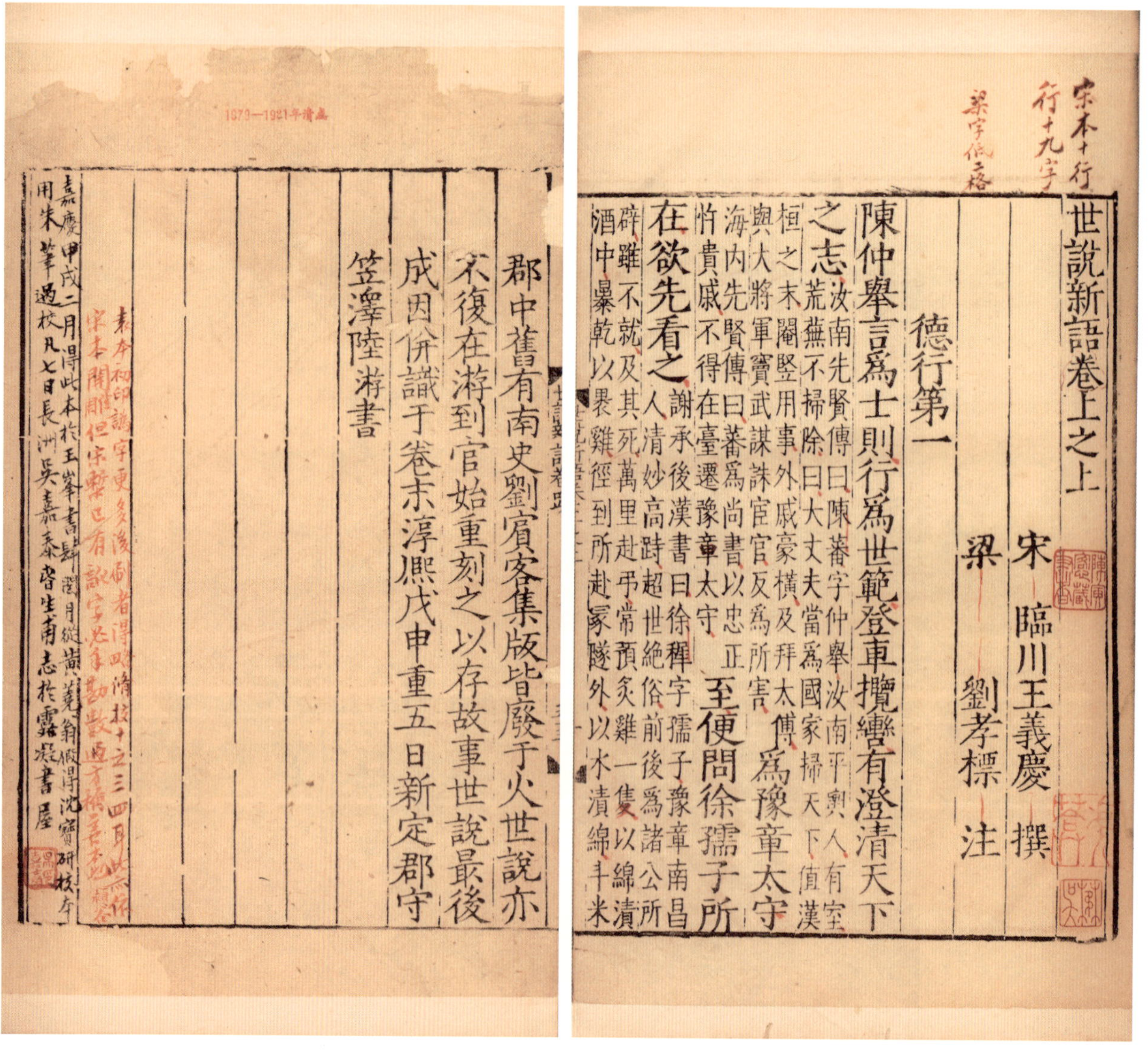

世説新語八卷 南朝宋劉義慶撰 南朝梁劉孝標注 宋劉辰翁、宋劉應登、明王世懋評

明凌瀛初刻四色套印本 八册

八行十八字，小字雙行同。欄上鐫評，行四字或五字。白口，四周單邊。框高20.7釐米，寬13.8釐米。鈐“王氏敬□”“番禺陳氏東塾藏書印”印。書末有凌瀛初跋，言刻書事。入選第一批《名録》。

劉會孟曰世說所載多無識語然皆今人所有云則古亦不可謂無奴自未可齊耳

世說新語

德行

陳仲舉言爲士則行爲世範登車攬轡有澄清天下之志 汝南先賢傳曰陳蕃字仲舉汝南平與人有室荒蕪不埽除曰大丈夫當爲國家埽天下值漢桓之末閹豎用事外戚豪横及拜太傅與大將軍竇武謀誅宦官反爲所害 爲豫章太守 海內先賢傳曰蕃爲尚書以忠正忤貴戚不得在臺遷豫章太守 至便問徐孺子所在欲先看之 謝承後漢書曰徐稺字孺子豫章南昌人清妙高跱超世絕俗前後爲諸公所辟雖不就及其死萬里赴弔常預炙雞一

世說卷一 德行 一

楝花磯隨筆一卷　明董説撰

清抄本　一册

十二行二十四字。無欄格。書高30釐米，寬18釐米。

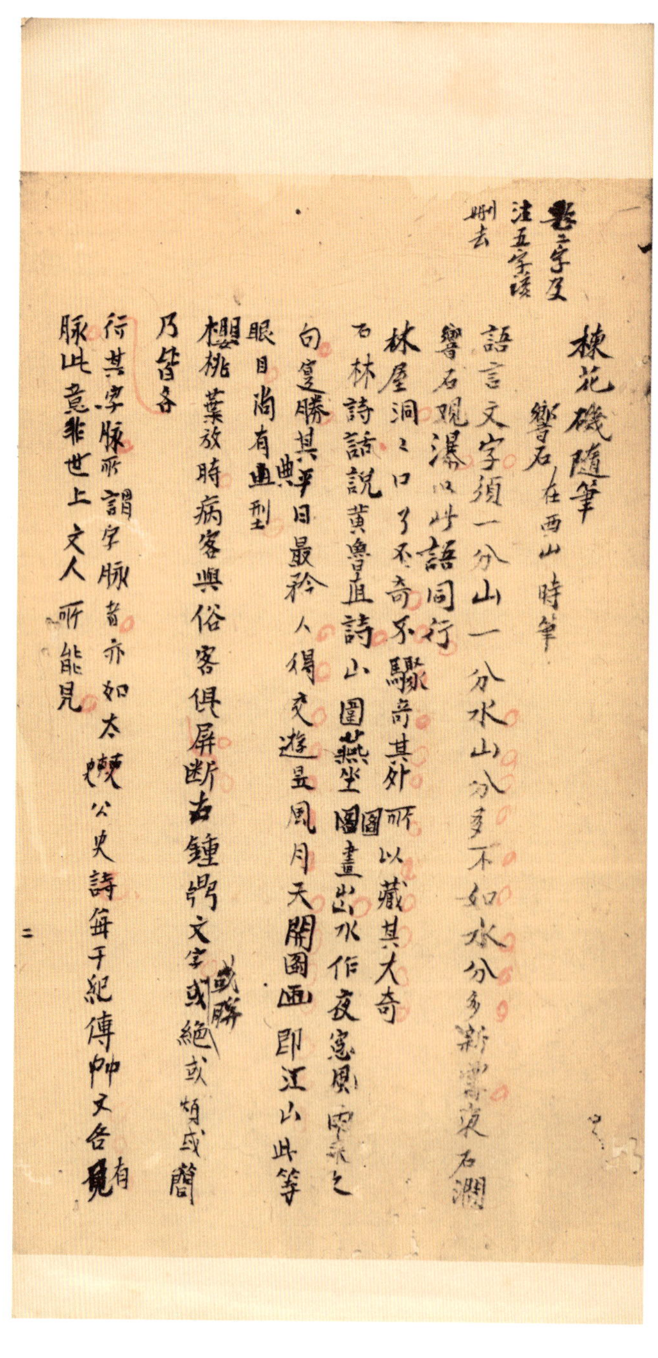
楝花磯隨筆
響石　在西山時筆
語言文字須一分山一分水山分多不如水分多新寧東石淵
響石觀瀑以此語同行
林屋洞之口了不奇不驟奇其外所以藏其大奇
石林詩話説黄魯直詩山圍燕坐圖畫出水作夜窗風雨之
句寔勝其平日最矜人得交遊是風月天開圖畫即江山此等
眼目尚有典型
櫻桃葉放時病客與俗客俱屏斷去鍾鴞文字或絶或墙或隣
乃皆各
行其字脈所謂字脈者亦如太史公史詩每于紀傳中文各有
脈此意非世上文人所能見

山居新話四卷　元楊瑀撰

清乾隆三十九年（1774）抄本　二册

九行二十字，小字雙行同。無欄格。書高27.8釐米，寬17.7釐米。鈐“菦谷”“孔繼涵印”“廣道意齋所藏圖籍印”“海日廔”“一盦藏書”“軍假司馬”“素王世胄”等印。書末有校語“借抄鮑士恭本，乾隆甲午夏四月初一日校一過。”

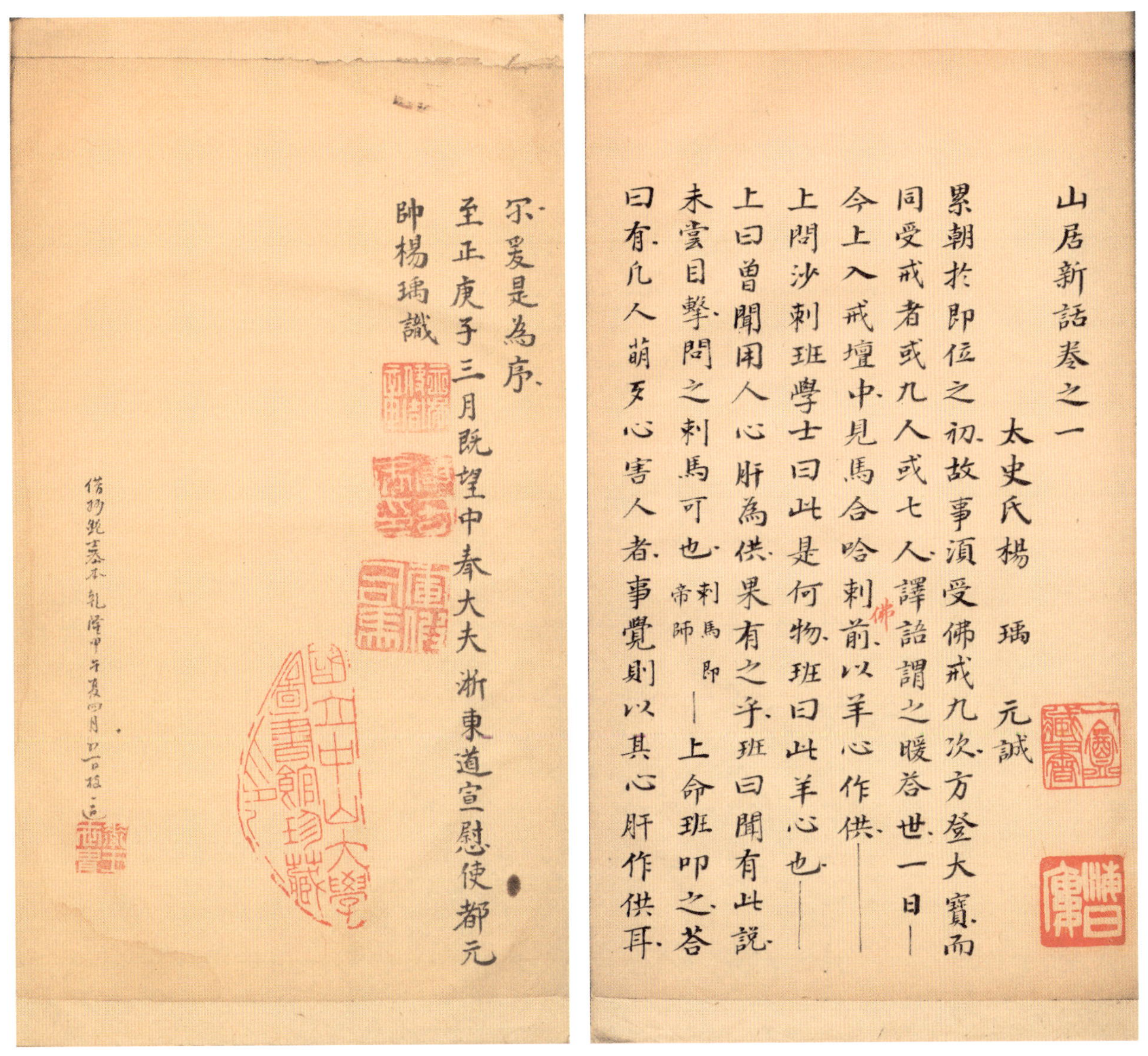

不爰是為序
至正庚子三月既望中奉大夫浙東道宣慰使都元
帥楊瑀識

借抄鮑士恭本乾隆甲午夏四月初一日校一過

山居新話卷之一
太史氏楊　瑀　元誠
累朝於即位之初故事須受佛戒九次方登大寶而
同受戒者或九人或七人譯語謂之暖荅世一日
今上入戒壇中見馬合哈剌佛前以羊心作供
上問沙剌班學士曰此是何物班曰此羊心也
上曰曾聞用人心肝為供果有之乎班曰聞有此說
未嘗目擊問之剌馬可也剌馬即帝師上命班叩之荅
曰有凡人萌歹心害人者事覺則以其心肝作供耳

皋蘭載筆二卷　清陳奕禧撰

清抄本　一册

十行十九字。白口，左右雙邊，單魚尾。框高17.8釐米，寬12.5釐米。鈐“復齋校讀古籍印記”印。

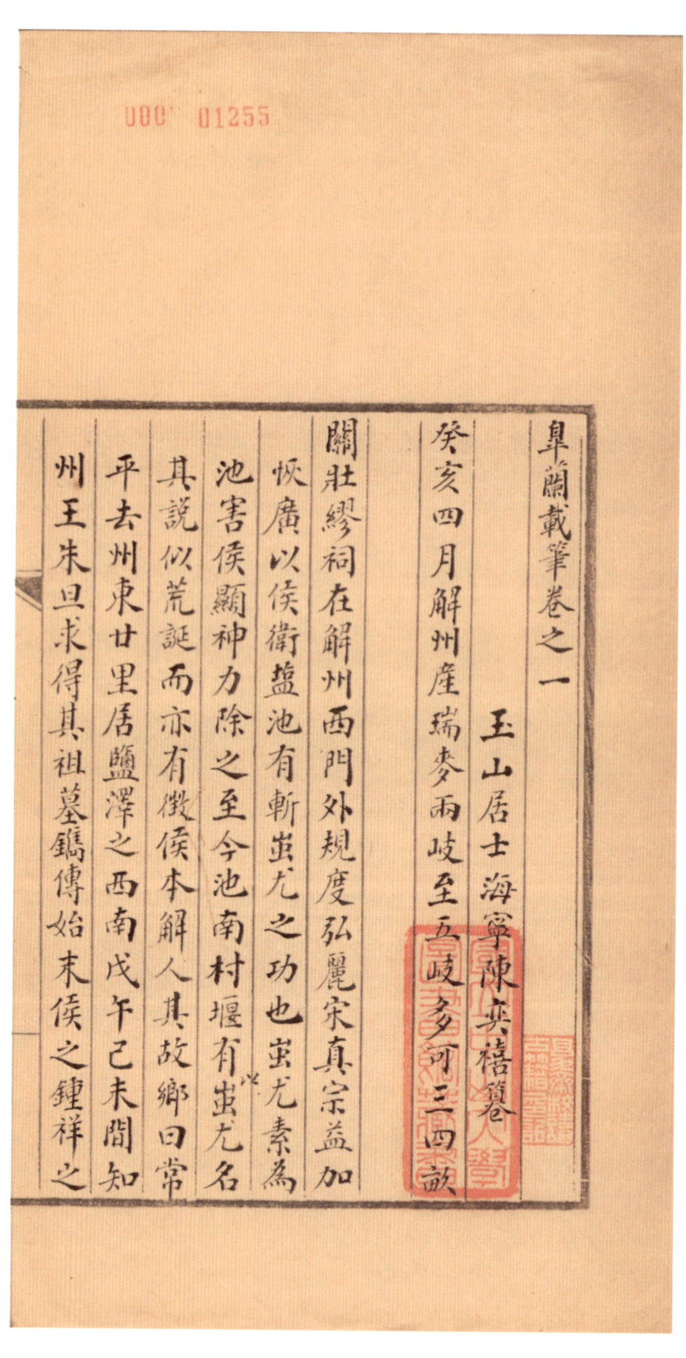

皋蘭載筆卷之一

玉山居士海寧陳奕禧纂

癸亥四月解州産瑞麥兩岐至五岐多可三四畝

關壯繆祠在解州西門外規度弘麗宋真宗益加恢廣以侯衛鹽池有斬蚩尤之功也蚩尤素爲池害侯顯神力除之至今池南村堰有蚩尤名其說似荒誕而亦有徵侯本解人其故鄉曰常平去州東廿里居鹽澤之西南戊午己未間知州王朱旦求得其祖墓鐫傳始末侯之鍾祥之

霧市選言四卷　明王宇輯

明刻本　二册

十行二十字，小字雙行同。白口，四周單邊，單魚尾。框高20.6釐米，寬14.2釐米。

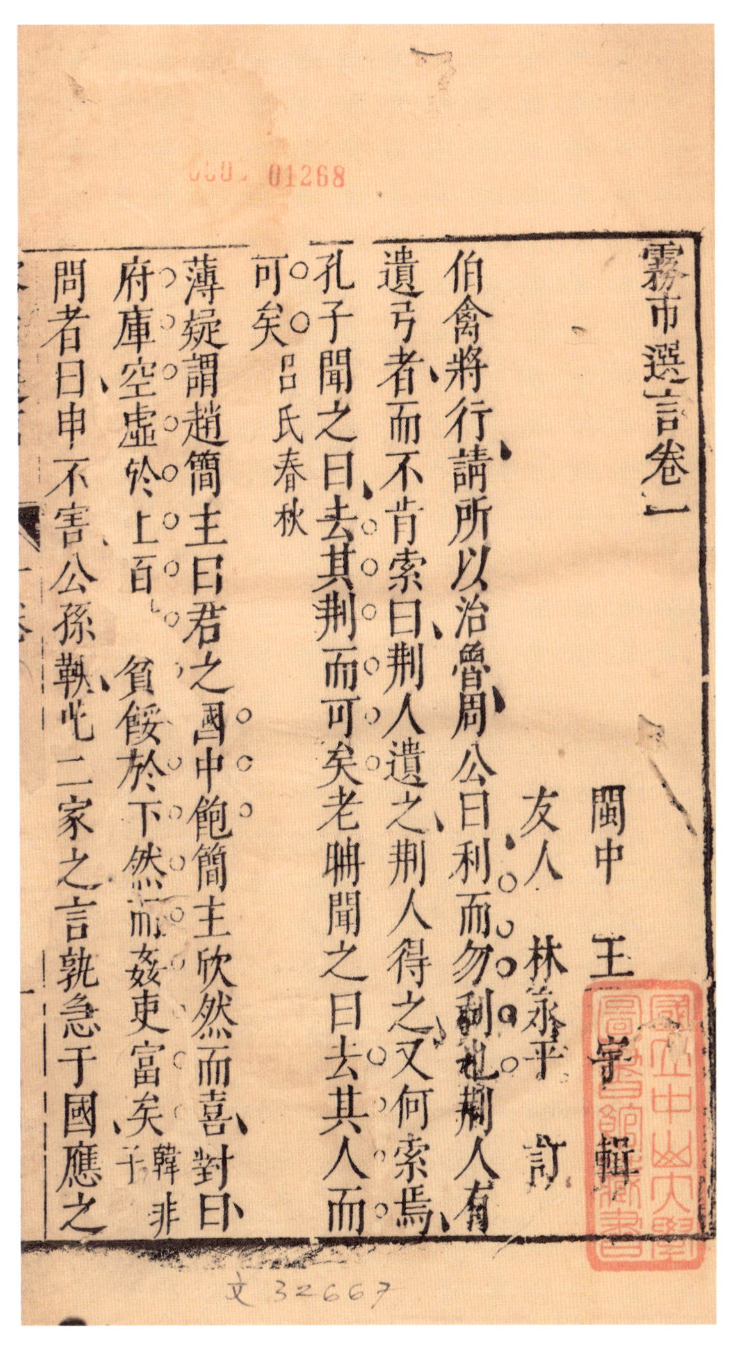

識小編内篇九卷　明周應賓輯

明天啓刻本　清曾鏞題識　四册

九行十九字。白口，四周單邊，單魚尾。框高22.4釐米，寬12.7釐米。鈐“復齋校讀古籍印記”印。

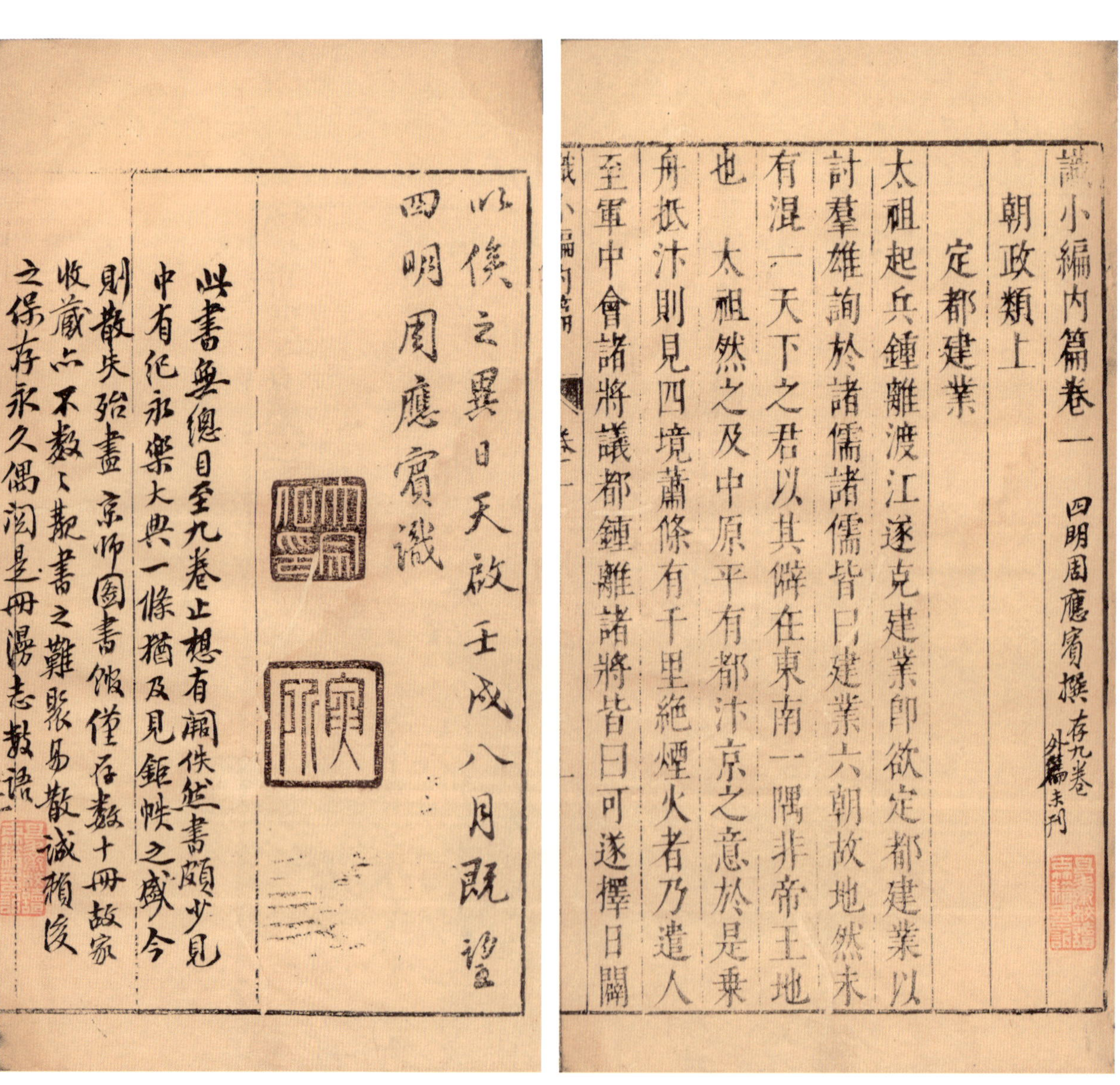

以俟之異日天啟壬戌八月既望

四明周應賓識

此書無總目至九卷止想有闕佚然書頗少見中有紀永樂大典一條猶及見鉅帙之盛今則散失殆盡京師圖書館僅存數十册故家收藏亦不數々覯書之難聚易散誠賴後之保存永久偶閲是册漫志數語

識小編内篇卷一　四明周應賓撰　存九卷外篇未刊

朝政類上

定都建業

太祖起兵鍾離渡江遂克建業即欲定都建業以討羣雄詢於諸儒諸儒皆曰建業六朝故地然未有混一天下之君以其僻在東南一隅非帝王地也　太祖然之及中原平有都汴京之意於是乘舟抵汴則見四境蕭條有千里絶煙火者乃遣人至軍中會諸將議都鍾離諸將皆曰可遂擇日闢

芙蓉鏡卮言四集四卷　明江東偉撰

明末刻本　八册

八行二十字。白口，四周單邊。有刻工。框高21釐米，寬12.5釐米。

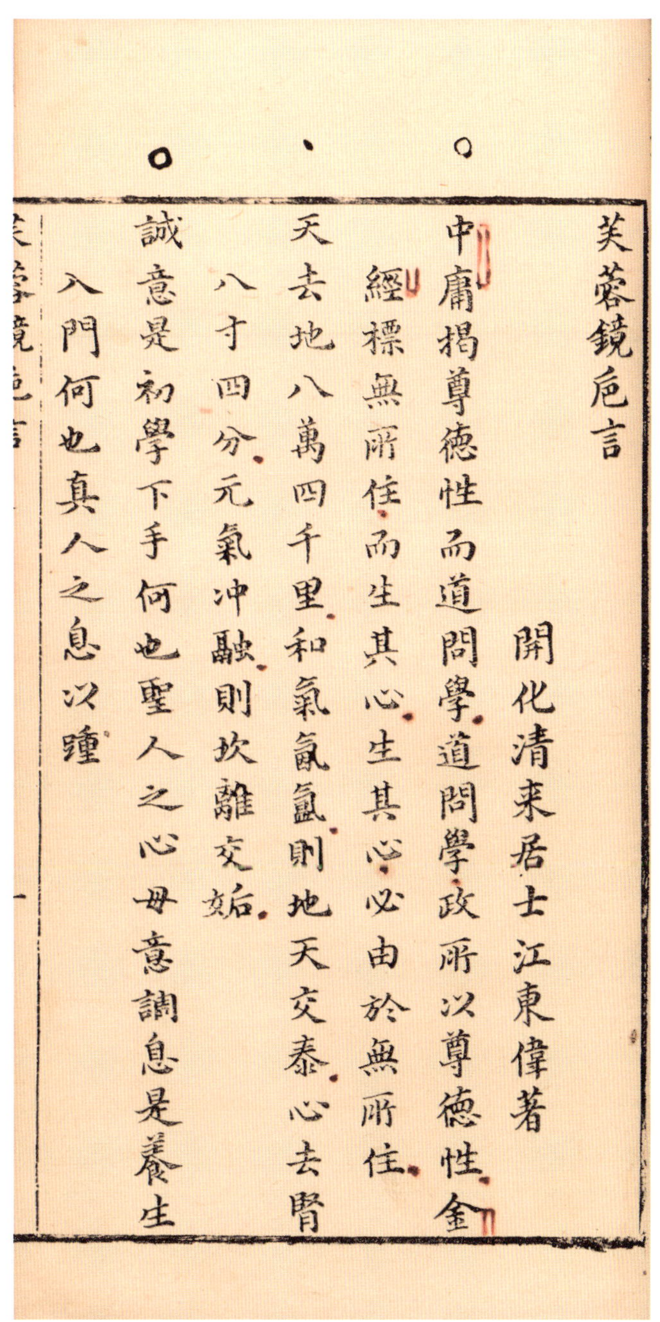

芙蓉鏡卮言

開化清来居士江東偉著

中庸揭尊德性而道問學道問學政所以尊德性金

經標無所住而生其心生其心必由於無所住

天去地八萬四千里和氣氤氳則地天交泰心去腎

八寸四分元氣冲融則坎離交姤

誠意是初學下手何也聖人之心毋意調息是養生

入門何也真人之息以踵

芙蓉鏡卮言　一

大唐類要一百六十卷　唐虞世南輯

清曹垂燦片玉齋抄本　十六册

十行二十二字。白口，四周雙邊，雙魚尾。框高18.3釐米，寬12.7釐米。版心題“片玉齋鈔本”。

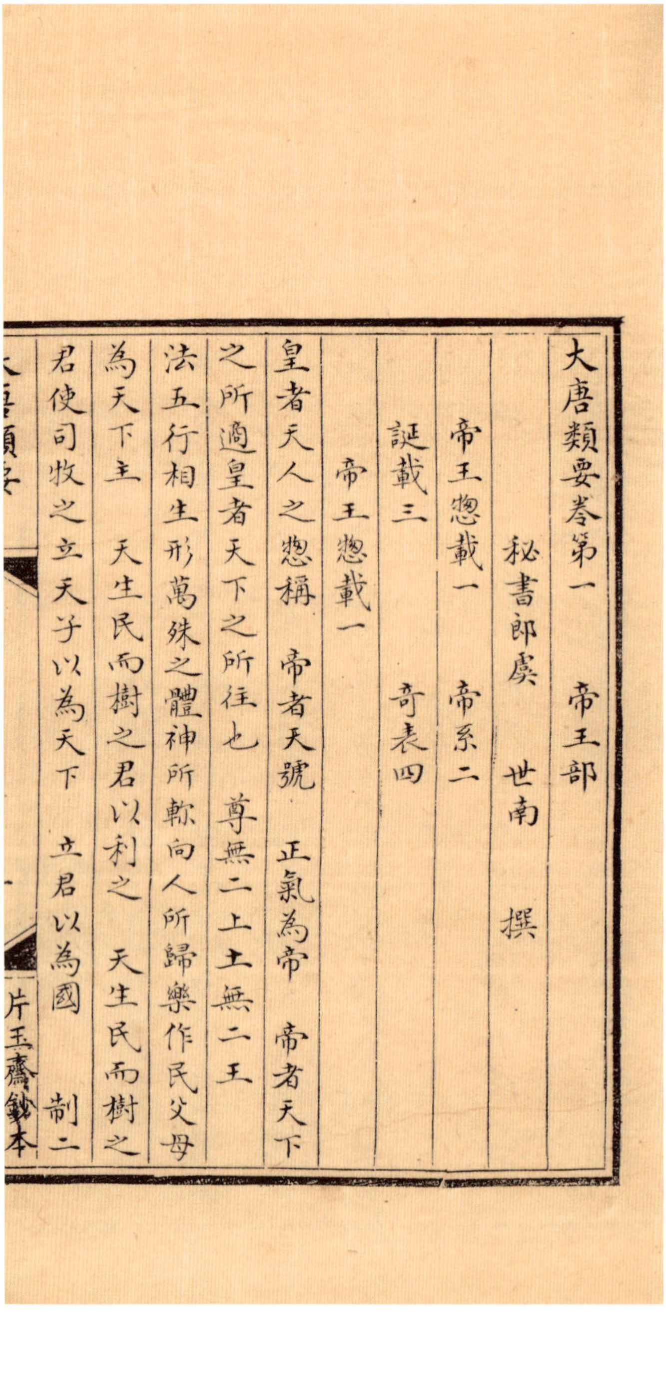

姬侍類偶不分卷 宋周守忠撰

清抄本 佚名批校 一册

十行十八字。無欄格。書高24.8釐米，寬17.4釐米。

姬侍類偶

周守忠撰

凌華拊石 聯涓彈璈

西王母至漢宮與武帝坐王母自設天廚酒觴
數遍王母乃命諸侍玉女上華王子登彈八琅
之璈董雙成吹雲和之笙石公子擊昆庭之金
許飛瓊鼓震靈之簧阮陵
目作淩華此作陵華又有一誤
君擊洞陰之磬段安香作九天之鈞於是衆聲
澈朗靈音駭空又命安法嬰歌元靈之曲漢武傳內
魏夫人名華存字賢安幼而好學道志慕神仙
忽有四真來降於空口訣諸要粗訖太極真人

韻府群玉二十卷　元陰時夫輯　元陰中夫注

明嘉靖三十一年（1552）荆聚刻本　三十六册

十行十六字，小字雙行二十九字。黑口，四周雙邊，雙魚尾。框高20.7釐米，寬12.8釐米。入選第二批《名録》。

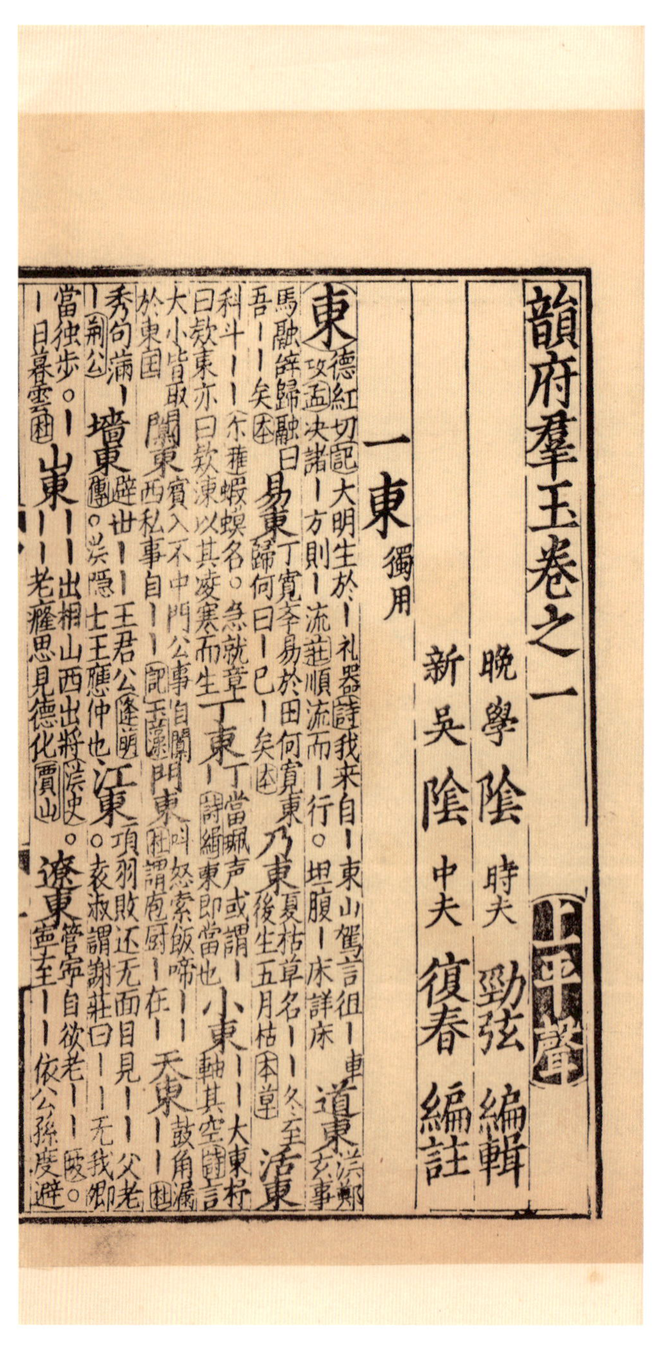
韻府羣玉卷之一　上平聲

晚學陰時夫勁弦編輯

新吴陰中夫復春編註

一東　獨用

東 德紅切 記 大明生於丨 礼器 詩 我来自丨 東山 駕言徂丨 車 攻 五 决諸丨方則丨流 莊 順流而丨行。坦腹丨床 詳床 道東 漢鄭玄事 馬融 辭歸 融曰 吾丨丨矣 本 易東 丁寬 夲易於田何 寬東歸 何曰丨已丨矣 本 乃東 夏枯草名丨丨 冬至後生五月枯 本草 渚東 科斗丨丨 尔雅 蝦蟆名。急就章 丁東 丁當 佩声 或謂丨丨 詩 緝東 即當也 小東 丨丨大東 杼軸其空 詩 言 曰欵東亦曰欵涷 以其凌寒而生 大小皆取 閩東 西私事自丨丨 賓入不中門公事自閩 記 玉藻 門東 杜 謂庖厨丨在丨 叫怒索飯啼丨丨 天東 丨丨鼓角漏 杜 於東国 秀句滿丨 增東 避世丨丨王君公 逢萌 傳 ○吳隱士王應仲也 江東 項羽敗还无而目見丨丨父老 ○哀淑謂謝莊曰丨丨无我鄉 荆公 當独步。丨丨 山東 丨丨出相山西出将 漢史 丨丨老癃思見德化 賈山 。遼東 管寧自欲老丨丨 ○ 丨日暮雲 杜 寧至丨丨依公孫度避

對類二十卷

明正統司禮監刻本　清陶逸民題識　十二册

十二行字不等，小字雙行同。黑口，四周雙邊，雙魚尾。框高23.1釐米，寬15.6釐米。入選第二批《名録》。

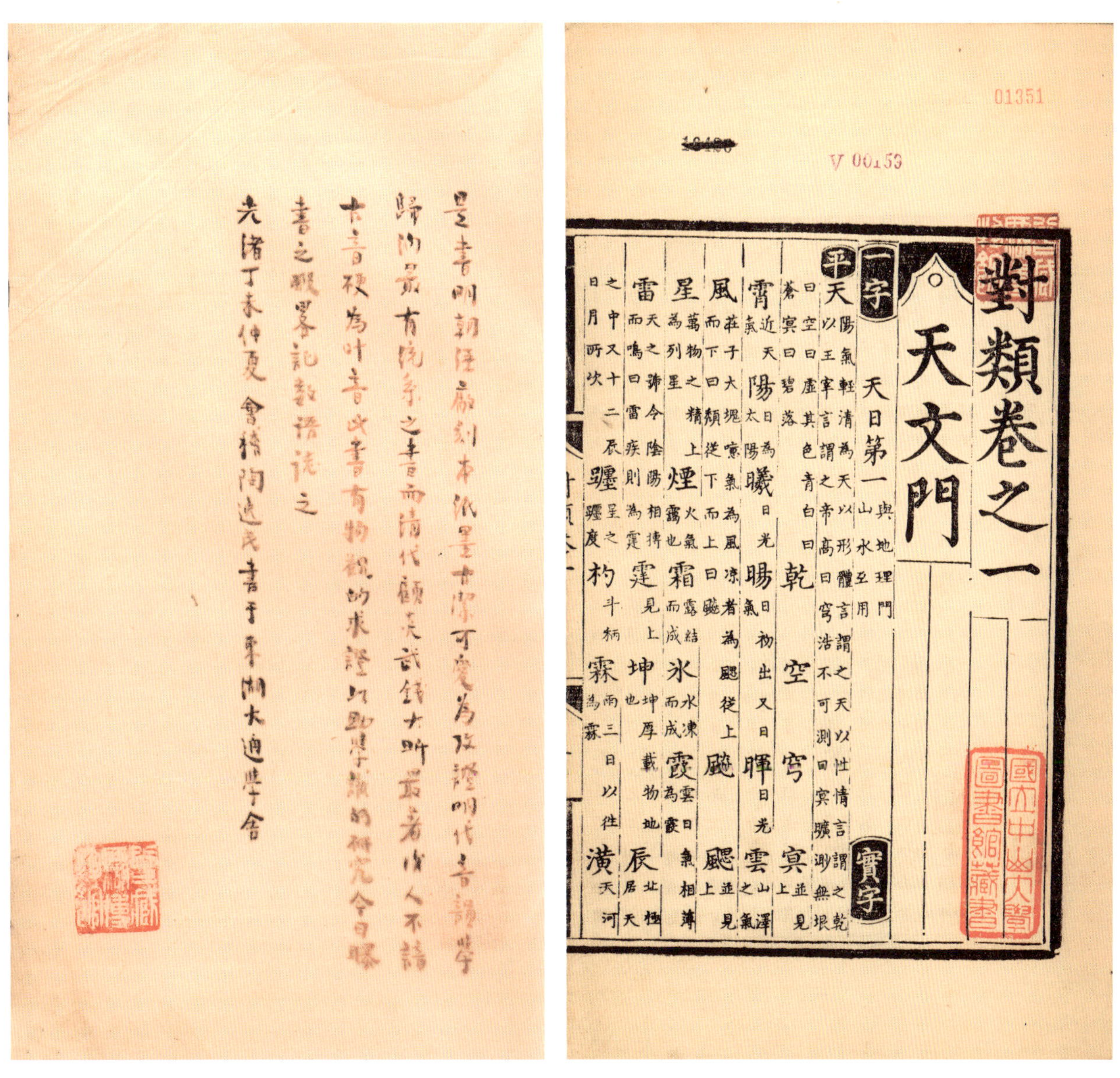

廣修辭指南二十卷　明陳與郊輯

明萬曆陳氏家刻本　六册

十行二十字，小字雙行同。白口，左右雙邊。框高20.6釐米，寬12.9釐米。鈐“子壽”“學古未能”“惺菴過眼”印。卷端題“明浙汜陳與郊輯，男瓛校，孫之仲刻”。

廣修辭指南卷一
明　浙汜陳與郊　輯
男　瓛　校
孫之仲刻
天文部　凡四類
象緯類
春爲蒼天萬物蒼蒼然生夏爲昊天言氣皓旰秋爲旻天旻猶愍也愍萬物之凋落冬爲上天言時無事在上臨下而已　右爾雅四時
南風謂之凱風詩凱風自南東風謂之谷風詩習習谷風北風謂之涼風詩北風其涼西風謂之泰風詩泰風有隧扶搖謂之
廣修辭指南　象緯類　卷一

子句不分卷 明郁起麟輯

明天啓刻本 四册

八行二十字。白口，四周單邊，單魚尾。框高19.5釐米，寬13釐米。

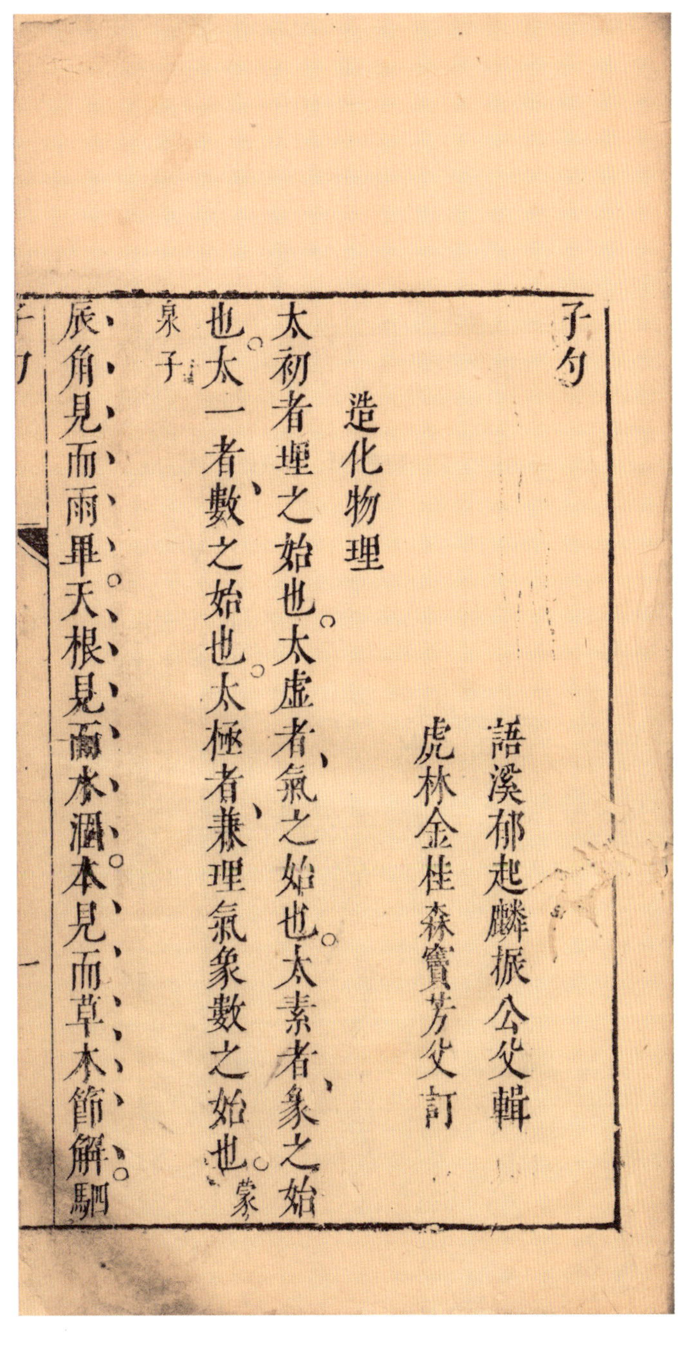

子句

語溪郁起麟振公父輯

虎林金佳森寶芳父訂

造化物理

太初者理之始也。太虛者、氣之始也。太素者、象之始也。太一者、數之始也。太極者、兼理氣象數之始也。蒙泉子

辰角見而雨畢。天根見而水涸。本見而草木節解。駟

新刻舉筆須用註釋秘典十四卷　明陳繼儒輯

明末刻本　十四册

六行十四字。白口，四周單邊，單魚尾。框高9釐米，寬5.5釐米。前有萬曆三十六年（1608）錢謙益序，疑乃書賈作僞。已撰善本書志，見《書志》第一輯。

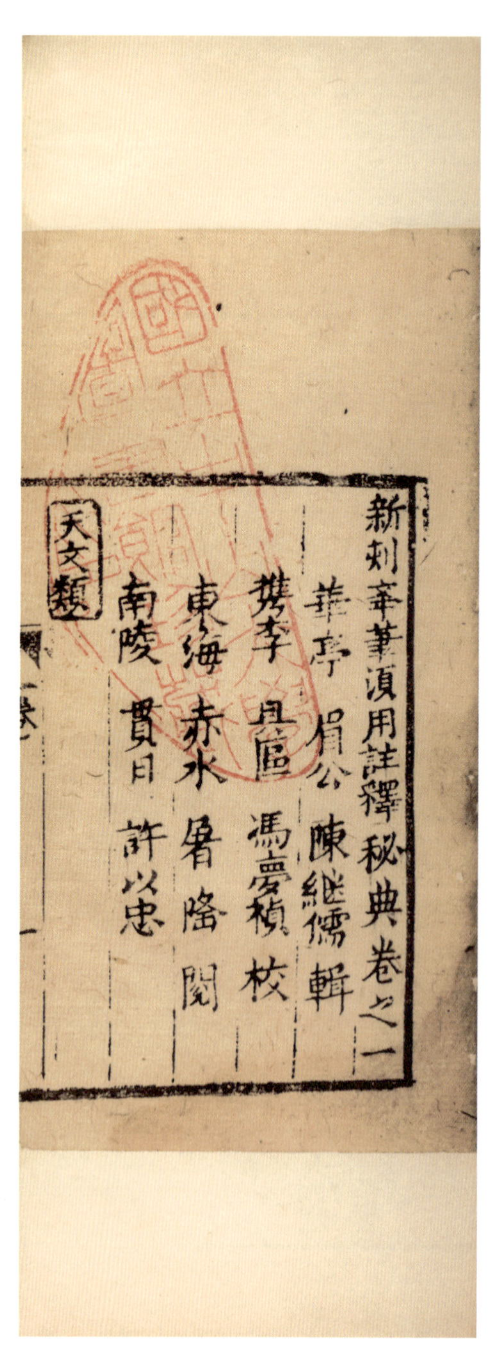

新刻舉筆須用註釋秘典卷之一
華亭　眉公　陳繼儒　輯
携李　具區　馮夢禎　校
東海　赤水　屠隆　閱
南陵　貫日　許以忠
天文類

妙法蓮華經意語一卷　明釋圓澄撰

明萬曆四十二年（1614）釋性一刻本　二册

九行二十字。白口，左右雙邊。框高21釐米，寬13.2釐米。書末有牌記，鐫“紹興府山陰縣釋子性一施資刻此妙法華經意語一卷……萬曆四十二年十二月如來成道日刻施”。

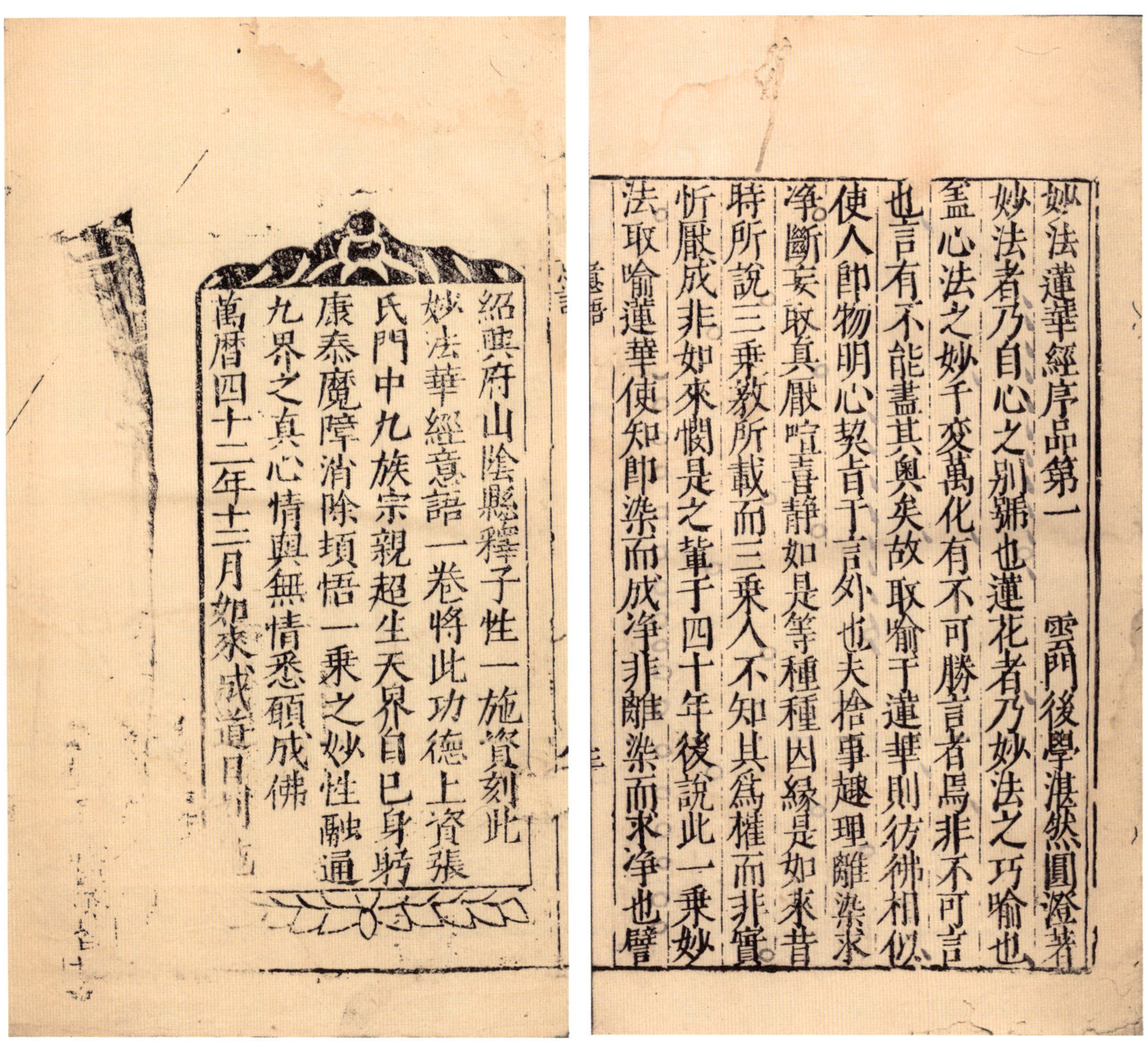
紹興府山陰縣釋子性一施資刻此
妙法華經意語一卷將此功德上資張
氏門中九族宗親超生天界自已身將
康泰魔障消除頓悟一乘之妙性融通
九界之真心情與無情悉願成佛
萬曆四十二年十二月如來成道日刻施

妙法蓮華經序品第一　雲門後學湛然圓澄著
妙法者乃自心之別號也蓮花者乃妙法之巧喻也
盖心法之妙千变萬化有不可勝言者焉非不可言
也言有不能盡其奥矣故取喻于蓮華則彷彿相似
使人卽物明心契旨于言外也夫捨事趣理離染求
淨斷妄取真厭喧喜靜如是等種種因緣是如來昔
時所說三乘教所載而三乘人不知其爲權而非實
忻厭成非如來憫是之輩于四十年後說此一乘妙
法取喻蓮華使知卽染而成淨非離染而求淨也譬

永嘉真覺大師證道歌一卷 唐釋玄覺撰　元釋法惠注　元釋德弘編

元至正元年（1341）陳善等刻本　一册

十行十九字，小字單行同。黑口，四周雙邊，單魚尾。有刻工及字數。框高20.2釐米，寬12釐米。書末有刻書識語。入選第二批《名録》。

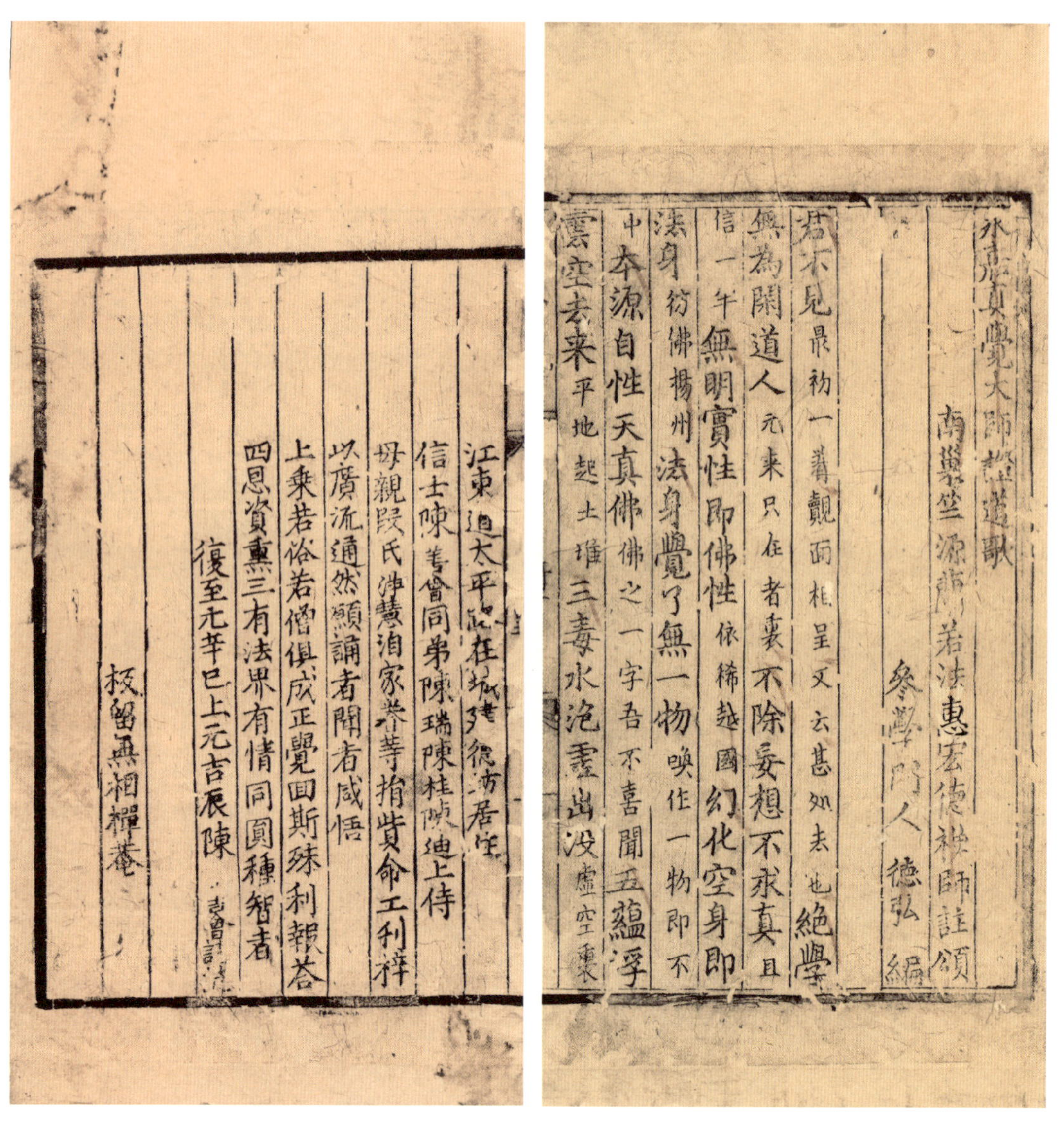

六祖大師法寶壇經一卷　唐釋法海等輯　機緣一卷　元釋宗寶輯　附録一卷　明釋真一輯

明萬曆三十六年(1608)鍾延英刻本　二册

八行十七字。白口,四周單邊,單魚尾。框高20.5釐米,寬12.3釐米。前有萬曆三十一年(1603)真一序,言刻書事。

六祖大師法寳壇経

門人法海等集

時祖師至寳林韶州韋刺史璩與官僚入山。

請師出於城中大梵寺講堂。為衆開緣說法。

師陞座次。刺史官僚三十餘人。儒宗學士三

十餘人。僧尼道俗一千餘人。同時作禮。願聞

法要。大師告衆曰。總淨心念摩訶般若波羅

蜜。大師良久復告衆曰。善知識。菩提自性本

釋氏稽古略四卷　元釋覺岸撰

明刻本　清彦修題識　八册

九行大字不滿行，小字雙行二十八字。白口，左右雙邊，單魚尾。框高22.3釐米，寬15釐米。鈐“南陵徐乃昌校勘經籍記”“積學齋徐乃昌藏書”“積餘秘笈識者寶之”“徐乃昌讀”“嘉生”“樾”“彦修”印。據刻書風格，此本當刻於嘉靖前。

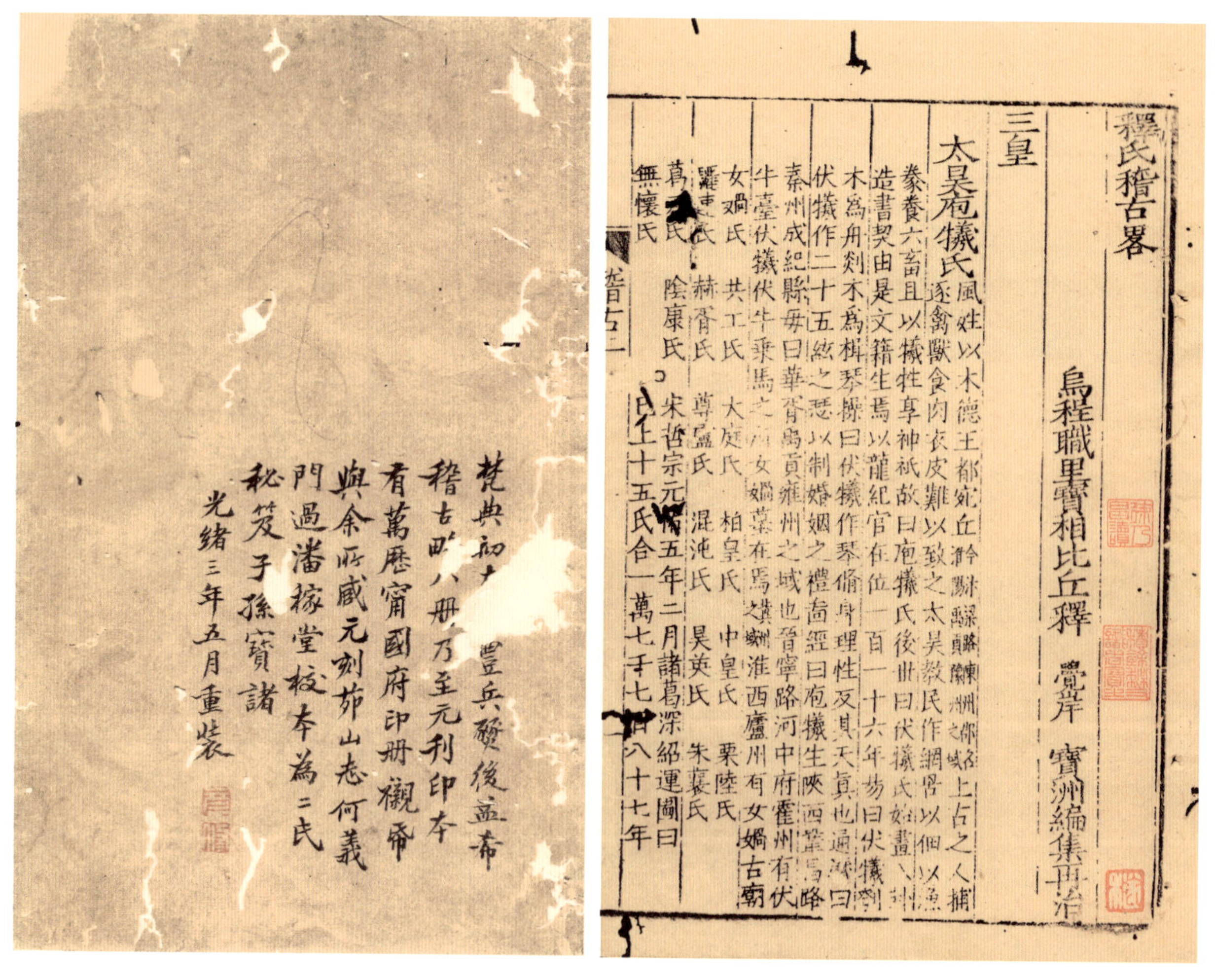

梵典初大豐兵燹後益希
稽古略八册乃至元刊印本
有萬歷甯國府印册襯帋
與余所藏元刻茅山志何義
門過潘稼堂校本爲二氏
秘笈子孫寶諸
光緒三年五月重裝

釋氏稽古畧
烏程職里寶相比丘釋　覺岸　寶洲編集再治
三皇
太昊庖犧氏風姓以木德王都宛丘……上古之人捕
逐禽獸食肉衣皮難以致之太昊教民作網罟以佃以漁
豢養六畜且以犧牲享神祇故曰庖犧氏後世曰伏犧氏始畫八卦
造書契由是文籍生焉以龍紀官在位一百一十六年崩曰伏犧
木爲舟剡木爲楫琴操曰伏犧作琴脩身理性反其天真也通曆曰
伏犧作二十五絃之瑟以制婚姻之禮嵩經曰庖犧生陝西鞏昌路
秦州成紀縣母曰華胥爲貢雍州之域也晉寧路河中府霍州有伏
牛臺伏犧伏牛乘馬之所女媧葬在焉之濮州淮西廬州有女媧古廟
女媧氏　共工氏　大庭氏　柏皇氏　中皇氏　栗陸氏
驪連氏　赫胥氏　尊盧氏　混沌氏　昊英氏　朱襄氏
葛天氏　陰康氏　○宋哲宗元祐五年二月諸葛深紹運圖曰
無懷氏　已上十五氏合一萬七千七百八十七年

諸祖道影傳贊三卷 明釋元賢撰　補刻祖師正宗道影一卷 清釋性統撰

清順治二年(1645)曹禛驥刻康熙五十一年(1712)續刻本　八册

十行二十字。白口,四周單邊或雙邊,單魚尾或無魚尾。框高22釐米,寬14.3釐米。書末有曹禛驥識語,言刻書事。又有康熙五十一年補刻序。

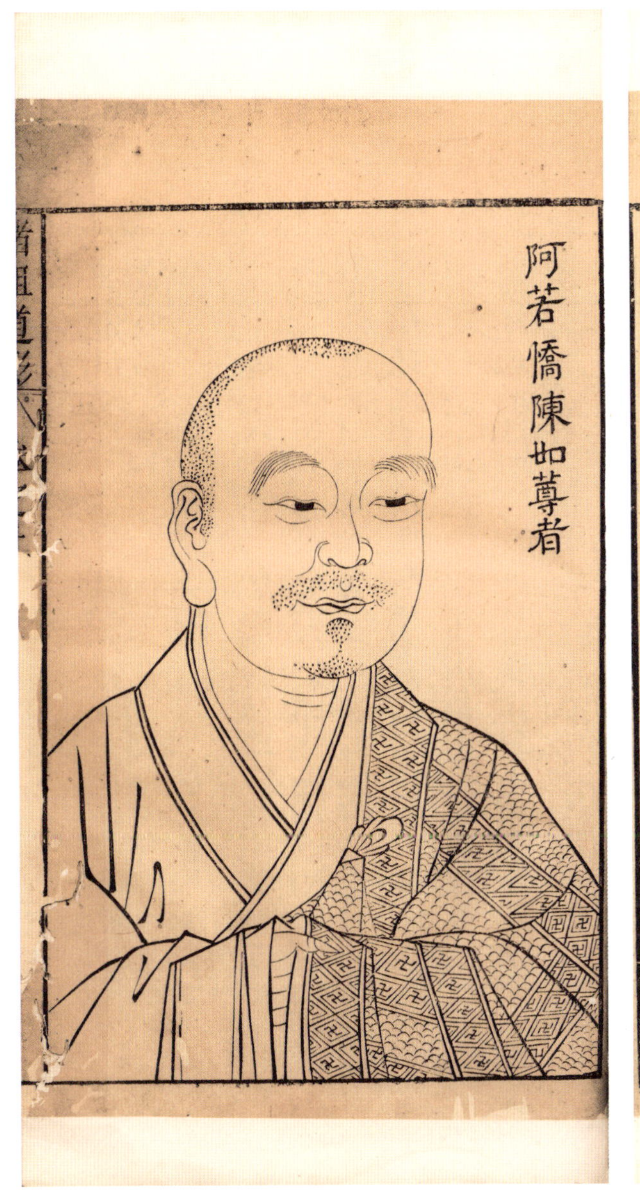

阿若憍陳如尊者阿若名也此翻無知卽知無也憍陳如姓也此翻火器婆羅門種佛之母族初佛出家時有五人隨侍尊者卽其一後佛入雪山修行五人各去佛學外道法及佛六年道成詣鹿野苑五人聞知俱集佛爲三轉四諦法輪問五人云汝等解否尊者先答云已解故佛印之得阿若名佛始度之爲僧在一切羅漢之前故又稱之爲釋摩男謂爲佛長子也因曩劫時佛爲忍辱仙人在山修道尊者爲王名歌利性最暴惡一日將諸婇女山遊王倦假寐婇女入林採花至仙人所仙人爲說法良久王寤不見諸

一切經音義二十五卷　唐釋玄應撰

清乾隆五十一年（1786）莊炘刻本　清趙宗建跋并録顧廣圻、鈕樹玉校跋　四册

十二行二十四字。黑口，四周單邊，雙魚尾。框高19.8釐米，寬14.7釐米。鈐“非昔居士”“趙宗建印”“舊山樓”“墨農所愛書籍”印。前有乾隆五十一年莊炘序，言刻書事。

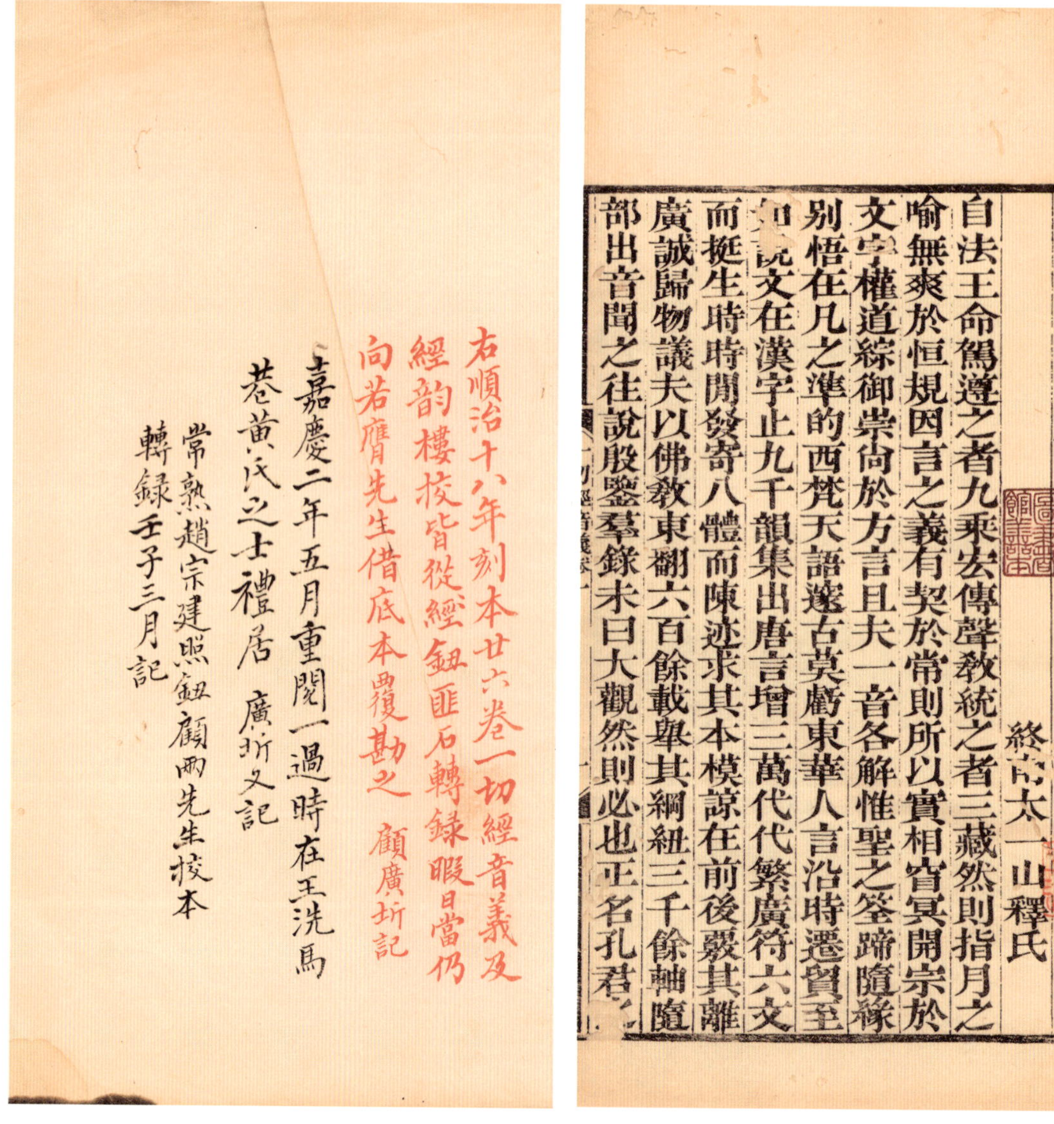

教乘法數十二卷　明釋圓瀞集

明宣德六年（1431）刻本　八册

行字不等。黑口，四周雙邊，雙魚尾。框高20.8釐米，寬14.4釐米。前有宣德六年釋道遐序，言刻書事。

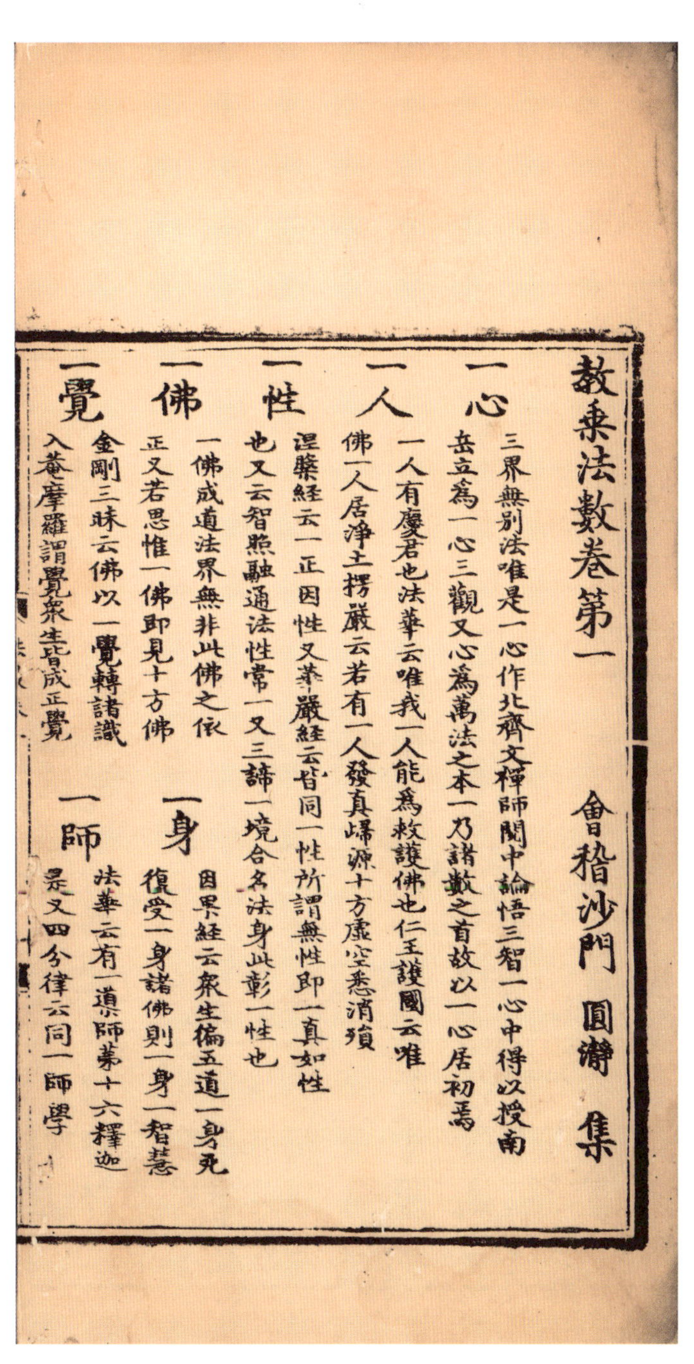

教乘法數卷第一　　會稽沙門　圓瀞　集

一心　三界無別法唯是一心作北齊文禪師閲中論悟三智一心中得以授南岳立爲一心三觀又心爲萬法之本一乃諸數之首故以一心居初焉

一人　一人有慶君也法華云唯我一人能爲救護佛也仁王護國云唯佛一人居淨土楞嚴云若有一人發真歸源十方虛空悉消殞

一性　涅槃經云一正因性又華嚴經云皆同一性所謂無性即一真如性也又云智照融通法性常一又三諦一境合名法身此彰一性也

一佛　一佛成道法界無非此佛之依正又若思惟一佛即見十方佛

一身　因果經云衆生徧五道一身死復受一身諸佛則一身一智慧

一覺　金剛三昧云佛以一覺轉諸識入菴摩羅謂覺衆生皆成正覺

一師　法華云有一導師第十六釋迦是又四分律云同一師學

南華經十六卷　晋郭象注　宋林希逸口義　宋劉辰翁點校　明王世貞評點　明陳仁錫批注

明末刻四色套印本　八册

八行十八字，小字雙行同。欄上鎸評，行六字。白口，四周單邊。框高20.2釐米，寬14釐米。鈐“十萬卷樓”“桂林唐氏珍藏”“函雅樓藏書印”“桂林唐氏仲實珍藏圖籍”印。入選第一批《名録》。

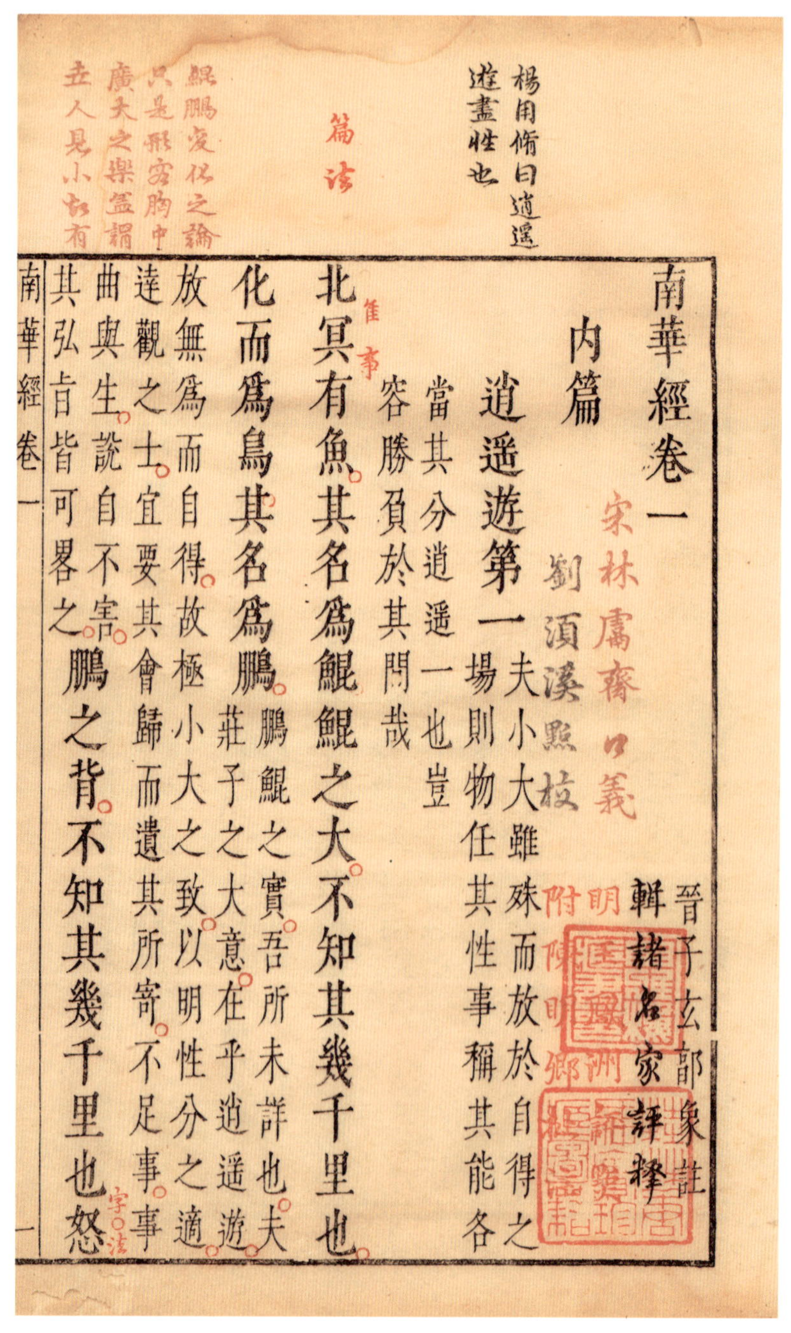
南華經卷一　晋子玄郭象註　宋林鬳齋口義　劉須溪點校　明陳明卿輯諸名家評釋
内篇
逍遥遊第一　夫小大雖殊而放於自得之場則物任其性事稱其能各當其分逍遥一也豈容勝負於其間哉
北冥有魚其名爲鯤鯤之大不知其幾千里也化而爲鳥其名爲鵬鵬鯤之實吾所未詳也夫莊子之大意在乎逍遥遊放無爲而自得故極小大之致以明性分之適達觀之士宜要其會歸而遺其所寄不足事事曲與生説自不害其弘旨皆可畧之鵬之背不知其幾千里也怒

太上黄庭内景玉經一卷太上黄庭外景經一卷 題□梁丘子注　唐白履忠注　黄庭内景五臟六腑圖説一卷 唐胡悟撰

明刻本　二册

八行二十字，小字雙行同。白口，左右雙邊，單魚尾。框高22.2釐米，寬13.7釐米。

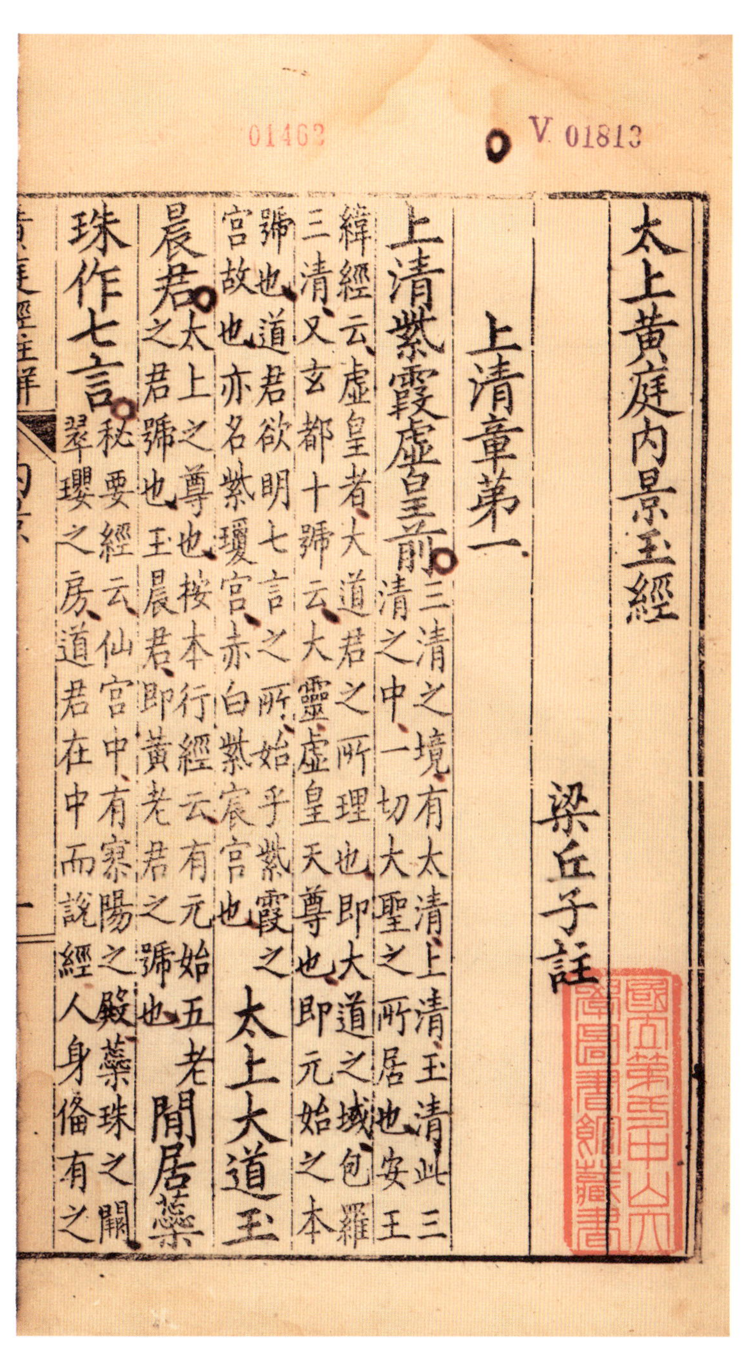

太上黄庭内景玉經

梁丘子註

上清章第一

上清紫霞虛皇前三清之境有太清上清玉清此三清之中一切大聖之所居也安王緯經云虛皇者大道君之所理也即大道之域包羅三清又玄都十號云大靈虛皇天尊也即元始之本號也道君欲明七言之所始乎紫霞之宮故也亦名紫瓊宮赤白紫宸宮也太上大道玉晨君太上之尊也按本行經云有元始五老之君號也玉晨君即黄老君之號也閒居蘂珠作七言秘要經云仙宮中有寥陽之殿蘂珠之闕翠瓔之房道君在中而說經人身備有之

黄庭經注解　内景　一

純陽呂真人文集八卷 唐呂巖撰

明黑格抄本　四册

九行十八字。黑口，四周雙邊，雙魚尾。框高18.6釐米，寬12.5釐米。鈐“戴震”“孔繼涵章”“傀儡”“阿梅”“芷臺”印。

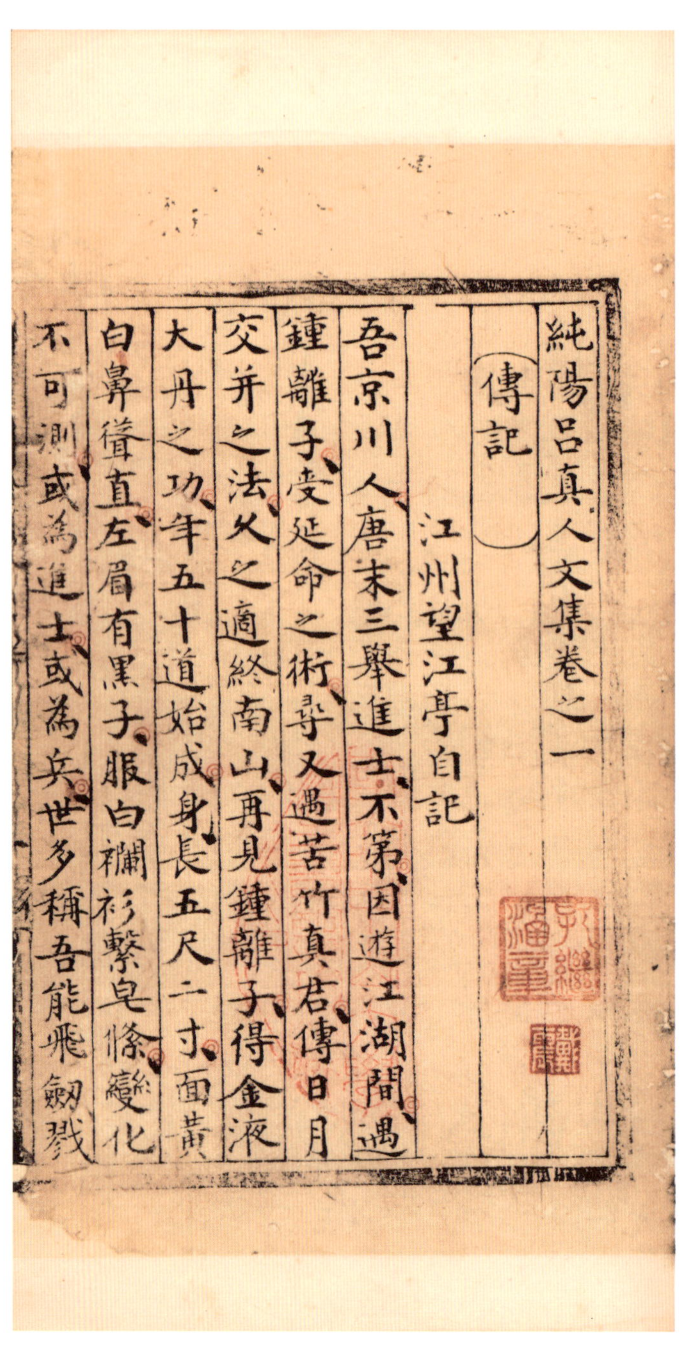

純陽呂真人文集卷之一

傳記

江州望江亭自記

吾京川人唐末三舉進士不第因遊江湖閒遇鍾離子受延命之術尋又遇苦竹真君傳日月交并之法久之適終南山再見鍾離子得金液大丹之功年五十道始成身長五尺二寸面黃白鼻聳直左眉有黑子服白襴衫繫皂絛變化不可測或為進士或為兵世多稱吾能飛劍戮

易外别傳一卷　元俞琰撰

明藍格抄本　一册

十一行二十二字。白口，四周單邊，三魚尾。框高22.6釐米，寬16.1釐米。

玄牝之門賦

此上玄下牝之門歟

一竅玄牝大丹本根是乃虛无之谷互為出入之門設鼎器之尊卑截然對立渾機關之闔闢妙以難言原夫神仙立修鍊之根基元氣常周流于上下鉛爐汞鼎自此而建玉關金闕識之者寡大哉玄牝不可得而名焉通乎陰陽是以謂之門也是爐鼎中藏汞鉛東接扶桑之谷西通華嶽之巔據二土之要妙合二土界兩弦之間平分兩弦大以無外小以無內下焉曰玄砵砂鼎偃月爐一機密運復命關歸根竅衆妙兼全是門也陽開陰闔開闔無窮日往月來往來不已上曰天關中納乾甲下為地户內藏坤癸

清庵先生中和集前集三卷後集三卷 元李道純撰　元蔡志頤輯

明刻本　六册

十行二十一字。白口，四周雙邊，三魚尾。框高20.7釐米，寬13.5釐米。

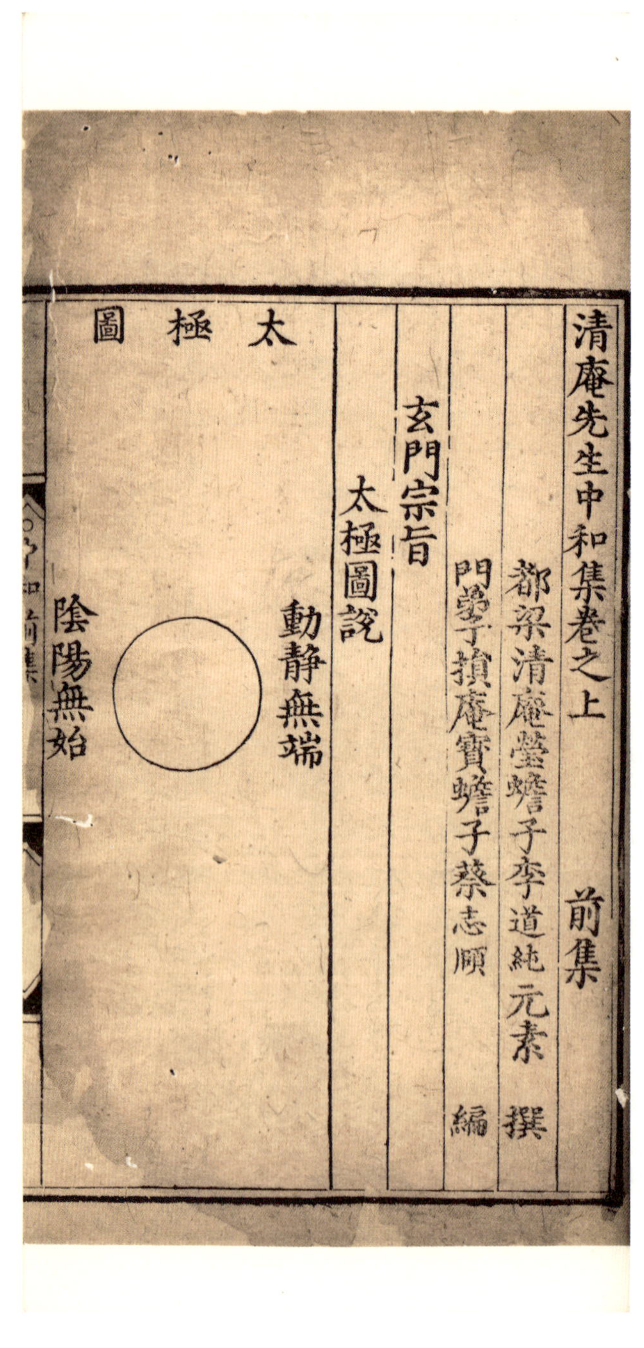
清庵先生中和集卷之上　前集
都梁清庵瑩蟾子李道純元素　撰
門弟子損庵寶蟾子蔡志頤　編
玄門宗旨
太極圖說
太極圖
動靜無端
陰陽無始

集部

五峰集卷第一

李孝光

古樂府

長干行

風從西來吹我庭前樹聞歡在揚州却向姑蘓去一作住客離長安教儂寄書處一作去

擬妾薄命

妾薄命當告一作語誰身年二八爲嬌兒阿婆歲歲不嫁女二十三十一作歲歲復一歲顔色衰天公兩手摶日月下燭萬一作百物

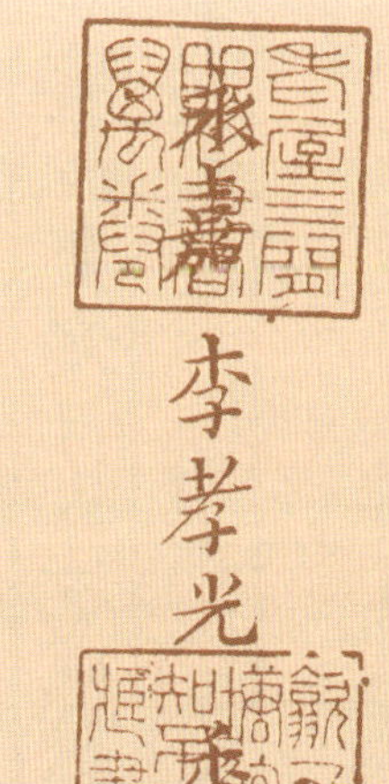

漢蔡中郎集六卷　漢蔡邕撰

明嘉靖二十七年（1548）楊賢刻本　六册

九行二十一字。白口，四周單邊。框高19.9釐米，寬13.6釐米。鈐“賀湖范玉亭家藏書畫印”印。前有嘉靖二十七年喬世寧序，言輯書事。卷端刻“明祋祤喬世寧景叔、無錫俞憲汝成校訂，任城楊賢子庸梓行”。入選第二批《名録》。

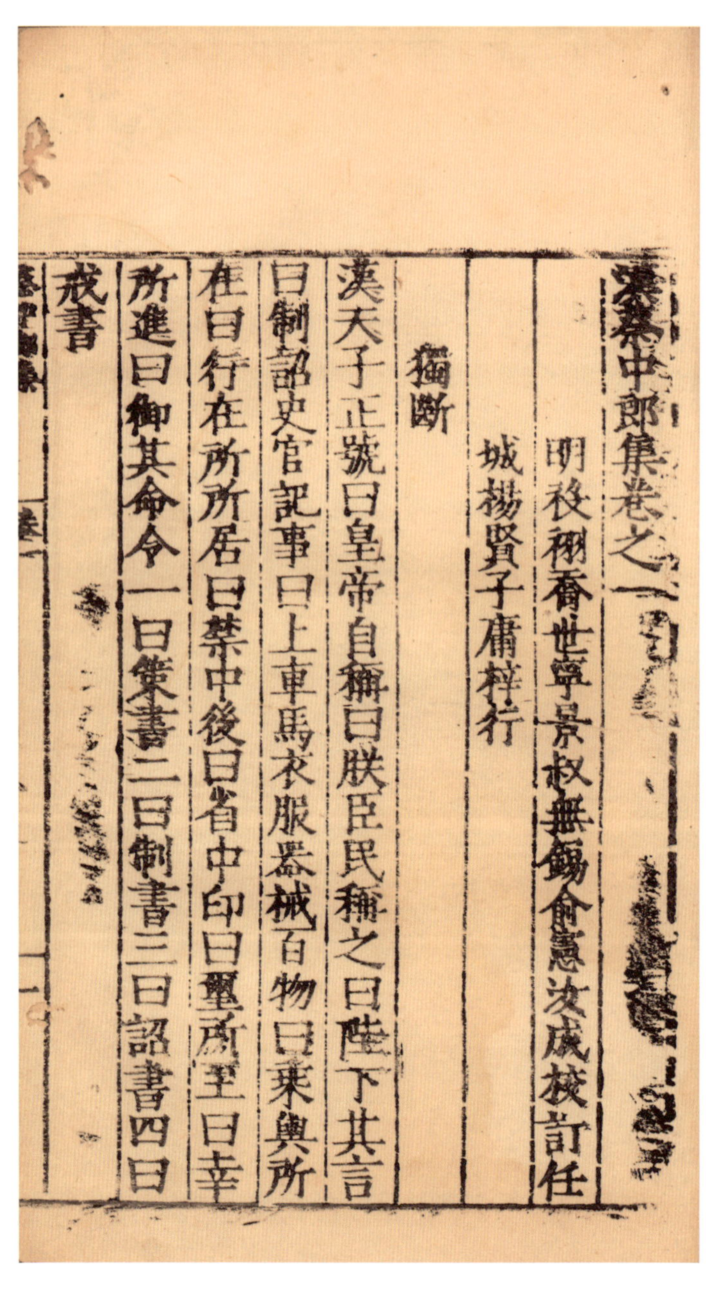
漢蔡中郎集卷之一
明祋祤喬世寧景叔無錫俞憲汝成校訂任
城楊賢子庸梓行
獨斷
漢天子正號曰皇帝自稱曰朕臣民稱之曰陛下其言
曰制詔史官記事曰上車馬衣服器械百物曰乘輿所
在曰行在所所居曰禁中後曰省中印曰璽所至曰幸
所進曰御其命令一曰策書二曰制書三曰詔書四曰
戒書

陶靖節集十卷　晋陶潛撰　宋湯漢等箋注　總論一卷

明嘉靖刻本　四册

九行十八字，小字雙行同。白口，左右雙邊。有刻工。框高20.5釐米，寬13.3釐米。鈐“王宗炎印”“真州吴氏有福讀書堂藏書”“天行”“胡乾之印”印。入選第二批《名録》。

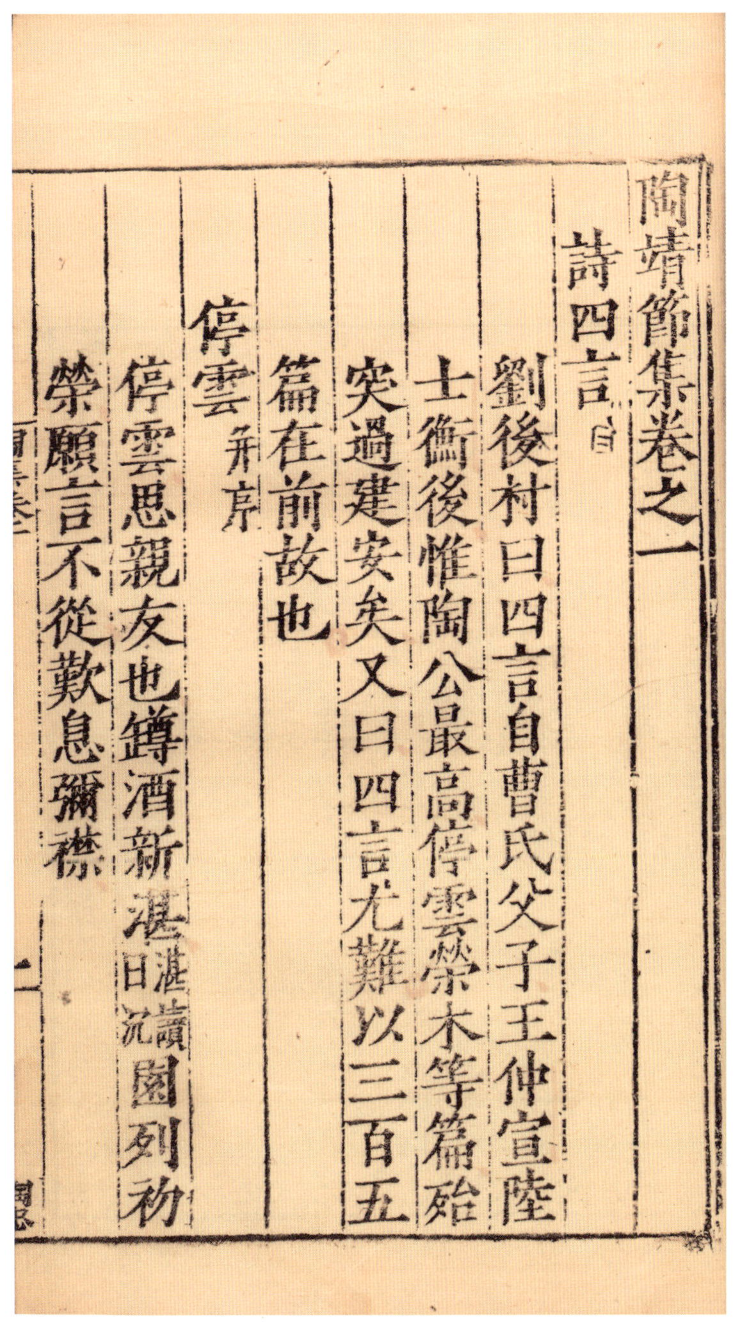

陶靖節集卷之一

詩四言自

劉後村曰四言自曹氏父子王仲宣陸士衡後惟陶公最高停雲榮木等篇殆突過建安矣又曰四言尤難以三百五篇在前故也

停雲并序

停雲思親友也罇酒新湛湛讀曰沉園列初榮願言不從歎息彌襟

唐駱先生集八卷 唐駱賓王撰 明王衡等評釋 附録一卷

明凌毓枏刻朱墨套印本 四册

八行十八字。欄上鎸評，行六字。白口，四周單邊。框高19.3釐米，寬14.2釐米。鈐“扶夷雲起樓藏”“竹邁”“香巖”“勛”“竹窠”“伴月樵人”“雲生”“一目十行”印。目録卷端刻凌毓枏校。入選第一批《名録》。

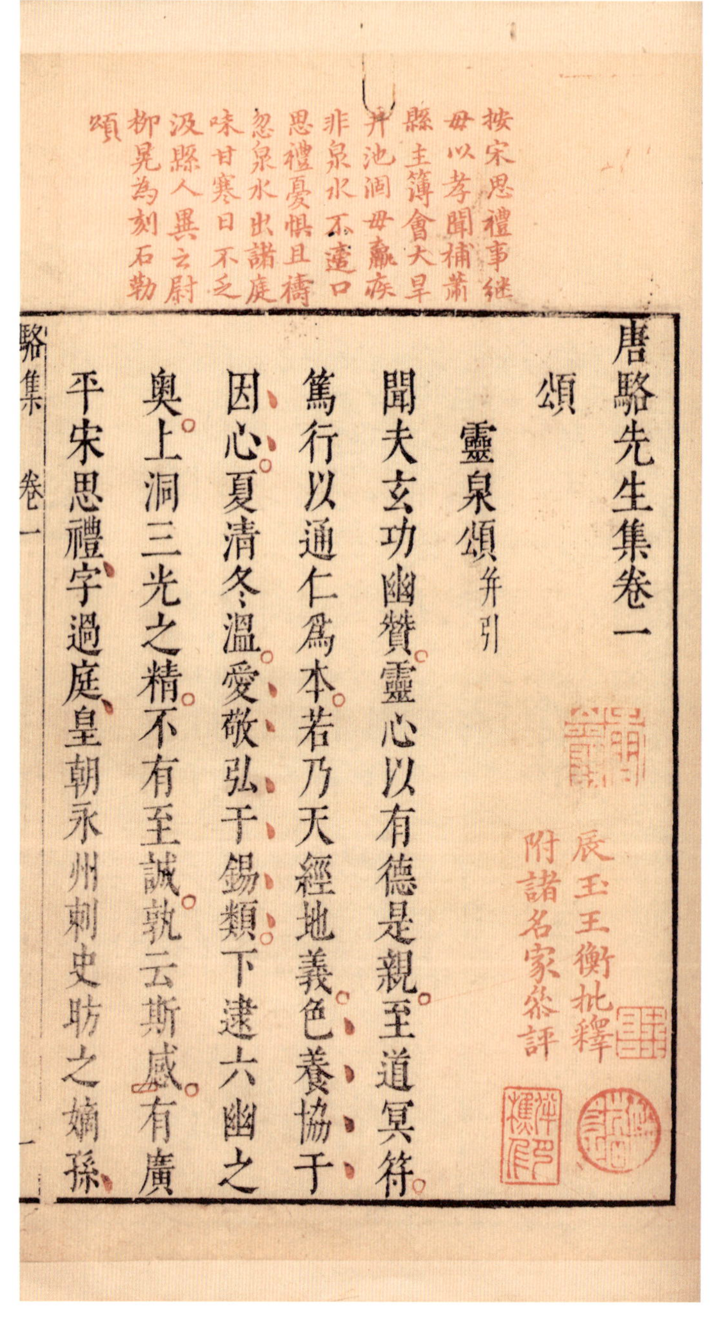
按宋思禮事繼母以孝聞補蕭縣主簿會大旱井池涸母羸疾非泉水不適口思禮憂惧且禱忽泉水出諸庭味甘寒日不乏汲縣人異之尉柳晃為刻石勒頌

唐駱先生集卷一
頌
靈泉頌并引
聞夫玄功幽贊靈心以有德是親至道冥符篤行以通仁爲本若乃天經地義色養協于因心夏凊冬溫愛敬弘于錫類下逮六幽之奥上洞三光之精不有至誠孰云斯感有廣平宋思禮字過庭皇朝永州刺史昉之嫡孫

辰玉王衡批釋
附諸名家評

駱集 卷一 一

李嶠集三卷　唐李嶠撰

明黑格抄本　周連寬跋　二册

十行十八字。白口，四周雙邊，單魚尾。框高18釐米，寬12.2釐米。鈐“錦盼樓”“豐華堂書庫寶藏印”等印。缺卷一第一、二葉。

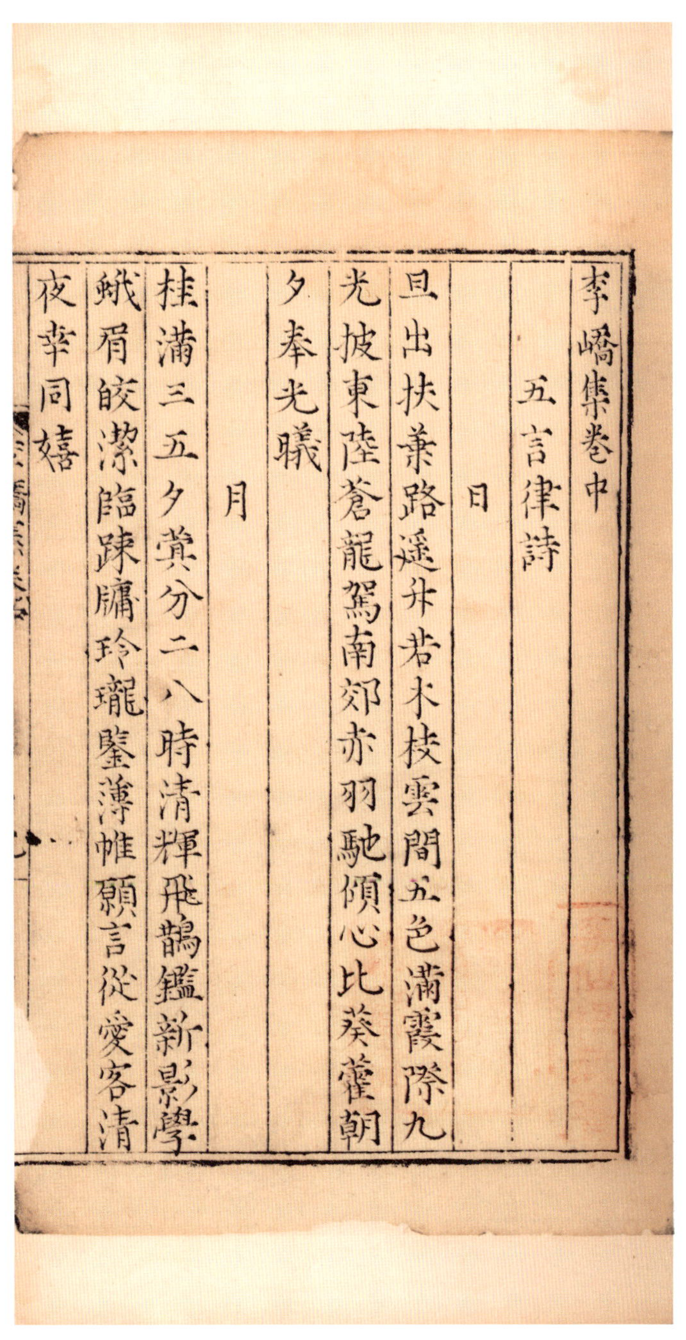

李嶠集卷中

五言律詩

日

旦出扶桑路遥升若木枝雲間五色滿霞際九光披東陸蒼龍駕南郊赤羽馳傾心比葵藿朝夕奉光曦

月

桂滿三五夕蓂分二八時清輝飛鵲鑑新影學蛾眉皎潔臨疎牖玲瓏鑒薄帷願言從愛客清夜幸同嬉

類箋唐王右丞詩集十卷 唐王維撰 宋劉辰翁評 明顧起經注 文集四卷集外編一卷 唐王維撰 明顧起經輯 年譜一卷 明顧起經撰 唐諸家同詠集一卷贈題集一卷歷朝諸家評王右丞詩畫鈔一卷 明顧起經輯

明嘉靖三十五年(1556)顧氏奇字齋刻本 二十册

九行十八字，小字雙行同。黑口，左右雙邊，單魚尾。有寫工及刻工。框高20.6釐米，寬14.7釐米。鈐“思雝氏”“鄭端濟印”“臣弘”“鄭弘之印”“晚香居士”“印廬所藏精品”“静翰”印。《年譜》後有牌記，刻“丙辰孟陬月得辛日錫山武陵顧伯子圖籍之宇刊”。入選第二批《名録》。

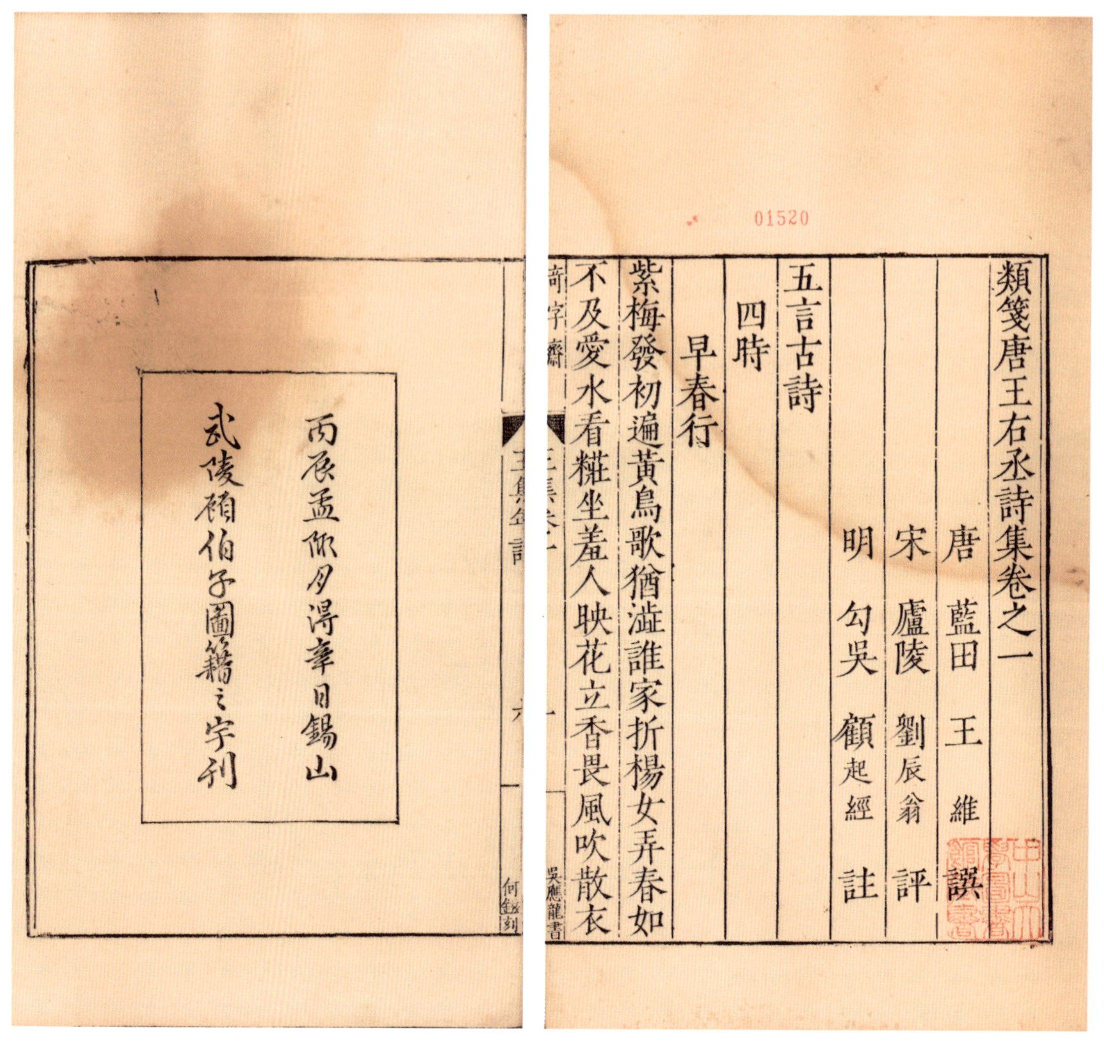

分類補註李太白詩二十五卷　唐李白撰　宋楊齊賢集注　元蕭士贇補注

明正德十五年（1520）安正書堂刻本　十五册

十一行二十三字，小字雙行同。黑口，四周雙邊，雙魚尾。框高19.4釐米，寬13釐米。入選第二批《名録》。

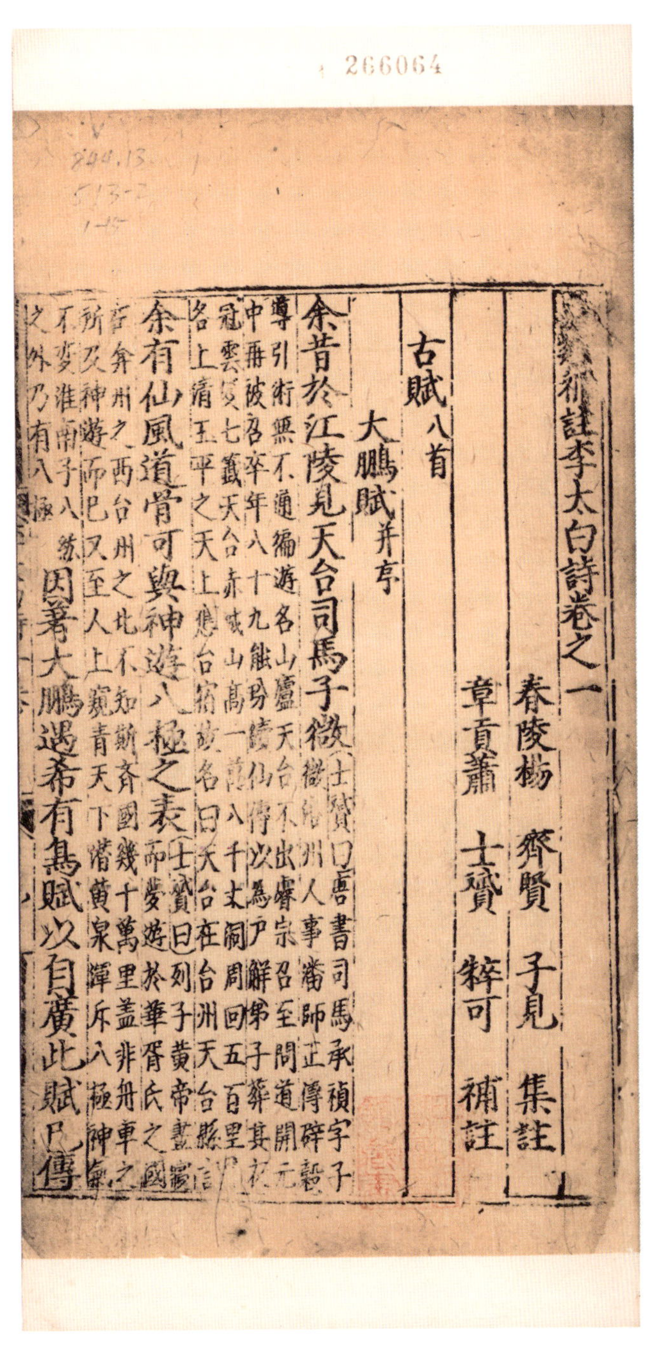

分類補註李太白詩卷之一

春陵楊　齊賢　子見　集註

章貢蕭　士贇　粹可　補註

古賦八首

大鵬賦并序

余昔於江陵見天台司馬子微（士贇曰唐書司馬承禎字子微洛州人事潘師正傳辟穀導引術無不通徧遊名山廬天台不出睿宗召至問道開元中冊彼名卒年八十九能爲續仙傳以爲尸解佛子葬其衣冠雲笈七籤天台赤城山高一萬八千丈周回五百里名上清玉平之天上應台宿故名曰天台在台州天台縣）余有仙風道骨可與神遊八極之表（士贇曰列子黃帝晝寢而夢遊於華胥氏之國華胥氏之國在弇州之西台州之北不知斯齊國幾千萬里蓋非舟車之所及神遊而已又至人上窺青天下潛黃泉揮斥八極神氣不變淮南子八紘之外乃有八極）因著大鵬遇希有鳥賦以自廣此賦已傳

韋蘇州集十卷拾遺一卷總論一卷　唐韋應物撰　宋劉辰翁等評

明凌濛初刻朱墨套印《陶韋合集》本　四册

八行十八字。欄上鐫評，行六字。白口，四周單邊。框高21.4釐米，寬14.1釐米。入選第一批《名録》。

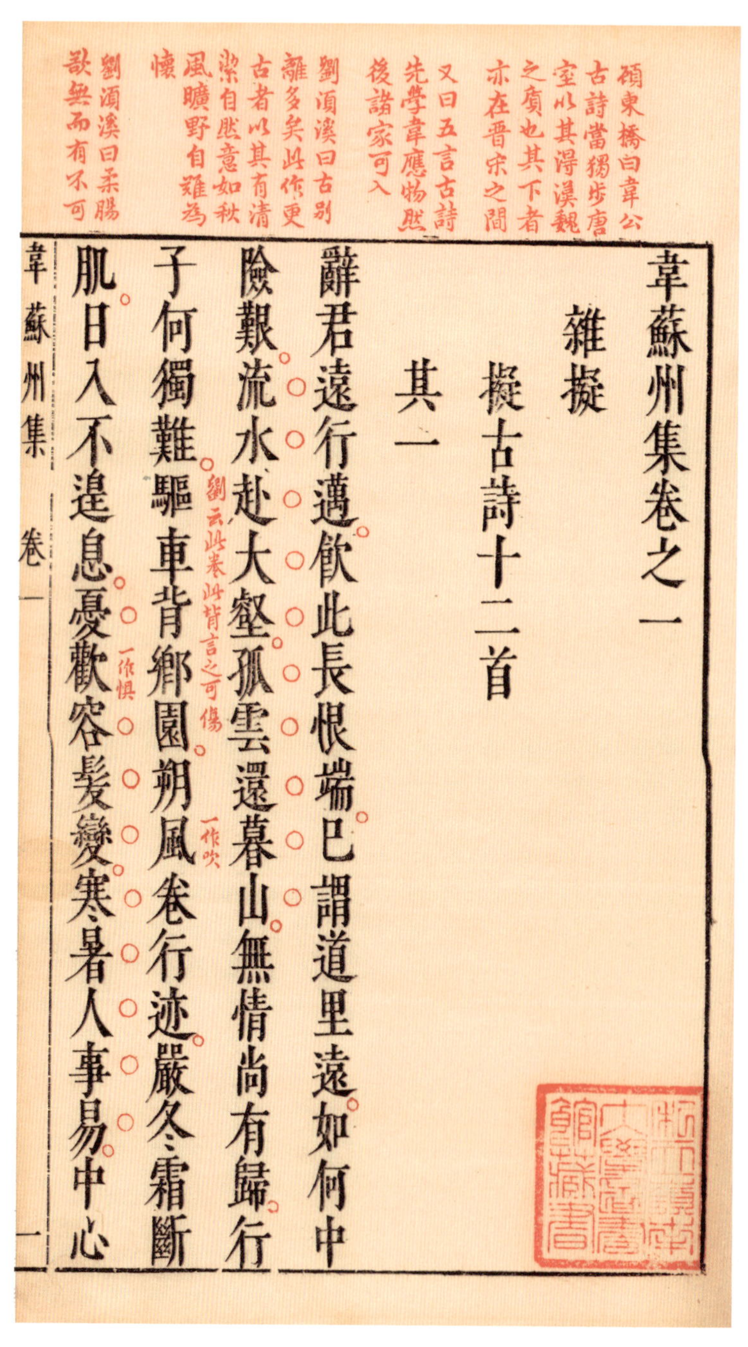
顧東橋曰韋公古詩當獨步唐室以其得漢魏之質也其下者亦在晉宋之間

又曰五言古詩先學韋應物然後諸家可入

劉須溪曰古别離多矣此作更古者以其有清潔自然意如秋風曠野自難為懷

劉須溪曰柔腸欲無而有不可

韋蘇州集卷之一

雜擬

擬古詩十二首

其一

辭君遠行邁飲此長恨端已謂道里遠如何中險艱流水赴大壑孤雲還暮山無情尚有歸行子何獨難驅車背鄉園朔風卷（一作吹）行迹嚴冬霜斷肌日入不遑息憂（一作惧）歡容髮變寒暑人事易中心

劉云此衆此背言之可傷

韋蘇州集　卷一　一

韋蘇州集十卷　唐韋應物撰

清郭超抄本　二册

十行十八字。無欄格。書高25.5釐米，寬16釐米。鈐“破研先生”“固安劉峙珍藏印記”“升岸”“廷芝”“濁民”印。

韋蘇州集卷之一

古賦一首　泰和後學郭　超録

冰賦

夏六月白日當午火雲四至金石灼爍玄泉潛
沸雖淩居廣廈珍簟輕箑而亦鬱〻燠〻不能
和平其氣陳王於是登別館散幽情招親友以
高會尊仲宣為客卿睹頒冰之適至喜煩暑之
暫清王乃誇賓而歌曰含皎〻兮瓊玉姿氣淒
〻兮奪天時飲之瑩骨兮何所思可進於賓請

杜工部七言律詩二卷　唐杜甫撰　元虞集注

清抄本　清徐三庚題識　二册

八行十八字，小字雙行同。白口，四周雙邊，雙魚尾。框高17.8釐米，寬12.4釐米。鈐“滋畬”“夏樹嘉印”“田耕堂藏”“羨門氏”“泉唐夏氏金石秘笈子孫永保”“平叔”印。

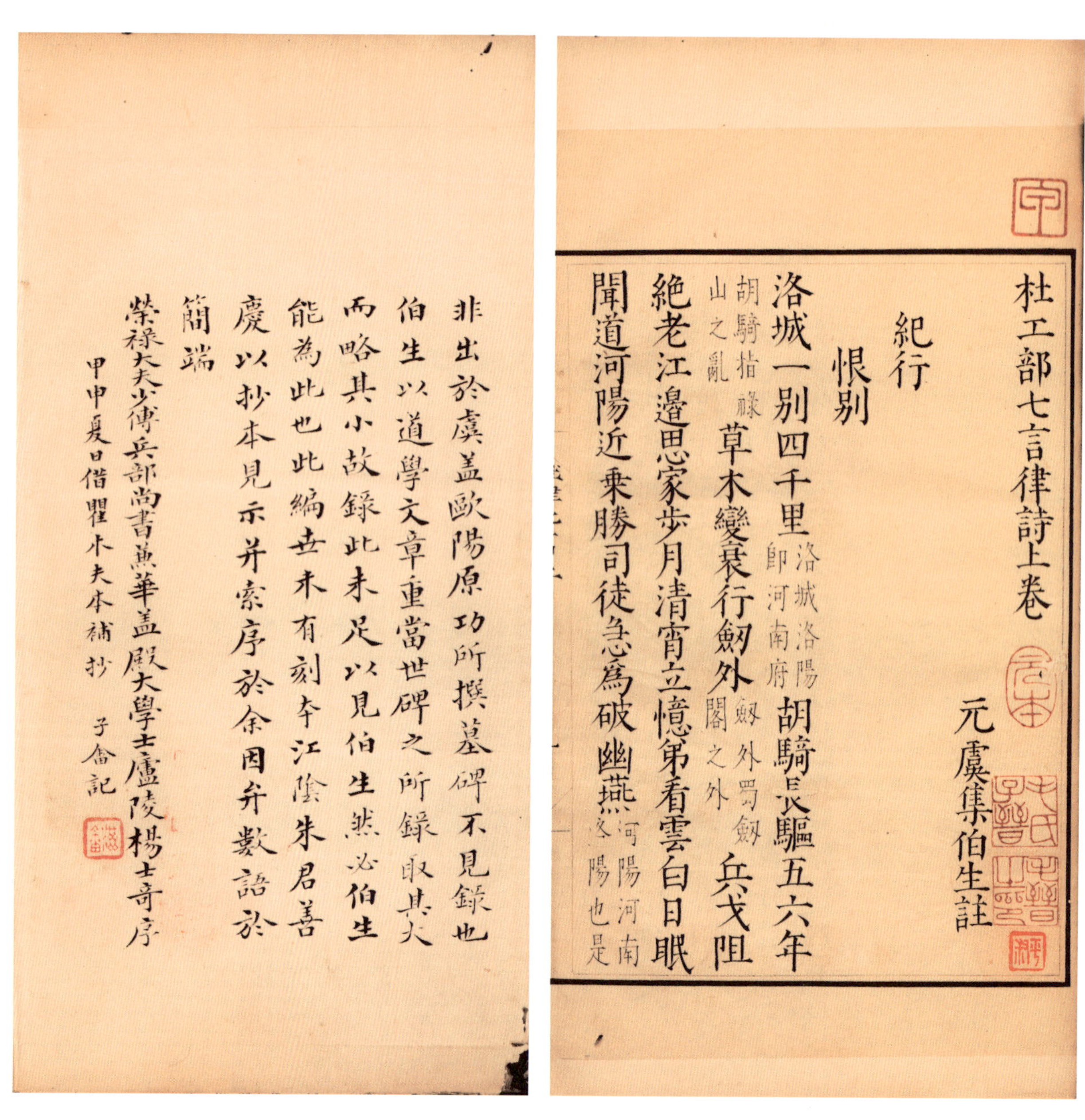
非出於虞盖歐陽原功所撰墓碑不見録也
伯生以道學文章重當世碑之所録取其大
而略其小故録此未足以見伯生然必伯生
能為此也此編世未有刻本江陰朱君善
慶以抄本見示并索序於余因弁數語於
簡端
榮禄大夫少傅兵部尚書兼華盖殿大學士廬陵楊士奇序
甲申夏日借瞿木夫本補抄　子畬記

杜工部七言律詩上卷
元虞集伯生註
紀行
恨别
洛城一别四千里洛城洛陽即河南府胡騎長驅五六年胡騎指祿山之亂草木變衰行劒外劒外蜀劒閣之外兵戈阻
絶老江邊思家步月清宵立憶弟看雲白日眠
聞道河陽近乘勝司徒急爲破幽燕河陽河南洛陽也是

讀杜詩寄盧小箋三卷 清錢謙益撰

清乾隆間惠氏紅豆齋抄本 一册

十行二十二字。黑口，四周雙邊，單魚尾。框高19.5釐米，寬14.4釐米。鈐“季言”“勞權之印”“蟫盦”“丹鉛精舍”印。每葉板框左下欄外有“紅豆齋藏书鈔本”。

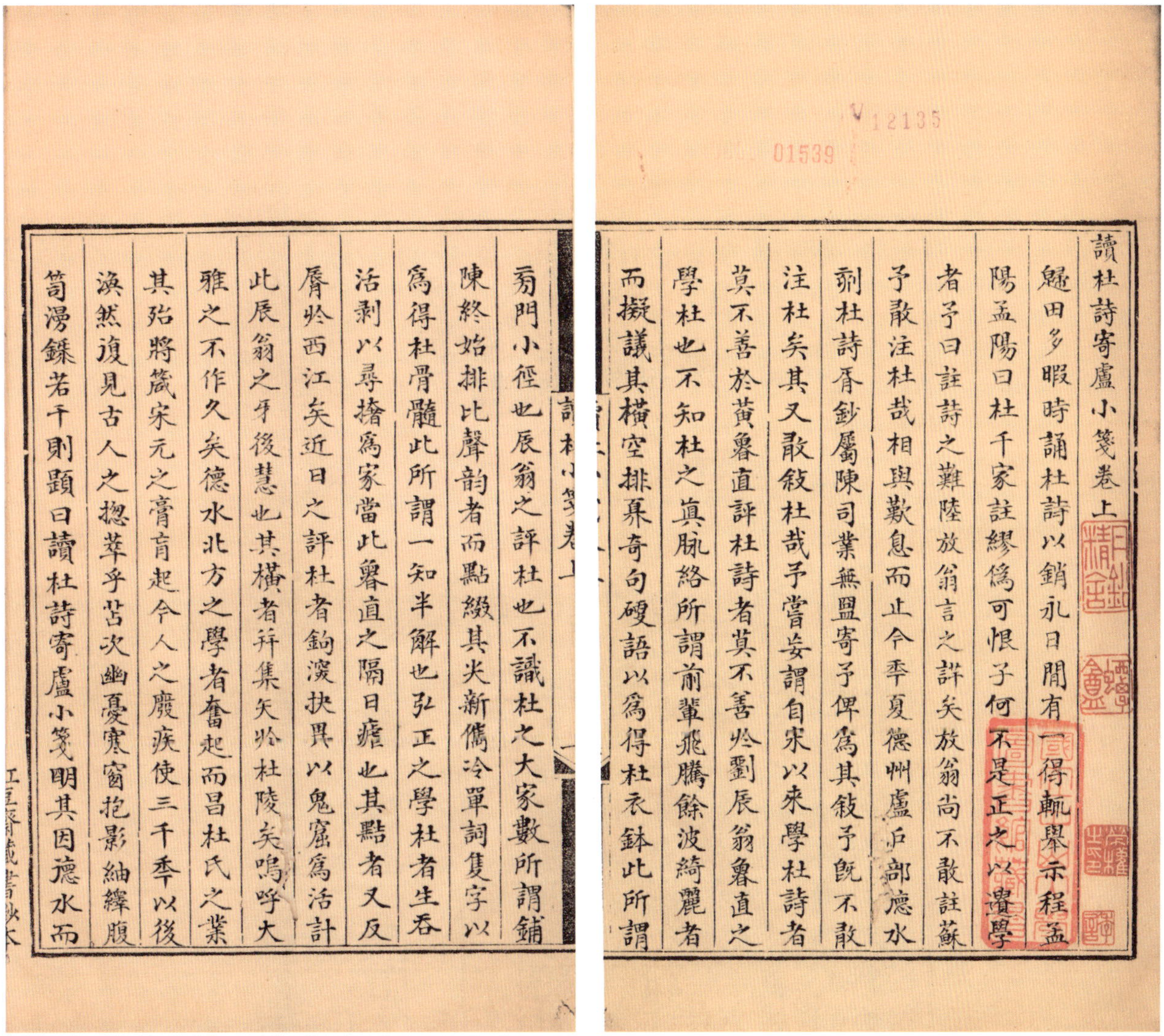

杜工部集二十卷 唐杜甫撰 清錢謙益箋注 唱酬題詠附録一卷諸家詩話一卷附録一卷年譜一卷

清康熙六年（1667）季振宜静思堂刻本 清唐岳批校并録查慎行批 六册

十一行二十字，小字雙行不滿行。黑口，四周雙邊，雙魚尾。框高17.8釐米，寬13.3釐米。鈐“桂林唐氏仲方珍藏圖籍之印”“桂林唐氏珍藏書籍”“涵通樓藏書印”印。

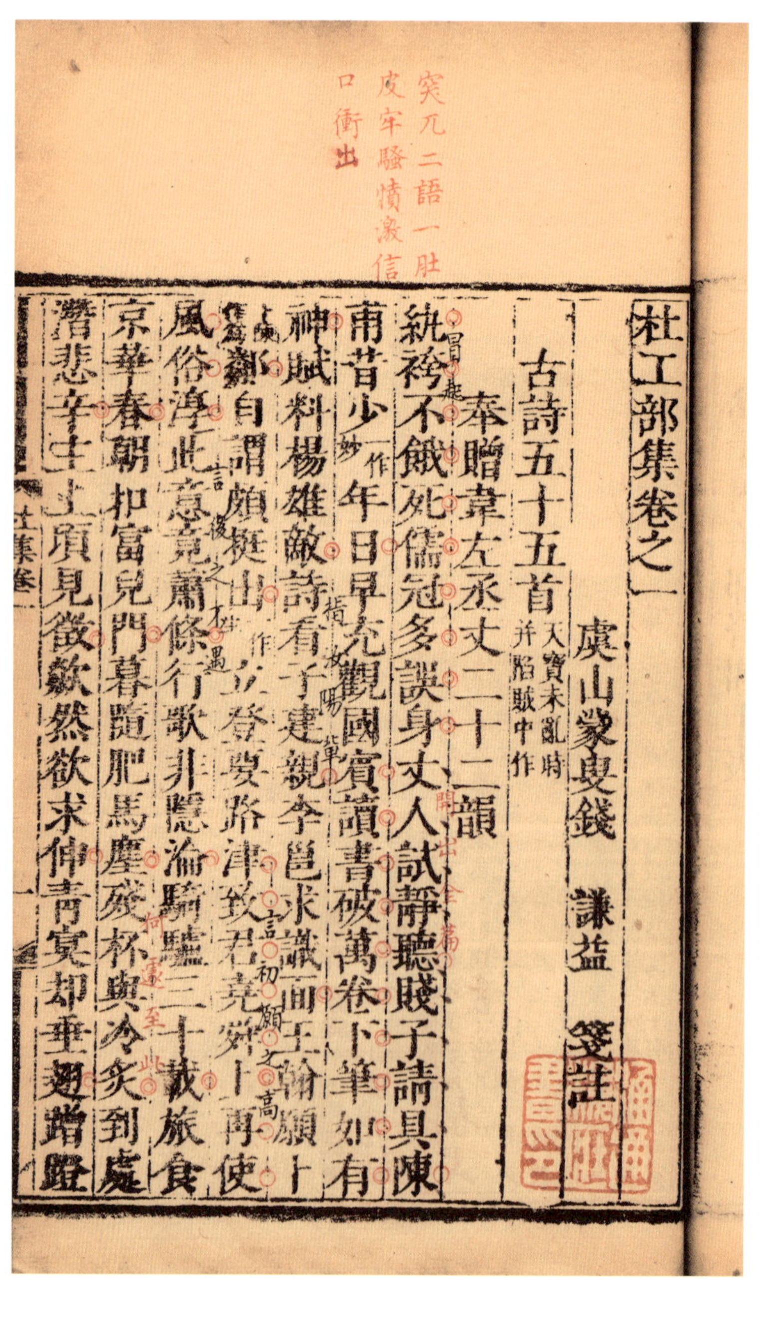

朱文公校昌黎先生文集四十卷外集十卷 唐韓愈撰　宋朱熹考異　宋王伯大音釋 傳一卷

明初刻本　二十册

十三行二十三字，小字雙行同。黑口，四周雙邊，雙魚尾。有刻工。框高18.8釐米，寬12.5釐米。鈐“延古堂李氏珍藏”“可也軒”“悵古人不見我”印。入選第二批《名録》。

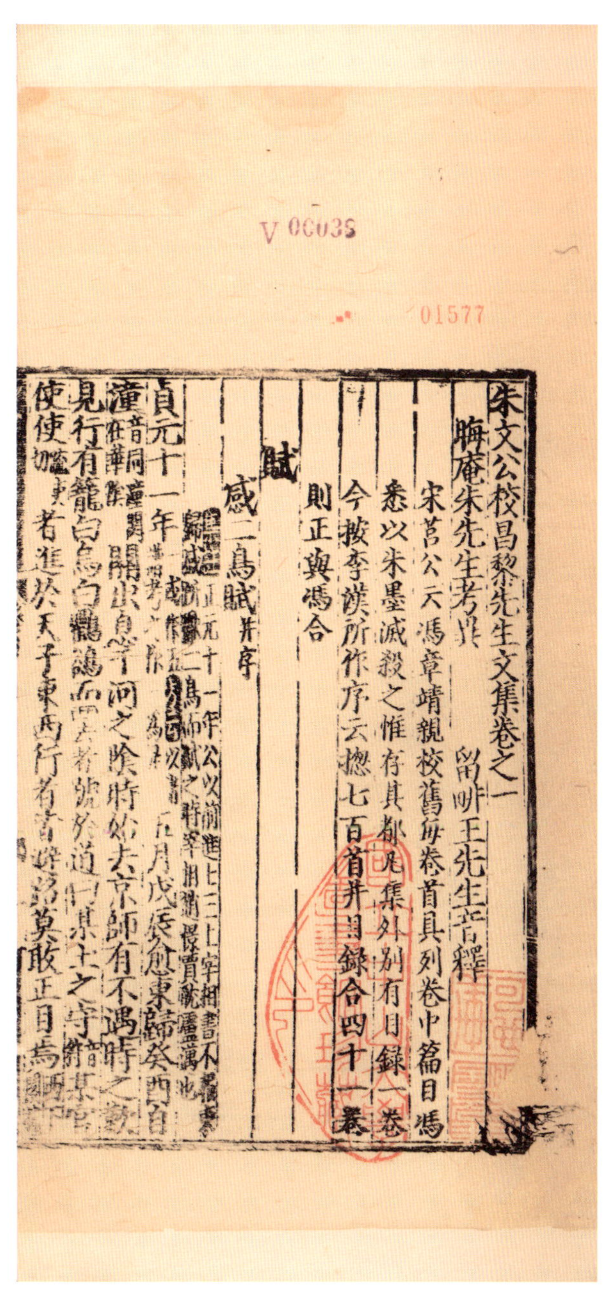
朱文公校昌黎先生文集卷之一
晦庵朱先生考異　留畊王先生音釋
宋莒公云馮章靖親校舊每卷首具列卷中篇目馮
悉以朱墨滅殺之惟存其都凡集外别有目録一卷
今按李漢所作序云揔七百首并目録合四十一卷
則正與馮合
賦
感二鳥賦并序
貞元十一年 [illegible] 五月戊辰愈東歸癸酉自
潼 [illegible] 關出息于河之陰時始去京師有不遇時之歎
見行有籠白烏白鸜鵒而西者號於道曰某土之守
使使 [illegible] 者進於天子東西行者皆避路莫敢正目焉

朱文公校昌黎先生文集四十卷外集十卷 唐韓愈撰 宋朱熹考異 宋王伯大音釋 傳一卷

明刻清天德堂重修本 清唐岳跋并録吕璜評點 十一册

九行十八字，小字雙行同。白口，四周雙邊，單魚尾。框高22釐米，寬14.5釐米。鈐“天德堂藏書”“桂林唐氏仲方珍藏圖籍之印”“桂林唐岳珍藏書籍”“十萬卷樓”“涵通樓藏書印”印。扉頁刻“宋本重刊，天德堂梓行”。

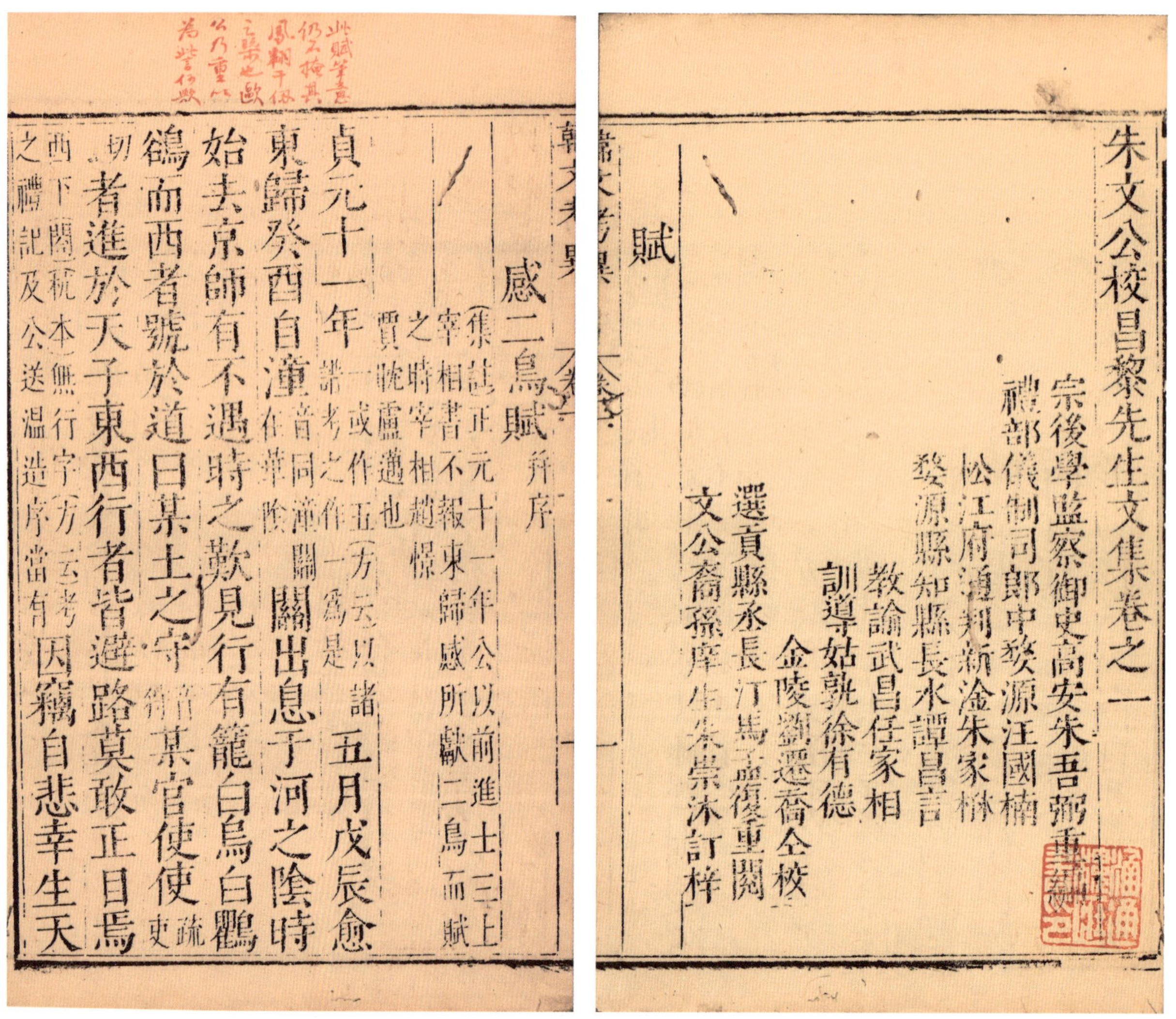

昌黎先生集四十卷遺文一卷 唐韓愈撰 宋廖瑩中校正

清同治九年（1870）廣東述古堂刻本 清陳澧批校 黎騷跋 六册

十行二十字。白口，四周雙邊，單魚尾。框高18.8釐米，寬13.4釐米。鈐“陳澧之印”“蘭甫”“陳宗穎印”“暢九校讀”“據梧尋夢室”“順德黎騷暢九”“暢九”“順德黎騷據梧尋夢室所藏”“黎騷暢九父”“順德黎暢九收藏書畫印”“暢九寓目”“據梧尋夢室藏”“滄州”“暢九小詩”印。扉頁刻“同治九年閏月廣東述古堂栞”。

名儒近仰陳東塾，博學更能書畫娱。一集昌黎李粤刻，行楷批校细研朱。是冊為東塾先生批校本，且為粤刻下資也，因録藏書絶句之一以弁書。乃先生令孫仲獻教授所贻者，尤可感也。弟七十八戊戌暢九黎騷記

昌黎先生集卷第三十四

碑誌

南陽樊紹述墓誌銘

樊紹述既卒且葬，愈將銘之，從其家求書，得書號魁紀公者三十卷，曰樊子者又二十卷，春秋集傳十五卷，表牋狀策書序傳記紀誌説論今文讚銘凡二百九十一篇，道路所遇及器物門里雜銘二百二十，賦十，詩七百一十九，曰多矣哉！古未嘗有也。然而必出於己，不襲蹈前人一言一句，又何其難也！必出入仁義，其富若生蓄，萬物必具，海含地負，放恣橫從，無所

劉賓客集三十卷外集十卷 唐劉禹錫撰

清味書室抄本（卷一至四抄配） 清鄭江校并跋 十二册

十行二十字。白口，四周雙邊，單魚尾。框高21.2釐米，寬14.3釐米。鈐“書帶草堂藏印”印。版心下有“味書室日鈔”。

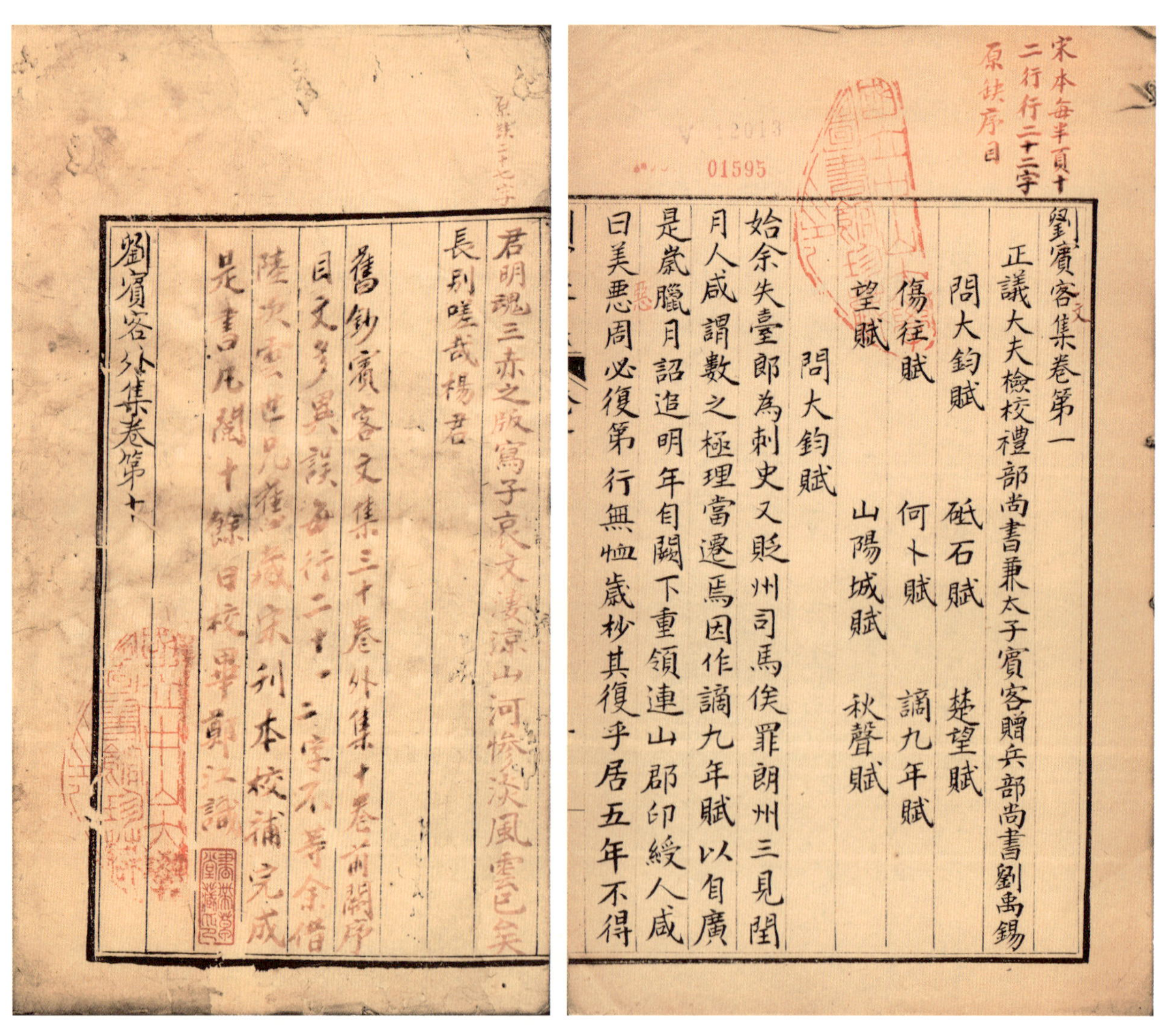

增廣註釋音辯唐柳先生集四十三卷别集二卷外集二卷　唐柳宗元撰　宋童宗説注釋　宋張敦頤音辯　宋潘緯音義　附録一卷

明初刻本　二十册

十三行二十三字，小字雙行同。黑口，四周雙邊，雙魚尾。框高20釐米，寬12.7釐米。鈐"可也軒""悵古人不見我"印。入選第二批《名録》。

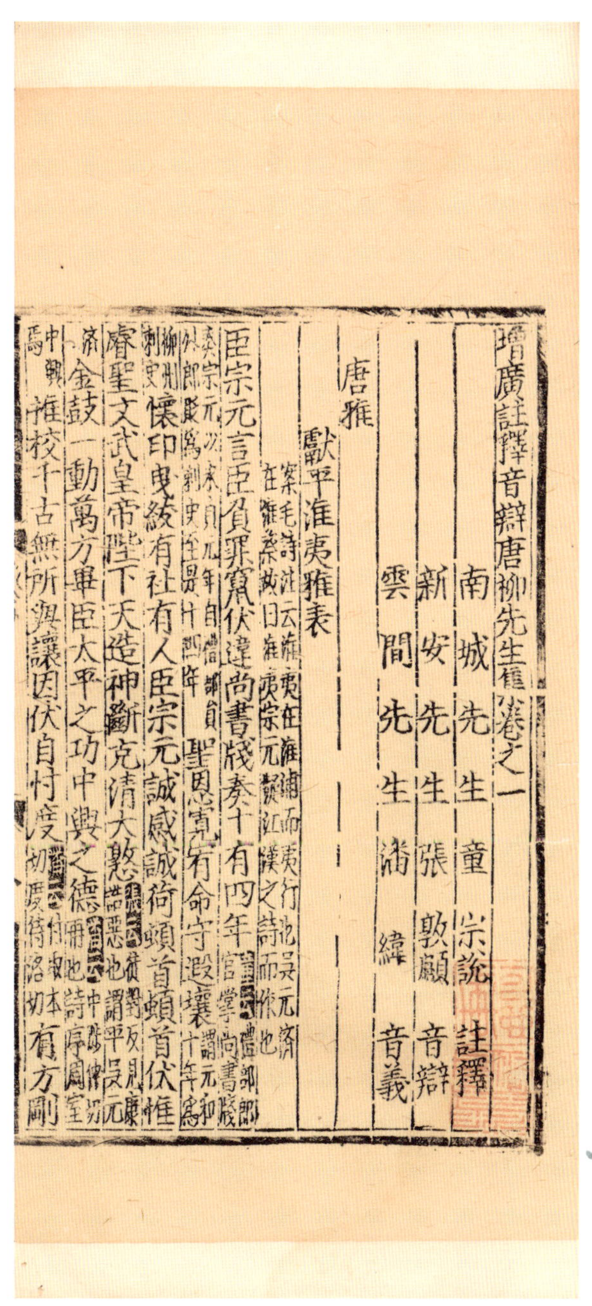
增廣註釋音辯唐柳先生集卷之一
南城先生童宗説註釋
新安先生張敦頤音辯
雲間先生潘緯音義
唐雅
獻平淮夷雅表
臣宗元言臣負罪竄伏違尚書牋奏十有四年
懷印曳紱有社有人臣宗元誠感誠荷頓首頓首伏惟
睿聖文武皇帝陛下天造神斷克清大憝
濟金鼓一動萬方畢臣太平之功中興之德
推校千古無所與讓因伏自忖度
有方剛

唐李文公集十八卷　唐李翶撰

清抄本　清朱錫庚跋　四册

十行二十字。無欄格。書高31.8釐米，寬19.4釐米。鈐“朱錫庚印”“錫庚閲目”“大興朱氏竹君藏書之印”“金石刻畫臣能爲”印。

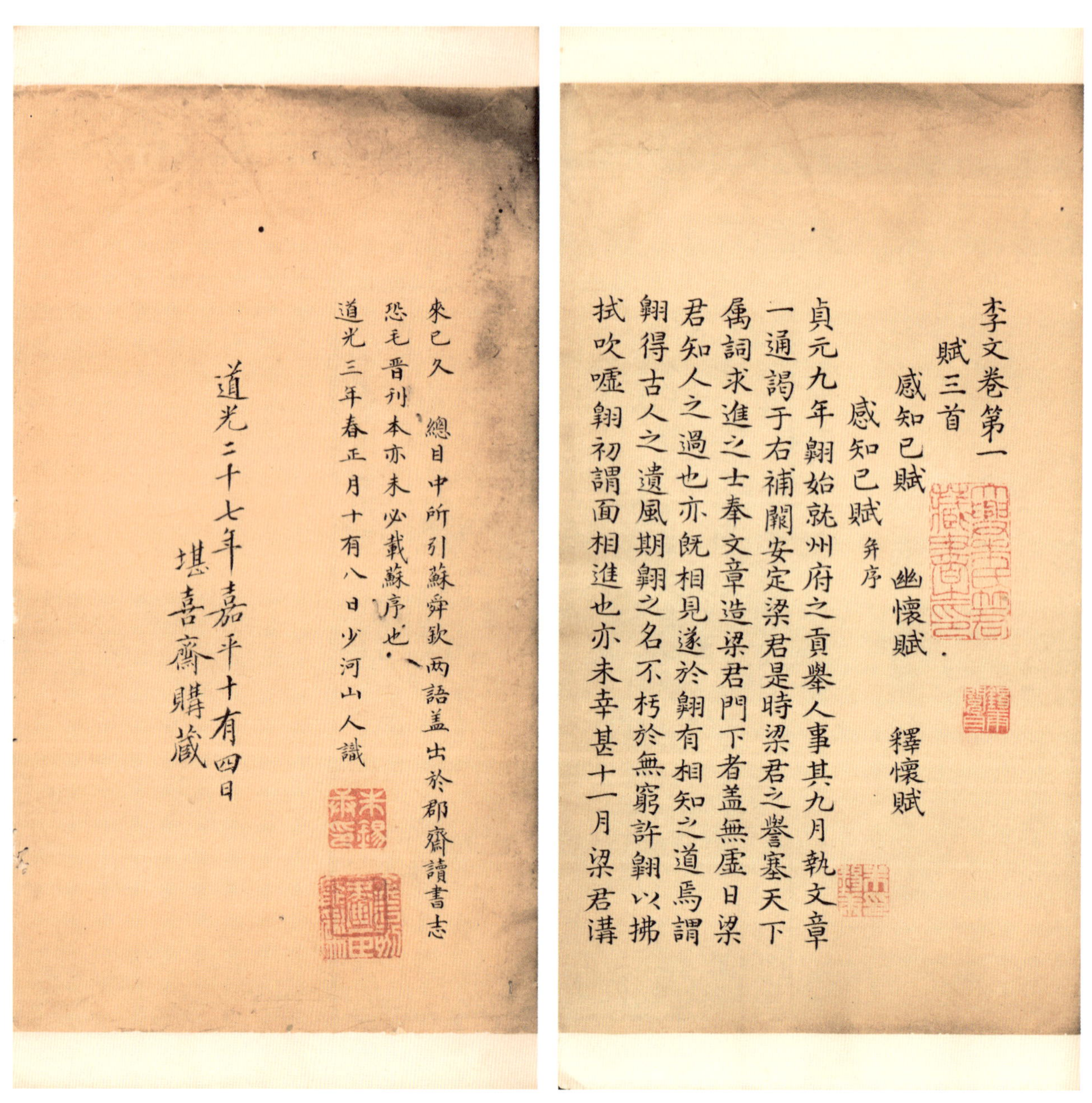

來已久　總目中所引蘇舜欽兩語蓋出於郡齋讀書志
恐毛晉刊本亦未必載蘇序也
道光三年春正月十有八日少河山人識
道光二十七年嘉平十有四日
堪喜齋購藏

李文卷第一
賦三首
感知己賦　幽懷賦　釋懷賦
感知己賦 并序
貞元九年翶始就州府之貢舉人事其九月執文章
一通謁于右補闕安定梁君是時梁君之譽塞天下
屬詞求進之士奉文章造梁君門下者蓋無虛日梁
君知人之過也亦既相見遂於翶有相知之道焉謂
翶得古人之遺風期翶之名不朽於無窮許翶以拂
拭吹噓翶初謂面相進也亦未幸甚十一月梁君溝

香山詩鈔不分卷 唐白居易撰

清心太平盦抄本 四册

九行二十字。白口，四周單邊，單魚尾。框高17.8釐米，寬10.1釐米。鈐“菱湖費氏藏書”印。每葉版框左下欄外有“心太平盦”。

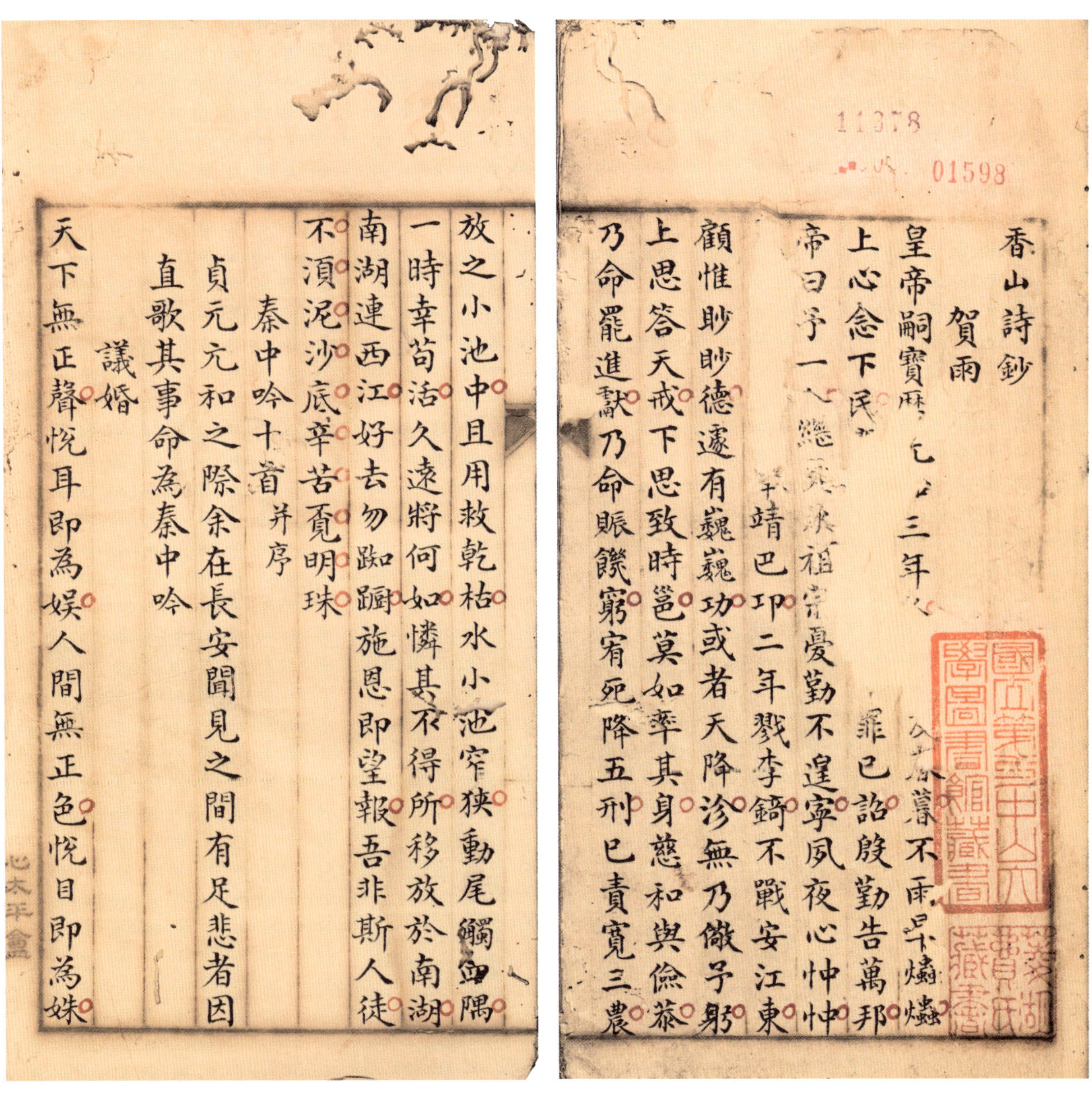

皇甫持正集六卷　唐皇甫湜撰

清抄本　二册

十行二十一字。無欄格。書高28.2釐米，寬17.2釐米。鈐“東莞莫氏珍藏”“天一藏書”“葉啓芳藏”“天涯芳草”“葉啓芳甲酉六十藏書”“葉啓芳印”“印廬珍藏”印。

皇甫持正集卷之一

唐　皇甫湜　撰

東還賦

歸去來兮將息我以勸遊日月出入如忽然兮何東西南北之悠悠淹踵楚以轢宋幾途梁而軌周旋巴鄧兮結鞅事崤函兮相軜褫余魄於波瀾委余迹於陵卭來默默兮無定住區區兮曷求朝吾既去夫帝鄉越嵩華而並河經淮水兮淩大江抵揚州之寄家亘年歲以不居謂須臾息足以逢蝸曽不得暖牀之席扁舟湫兮前程途時浩瀚兮月逶迤陟火嶺之峩峩既脱身於水險

樊紹述集二卷 唐樊宗師撰 清孫之騄輯注

清抄本 二册

十行二十字。黑口，四周單邊，雙魚尾。框高19.9釐米，寬15釐米。

樊紹述集卷之一

絳守居園池記

紹史絳繆侯居之漢爲縣今隸絳有絳山絳水

有故絳城在翼城東南曲沃南二里景公遷新

田又曰絳乃以翼爲故絳許謙曰記守居之園

池非記守居也舊注多誤

絳卽東雍

雍去聲杜氏通典絳州春秋時爲晉國卽故絳與

新田之都也後韓魏趙滅晉其地屬魏秦屬河東

重訂李義山詩集箋注三卷集外詩箋注一卷 唐李商隱撰　清朱鶴齡箋注　清程夢星删補　年譜一卷詩話一卷　清程夢星輯

清乾隆十一年（1746）東柯草堂刻本　清唐岳批點　三册

缺《詩集箋注》卷中。十行二十一字，小字雙行三十一字。黑口，四周單邊，單魚尾。框高18.4釐米，寬13.8釐米。鈐“仲實珍藏”“仲實”“桂林唐仲實珍藏之印”“桂林唐氏仲實珍藏書籍之印”印。扉頁刻“東柯草堂校刊”。

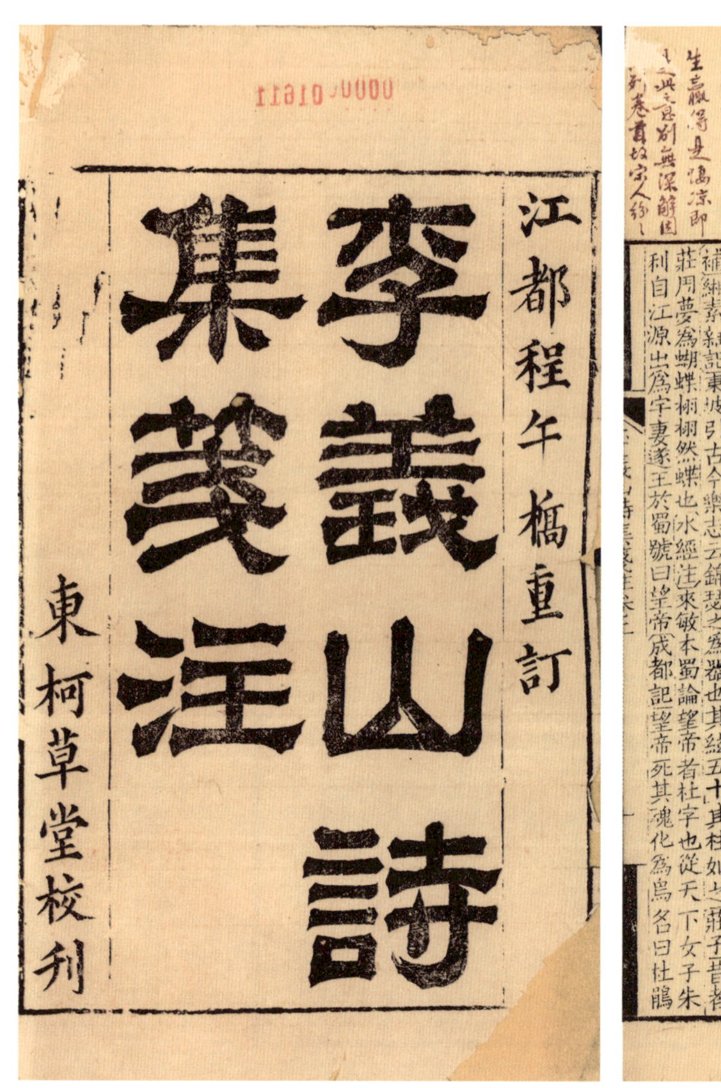

江都程午橋重訂

李義山詩集箋注

東柯草堂校刊

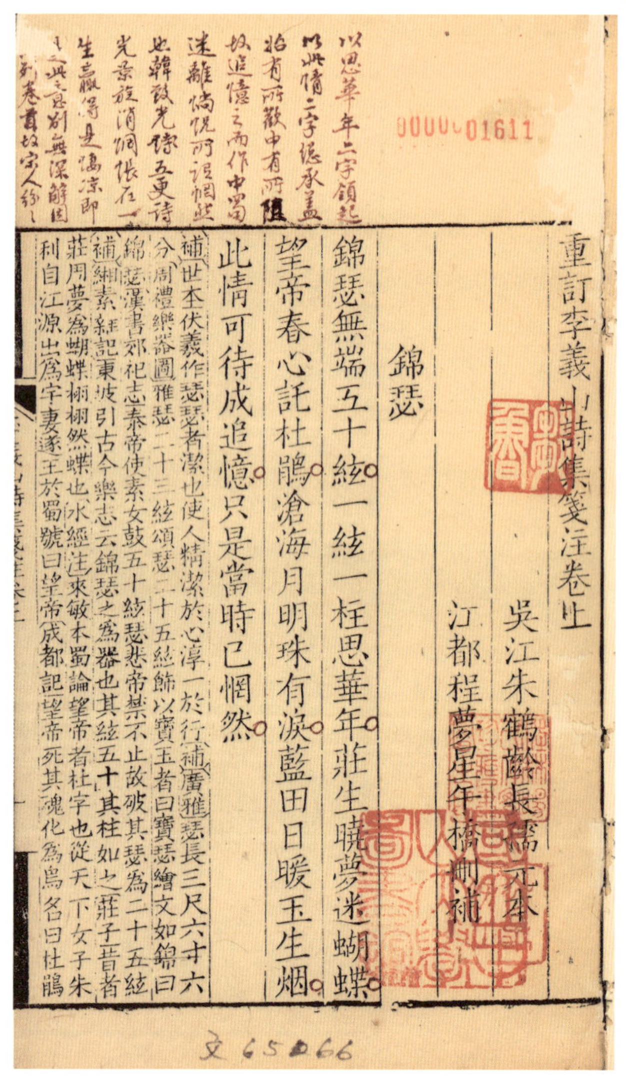

重訂李義山詩集箋注卷上

吳江朱鶴齡長孺元本

江都程夢星午橋删補

錦瑟

錦瑟無端五十絃。一絃一柱思華年。莊生曉夢迷蝴蝶。望帝春心託杜鵑。滄海月明珠有淚。藍田日暖玉生烟。此情可待成追憶。只是當時已惘然。

補〔世本〕伏羲作瑟瑟者潔也使人精潔於心淳一於行 補〔廣雅〕瑟長三尺六寸六分〔周禮樂器圖〕雅瑟二十三絃頌瑟二十五絃飾以寶玉者曰寶瑟繪文如錦曰錦瑟〔漢書郊祀志〕泰帝使素女鼓五十絃瑟悲帝禁不止故破其瑟爲二十五絃 補〔緗素雜記〕東坡引古今樂志云錦瑟之爲器也其絃五十其柱如之〔莊子〕昔者莊周夢爲蝴蝶栩栩然蝴蝶也〔水經注〕來敏本蜀論望帝者杜宇也從天下女子朱利自江源出爲宇妻遂王於蜀號曰望帝〔成都記〕望帝死其魂化爲鳥名曰杜鵑

唐秘書省正字先輩徐公釣磯文集十卷　唐徐夤撰

清抄本　三册

十行二十字。黑口，四周單邊，雙魚尾。框高20釐米，寬15釐米。

浣花集十卷 唐韋莊撰 明末毛氏緑君亭刻本 補遺一卷 明毛晋輯

明末毛氏汲古閣刻本 二册

八行十八字。白口，四周單邊。框高20.5釐米，寬13.3釐米。鈐“宣翼館印”“群玉山房藏書記”“餘姚謝氏永耀樓藏書”印。版心刻“緑君亭”“汲古閣”。入選第二批《名録》。

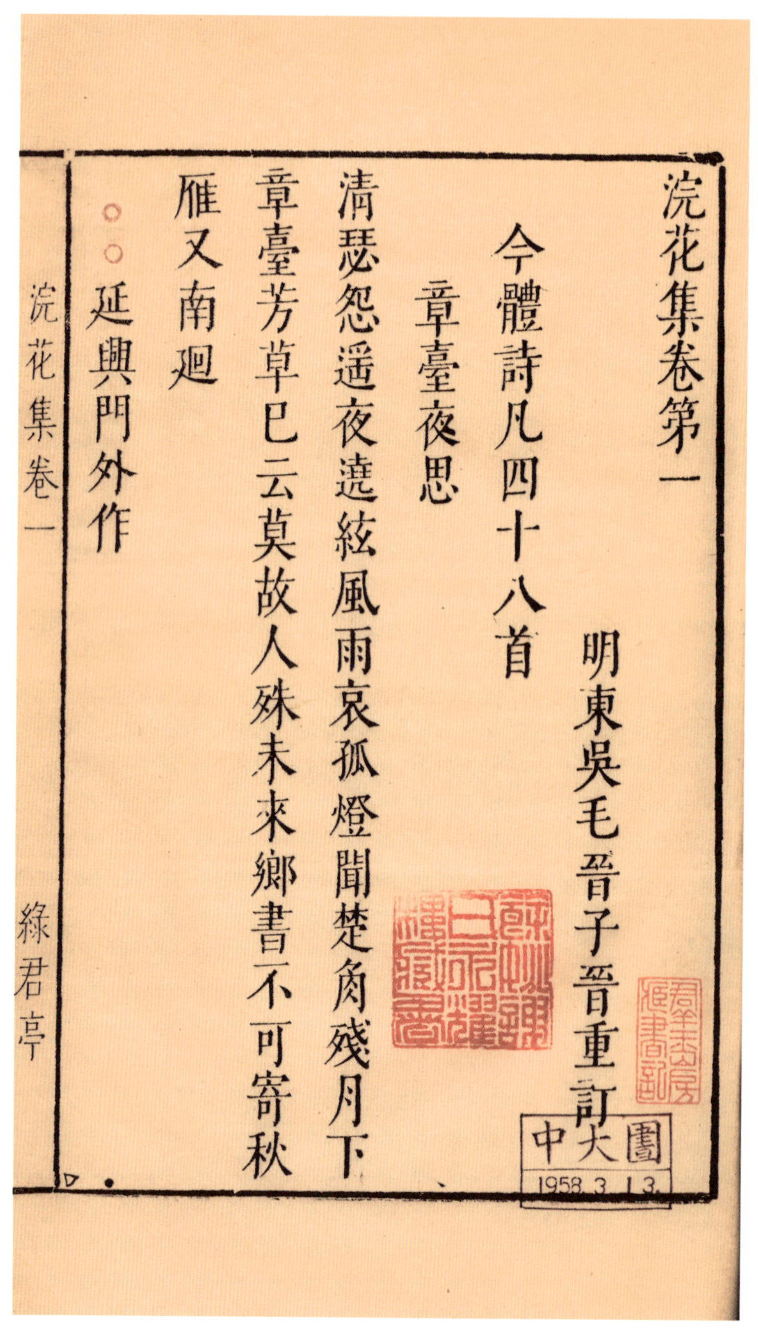
浣花集卷第一
明東吳毛晋子晋重訂
今體詩凡四十八首
章臺夜思
淸瑟怨遥夜遶絃風雨哀孤燈聞楚角殘月下
章臺芳草已云莫故人殊未來鄉書不可寄秋
雁又南迴
延興門外作
浣花集卷一 緑君亭

司馬文正公集略三十一卷詩集七卷 宋司馬光撰

明嘉靖十八年（1539）俞文峰刻本　十二册

十一行二十二字，小字雙行同。白口，四周單邊，單魚尾。框高20釐米，寬13.5釐米。鈐“鳳山藏書”“鈍夫”“臣涵”印。書末有嘉靖十八年薛應旂跋，言俞氏刻書事。入選第二批《名録》。

司馬文正公集略卷之一

表

謝中冬衣襖表

祗荷寵光心顔無措中謝恭惟皇帝陛下皇仁溥洽衣被九圍軫念祁寒寵錫嘉服臣雖無似蒙澤猶均濫承安燠之榮空懃不稱之責無任感恩激切之至

進交趾獻奇獸賦表嘉祐八年九月初三日上

臣光言今月二十五日有詔詣崇政殿觀交州所獻異獸曰麒麟者臣愚不學不足以識異物竊以麟瑞獸也曠世而不可覿其於經有名而無形傳記有形而去聖久遠衆說紛揉自非聖人莫能識其真況承學之臣固不能決其是

司馬公集　卷之一

洛陽九老祖龍學文集十六卷源流始末一卷 宋祖無擇撰

清抄本 六册

九行十九字，小字雙行同。無欄格。書高26.3釐米，寬16.9釐米。鈐“勞格”“季言”印。

洛陽九老祖龍學文集卷之一

古詩十一篇

書高辛氏廟

平昔叙星辰元功祀事分因人列官紀行道亞皇墳高躅追顓頊徽猷壓放勳淳風今不競帝典世無聞陵古森喬木祠新祭遠聞樵蘇當季運血食屬明君開寶六年勑建此廟舊壤資庥廕遺黎薦苾芬春秋奏蕭鼓疑是六英文

依韻和登州推官張同年之梁山

蘇文忠公全集一百十一卷 宋蘇軾撰 東坡先生年譜一卷 宋王宗稷撰

明嘉靖十三年（1534）江西布政司刻本　四十八册

十行二十字，小字雙行同。白口，四周雙邊，雙魚尾。框高20釐米，寬12.6釐米。書末有刻書條記“嘉靖十三年江西布政司重刊”一行。缺《東坡集》卷七至十，《奏議》卷四至十五。入選第三批《名録》。

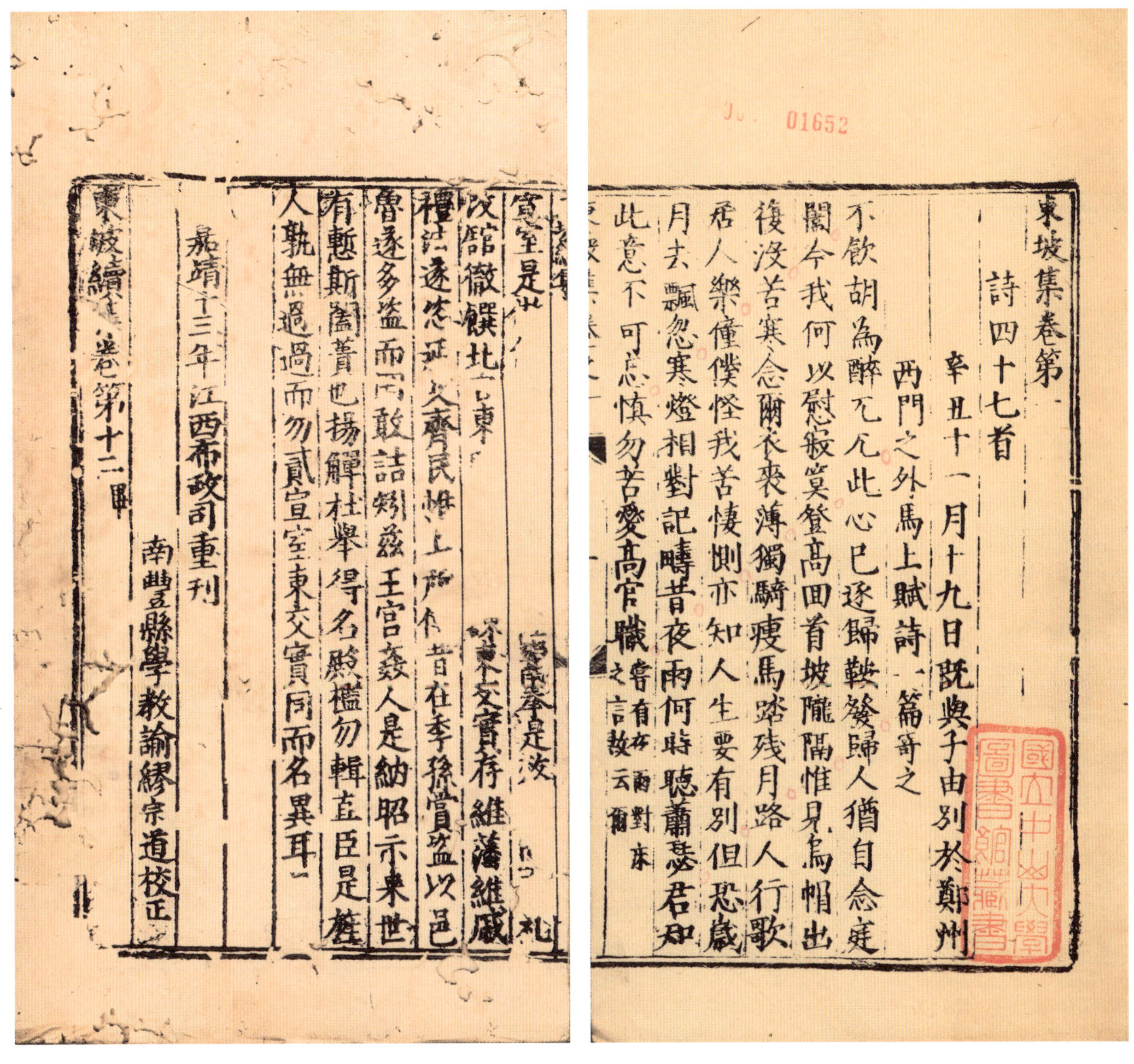

蘇文忠詩合註五十卷首一卷 宋蘇軾撰 清馮應榴輯注

清乾隆五十八年（1793）踵息齋刻本 清黄紹昌批校 二十册

十一行二十字，小字雙行三十四字。白口，左右雙邊，單魚尾。框高19釐米，寬13.9釐米。鈐“屺鄉藏書”“芑鄉”“紹昌印記”“佩三言齋”“香山居士”“李仙根藏書”印。書末有馮集梧識語，言馮應榴刻書事。

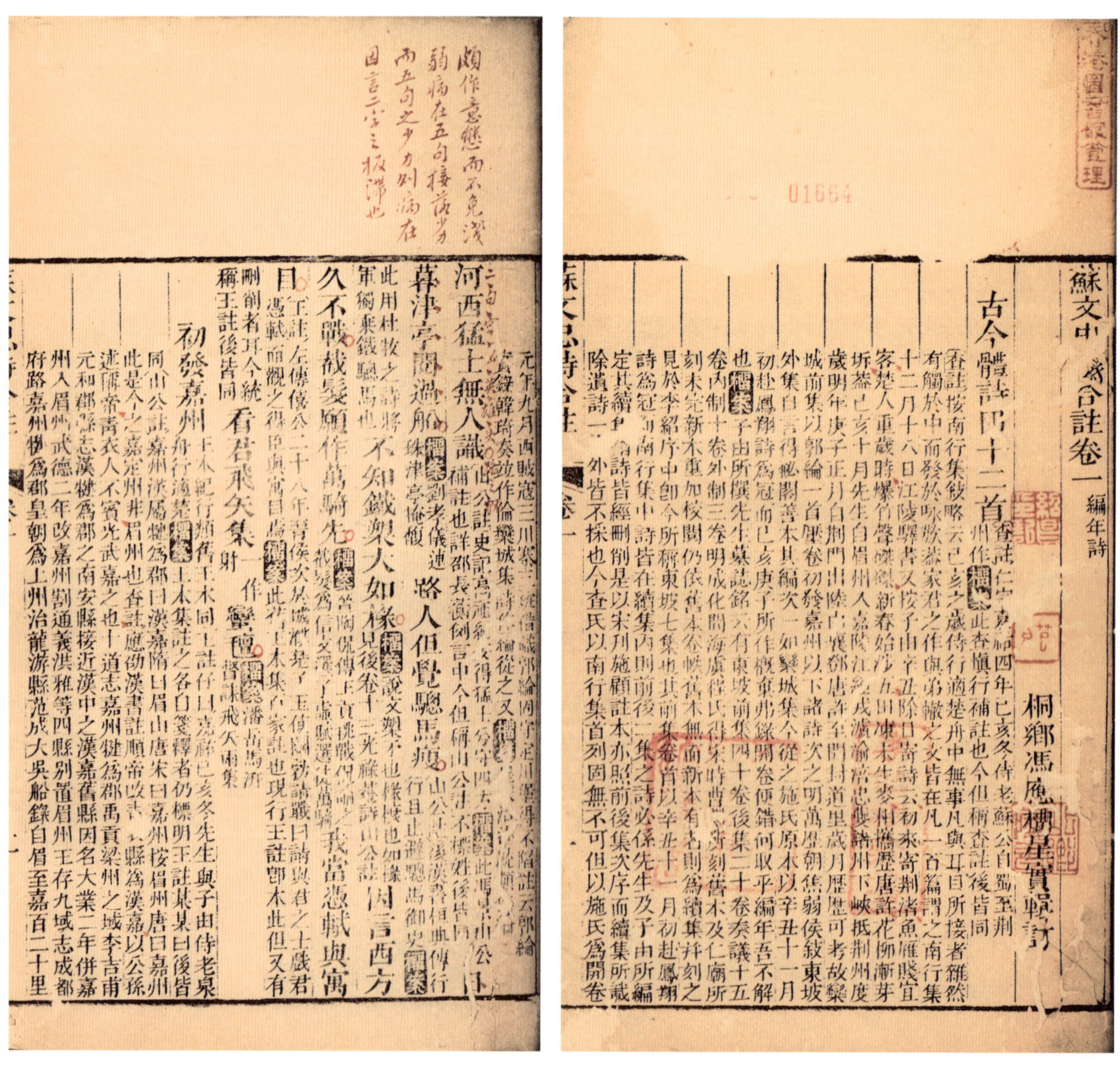

重校宋蘇文忠公寓惠録四卷　宋蘇軾撰

明嘉靖二十三年（1544）惠州府學余世忠刻藍印本　四册

十行十八字。白口，左右雙邊，雙魚尾。框高18.9釐米，寬13.8釐米。前有嘉靖二十三年余世忠序，言刻書事。入選第二批《名録》。

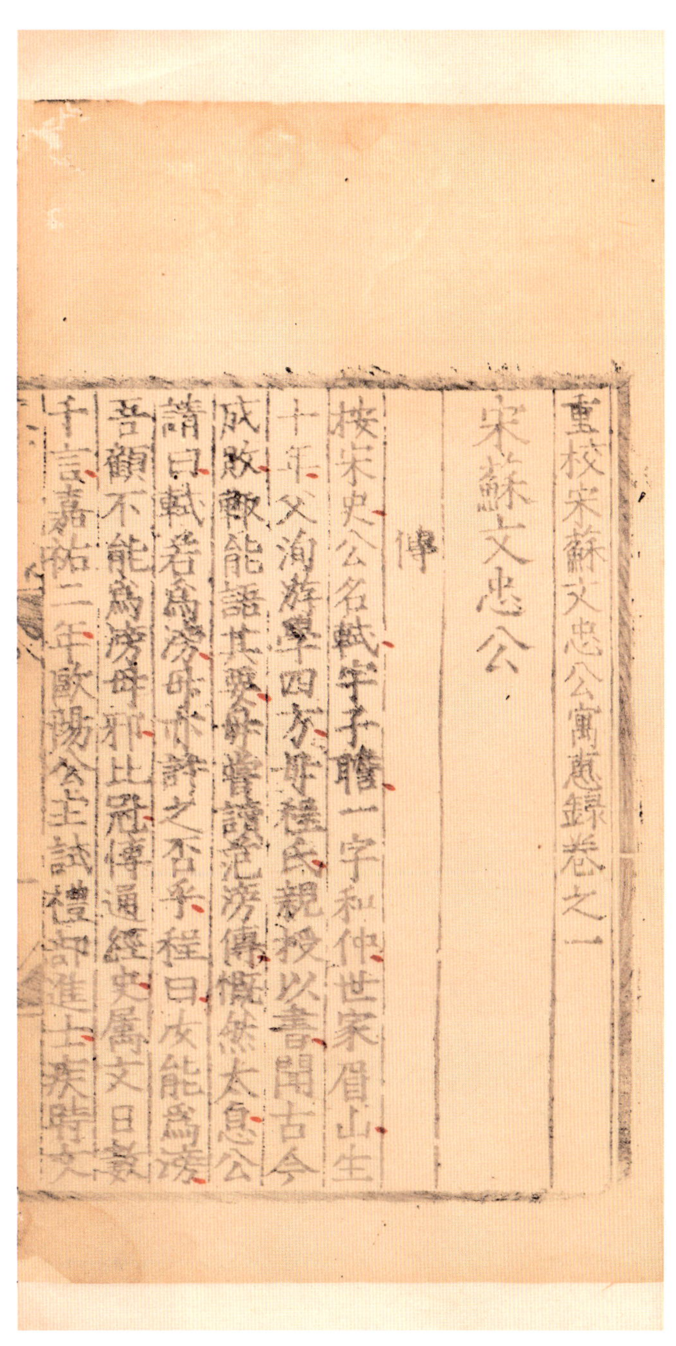
重校宋蘇文忠公寓惠録卷之一
宋蘇文忠公
傳
按宋史公名軾字子瞻一字和仲世家眉山生
十年父洵游學四方母程氏親授以書聞古今
成敗輒能語其要母嘗讀范滂傳慨然太息公
請曰軾若爲滂母亦許之否乎程曰汝能爲滂
吾顧不能爲滂母邪比冠博通經史屬文日數
千言嘉祐二年歐陽公主試禮部進士疾時文

東坡禪喜集十四卷 宋蘇軾撰 明馮夢禎批點 明凌濛初輯

明天啓元年（1621）凌濛初刻朱墨套印本 四册

八行十八字。欄上鐫評，行六字。白口，四周單邊。框高20.6釐米，寬14.1釐米。鈐“紹南”“湯溰”“真州吴氏有福讀書堂藏書”印。天啓元年凌濛初跋言刻書事。入選第一批《名録》。

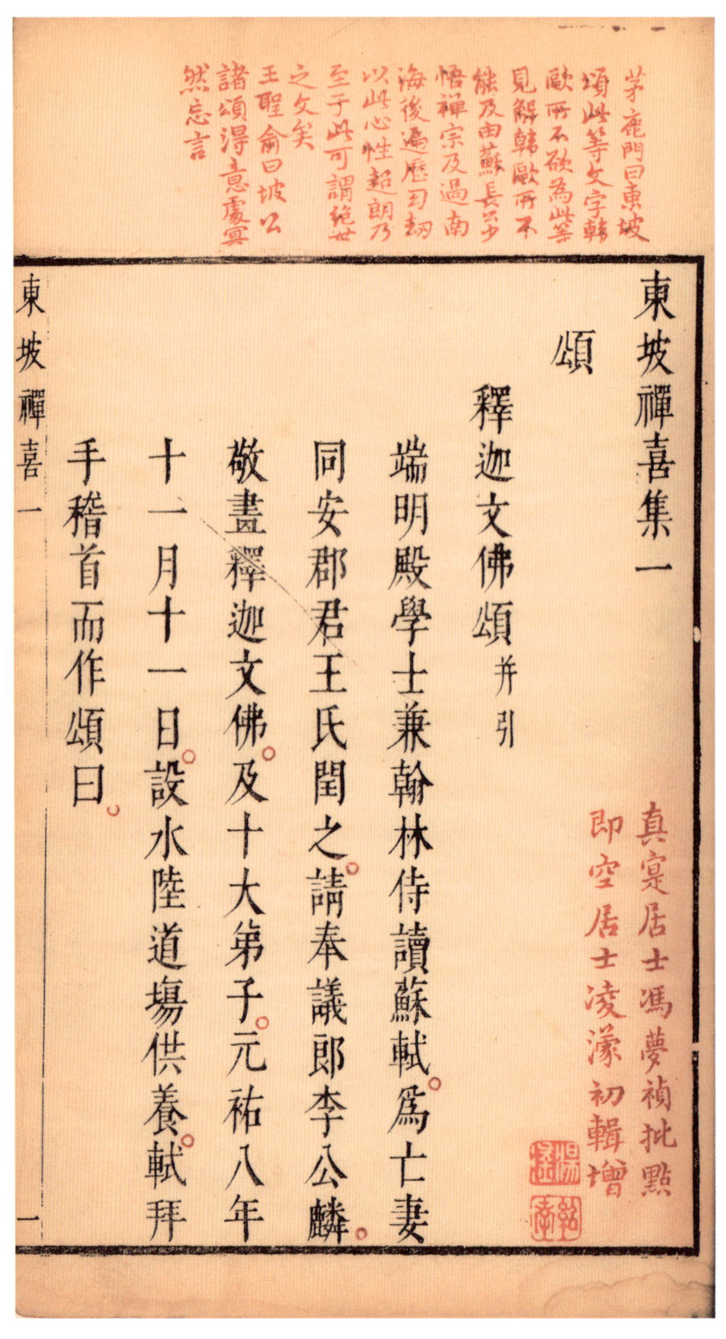

茅鹿門曰東坡頌此等文字韓歐所不欲爲此等見解韓歐所不能及由蘇長公少悟禪宗及過南海後遍歷劫以此心性超朗乃至于此可謂絶世之文矣

王聖俞曰坡公諸頌得意處冥然忘言

東坡禪喜集一

真寔居士馮夢禎批點
即空居士凌濛初輯增

頌

釋迦文佛頌并引

端明殿學士兼翰林侍讀蘇軾爲亡妻同安郡君王氏閏之請奉議郎李公麟敬畫釋迦文佛及十大弟子元祐八年十一月十一日設水陸道場供養軾拜手稽首而作頌曰

東坡禪喜 一 一

蘇文六卷 宋蘇軾撰 明茅坤等評

明閔爾容刻三色套印本 六册

九行十九字。欄上鎸評，行五字。白口，四周單邊。框高20.2釐米，寬14釐米。鈐“退結艸堂”“讀書不求甚解”“璜川吴氏收藏圖書”印。前有沈闇章序，言閔氏刻書事。入選第一批《名録》。

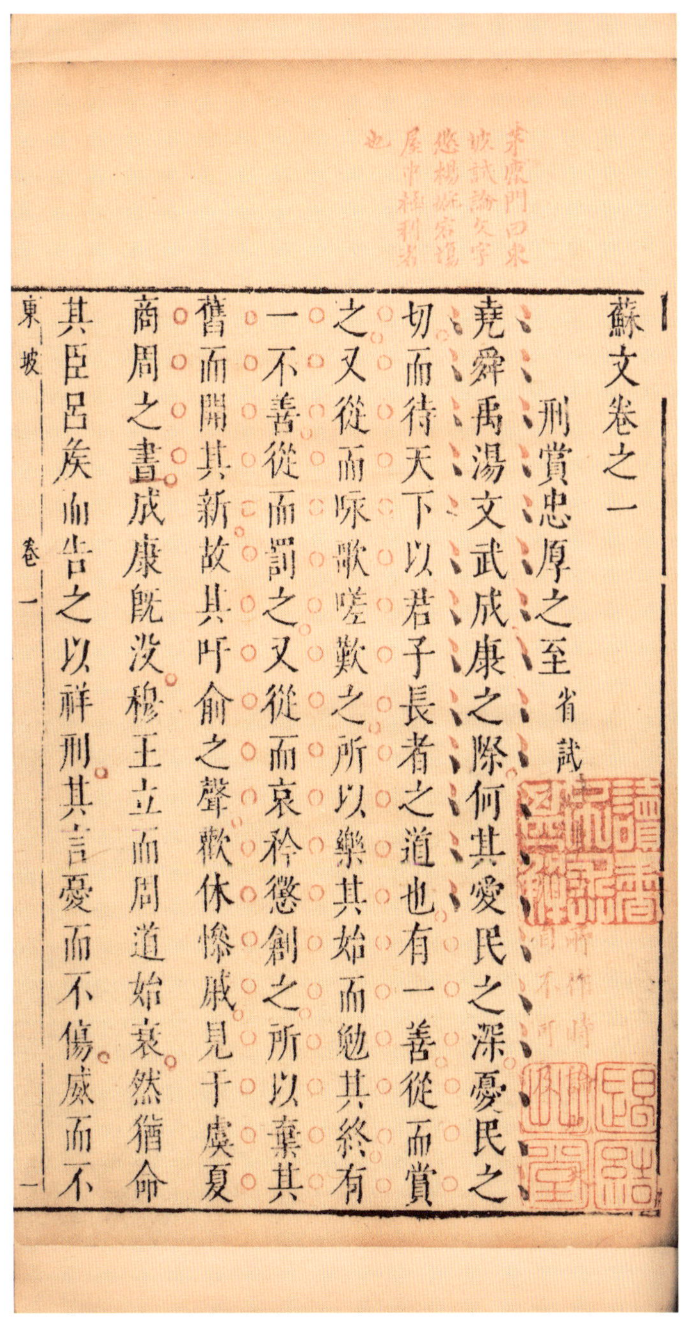
蘇文卷之一

刑賞忠厚之至 省試

堯舜禹湯文武成康之際何其愛民之深憂民之切而待天下以君子長者之道也有一善從而賞之又從而咏歌嗟歎之所以樂其始而勉其終有一不善從而罰之又從而哀矜懲創之所以棄其舊而開其新故其吁俞之聲歡休慘戚見于虞夏商周之書成康既没穆王立而周道始衰然猶命其臣呂侯而告之以祥刑其言憂而不傷威而不

東坡 卷一 一

淮海集四十卷後集六卷長短句三卷 宋秦觀撰

明嘉靖二十四年（1545）胡民表刻本　八册

十二行二十一字。白口，四周單邊，單魚尾。框高17.3釐米，寬13釐米。鈐“桂林唐氏珍藏”“函雅樓藏書印”“仲實珍賞”“十萬卷樓”印。前有嘉靖二十四年盛儀序，言胡氏刻書事。存《淮海集》四十卷。入選第二批《名録》。

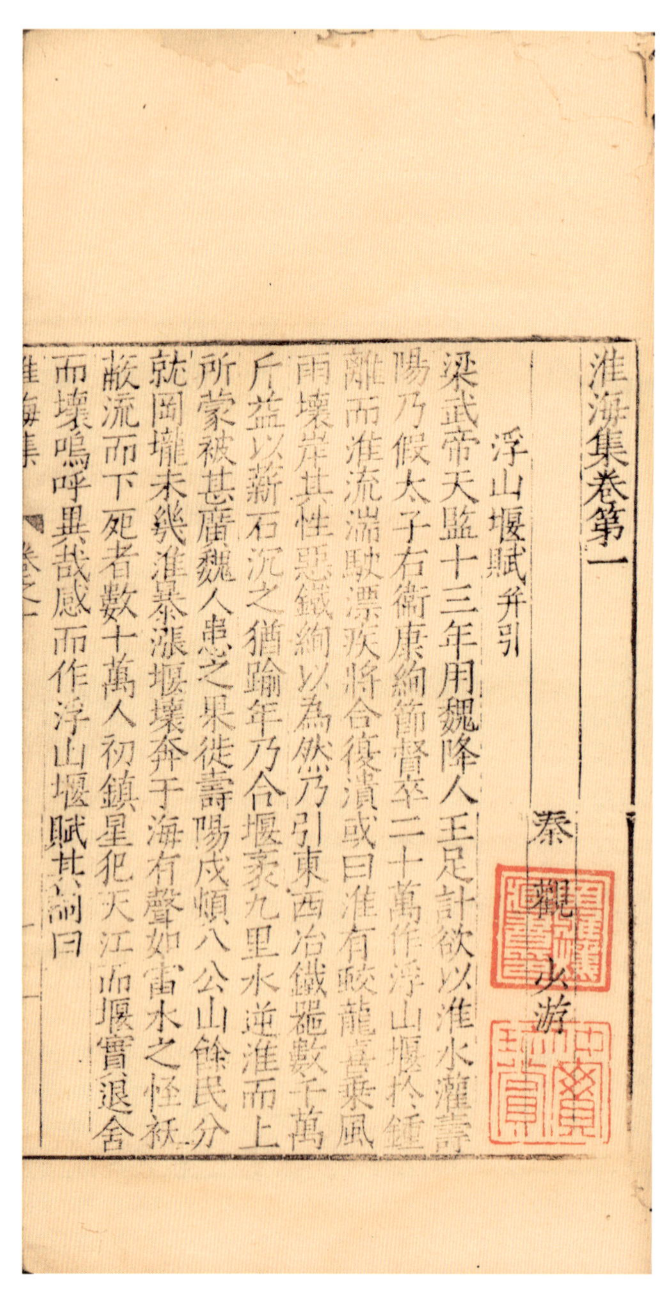

淮海集卷第一　　秦觀少游

浮山堰賦并引

梁武帝天監十三年用魏降人王足計欲以淮水灌壽陽乃假太子右衛康絢節督卒二十萬作浮山堰於鍾離而淮流湍駛漂疾將合復潰或曰淮有蛟龍喜乘風雨壞岸其性惡鐵絢以為然乃引東西冶鐵器數千萬斤益以薪石沉之猶踰年乃合堰袤九里水逆淮而上所蒙被甚廣魏人患之果徙壽陽戍頓八公山餘民分就岡壠未幾淮暴漲堰壞奔于海有聲如雷水之怪祅蔽流而下死者數十萬人初鎮星犯天江而堰實退舍而壞嗚呼異哉感而作浮山堰賦其詞曰

淮海集　卷之一　一

慶湖遺老詩集九卷拾遺一卷補遺一卷 宋賀鑄撰

清抄本　清文素松跋　二册

十行二十二字。無欄格。書高27釐米、寬17.2釐米。鈐“禮培私印”“掃塵齋積書記”“思簡樓”“萍鄉文氏舟虛鑒藏”“文素松印”“寅竹”“文府□記”“舟虛”印。

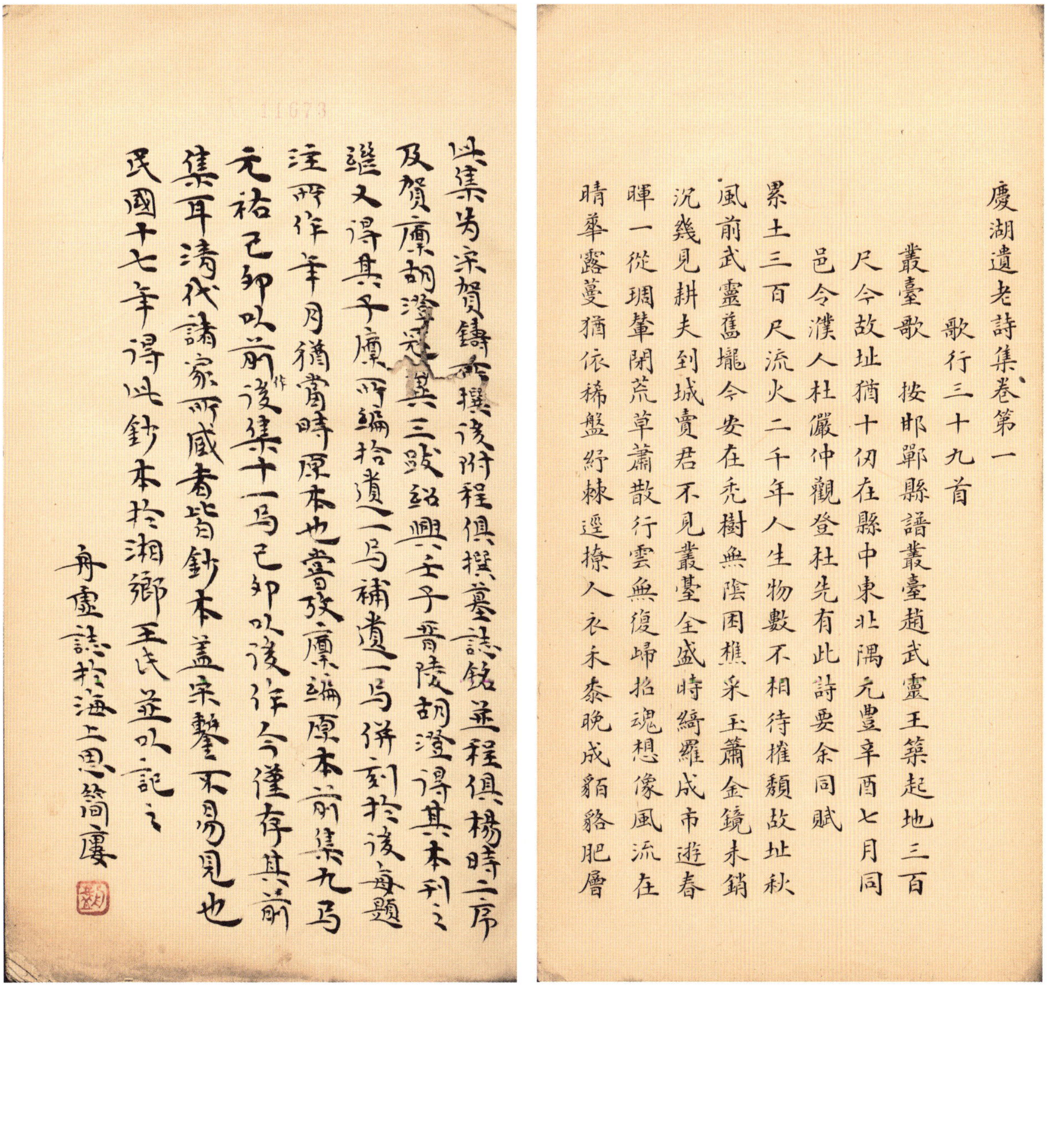

屏山集二十卷　宋劉子翬撰

明正德七年（1512）劉澤刻本　四册

十行十九字。黑口，四周雙邊，雙魚尾。框高19.1釐米，寬12.4釐米。鈐“面城樓藏書印”“曾釗之印”“漱緑樓藏書印”“温澍梁藏閱書”印。入選第二批《名録》。

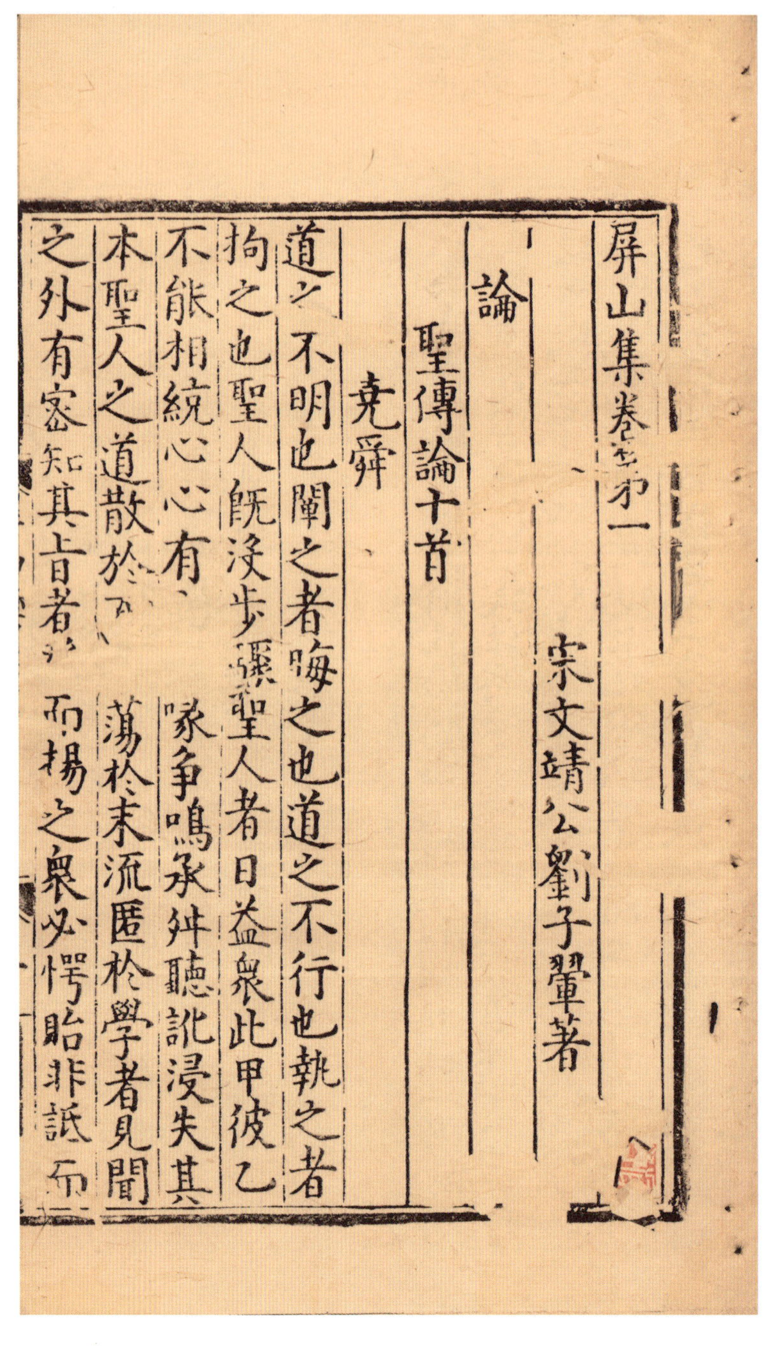

屏山集卷第一
宋文靖公劉子翬著
論
聖傳論十首
堯舜
道之不明也闡之者晦之也道之不行也執之者
拘之也聖人既没步躡聖人者日益衆此甲彼乙
不能相統心心有、喙爭鳴承舛聽訛浸失其
本聖人之道散於下蕩於末流匿於學者見聞
之外有密知其旨者而揚之衆必愕眙非詆而

湖山集十卷　宋吳芾撰

清道光王魏勝活字印本　一册

八行二十五字。白口，四周單邊，單魚尾。框高19.9釐米，寬10.2釐米。卷端刻“邑後學杏郵王魏勝校刊”。前有道光二十三年（1843）王魏勝跋，未言刻書事。存卷一至四。

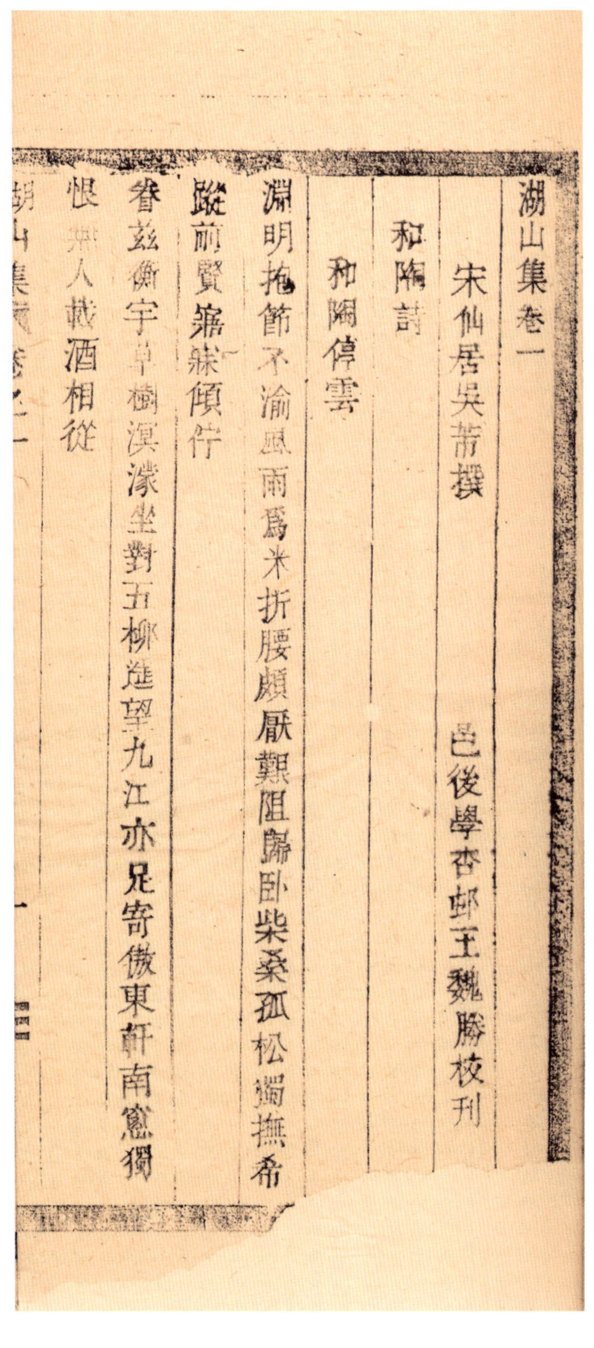

湖山集卷一

宋仙居吳芾撰　　邑後學杏郵王魏勝校刊

和陶詩

和陶停雲

淵明抱節不渝風雨爲米折腰頗厭艱阻歸卧柴桑孤松獨撫希蹤前賢寤寐傾佇

眷兹衡宇草樹溟濛坐對五柳遥望九江亦足寄傲東軒南窻獨恨無人載酒相從

湖山集卷之一

雙溪集十五卷　宋蘇籀撰

清抄本　三册

九行二十二字。無欄格。書高29釐米，寬18.7釐米。

雙溪集卷第一

眉山蘇　籀　仲滋

古律

次韻大父曬麥

西郊歲種十畝麥自笑不耕惟坐食吾人一飽已天幸此外何心更求得我田長熟無旱潦玉粒收來堅且好豈同豪右執券契雇取多求急於盜我家治生無奇功累世守此慈儉風倉囷不滿非所恤冒暑一曬安敢慵長空不見纖雲起沽酒烹鷄會鄰里炎飈不厭塵滿身冷餅行看冰

晦庵先生朱文公文集八十八卷續集十一卷別集十卷目録二卷　宋朱熹撰　明朱吾弼輯

明萬曆吴養春、朱崇沭等刻崇禎七年（1634）李寅賓重修本　四十册

十二行二十三字。白口，四周單邊，單魚尾。框高20.4釐米，寬13.9釐米。卷端題“文公裔孫庠生朱崇沭訂梓”。前有崇禎七年李寅賓序，言其補刻事。

晦庵先生朱文公文集卷之一

後學浙江道監察御史高安朱吾弼重編

禮部儀制司郎中婺源汪國柟

婺源知縣當湖金汝諧仝校

中書舍人古歙吴養春

古歙吴養京

古歙吴養都

監生古歙吴養澤

婺源汪胤燭

文公裔孫庠生朱崇沭訂梓

詞

虞帝廟迎送神樂歌詞

桂林郡虞帝廟迎送神樂歌者新安朱熹之所作也熹既爲太守張侯栻紀其新宮之績又作此歌以遺桂人使聲于廟庭侑牲璧焉其詞曰皇胡爲兮山之幽翳長薄兮俯清流渺冀州兮何有眷兹土兮淹留皇之仁兮如在子我民兮不窮以受沛皇澤兮横流暢威靈兮無外潔尊兮肥俎九歌兮招舞嗟莫報兮皇之祐皇欲下兮儼相羊烈風雷兮暮雨

右迎神三章二章四句一章五句

虞之陽兮灕之滸皇降集兮巫屢舞桂酒湛兮瑶觴皇之歸兮何許龍駕兮天門羽旄兮繽紛俯故宮兮一慨越宇宙兮無隣無隣兮柰何七政協兮群生嘉信玄功兮不宰猶彷彿兮山阿

右送神三章章四句

賦○白鹿洞賦

象山先生文集二十八卷外集四卷 宋陸九淵撰 語録四卷 宋傅子雲、嚴松等輯

明正德十六年(1521)李茂元刻本 六册

十行二十二字。黑口，四周雙邊，雙魚尾。有刻工。框高20.9釐米，寬13.5釐米。入選第二批《名録》。

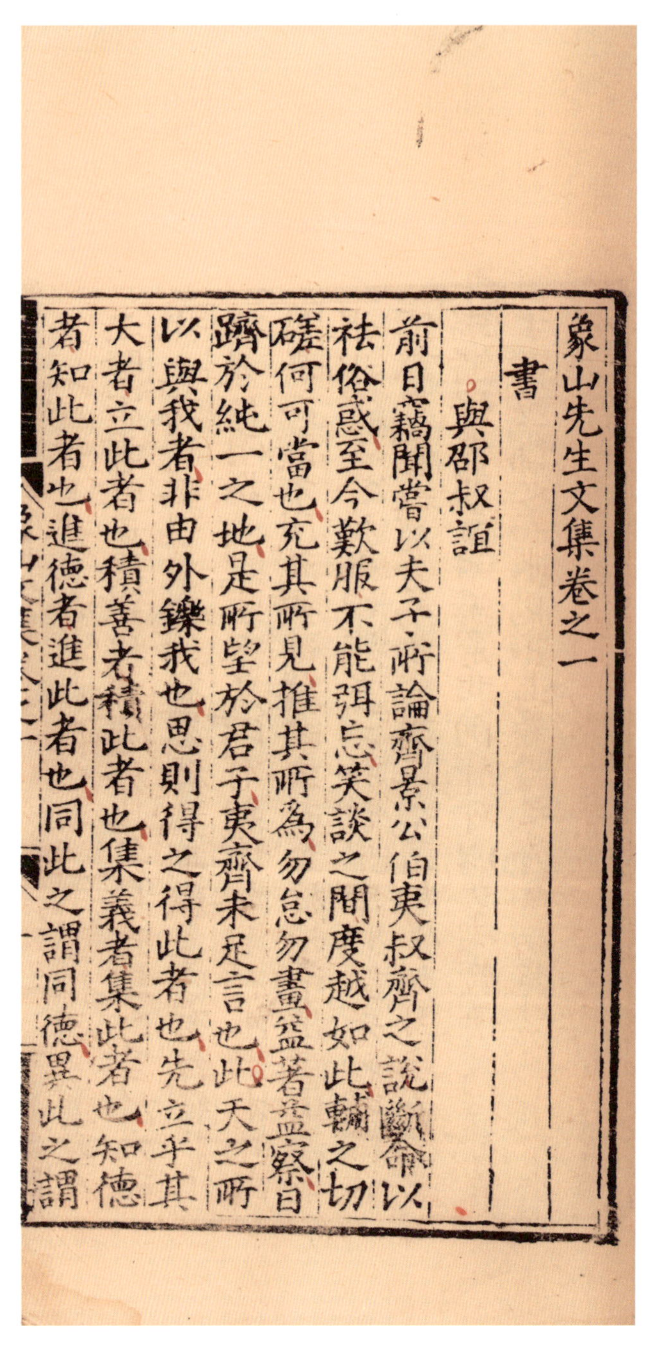

象山先生文集卷之一

書

與邵叔誼

前日竊聞嘗以夫子所論齊景公伯夷叔齊之説斷命以祛俗惑至今歎服不能弭忘笑談之間度越如此輔之切磋何可當也充其所見推其所為勿怠勿畫益著益察日躋於純一之地是所望於君子夷齊未足言也此天之所以與我者非由外鑠我也思則得之得此者也先立乎其大者立此者也積善者積此者也集義者集此者也知德者知此者也進德者進此者也同此之謂同德異此之謂

西山先生真文忠公文集五十五卷目録二卷　宋真德秀撰

明嘉靖元年(1522)張文麟刻本　四十二册

十行十八字。黑口，四周雙邊，雙魚尾。框高18.2釐米，寬12.2釐米。鈐“陳子龍印”“潁川陳氏較定典籍之章”“東禺沈氏克人珍賞”“面城樓藏書印”“曾釗之印”“曾釗珍藏”“棟臣”“幼珊”“漱緑樓”“温澍梁印”“順德温氏家藏”“温澍梁珍賞”“温澍梁珍藏書畫印”“漱緑樓藏書印”“漱緑主人”“徐甘棠藏書”印。卷端刻“後學常熟張文麟刊”。前有嘉靖元年張文麟《書刊西山先生文集後》，言刻書事。缺卷五十一。入選第二批《名録》。

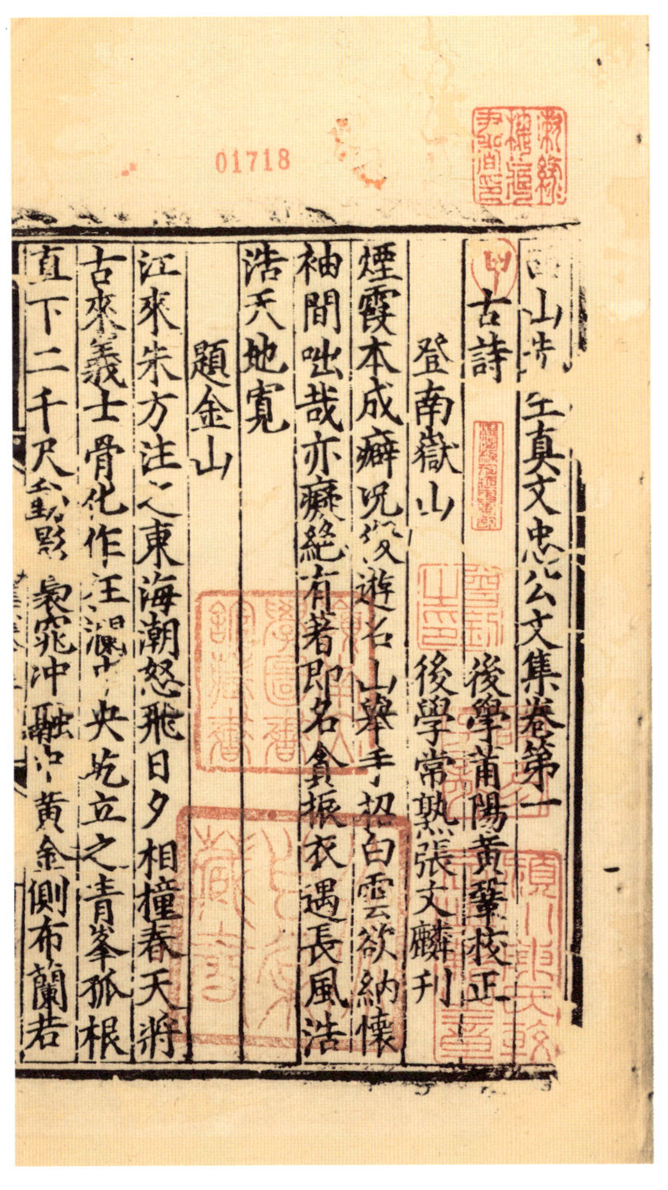
西山先生真文忠公文集卷第一　後學莆陽黄鞏校正

古詩　後學常熟張文麟刊

登南嶽山

煙霞本成癖况復遊名山舉手招白雲欲納懷袖間咄哉亦癖絶有著即名鈌振衣遇長風浩浩天地寬

題金山

江來朱方注之東海潮怒飛日夕相撞舂天將古來義士骨化作汪洋中央屹立之青峯孤根直下二千尺金影衆苑冲融中黄金側布蘭若

清江碧嶂集一卷 元杜本撰 元程嗣祖輯

清姚氏咫進齋抄本 一册

十行字不等。白口，左右雙邊，單魚尾。框高18.7釐米，寬13.2釐米。版心下有“咫進齋”。

五峰集六卷補遺三卷文集一卷雁山記一卷 元李孝光撰

清鮑廷博抄本 清鮑廷博、勞格校 四册

十行二十一字，小字雙行不滿行。無欄格。書高28.5釐米，寬17.8釐米。鈐“歙西長塘鮑氏知不足齋藏書印”“老屋三間賜書萬卷”“世守陳編之家”“紙窗竹屋鐙火青熒皆于此間得少佳趣”印。入選第五批《名録》。

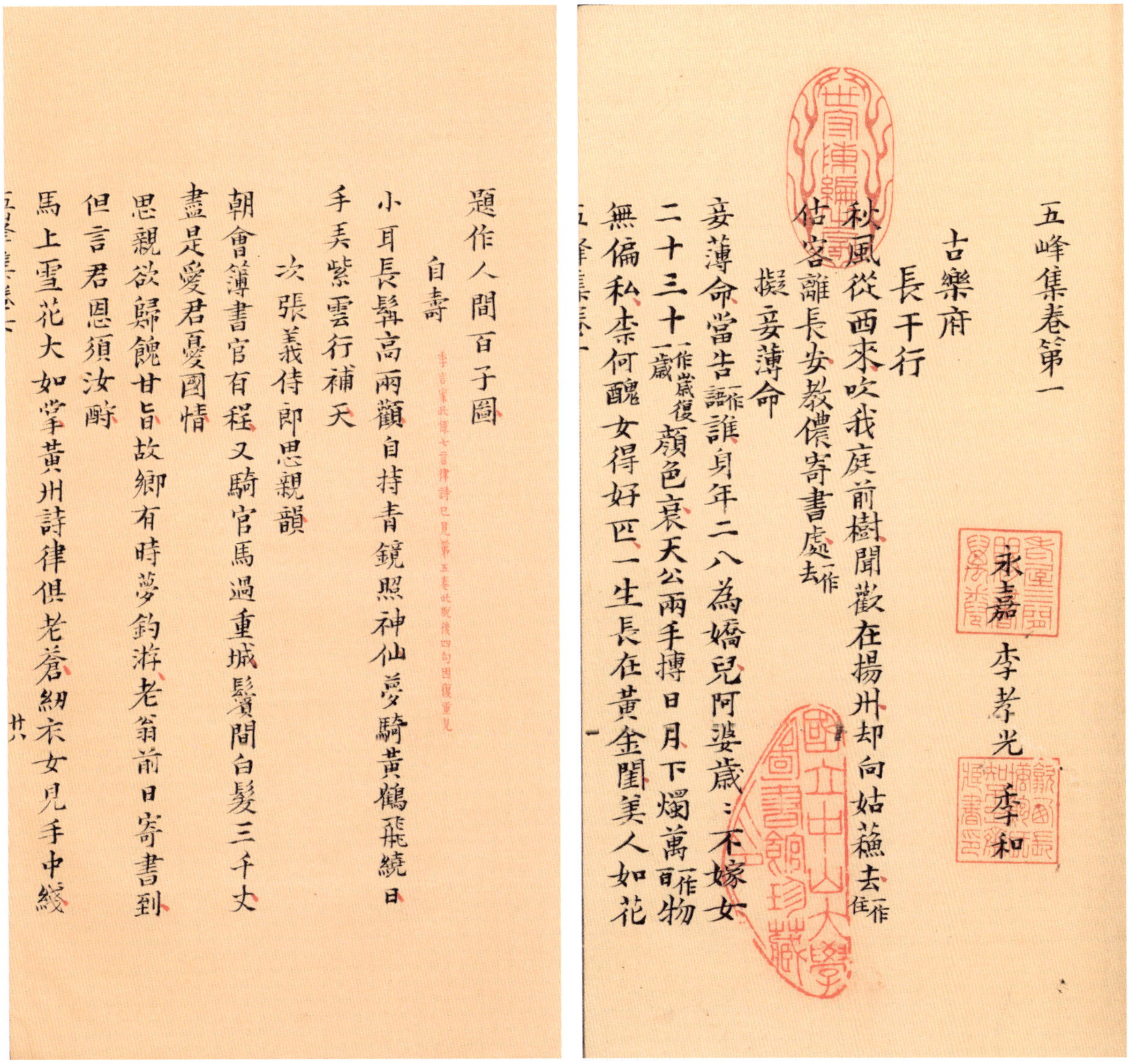

李五峰文集不分卷　元李孝光撰

清抄本　四册

八行二十二字。無欄格。書高26.5釐米，寬16.5釐米。鈐“師竹齋圖書”“孟慈”“喜孫祕玩”“汪氏問禮堂收藏印”“海日廔”“耄遜”“霞秀景飛之室”“壹庵長宜”印。

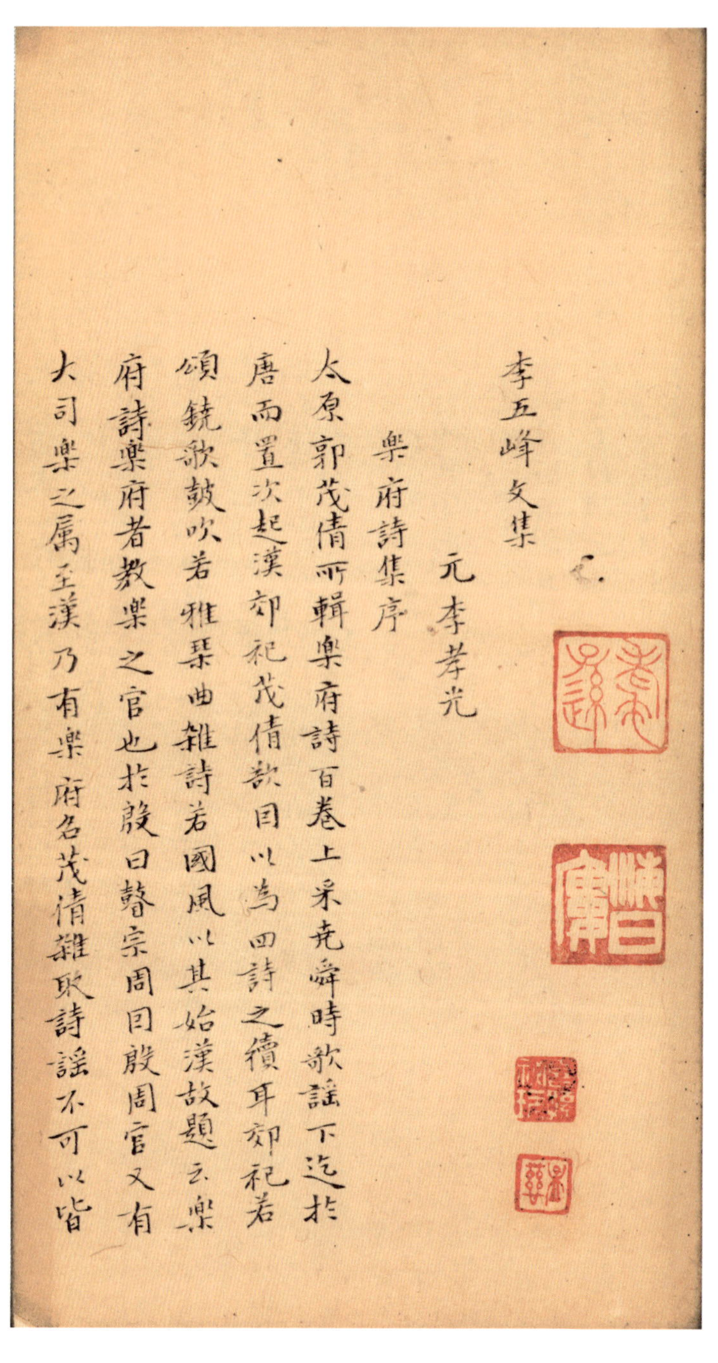

李五峰文集

元李孝光

樂府詩集序

太原郭茂倩所輯樂府詩百卷上采堯舜時歌謠下迄於唐而置次起漢郊祀茂倩欲因以為四詩之續耳郊祀若頌鐃歌鼓吹若雅琴曲雜詩若國風以其始漢故題云樂府詩樂府者敎樂之官也於殷曰瞽宗周因殷周官又有大司樂之屬至漢乃有樂府名茂倩雜取詩謠不可以皆

樵雲獨唱集六卷　元葉顒撰

清抄本　二册

九行二十二字。無欄格。書高27.3釐米，寬17.7釐米。鈐“五橋珍藏”“慈谿馮氏醉經閣圖籍”“觀古堂”印。

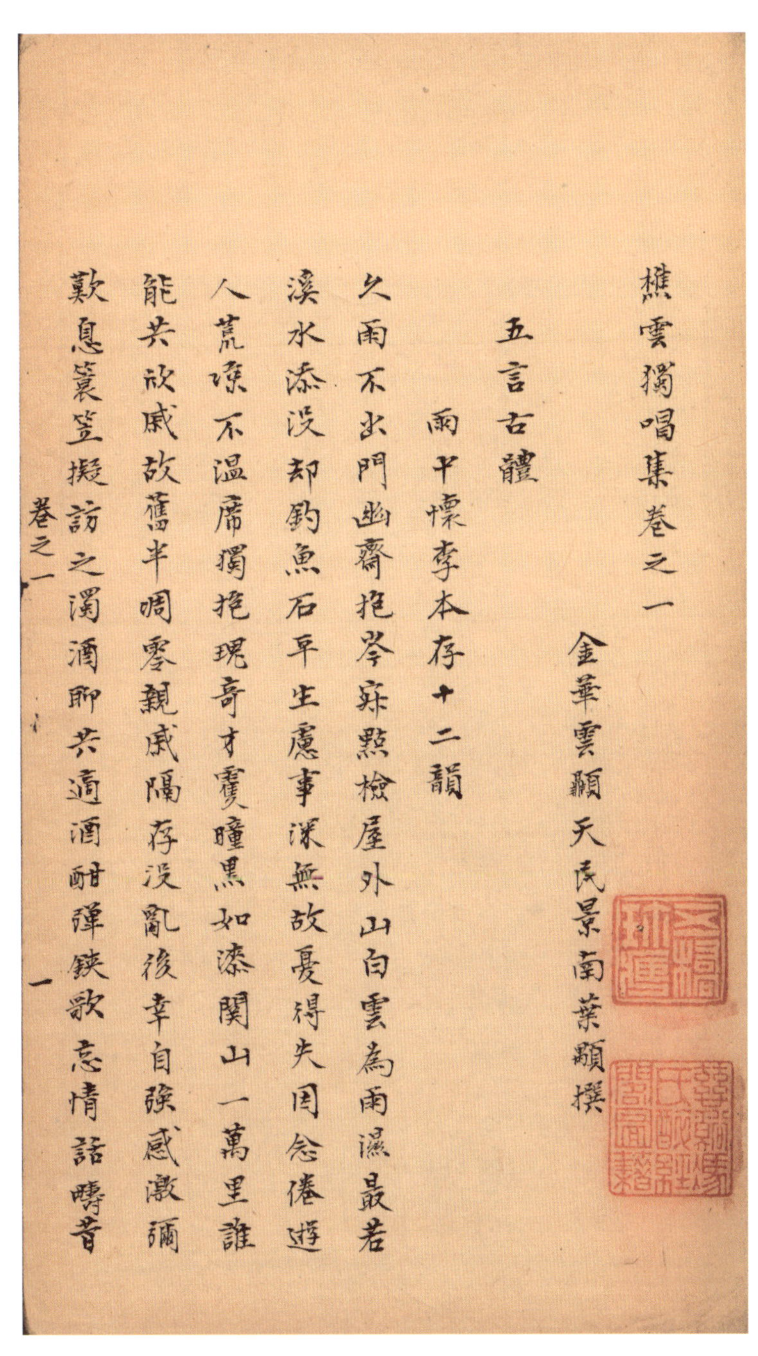

樵雲獨唱集卷之一

金華雲顥天民景南葉顒撰

五言古體

雨中懷李本存十二韻

久雨不出門幽齋抱吟孫點檢屋外山白雲為雨濕最若
溪水添没却釣魚石平生慮事深無故憂得失因念倦遊
人荒涼不溫席獨抱瑰奇才雙瞳黑如漆關山一萬里誰
能共欣戚故舊半凋零親戚隔存没亂後幸自強感激彌
歎息簑笠擬訪之濁酒聊共適酒酣彈鋏歌忘情話疇昔

卷之一　一

鳴盛集四卷　明林鴻撰

明成化三年（1467）邵銅刻本　四册

十行二十字。黑口，四周雙邊，三魚尾。框高20.4釐米，寬13.9釐米。鈐“汪森之印”“晋賢”“汪”“岳”“柏”“陽湖陶氏涉園所有書籍之記”“讀未見書如逢良朋讀已見書如遇故人”印。入選第二批《名録》。

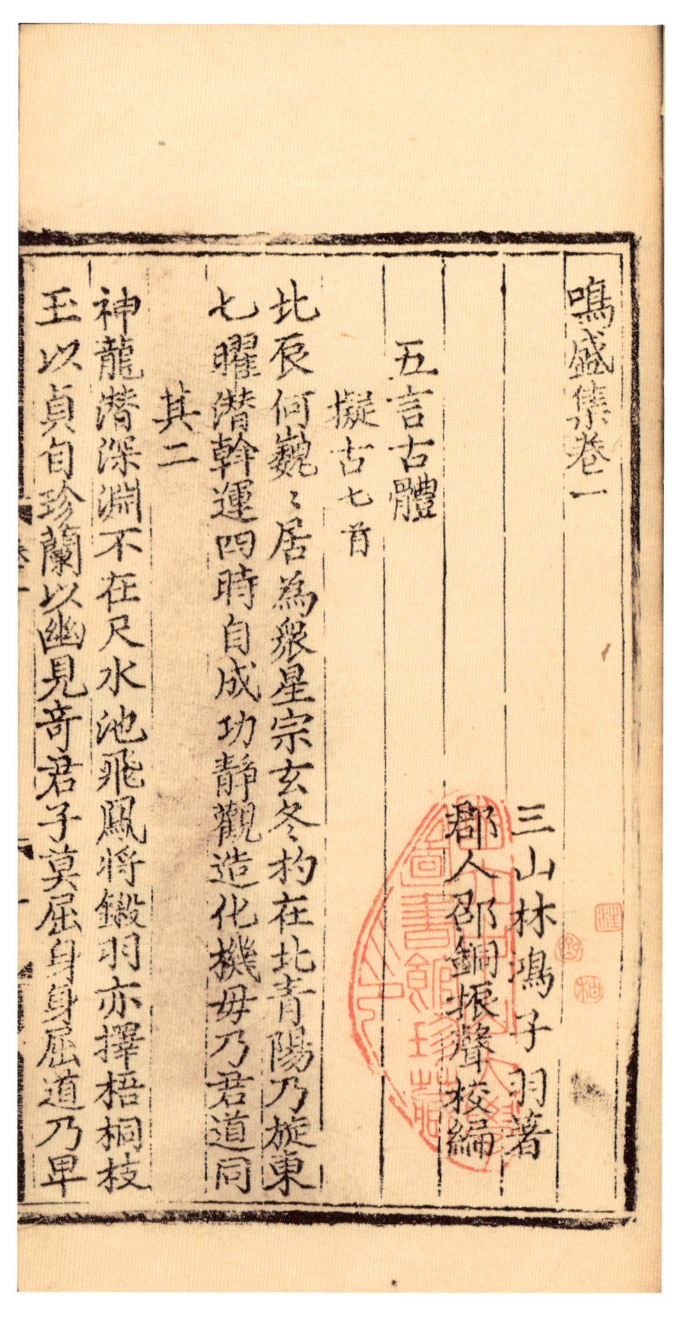

鳴盛集卷一
三山林鴻子羽著
鄞人邵銅振聲校編
五言古體
擬古七首
北辰何巍巍居為衆星宗玄冬杓在北青陽乃旋東
七曜潛斡運四時自成功靜觀造化機毋乃君道同
其二
神龍潛深淵不在尺水池飛鳳將鍛羽亦擇梧桐枝
玉以貞自珍蘭以幽見奇君子莫屈身身屈道乃早

白沙先生詩教解十卷 明陳獻章撰 明湛若水輯解

明隆慶元年（1567）李茼刻本 容肇祖跋 二册

九行二十六字。白口，左右雙邊，單魚尾。有刻工。框高20.1釐米，寬13.1釐米。鈐“休陽汪季青家藏書籍”“元胎校字”“元胎”印。卷端刻“海岱後學李茼重刊”。前有隆慶元年王庭《重刻白沙先生詩教解序》，言刻書事。入選第二批《名録》。

明刻白沙先生詩教解購自北平，以乾隆刻本校閱一過，頗有異同，而卷八頁六至七有夷狄犯中國一首，爲乾隆刻本所無。友人柯燕舲先生並有題記。嶺南大學圖書館索讓此書，即以付之，以公同學閱讀，不敢自私也。二十四年八月三十日容肇祖記

明隆慶重刻嘉靖本陳白沙詩教解 湛若水編著

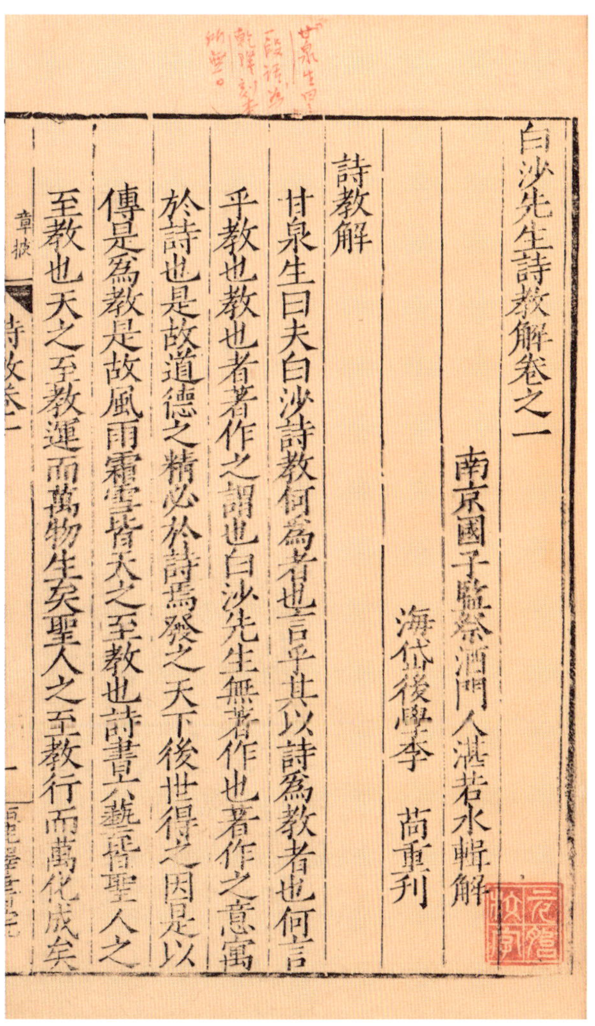

白沙先生詩教解卷之一

南京國子監祭酒門人湛若水輯解

海岱後學李 茼重刊

詩教解

甘泉生曰：夫白沙詩教何爲者也？言乎其以詩爲教者也。何言乎教也？教也者，著作之謂也。白沙先生無著作也，著作之意寓於詩也。是故道德之精必於詩焉發之，天下後世得之，因是以傳，是爲教。是故風雨霜雪皆天之至教也，詩書六藝皆聖人之至教也。天之至教運而萬物生矣，聖人之至教行而萬化成矣

思玄集十六卷　明桑悦撰

明萬曆二年（1574）桑大協活字印本　四册

十行二十一字。白口，四周單邊，雙魚尾。框高19.9釐米，寬12.7釐米。鈐“面城樓藏書印”“曾釗之印”“季材所藏”“順德温氏六篆樓藏本”“澍梁私印”“文水道人”“王焕如收藏印”印。前有萬曆二年李柷序，言桑大協刻書事。入選第一批《名録》。

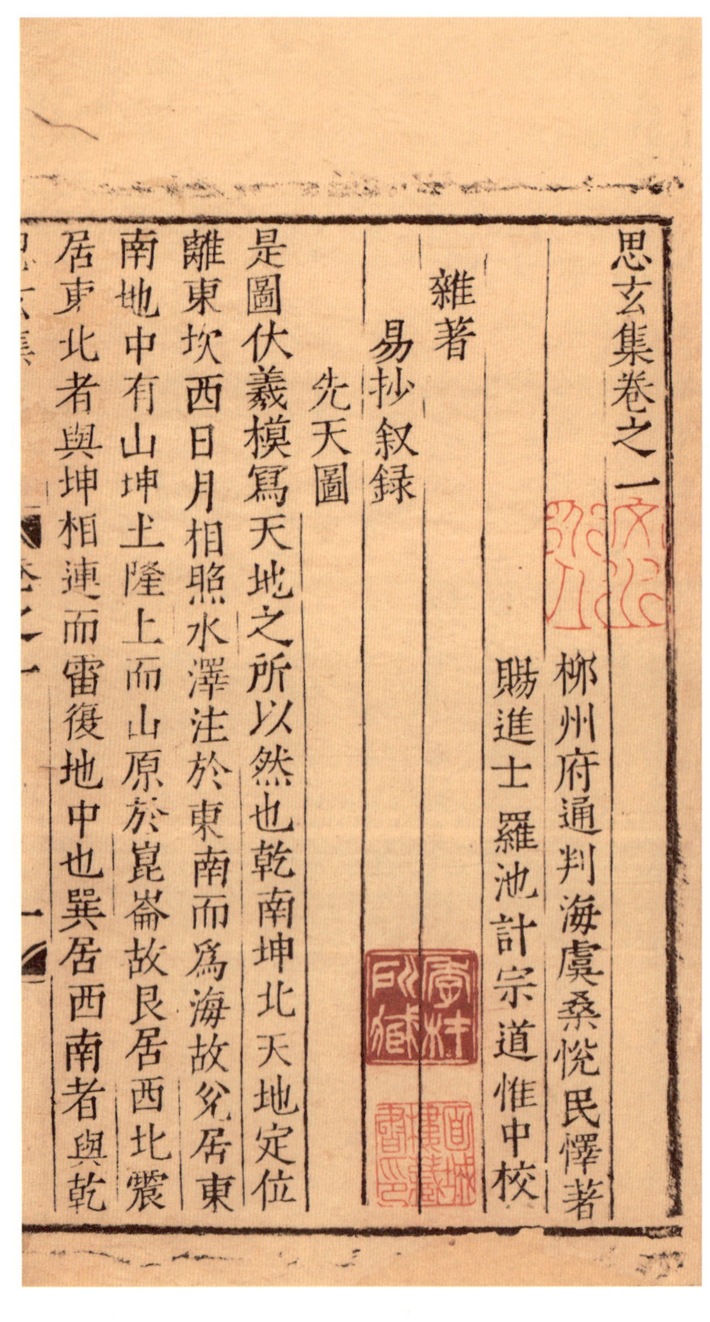
思玄集卷之一

柳州府通判海虞桑悦民懌著

賜進士羅池許宗道惟中校

雜著

易抄叙録

先天圖

是圖伏羲模寫天地之所以然也乾南坤北天地定位離東坎西日月相照水澤注於東南而爲海故兑居東南地中有山坤土隆上而山原於崑崙故艮居西北震居東北者與坤相連而雷復地中也巽居西南者與乾

竹盧詩集不分卷 明吴璉撰

明嘉靖刻本　清梁鼎芬跋　余紹宋跋　二册

十一行十九字。黑口，左右雙邊，雙魚尾。框高18.4釐米，寬14.2釐米。鈐“梁鼎芬印”“毋暇齋”“讀書想前輩”印。入選第二批《名録》。

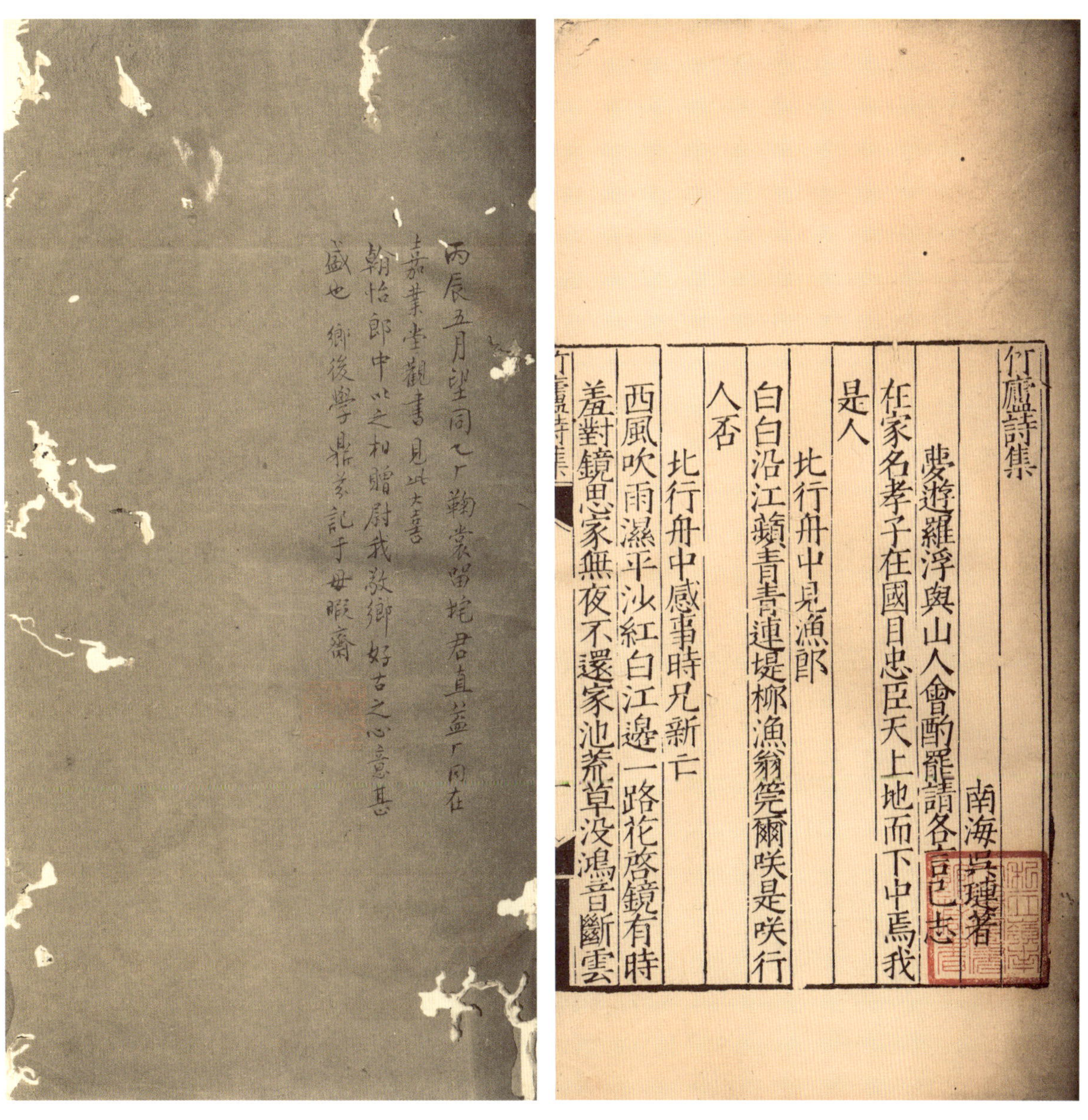
丙辰五月望同乙广鞠裳留垞君直益广同在嘉業堂觀書見此大喜翰怡郎中以之相贈尉我敬鄉好古之心意甚盛也　鄉後學鼎芬記于毋暇齋

竹盧詩集

南海吴璉著

夢遊羅浮與山人會酌罷請各言己志

在家名孝子在國目忠臣天上地而下中焉我是人

北行舟中見漁郎

白白沿江蘋青青連堤柳漁翁莞爾咲是咲行人否

北行舟中感事時兄新亡

西風吹雨濕平沙紅白江邊一路花啓鏡有時羞對鏡思家無夜不還家池荒草没鴻音斷雲

艸窻梅花集句三卷紅梅集句一卷　明童琥撰

清抄本　三册

九行十四字。無欄格。書高28.5釐米，寬18.3釐米。鈐“汪魚亭藏閱書”印。

艸窻梅花集句卷之一　　蘭谿童琥廷瑞集稿

五言八句一百首

一

十月初寒外 宋邵康節　梅稍已着春 宋陳後山

故將天下白 宋張澤民　截斷世間塵 宋徐道暉

根老香全古 宋張澤民　心清趣自真 元黄月屋

不同桃與李 唐杜荀鶴　所至媚游人 宋吕居仁

二

祝氏集略三十卷　明祝允明撰

明嘉靖三十六年（1557）張景賢刻本　十册

十行二十字。白口，左右雙邊，單魚尾。框高19.2釐米，寬13.7釐米。鈐“温澍梁”“龍山温氏”“季葆藏書”“温澍梁印”“季材”印。前有嘉靖三十六年張景賢序，言刻書事。入選第二批《名録》。

祝氏集畧卷第一

騷賦

大游賦

允明以宇宙之道於我而止矣渾鴻包之萬象條之三五肇構于其先宣尼總齊于其後君建爲極臣成爲業士治爲學民遵爲世隨其時也易曰拘係之乃從維之王用亨于西山允明時不自立身名隨人拘維將老而神明中亮問學外廣有無之際三五宣尼之所營葢嘗寘訪其間焉斯用亨之利也暇日叙之爲大游賦可以垂語千載焉爾

祝氏集畧卷一　一

凌谿先生集十八卷　明朱應登撰

明嘉靖刻本　八册

十行十九字。白口，四周單邊，單魚尾。有刻工。框高18.4釐米，寬14釐米。前有嘉靖十二年（1533）許宗魯序，言朱應登子刻書事。已寫善本書志，見《書志》第一輯。入選第三批《名録》。

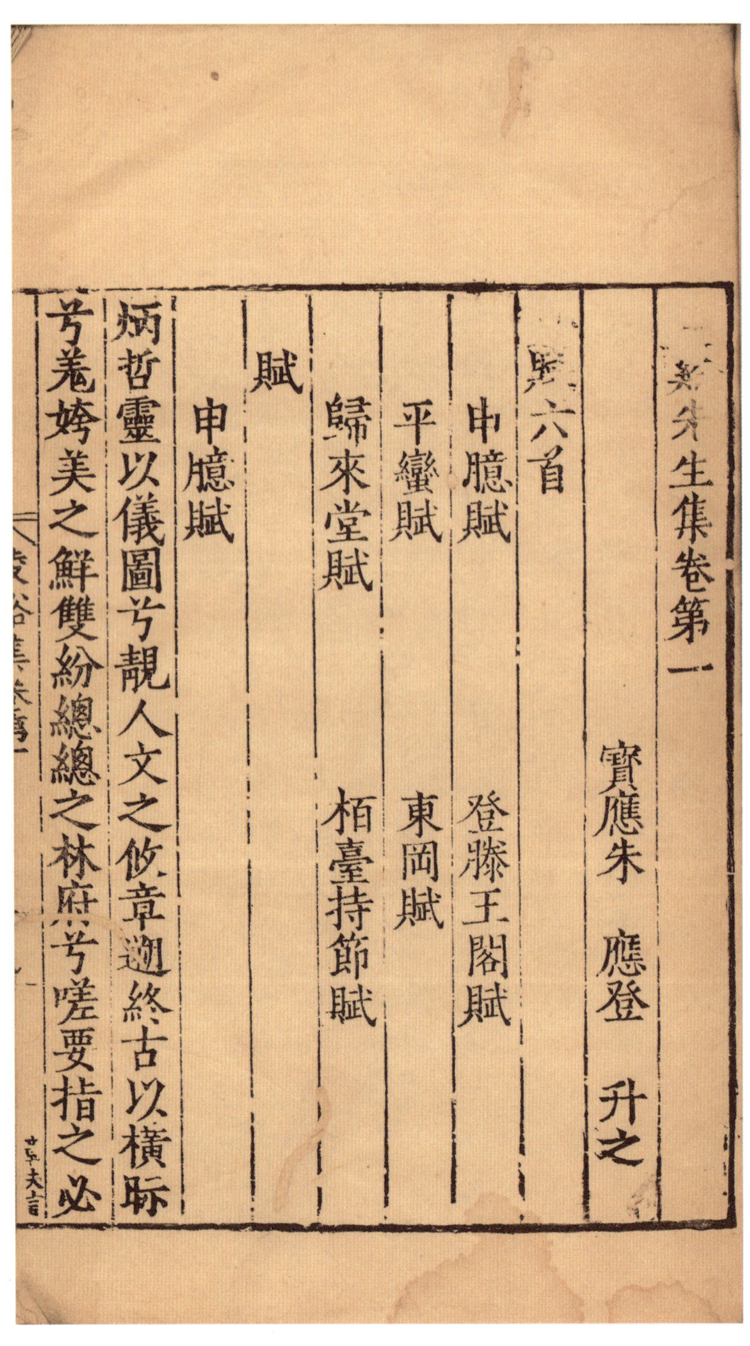
淩谿先生集卷第一
寶應朱　應登　升之
賦六首
申臆賦　登滕王閣賦
平蠻賦　東岡賦
歸來堂賦　栢臺持節賦
賦
申臆賦
炳哲靈以儀圖兮靚人文之攸章邇終古以横聮
兮羲娭美之鮮雙紛總總之林府兮嗟要指之必
淩谿集卷第一

桂苑筆耕集一卷 朝鮮崔致遠撰

清抄本　四册

十行二十四字。白口，四周雙邊，單魚尾。框高17.1釐米，寬12.7釐米。鈐“面城樓藏書印”“曾釗之印”“季葆藏本”“六篆樓藏書印”“温澍梁印”“漱緑樓藏書印”“楝臣”“龍山温氏”印。

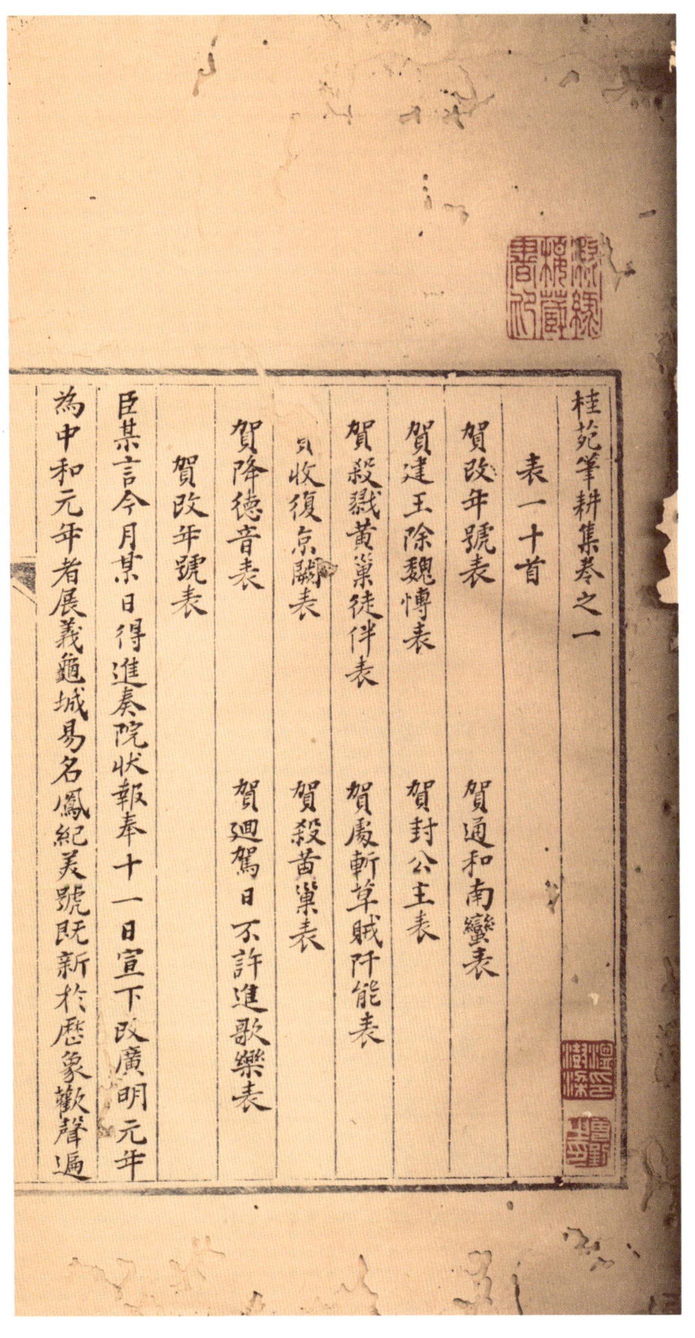
桂苑筆耕集卷之一
表一十首
賀改年號表　賀通和南蠻表
賀建王除魏博表　賀封公主表
賀殺戮黄巢徒伴表　賀處斬草賊阡能表
又收復京闕表　賀殺黄巢表
賀降德音表　賀迴駕日不許進歌樂表
賀改年號表
臣某言今月某日得進奏院狀報奉十一日宣下改廣明元年為中和元年者展義遁城易名屬紀美號既新於歷象歡聲遍

周恭肅公集十六卷 明周用撰 附録一卷

明嘉靖二十八年（1549）周國南川上草堂刻增補印本　六册

十行二十字。白口，四周雙邊，單魚尾。有刻工。框高19.2釐米，寬13.7釐米。前有嘉靖二十八年朱希周序，言周國南輯書刻書事。書末《冢宰周恭肅公祠記》刻書風格不同於前，應是補刻後印。

周恭肅公集卷第一

五言古詩

送衍聖公開韶分韻得華字

十二載三月乙卯時厥明臨雍達典禮於　皇心則
寧矯矯六龍駕天衢如砥平煌煌羽林仗雲日迴光
晶舍奠儼對越升堂凝穆清崇儒　詔之坐講道經
斯橫元首先股肱皐陶歌載賡山雷觀所養剖析義
各精賢聖垂作述尼父惟先正六籍足經緯百王資
法程元孫秩上公異數超列卿竭來奉　宸春聿觀
禮云成殊錫已備物特享仍大烹遭逢重感激稱謝

周恭肅公集卷一　一　章敫言刊

鈐山堂集二十卷　明嚴嵩撰　明孫偉、楊慎評點

明嘉靖刻本　八册

十行十八字。白口，左右雙邊，單魚尾。框高16.9釐米，寬13.1釐米。鈐"葉恭綽印""番禺葉氏遐庵珍藏書畫典籍之印記""罔極菴"印。存卷一至十三。

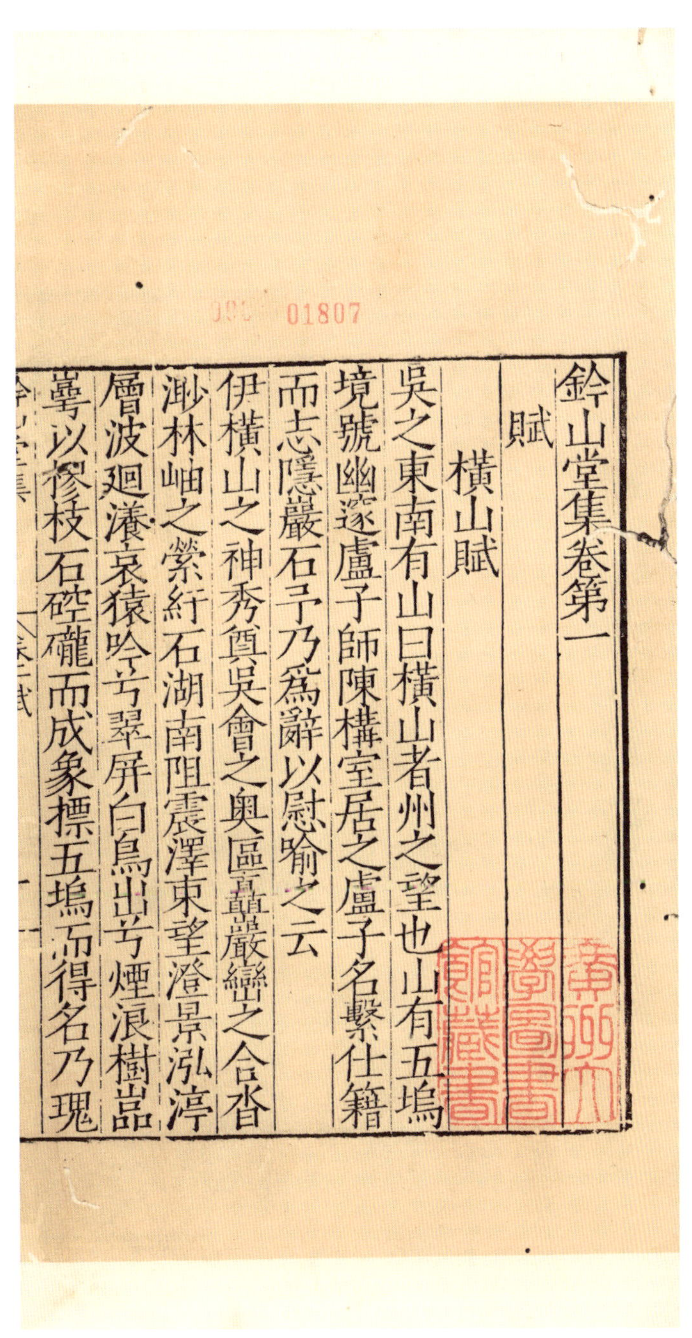
鈐山堂集卷第一
賦
横山賦
吳之東南有山曰横山者州之望也山有五塢
境號幽邃盧子師陳構室居之盧子名繁仕籍
而志隱巖石予乃爲辭以慰諭之云
伊横山之神秀奠吳會之奥區矗巖巒之合沓
渺林岫之縈紆石湖南阻震澤東望澄景泓渟
層波廻瀠哀猿吟兮翠屏白鳥出兮煙浪樹嵒
蕚以樛枝石硿礲而成象標五塢而得名乃瑰

鄉賢區西屏集七卷附録三卷 明區越撰 區奉政遺稿十卷 明區元晋撰

清刻本　五册

九行二十字，小字雙行同。白口，四周雙邊，單魚尾。框高19.3釐米，寬12.8釐米。鈐“徐甘棠藏書”印。

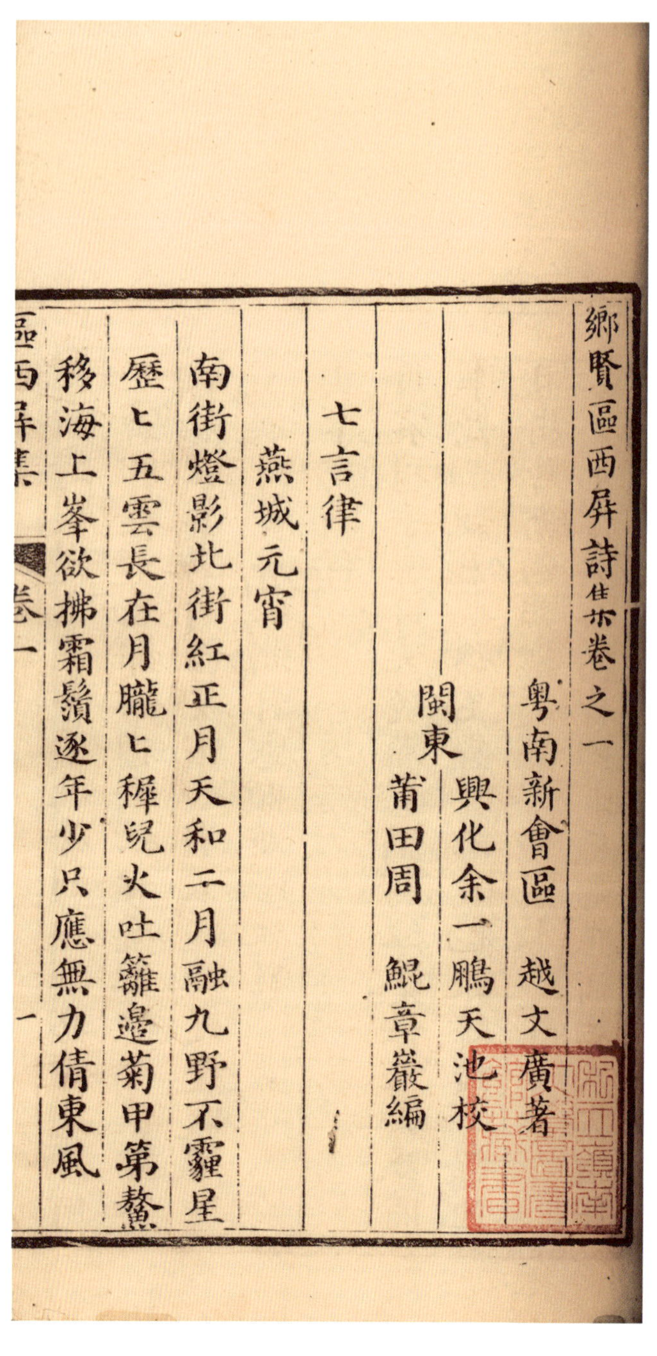

鄉賢區西屏詩集卷之一

粵南新會區　越文廣著

閩東　興化余一鵬天池校

莆田周　鯤章巖編

七言律

燕城元宵

南街燈影北街紅正月天和二月融九野不霾星

歷々五雲長在月朧々稱兕火吐籬邊菊甲第鰲

移海上峯欲拂霜鬟逐年少只應無力倩東風

區西屏集　卷一　一

歐陽恭簡公文集二十二卷　明歐陽鐸撰

明嘉靖刻本　六册

十行二十字。白口，四周單邊，單魚尾。框高19釐米，寬13.5釐米。鈐“雪苑宋氏蘭揮藏書記”“宋筠”“蘭揮”“榮光樓藏書”印。前有嘉靖三十三年（1554）彭黯序，言“宜裒集刻之”，“其子編輯并請序”，“較定是集者張水部等”，未詳言刻書事。入選第二批《名録》。

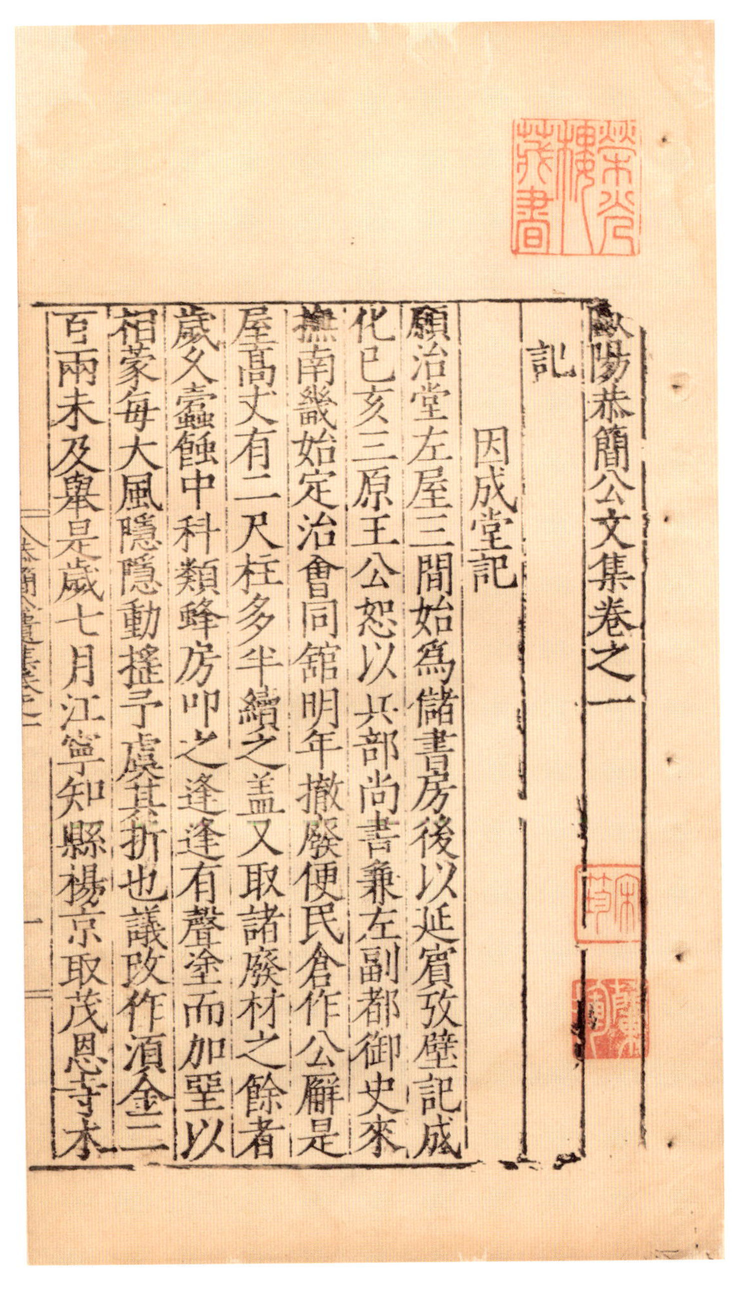
歐陽恭簡公文集卷之一

記

因成堂記

願治堂左屋三間始爲儲書房後以延賓致璧記成化己亥三原王公恕以兵部尚書兼左副都御史來撫南畿始定治會同舘明年撤廢便民倉作公廨是屋高丈有二尺柱多半續之葢又取諸廢材之餘者歲久蠹蝕中科類蜂房叩之逢逢有聲塗而加堊以相蒙每大風隱隱動搖予虞其折也議改作須金二百兩未及舉是歲七月江寧知縣楊京取茂恩寺木

谿田文集十一卷補遺一卷 明馬理撰

明萬曆十七年（1589）張泮刻清乾隆十七年（1752）補修本　十册

八行十八字，小字雙行同。白口，四周雙邊，單魚尾。框高20釐米，寬13.2釐米。前有萬曆十七年雒遵序，言張泮刻書事。存《文集》十一卷。

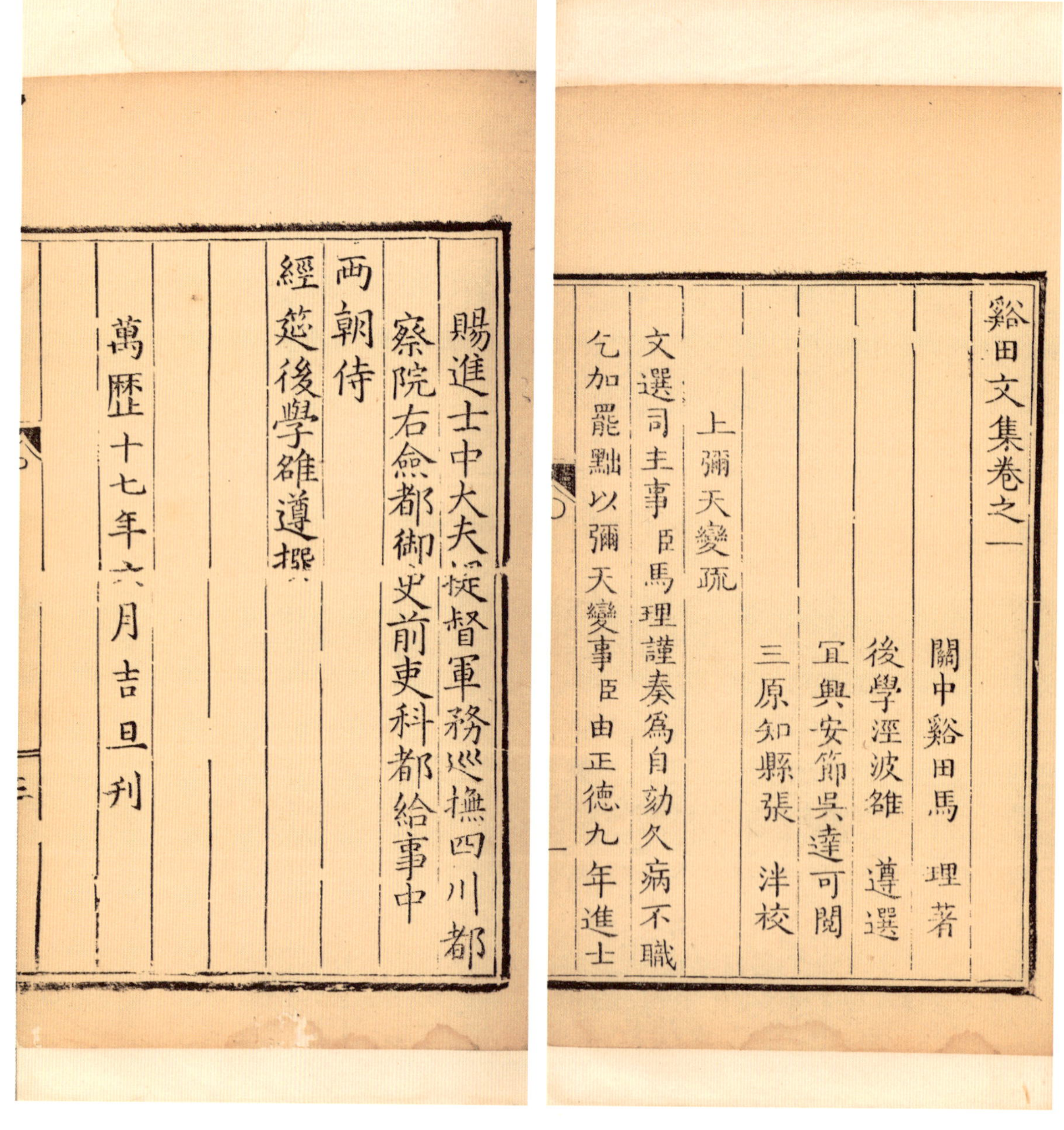
賜進士中大夫提督軍務巡撫四川都
察院右僉都御史前吏科都給事中
兩朝侍
經筵後學雒遵撰
萬歷十七年六月吉旦刊

谿田文集卷之一
關中谿田馬理著
後學涇波雒遵選
宜興安節吳達可閱
三原知縣張泮校
上彌天變疏
文選司主事臣馬理謹奏爲自劾久病不職
乞加罷黜以彌天變事臣由正德九年進士

明水陳先生文集十四卷　明陳九川撰　明董君和編

明嘉靖董君和刻本　三册

存卷一至七。十行二十二字。白口，四周雙邊，或四周單邊，單魚尾。框高20.1釐米，寬13釐米。卷端刻“門人董君和編梓”。前有嘉靖三十七年（1558）王慎中序，言董氏刻書事。

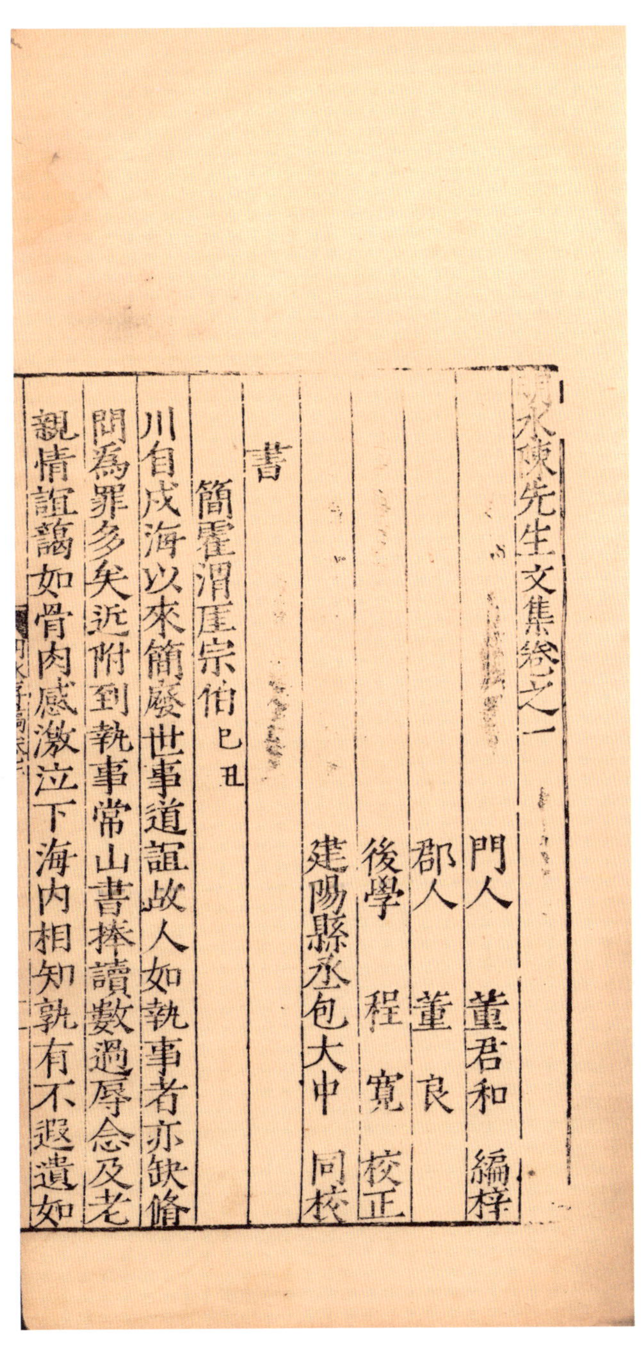

明水陳先生文集卷之一

門人　董君和　編梓

郡人　董　良

後學　程　寬　校正

建陽縣丞包大中　同校

書

簡霍渭厓宗伯　己丑

川自戍海以來簡廢世事道誼故人如執事者亦缺脩

問爲罪多矣近附到執事常山書捧讀數過辱念及老

親情誼藹如骨肉感激泣下海內相知孰有不遐遺如

崔東洲集二十卷續集十一卷 明崔桐撰

明嘉靖二十九年（1550）曹金刻三十四年（1555）周希哲續刻本　八册

十行二十字。白口，左右雙邊，單魚尾。框高19釐米，寬13.5釐米。書末有周希哲《後語》，言曹氏刻書及周氏續刻事。入選第二批《名録》。

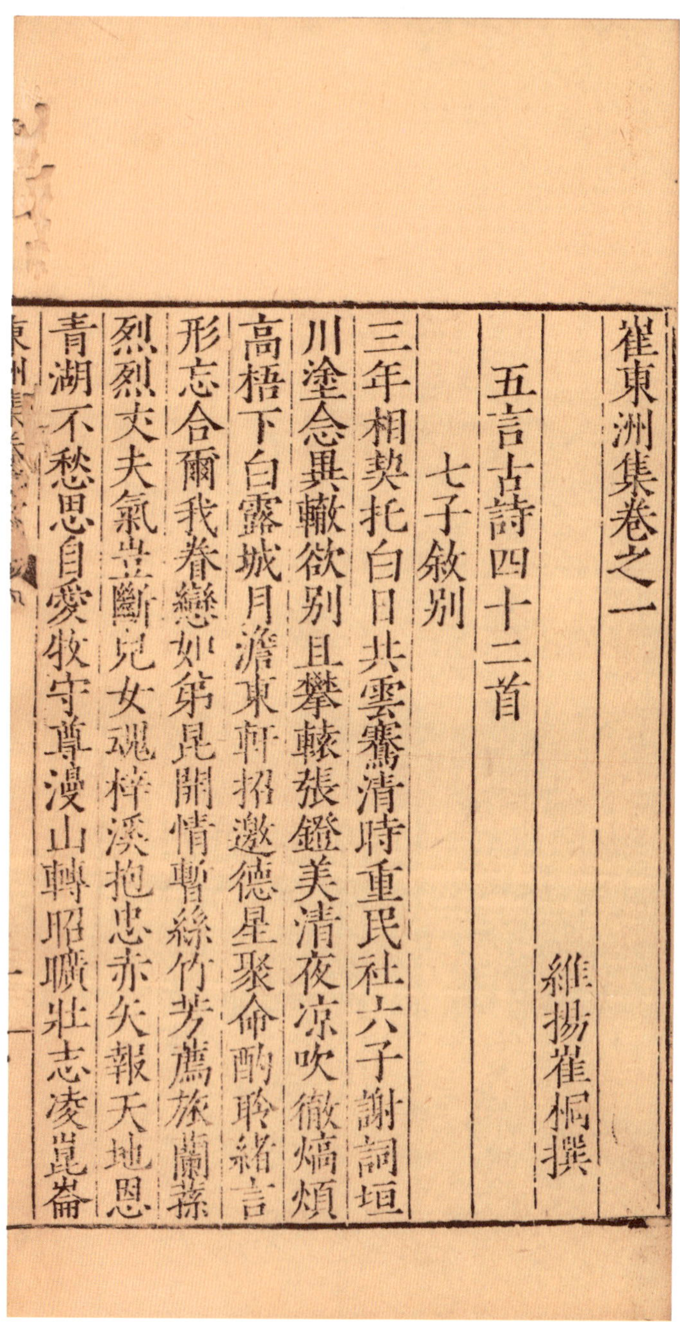

崔東洲集卷之一

維揚崔桐撰

五言古詩四十二首

七子敘別

三年相契托白日共雲騫清時重民社六子謝詞垣
川塗念異轍欲別且攀轅張鐙美清夜凉吹徹熇煩
高梧下白露城月澹東軒招邀德星聚命酌聆緒言
形忘合爾我眷戀如弟昆開情暫絲竹芳馨族蘭蓀
烈烈丈夫氣豈斷兒女魂梓溪抱忠赤矢報天地恩
青湖不愁思自愛牧守尊漫山轉昭曠壯志凌崑崙

羅山詩稿三卷　明張孚敬撰

明刻本　四册

十行二十字。白口，四周單邊，雙魚尾。框高22釐米，寬15.3釐米。鈐“王嗣奭印”印。

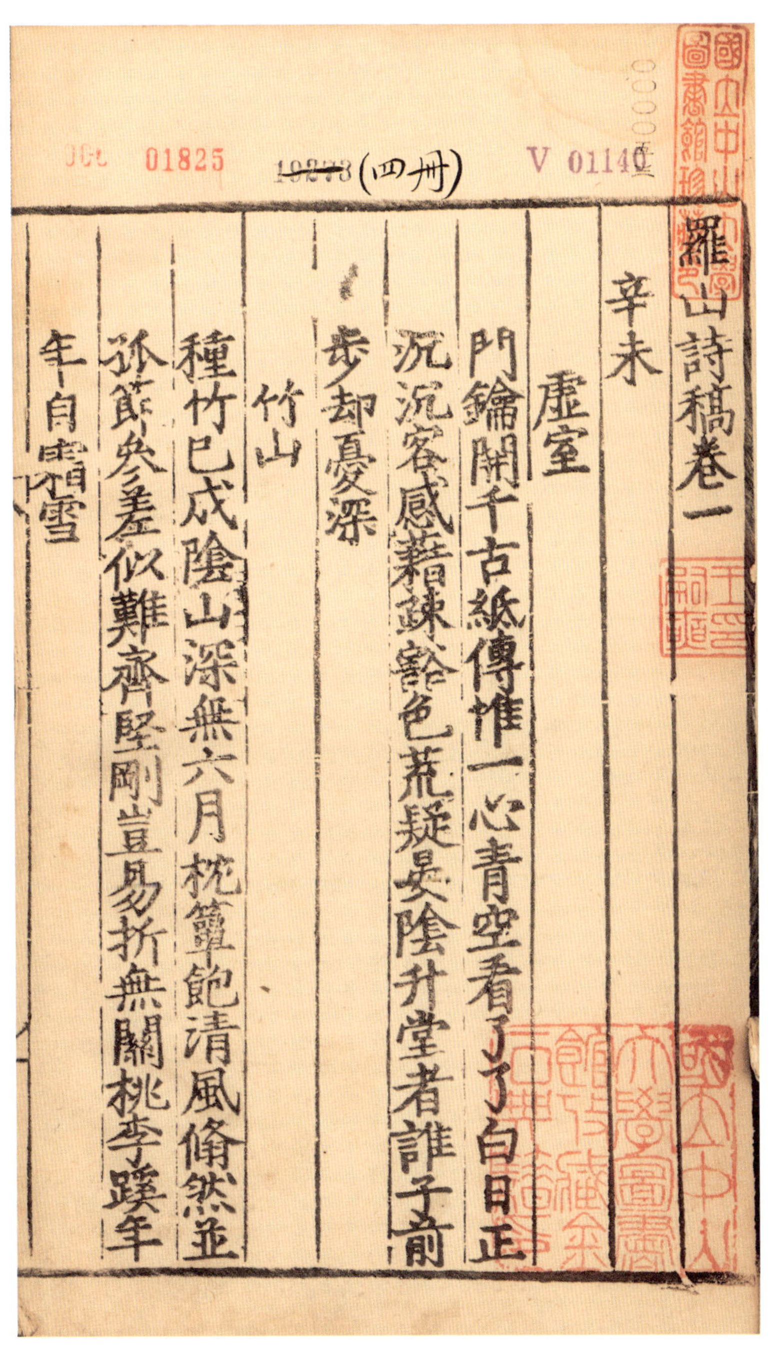

亦愚先生文集七卷外集二卷　明方升撰

清初方弘忠抄本　清吴梅玉批校并跋　四册

十行二十二字。無欄格。書高26.5釐米，寬18.6釐米。書中原未避“弘”，部分用朱筆改爲“宏”，但亦未盡改。

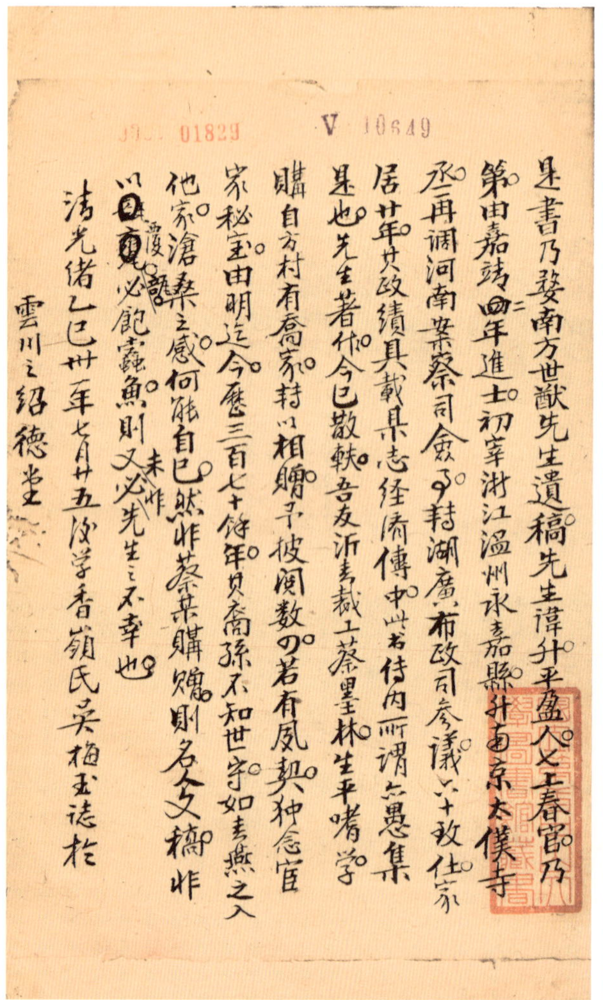

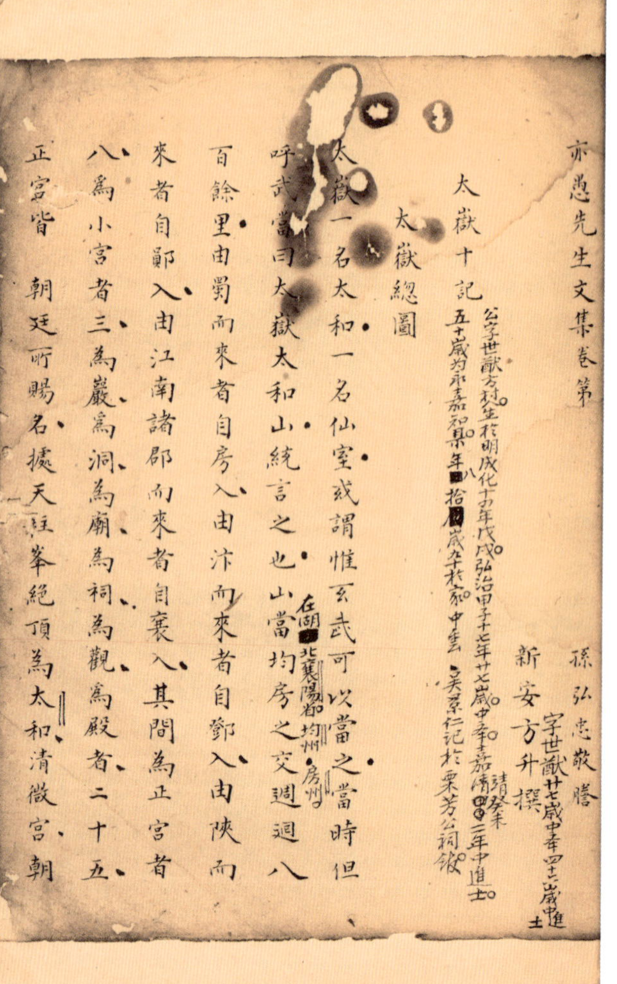

遵巖先生文集四十一卷　明王慎中撰

清抄本　十二册

十行二十一字。無欄格。書高26.5釐米，寬17釐米。鈐“秀水莊氏蘭味軒收藏印”印。

遵巖先生文集卷之一

五言古詩

郊工頌成也

上親定南北郊之祀乃於國陽建南郊皇皇乎一代之盛觀王者之大制也作頌

於辟翼承序祇德鑒昊蒼觀文釐元命造哲煥令章諄臣秉周禮納議光文昌經始揆皇覽測臬即靈壤巍基摩地軸層構羅天綱營陔三奇積疏陛四維張象形以朔覘效運故秉陽躨跜白虎守蚴蟉青龍翔宅嶽既崒崒偵河亦湯湯縣圃激神嶽蓬壺峙中央啟度非近算

念菴羅先生集十三卷　明羅洪先撰

明嘉靖四十二年（1563）劉玠刻本　十册

十一行二十字。白口，四周單邊，單魚尾。有刻工。框高20.8釐米，寬13.6釐米。鈐“來蕃之印”“王氏忠父”印。入選第二批《名録》。

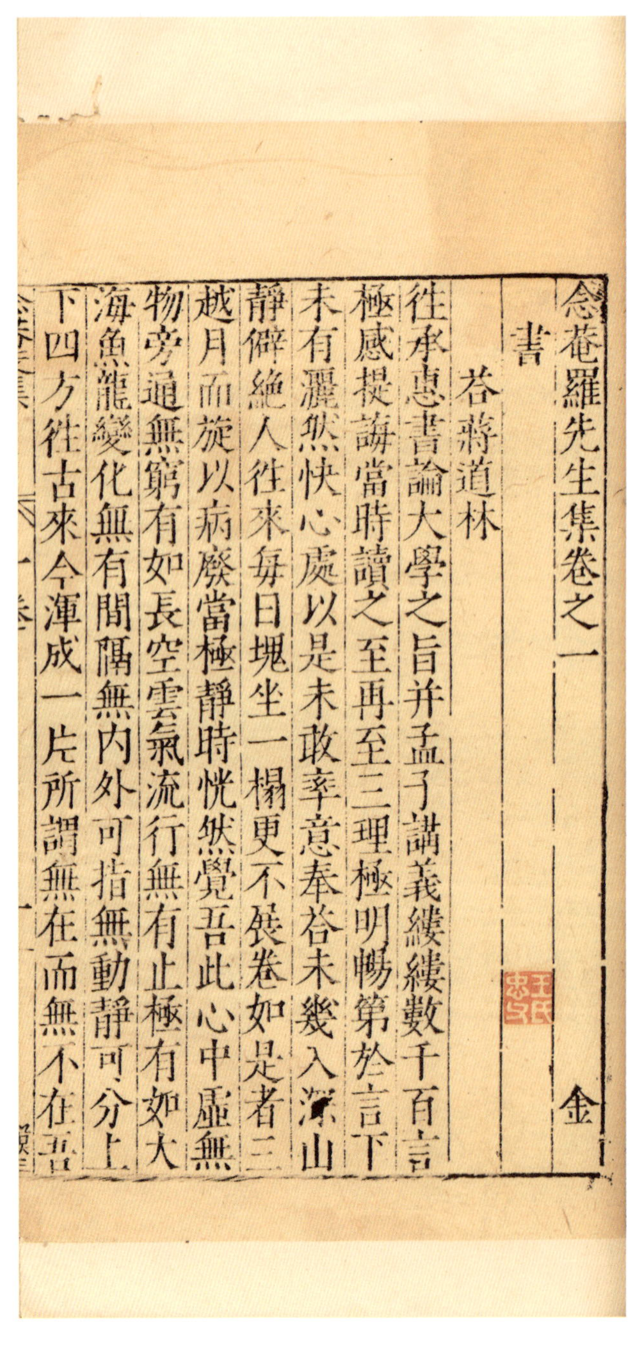
念菴羅先生集卷之一　金
書
荅蔣道林
往承惠書論大學之旨并孟子講義縷縷數千百言極感提誨當時讀之至再至三理極明暢第於言下未有灑然快心處以是未敢率意奉荅未幾入深山靜僻絕人往來每日塊坐一榻更不展卷如是者三越月而旋以病廢當極靜時恍然覺吾此心中虛無物旁通無窮有如長空雲氣流行無有止極有如大海魚龍變化無有間隔無內外可指無動靜可分上下四方往古來今渾成一片所謂無在而無不在吾

陳后岡詩集一卷文集一卷　明陳束撰

明嘉靖張時徹刻本　一册

九行十八字。白口，左右雙邊，單魚尾。框高18.7釐米，寬13.6釐米。鈐“白巖草廬主人寰滔氏周浩印”“崑崙山人”“申齋”“少衡”“謝宗陶藏書印”“无竟先生獨志堂物”印。存《詩集》一卷。入選第三批《名録》。

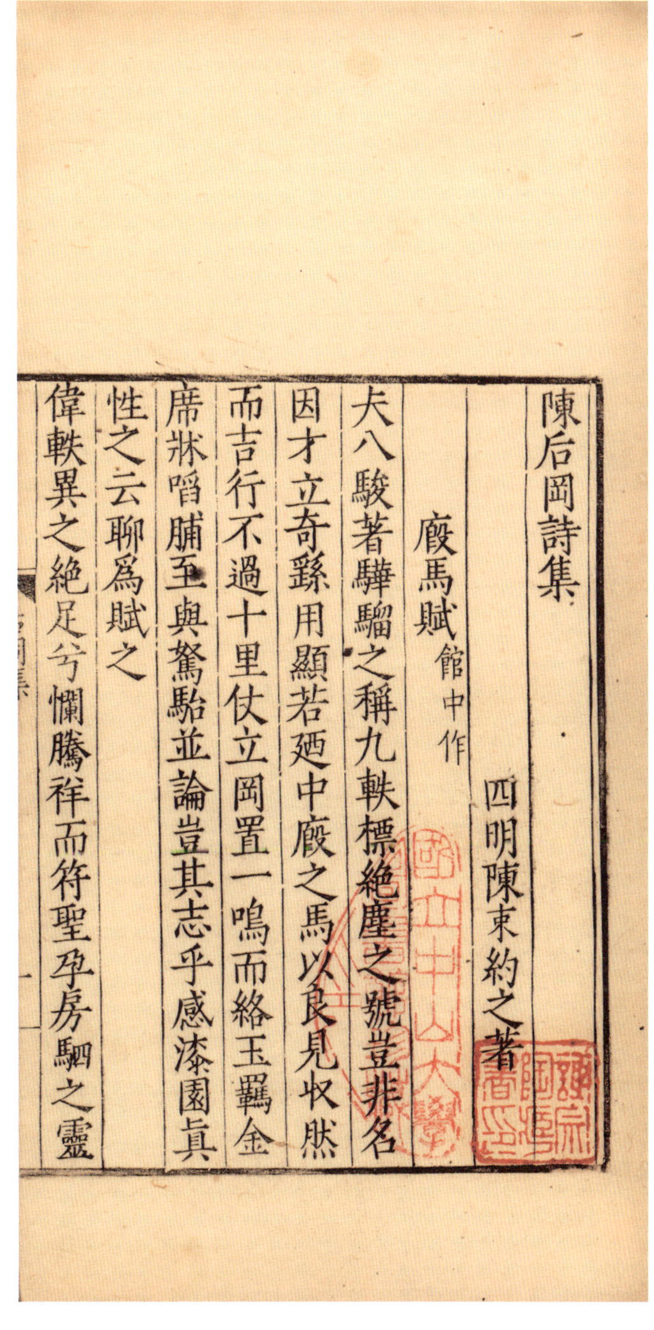
陳后岡詩集
四明陳束約之著
廄馬賦 館中作
夫八駿著驊騮之稱九軼標絶塵之號豈非名
因才立奇緜用顯若廼中廄之馬以良見收然
而吉行不過十里仗立岡置一鳴而絡玉羈金
席粖唶脯至與駑駘並論豈其志乎感漆園眞
性之云聊爲賦之
偉軼異之絶足兮懶騰祥而符聖孕房駟之靈

奚囊蠹餘二十卷 明張瀚撰

明隆慶六年（1572）李敏德陝西藩司刻本（卷十八至二十抄配） 八册

十行十九字。白口，四周單邊，單魚尾。框高19.8釐米，寬13.2釐米。前有隆慶六年蕭廪《重刻奚囊蠹餘序》，言李敏德“增訂重刻於陝西之藩司”。入選第二批《名録》。

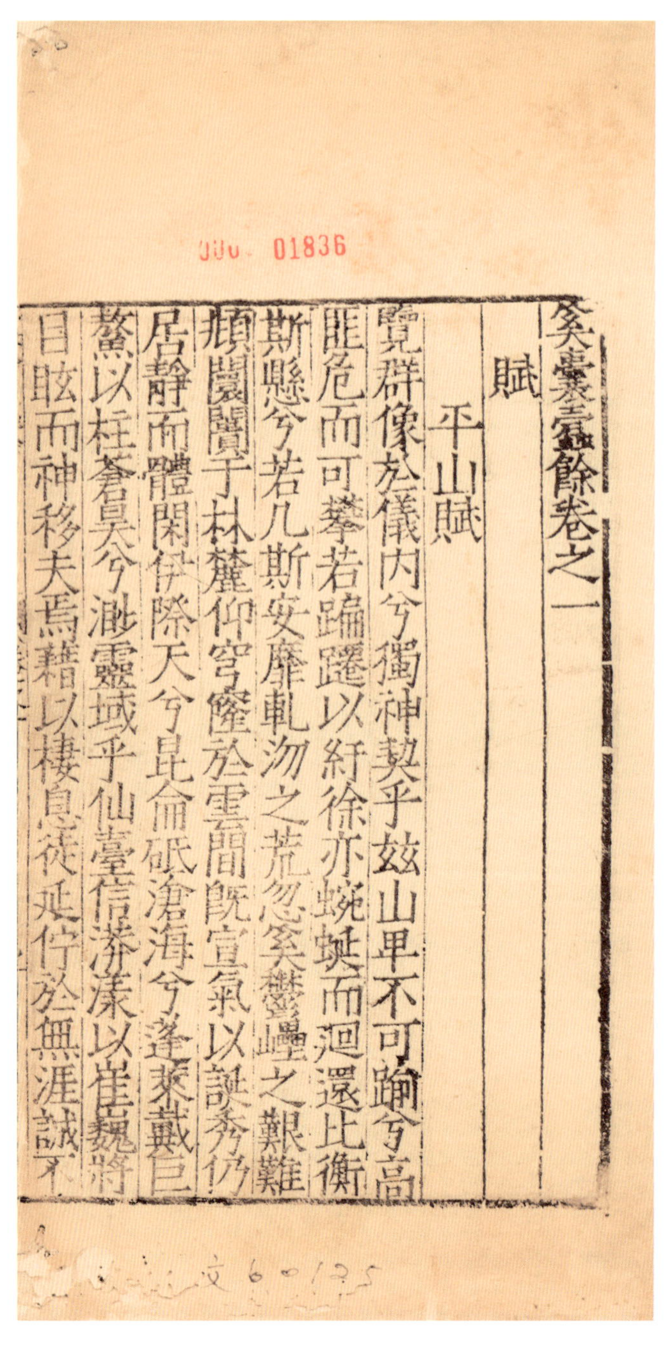

奚囊蠹餘卷之一

賦

平山賦

覽群像於儀内兮獨神契乎兹山畢不可踰兮高眶危而可攀若踊躍以紆徐亦蜿蜒而迴還比衡斯懸兮若几斯安靡軋沕之荒忽奚鬱壘之艱難頫闤闠于林麓仰穹窿於雲間既宣氣以誕秀仍居靜而體閑併際天兮昆侖砥滄海兮逢萊戴巨鰲以柱蒼旻兮渺靈域乎仙臺信滂漾以崔巍將目眩而神移夫焉藉以棲息徙延佇於無涯誠不

王槐溪先生文集五卷　明王三接撰　明王用言輯

明萬曆三十六年（1608）王學曾刻清雍正八年（1730）王如經重修本　讀萬樓題識　五册

十行十六字。白口，四周雙邊，單魚尾。框高20.8釐米，寬13.1釐米。前有萬曆三十六年楊巍序，言刻書事。卷端刻“孫學曾刊”。又有雍正八年補刊序，末鐫“六世孫如經補刻”。

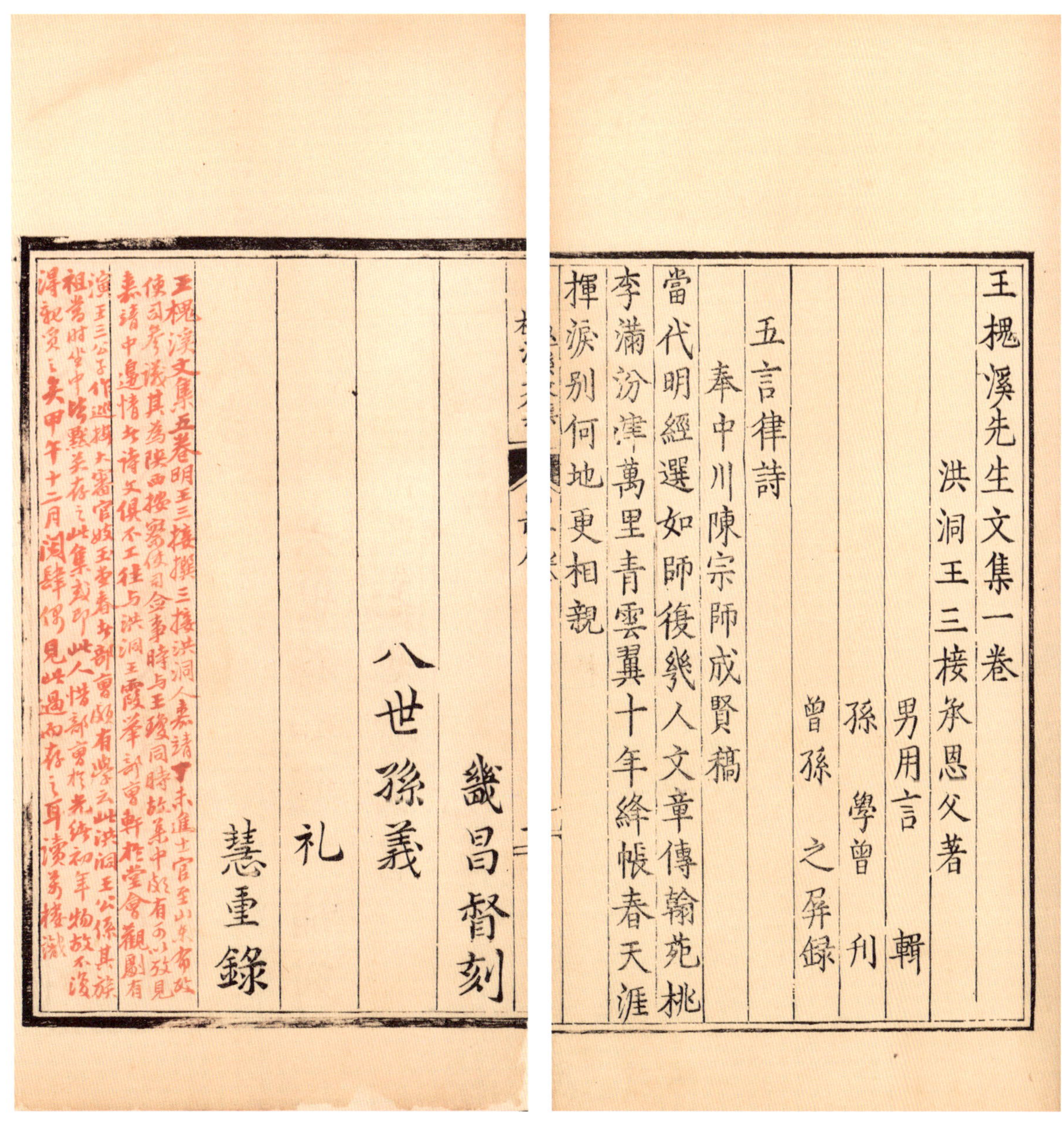
王槐溪先生文集一卷
洪洞王三接承恩父著
男用言　輯
孫　學曾　刋
曾孫　之屏　錄
五言律詩
奉中川陳宗師成賢稿
當代明經選，如師後幾人。文章傳翰苑，桃李滿汾滓。萬里青雲翼，十年絳帳春。天涯揮淚別，何地更相親。

鐵昌督刻
八世孫義
礼
慧重錄

王槐溪文集五卷，明王三接撰。三接，洪洞人，嘉靖丁未進士，官至山東布政使司參議。其為陝西按察使司僉事時，與王璲同時，故集中啟有可以考見嘉靖中邊情者。詩文俱不工。往與洪洞王霞峯部曹軒於堂會觀劇，有演王三公子作巡按大審官妓玉堂春者。部曹頗有學，云此洪洞王公係其族祖，嘗附坐中指點美存之。此集或即此人，惜部曹於光緒初年物故，不復得就質之矣。甲午十二月，閱肆偶見此，過而存之耳。讀萬樓識

百可亭摘稿七卷詩集摘稿二卷　明龐尚鵬撰

明萬曆二十七年（1599）龐英山刻本　八册

十行二十字。白口，四周雙邊，單魚尾。框高20釐米，寬12.6釐米。鈐“面城樓藏書印”“文伯”“六篆樓所藏書”“衛儁升印”印。前有萬曆二十七年王學曾序，言龐英山刻書事。

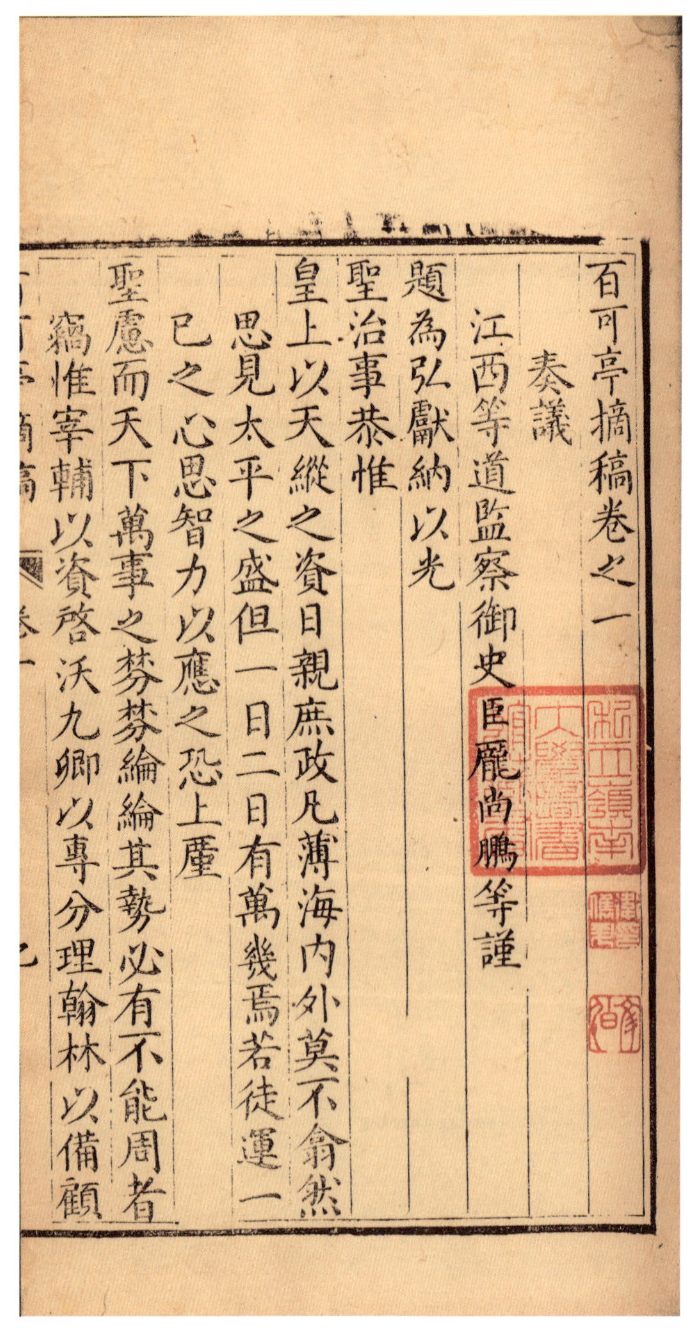

百可亭摘稿卷之一
奏議
江西等道監察御史臣龎尚鵬等謹
題為弘猷納以光
聖治事恭惟
皇上以天縱之資日親庶政凡薄海内外莫不翕然
思見太平之盛但一日二日有萬幾焉若徒運一
已之心思智力以應之恐上塵
聖慮而天下萬事之棼棼綸綸其勢必有不能周者
竊惟宰輔以資啓沃九卿以專分理翰林以備顧

奚囊瑣言四卷藝苑鉤玄一卷　明陳表撰

明隆慶元年（1567）自刻本　四册

十行二十字。白口，左右雙邊，單魚尾。有刻工。框高17.6釐米，寬11.8釐米。鈐“慧海樓藏書印”“璜川吴氏收藏圖書”印。書末有隆慶元年陳表跋，言刻書事。入選第二批《名録》。

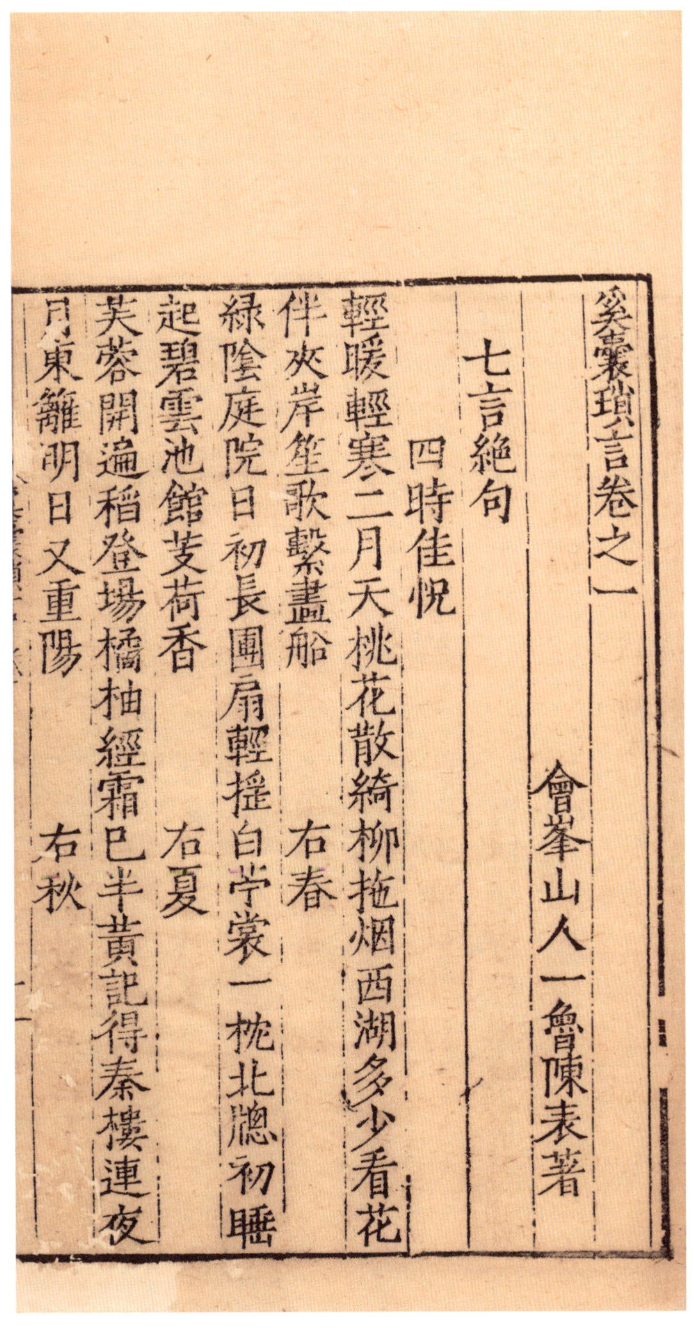

奚囊瑣言卷之一

會峯山人一魯陳表著

七言絶句

四時佳悅

輕暖輕寒二月天桃花散綺柳拖烟西湖多少看花伴夾岸笙歌繫畫船　右春

綠陰庭院日初長團扇輕揺白苧裳一枕北牕初睡起碧雲池館芰荷香　右夏

芙蓉開遍稻登場橘柚經霜已半黄記得秦樓連夜月東籬明日又重陽　右秋

青雀集二卷　明王穉登撰

明隆慶四年（1570）靖江朱宅快閣刻本　一册

卷下缺《書》七篇。十行十八字。白口，左右雙邊，單魚尾。框高19.4釐米，寬13.2釐米。鈐“長洲顧氏家藏書”“顧九防印”印。卷上末刻“隆慶庚午仲夏靖江朱宅快閣雕本”。入選第三批《名録》。

青雀集卷之上
太原王穉登撰
詩
出都門馬上口號
長安東門別立馬青松下關吏來笑人前年棄
繻者
下滹沱
青瑣故人稀青山憶採薇雨兼花共落春較客
先歸臺豈黃金在田應白璧非滹沱何太急臨
發更依依

過秦汝立小聽松因寄童子鳴
逆旅無人薦子虛歸來依舊病相如長安花月
齊諧記姑蔑山川越絕書莫倚閉門高五馬須
憑折簡寄雙魚故人情重遙相憶共聽松風歎
索居
隆慶庚午仲夏
靖江朱宅快閣雕本
青雀集卷之上

宗伯集六卷　明馮琦撰　明莊天合、李騰芳輯

明萬曆三十五年（1607）刻本　四册

九行二十字。白口，四周單邊，單魚尾。框高20.4釐米，寬14釐米。書末牌記題“旹萬曆丁未年孟秋青箱梓行”。

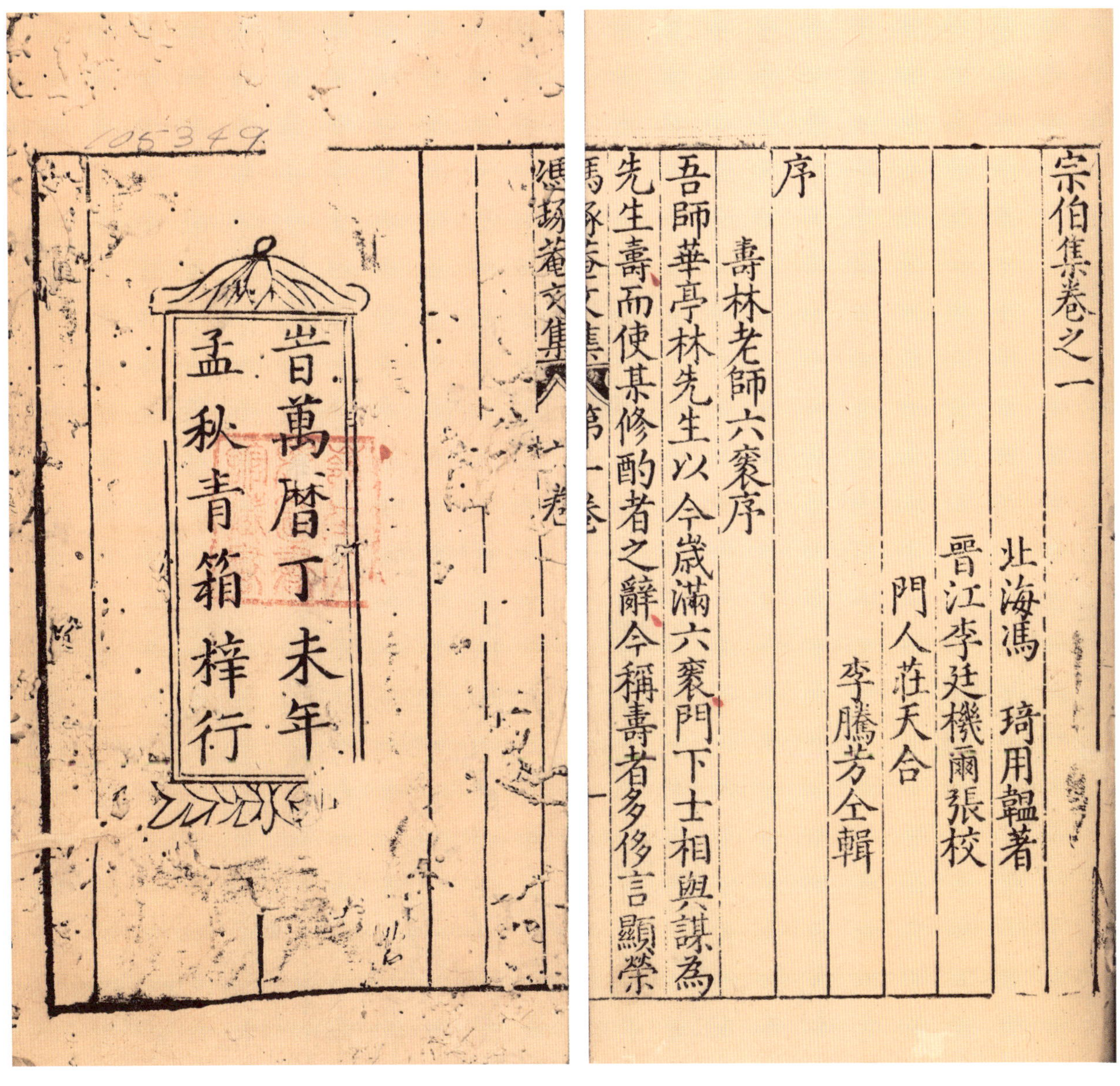

宗伯集卷之一

北海馮　琦用韞著

晉江李廷機爾張校

門人莊天合

李騰芳仝輯

序

壽林老師六袠序

吾師華亭林先生以今歲滿六袠門下士相與謀為

先生壽而使某修酌者之辭今稱壽者多侈言顯榮

馮琢菴文集第一卷

旹萬曆丁未年

孟秋青箱梓行

梅司馬燕臺遺稿二卷　明梅國楨撰

明萬曆刻本　復廬居士跋　二册

八行十八字。白口，左右雙邊，單魚尾。框高20.7釐米，寬12.4釐米。鈐“貞廬”“復廬題識”印。

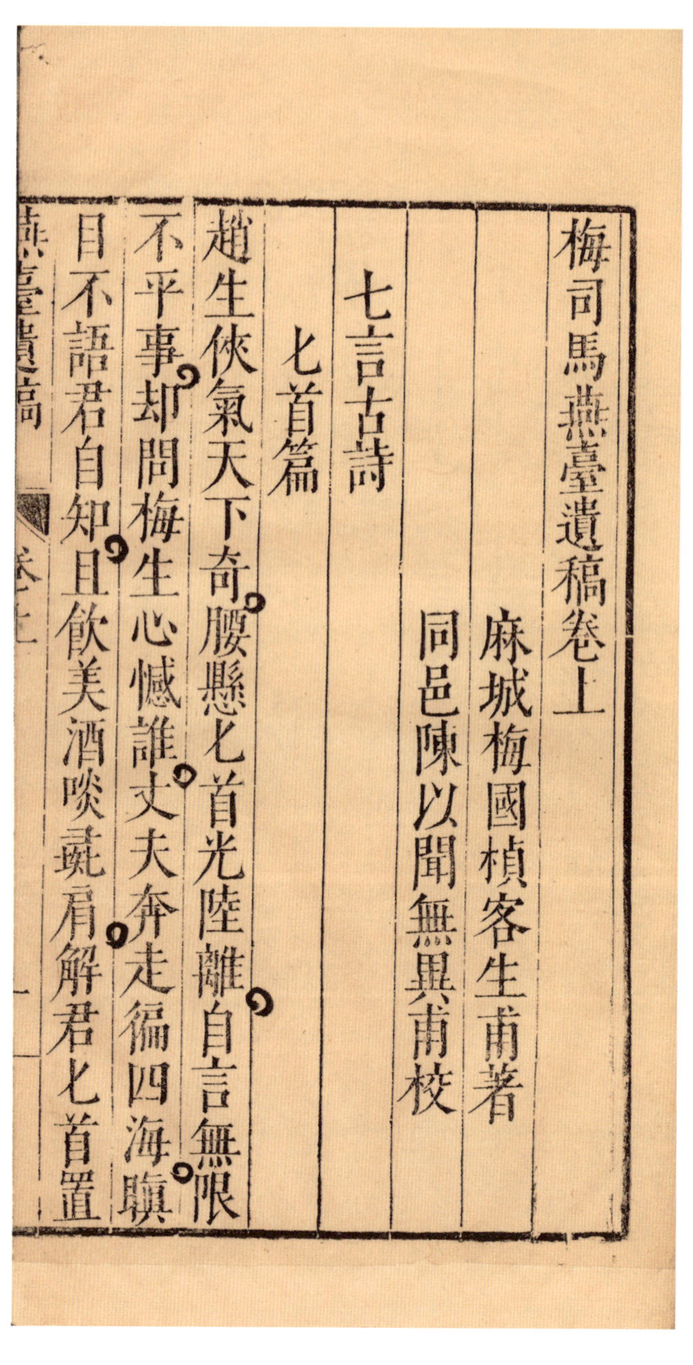

梅司馬燕臺遺稿卷上

麻城梅國楨客生甫著

同邑陳以聞無異甫校

七言古詩

匕首篇

趙生俠氣天下奇。腰懸匕首光陸離。自言無限不平事。却問梅生心憾誰。丈夫奔走徧四海。瞋目不語君自知。且飲美酒啖彘肩。解君匕首置

燕臺遺稿　卷上　一

吹劍齋文集八卷　明鄧宗齡撰

明刻本　十二册

九行二十字。白口，四周雙邊，單魚尾。框高21.2釐米，寬13.7釐米。鈐“東徠”“潤德堂”“東山居士”“殿揚”印。

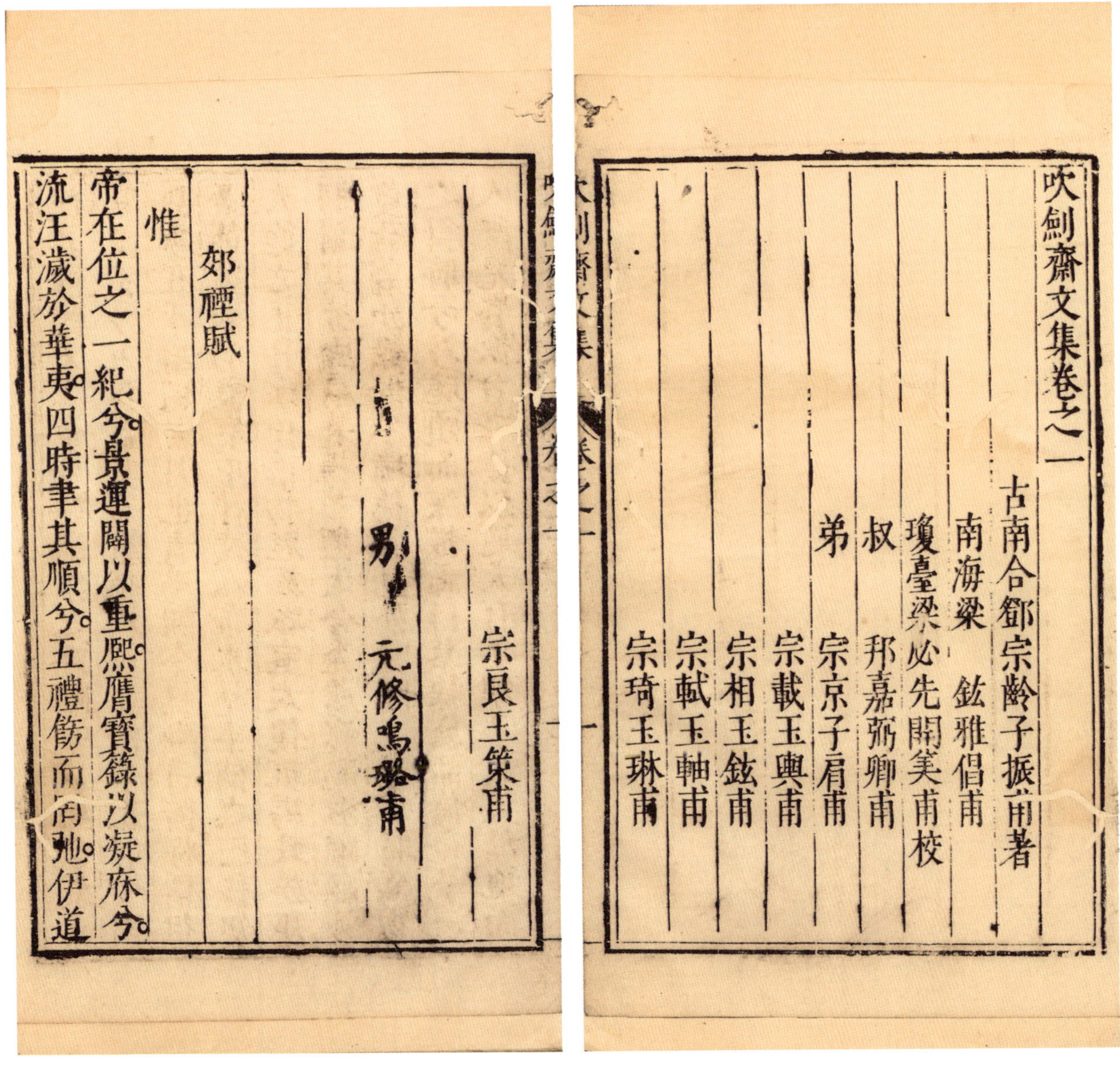

吹劍齋文集卷之一

古南合鄧宗齡子振甫著

南海梁　鉉雅倡甫

瓊臺梁必先閒美甫校

叔　邦嘉絅卿甫

弟　宗京子肩甫

宗載玉輿甫

宗相玉鉉甫

宗軾玉軸甫

宗琦玉琳甫

宗良玉策甫

男　元修鳴璐甫

郊禋賦

惟

帝在位之一紀兮。景運闢以重熙。膺寶籙以凝庥兮。流汪濊於華夷。四時聿其順兮。五禮飭而備施。伊道

環碧齋尺牘五卷 明祝世禄撰

明吴時元刻本 四册

九行十八字。白口，四周單邊。框高20.2釐米，寬13.5釐米。書末有吴時元跋，言刻書事。存卷一至四。

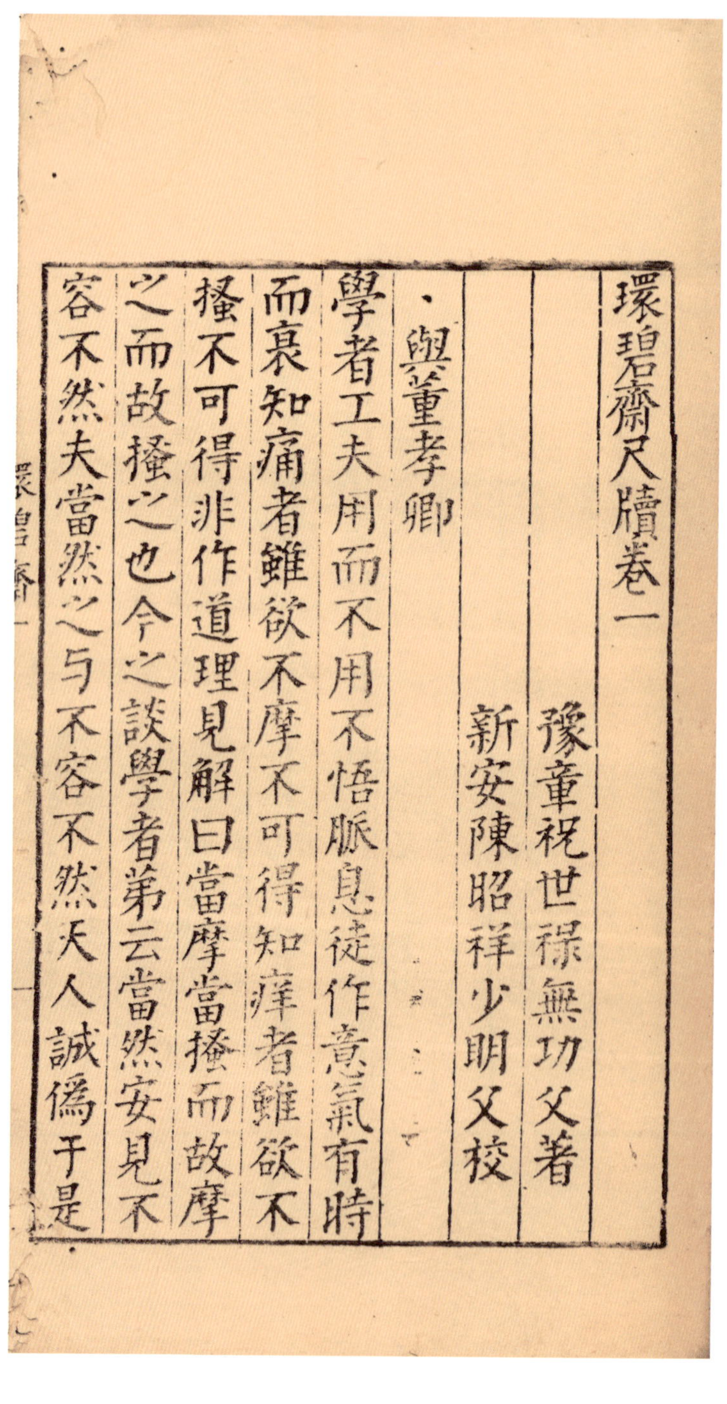

環碧齋尺牘卷一

豫章祝世禄無功父著

新安陳昭祥少明父校

與董孝卿

學者工夫用而不用不悟脈息徒作意氣有時而衷知痛者雖欲不摩不可得知痒者雖欲不搔不可得非作道理見解曰當摩當搔而故摩之而故搔之也今之談學者第云當然安見不容不然夫當然之与不容不然天人誠僞于是

環碧齋 一

木天遺草二十八卷　明高克正撰

明萬曆四十四年（1616）刻本　六册

九行十八字。白口，四周雙邊。框高21.2釐米，寬14.1釐米。鈐“周元亮家藏書”“胡氏茨邨藏本”“宛平王氏家藏”“慕齋鑒定”“張”印。前有萬曆四十四年張燮序，言刻書事。

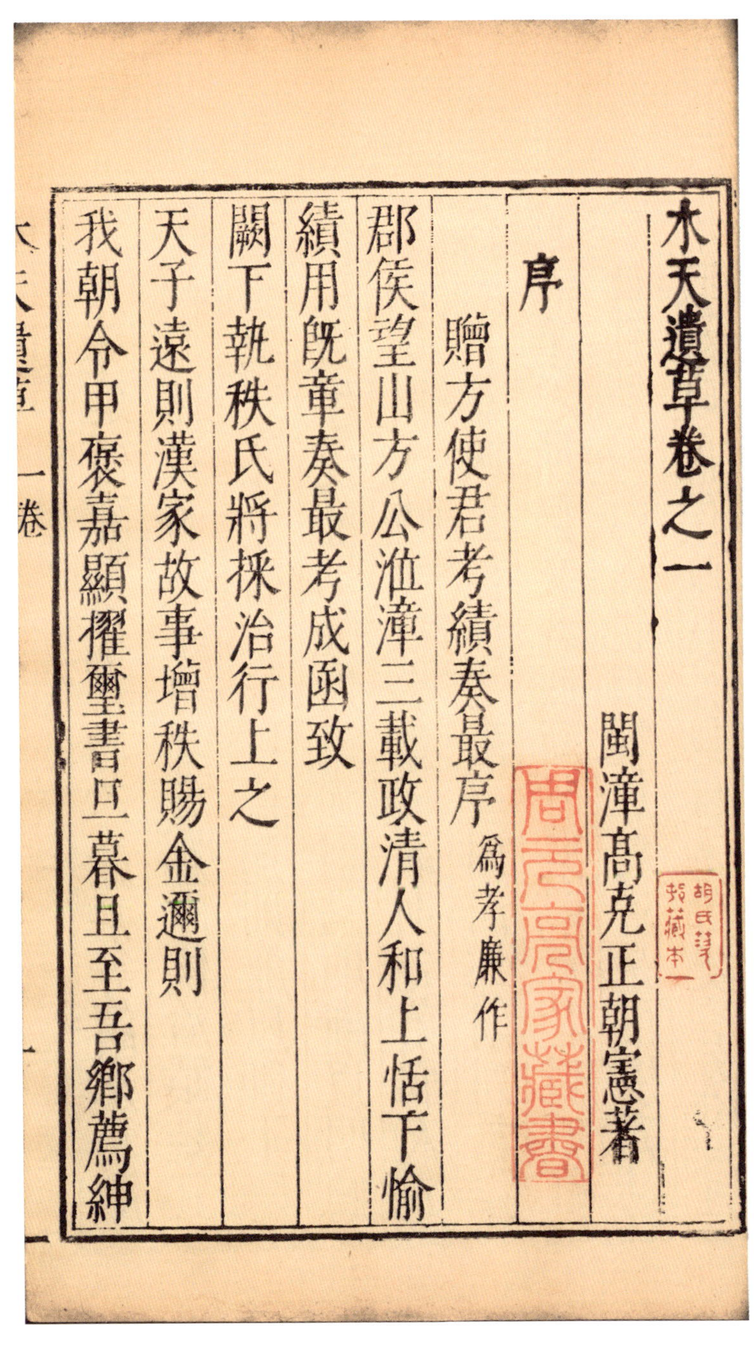

木天遺草卷之一
閩漳高克正朝憲著
序
贈方使君考績奏最序 爲孝廉作
郡侯望山方公涖漳三載政清人和上恬下愉
績用既章奏最考成函致
闕下執秩氏將採治行上之
天子遠則漢家故事增秩賜金璽則
我朝令甲褒嘉顯擢璽書旦暮且至吾鄉薦紳

洪季隣集四卷 明洪翼聖撰

明萬曆刻本　四册

八行十六字。白口，四周單邊。框高20.3釐米，寬13.1釐米。

洪季隣集卷之一

新安洪翼聖季隣著

賦

觀頤賦

易著頤象獨寶靈龜寫寂寂兮長靜復冥

冥兮何知因而靈舍吉凶壽靡盡期儻舍

之而觀朶將悔吝乎何支玩斯理而頤可

推矣粵自厖鴻初判熙熙芸芸人民湉漠

問次齋稿三十一卷西遊稿七卷續稿五卷　明公鼒撰

明末刻本　九册

缺《問次齋稿》卷四。九行二十字。白口，左右雙邊，單魚尾。框高20.4釐米，寬14.5釐米。鈐“桂馥之印”印。

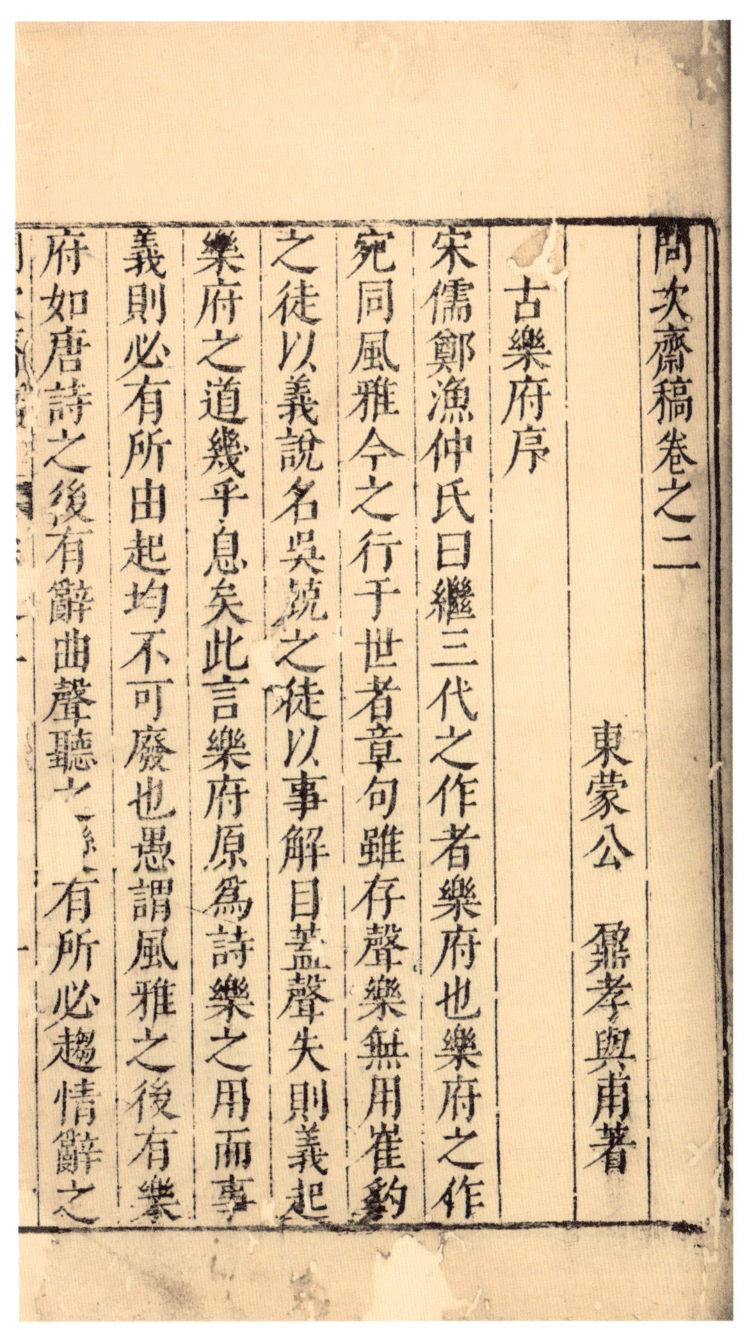

問次齋稿卷之二

東蒙公　鼒孝與甫著

古樂府序

宋儒鄭漁仲氏曰繼三代之作者樂府也樂府之作宛同風雅今之行于世者章句雖存聲樂無用崔豹之徒以義說名吳兢之徒以事解目蓋聲失則義起樂府之道幾乎息矣此言樂府原爲詩樂之用而事義則必有所由起均不可廢也愚謂風雅之後有樂府如唐詩之後有辭曲聲聽之[illegible]有所必趨情辭之

恕醉齋集不分卷 明劉遵憲撰

明崇禎十一年（1638）韓文銓刻本　二册

八行十八字。白口，四周單邊，單魚尾。框高20.8釐米，寬13.7釐米。書末有崇禎十一年韓在跋，言其子韓文銓刻書事。

恕醉齋集

魏博劉遵憲　著

望西山次韻

遠山望不極煙光蕩逾紫白雲被諸峰宛如排
皓齒珠林何時構棟宇連雲起金碧何煌煌無
乃香山是每欲依空王津筏從茲始

次節寰苦栢蛉韻

當暑少塵事弛簾但枯坐捉塵萬慮忘悠然吾

憨山大師夢遊集不分卷　明釋德清撰

清抄本　六册

九行二十四字。無欄格。書高26釐米，寬16.5釐米。

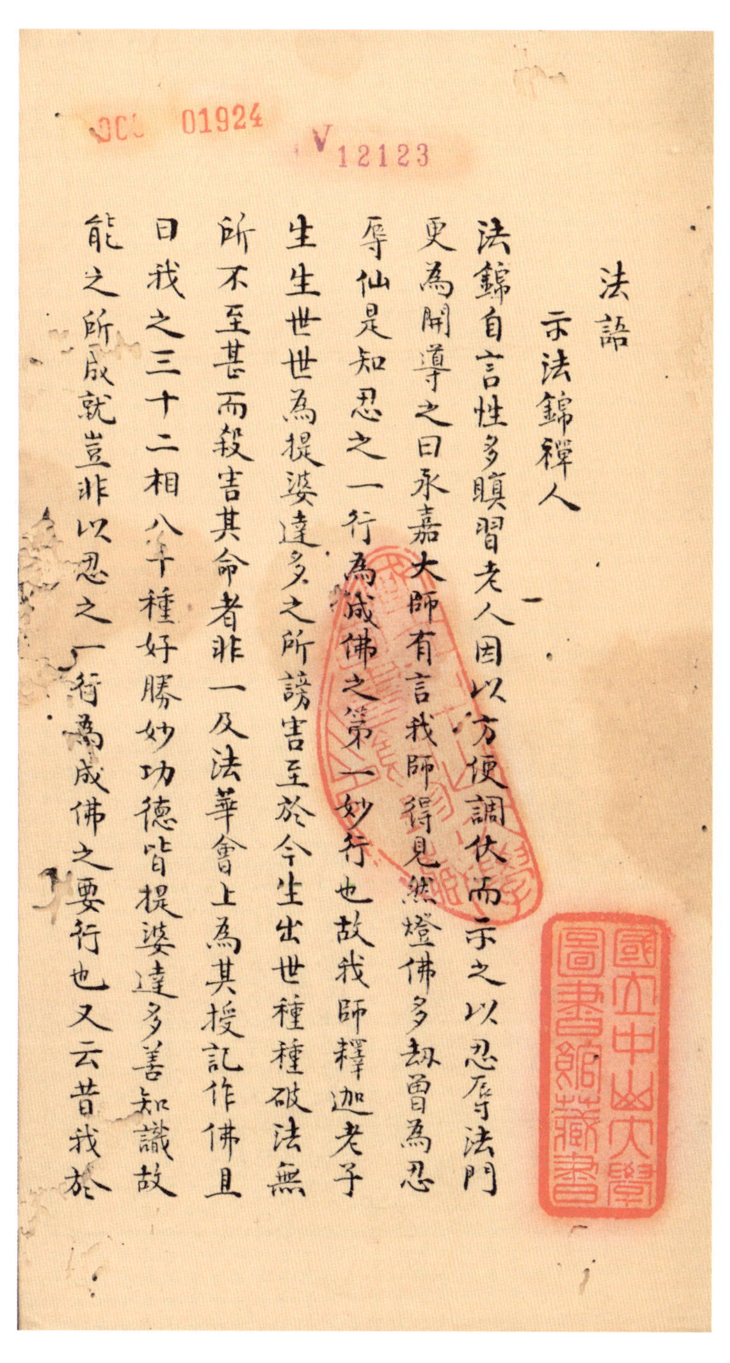

法語

示法鎔禪人

法鎔自言性多瞋習老人因以方便調伏而示之以忍辱法門更為開導之曰永嘉大師有言我師得見然燈佛多劫曾為忍辱仙是知忍之一行為成佛之第一妙行也故我師釋迦老子生生世世為提婆達多之所謗害至於今生出世種種破法無所不至甚而殺害其命者非一及法華會上為其授記作佛且曰我之三十二相八十種好勝妙功德皆提婆達多善知識故能之所成就豈非以忍之一行為成佛之要行也又云昔我於

吴翼明先生存集文二卷詩二卷制義一卷玄言閣唾餘一卷

明吴懷賢撰

明末刻本　六册

八行十八字。白口，左右雙邊，單魚尾。有刻工。框高21釐米，寬13.7釐米。書末有天啓七年（1627）吴道昇跋，言其刻先君子書事。

吳翼明先生存集

新都吳懷賢齊仲父著

京山李維楨本寧父訂

毘陵繆昌期當時父定

賦

樂志堂賦并序

昔仲長統之樂志論古今人誦之見其所期望者頗奢而自足有在思效其所

潘木公集六卷 明潘一桂撰 明史玄輯

明崇禎刻本 二册

十行十八字。白口，左右雙邊，單魚尾。有刻工。框高17.2釐米，寬12.5釐米。鈐“黄某花屋所藏”“琴經樓”印。

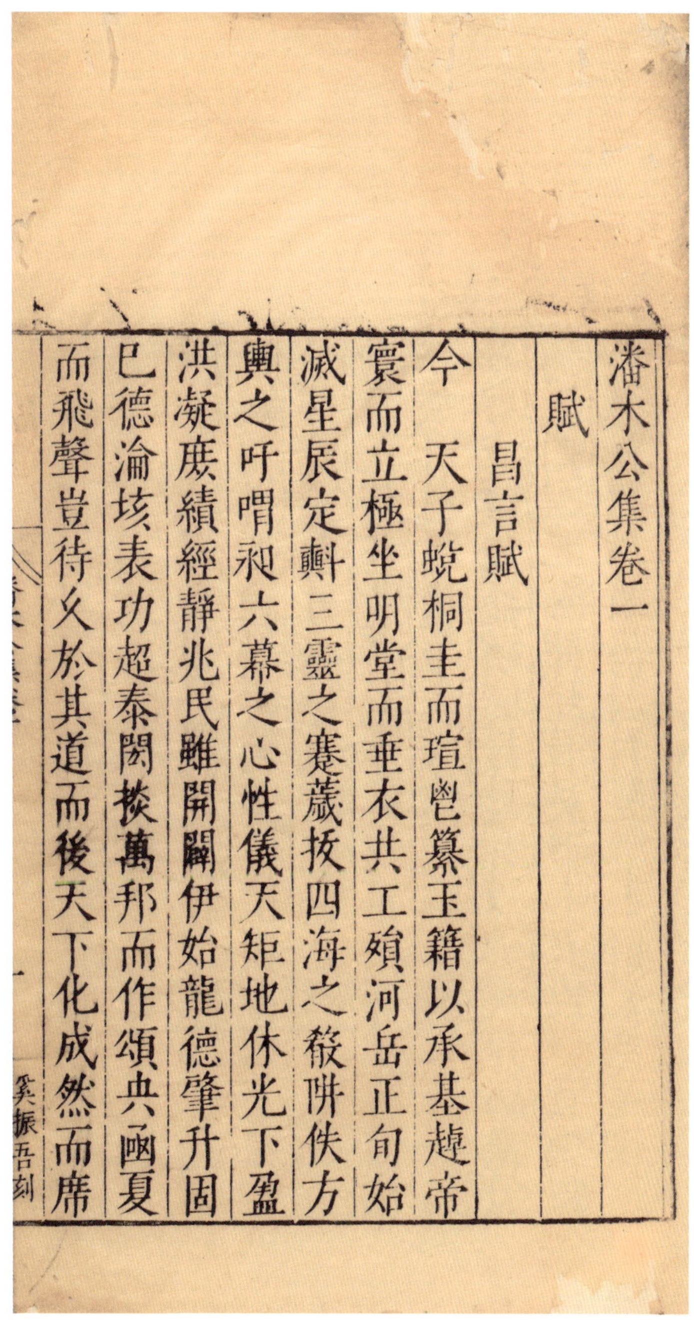

潘木公集卷一

賦

昌言賦

今 天子蛻桐圭而瑄璧纂玉籍以承基趡帝寰而立極坐明堂而垂衣共工殞河岳正旬始滅星辰定軿三靈之蹇蘙拔四海之發倂佚方輿之吁嗗衵六幕之心性儀天矩地休光下盈洪凝庶績經靜兆民雖開闢伊始龍德肇升固巳德淪垓表功超泰閎揆萬邦而作頌典函夏而飛聲豈待久於其道而後天下化成然而席

吳振吾刻

囈二集不分卷 明張文成撰

清初刻本 復廬居士跋 一册

九行十九字。白口，四周單邊。框高19.6釐米，寬13.7釐米。鈐“貞廬”“復廬題識”印。存《記》八首。

明精刻張噩仍囈二集無卷數 明季原刊初印本
囈二集三册明會稽張噩仍著噩仍名文成明末人年十五為諸生倜儻自喜慕鄉先生徐文長之為人棄舉業放浪山水間尤精岐黃術國變後隱遁以終所著有傳奇三種及囈一集囈二集若干卷今傳奇與囈一集皆不傳獨此囈二集猶為原刻初印之本卷中如七古贈余癸之五律題蔡子佩畫七律吳山曉望諸篇有墨筆改正之字或係張氏親筆更爾誠難得之秘籍矣
壬子長夏曝書西廊雨後因記 復廬居士

囈二集
會稽張文成噩仍著
記
西湖再記
天下亡好遊者即遊亡真能知山水者貴人不暇富人不欲賤且貧者日奔走衣食即欲之不能其遊者必天下之開人也不開而遊必天下之大有才人也王右軍之於蘭亭太史公之於淮泗禹穴醉翁之於滁子厚之於柳州白蘇二公之於西湖

張噩仍囈二集 記 一

何莫軒詩草不分卷　明盧仲佃撰

稿本　二册

十行二十字。白口，四周單邊，單魚尾。框高18.7釐米，寬13.3釐米。鈐“雲亭”印。

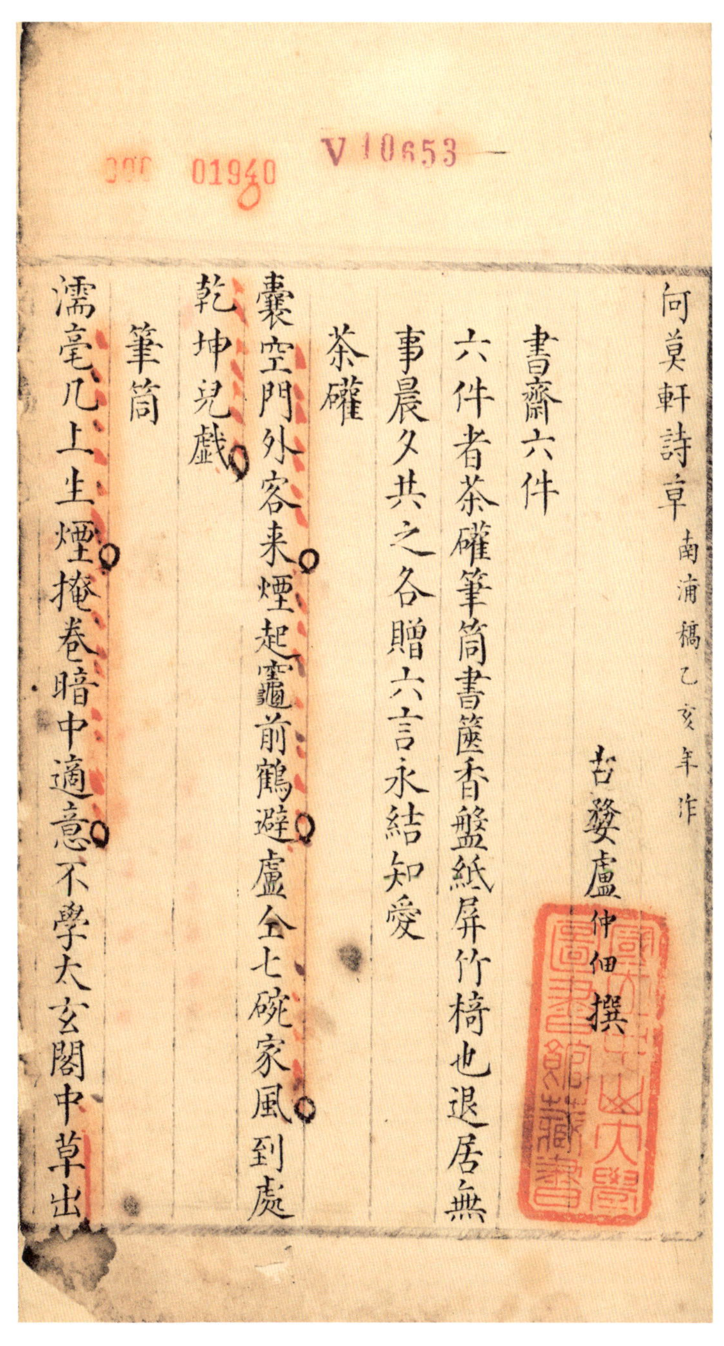
何莫軒詩草　南浦稿乙亥年作
古婺盧仲佃撰
書齋六件
六件者茶罐筆筒書簏香盤紙屏竹椅也退居無
事晨夕共之各贈六言永結知愛
茶罐
囊空門外客來煙起竈前鶴避盧仝七碗家風到處
乾坤兒戲
筆筒
濡毫几上生煙掩卷暗中適意不學太玄閣中草出

顧與治詩八卷　清顧夢游撰　清施閏章選

清抄本　清王德楷跋　莫棠跋　四册

九行十八字。無欄格。書高25釐米，寬16.8釐米。鈐“莫棠之印”“獨山莫棠讀過”“獨山莫氏銅井文房藏書印”印。

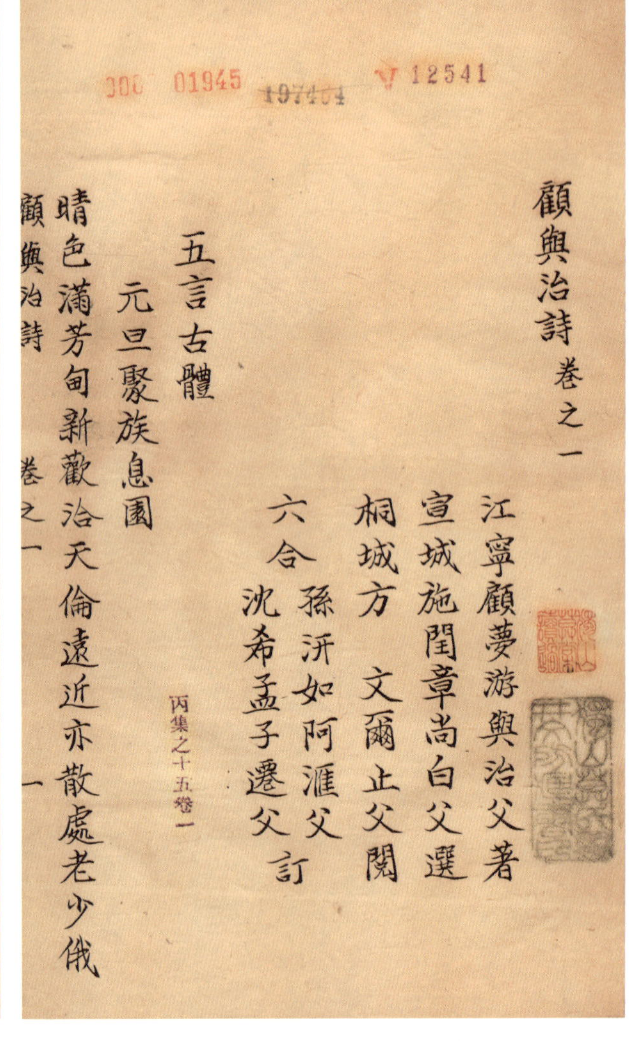

顧與治詩　卷之一

江寧顧夢游與治父著
宣城施閏章尚白父選
桐城方　文爾止父閱
六合　孫沂如阿滙父
　　　沈希孟子遷父　訂

五言古體

元旦聚族息園

晴色藹芳甸新歡洽天倫遠近亦散處老少俄

丙集之十五卷一

顧與治詩　卷之一　一

耻躬堂文集二十卷冬心詩一卷遊山詩一卷首一卷 清彭士望撰 清彭厚德編

清康熙刻本　十二册

九行二十字。白口，左右雙邊，單魚尾。《遊山詩》八行二十二字。白口，左右雙邊。框高19.6釐米，寬12.8釐米。鈐“彭鏊壹字秋孫”“彭鏊之印”“樹廬老人七代孫”印。前有康熙七年（1668）夏區序，言刻《游山詩》事。不避“曆”。缺《文集》卷十六至十八。

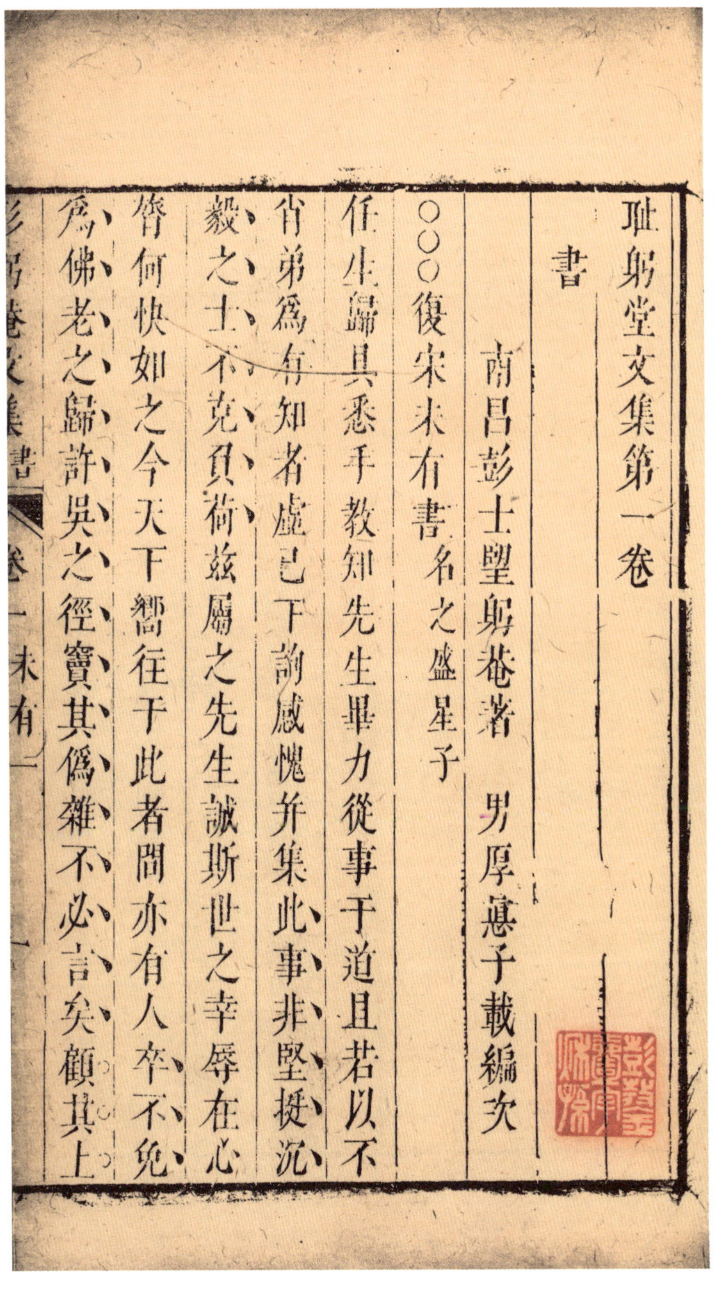

耻躬堂文集第一卷

書

南昌彭士望躬菴著　男厚悳子載編次

○○○復宋未有書名之盛星子

任生歸具悉手教知先生畢力從事于道且若以不
肖弟爲有知者虛已下詢感愧并集此事非堅挺沉
毅之士不克負荷茲屬之先生誠斯世之幸辱在心
膂何快如之今天下嚮往于此者閒亦有人卒不免
爲佛老之歸許吳之徑竇其僞雜不必言矣顧其上

耻躬菴文集　書　卷一　未有　一

櫪齋詩選四卷　清朱治撰

清康熙刻本　二册

八行十九字，小字雙行同。白口，四周單邊。框高18.7釐米，寬11.7釐米。鈐“娱園藏書”“張正樂印”印。

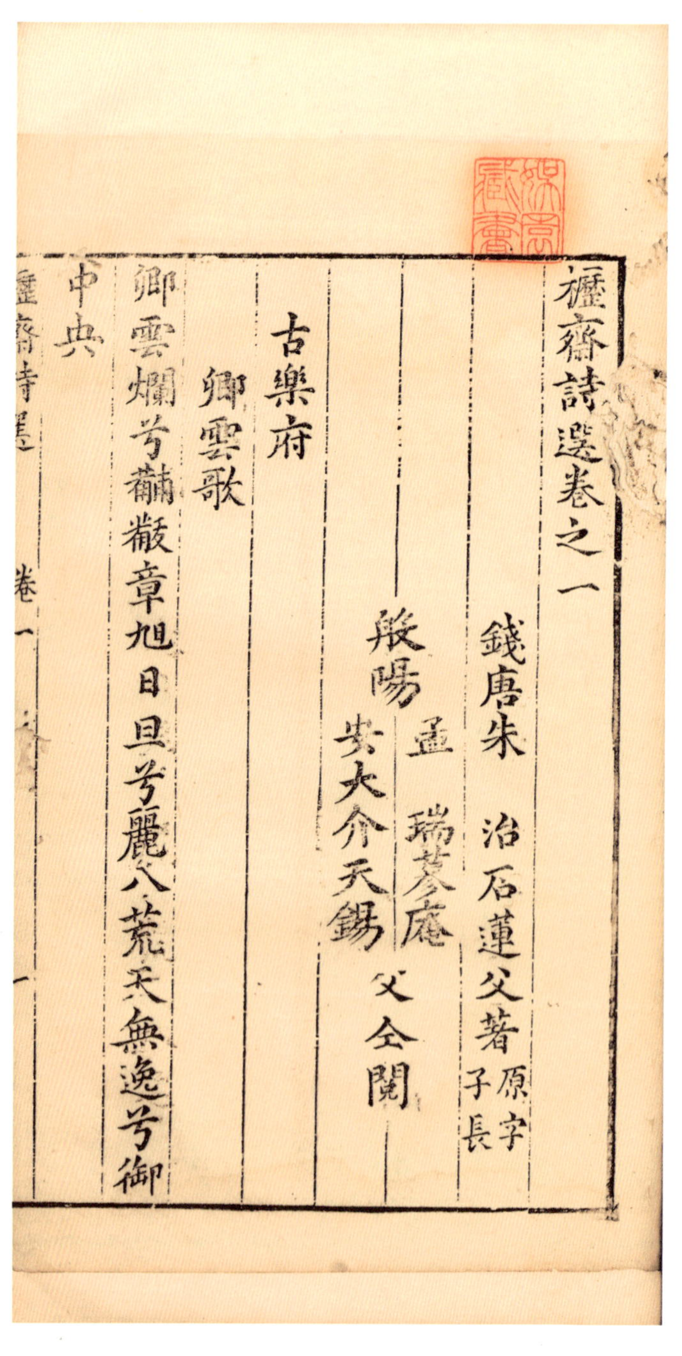

娱園藏書

櫪齋詩選卷之一

錢唐朱　治石蓮父著　原字子長

鄱陽　孟　瑞蔘庵
黄大介天錫　父仝閱

古樂府

卿雲歌

卿雲爛兮黼黻章旭日旦兮麗八荒天無逸兮御

中央

櫪齋詩選　卷一　一

畦園詩集四卷　清謝良瑜撰

清康熙謝家樹等刻本　八册

九行二十字，小字雙行同。白口，四周單邊，單魚尾。框高17.9釐米，寬12.7釐米。書末有康熙二十四年（1685）鄧漢儀序，言謝氏嗣子求序事。又有謝家樹等跋，言刻書事。

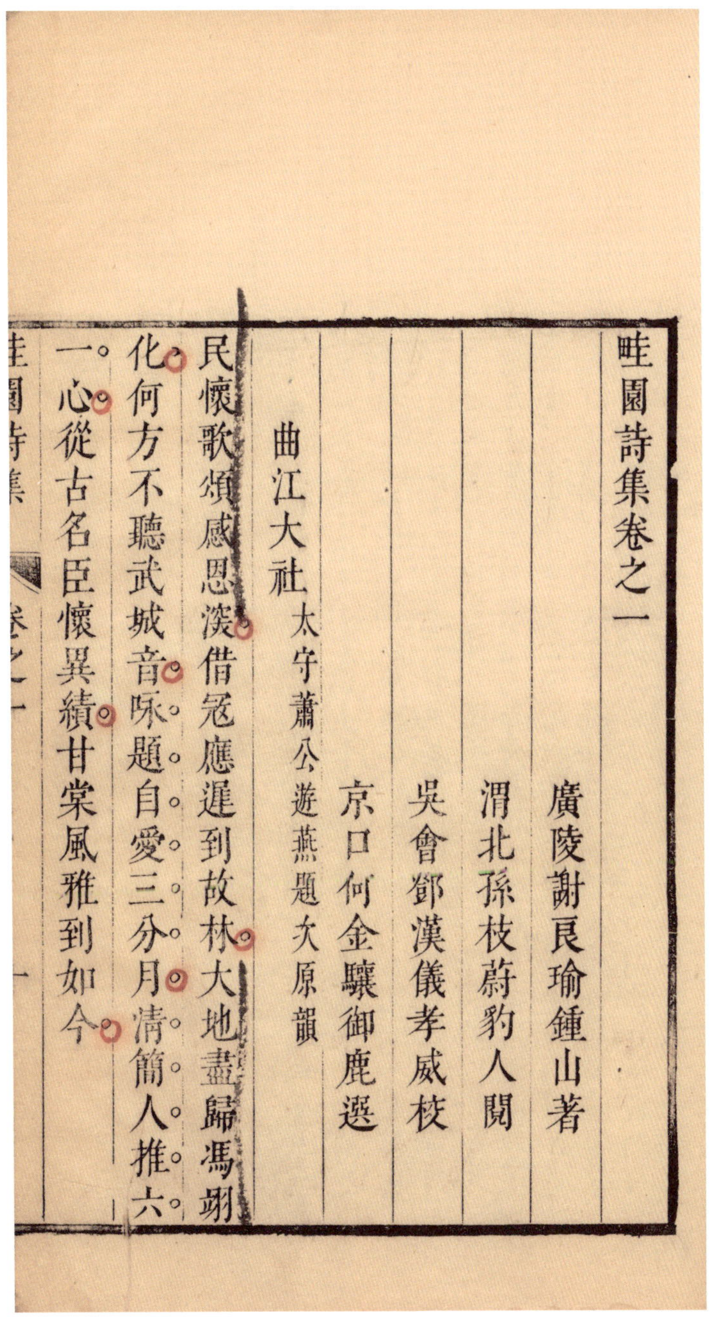

畦園詩集卷之一
廣陵謝良瑜鍾山著
渭北孫枝蔚豹人閲
吳會鄧漢儀孝威校
京口何金驥御鹿選

曲江大社　太守蕭公遊燕題次原韻
民懷歌頌感恩深借冦應遲到故林大地盡歸馮翊
化何方不聽武城音啄題自愛三分月清簡人推六
一心從古名臣懷異績甘棠風雅到如今

畦園詩集　卷之一　一

確菴文稿不分卷 清陳瑚撰

清抄本　四册

十四行二十八字。無欄格。書高25.5釐米，寬16.8釐米。

確菴文藁 卷之 古文

序

東日堂藁序

稼軒瞿公殉難之三年其宗人叔獻歸自桂林手心史一卷示瑚瑚始知公之死事為詳又三年公之子玄錫出公東日堂詩藁屬瑚為序瑚讀之作而嘆曰嗚呼公今之文信國也瑚慕公而不得見見公之詩如見公焉昔蘇子瞻之於范文正公以不得見為生平之恨及序文正遺稿乃深自喜其掛名文字之中以為幸然則今有信國其人而得序其詩以掛名其中其可不謂之幸歟公之詩指高而骨秀采壯而聲烈其孫昌文掇拾懷抱於流離兵燹之餘十存一二玄錫為之詮次而錄之其中有所謂雲濤集者則自乙酉五月以至丙戌九月觸物感懷而作也有所謂松丸集者則自丁亥正月以至庚寅十月勤勞王事而作也有所謂浩氣吟者則自庚寅十一月以後幽囚蒙難而作也當今法網寬大無語言文字之禁况

太璞山人集三卷 清項琳撰

清康熙二十五年（1686）項氏刻本 三册

八行二十一字。白口，左右雙邊，單魚尾。框高18.3釐米，寬12.3釐米。鈐“書成蕉葉文猶緑”“吟到梅花字亦香”“默客山舍”“冰盦鑒藏”“興酣落筆摇五岳”“太善自善之室”印。扉頁刻“慕賢堂藏板”。書末有康熙二十五年項習軻序，言刻書事。

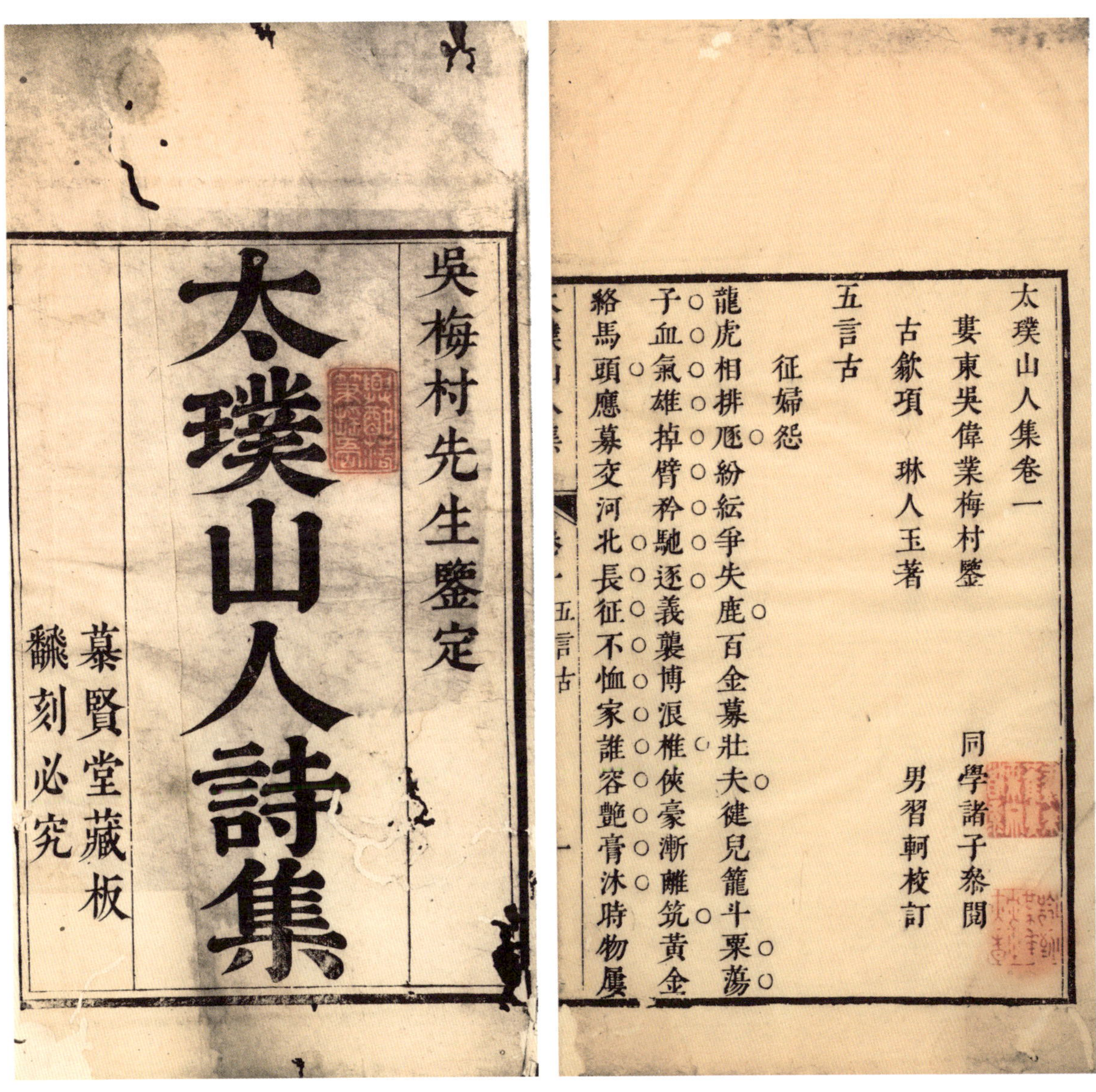

寅吉存草不分卷 清寅吉撰

稿本　清周鴻源批點　六册

八行二十六字。無欄格。書高29釐米，寬16釐米。鈐“周鴻源印”“鐵居士”印。書名爲本館自擬。

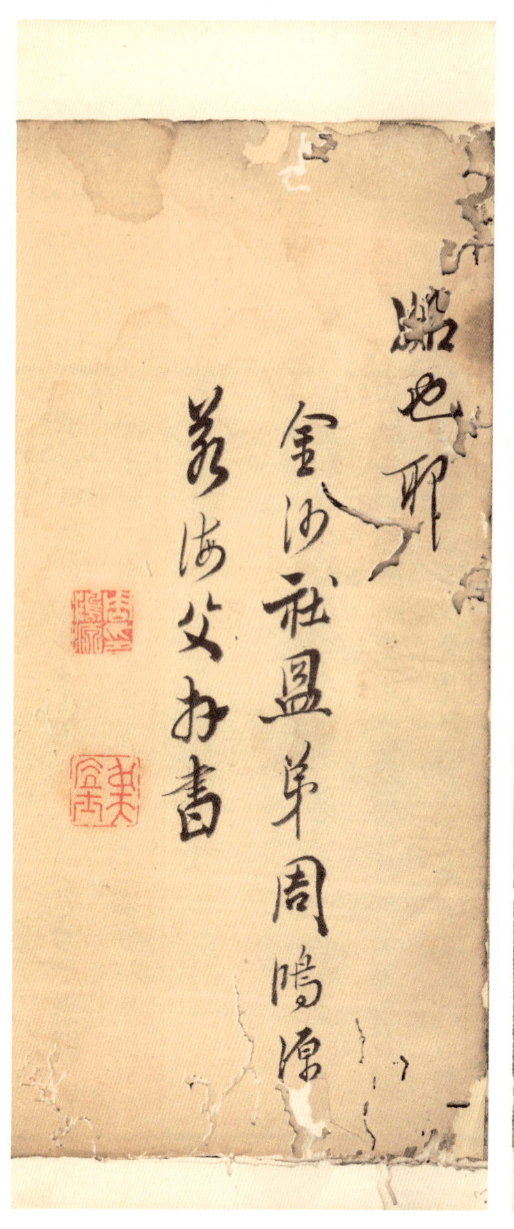

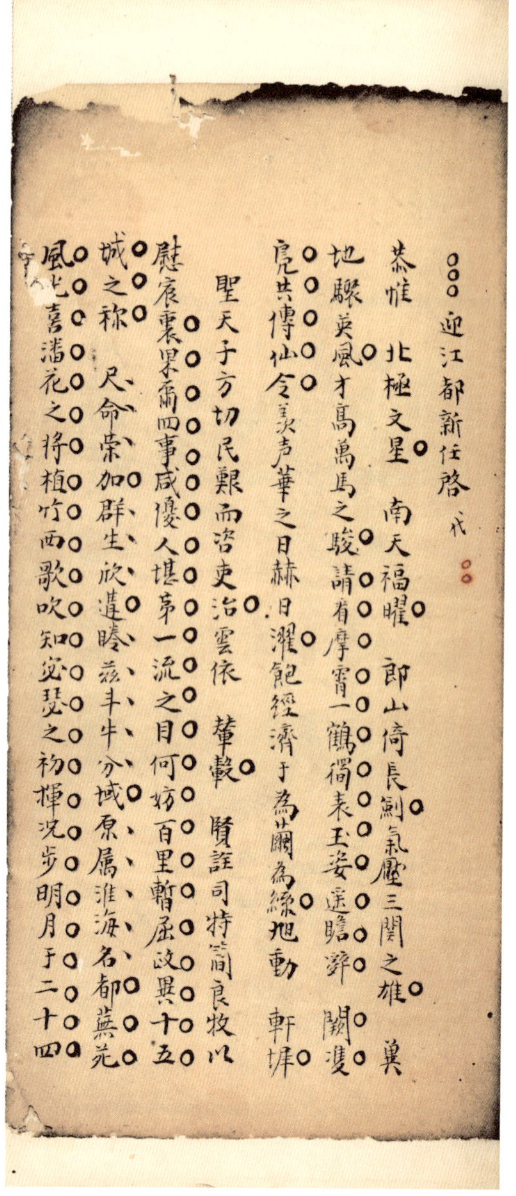

陶菴詩集三卷年譜記事一卷　清李淶撰

清康熙刻本　三册

存《詩集》三卷。十行十九字，小字雙行同。黑口，四周單邊，單魚尾。框高17.4釐米，寬13釐米。鈐“葉”“駱”印。

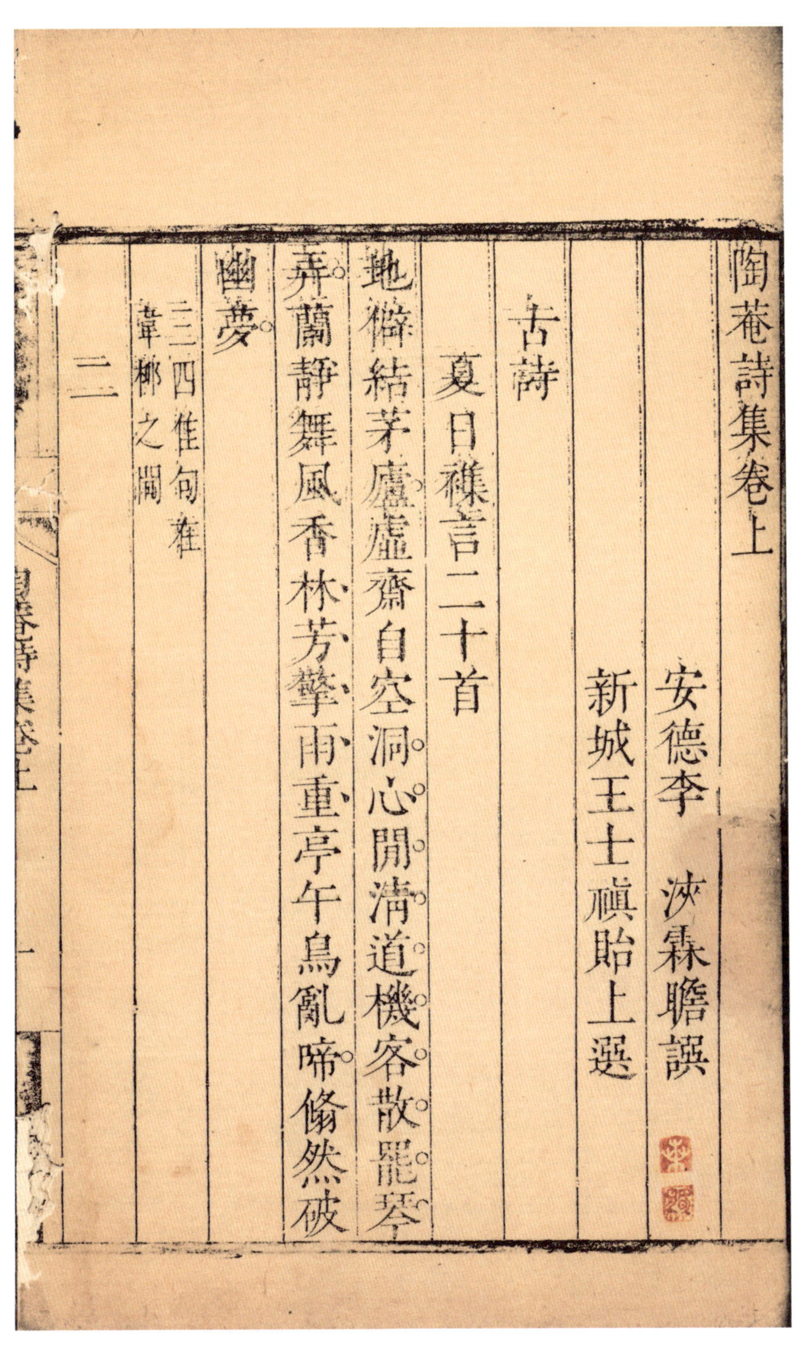
陶菴詩集卷上

安德李　淶霖瞻譔

新城王士禛貽上選

古詩

夏日襍言二十首

地僻結茅廬，虛齋自空洞。心閒清道機，客散罷琴弄。蘭靜舞風香，林芳孳雨重。亭午鳥亂啼，翛然破幽夢。

三四佳句在韋郴之間

二

澹餘詩集四卷　清曹申吉撰

清乾隆刻本　二册

十行二十一字。白口，四周單邊。框高17.8釐米，寬13.3釐米。鈐“秋夢廬”印。前有乾隆三十五年（1770）曹益厚序，言刻書事。

澹餘詩集卷之一

北海曹申吉澹餘著

元日試筆

去年汶水上雪點故園春今日宛丘側風凄旅客神一
官難免俗千里自甘貧何處韶華度閒聽鳥語新

早春署中作

舊署早春還春風澹旅顔樹能傳歲古鶴亦愛官閒白
眼悲新序黃河隔故山寧知江上客更入宛丘閒

偶成

日色澹芳辰庭閒及早春羣鳥饑啄樹獨鶴舞隨人雲

澹餘詩集　卷一　一

居東吟一卷 清李念慈撰

清康熙刻本 一册

十行二十一字，小字雙行同。白口，左右雙邊，單魚尾。框高16.8釐米，寬11.4釐米。鈐“黄某花屋所藏”印。

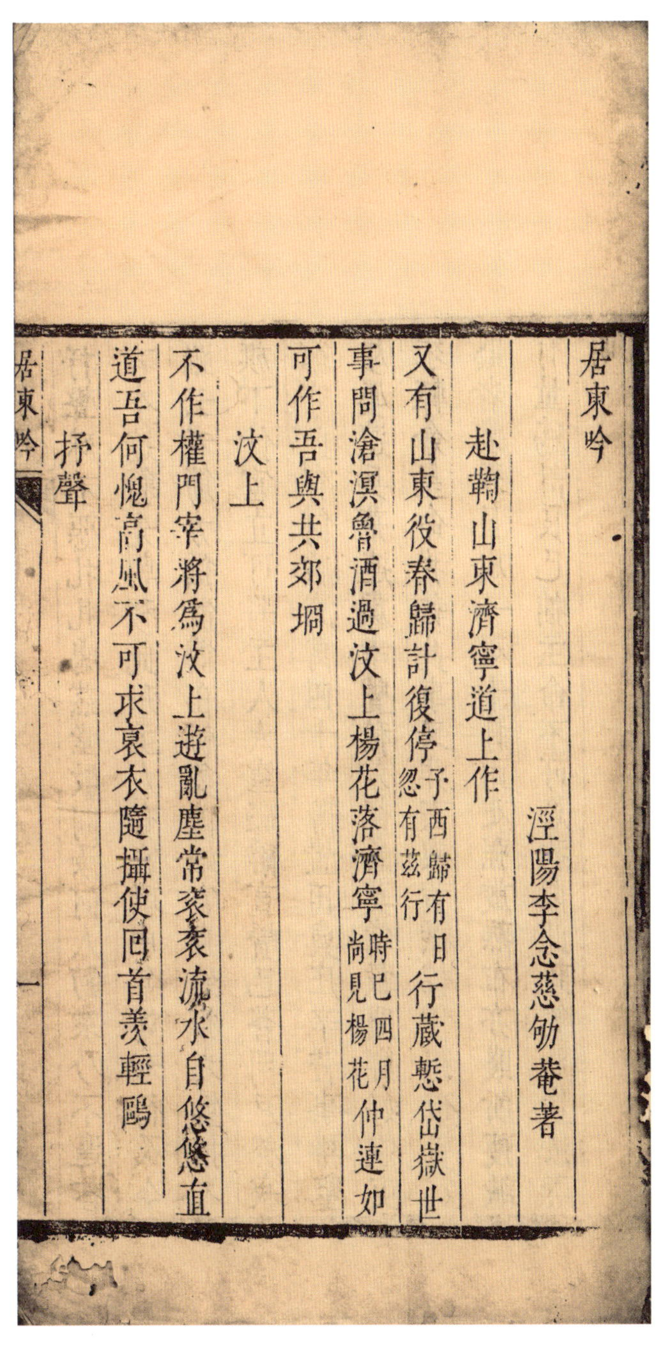

居東吟

涇陽李念慈劬菴著

赴鞫山東濟寧道上作

又有山東役春歸計復停（予西歸有日忽有茲行）行藏慙岱嶽世事問滄溟魯酒過汶上楊花落濟寧（時已四月尚見楊花）仲連如可作吾與共郊坰

汶上

不作權門宰將爲汶上遊亂塵常衮衮流水自悠悠直道吾何愧高風不可求哀衣隨攝使回首羨輕鷗

抒聲

居東吟 一

紀城詩稿四卷 清安致遠撰

清康熙刻本 一册

十行二十一字，小字雙行同。白口，四周單邊，單魚尾。框高18釐米，寬13釐米。

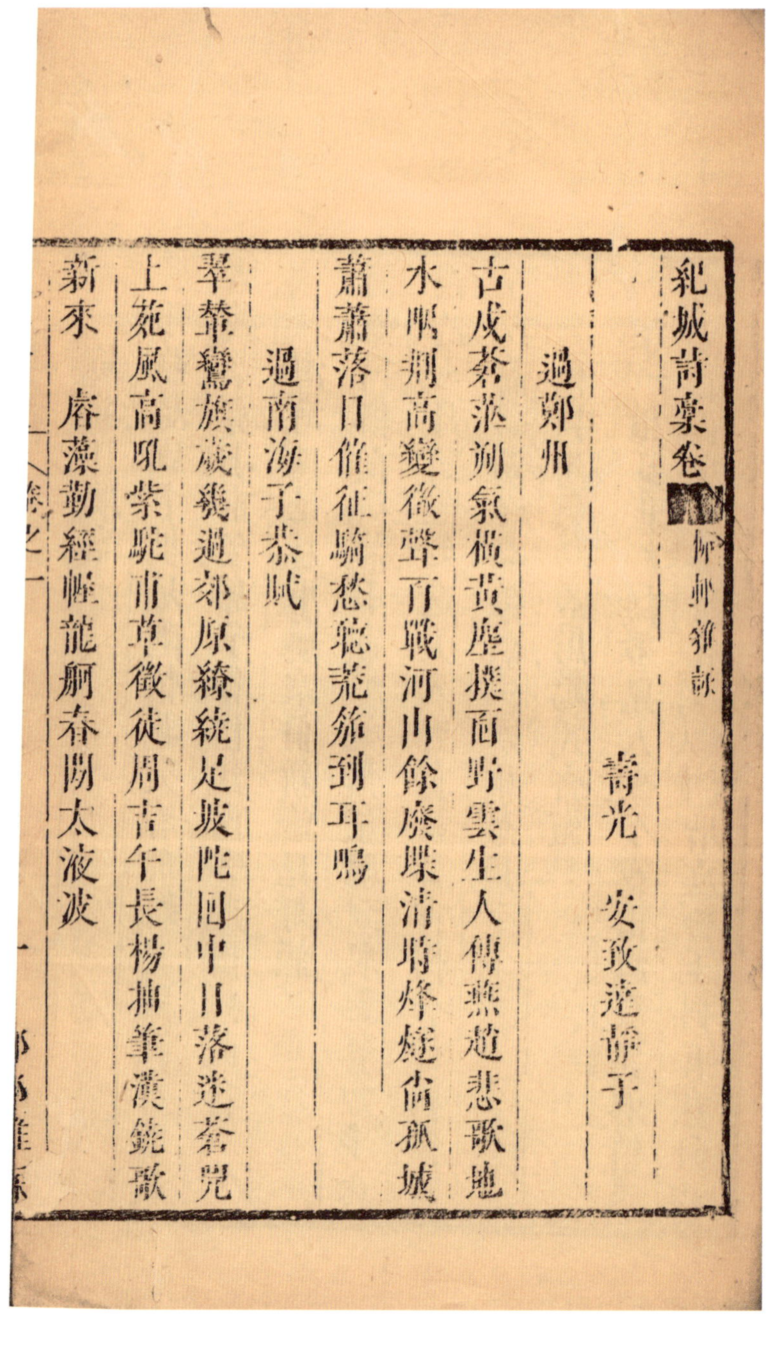

幽蘭山房藏稿二十六卷 清張瑮光撰

清康熙二十五年（1686）刻本　四册

八行二十字。白口，四周單邊。框高18.3釐米，寬11.8釐米。存《文集》八卷、《常談》二卷、《二集文集》七卷。

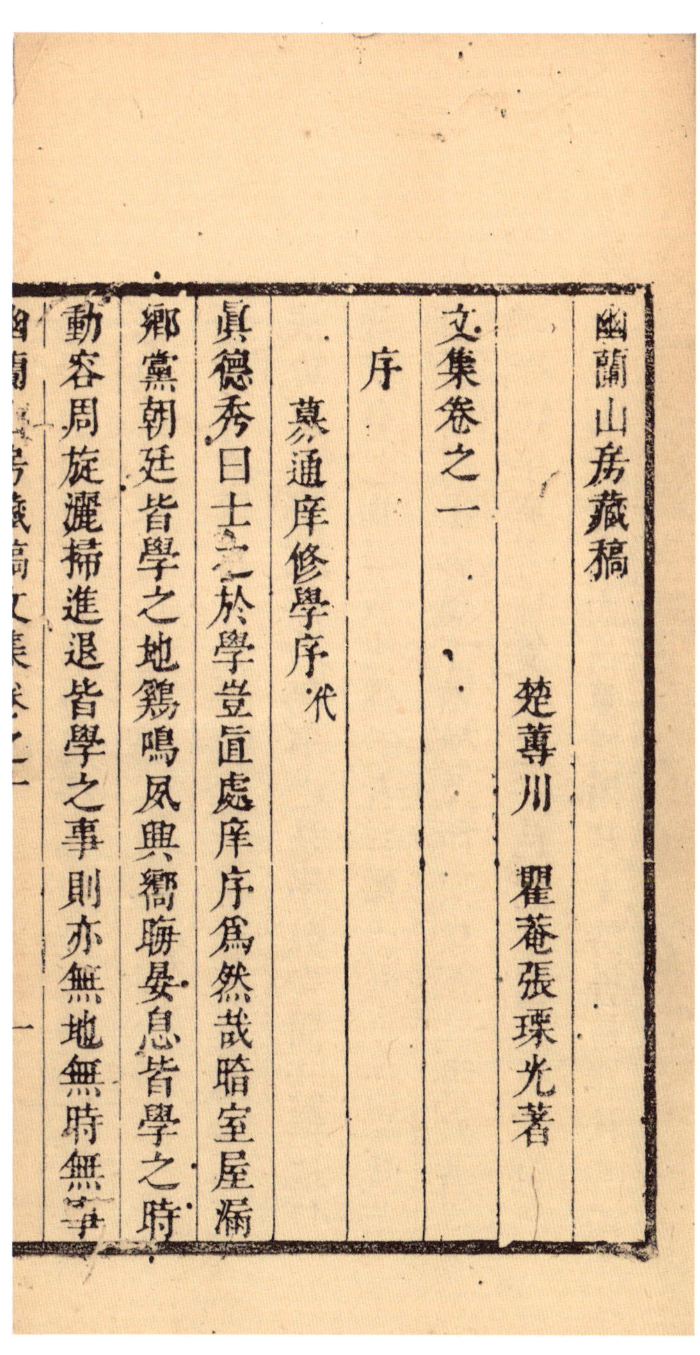

幽蘭山房藏稿　楚蕁川　瞿菴張瑮光著

文集卷之一

序

募通庠修學序代

眞德秀曰士之於學豈亶處庠序爲然哉暗室屋漏
鄉黨朝廷皆學之地鷄鳴夙興嚮晦晏息皆學之時
動容周旋灑掃進退皆學之事則亦無地無時無事

幽蘭山房藏稿文集卷之一　一

半蕪園文集十二卷詩集四卷　清黄石麟撰

清李紀思刻本　四册

九行二十字，小字雙行同。白口，四周單邊。框高18.8釐米，寬11.5釐米。扉頁刻“半蕪園全集，本立堂藏板”。卷端刻“門人李紀思方成編梓”。前有康熙六十一年（1722）藍千秋序，云李紀思欲刻書。又有雍正二年（1724）孫嘉淦序，言李紀思携書求序。

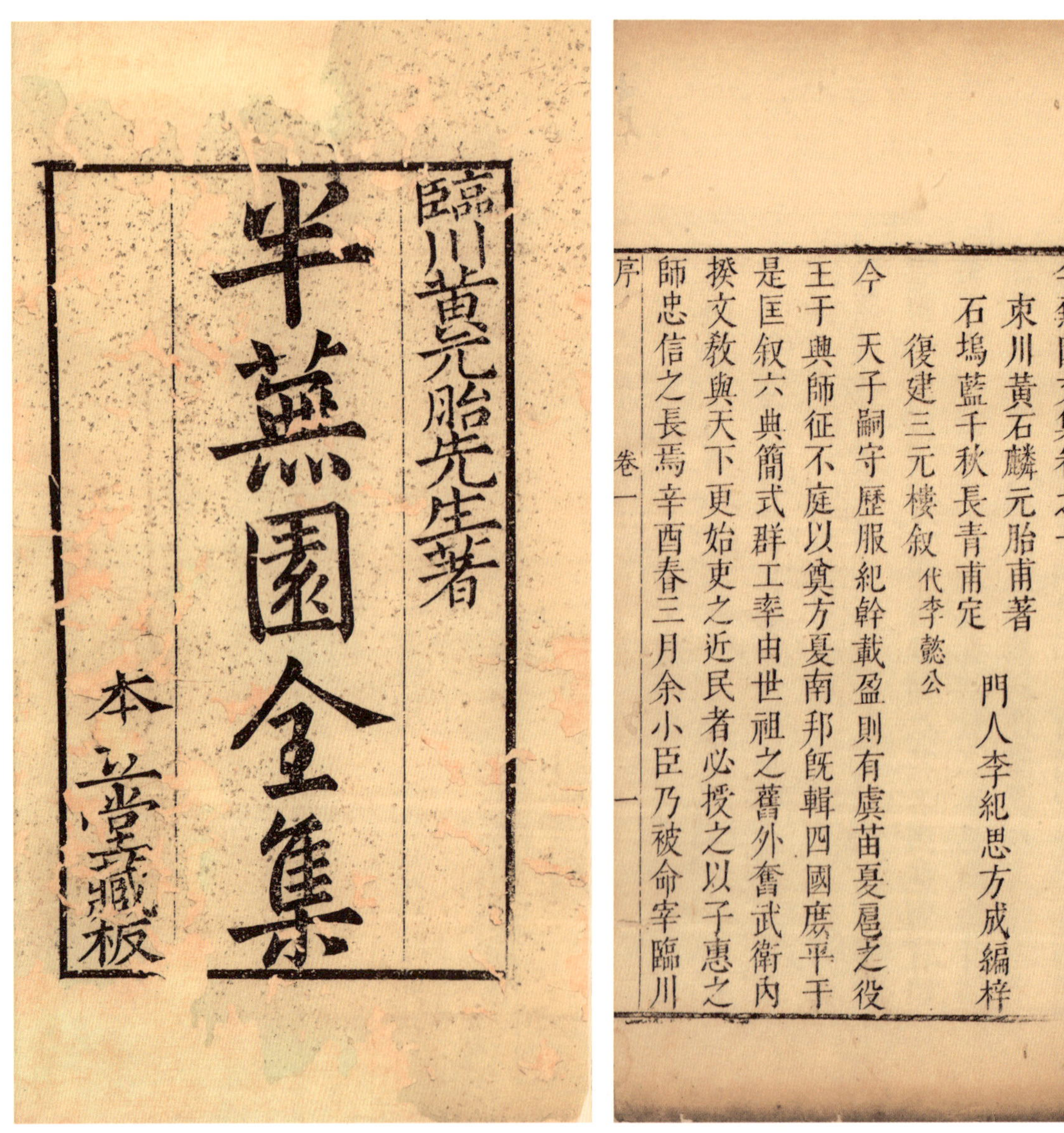
臨川黃元胎先生著
半蕪園全集
本立堂藏板

半蕪園文集卷之一
東川黃石麟元胎甫著　門人李紀思方成編梓
石塢藍千秋長青甫定
復建三元樓叙 代李懿公
今
天子嗣守歷服紀幹載盈則有虞苗夏扈之役
王于興師征不庭以奠方夏南邦旣輯四國底平干
是匡叙六典簡式群工率由世祖之舊外奮武衛內
揆文教與天下更始吏之近民者必授之以子惠之
師忠信之長焉辛酉春三月余小臣乃被命宰臨川
序　卷一　一

塗鴉集書問二卷雜録一卷文部二卷　清釋一機撰

清初刻本　三册

九行字不等。白口，四周雙邊，單魚尾。框高20.1釐米，寬12.9釐米。前有順治十八年（1661）傅檀序，言刻書事。《文部》前有康熙二十八年（1689）自序。

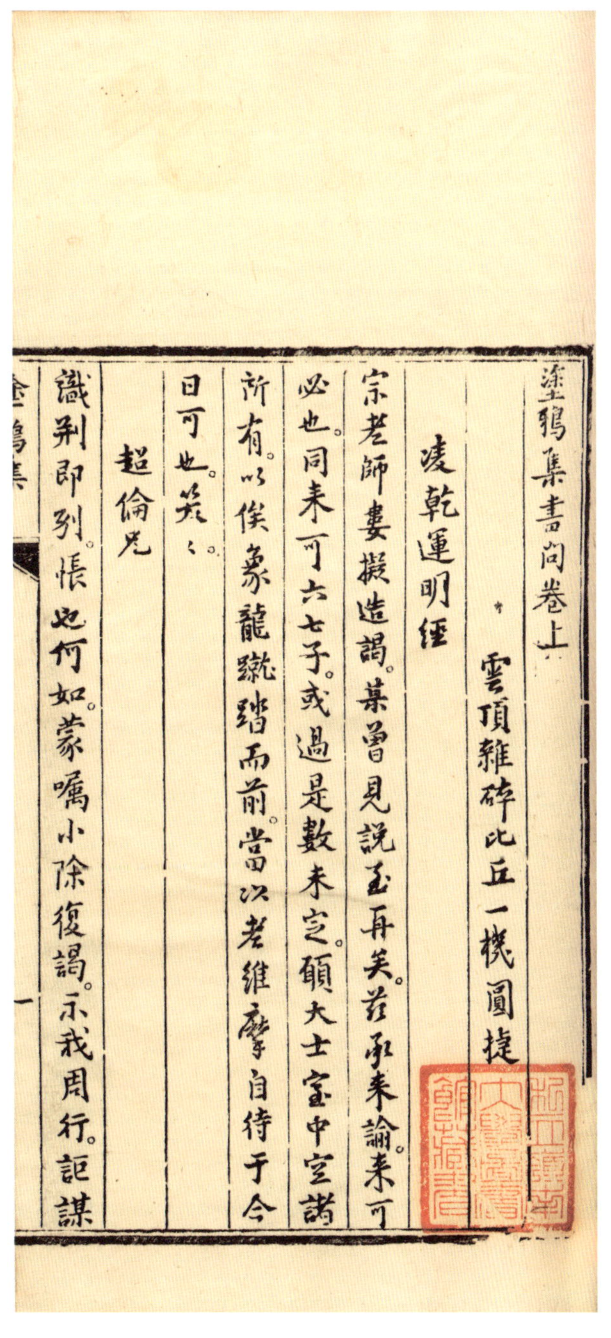

塗鴉集書問卷上

雲頂雜碎比丘一機圓捷

凌乾運明經

宗老師妻擬造謁。葉曾見說丞再笑。若承來論。來可必也。同來可六七子。或過是數未定。願大士室中空諸所有。以俟象龍蹴踏而前。當以老維摩自待于今日可也。笑笑。

超倫兄

識荆即別。悵也何如。蒙囑小除復謁。示我周行。詎謀

孝友堂遺草二卷　清劉芳蔭撰

清康熙十九年（1680）家刻本　四册

八行十八字，小字雙行同。白口，左右雙邊，單魚尾。框高18.1釐米，寬13.1釐米。鈐“黄某花屋所藏”印。前有康熙十九年楊東生序，言刻書事。

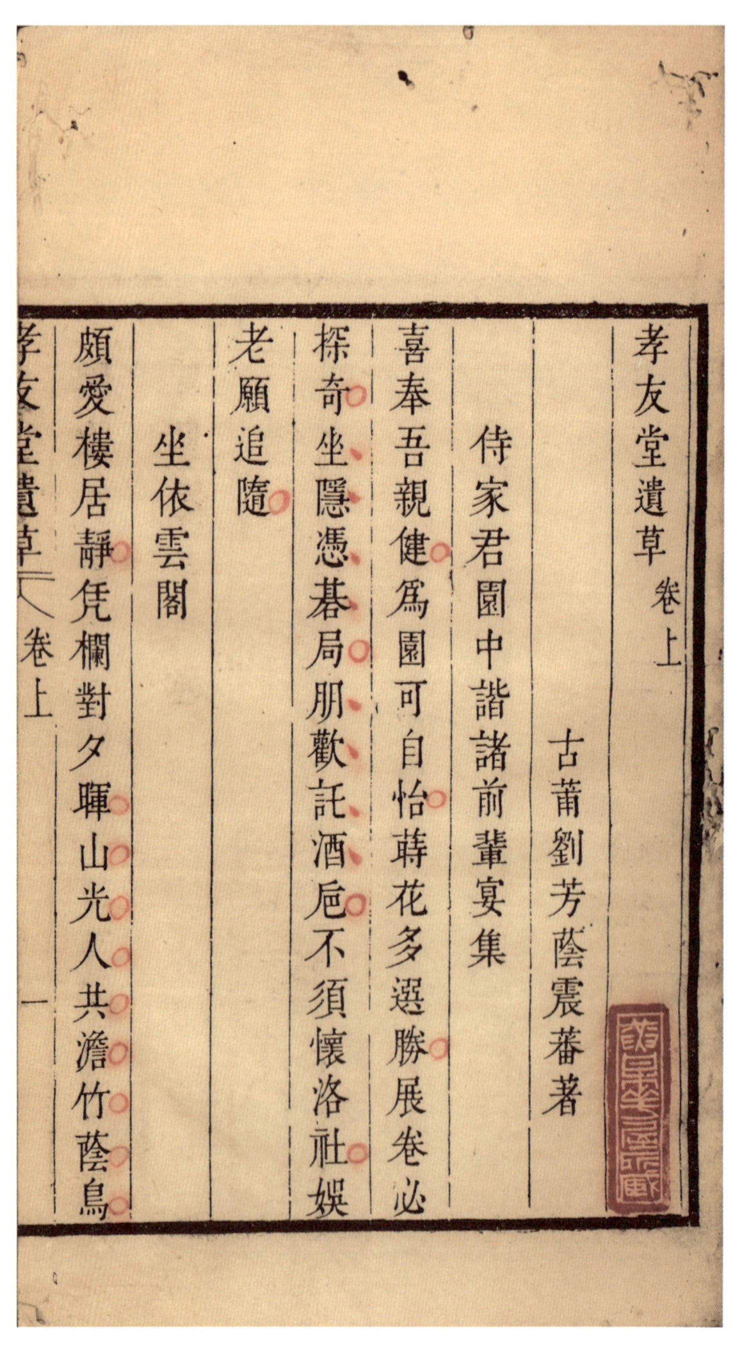

孝友堂遺草　卷上

古莆劉芳蔭震蕃著

侍家君園中諧諸前輩宴集

喜奉吾親健爲園可自怡蒔花多選勝展卷必探奇坐隱憑碁局朋歡託酒巵不須懷洛社娛老願追隨

坐依雲閣

頗愛樓居靜凭欄對夕暉山光人共澹竹蔭鳥

孝友堂遺草　卷上　一

酌古軒詩集三十卷　清吴其琰撰

清乾隆刻本　四册

十二行二十一字，小字雙行同。白口，左右雙邊，雙魚尾。框高18.7釐米，寬14.2釐米。書中避“弘”字，未避“琰”字。

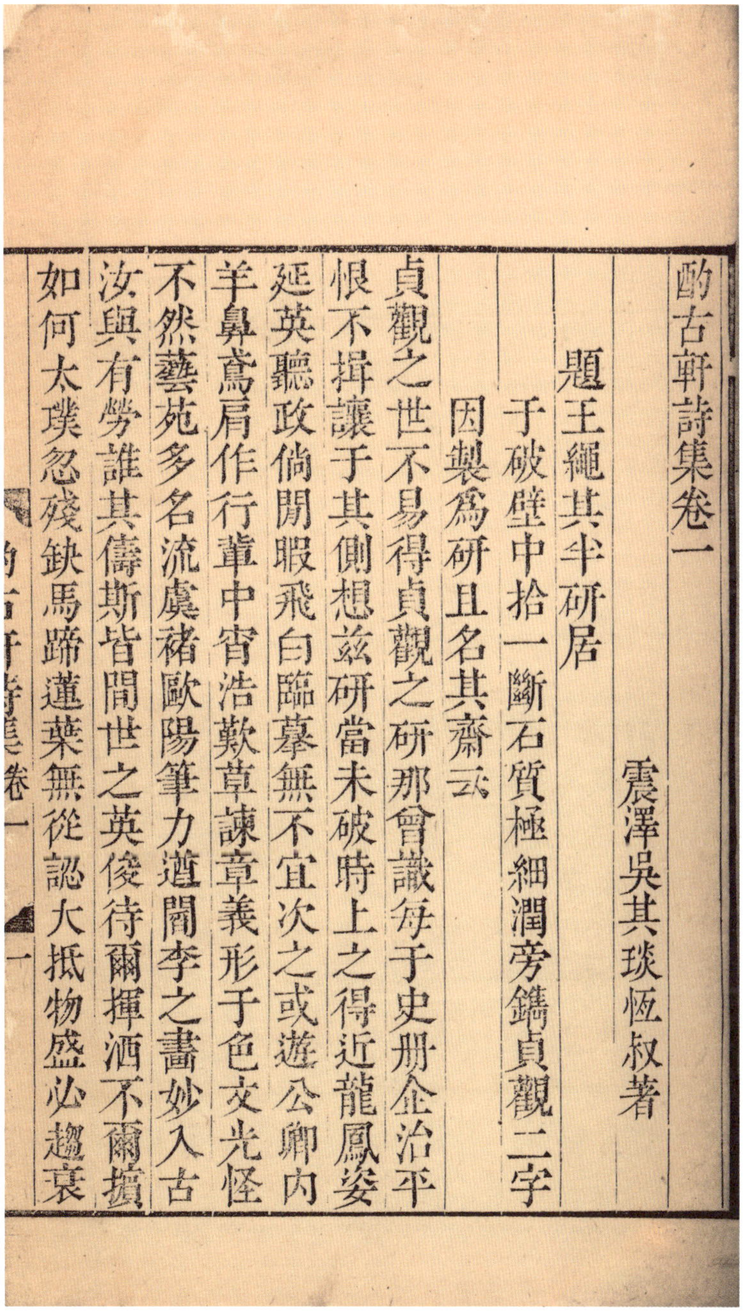

貞可齋集唐三卷集宋十卷　清陳光龍撰

清康熙家刻本　四册

八行二十字，小字雙行同。白口，四周單邊。框高19.7釐米，寬12.2釐米。鈐“黄某花屋所藏”印。《集宋》前有康熙三十二年（1693）陳光龍自序，言刻書事。

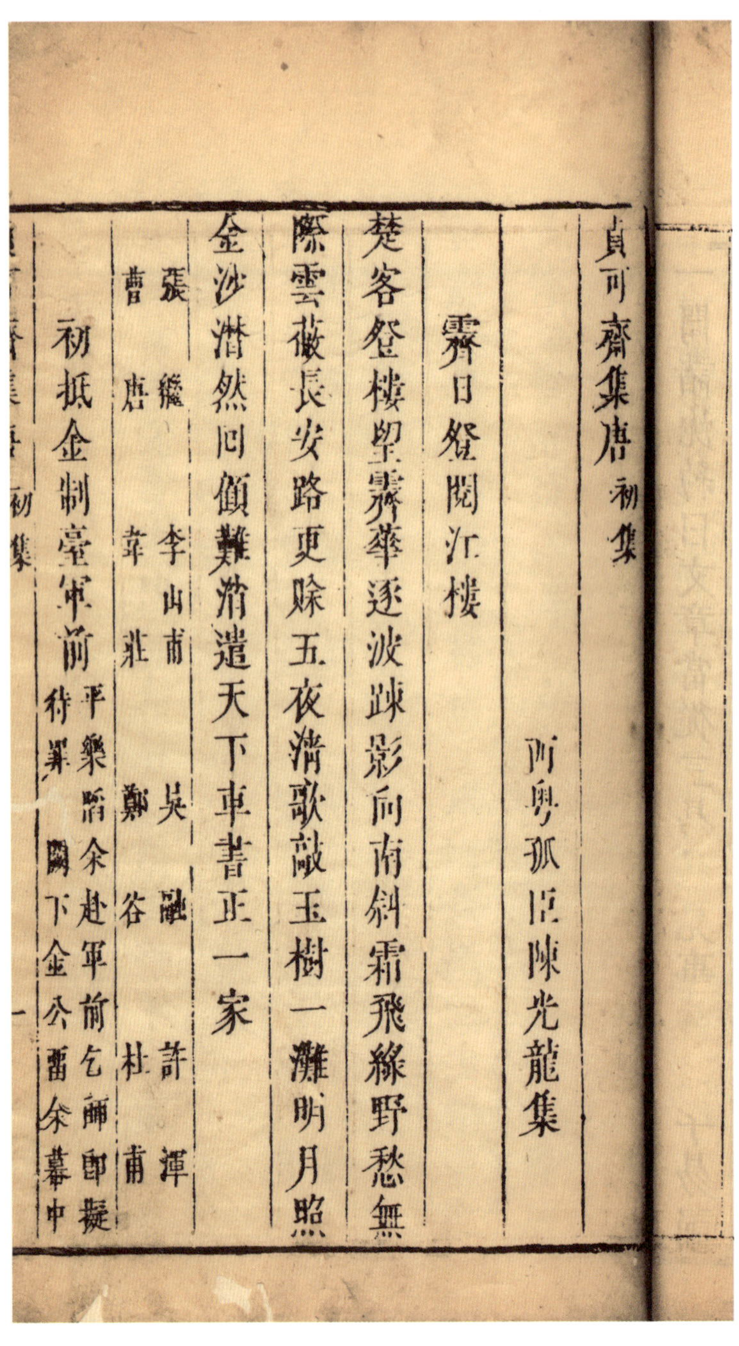

聊齋詩文集不分卷　清蒲松齡撰

清抄本　佚名録王士禛跋　六册

八行二十四字。無欄格。書高24.7釐米，寬14.3釐米。鈐“悳風堂印”印。

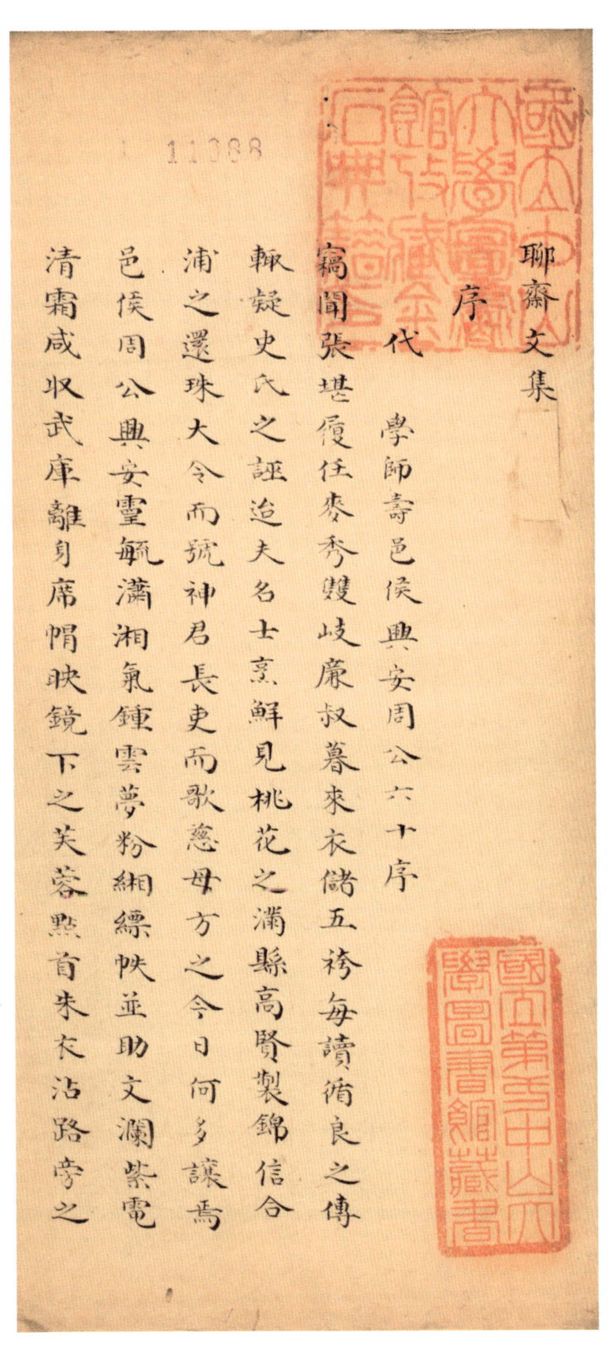

聊齋文集

序

代　學師壽邑侯興安周公六十序

竊聞張堪履任麥秀雙岐廉叔暮來衣儲五袴每讀循良之傳
輒疑史氏之誣迨夫名士烹鮮見桃花之滿縣高賢製錦信合
浦之還珠大令而號神君長吏而歌慈母方之今日何多讓焉
邑侯周公興安靈氣瀟湘氣鍾雲夢粉綢縹帙並助文瀾紫電
清霜咸收武庫離身席帽映鏡下之芙蓉點首朱衣沾路亭之

青門艸九卷 清施徵燕撰

清康熙刻本　二册

九行二十字。黑口，左右雙邊。框高17.5釐米，寬12.5釐米。鈐“蒲溪草堂”“五業儒門一經世業”“華亭施徵燕印”印。

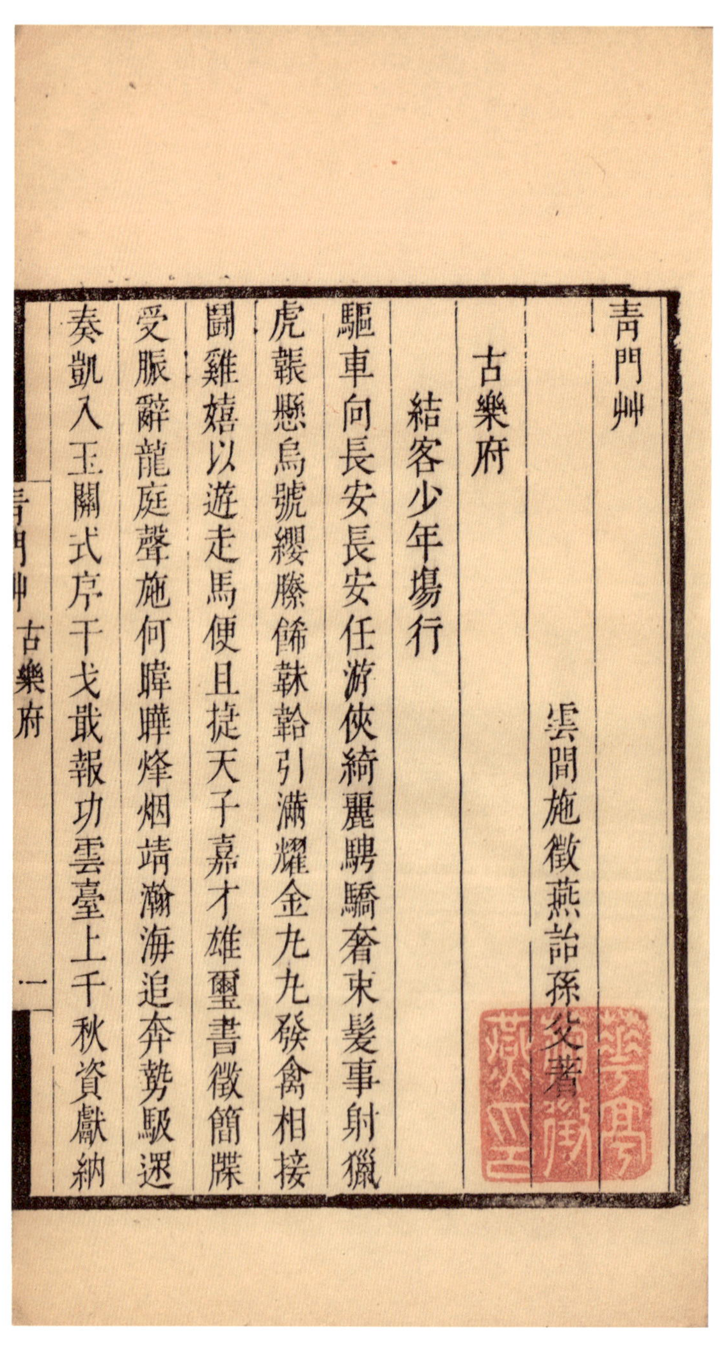

青門艸

雲間施徵燕詒孫父著

古樂府

結客少年塲行

驅車向長安長安任游俠綺麗騁驕奢束髮事射獵
虎韔懸烏號纓縢餙韎韐引滿耀金丸九發禽相接
鬬雞嬉以遊走馬便且捷天子嘉才雄璽書徵簡牒
受脤辭龍庭聲施何曄曄烽烟靖瀚海追奔勢駁遝
奏凱入玉關式序干戈戢報功雲臺上千秋資獻納

青門艸　古樂府　一

御製避暑山莊詩二卷　清聖祖玄燁、高宗弘曆撰　清揆叙、鄂爾泰等注

清乾隆六年（1741）武英殿刻朱墨套印本　二册

六行十三字不滿行，小字雙行二十一字。白口，四周雙邊，單魚尾。框高19.8，寬12.7釐米。鈐“綬珊六十以後所得書畫”“綬珊收藏善本”“杭州王氏九峰舊廬藏書之章”“九峰舊廬珍藏書畫之記”“九峰舊廬藏書記”“瑯園秘籍”“朱遂翁所見善本”“沈濟恩印”“義鏞之印”“樂泉軒主珍藏”“剡源沈氏滬珊”印。入選第三批《名録》。

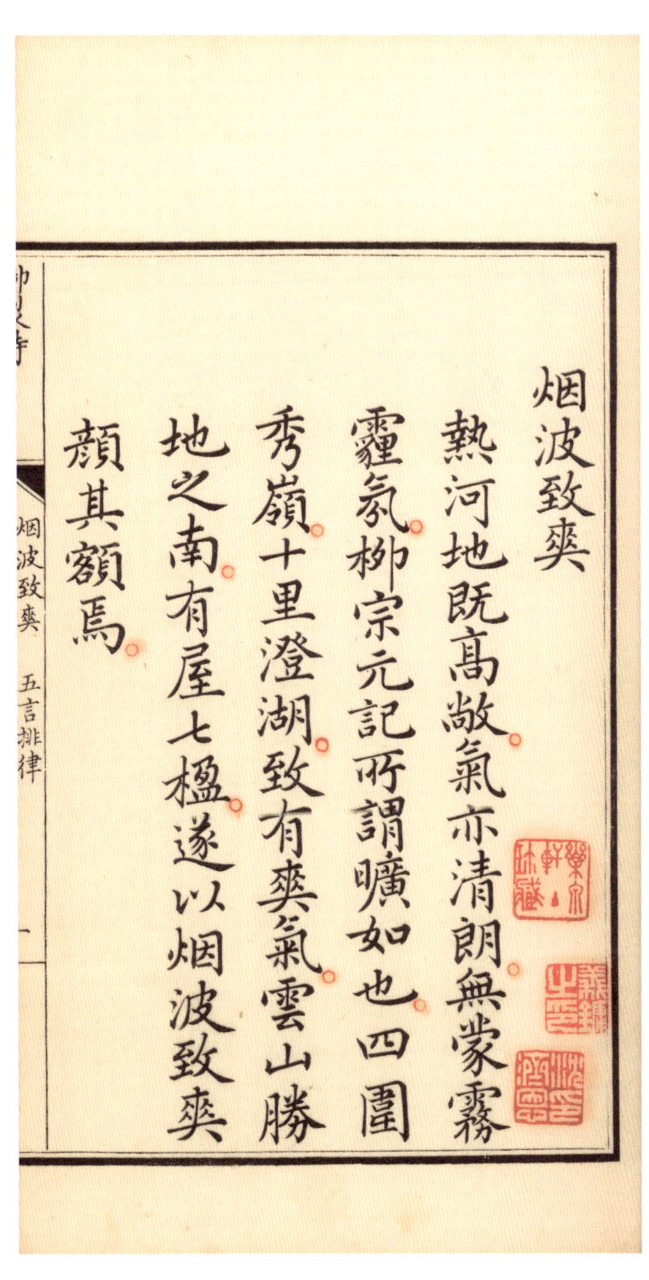

烟波致爽

熱河地既高敞氣亦清朗無蒙霧霾氛柳宗元記所謂曠如也四圍秀嶺十里澄湖致有爽氣雲山勝地之南有屋七楹遂以烟波致爽顏其額焉

烟波致爽　五言排律

研谿先生詩集七卷　清惠周惕撰

清康熙惠氏紅豆齋刻《研谿先生全集》本　清吴仰賢批校　二册

十一行二十二字，小字雙行同。白口，左右雙邊，單魚尾。框高20.4，寬14.9釐米。鈐“文芻叟”“小匏盦主”“牧騶”“南陵徐氏”“積學齋徐乃昌藏書”印。

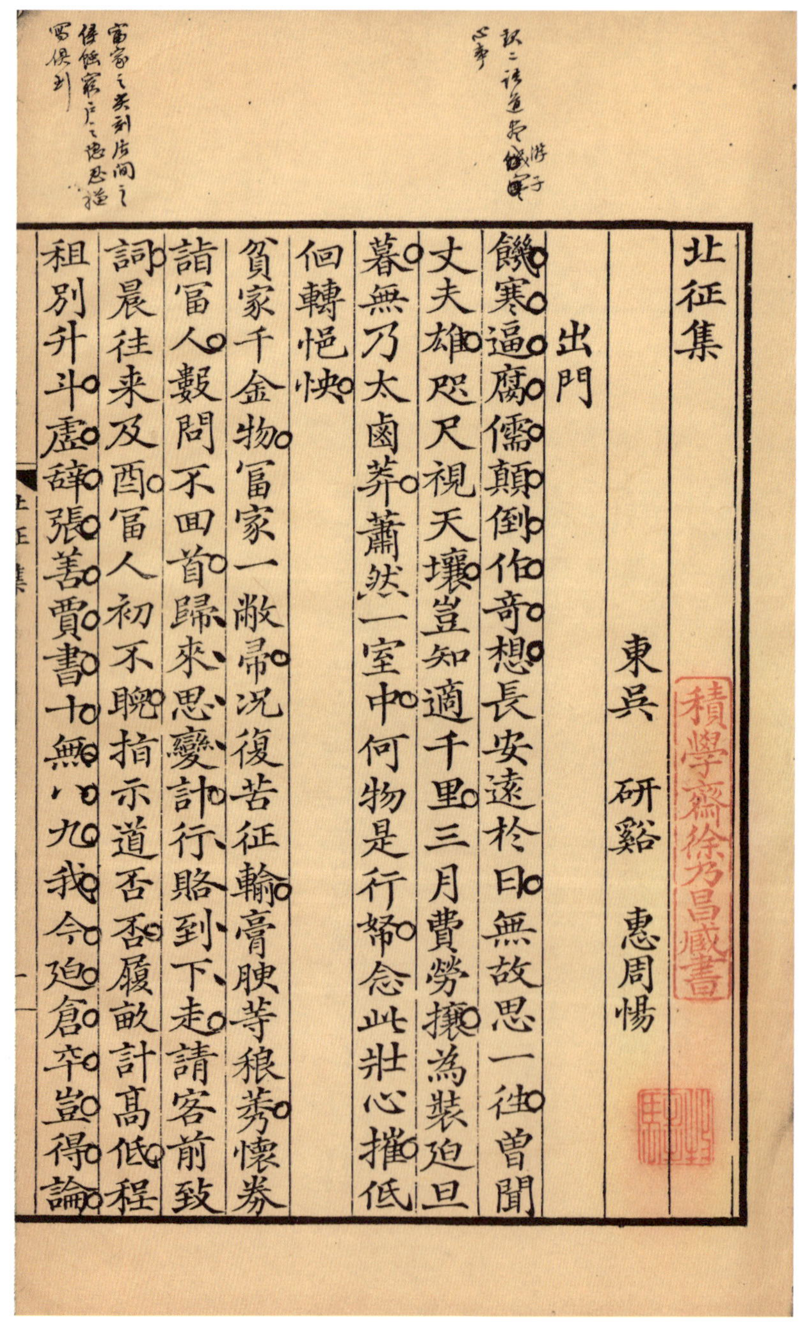

恪齋詩集四卷 清楊文鐸撰

清康熙刻本 一册

十行十九字。黑口，左右雙邊，雙魚尾。框高17.9，寬12.9釐米。鈐“黄某花屋所藏”印。

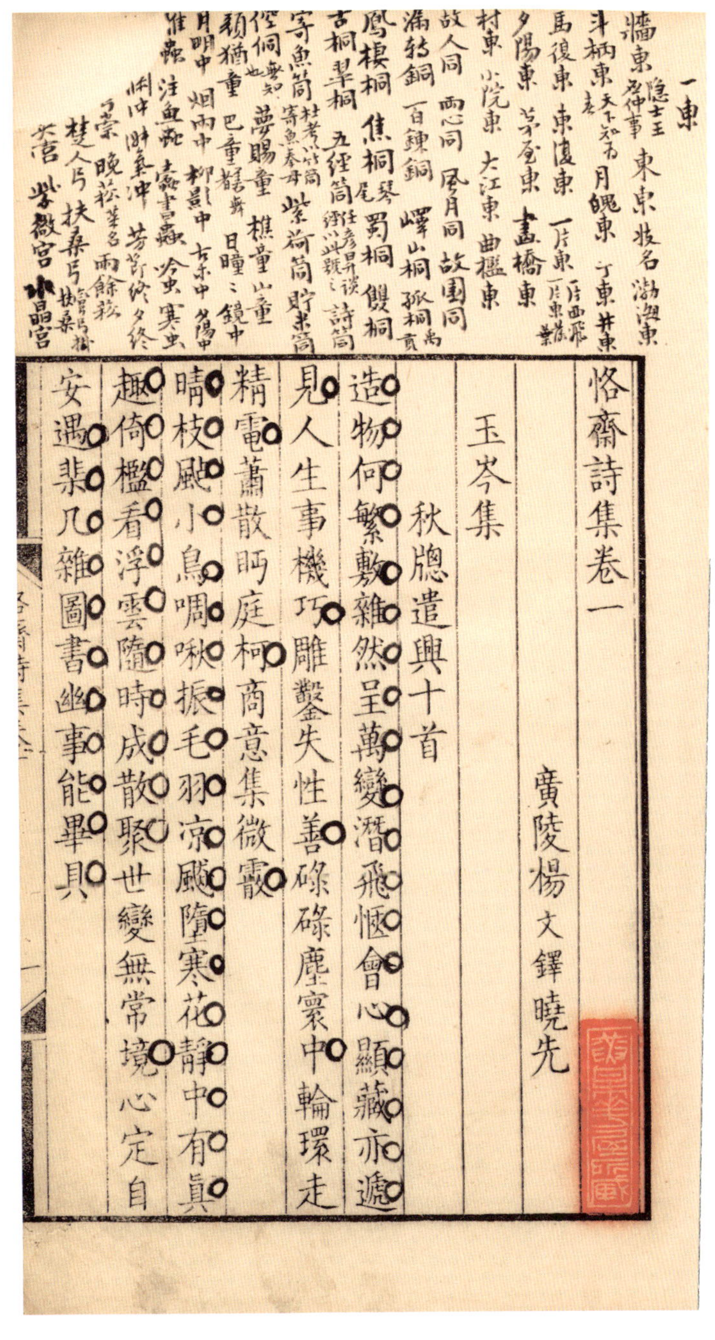

五遠堂近詩一卷若谷堂近詩一卷行笈近詩一卷東行詩一卷　清何芬撰

清康熙刻本　一册

八行十九字，小字雙行同。白口，四周單邊，單魚尾。框高18.2釐米，寬12.3釐米。

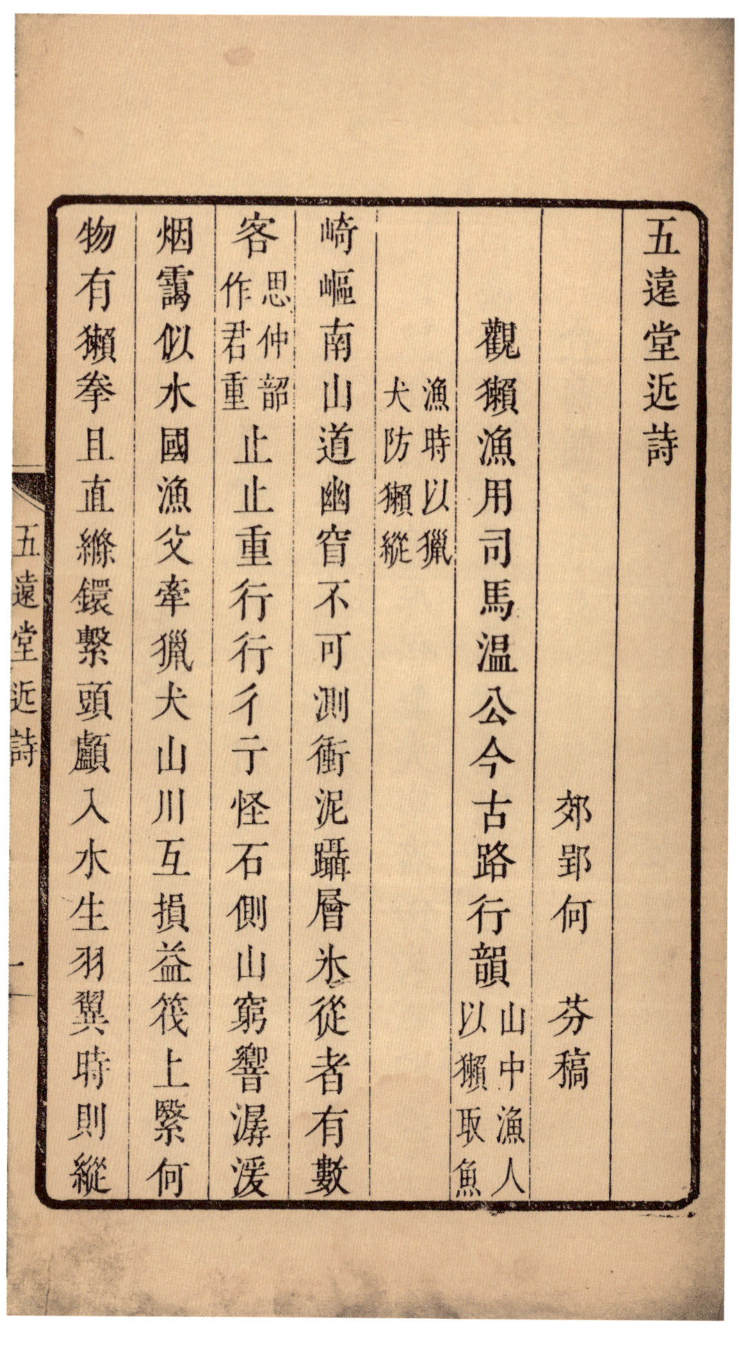

五遠堂近詩

郊郢何　芬稿

觀獺漁用司馬温公今古路行韻山中漁人以獺取魚漁時以獵犬防獺縱

崎嶇南山道幽窅不可測衝泥躡層冰從者有數客思仲韶作君重止止重行行彳亍怪石側山窮響潺湲烟靄似水國漁父牽獵犬山川互損益筏上緊何物有獺拳且直絲鐶繫頭顱入水生羽翼時則縱

澄懷園詩選十二卷 清張廷玉撰

清乾隆二年（1737）刻本　四册

十行十九字，小字雙行字不等。白口，左右雙邊，單魚尾。框高18.6釐米，寬13.1釐米。鈐“陽湖陶氏涉園所有書籍之記”印。

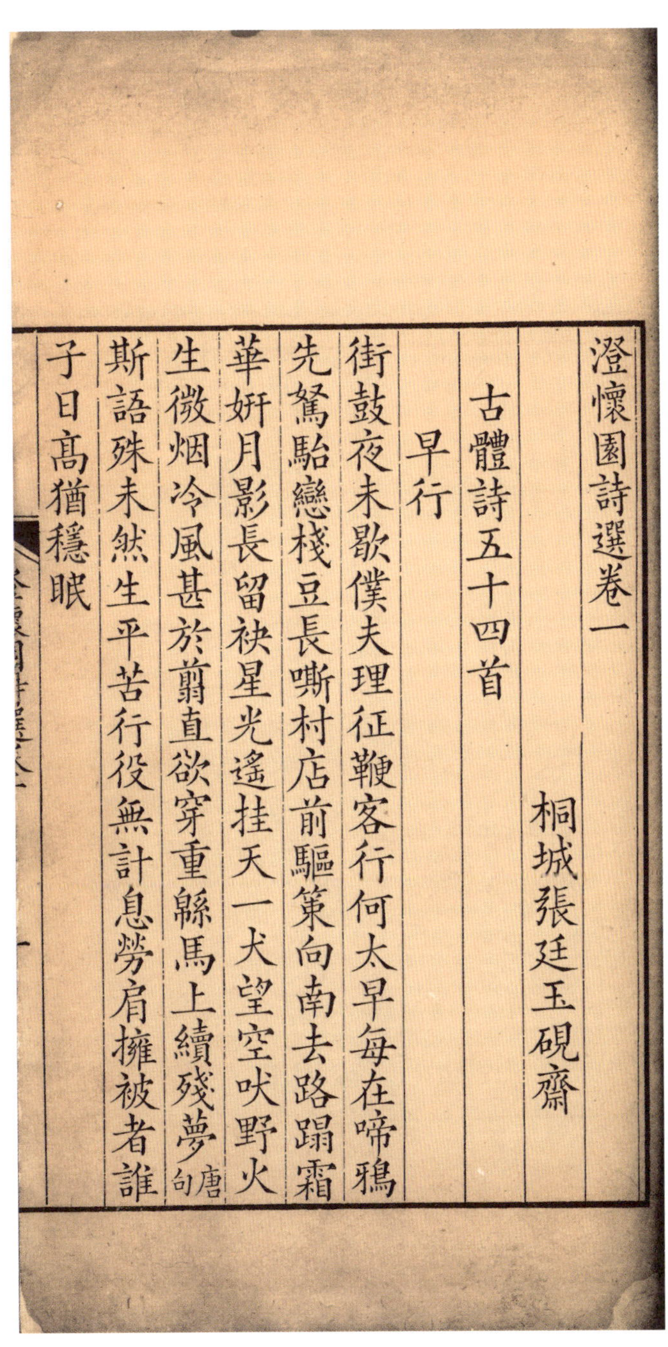

澄懷園詩選卷一

桐城張廷玉硯齋

古體詩五十四首

早行

街鼓夜未歇僕夫理征鞭客行何太早每在啼鴉先駑駘戀棧豆長嘶村店前驅策向南去路蹋霜華妍月影長留袂星光遥挂天一犬望空吠野火生微烟冷風甚於翦直欲穿重緜馬上續殘夢唐句斯語殊未然生平苦行役無計息勞肩擁被者誰子日高猶穩眠

蘭皋詩鈔二十五卷首一卷 清宋廣業撰

清康熙刻本　十册

十行十九字，小字雙行二十八字。白口，左右雙邊，單魚尾。框高16.6釐米，寬12.9釐米。

蘭皋詩鈔卷一

長洲宋廣業澄溪

葑水吟上

蘭皋四首

夙好敦素業散帙理書帷立志千載上相與古人期況復有庭訓執禮還誦詩悠悠白日逝不學亦何爲

白日去不還蹉跎足悲咤敢輕金玉身損此連城價事業慕皋夔文章追鮑謝飛騰自有時順運委大化

蘭皋詩鈔　卷一　葑水吟上　一

十峰集五卷　清徐基撰

清康熙刻本　四册

九行十九字，小字雙行二十九字。白口，左右雙邊，雙魚尾。框高17.1釐米，寬12.2釐米。鈐“玉璧無盡藏”“江上清風山間明月取之無禁用之不竭”印。

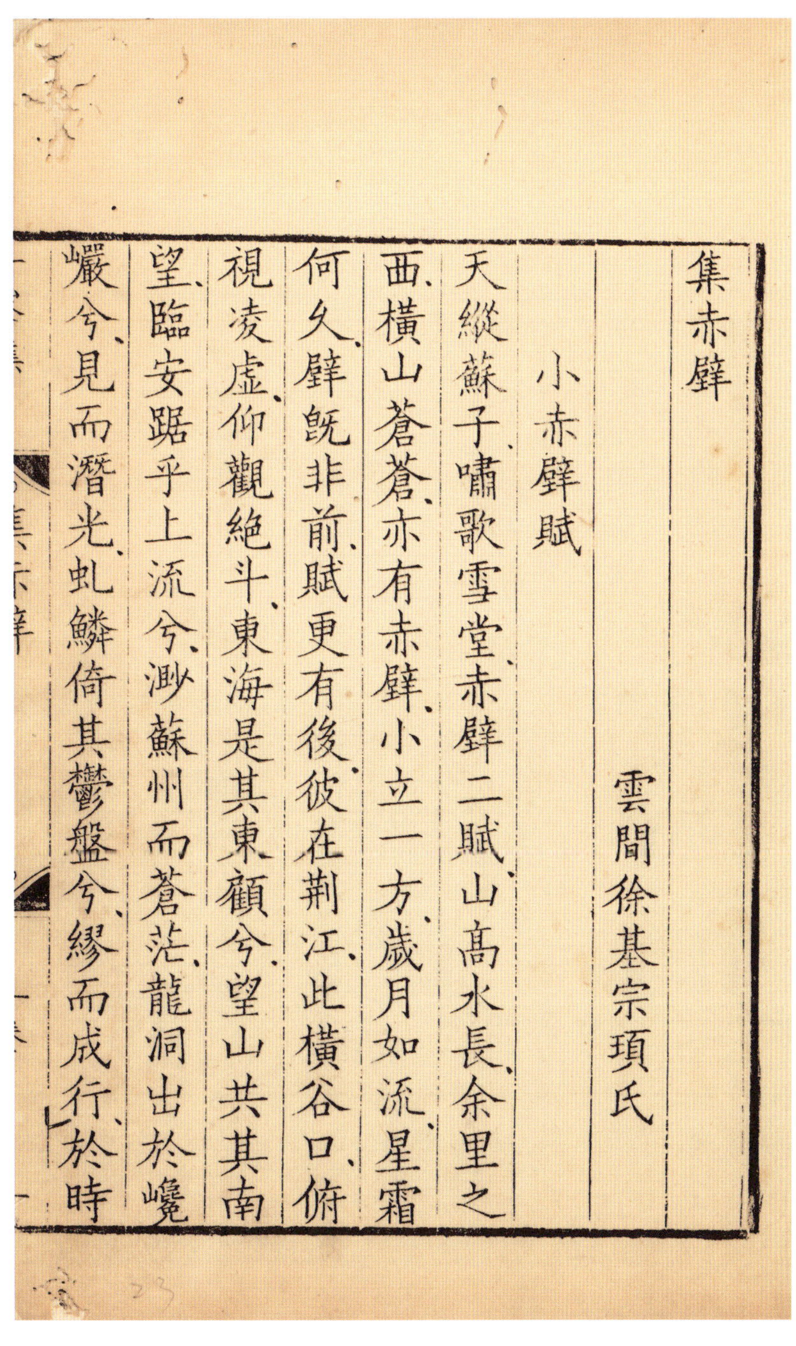

集赤壁

雲間徐基宗項氏

小赤壁賦

天縱蘇子、嘯歌雪堂、赤壁二賦、山高水長、余里之西、横山蒼蒼、亦有赤壁、小立一方、歲月如流、星霜何久、壁既非前、賦更有後、彼在荆江、此横谷口、俯視凌虚、仰觀絶斗、東海是其東、顧兮望山共其南望、臨安踞乎上流兮、渺蘇州而蒼茫、龍洞出於巉巖兮、見而潛光、虬鱗倚其鬱盤兮、繆而戍行、於時

翫劍樓詩稿八卷　清廖鳳徵撰

清雍正三年（1725）刻本　五册

九行十八字，小字雙行同。白口，左右雙邊，單魚尾。框高17.5釐米，寬12.6釐米。

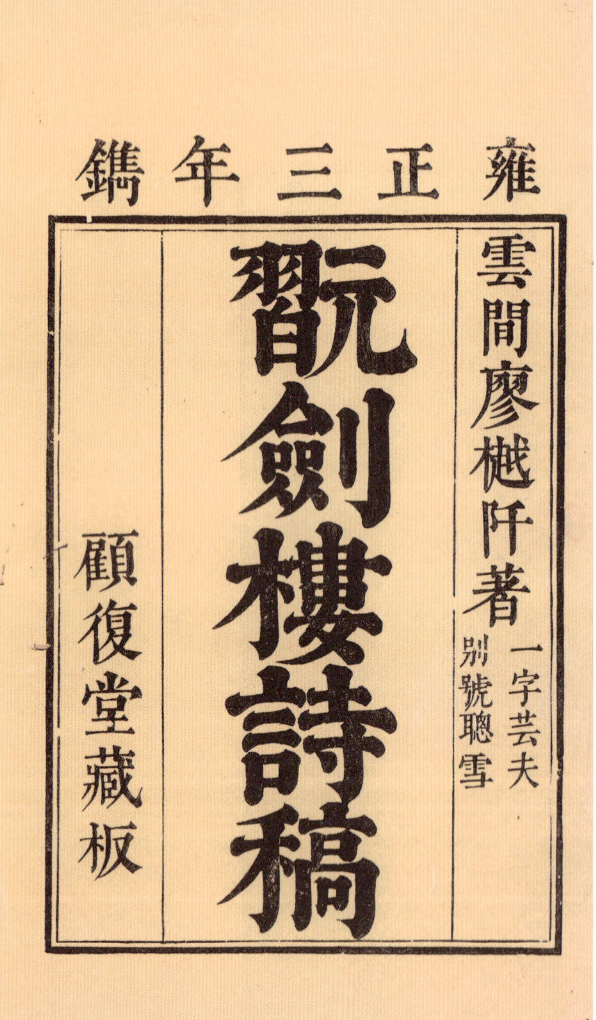

雍正三年鐫

雲間廖樾阡著　一字芸夫　別號聰雪

翫劍樓詩稿

顧復堂藏板

翫劍樓詩稿卷一

壻駱壽朋居山

王猷振冶庠姓廖

雲間廖鳳徵樾阡著　男賡融衡素仝校

賡謨虞箴

賡荀昊前

丁卯京華稿前編散逸兹自相國澤州陳公書館始

九日

節物西風劇可憐我來登眺轉茫然憑將三刖

翫劍樓詩稿　卷一　一

筍莊詩鈔四卷 清孟騤撰

清康熙刻本　四册

十行十九字。黑口，左右雙邊，單魚尾。框高17.4釐米，寬12.1釐米。

筍莊詩鈔卷一

會稽　孟　騤　敏度

思歸詩有序

余流滯京口自夏徂秋孤館闃寂渺焉寡歡凉飈振柯鳴蛩入户填膺滿聽夢寤俱愴撫歲序之遷流悵關河之綿邈懷念知已俯仰絫欷爰託諸咏歌其辭則俚其情則摯不忍廢棄將歸以示同志焉

予家古西園。環舍渟清流。榆栁蔭檐隙。芝艸植庭幽。高高城南山。蒼翠入我樓。荷芰製爲衣。何必被

筍莊詩鈔　卷一　一

苕牕拾稿一卷詩餘一卷　清吴永和撰

清康熙五十七年（1718）孫讜刻雍正增刻本　一册

十一行二十一字，小字雙行同。白口，左右雙邊，單魚尾。框高18.7釐米，寬13.7釐米。鈐“黄某花屋所藏”印。前有雍正三年（1725）沈德潛序，言刻書事。

苕牕拾稾

南蘭陵　吳永和　文璧

苕牕賦 并序

余有故居今來新主蔽此風雨虛狡兔之三窟托茲晨夕藉鷦鷯之一枝爰求隙壤因成小築坐臥止此丈室景物攬乎四時蠨蛸吟管豈閨中擅林下之風頗當守門亦俗外適閒居之樂偶多快語不乏侈辭云

敝廬之北鄰圃之前縱橫半畝敧側數椽蒙翳於蔓草迷漫於荒煙迺葺小齋營狹室逍遙乎容與偃仰乎棲息任平行之礙肴審易安於容膝爾迺左排藜牀中列

一溉堂詩集不分卷　清余光耿撰　集唐詩一卷　清項繼貞撰

清抄本　四册

十行十九字，小字雙行同。《集唐詩》八行十九字。無欄格。書高25.3釐米，寬16釐米。鈐“懋功氏”“汪廷左之印”“字懋功”“汪廷佐”“存心養性”印。

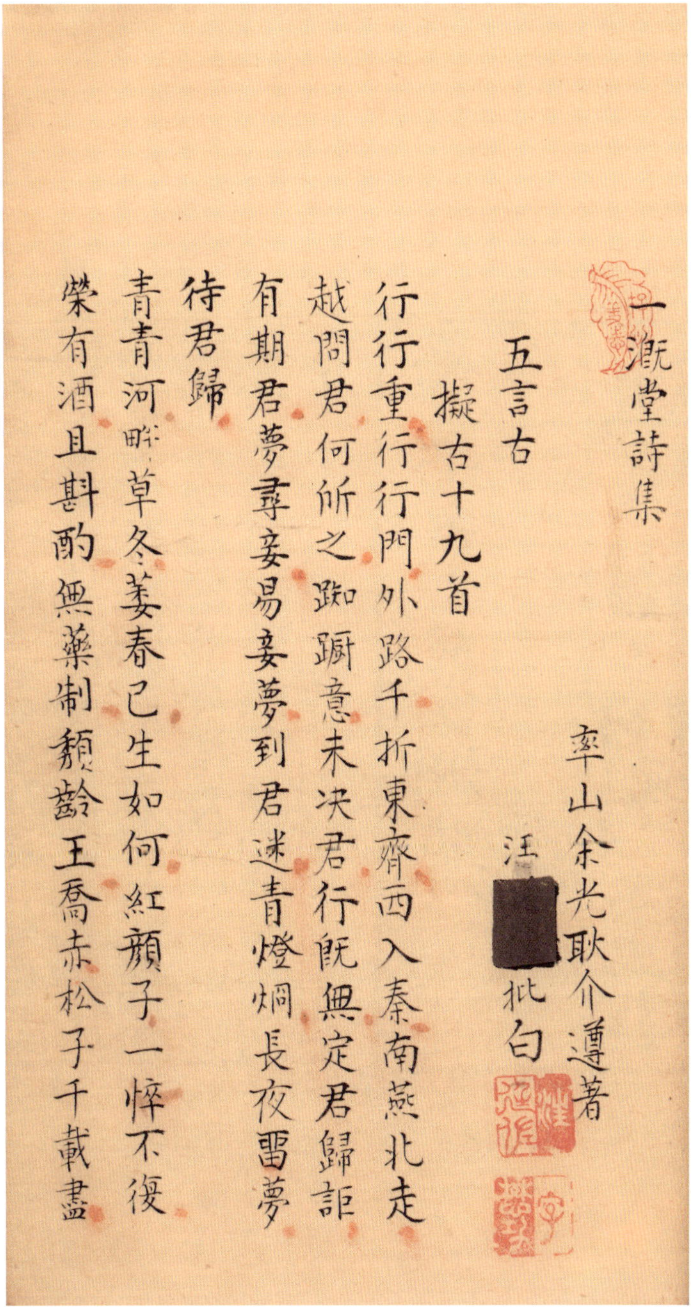

螢照閣集十六卷　清車騰芳撰

清乾隆二十年（1755）刻本　六册

九行十九字，小字雙行同。白口，左右雙邊，單魚尾。框高16.6釐米，寬13.5釐米。鈐“傳之其人”“深心託毫素”印。前有乾隆二十年莊有恭序，言刻書事。

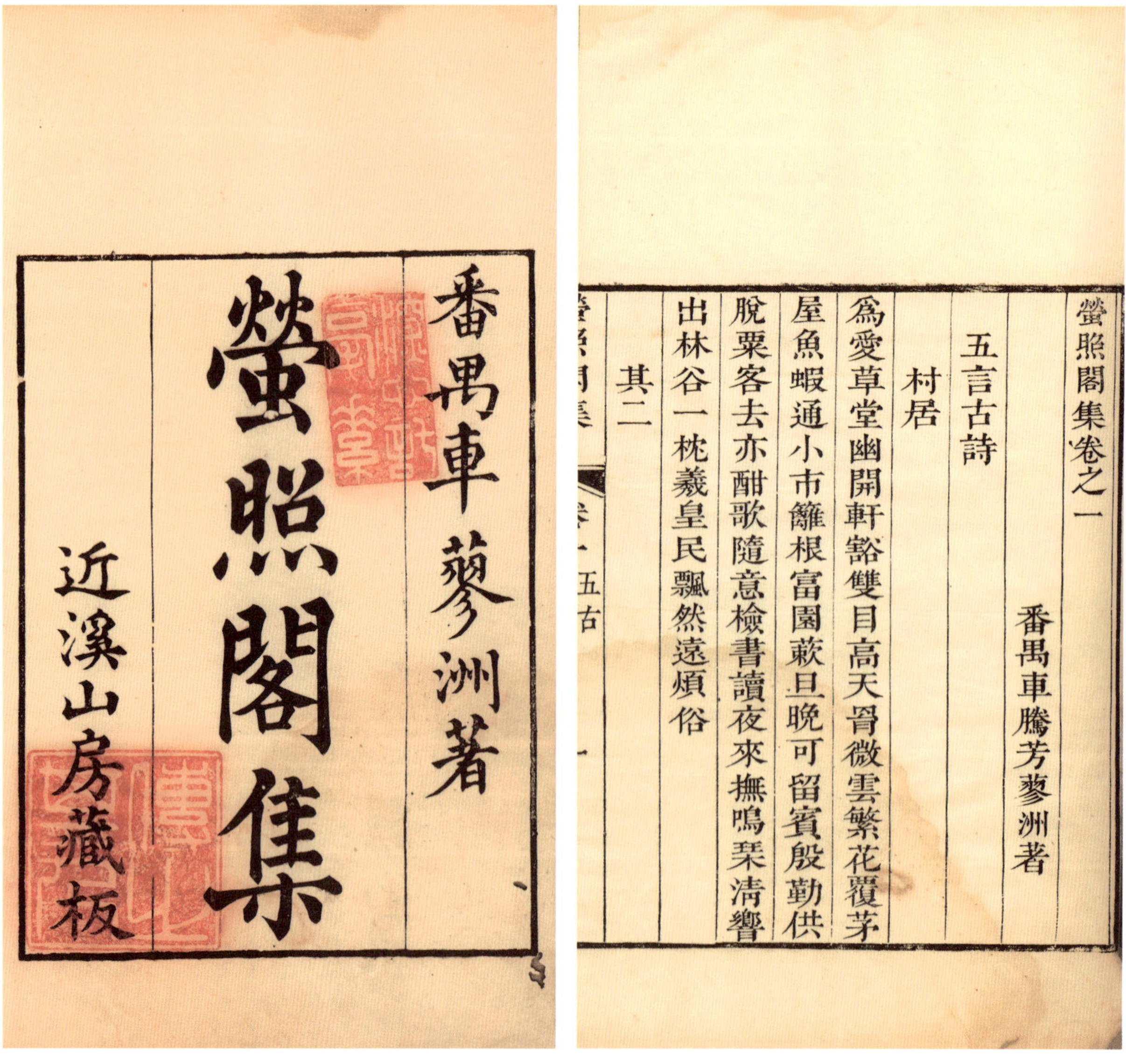

番禺車蓼洲著
螢照閣集
近溪山房藏板

螢照閣集卷之一
番禺車騰芳蓼洲著
五言古詩
村居
爲愛草堂幽開軒豁雙目高天胥微雲繁花覆茅
屋魚蝦通小市籬根富園蔬且晚可留賓殷勤供
脱粟客去亦酣歌隨意檢書讀夜來撫鳴琹清響
出林谷一枕羲皇民飄然遠煩俗
其二

葵園詩集四卷　清陳德榮撰

清乾隆刻本　一册

九行十九字，小字雙行同。白口，四周雙邊，單魚尾。框高17.8釐米，寬12.9釐米。

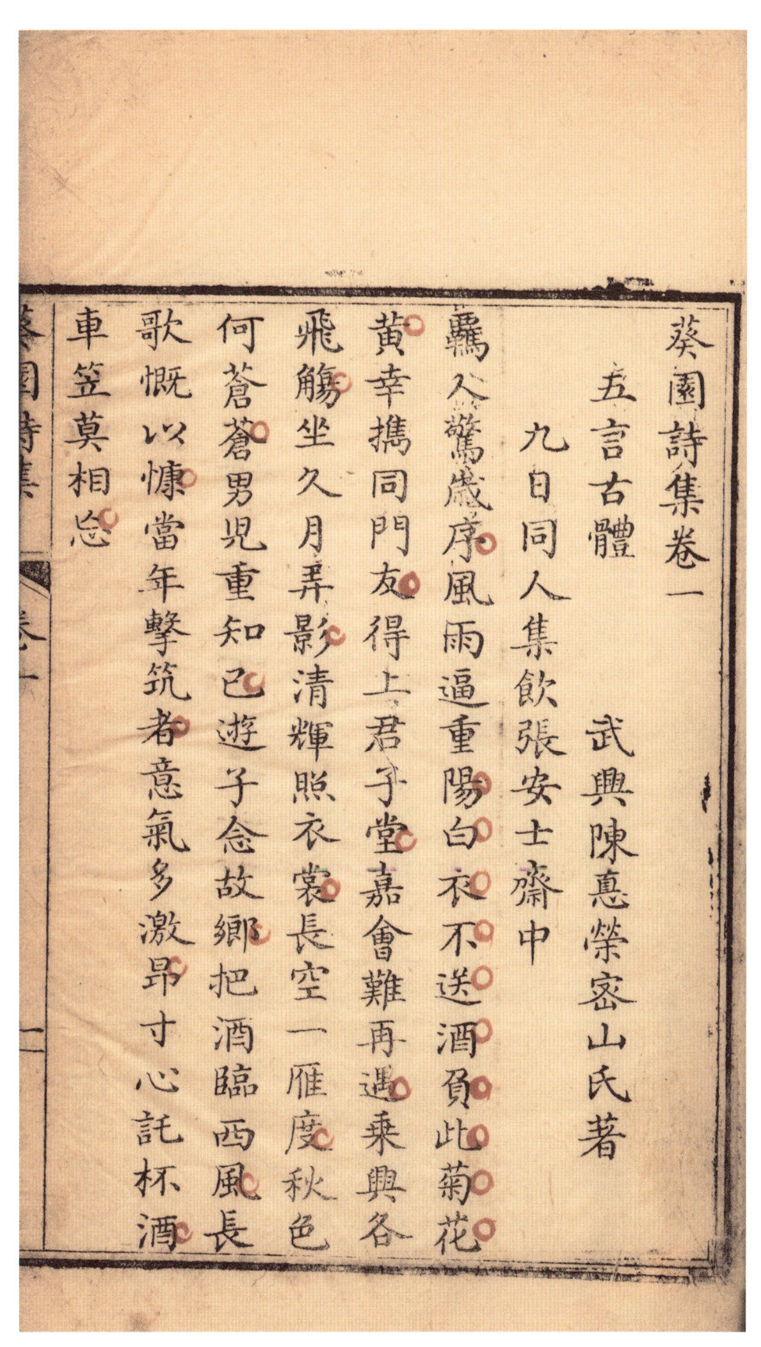

葵園詩集卷一

五言古體　　武興陳悳榮睿山氏著

九日同人集飲張安士齋中

羈人驚歲序，風雨逼重陽。白衣不送酒，負此菊花黃。幸攜同門友，得上君子堂。嘉會難再遇，乘興各飛觴。坐久月弄影，清輝照衣裳。長空一雁度，秋色何蒼蒼。男兒重知已，遊子念故鄉。把酒臨西風，長歌慨以慷。當年擊筑者，意氣多激昂。寸心託杯酒，車笠莫相忘。

葵園詩集　卷一　一

南樵二集十一卷 清梁無技撰

清康熙刻本　二册

十行十九字，小字雙行同。黑口，左右雙邊，單魚尾。框高16.1釐米，寬12.4釐米。鈐“顒園詩話”印。前有康熙五十七年（1718）張尚瑗序，言刻書事。

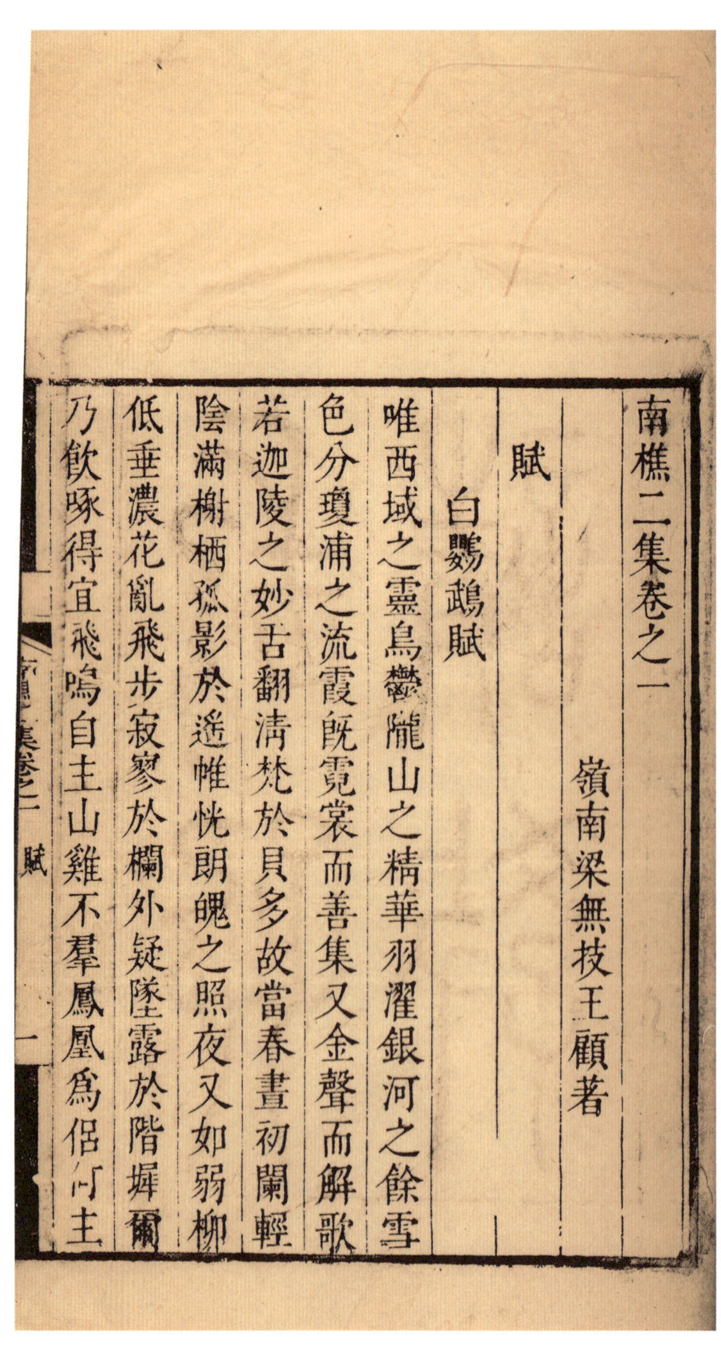
南樵二集卷之一

嶺南梁無技王顧著

賦

白鸚鵡賦

唯西域之靈鳥鬱隴山之精華羽濯銀河之餘雪色分瓊浦之流霞旣霓裳而善集又金聲而解歌若迦陵之妙舌翻淸梵於貝多故當春晝初闌輕陰滿榭栖孤影於遥帷恍朗魄之照夜又如弱柳低垂濃花亂飛步寂寥於欄外疑墜露於階墀爾乃飲啄得宜飛鳴自主山雞不羣鳳凰爲侶何主

南樵二集卷之一　賦　一

柳堂詩稿五卷　清董儒龍撰

清康熙五十一年（1712）自刻本　佚名批校　四册

十行二十一字，小字雙行字不等。黑口，四周單邊，單魚尾。框高18.2釐米，寬12.7釐米。前有康熙五十一年董儒龍序，言刻書事。

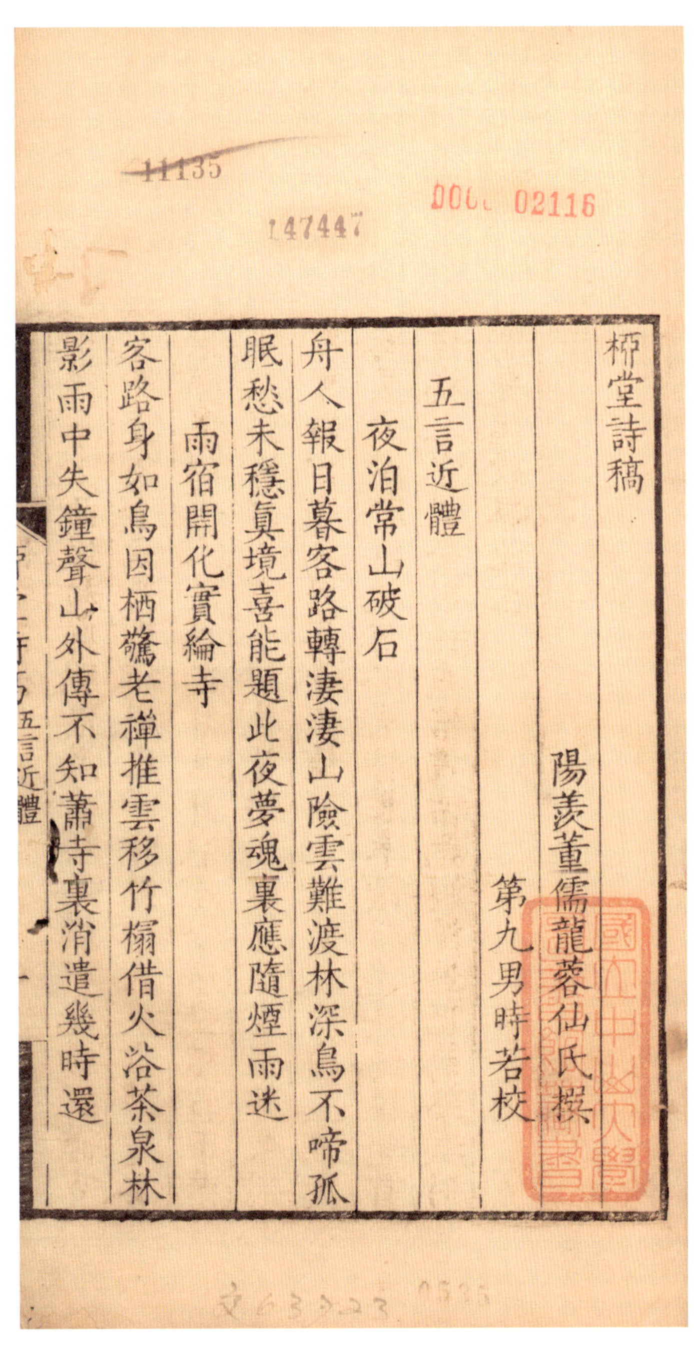

柳堂詩稿

陽羨董儒龍蓉仙氏撰

第九男時若校

五言近體

夜泊常山破石

舟人報日暮客路轉淒淒山險雲難渡林深鳥不啼孤眠愁未穩真境喜能題此夜夢魂裏應隨煙雨迷

雨宿開化實綸寺

客路身如鳥因栖鷲老禪推雲移竹榻借火浴茶泉林影雨中失鐘聲山外傳不知蕭寺裏消遣幾時還

柳堂詩稿　五言近體

娱老吟二卷 清郁楊勳撰

清康熙五十四年（1715）刻本　二册

十行二十一字，小字雙行同。白口，左右雙邊，單魚尾。框高19.1釐米，寬14.2釐米。

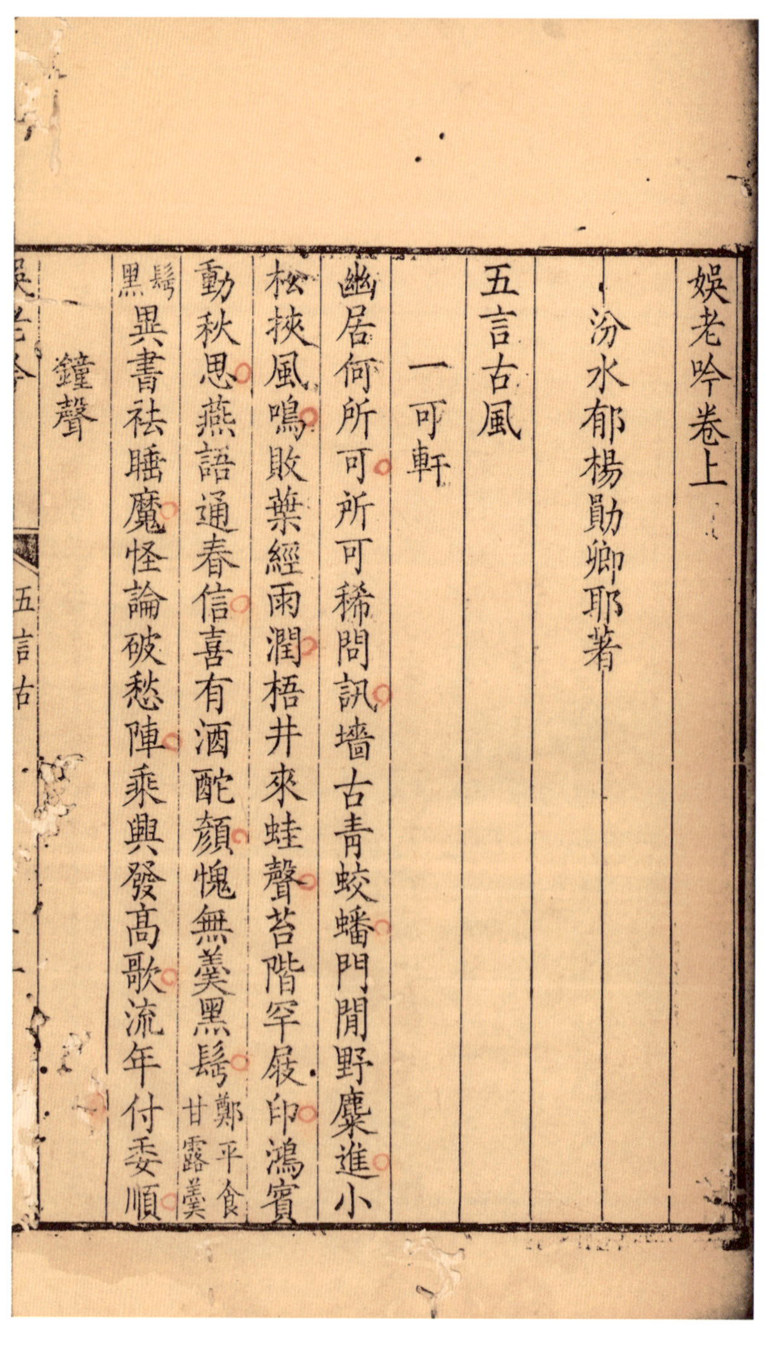

娱老吟卷上

汾水郁楊勳卿耶著

五言古風

一可軒

幽居何所可所可稀問訊墻古青蛟蟠門閒野麋進小松挾風鳴敗藥經雨潤梧井來蛙聲苔階罕屐印鴻賓動秋思燕語通春信喜有酒酡顏愧無羹黑鬚（鄭平食甘露羹黑鬚）異書袪睡魔怪論破愁陣乘興發高歌流年付委順

鐘聲

娱老吟　五言古

綠蔭山房詩八卷　清李惟喬撰

清康熙五十七年（1718）刻本　一册

九行二十一字，小字雙行同。白口，左右雙邊，單魚尾。框高19.1釐米，寬13.4釐米。鈐“黄某花屋所藏”“詩酒自娱”印。後有宋齊岳跋，言康熙五十七年刻書事。

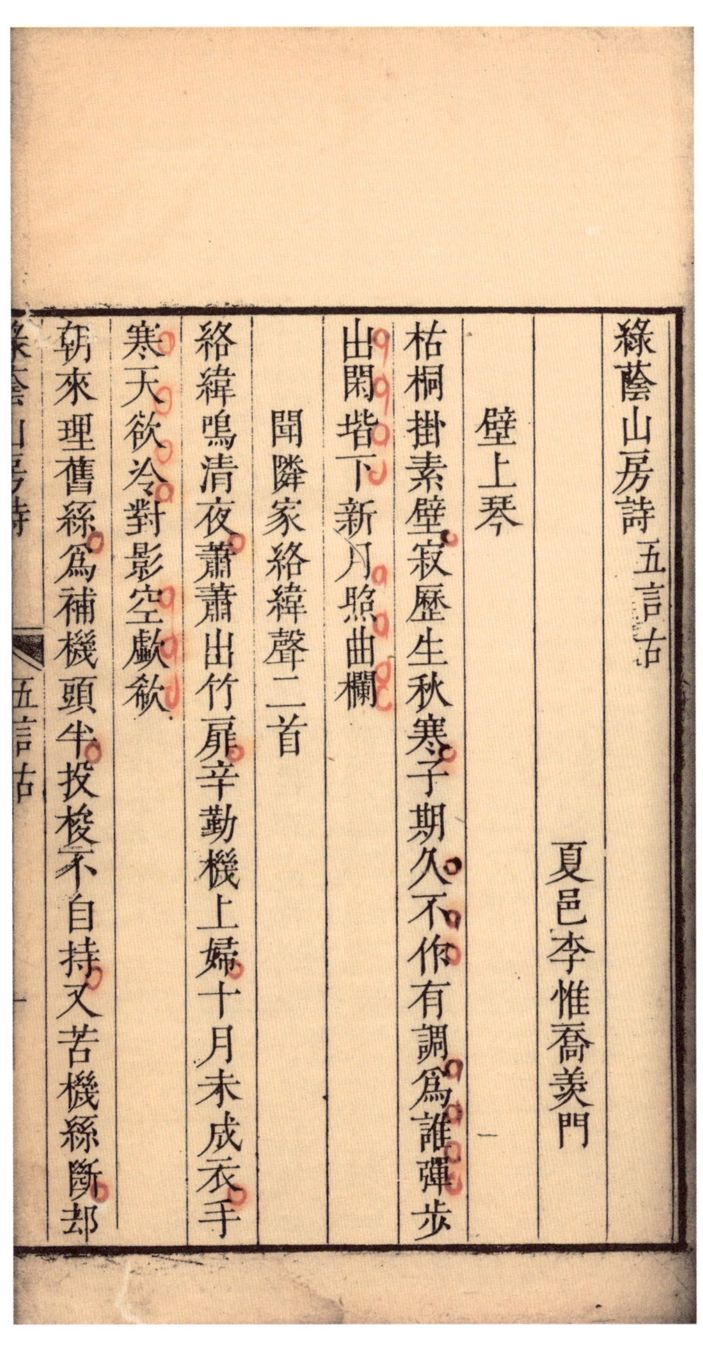
綠蔭山房詩五言古
夏邑李惟喬美門
壁上琴
枯桐掛素壁寂歷生秋寒子期久不作有調爲誰彈步
出閑堦下新月照曲欄
聞隣家絡緯聲二首
絡緯鳴清夜蕭蕭出竹扉辛勤機上婦十月未成衣手
寒天欲冷對影空歔欷
朝來理舊絲爲補機頭半投梭不自持又苦機絲斷却

綠蔭山房詩　五言古　一

澹園紀年詩集四卷　清徐閶撰　清徐世坦等輯

清乾隆二十四年（1759）家刻本　四册

八行二十一字，小字雙行同。白口，四周雙邊，單魚尾。框高19.1釐米，寬11.7釐米。鈐“李仙根藏書”印。前有乾隆二十四年徐世垓跋，言刻書事。

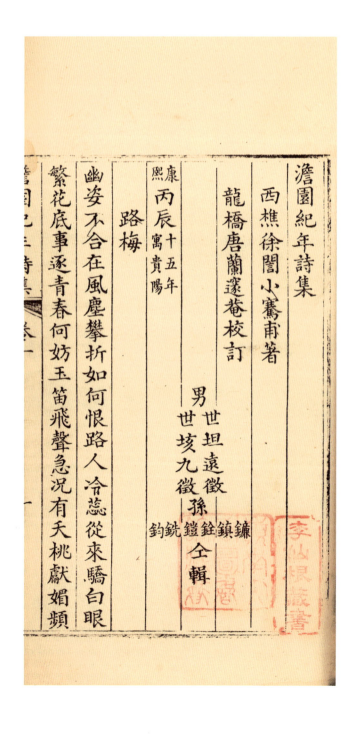

澹園紀年詩集
西樵徐閶小騫甫著
龍橋唐蘭邃菴校訂
男世坦遠徵　世垓九徵　孫鐮鎮銓鎧銑鈞仝輯
康熙丙辰十五年寓貴陽
路梅
幽姿不合在風塵攀折如何恨路人冷蕊從來驕白眼
繁花底事逐青春何妨玉笛飛聲急況有夭桃獻媚頻
澹園紀年詩集　卷一　一

良貴堂文鈔不分卷 清張祖年撰

清雍正刻本　復廬居士題識　一册

十行二十字，小字雙行同。黑口，左右雙邊，雙魚尾。框高17.6釐米，寬12.1釐米。鈐“貞廬”“復廬題識”印。

良貴堂文鈔

道驛張祖年申伯一字不磷著

不貳過論　戊子

我夫子以顏回爲好學宜矣至謂其好學而必及之不貳過者何哉要亦以學之有未至者必其好之也有不力將此中之無主宰舉一切紛紜酬酢無往而非見過之媒以故有過即思有以掩其過每不憚百計以相彌縫卒至一過未改而一過旋至且將漸積而莫可紀極也學如顏子其克己之力如是存養之深如是省察之明如是持守之堅如是而寧有是哉

良貴堂文鈔　一

香草齋文甲集十一卷乙集一卷三集不分卷續集十卷史論管見不分卷 清李邁庸撰 杜詩分纂不分卷選鈔古文不分卷 清李邁庸輯

稿本 清孟徵、陳璞等批校 容肇祖題識 七册

九行二十五字，小字雙行同。無欄格。書高24.2釐米，寬13.9釐米。

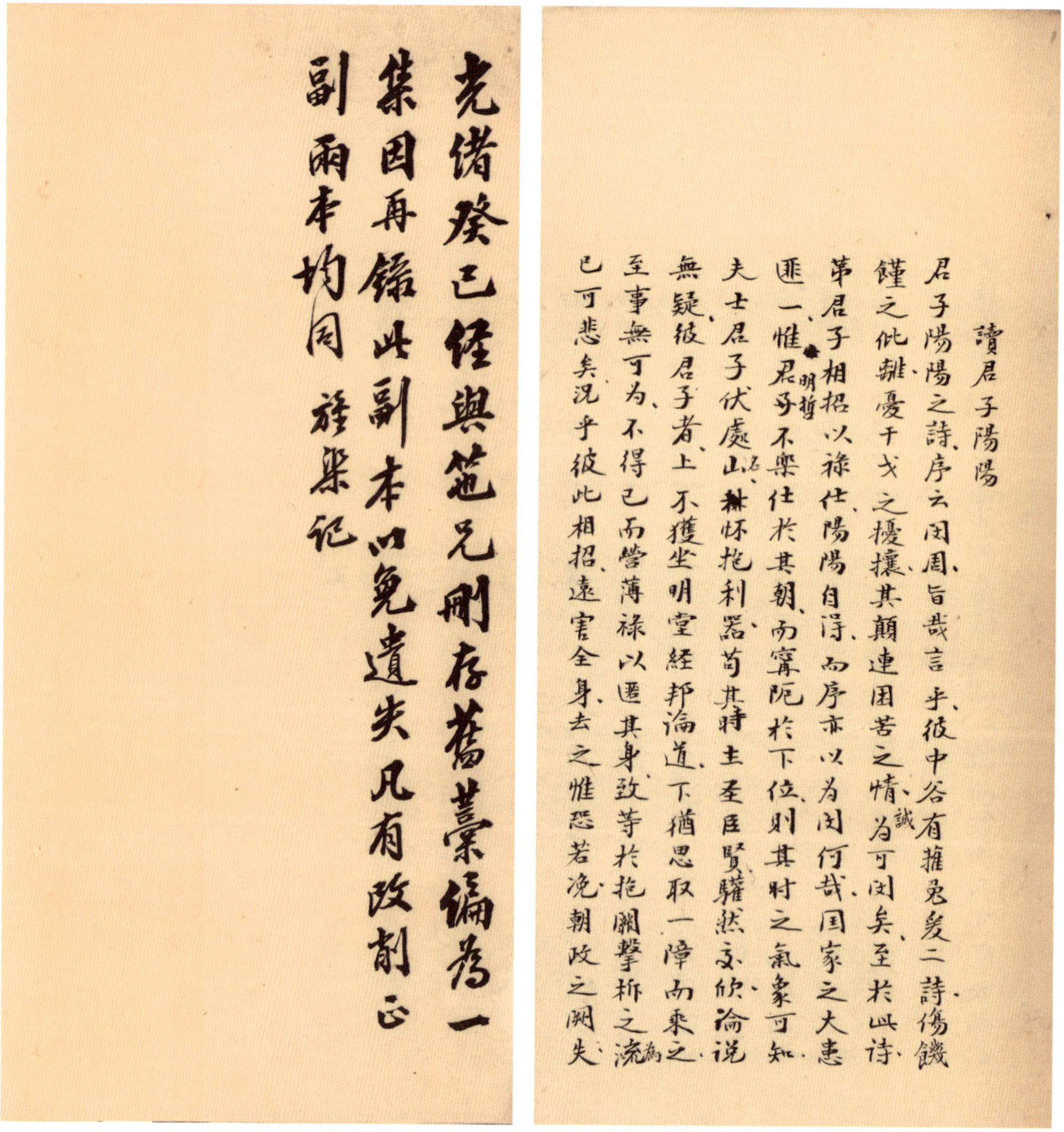

萼園詩集二卷　清汪墰撰　清吴曜選

清康熙五十一年（1712）刻本　一册

十行二十一字。黑口，左右雙邊，雙魚尾。框高17.6釐米，寬12.8釐米。鈐“復齋校讀古籍印記”印。前有康熙五十一年徐元正序，言刻書事。

萼園詩集卷一

茗上　汪墰　思誠　著

歙南　吴曜　星聚　選

浮玉山

層層峭壁起空冥萬頃波光映翠屏夜水霞浮孤塔紫秋湖天碎一峰青都将玉壘歸南國豈有扶桑近北溟吹斷桓伊江上笛月明何處臥龍聽

道場山

縹緲鐘聲散夕陽高僧去後石林荒雲中瀑動山山影磵底珠明夜夜光藉草何人吟緑野吹簫有客發清商

萼園詩集　卷一　一

白雲廬詩四卷 清王壽長撰

清乾隆三十二年（1767）刻本　一册

九行二十一字，小字雙行同。白口，四周單邊，單魚尾。框高17.4釐米，寬12.7釐米。鈐“真州吴氏有福讀書堂藏書”“黄某花屋所藏”印。書末有乾隆三十二年辛宜岷跋，言刻書事。

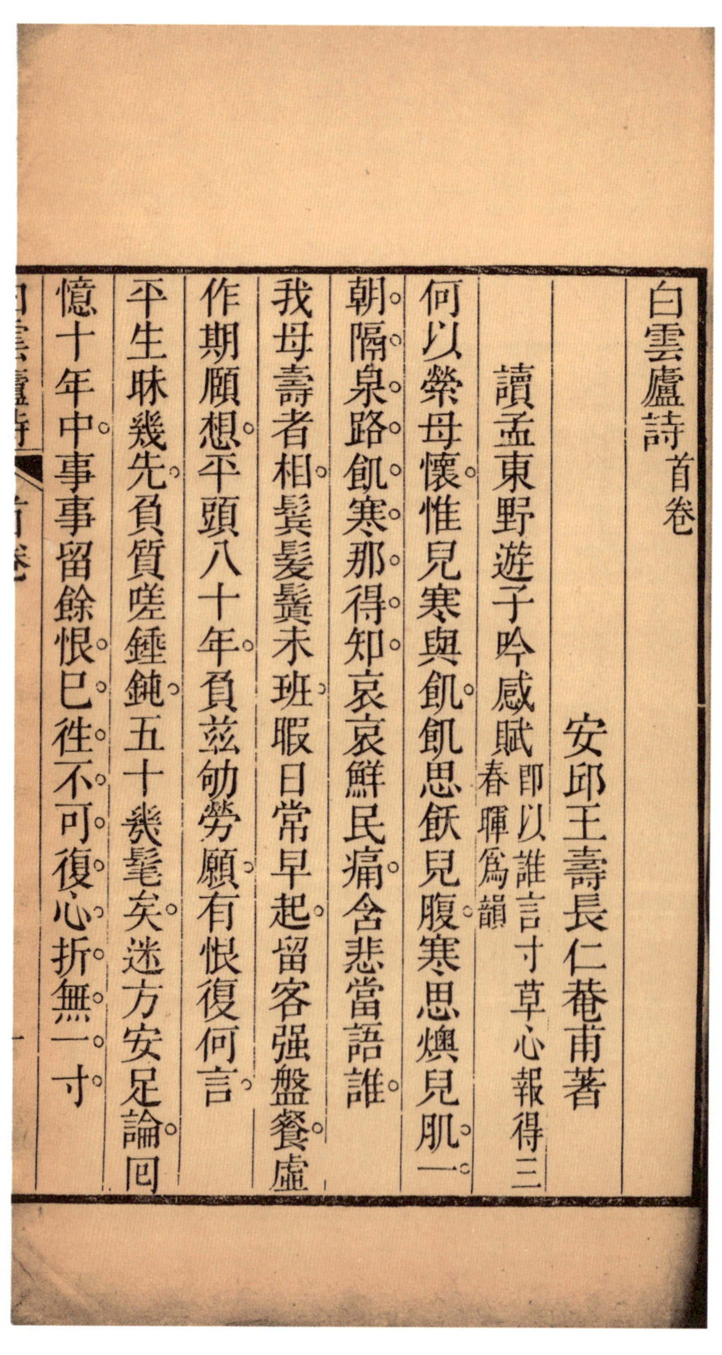

白雲廬詩首卷
安邱王壽長仁菴甫著
讀孟東野遊子吟感賦 即以誰言寸草心報得三春暉爲韻
何以榮母懷惟兒寒與飢飢思飫兒腹寒思燠兒肌一
朝隔泉路飢寒那得知哀哀鮮民痛含悲當語誰
我母壽者相鬒髮鬒未班暇日常早起留客强盤餐盧
作期願想平頭八十年負茲劬勞願有恨復何言
平生昧幾先負質嗟錘鈍五十毿髦矣迷方安足論回
憶十年中事事留餘恨已往不可復心折無一寸

道盥齋詩稿十四卷 清孫灝撰

清抄本 六册

十行二十一字。白口，左右雙邊，單魚尾。框高18.8釐米，寬13.1釐米。

道盥齋詩稾卷一

錢唐孫 灝虛船

雜詩八首之三

匠石棄散木物生願不才文繡入清廟貌榮身已災進退各異轍是非無定裁君看聲利場走趨亦可哀達人寂不語默默況蒿萊

射策干卿相揣摩摘瑕疵文章傳衣鉢臭味無差池老翁苦督責日夜鞭其兒詩書亦何物乃為取世資吾聞宏詞科羞倒韓退之

新月缺于鈎滿月圓于鏡既圓已復缺圓缺無究竟不

道盥齋詩稾 卷一 一

寸園存粕初編十二卷　清曾于洋撰

清乾隆三十年（1765）刻本　四册

九行二十字，小字雙行字不等。白口，四周單邊，單魚尾。框高16.9釐米，寬11.8釐米。

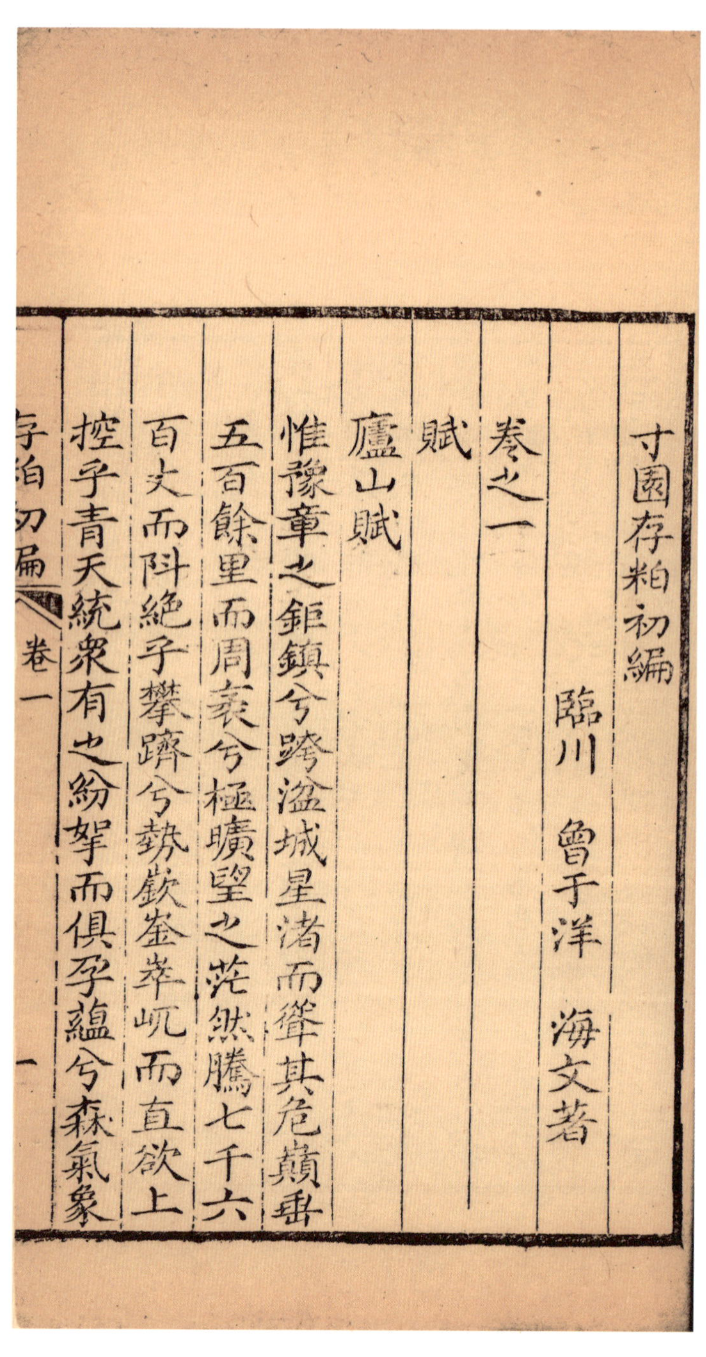

寸園存粕初編
臨川　曾于洋　海文著
卷之一
賦
廬山賦
惟豫章之鉅鎮兮跨湓城星渚而聳其危巔岳
五百餘里而周袤兮極曠望之茫然騰七千六
百丈而斗絶兮攀躋兮勢嵚崟崒屼而直欲上
控乎青天統衆有之紛拏而俱孕蕴兮森氣象

存粕初編　卷一　一

玉岑詩稿不分卷　清戴繼麒撰

稿本　四册

九行二十六字，小字雙行同。無欄格。書高28.1釐米，寬15.5釐米。

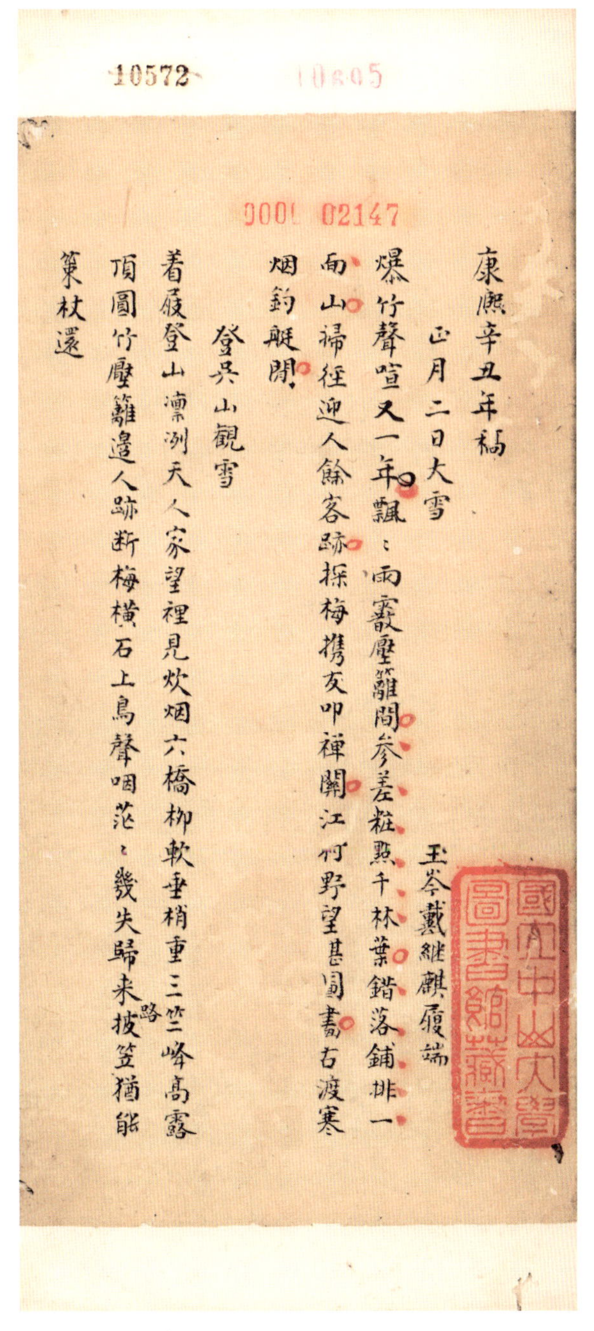

康熙辛丑年稿
正月二日大雪　玉岑戴繼麒履端
爆竹聲喧又一年飄飄雨霰壓籬間參差粧點千林葉錯落鋪排一
面山掃徑迎人餘客跡探梅携友叩禪關江村野望甚圖畫古渡寒
烟釣艇閒
登吳山觀雪
着屐登山凛冽天人家望裡見炊烟六橋柳軟垂梢重三竺峰高露
頂圓竹壓籬邊人跡斷梅橫石上鳥聲咽茫茫幾失歸來路披笠猶能
策杖還

離垢集二卷 清華嵒撰

清抄本　二册

十行二十字。無欄格。書高24.3釐米，寬13.3釐米。鈐“壽祺藏書”“珠光劍景樓祕笈”“居廉”印。

離垢集

過龍慶菴

野寺蒼烟斷廻橋小徑通池光依案白花影落幢紅
高閣梵音妙幽龕色界空再聆清磬響月在翠微中

短歌贈和鍊師

紫陽山中有真人出山入山騎猛虎披塵逐蒼烟躡
雲昇紫府仗劍揺寒星吹氣飄靈雨宇宙茫茫視刼
灰真人揑指驅神雷轟轟九闕開長歌弄月歸去來
歸臥仙山人不識朝朝朝禮北斗北我過丹房扣上

孟亭居士詩稿四卷首一卷　清馮浩撰

清乾隆刻本　二册

十行二十一字，小字雙行同。白口，左右雙邊，單魚尾。框高17.7釐米，寬13.1釐米。鈐“黄某花屋所藏”印。

孟亭居士詩稿

桐鄉馮　浩養吾

經進稾

聖駕南巡恭紀謹序

葢聞御飛龍而環海宇戴禮特誌高陽感神魚而獲圖

書世紀聿傳軒后五老之光華彪炳萬邦之玉帛輝煌

迭考瑤編咸彰寶籙我

皇上運符紫極明協丹輪治已普乎垓埏情尚殷乎畎

畝惟慮山鄉澤國民隱或未周知因命雲罕霓旌

法駕不遑自逸清塵上路遄臨牛斗之區迭喜

孟亭居士詩稿　經進稿　一

陶適齋先生詩稿二卷 清陶金諧撰　清吴照編

清乾隆五十二年（1787）丁澄刻本　二册

九行二十一字，小字雙行同。白口，四周雙邊，單魚尾。框高17.9釐米，寬12釐米。鈐“娱生軒藏書印”印。前有乾隆五十二年丁澄序，言刻書事。

陶適齋先生詩稿卷上
受業吳照編次
子壻丁澄校刊
南昌懷古
滄桑隱約問窮塵指點虛無幻亦眞過客但悲唐帝子
居民爭賽晉仙人斗牛茫昧誰能辨雞犬貪緣信有神
向晚樓西飄畵角頑仙才鬼總沉淪
黃石磯邊水不波漁燈數點出煙蘿竹園月墮聞鵑語
桂苑霜濃有雁過金帛可憐求護衛桐圭空自誓山河
陶適齋詩稿　卷上　一

梅崖居士文集三十八卷外集二卷　清朱仕琇撰

清乾隆二十四年（1759）刻本　十四册

九行二十五字。黑口，左右雙邊，雙魚尾。框高19.9釐米，寬13.6釐米。前有乾隆二十四年朱仕玠序，言刻書事。

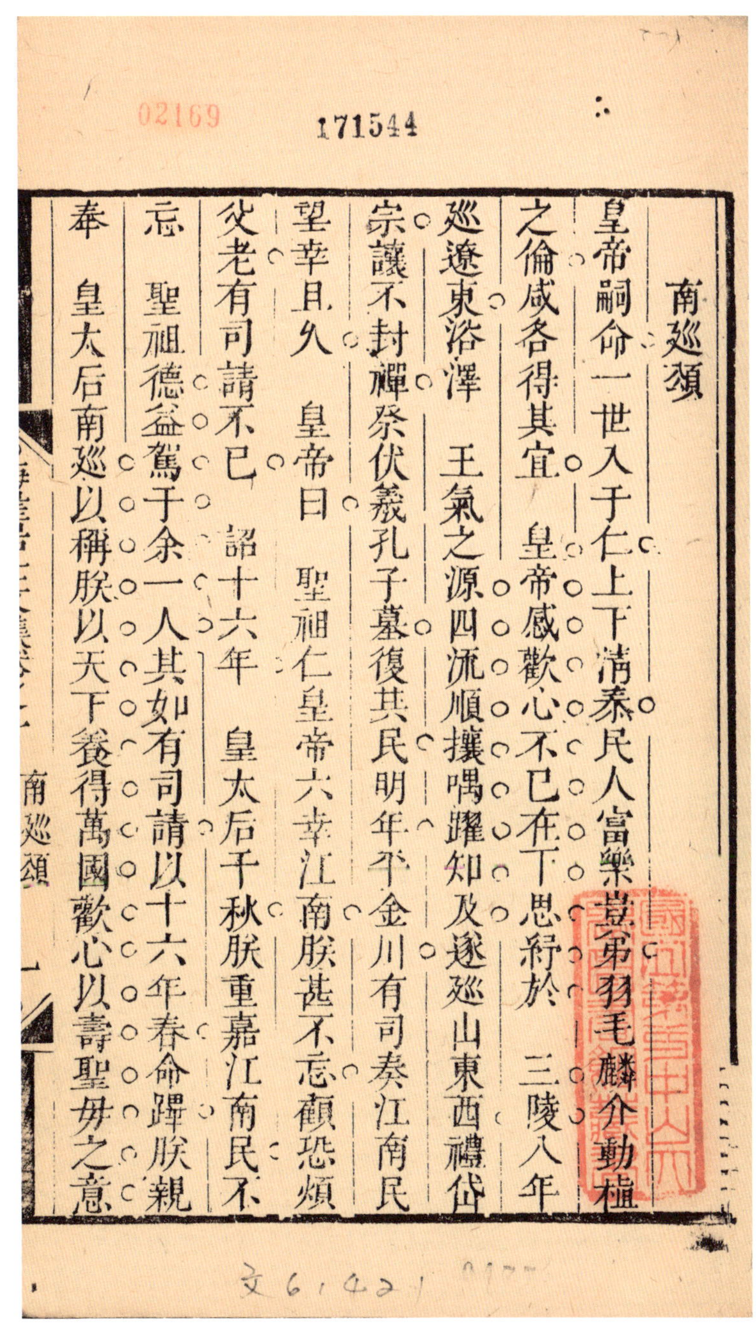

南巡頌

皇帝嗣命一世入于仁上下清泰民人富樂豈弟羽毛麟介動植之倫咸各得其宜　皇帝感歡心不已在下思紓於　三陵八年巡遼東浴澤　王氣之源四流順攘喁躍知及遂巡山東西禮岱宗讓不封禪祭伏羲孔子墓復其民明年平金川有司奏江南民望幸且久　皇帝曰　聖祖仁皇帝六幸江南朕甚不忘顧恐煩父老有司請不已　詔十六年　皇太后千秋朕重嘉江南民不忘　聖祖德益篤于余一人其如有司請以十六年春命蹕朕親奉　皇太后南巡以稱朕以天下養得萬國歡心以壽聖母之意

南巡頌

蔚園先生詩集八卷　清劉宗霈撰

清乾隆八年（1743）劉僧寬刻本　三册

十一行二十一字，小字雙行同。白口，四周單邊。框高16.7釐米，寬11釐米。鈐“武昌柯逢時收藏圖記”“黄某花屋所藏”印。前有乾隆八年李鱓序，言刻書事。

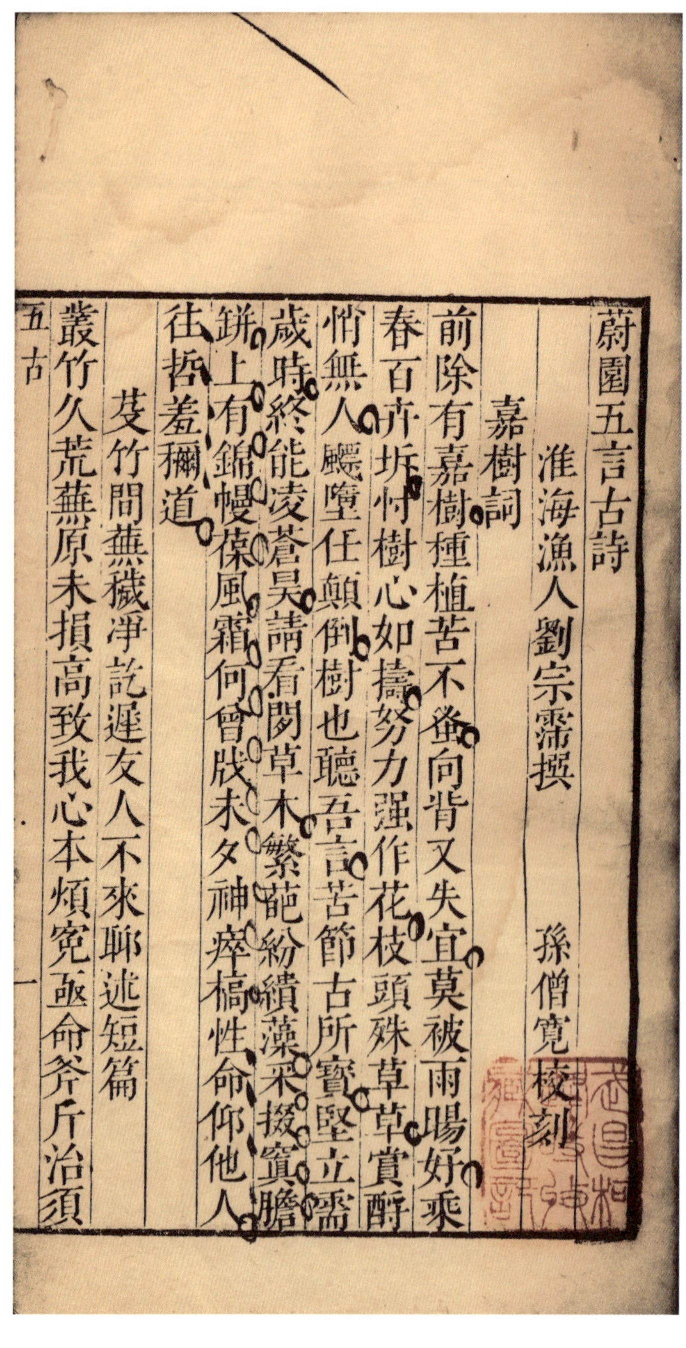
蔚園五言古詩
淮海漁人劉宗霈撰　孫僧寬校刻
嘉樹詞
前除有嘉樹種植苦不蚤向背又失宜莫被雨暘好乘春百卉坼忖樹心如擣努力强作花枝頭殊草草賞酹悄無人飃墮任顛倒樹也聽吾言苦節古所寶堅立需歲時終能凌蒼昊請看閱草木繁葩紛繽藻采掇寘膽缾上有錦幔褓風霜何曾戕未夕神瘁槁性命仰他人往哲羞彌道
芟竹間蕪穢淨訖遲友人不來聊述短篇
叢竹久荒蕪原未損高致我心本煩寃亟命斧斤治須
五古　一

磨磚集不分卷　清伍軾臨撰

清叢竹山房抄本　一册

九行二十五字。绿格。白口，四周雙邊，雙魚尾。框高19.9釐米，寬11.4釐米。鈐“屐硯齋圖書印”“唐仁壽讀書記”印。

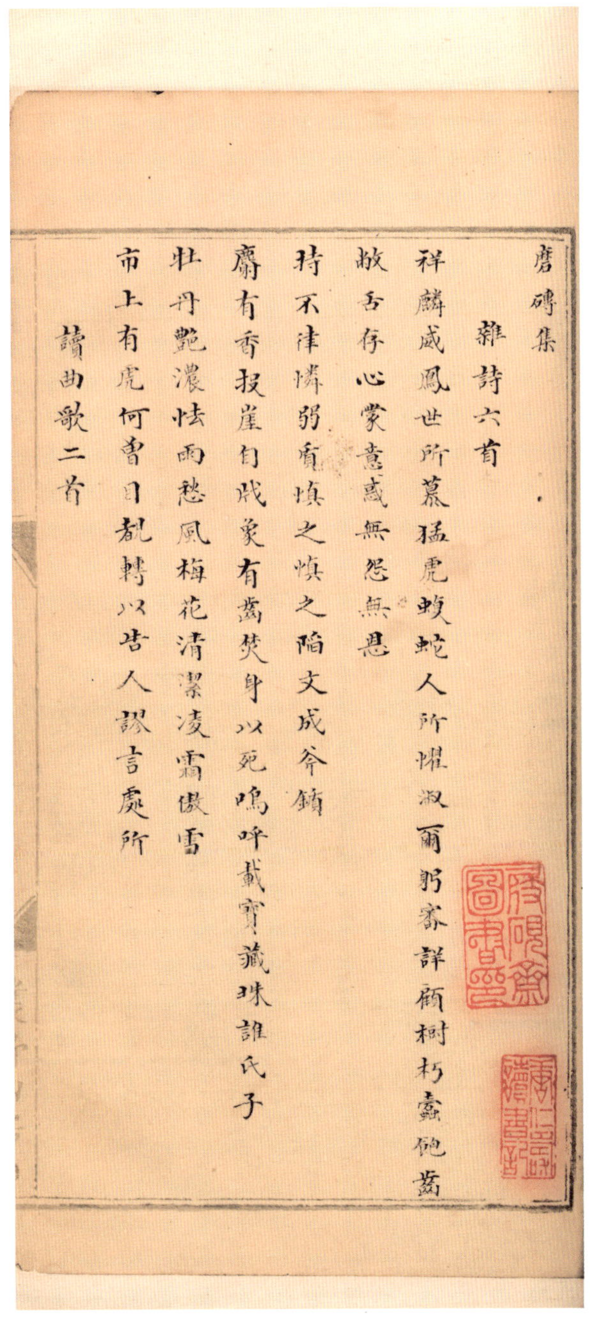